3. Auflage

Online-Shops mit Magento

Rico Neitzel & Roman Zenner

Beijing · Cambridge · Farnham · Köln · Sebastopol · Tokyo

Rico Neitzel · Roman Zenner

Lektorat: Inken Kiupel, Köln
Korrektorat: Sibylle Feldmann, Düsseldorf
Satz: reemers publishing services gmbh, Krefeld; www.reemers.de
Umschlaggestaltung: Michael Oreal, Köln
Produktion: Andrea Miß, Köln
Belichtung, Druck und buchbinderische Verarbeitung:
Druckerei Kösel, Krugzell; www.koeselbuch.de

Bibliografische Information Der Deutschen Nationalbibliothek
Die Deutsche Nationalbibliothek verzeichnet diese Publikation in der
Deutschen Nationalbibliografie; detaillierte bibliografische Daten
sind im Internet über *http://dnb.ddb.de* abrufbar.

ISBN: 978-3-95561-782-0

Copyright:
© 2014 by O'Reilly Verlag GmbH & Co. KG
c/o dpunkt.verlag GmbH
Wieblinger Weg 17
 D-69123 Heidelberg
Alle Rechte vorbehalten

1. Auflage 2009
2. Auflage 2011
3. Auflage 2014

Die Darstellung einer Raubseeschwalbe im Zusammenhang mit dem
Thema Magento ist ein Warenzeichen von O'Reilly Media, Inc.

Copyright Fotos:
Kochtopf © Daniel Vöckler #9597414, fotolia.com
Messer © Andreas Reimann #5802082, fotolia.com

15 14 13 12 11 10 9 8 7 6 5 4 3 2

Inhalt

KAPITEL 1

Bühne frei für Magento

Kennen Sie schon eine der umfangreichsten E-Commerce-Plattformen im Open Source-Bereich? Getrieben von einem leistungsfähigen Unternehmen und einer begeisterten Community mit Mitgliedern auf der ganzen Welt? Magento (*www.magento.com*) war, ist und bleibt wohl auch einer der Shootingstars am Open Source-E-Commerce-Himmel.

Schon bevor die ersten Anbieter ihre Shops auf Basis von Magento live schalteten, war die Software aufgrund der cleveren Marketingstrategie der Entwicklungsfirma Magento Inc. (ehemals Varien) in aller Munde. Schaut man sich an, welch umfangreiches Material es zu Magento gibt und auf welchen Kanälen die Entwickler überall tätig sind, wundert einen die ständig wachsende Fangemeinde nicht. Magento Inc. produziert Screencasts, veranstaltet Webinare und bietet auf seiner Website alles, um die Bildung einer Community zu unterstützen und zu ermutigen. Darüber hinaus ist die Firma aus Kalifornien noch an anderen Fronten aktiv. Auf den Portalen Facebook und LinkedIn hat Magento eigene Gruppen und außerdem mehrere eigene Twitter-Feeds (z. B. *http://twitter.com/magento*), in denen Kurznachrichten zu aktuellen Entwicklungen veröffentlicht werden.

Im Gegensatz zu den vielen Möglichkeiten, sich über Onlinemedien mit dem System vertraut zu machen, ist das Angebot an fundierter (Print-)Literatur in deutscher Sprache auch heute noch recht übersichtlich. Um konkret ein Projekt für den deutschsprachigen Markt mithilfe von Magento auf die Beine stellen zu können, sind umfangreiche Recherchen beispielsweise im deutschen Benutzerforum nötig. Das vorliegende Buch hat es sich daher zur Aufgabe gemacht, diese Lücke nachhaltig zu schließen und seinen Lesern eine umfangreiche Einleitung mit konkreten Beispielen und vielen Tipps und Tricks zu bieten.

An wen sich dieses Buch richtet

Dieses Buch richtet sich vor allem an ambitionierte Shopbetreiber, die vielleicht schon die eine oder andere Erfahrung im Bereich E-Commerce haben sammeln können. Zum Verständnis der Kapitel, in denen es beispielsweise um Anpassungen bei den Themes geht, ist es sinnvoll, sich vorher schon einmal mit dem Thema (X)HTML und CSS beschäftigt zu haben. Ebenfalls hilfreich in diesem Zusammenhang ist es, Software wie ein FTP-Programm und einen Codeeditor bedienen zu können, damit Sie die Beispiele in diesen Kapiteln auch nachvollziehen können.

Für die Dauer dieses Buchs werden Sie zum Verkäufer von Kochzubehör: Am Beispiel des fiktiven Webkochshops, den wir gemeinsam sukzessive weiterentwickeln, lernen Sie, wie Sie eine Grundinstallation von Magento so anpassen bzw. mit Daten füllen, dass Sie damit online gehen könnten.

Wenn Sie neben den Grundlagen der Benutzung und Anpassung Ihres Shops mehr zu Magento lernen möchten, bieten wir Ihnen als Katapult in das Magento-Entwickleruniversum einen Einstieg in die Extensionsprogrammierung. Model, Helper und Block werden Ihnen dann genauso vertraut vorkommen wie Setup-Skripte und die *config.xml*-Datei. Für diesen Bereich des Buchs müssen Sie sich mit PHP-Dateien und objektorientierter Programmierung beschäftigt haben. Außerdem hilft Ihnen eine Entwicklungsumgebung wie PHP-Storm, Netbeans oder Eclipse maßgeblich bei der Entwicklerarbeit.

Neu in der 3. Auflage

Wir haben uns in dieser Auflage das Ziel gesetzt, den Webkochshop mit den neuen Funktionen der Version 1.8 noch besser zu machen. Wir konfigurieren die leistungsfähige Umsatzsteuer-Identifikationsnummern-Prüfung, die für den Verkauf an EU-Händler unumgänglich ist. Wir gehen auch auf Widget-Instanzen ein, die es Ihnen als Shopbetreiber ohne Kenntnis von HTML oder Layout-XML erlauben, eigenen Inhalt im Shop einzuarbeiten. Mit MageSetup lernen Sie eine nützliche Extension kennen, die Magento nach der Installation aus dem Stand in eine fast komplett rechtssichere Verkaufsplattform verwandelt – ganz ohne die bisher lästige Handarbeit.

Für alle, deren Webkochshop schon erfolgreich läuft und die sich auch bisher nicht davor gefürchtet haben, die Gestaltung selbst zu ändern, steht nun mit unserer Entwicklereinführung der nächste Schritt auf der Karriereleiter bevor. An einigen Beispielen erarbeiten wir die Grundlagen der Magento-Extensionentwicklung.

Aufbau des Buchs

Dieses Kapitel dient der ersten Orientierung und zeigt die Highlights des E-Commerce-Systems auf. Hier finden Sie auch wichtige Magento-Ressourcen und -Anlaufstellen im Web.

In Kapitel 2, *Magento installieren*, dreht sich alles um die Installation von Magento. Sie werden erfahren, wie eine ausreichende Hardwarelösung zum Betrieb von Magento aussieht und welche Softwarekomponenten auf dem Server installiert sein müssen. Außerdem verraten wir noch einige Tipps und Tricks, die dabei helfen, die Geschwindigkeit zu optimieren, und zeigen Ihnen, wie Sie die deutsche Lokalisierung installieren.

In Kapitel 3, *Der Magento-Crashkurs*, lernen Sie im Schnellverfahren die wichtigsten Elemente des Frontends und des Adminbereichs kennen und führen bereits die ersten kleineren Anpassungen durch. Wenn Sie jemand sind, der gern an ein paar Knöpfchen dreht, ohne vorher die Bedienungsanleitung gelesen zu haben, ist dieses Kapitel genau das richtige für Sie!

Wie man Magento im Detail konfiguriert, ist Thema von Kapitel 4, *Den Online-Shop konfigurieren*, Sie lernen hier beispielsweise, wie Sie Magentos Steuerverwaltung nutzen, den Warenkorb und den Bestellprozess an Ihre eigenen Wünsche anpassen sowie Benutzerkonten anlegen und Administratorrechte zuweisen.

Kapitel 5, *Fit für den deutschen Markt: Magento lokalisieren*, steht ganz im Zeichen des Bundesadlers; Sie erfahren hier, wie man Magento für den deutschen Markt vorbereitet und beispielsweise wichtige Texte wie AGB und Impressum integriert. Außerdem erläutern wir, wie Sie die Preisauszeichnung in Ihrem Theme so gestalten, dass sie auch den strengen Augen der Wettbewerbshüter standhält.

In Kapitel 6, *Den Artikelkatalog aufbauen*, lernen Sie unter anderem Magentos Artikeltypen kennen und füllen den Webkochshop mit Kategorien, Attributen und Artikeln.

Rund um das Thema CMS dreht sich das Kapitel 7, *Textinhalte präsentieren: Das CMS*. Hier zeigen wir Ihnen, wie Sie Inhaltsseiten erstellen und verwalten und die sogenannten statischen Blöcke bearbeiten. Außerdem lernen Sie die oft verkannten Widget-Instanzen kennen, die es noch leichter machen, sonst schwierige Änderungen im Shopinhalt einzurichten.

In Kapitel 8, *Kunden und Bestellungen verwalten*, beschäftigen wir uns gemeinsam mit dem wichtigsten Kapital des Webkochshops: den Kunden und Bestellungen. An dieser Stelle verraten wir Ihnen, wie Sie sich Kundendetails ansehen können und wie Sie eine eingegangene Bestellung weiterverarbeiten.

International wird's in Kapitel 9, *Multishops einsetzen: Der Webkochshop very british*. In diesem Kapitel lernen Sie, wie Sie den Webkochshop im Rahmen eines Multishop-Projekts für den englischen Markt fit machen und dazu Kategorien und Produkte übersetzen sowie eine neue Währung einfügen. Mit einem der wichtigsten Best-Practice-Tipps sparen Sie sogar einige Stunden Arbeit, wenn Sie denn dieses Kapitel rechtzeitig gelesen haben.

In Kapitel 10, *Von Templates, Themes, Paketen & Co.*, wird es dann technisch, außerdem ist Ihre Kreativität gefragt. An dieser Stelle geht es nämlich um die Aufgabe, das standardmäßig vorhandene Default-Theme anzupassen. Damit Sie das auch ohne Hals- und Beinbruch überstehen, erläutern wir Ihnen die grundlegende Struktur von Magento im Detail und erklären Ihnen im gleichen Atemzug ebenfalls noch, was die kryptisch anmutenden Befehle zu bedeuten haben.

Nach der ganzen Technik ist das Kapitel 11, *Marketing-Tools im Einsatz*, genau das richtige für den Kaufmann in Ihnen. Hier geht es vornehmlich um das Thema Marketing, und Sie erfahren beispielsweise, wie Sie Rabattaktionen durchführen, Sonderangebote einstellen, Newsletter verschicken oder Produkte mittels Up- und Cross-Selling miteinander verknüpfen. Außerdem besprechen wir hier, wie Sie den Erfolg Ihrer Marketingaktionen mithilfe der integrierten Berichtsfunktionalität überprüfen können.

Kapitel 12, *Schnittstellen nutzen*, setzt sich mit der Frage auseinander, wie andere Dienste und Softwarepakete an Magento angebunden werden können. Wir besprechen hier unter anderem verschiedene Google-Dienste wie *Sitemaps* und *Website Optimizer* und gehen auf die verschiedenen Import- und Exportmöglichkeiten des neuen Importmoduls ein, das bereits in Magento 1.5 eingeführt wurde. Last, but not least zeigen wir Ihnen an einem Beispiel, wie sich die Magento-API in der Praxis nutzen lässt.

In Kapitel 13, *Versand- und Zahlarten nutzen*, werfen wir einen genaueren Blick auf die verschiedenen Möglichkeiten, das Repertoire an Versand- und Zahlarten zu erweitern, und widmen uns insbesondere der PayPal-Integration.

Kapitel 14, *Soziale Netzwerke*, steht ganz im Zeichen von Facebook & Co. Hier zeigen wir Ihnen Schritt für Schritt, wie Sie den Webkochshop fit machen für die sozialen Netzwerke.

Ebenfalls voll im Trend liegt das Thema *Mobile Commerce*. Diesem E-Commerce für unterwegs haben wir das Kapitel 15, *Magento unterwegs: Mobile Commerce*, gewidmet, in dem sich alles um die Frage dreht, wie sich Magento auf die neue mobile Shopping-Welt vorbereiten lässt.

In Kapitel 16, *Magento-Performance – schneller, höher, weiter*, gehen wir auf verschiedene Strategien ein, die Geschwindigkeit des Magento-Systems merklich zu erhöhen und aus dem Webkochshop eine wahre Online-Shop-Rakete zu machen.

Wer von Magento gar nicht genug bekommen kann, lernt in Kapitel 17, *Magento mit eigenen Extensions erweitern*, wie sich die Kreativität im Kopf in Funktionsvielfalt im Shop umwandeln lässt. Diese Entwicklereinführung bietet Ihnen einen ersten Anfangspunkt für die Entwicklung von Extensions für Magento.

Zum Abschluss ist Kapitel 18, *Deployment, Betrieb & Troubleshooting*, dem Onlinestellen des Shops sowie dessen Betrieb und der Fehlersuche gewidmet. Wir begleiten Sie bei der Planung des Live-Gangs genauso wie beim Update-Prozess und der Erweiterung des Grundsystems durch neue Module. Dazu stellen wir Ihnen noch einige kostenlos verfügbare Zusatzmodule vor, die sich unserer Meinung nach in der Praxis bewährt haben.

Wir haben festgestellt, dass sich viele Fragen in den Magento-Foren wiederholen und die Antworten dazu in umfangreichen Threads versteckt sind. Um Ihnen die mühevolle Recherchearbeit in diesem Zusammenhang ein wenig zu erleichtern, haben wir eine Sammlung von Frequently Asked Questions (FAQ) als Anhang beigefügt.

Die verwendete Magento-Version

Magento ist eine Software, die sich permanent weiterentwickelt. Dies gilt zum einen für das Grundsystem: In regelmäßigen Abständen veröffentlicht Magento Inc. neue Versionen von Magento, die neben dem Beheben von Fehlern auch Funktionserweiterungen mit sich bringen. Grundlage für die Beschreibungen und Beispiele in diesem Buch ist die zur Drucklegung aktuelle Version 1.8.

Zum anderen gilt das auch für das deutsche Sprachpaket des Systems: Eine nimmermüde Community sorgt dafür, dass die einzelnen Textbausteine sowohl im Frontend als auch im Adminbereich an die jeweilige Sprache angepasst werden. Es ist daher möglich, dass sich die Bezeichnungen für Menüs oder Eingabemasken nach der Veröffentlichung dieses

Buchs noch ändern und Sie Unterschiede zwischen Ihrem System und den hier abgebildeten Screenshots feststellen werden.

Magento Inc. – die Magento-Abteilung von eBay

Magento Inc. (ehemals Varien) ist ein Webentwicklungsunternehmen aus Kalifornien, das im Jahr 2001 als Webdesignagentur von Roy Rubin und Yoav Kutner gegründet wurde. Seit 2003 hat man sich mit dem Thema E-Commerce auseinandergesetzt und Projekte vor allem auf Basis von Open Source-Software entwickelt. Weil Varien nach eigenem Bekunden jedoch immer unzufriedener mit der verfügbaren Software war (»We've been very frustrated with the state of open-source eCommerce – we knew it could be done better.«), begannen die Planungen für das Magento-System im Jahr 2007. Im März 2008 wurde die erste produktive Version 1.0 veröffentlicht, zur Drucklegung dieses Buchs ist die Version 1.8.1 aktuell. Mittlerweile gehört Magento zur Familie der an eBay angeschlossenen Unternehmen. Die Struktur Magentos hat sich mit der Unterstützung durch eBay von einer kleinen Agentur zu einem 400 Mensch starken Softwareunternehmen gewandelt. Somit ist Magento mittlerweile in der Lage, neben der Softwareproduktion auch ein vollständiges »Ökosystem« um sein Produkt herum zu betreiben.

Die Website zum Buch

Papier ist geduldig ... aber das Onlineherz steht nicht still, wenn die Druckmaschinen stillstehen. Damit wir Sie über dieses Buch hinaus begleiten können, finden Sie unter *http://webkochshop.de/* Fehlerkorrekturen und zusätzliche Informationen zu diesem Buch und Magento im Allgemeinen. Weitere Informationen finden Sie außerdem auch auf der Verlagswebsite unter *http://www.oreilly.de/catalog/onlineshops3ger/*.

Typografische Konventionen

Dieses Buch verwendet die folgenden typografischen Konventionen:

Kursiv

> Wird für wichtige Begriffe, Programm- und Dateinamen, URLs, Ordner und Verzeichnispfade, Menüs, Optionen und zur Hervorhebung verwendet.

`Nichtproportionalschrift`

> Wird für Programmcode verwendet.

Dieses Symbol zeigt einen Tipp, einen Vorschlag oder einen allgemeinen Hinweis an.

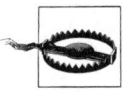

Mit diesem Symbol wird auf Besonderheiten hingewiesen, die zu Problemen führen oder ein Risiko darstellen können.

Ricos Danksagungen zur 3. Auflage

Das Projekt »Magento Anwenderhandbuch« – wie es einmal begann – landete nach vielen Jahren nun doch wieder auf meinem Tisch. Ich habe jetzt das Vergnügen und die Ehre, diesem Kapitel eine persönliche, eigene Danksagung hinzufügen zu dürfen. Roman hat mich die letzten Jahre mehr als nur entlastet und mir das schwere Projekt abgenommen. Auch für die 3. Auflage hat er sich noch mal bereit erklärt, die Feder zu schwingen und das eine oder andere Kapitel beizusteuern. Es ist schön, Roman, dass wir trotz deiner vielen neuen Aufgaben immer noch Zeit finden, zusammenarbeiten!

Ich musste bisher immer schmunzeln, wenn ich die Widmung am Anfang las, denn auch meine Frau heißt Jessica, und so kann ich ruhigen Gewissens die Widmung weiterhin bestehen lassen. Als Dankeschön von Roman an seine und von mir an meine Jessica. Ohne unsere Frauen, die uns die Arbeit mit den Kindern abnehmen, wenn wir uns mal wieder in die schwarz-weiße Welt der Buchstaben verziehen, und die uns Mut und Unterstützung geben, sind solche Projekte kaum realisierbar. Wir sind froh, dass es euch gibt!

Auch Freunde wie Tobias halten mir den Rücken frei, damit ich neben dem anstrengenden und langen Agenturtag noch Zeit finde, an diesem Buch zu arbeiten. Und damit ich nun nicht noch mehr ins Schwafeln gerate und O'Reilly neue Druckbogen für die Extraseiten bezahlen muss, danke ich Inken, die mich ohne Druck, aber doch mit Beständigkeit an den Abgabetermin erinnert und mir mit ihrem wertvollen Wissen eine treue Beraterin geblieben ist!

Ihr seid wichtig – und toll!

Magentos Funktions-Highlights

Schon beim groben Überfliegen der Funktionsliste von Magento wird klar, dass die Magento-Entwickler viele Funktionen zusammengetragen haben, die bisher teilweise nur von kostenintensiven kommerziellen Softwareprodukten geleistet werden konnten. Allen voran muss in diesem Zusammenhang die Multishop-Fähigkeit des Systems genannt werden. Eine entsprechend skalierte Hardwarelösung vorausgesetzt, lässt sich mit einer Installation ein komplexes System von unterschiedlichsten Websites und Shops betreiben und verwalten.

In folgender Liste finden Sie aus den unterschiedlichen Bereichen die Highlights des Systems:

Website-Verwaltung

- Multishop-Funktionalität; mehrere Websites und Shops können von einer zentralen Stelle aus verwaltet werden
- Unterstützung für verschiedene Sprachen, Steuergegebenheiten und Währungen
- API für die Interaktion mit Software von Drittherstellern

Marketing

- Staffelpreise
- Kundengruppen-spezifische Grundpreise
- Katalog- und Warenkorb-basierte Preisregeln
- Up- und Cross-Selling

Produktkatalog

- *Layered Navigation* (Filternavigation) zum einfachen Finden des gewünschten Produkts
- Produktvergleiche und -bewertungen
- Sechs verschiedene Produkttypen

Statistische Auswertungen

- Schneller Überblick über die wichtigsten Shopkennzahlen
- Verschiedene Berichtsformen über Kunden, Bestellungen, Warenkörbe

Sonstiges

- Integration diverser Google-Dienste (*Sitemaps*, *Analytics*, *Website Optimizer*)
- Detaillierte Kunden- und Bestellverwaltung
- Suchmaschinenfreundlich u. a. durch URL-Rewriting

Pro und Kontra: Was hat Magento, das ich nicht habe?

Gerade diejenigen unter Ihnen, die sich mit dem Gedanken tragen, von einem bestehenden Shop auf Magento umzusteigen, werden sich nach dieser Lektüre fragen, ob der Umstieg in ihrem Fall wirklich empfehlenswert ist. Man könnte einwenden, dass viele der oben beschriebenen Funktionen von bisher erhältlichen Softwarepaketen auch geleistet werden können. Cross-Selling ist beispielsweise eine Standardfunktion von *OXID eSales* oder *Shopware*, beides Open Source-E-Commerce-Softwaresysteme, die schon seit einigen Jahren auf dem Markt sind. Unter den vielen Extensions, die man für diese beiden Plattformen finden kann, stößt man mit Bestimmtheit auch auf diejenigen, mit denen sich die Magento-Funktionsliste nachbauen lässt. Jedoch ist man hierbei auf viele Stunden der Suche und anschließenden Implementation angewiesen.

Zweifellos ist die Wahl, Magento als Plattform für Ihre E-Commerce-Aktivitäten zu nutzen, eine zukunftssichere. Aufgrund der umfangreichen Funktionalitäten und der nahezu unbegrenzten Erweiterbarkeit des Systems werden Sie auch nicht an dessen Grenzen stoßen, falls Sie einmal vorhaben, Ihr Angebot beispielsweise auf andere Länder auszuweiten. Wenn Sie Wert legen auf eine Lösung, die flexibel erweiterbar ist, ohne dass das Kernprodukt modifiziert werden muss, wenn Sie eine breit aufgestellte Community mit Diensteanbietern, Agenturen und Freelancern suchen, dann sollten Sie sich für Magento entscheiden.

Modularer Aufbau und Update-Fähigkeit

Die Tatsache allerdings, dass nun eine Software auf dem Markt ist, die nicht durch umfangreiches *Hacking* die Funktionen bereitstellt, die man anstrebt, ist völlig neu. Mehr noch, die Funktionalität lässt sich beliebig erweitern, ohne im Kernsystem herumfuhrwerken zu müssen. Eine der herausragenden Eigenschaften von Magento ist sein modularer Aufbau. Wie Sie später noch sehen werden, ist das Kernsystem strikt von den individuellen Programmbestandteilen getrennt. Dies gilt sowohl für die grafische Gestaltung der einzelnen Bereiche – Pakete, Themes und Layouts – als auch für sämtliche anderen Module, die zusammen mit Magento zum Einsatz kommen sollen.

Alle diese neuen Erweiterungen werden in einem lokalen Benutzerverzeichnis abgelegt, die Dateien des Kernsystems also nicht verändert. Dadurch sind problemlose Updates erst möglich, da eventuelle neue Funktionen, die bei einem anderen System möglicherweise in Systemdateien realisiert worden wären, ausgelagert werden können. Bei einem Update kommt es also nicht zum Überschreiben von individuellen Programmbestandteilen.

Der Marktplatz für Erweiterungen und Themes: Magento Connect

Über das Basissystem hinaus können Shopbetreiber ihre Magento-Installation mithilfe von Themes und Erweiterungen (*Extensions*) noch stärker an die eigenen Bedürfnisse anpassen. Diese neuen Erweiterungen werden in erster Linie über Magento Connect ausgetauscht. Dieser Marktplatz hat zwei verschiedene Bereiche, einen öffentlichen auf *magento.com*, den Sie über den Footer-Link *Connect* erreichen können, und einen shopbezogenen Teil, den Sie in Ihrem eigenen Magento-Shop integriert haben. Dieser ist im Adminbereich Ihres Magento-Shops als *Magento Connect Manager* verlinkt, mit dessen Hilfe Sie neue Erweiterungen leicht installieren können.

Diese Erweiterungen werden entweder kommerziell angeboten oder kostenlos zur Verfügung gestellt. Fast täglich kommen hier neue hinzu, auf dem neuesten Stand darüber können Sie sich auch mithilfe eines extra dafür eingerichteten RSS-Feeds halten.

Wenn Sie eine für Sie interessante Erweiterung gefunden haben, können Sie diese sehr leicht installieren. In der Erweiterungsbeschreibung finden Sie einen Schlüssel, der Ihre Erweiterung eindeutig identifiziert. Geben Sie diesen Schlüssel in den *Magento-Connect-Paketmanager* des Adminbereichs ein, und die jeweiligen Dateien werden sofort heruntergeladen und installiert. Beachten Sie dazu bitte unseren Hinweis zu älteren Magento-Versionen im Zusammenhang mit Magento Connect in Kapitel 11.

Anleitungen und Dokumentation

Zusammen mit der Veröffentlichung der ersten Betaversionen hat sich Magentos Entwicklerfirma Magento Inc. schon darum gekümmert, dass umfangreiches und verständliches Informationsmaterial rund um Magento veröffentlicht wurde. Dieses gibt es in verschiedenen Geschmacksrichtungen, ist über das Register *Resources* zu erreichen und wird in den folgenden Abschnitten kurz vorgestellt.

Knowledge Base

In dieser Artikelsammlung (*http://www.magentocommerce.com/knowledge-base*), die in weiten Teilen von den Magento-Entwicklern selbst verfasst wurde, werden wichtige Fragen zur Anwendung des Systems sowie zu Entwicklungen dafür beantwortet. Benutzer mit einem Magento-Account können hier ihre Kommentare hinterlassen, ansonsten sind diese Beiträge aber im Vergleich zum Magento-Wiki nicht veränderbar.

Webinare

Eine recht junge Idee ist es, virtuelle Seminare zu wichtigen Themen abzuhalten, an denen Zuhörer einfach via Browser teilnehmen können. Die Vortragenden halten einen von Präsentationsfolien unterstützten Vortrag, und anschließend kann das Publikum dazu Fragen stellen, die dann besprochen werden. Die Webinare wurden bisher zu Themen wie Multistore-Management, Promotions und Website Optimizer veranstaltet und können nach der Veranstaltung selbst noch im Webinar-Archiv abgerufen werden unter:

http://www.magentocommerce.com/media/webinars/

Magento User und Designer's Guide

Die dort angebotenen PDF-Dokumente sind Magentos Versuch, eine vollständige Dokumentation zu Magento zu schreiben (*http://www.magentocommerce.com/resources/ magento-user-guide*). Lesen Sie dort aber nicht weiter, lesen Sie stattdessen lieber unser Buch – eine Dokumentation bietet Ihnen schließlich nicht den Komfort, anhand bebilderter Beispiele und versehen mit wertvollen Kommentaren das Gelesene zu verstehen und umzusetzen.

Technical Docs

Für Entwickler, die neue Erweiterungen für Magento schreiben wollen und daher tiefer in die Materie einsteigen müssen, hat Magento Inc. eine PHP-Dokumentation (zu finden unter *http://docs.magentocommerce.com/*) veröffentlicht, in der die einzelnen Core-Module und Instanzen aufgeführt und erläutert werden.

Magento Core API

Magento wurde mit einer Programmschnittstelle (API) konzipiert, mit deren Hilfe man mit dem System mittels verschiedener Protokolle kommunizieren kann. In der Dokumentation wird diese API vorgestellt, und Sie erhalten Anwendungsbeispiele dazu:

> *http://www.magentocommerce.com/api/rest/introduction.html*

Eine aktive internationale Anwender- und Entwicklergemeinde

Jedes quelloffene Projekt steht und fällt mit dem Umfang und der Qualität des zur Verfügung gestellten Dokumentationsmaterials und natürlich auch damit, wie enthusiastisch und hilfsbereit die Community arbeitet. Wie Sie gleich sehen werden, ist dies alles bei Magento reichlich vorhanden, die einzelnen Bereiche beleuchten wir jetzt einmal im Einzelnen. Einen einfachen Einstieg in diese Angebote finden Sie im Register *Community* auf der Magento-Website.

Forum

Ein Forum ist der Treffpunkt für Anwender, Entwickler und möglicherweise Entscheider, die sich ein Bild von der Software machen möchten, um sie später selbst einzusetzen. Das ist beim offiziellen Magento-Forum (*http://www.magentocommerce.com/boards*) nicht anders (Abbildung 1-1). Es gliedert sich im Englischen zunächst in verschiedene Themenbereiche auf, beispielsweise in Fragen zur Installation und zu Upgrades sowie zur Anwendung und Programmierung des Magento-Systems. Darüber hinaus findet man ungefähr 50 Länderforen, in denen die Diskussionen in den jeweiligen Sprachen geführt werden.

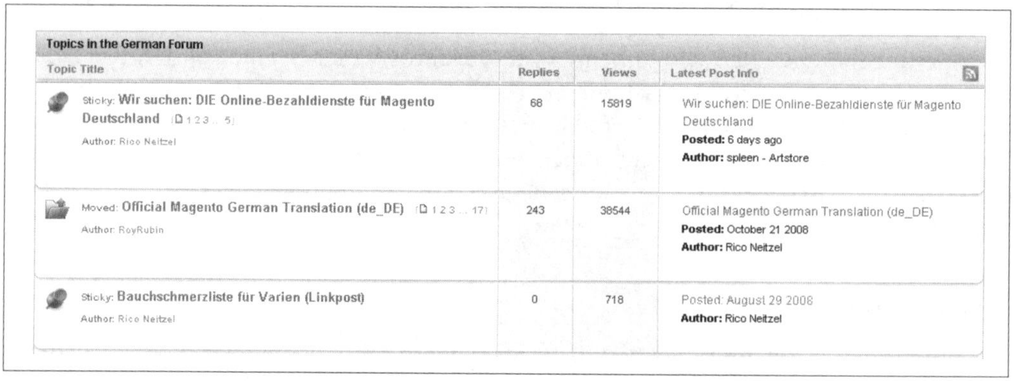

Topics in the German Forum			
Topic Title	Replies	Views	Latest Post Info
Sticky: **Wir suchen: DIE Online-Bezahldienste für Magento Deutschland** (1 2 3 ... 5) Author: Rico Neitzel	68	15819	Wir suchen: DIE Online-Bezahldienste für Magento Deutschland **Posted:** 6 days ago **Author:** spleen - Artstore
Moved: **Official Magento German Translation (de_DE)** (1 2 3 ... 17) Author: RoyRubin	243	38544	Official Magento German Translation (de_DE) **Posted:** October 21 2008 **Author:** Rico Neitzel
Sticky: **Bauchschmerzliste für Varien (Linkpost)** Author: Rico Neitzel	0	718	**Posted:** August 29 2008 **Author:** Rico Neitzel

Abbildung 1-1 : Das Magento-Forum

Das deutschsprachige Forum finden Sie unter *http://www.magentocommerce.com/boards/ viewforum/25/*. In den Länderforen werden sowohl allgemeine Fragen zu Magento diskutiert als auch Eigenheiten der jeweiligen Lokalisierung angesprochen.

Mit einer – für Magento Connect ebenfalls notwendigen – kostenlosen Registrierung können Sie sich hier einen Account anlegen und sofort in die Diskussion einsteigen. Damit haben Sie auch die Möglichkeit, sich im Wiki zu beteiligen.

Forum hinter Glas

Mitte 2014 hat sich Magento dazu entschlossen, die Foren zu schließen. Grund für diesen Schritt war die Tatsache, dass Plattformen wie *stackexchange.com* für diesen Anwendungsfall einfach die besseren Werkzeuge hatten. Als zukunftsorientiertes Unternehmen ging Magento den einzig logischen Schritt und stellte die Foren auf einen nur Lesen Modus um. Somit stehen alle alten Beiträge weiterhin zur Verfügung. Mit einer gezielten Suche bei Google finden man nun am einfachsten Probleme und deren Lösungen rund um Magento; die meisten der Ergebnisse bringen Sie dann zu *stackoverflow.com* oder *magento.stackexchange.com*.

Wiki

Das bekannteste Wiki-Projekt – die Wikipedia – zeigt eindrucksvoll, wie durch die Zusammenarbeit vieler Beteiligter Wissen strukturiert und abgelegt werden kann. Im Magento-Wiki (*http://www.magentocommerce.com/wiki/*) nutzen die Community-Mitglieder ebenso die Möglichkeit, bestimmte Aspekte des Arbeitens mit Magento im Detail so zu dokumentieren, dass andere Leser davon profitieren können. Auf der Startseite finden Sie eine Übersicht über die wichtigsten Themen für Entwickler und Gestalter und können auch nach Themenbereichen suchen, wie Sie in Abbildung 1-2 sehen können. Im Magento-Wiki gibt es Beiträge in unterschiedlichen Sprachen.

Magento Wiki

Welcome to the Magento Wiki! Here, we encourage anyone in our community to add, browse, search, and build onto the world of Magento.

The Magento Wiki belongs to the community, so add to your own knowledge and share what you know here. In order to get you started, we've gathered a list of articles that we think will help you on your way.

Recommended Articles for developers
- How to Create a Payment Module
- How to Create a Shipping Module
- Magento Architecture
- Changing and Customizing Magento Code
- How to Create a Featured Product

Recommended Articles for designers
- Adding Lightbox to Magento
- Changing the Look of the Homepage
- CSS Resources
- Creating CSS Buttons vs. Image Buttons
- Add Home link to Menu Bar

Abbildung 1-2 : Die Startseite des Magento-Wikis

IRC

Nicht offiziell von Magento Inc., aber durchaus sehr gut und regelmäßig besucht ist der IRC Channel *#magento-de* auf *chat.freenode.net*. Dort trifft man auf Community-Mitglieder aller Art, vom Shopbetreiber bis zum tageslichtscheuen Entwickler, und bekommt auf viele Fragen eine prompte Antwort.

Wichtiges Hintergrundwissen

Neben all dem Lobgesang auf Magentos Funktionsumfang und den wichtigsten Ressourcen gilt es aber auch, etwas Hintergrundwissen zu Magento und dessen Anforderungen zu besprechen. Anschließend sind Sie informativ bestens gewappnet und können sich in die Tiefen des Magento-E-Commerce begeben.

Hosting

Natürlich gibt es auch einige Nachteile, die an dieser Stelle nicht unerwähnt bleiben sollen. Wie Sie in Kapitel 2 zur Installation sehen werden, erfordert Magento zum erfolgreichen Betrieb entweder einen speziell konfigurierten Shared Server oder gleich einen entsprechend eingerichteten Managed oder Root-Server, der mit den erforderlichen Softwarekomponenten ausgestattet ist und darüber hinaus noch genügend Hardwareressourcen für einen stabilen Betrieb von Magento aufweist. Dies könnte für all diejenigen Shopbetreiber ein Nachteil sein, die ihre laufenden Kosten zu Beginn gering halten möchten und für die ein kleines Hosting-Paket bei einem Massendienstleister genügen muss.

Die technischen Anforderungen weichen hier doch deutlich von denen einer Standard-Website ab und machen die Auswahl eines geeigneten Hosting-Partners zu Beginn etwas schwierig. Ebenso verhält es sich mit dem benötigten Fachwissen bei Agenturen und Freelancern.

Objektorientierte Programmierung

Ein oft genannter Grund für die Tatsache, dass die Einarbeitung in Magento in den meisten Fällen länger dauert als bei anderen Systemen, ist die Komplexität der Magento-Programmierung. Sie verlangt demjenigen, der das System durch neue Erweiterungen anpassen soll, einiges an Programmierfähigkeiten ab. War es bei gängigen Systemen wie beispielsweise *xt:Commerce* oftmals ausreichend, an den entsprechenden Stellen einige Zeilen (halsbrecherischen) Spaghetti-Code unterzubringen, um die gewünschte Funktionalität zu erreichen, ist dies in Magento nicht ohne Weiteres möglich. Ein Programmierer, der sich daranmacht, Erweiterungen für Magento zu erstellen, sollte beispielsweise auch über den Einsatz von PHP-Frameworks, in diesem Fall besonders des Zend Frameworks, Bescheid wissen. Gute und vor allem verfügbare Magento-Programmierer gibt es (immer noch) recht wenige, die Wahl eines Dienstleisters, dem noch eigene Kapazitäten zur Verfügung stehen, gestaltet sich daher schwieriger als bei einem alteingesessenen System.

Sprache und Lokalisierung

Magento wird von einer US-amerikanischen Firma entwickelt, die sich zunächst auf den amerikanischen Markt konzentriert, außerdem ist das gesamte System in englischer Sprache programmiert worden. Zwar entwickeln Freiwillige in den jeweiligen Ländern die eigenen Lokalisierungen und Sprachpakete sukzessive weiter, trotzdem werden Sie an der einen oder anderen Stelle auf englische Begriffe stoßen, die noch nicht vollständig übersetzt worden sind. Die einzelnen Sprachpakete werden jedoch ständig verbessert, sodass es immer weniger wahrscheinlich wird, dass Ihnen beispielsweise ein englischer Begriff über den Weg läuft und Sie eine Konfigurationseinstellung nur mithilfe eines Wörterbuchs vornehmen können.

Der Ursprung der Software hat in diesem Zusammenhang auch zur Folge, dass mit Abstand die meisten Dokumentationen und Tutorials, und nicht zuletzt der größte Teil des Supportforums, in englischer Sprache gepflegt werden. Ausreichende Kenntnisse in dieser Sprache, um beispielsweise seine Frage nötigenfalls auf Englisch stellen bzw. die jeweiligen Einträge in der Knowledge Base, dem Wiki usw. verstehen zu können, sind daher unabdingbar.

Spezielle Schnittstellen

Die Ausrichtung auf den amerikanischen Markt spiegelt sich auch in der zurzeit noch überschaubaren Anzahl von Erweiterungen – insbesondere Versanderweiterungen – für den deutschen Markt wider.

Besonders für größere Unternehmen, die schon über eine feste Softwareinfrastruktur verfügen, ist es zudem wichtig, wie vorhandene Software an den neuen Shop angebunden werden kann. Gerade bei umsatzstarken Shops ist es essenziell, dass Bestellungen von einer Auftragsverwaltungs- oder ERP-Software weiterverarbeitet werden. Diese Software ist oftmals nicht Open Source, die entsprechenden Schnittstellen werden dann meistens von den Herstellern selbst zur Verfügung gestellt. Gibt es hier noch keine Erweiterungen für Magento, ist das ein Negativkriterium beim Einsatz dieser Software. In puncto ERP-Systeme besteht auch heute noch das Problem, dass viele Lösungen so hochgradig individualisiert sind, dass eine Standardschnittstelle nicht programmiert werden kann. Zu vielen Systemen existieren Lösungen, jedoch ist kaum eine davon öffentlich verfügbar. Finden Sie schließlich doch eine Extension, werden Sie unter Umständen feststellen, dass sie in großen Teilen an Ihre individuellen Bedürfnisse angepasst werden muss. Hier sind Shopsysteme, die schon länger auf dem Markt sind, klar im Vorteil, da es in diesem Fall die nötige Infrastruktur gibt. Sobald eine Software den Mainstream des Markts erreicht hat, gibt es auch zahlreiche Dienstleister, die beispielsweise individuelle Programmierarbeiten durchführen können.

Open Source-Lizenzierung: Die Community-Edition

Die Community-Edition (CE) von Magento wurde ursprünglich unter der OPL 3.0 (*Open Software License*) veröffentlicht, die garantiert, dass diese Software quelloffen bleibt. Da alle Weiterentwicklungen und Änderungen am Kernsystem ebenfalls unter dieser Lizenz veröffentlicht werden müssen, ist auch für die Zukunft gewährleistet, dass Entwickler jederzeit den Quellcode einsehen und für ihre Zwecke nutzen können. Diese Lizenz ist von der Open Source-Initiative lizenziert (*http://opensource.org/licenses/osl-3.0.php*).

Mit Veröffentlichung der Version 1.1.7 fand in Teilen ein Wechsel der Lizenzierung statt. Ab diesem Zeitpunkt fallen beispielsweise alle Dateien von Themes, Templates und Layouts sowie diesbezügliche Konfigurationsdateien unter die AFL 3.0 (*Academic Free License, http://opensource.org/licenses/afl-3.0.php*). Diese Lizenz ist sozusagen eine Tochterlizenz der OSL mit dem kleinen, aber feinen Unterschied, dass es darin keine Verpflichtung zur Veröffentlichung der jeweiligen Änderungen am Quellcode gibt. Dienstleister, die beispielsweise neue Themes erstellen, sind also nicht verpflichtet, den jeweiligen Quellcode offenzulegen, wie dies unter der OSL obligatorisch gewesen wäre.

Kommerzielle Lizenz: Enterprise-Edition (EE)

Alternativ bietet Magento Inc. auch eine kommerzielle Lizenz an, sodass Firmen, die Änderungen an den Core-Dateien vornehmen, nicht gezwungen werden, diese Änderungen an die Community zurückzugeben – wie das bei der OSL der Fall ist.

Die Nutzung der sogenannten Enterprise-Edition ist mit Lizenzkosten von ungefähr 13.000 Dollar pro Jahr verbunden, bringt jedoch in organisatorischer und technischer Hinsicht Vorteile, die besonders große, multinational operierende Unternehmen ansprechen sollen. Magento bietet in diesem Fall besondere Garantien und Supportdienstleistungen an. Einige der Enterprise-Features sind:

Full Page Caching
> Zusätzlich zu den Caching-Mechanismen der CE kommt hier noch ein weiterer Cache hinzu, der in der Lage ist, ganze Shopseiten zwischenzuspeichern, und damit für eine deutliche Performancesteigerung sorgt.

Gutschein- und Bonuspunkt-Funktionalität
> Nutzer der EE haben nun Zugriff auf einen weiteren Artikeltyp, nämlich Gutscheine, die entweder virtuell oder physikalisch in der Artikeldatenbank hinterlegt werden können. Darüber hinaus können Kunden in einem Shop auf EE-Basis Bonuspunkte sammeln und diese für weitere Einkäufe nutzen.

Verbesserte Performance
> Die Aktualisierung wichtiger interner Indizes kann bei der Community-Edition unter Umständen sehr lange Zeit in Anspruch nehmen. Um den hohen Anforderungen großer Unternehmen gerecht zu werden, sind in der EE etliche Änderungen eingeführt, die die Geschwindigkeit des Systems entscheidend verbessern.

 Weitere Informationen zu den Features der EE finden Sie unter *http://enterprise.magento.com.*

Der kleine Bruder der EE wurde im Mai 2010 veröffentlicht und war als Professional-Edition (PE) bekannt. Magento hat sich jedoch dazu entschlossen, diese Zwischenlösung zugunsten der beiden Hauptprodukte einzustellen.

Magento-Partner: Professioneller Support

Im vorherigen Abschnitt haben Sie gesehen, wie die Tatsache, dass es sich bei Magento um eine neue Software handelt, dazu führt, dass viele Dienstleister für diese Software ihre Dienstleistungen in dem Maße anbieten können, wie das bei bereits etablierter Software der Fall ist. In dieser Hinsicht durchläuft Magento einen ähnlichen Prozess wie beispielsweise das komplexe CMS-System TYPO3, das seit seiner Veröffentlichung sowohl auf Anwender- als auch auf Entwicklerseite sukzessive immer mehr Anhänger gefunden hat und immer noch findet. Aktuell findet man eine Reihe von Dienstleistern, die sich auf TYPO3 spezialisiert haben und sehr individuelle Lösungen für diese Software anbieten.

Auf die gleiche Weise entwickeln sich die Strukturen rund um Magento mit dem Unterschied, dass Magento Inc. ein Partnerprogramm anbietet, um diesen Prozess einerseits zu beschleunigen und andererseits zu professionalisieren. Für eine gestaffelte Jahresgebühr können Freelancer und Firmen eine Partnerschaft beantragen. Sobald die strengen Voraussetzungen für eine bestimmte Partnerstufe erreicht sind, darf sich die Agentur als offizieller Magento-Partner bezeichnen. Die unterschiedlichen Arten der Partnerschaft beinhalten gestaffelte Services wie Support, Verlinkungen auf der Magento-Website und exklusive Informationen. Allein in Deutschland gibt es schon eine ganze Reihe offizieller Magento-Partner, die ihren Kunden Dienstleistungen anbieten. Unter der Adresse *http://magento.com/partners/overview* finden Sie alle diese Partner.

Diese Partnerliste lässt sich sowohl nach dem jeweiligen Land als auch nach Supportstufe und Tätigkeitsbereich sortieren. Eine Übersicht über die verschiedenen Partnerprogramme, die Magento Inc. anbietet, finden Sie unter *https://partners.magento.com/English/.*

Darüber hinaus besteht die Möglichkeit, für seinen Shop einen Beratervertrag direkt mit Magento Inc. abzuschließen. Auch hier sind die Beiträge und die entsprechenden Leistungen gestaffelt und beinhalten entweder einen Support via Internet oder auch telefonisch. Den kompletten Überblick über die Ihnen zur Verfügung stehenden Pakete der *Magento Expert Consulting Group* finden Sie unter *http://www.magentocommerce.com/consulting/.*

Mit diesen Schritten sorgt Magento Inc. dafür, dass sich Magento weiter im professionellen Bereich etabliert und auf effiziente Weise Support geleistet werden kann.

Nachdem Sie einen ersten Überblick über Magento und das Umfeld der E-Commerce-Software gewonnen haben, geht es mit dem nächsten Kapitel rein in die Praxis und ran an die Installation des Shopsystems.

KAPITEL 2
Magento installieren

Am Anfang unserer Reise durch das Magento-System steht das Herunterladen der Software und deren Installation auf einer geeigneten Hosting-Lösung. Während der erste Schritt mehr oder weniger aus einem Klick auf den richtigen Download-Link auf der Magento-Website besteht, ist der zweite nicht mehr ganz so trivial. Wenn Sie sich im Vorfeld schon ein wenig mit Magento beschäftigt und vielleicht den einen oder anderen Beitrag dazu im Internet gelesen haben, werden Sie wissen, dass die Frage, wie – oder, genauer gesagt, auf welcher Hosting-Lösung – man Magento am besten installiert, oftmals Gegenstand vieler Diskussionen ist. Da Magento beispielsweise auf der Zend-Engine basiert und diese in Bezug auf Softwarekomponenten recht anspruchsvoll ist, hat das auch unmittelbar Folgen für den zu verwendenden Server.

In diesem Kapitel werden wir erläutern, welche Hosting-Lösung für den Einsatz von Magento infrage kommt und wie Sie diese so vorbereiten können, dass ein performanter Betrieb gewährleistet ist. Sind alle Vorbereitungen getroffen, werden wir Ihnen Schritt für Schritt beschreiben, woher Sie die Installationsdateien beziehen und wie die Installationsroutine zu durchlaufen ist.

Diese Prozedur werden Sie dabei zweimal absolvieren (es heißt zwar landläufig, doppelt genäht hält besser, der Grund ist jedoch hier ein anderer). In der ersten Version werden Sie die Beispieldateien (*Sample Data*), bestehend aus einer Datenbankdatei und mehreren Bildern, installieren. Diese Installation dient als Grundlage für die verschiedenen Beispiele des Crashkurses in Kapitel 3, in dessen Verlauf Sie Artikeldaten bearbeiten oder andere kleinere Änderungen im Adminbereich vornehmen. Dies ist sozusagen Ihre Magento-Spielwiese, auf der Sie sich nach Herzenslust austoben und das System auf Herz und Nieren testen können. Auf Ihrem lokalen Server könnten Sie diese Variante beispielsweise unter *http://127.0.0.1/magento/* einrichten.

Bei der zweiten Installation verzichten Sie auf die Beispieldateien und bringen eine nackte Version von Magento auf Ihren Server. Darin sind beispielsweise keine Produkte enthalten, sodass Sie einen Shop ganz von Anfang an aufsetzen können. Anhand eines Online-Shops für Kochzubehör mit dem Namen *Webkochshop* werden Sie diese Version so auf- und ausbauen, dass Sie im weiteren Verlauf die verschiedenen Funktionen und Möglichkeiten von Magento im Detail kennenlernen werden. Die URL dazu ist *http://127.0.0.1/webkochshop/*.

Shared versus Root-Server: Was ist die ideale Hardware für Magento?

Die Frage, ob man Magento auf einem virtuellen Server installieren kann, wird – analog zur Radio-Eriwan-Standardantwort – ebenfalls erwidert mit: »Im Prinzip ja ...«. Es gibt sehr wohl Beispiele dafür, dass man Magento auf einer Shared Server-Lösung performant zum Laufen bringen kann. Hier stellt sich nur die Frage, wie zukunftssicher solch eine Lösung letztlich ist. Wenn man davon ausgeht, dass man seinen neuen Magento-Shop bewirbt und stetig mehr Besucher kommen, sind irgendwann die Ressourcen einer Shared-Lösung aufgebraucht. Daher ist es wichtig, sich für einen Anbieter zu entscheiden, der sich auf Magento spezialisiert hat und entsprechende Ausweichlösungen anbieten kann.

Ein kritischer *Bottleneck* eines virtuellen Servers ist der zugeteilte Arbeitsspeicher, der von PHP/MySQL verwendet werden darf. Sobald rechenintensive Operationen durchgeführt werden, wie beispielsweise Importe oder Exporte, kommt man häufig an die Grenzen. Oft ist es dann nicht möglich, bei einer Shared-Lösung die entsprechenden Limits bis ins Unendliche zu steigern, sodass die richtige Lösung dann ein eigener Server ist.

Apropos eigener Server: Zurzeit sind die Mietkosten für einen eigenen Root-Server überschaubar. Und da wir davon ausgehen, dass Sie mit Ihrem Shop ein multinationales Unternehmen gründen möchten, dürften die Hosting-Kosten noch in die Kalkulation passen.

Allerdings sollte man bedenken, dass ein eigener Root-Server keine Garantie für einen schnellen und performanten Magento-Shop ist. Auch einem gut ausgestatteten Quad-Core-Server muss über Konfigurationsdateien mitgeteilt werden, wie Ressourcen einzusetzen sind. Die Standardkonfiguration vieler Root-Server ist meistens auf »wenig Probleme« ausgelegt, sodass erst einmal die passende Grundlage geschaffen werden muss.

Damit wären wir auch gleich beim nächsten Punkt, der Serversicherheit. Die heutzutage verfügbaren schönen Konfigurationsoberflächen wie Plesk & Co. vermitteln den Eindruck, alles mit einem Klick erledigen zu können, aber das ist nicht der Fall. Root-Server-Angebote richten sich in erster Linie an erfahrene Linux-User mit entsprechender Systemkenntnis. Wer einen Root-Server ohne entsprechendes Wissen betreibt, gefährdet nicht nur seinen eigenen Shop, sondern auch andere, da gehackte Maschinen sehr oft als Spam-Schleuder oder zum Angriff anderer Systeme missbraucht werden. Die Haftung liegt erst einmal beim Mieter des Servers.

Wer nicht über das entsprechende Wissen verfügt, einen Root-Server zu betreiben, sollte zu einem sogenannten Managed Server greifen. Der Preis dieser Angebote beinhaltet nicht nur die reine Servermiete und dessen Unterbringung im Rechenzentrum, sondern auch (meistens) ein breites Spektrum an zusätzlichen Services wie die Überwachung und Pflege des Systems. Normalerweise kann der Kunde sich bei der Wahl eines Managed Server ruhigen Gewissens auf das Verkaufen seiner Produkte kümmern, da sich Profis im Hintergrund um den reibungslosen Betrieb kümmern.

Da die Inklusivleistungen solcher Managed Server nicht immer gleich sind, sollte vor Vertragsabschluss genau verglichen und natürlich abgeklärt werden, ob ein problemloser Betrieb eines Magento-Shops überhaupt möglich ist und welche speziellen Konfigurationswünsche umgesetzt werden können.

Nach diesem kleinen Exkurs in die verschiedenen Hosting-Lösungen zurück zum Thema dieses Kapitels, der Installation des Magento-Shops.

Welche Softwarekomponenten werden benötigt?

Ein Grund dafür, dass die Auswahl einer geeigneten Hosting-Lösung nicht ganz so einfach ist wie bei anderen Open Source-Produkten, liegt in den erforderlichen Softwarekomponenten, die auf dem jeweiligen Server installiert und konfigurierbar sein müssen. Diese Komponenten sind:

Betriebssystem
  Linux x86, x86-64

Webserver
  Apache 1.3x, Apache 2.0.x, Apache 2.2.x

Browser
  Microsoft Internet Explorer 6 oder neuer, Mozilla Firefox 2.0 oder neuer, Apple Safari 2.x, Google Chrome

  Das Adobe Flash Player-Plug-in sollte installiert sein (darüber wird unter anderem der Bild-Upload im Adminbereich realisiert).

PHP-Kompatibilität
  Version 5.2.0 oder neuer, folgende Komponenten sollten installiert sein:
  - PDO_MySQL
  - simplexml
  - mcrypt
  - hash
  - GD
  - DOM
  - iconv
  - SOAP (für den Betrieb der Magento-API)
  - Safe_mode off
  - Memory Limit 32 MByte oder mehr

MySQL
> Version 4.1.20 oder neuer, InnoDB storage engine

SSL
> Falls Checkout- und Adminbereich über HTTPS abgesichert werden sollen, sollte ein gültiges SSL-Zertifikat verwendet werden. Selbst signierte Zertifikate werden nicht akzeptiert.

Server/Hosting/Setup
> In PHP5 sollte die Möglichkeit gegeben sein, Cronjobs auszuführen. Außerdem muss es möglich sein, bestimmte Optionen in *.htaccess*-Dateien überschreiben zu können.

Hier sieht man übrigens auch schon ganz gut, warum der Betrieb eines eigenen Root-Servers für Magento eine sinnvolle Sache ist: Nicht jeder Hoster hat beispielsweise alle erforderlichen PHP-Module installiert (oder ist bereit, das nachträglich zu tun).

Die Geschwindigkeit optimieren

Wie bereits eingangs erwähnt, sollte die Konfiguration des Servers nicht vernachlässigt werden. Da es kein allgemeingültiges Erfolgsrezept für einen schnellen Magento-Shop gibt, kursieren zahlreiche Tuning-Anleitungen im Internet. Die genauen Werte der folgenden Parameter lassen sich meistens erst im Betrieb feststellen und sollten von Zeit zu Zeit ein Feintuning erfahren.

Betriebssystem 32 Bit vs. 64 Bit

Die Wahl des Betriebssystems spielt bei Konfigurationen mit mehr als 4 GByte Arbeitsspeicher eine entscheidende Rolle, da nur 64-Bit-Betriebssysteme in der Lage sind, einen größeren Arbeitsspeicher sinnvoll zu verwalten. Eine gute Basis bieten Enterprise-Betriebssysteme wie Debian, CentOS oder RedHat, da diese einen wesentlich längeren Lebenszyklus haben als reine Desktop-Betriebssysteme. Neben den meistens stabileren und besser getesteten Softwarekomponenten entfällt auch das häufige Aktualisieren.

Webserver

Der Apache-Webserver ist heute der am weitesten verbreitete und bietet eine solide Ausgangsbasis. Wer die Wahl hat, sollte sich für die aktuellste Version (2.2.x) entscheiden, weil neben der besseren Sicherheit auch die Performance von Version zu Version verbessert wurde.

Da nicht jeder Internetuser über eine schnelle DSL-Verbindung verfügt, sollten Inhalte wie reines HTML, JS und CSS vor der Auslieferung an den Besucher entsprechend komprimiert werden. Kompressionsraten von bis zu 75 % sind keine Seltenheit und sparen neben Ladezeit auch einiges an Traffic, was bei einem gut besuchten Shop bares Geld bedeutet.

Bereits komprimierte Inhalte wie Bilder (GIF, JPG, PNG) sollten von der zusätzlichen Bearbeitung ausgenommen werden, weil sie schon optimal für die Internetnutzung vorbereitet sind. Eine erneute Bearbeitung würde nur CPU-Zeit kosten und keine Vorteile bringen.

PHP-Kompatibilität

Auch bei der PHP-Version sollte man auf aktuelle Software setzen (5.2.x, besser 5.3.x), da veraltete Versionen meistens das Einfallstor für Angreifer sind. Zusätzliche Sicherheit bieten Sicherheitspatches wie *Suhosin* oder *ModSecurity*. Achtung: Eine falsche Konfiguration kann Magento beeinträchtigen oder gar unbrauchbar machen.

Die oben genannte *Memory Limit*-Spezifikation von mindestens 32 MByte reicht gerade einmal, um den Shop zu installieren und anzuschauen. Wer den Magento-Betrieb realistisch plant, sollte mindestens 96 MByte oder mehr einkalkulieren.

Ganz wichtig für eine ordentliche Performance ist ein sogenannter *Op-Code-Cache*. In diesem Zwischenspeicher legt das System einmal in Maschinensprache übersetzte Skripte ab und kann diese beim nochmaligen Aufruf der Seite ohne erneute Übersetzung direkt wieder ausführen. Je nach Konfiguration des Systems sollte die Wahl auf *APC*, *XCache* oder *eAccelerator* fallen.

MySQL

Auch bei der Wahl des MySQL-Servers sollte man mit der Zeit gehen und sich für eine ausgereifte 5.0-Version entscheiden. Diese bietet eine bessere Unterstützung aktueller Standards und ist um einiges schneller als die veraltete 4er-Version.

Neben einer aktuellen MySQL-Version wirkt die richtige Konfiguration des MySQL-Servers wie ein Turbo für unseren neuen Magento-Shop. Eine Verbesserung der Ladezeit um 100 bis 1.000 % ist keine Seltenheit und lässt sich bereits mit kleinen Veränderungen der Einstellungen erreichen.

Am wichtigsten ist die Aktivierung der *InnoDB-Engine*, da diese nicht immer von Haus aus aktiviert ist. Eine nachträgliche Aktivierung erfordert viel Arbeit und kann zu ungewollten Ergebnissen im Betrieb führen, die von außen nur schwer zu erkennen sind.

Als Nächstes sollte dem MySQL-Server ein Teil des zur Verfügung stehenden Arbeitsspeichers zugeteilt werden. Die Einstellung nennt sich *Query-Cache* und sorgt ähnlich wie der *PHP-Op-Code-Cache* dafür, dass Ergebnisse zwischengespeichert und schneller abgerufen werden können. Gerade diese Einstellung sorgt bei Magento aufgrund seiner komplexen Datenbankstruktur für signifikante Geschwindigkeitsverbesserungen.

Allgemeine Optimierungen

Wer nach diesen Optimierungsmöglichkeiten noch Arbeitsspeicher zur Verfügung hat, kann stark frequentierte Ordner des Magento-Shops in ein RAM-Drive (*tmpfs*) legen. Allerdings sollte man bedenken, dass ein Servercrash oder Reboot die Leerung des RAM zur Folge hat. Dateien, die zuvor in bearbeiteter Form im RAM lagen, müssen nun eventuell neu berechnet werden, was zu einer vorübergehende Lastspitze führen kann. Als Beispiel wären hier ganz klar die von Magento bearbeiteten und angelegten Dateien mit Produktbildern zu nennen.

Magento installieren

Nach diesen Vorüberlegungen zu den idealen Einstellungen für den performanten Betrieb eines Magento-Systems widmen wir uns in den nächsten Abschnitten der eigentlichen Installation. Dazu werden Sie zunächst zwei verschiedene Datenbanken auf Ihrem Server anlegen, im nächsten Schritt die Beispieldaten einfügen und schließlich zweimal Magento auf Ihrem Server installieren.

In diesem Zusammenhang haben Sie zwei Möglichkeiten, Magento zu installieren. In der ersten Variante nutzen Sie den sogenannten Magento Downloader, der während der Installation die nötigen Dateien vom Magento-Server nachlädt. Die zweite Variante beinhaltet ein komplettes Installationspaket, sodass Sie Magento auch ohne aktive Internetverbindung installieren können. Auf beide Varianten gehen wir ebenfalls in diesem Abschnitt ein.

 Die aktuelle Version des Magento-Installationsarchivs sowie der Beispieldaten finden Sie auf der Website des Herstellers unter *http://www.magentocommerce.com/download/*.

Die MySQL-Datenbank vorbereiten

Dieser Prozess gestaltet sich leider bei jedem Anbieter anders, sodass der Vorgang an dieser Stelle nur umschrieben werden kann. In der Regel hilft der Support Ihres Anbieters weiter.

Loggen Sie sich in Ihren Kundenbereich ein und legen Sie zwei neue MySQL-Datenbanken an. Den Namen des Datenbankservers, die Namen der Datenbanken und deren Benutzer sowie die zugehörigen Passwörter notieren Sie sich zur späteren Verwendung. Hierbei dient die erste Datenbank unserer Installation von Magento mit Beispieldaten und die zweite der nackten Installation.

Die Beispieldaten installieren

Bevor Sie das Grundsystem installieren, müssen auf jeden Fall vorher die Beispieldaten installiert werden. Auf der Magento-Website werden im Download-Bereich (*http://www.magentocommerce.com/download/*) unter anderem die Beispieldaten (*Sample Data*) als

Archiv zum Download angeboten. Dieses Archiv enthält zum einen eine SQL-Datei, mit der verschiedene Demokategorien und -produkte in die Datenbank geschrieben werden, und zum anderen eine Reihe von Produktbildern. Da Sie diese Beispieldaten für die erste unserer beiden Installationen benötigen, laden Sie zuerst das *Sample Data*-Archiv herunter (Abbildung 2-1). Wenn Sie nicht wissen, welches Archivformat (*.zip, .tar.gz, .tar.bz2*) Sie auf Ihrem Computer entpacken können, ist die sicherste Wahl das ZIP-Format. Dieses wird auf fast allen Computern von Haus aus unterstützt. Der Download wird einige Minuten in Anspruch nehmen.

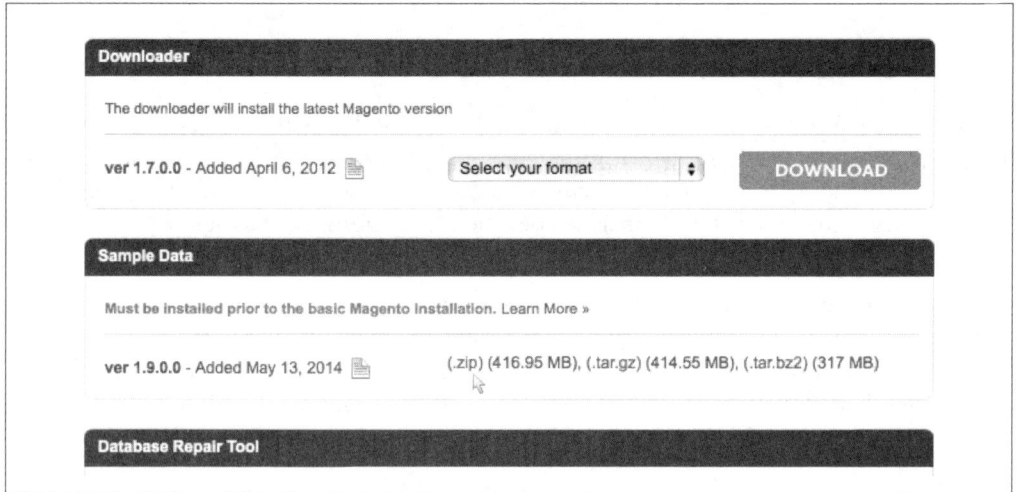

Abbildung 2-1: Herunterladen der Beispieldateien

Ist der Download abgeschlossen, entpacken Sie das Archiv auf dem Desktop. Den Ordner *media* laden Sie anschließend direkt auf den Webserver. Der richtige Ort dafür ist das Root-Verzeichnis (meistens der Ordner */html*, */public_html* oder */www*).

Während der Upload läuft, können Sie die Zeit nutzen und die Beispieldaten in Ihre frisch erstellte MySQL-Datenbank importieren. Hierzu loggen Sie sich wieder in den Kundenbereich ein und suchen nach phpMyAdmin, über das Sie Ihre Datenbanken verwalten können. Wenn Sie mehrere Datenbanken besitzen, wählen Sie nun links die Magento-Datenbank aus und klicken anschließend oben auf das Register *Importieren*.

In der folgenden Eingabemaske klicken Sie auf *Durchsuchen* und wählen die Datei mit der Endung *.sql* aus dem zuvor entpackten Archiv aus. Die Eingabe bestätigen Sie anschließend mit *OK* und warten, bis der Import erfolgreich beendet wurde. Dies kann wiederum einige Minuten dauern.

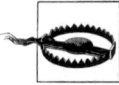 Die Standardkonfiguration von PHP lässt meist den Upload größerer SQL-Dateien nicht zu. In diesem Fall schlägt der Upload fehl und quittiert den Dienst mit dem Hinweis, dass die hochzuladende Datei das zulässige

Upload-Volumen überschreitet. Die PHP-Konfiguration muss hierfür angepasst werden! Der Wert für die Eigenschaften `upload_max_filesize` und `post_max_size` sollte auf über 32 MByte eingerichtet werden.

Nach dem Importieren der SQL-Datei und dem Hochladen der Produktbilder haben Sie sämtliche Vorbereitungen getroffen. Es folgt nun die eigentliche Installation des Magento-Systems.

The Easy Way – Der Magento Downloader

Magento wird in zwei Versionen zum Download angeboten, einmal in der wesentlich kleineren Installer-Variante, in der nur die nötigsten Dateien enthalten sind und die restlichen während der Installation nachgeladen werden, und einmal in der Komplettvariante, in der alle nötigen Dateien bereits enthalten sind. Da der Upload vieler kleiner Dateien sehr lange dauern kann, entscheiden wir uns zuerst für die Installer-Variante.

Besuchen Sie nun die Magento-Website und öffnen Sie den Download-Bereich unter *Downloads → Download Magento*, von dem Sie vorhin die Beispieldaten heruntergeladen haben. Holen Sie sich nun den Downloader auf Ihren Rechner, indem Sie sich im Dropdown-Menü das gewünschte Archivformat aussuchen (es stehen wie auch schon bei den Beispieldaten die Endungen *.zip*, *.tar.gz* und *.tar.bz2* zur Verfügung) und auf *Download* klicken.

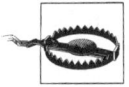 Magento prüft beim Aufruf einer Seite immer die Zugriffsberechtigung. Dabei findet auch eine Prüfung der URL statt. Eine URL muss zwingend einen Punkt (.) enthalten, damit die Sicherheitsprüfung erfolgreich bestanden werden kann. Vermeiden Sie daher in Testumgebungen Domainnamen, die keinen Punkt enthalten (wie etwa *localhost*).

Nachdem Sie das Archiv erfolgreich heruntergeladen haben, entpacken Sie es ebenfalls auf Ihren Desktop und laden die Dateien wiederum in das Dokument-Root-Verzeichnis Ihres Webservers. Nach dem Upload der Dateien rufen Sie die Domain zum ersten Mal im Browser auf. Wenn alles im korrekten Ordner liegt, sollte sich nun der Magento-Installer öffnen (Abbildung 2-2).

Der Installer wird erst mal den Download der benötigten Dateien direkt vom Magento-Server durchführen, den Vorgang starten Sie durch einen Klick auf *Start the download process*. Keine Angst, sobald Sie die Installation gemeistert haben, bringen wir als Erstes unserem neuen Magento-Shop die deutsche Sprache bei.

Nach dem Download der Dateien gelangen Sie zur nächsten Seite mit den Lizenzbestimmungen. Um den *Continue*-Button zu aktivieren, setzen Sie den kleinen Haken in das Kontrollkästchen *I agree to the above terms and conditions* und akzeptieren so die vorher vollständig gelesenen Lizenzbestimmungen.

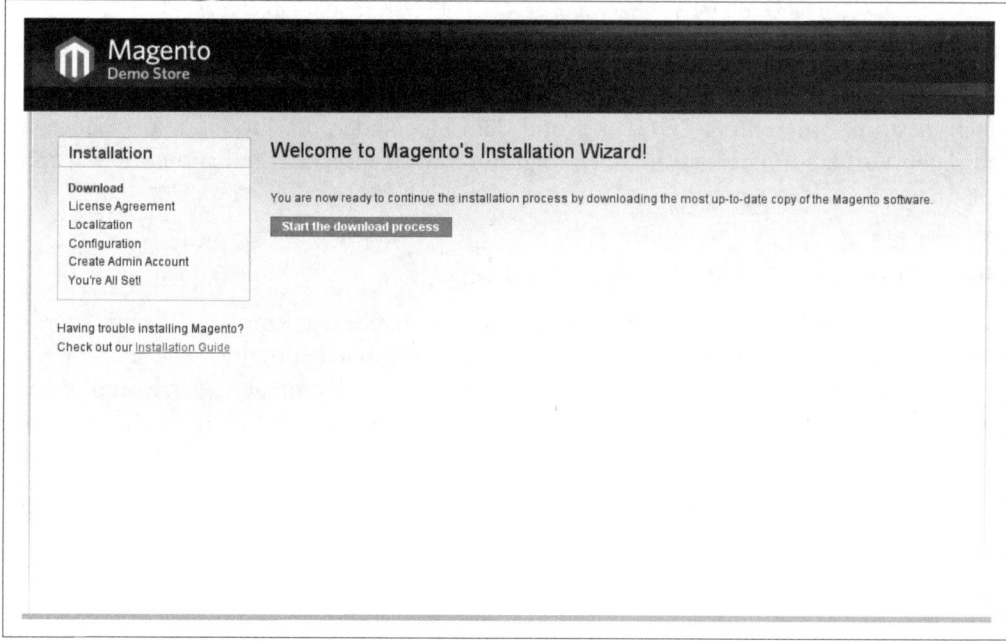

Abbildung 2-2 : Der Magento-Installer

Weiter geht es mit der Lokalisierung des Shops. Dazu wählen Sie in den drei Feldern die folgenden Einstellungen:

- *Locale*: *German (Germany)*
- *Time Zone*: *W. Europe Standard Time (Europe/Berlin)*
- *Default Currency*: *EUR*

Auch wenn wir bereits jetzt die deutsche Einstellung gewählt haben, werden Installer und Shop weiterhin in Englisch angezeigt, dies ist so weit korrekt.

Nach einem weiteren Klick auf *Continue* befinden Sie sich bereits auf der Zielgeraden, Ihr eigener Magento-Shop rückt in greifbare Nähe! Die nun angezeigte Seite wirkt auf den ersten Blick etwas anspruchsvoller als die vorherigen, daher gehen wir jedes Feld kurz durch (Abbildung 2-3):

Database Connection

- *Host*: *localhost* (eventuell muss hier der MySQL-Server eingetragen werden, in den meisten Fällen ist *localhost* aber bereits korrekt voreingestellt).
- *Database Name*: Hier geben Sie den Datenbanknamen ein, den Sie zuvor notiert haben – nicht den Benutzernamen der Datenbank, diesen fügen wir erst im nächsten Feld ein.
- *User Name*: Hier wird der Benutzername der Datenbank eingegeben, bitte nicht den späteren Benutzernamen des Shopinhabers eintragen!

Abbildung 2-3 : Eintragen der Konfigurationsdateien

- *User Password*: Ebenfalls das Datenbankpasswort und nicht das Passwort für den Shopinhaber.

- *Tables Prefix*: Kann in den meisten Fällen leer bleiben. Sollten Sie eine Datenbank verwenden, die bereits Tabellen eines anderen Systems enthält, sollten Sie ein Präfix setzen. Das Präfix, in unserem Beispiel *mage_*, muss aus kleinen Buchstaben bestehen und wird jeder Tabelle vorangestellt: *admin_user => mage_admin_user*. Durch das Präfix verhindern wir Probleme, wenn zwei Tabellen den gleichen Namen haben.

Web access options

- *Base URL*: Ist die vollständige URL unseres Shops und eigentlich korrekt voreinge-stellt.

- *Admin Path*: Wird an die Base-URL angehängt, um den Adminbereich des Shops aufzurufen. Die Vorauswahl ist für unsere Testinstallation so weit okay. Wer den Administrationsbereich unter einer anderen URL haben möchte, kann hier einen anderen Namen eingeben. Dies erschwert automatisierten Scannern das Auffinden und Knacken des Adminbereichs und bietet so im Live-Betrieb des Shops zusätzli-che Sicherheit.

- *Enable Charts*: Wenn Sie möchten, dass Magento Kennzahlen in Diagrammen dar-stellen soll, aktivieren Sie dieses Häkchen. Seien Sie aber gewarnt: Um diese Dia-gramme zu erstellen, bedient sich Magento eines Google-Diensts, dem die Domain und die Umsatzzahlen Ihres Shops übertragen werden.

- *Skip Base URL validation before next step*: Der Installer versucht während der Instal-lation, die eingegebene URL selbst aufzurufen und somit zu prüfen. Wenn eine Domain ganz frisch registriert wurde oder Sie in Ihrer Entwicklungsumgebung eine erfundene Domain verwenden, kann es sein, dass der Installer die Domain nicht aufrufen und damit auch nicht prüfen kann. Er würde dann einen Fehler melden und die Installation verhindern. Durch Setzen des Hakens übergehen wir den Domain-Check.

- *Use Web Server (Apache) Rewrites*: Sollte auf jeden Fall gesetzt werden, da es unter anderem für die Suchmaschinenoptimierung bzw. für die sogenannten sprechenden URLs zuständig ist. Beachten Sie jedoch, dass dazu die Apache-Erweiterung *mod_rewrite* nötig ist. Bei 99,9 % der Hostingpakete ist das aber der Fall.

- *Use Secure URLs (SSL)*: Darf nur gesetzt werden, wenn Sie ein SSL-Zertifikat besit-zen und dieses korrekt eingerichtet wurde. Selbst signierte Zertifikate werden vom Installer abgewiesen und können nicht genutzt werden.

Session storage options

Diese Option legt fest, wo Magento die Session-Daten einzelner User speichern soll. Sessions sind unter anderem für die Verwaltung der Warenkörbe und das Kunden-Log-in zuständig. Normalerweise sollte die Einstellung *DB* schneller sein als das Speichern auf der Festplatte (*Files*). Wer sich allerdings für eine Optimierung mit einem RAM-Drive entscheidet, muss hier *Files* auswählen.

Sie bestätigen die Eingaben durch einen Klick auf *Continue* und werden zur nächsten Seite weitergeleitet (Abbildung 2-4).

Die nächste Seite ist selbsterklärend. Zuerst geben Sie Ihren Vor- und Nachnamen gefolgt von Ihrer E-Mail-Adresse ein. Dann wählen Sie Ihren Benutzernamen und vergeben ein sicheres Passwort. (Bitte verwenden Sie eine Kombination aus Buchstaben und Zahlen.) Das Feld *Encryption Key* lassen Sie leer und bestätigen Ihre Eingaben wieder mit *Con-tinue*.

Abbildung 2-4: Fast am Ziel: Eingabe des Benutzernamens

Auf der nächsten und letzten Seite kopieren Sie den generierten *Encryption Key* in eine Textdatei und bewahren ihn an einem sicheren Ort auf (Abbildung 2-5).

Abbildung 2-5: Der automatisch generierte Encryption Key wird angezeigt

Dieser Schlüssel ist sehr wichtig, wenn der Shop einmal neu installiert werden oder auf einen anderen Server umziehen muss! Ohne diesen Schlüssel sind alle in der Datenbank verschlüsselt gespeicherten Benutzerdaten wertlos!

Abschließend haben Sie die Wahl: Durch einen Klick auf *Go to Frontend* gelangen Sie auf die Startseite des neuen Magento-Shops, *Go to Backend* führt Sie direkt in den Admin-bereich. Wählen Sie hier Letzteres, um dort das deutsche Sprachpaket installieren zu können, was im Detail auf Seite 29 erläutert wird.

Herzlichen Glückwunsch! Sie haben soeben erfolgreich Ihren ersten Magento-Shop installiert. Vollziehen Sie die oben genannten Schritte nun ein zweites Mal, um ein weitere Version von Magento auf Ihrem Server zu haben – diesmal ohne Beispieldaten und natürlich mit den Datenbankzugangsdaten zu Ihrer zweiten Datenbank.

Installation mit vollständigem Installationsarchiv

Eine Alternative zur vorher beschriebenen Installation mithilfe des Downloader ist die Nutzung des kompletten Installationspakets (*Full Release*). Alle Dateien, die der Down-loader während des Installationsprozesses direkt vom Magento-Server geladen hat, sind in diesem Paket bereits enthalten. Sie können also Magento mithilfe dieses Pakets bei-spielsweise auf einer lokalen Serverumgebung installieren, auch wenn Sie bei der Installa-tion nicht über eine Internetverbindung verfügen. Genau von diesem Fall gehen wir in diesem Abschnitt aus und erläutern Ihnen hier die nötigen Schritte.

Laden Sie sich aus dem Download-Bereich (*Downloads* → *Download Magento*) das Installationspaket im entsprechenden Archivformat auf Ihren Rechner. Entpacken Sie es mit einem passenden Programm und verschieben Sie es so in das Root-Verzeichnis Ihres lokalen Servers, dass es beispielsweise unter der folgenden URL erreicht werden kann: *http://127.0.0.1/magento/*. Damit sind fast alle Schritte erledigt, es fehlen lediglich noch einige Verzeichnisrechte, die Sie an dieser Stelle ändern müssen.

Folgende Verzeichnisse benötigen volle Schreibrechte:

- */app/etc/*
- */var/*
- */media/*

Diese Schreibrechte vergeben Sie, indem Sie beispielsweise mithilfe eines FTP-Pro-gramms für die genannten Verzeichnisse den Wert *777* bzw. *0777* setzen. Verwenden Sie eine lokale LAMP-Umgebung unter Windows (beispielsweise das Produkt XAMPP), lässt sich der Schreibschutz der entsprechenden Verzeichnisse über den Windows Explorer aufheben.

Vor der Installation prüft Magento unter anderem, ob die Verzeichnisrechte richtig gesetzt wurden. Werden Fehler festgestellt, werden Ihnen diese angezeigt (Abbildung 2-6).

Bevor etwaige Probleme nicht behoben worden sind, lässt sich die Installation nicht fort-führen.

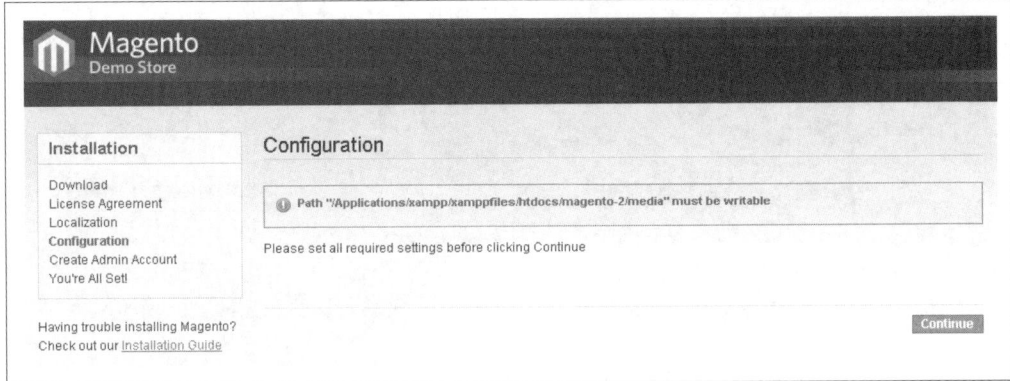

Abbildung 2-6: Magento hat noch Probleme bei den Verzeichnisrechten festgestellt

Nachdem Sie die Berechtigungen wie genannt angepasst haben, steht einer Installation von Magento in dieser Variante nichts mehr im Weg. Rufen Sie die URL *http://127.0.0.1/ magento/* auf, werden Sie zur Startseite des Magento-Installers weitergeleitet, den Sie bereits auf Seite 23 kennengelernt haben. Alle weiteren Installationsschritte sind identisch mit denen, die wir in diesem Abschnitt schon im Detail besprochen haben.

Das deutsche Sprachpaket installieren

Im Installer haben Sie unter anderem bereits festgelegt, dass Ihre Magento-Installation beispielsweise in Westeuropa zu Hause sein und die Währung Euro verwendet werden soll. Um nun auch den Adminbereich und das Frontend in deutscher Sprache erscheinen zu lassen, müssen die jeweiligen Sprachdateien installiert werden. (Diese Dateien werden von der Community gepflegt und auf den folgenden Seiten im Detail besprochen.) Das geschieht über den Magento Connect Manager, auf den wir genauer in Kapitel 17 eingehen werden. Da sich die folgenden Kapitel jedoch auf die deutschsprachigen Bezeichnungen der Benutzermenüs beziehen, ist es sinnvoll, ein wenig vorzugreifen und sich bereits zum jetzigen Zeitpunkt um die Sprachdateien zu kümmern.

Rufen Sie den Adminbereich Ihrer Installation – z. B. *http://127.0.0.1/magento/admin/* – auf und melden Sie sich dort mit den Zugangsdaten an, die Sie während der Installation angelegt haben. Öffnen Sie anschließend den Magento Connect Manager über *System →Magento Connect → Magento Connect Manager*. Nach einem erneuten Einloggen mit denselben Zugangsdaten – sicher ist sicher – gelangen Sie in den Magento Connect Manager, mit dessen Hilfe Sie die deutsche Lokalisierung installieren können.

Oben auf der Seite sehen Sie einen Bereich, der mit *Install New Extensions* betitelt ist (Abbildung 2-7). In das Eingabefeld *Paste extension key to install* tragen Sie nun Folgendes ein: *http://connect20.magentocommerce.com/community/Locale_Mage_community_de_DE.*

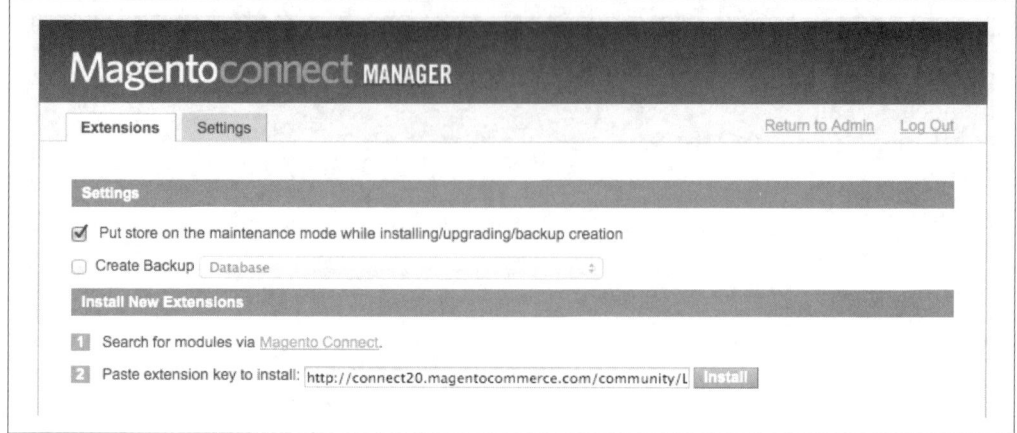

Abbildung 2-7 : Der Extension-Key für die deutschen Sprachdateien wird eingetragen

 Mittlerweile gibt es zwei verschiedene Varianten von Magento Connect – die Versionen 1.0 und 2.0 –, die jeweils unterschiedliche Extension-Keys verwenden. Die aktuelle 1.5er-Version von Magento verwendet ausschließlich Version 2.0, was sich vor allem darin ausdrückt, dass die Extension-Keys mit *http://connect20* beginnen. Die älteren Versionen von Magento basieren demgegenüber noch auf Magento Connect 1.0. Weitere Informationen zu diesem Thema haben wir für Sie in Kapitel 11 zusammengestellt.

Klicken Sie nun auf die Schaltfläche *Install*. In einer kleinen Tabelle namens *Extension dependencies* erscheint darauf eine Statusinformation, die Ihnen mitteilt, dass und in welcher Version die gewünschte Erweiterung zur Verfügung steht. Klicken Sie in dieser Tabelle auf die Schaltfläche *Proceed*.

Im unteren Bereich der Seite erscheint jetzt ein schwarzes Fenster, in dem Sie die Installation mitverfolgen können. Nach einer kurzen Weile ist die Installation abgeschlossen, und nach einem Klick auf den Button *Refresh* ganz unten auf der Seite erscheint der Eintrag für das deutsche Sprachpaket in der entsprechenden Tabelle (Abbildung 2-8).

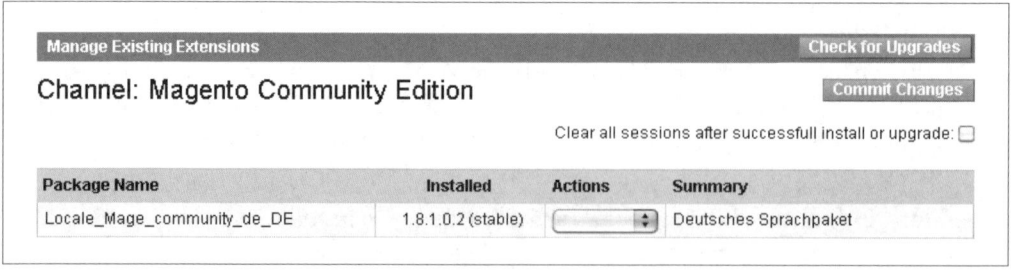

Abbildung 2-8 : Das deutsche Sprachpaket wurde erfolgreich installiert

Mit diesem Schritt haben Sie nun die aktuellen Übersetzungsdateien in Ihrem Magento-System installiert, sodass die meisten Bereiche sowohl im Front- als auch im Backend bereits korrekt auf Deutsch erscheinen. Um die Übersetzung jedoch perfekt zu machen, fehlt noch der Import einer SQL-Datei in Ihre Magento-Datenbank. Durch diesen Import werden die Bezeichnungen (Labels) von Artikelattributen (mehr zu diesen Attributen erfahren Sie in Kapitel 6) ebenfalls ins Deutsche übersetzt, was dazu führt, dass auch Nutzer, die des Englischen nicht ganz so mächtig sind, sich noch problemloser im Magento-Backend zurechtfinden werden.

Öffnen Sie also zur Installation besagter SQL-Datei Ihr MySQL-Verwaltungsprogramm (üblicherweise phpMyAdmin), steuern Sie die Datenbank an, in die Sie zuvor Magento installiert haben, und klicken Sie dann auf *Importieren* (Abbildung 2-9).

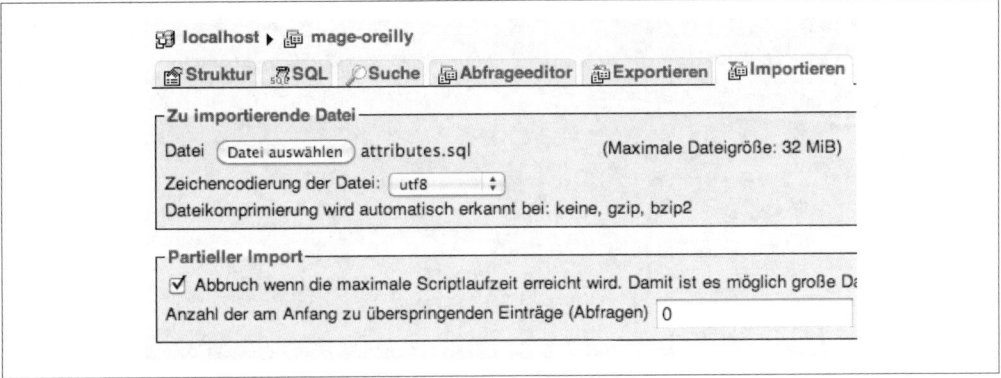

Abbildung 2-9 : Import der Attribut-Übersetzungsdatei

Klicken Sie auf *Datei auswählen* und suchen Sie die folgende Datei innerhalb Ihrer Magento-Installation:

/app/locale/de_DE/sql_translation/attributes.sql

Anschließend sorgt der Klick auf *OK* dafür, dass diese SQL-Datei in null Komma nichts in die Datenbank importiert wird.

Voilà! Die deutschen Sprachdateien wurden erfolgreich installiert und sind ab sofort in Ihrem Shop aktiv. Wiederholen Sie nun diesen Vorgang, sodass sowohl Ihr Testsystem als auch der Webkochshop in Ihrer Muttersprache erscheinen.

 Damit Magento nicht nur Deutsch spricht, sondern sich auch – wie jeder anständige Bürger – an deutsche Gesetze hält, ist die manuelle Konfiguration etlicher Funktionen im Backend nötig. Einfacher geht dies mit der kostenlosen Erweiterung Mage_Setup, die wir in Kapitel 5 vorstellen.

In diesem Kapitel haben wir Ihnen einige Hinweise dazu gegeben, wie die ideale Hosting-Umgebung für Ihre Magento-Installation aussieht. Außerdem haben wir Ihnen gezeigt, wie Sie die Magento-Installationsdateien beziehen und auf Ihrem Server installieren können. In diesem Zusammenhang haben wir Ihnen zwei verschiedene Installationsvarianten vorgestellt, eine mithilfe des Magento Downloader und die andere unter Verwendung des vollständigen Installationspakets. Schließlich haben Sie noch das deutsche Sprachpaket installiert.

Mit anderen Worten: Sie sind jetzt startklar! Im nächsten Kapitel werden Sie anhand Ihrer Magento-Version mit den Beispieldaten die ersten Schritte mit Ihrem neuen Shopsystem unternehmen – viel Spaß!

KAPITEL 3

Der Magento-Crashkurs

Nach der Lektüre der Einleitung zu diesem Buch und dem, was Sie bisher über Magento gehört haben, schwant Ihnen bestimmt schon, dass dieses System an Komplexität kaum zu überbieten ist. Und tatsächlich haben die Entwickler von Magento so viele verschiedene Funktionalitäten und Konfigurationsmöglichkeiten in ihr System integriert, dass einem davon fast schwindelig werden könnte. Aus diesem Grund steigen wir in diesem Kapitel (noch) nicht in die Tiefen des Systems hinab, sondern möchten Ihnen an dieser Stelle eine Kurzübersicht über die wichtigsten Bestandteile des Frontends und des Adminbereichs vermitteln.

Im vorigen Kapitel haben Sie unter anderem Magento mit den Beispieldateien (*Sample Data*) installiert. Nutzen Sie diese Version, um die ersten Gehversuche mit Ihrem Shop zu unternehmen. Wenn Sie sich ein wenig umsehen und mit den Schaltern und Knöpfen von Magento spielen möchten, ist dieses Kapitel genau das richtige für Sie! Hier können Sie anhand einiger einfach nachvollziehbarer Aufgaben direkt in die Arbeit mit dem Shopsystem einsteigen und bekommen so ein Gefühl dafür, wie die Magento-Uhren ticken.

Seien Sie dabei experimentierfreudig und schauen Sie sich auch ruhig einmal Dinge an, die nicht wortwörtlich in diesem oder anderen Kapiteln beschrieben werden. Sie werden sehen, dass Sie mit ein wenig Umherklicken das System schnell kennenlernen werden. Immerhin haben Sie jetzt noch die Chance dazu, alles über den Haufen zu werfen; ist der Shop einmal online, werden Ihre Streifzüge durch die Magento-Welt ungleich riskanter. Schnallen Sie sich also an zu einer Spritztour durch Ihre frische Magento-Installation.

Das Frontend: Strukturiert und flexibel

Beginnen wir damit, uns gemeinsam den Shop von der Warte aus zu betrachten, von der ihn auch Ihre späteren Kunden sehen werden. Bei der Standardinstallation ist ein *Default*-Package zur Darstellung des Frontends bereits installiert, das die vielen Informationen übersichtlich strukturiert. (In Kapitel 10 werden Sie sehen, wie man das *Default*-Package so abändern kann, dass es Ihren eigenen Bedürfnissen entspricht.) In den folgenden Abschnitten führen Sie in Ihrem eigenen Shop die ersten Testbestellungen durch, um mit dem Bestellprozess schon ein wenig vertrauter zu werden. Wir werden hierbei nicht auf jedes Detail eingehen, das Ihnen in diesem Prozess begegnen wird. Hier soll es primär darum gehen, sich einfach mit dem eigenen Shop vertraut zu machen.

Die Startseite

Rufen Sie nun mit Ihrem Lieblingsbrowser (ein Exemplar jüngeren Baujahrs sollte es schon sein, also beispielsweise der Internet Explorer ab Version 9, Mozilla Firefox ab Version 23 oder Safari ab Version 5) die Startseite Ihrer neuen Magento-Installation (die mit den Beispieldaten) auf, also beispielsweise *http://127.0.0.1/magento*.

Umgehend erscheint die Magento-Startseite auf Ihrem Bildschirm (Abbildung 3-1).

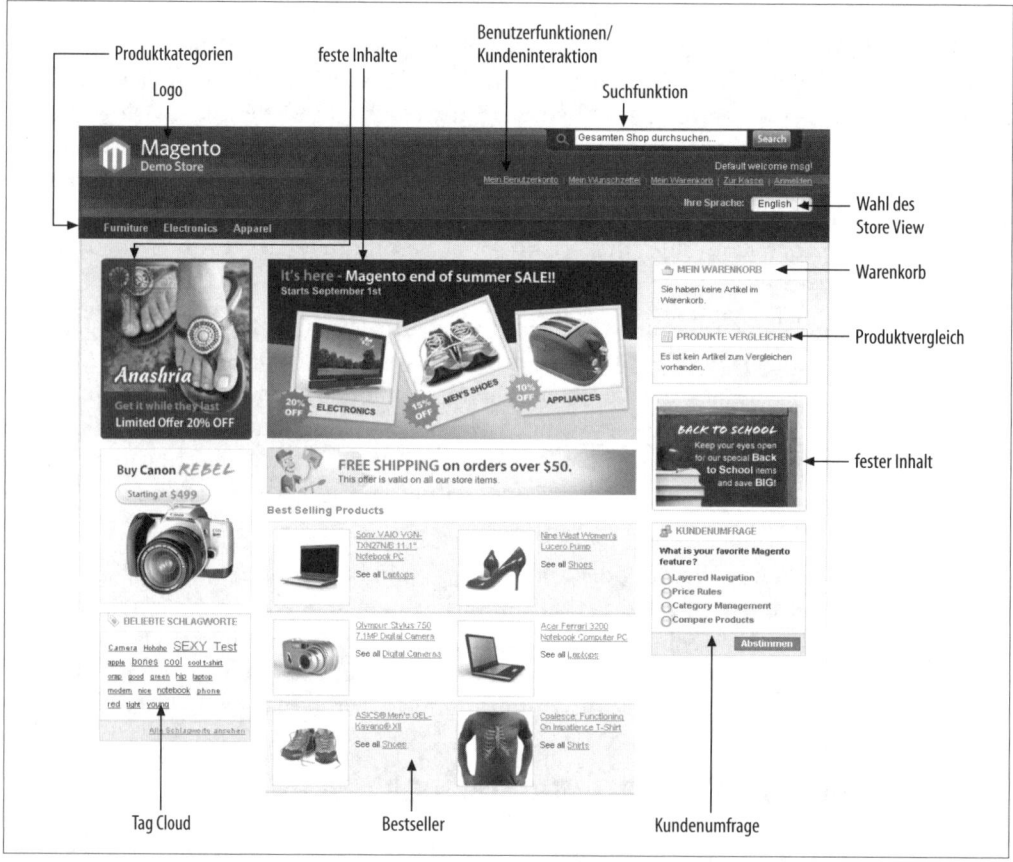

Abbildung 3-1: Die verschiedenen Bereiche der Magento-Startseite

Standardmäßig sind auf dieser Seite bereits viele Funktionen versammelt, die Magento für Sie als Shopbetreiber und letztlich für Ihre Kunden bereithält. Sie erkennen beispielsweise die interne Suchfunktion, die Shopkategorien des Beispielshops und eine Miniversion des Warenkorbs. Außerdem wird diese Seite mithilfe von professionell gestalteten Bannern und Bildern aufgelockert und lädt Kunden gleich zum Stöbern ein.

Out of the box, wie es so schön im Englischen heißt, ist Magento bereits so einsatzfähig, dass Sie ohne jegliche weitere Konfiguration sofort Artikel in den Warenkorb legen und bestellen können. Die Artikel sowie ein Teil der Benutzeroberfläche sind dabei noch nicht ins Deutsche übersetzt, mithilfe der folgenden Beschreibung werden wir das anglofone Kind aber schon schaukeln.

Artikelsuche und Filternavigation

Es gibt grundsätzlich zwei verschiedene Arten von Kunden in einem Online-Shop: Die einen arbeiten sich an einer Kategoriestruktur entlang und spüren mithilfe von Kategorieübersichten und Artikelauflistungen (siehe Kapitel 6) den gewünschten Artikel auf. Die anderen, so viel sei schon einmal vorweggenommen, die bei Magento voll auf ihre Kosten kommen werden, bemühen lieber eine Suchfunktion, die die gewünschten Ergebnisse per Knopfdruck ausspuckt.

Geben Sie ganz oben in das Eingabefeld für die Artikelsuche, in das standardmäßig *Gesamten Shop durchsuchen* eingetragen ist, den Suchbegriff *Camera* ein und klicken Sie auf den Button *Search*. Magento werkelt ein klein wenig im Hintergrund, und einen Augenblick später erscheint das Suchergebnis in Ihrem Browser, das Sie in Abbildung 3-2 sehen.

Sie schauen nun auf zwei verschiedene Bereiche. Im mittleren Bereich werden die Suchergebnisse zu Ihrer Suche dargestellt. Diese Art der Suche findet sich in vielen Online-Shops und ist für sich genommen nicht sonderlich spektakulär.

Interessant wird es aber, wenn Sie sich den Bereich auf der linken Seite etwas genauer ansehen. Dort prangt in einem zartblauen Kasten die sogenannte Filternavigation. Anhand der Suchergebnisse werden hier automatisch generierte Filter dargestellt, mit denen Sie die Suche auf für Sie interessante Artikel beschränken können. Diese Art der Suchfilterung kennen Sie vielleicht von eBay, da auch hier eine Reihe von Filtern angezeigt wird, wenn Sie nach einem allgemeinen Artikel suchen.

In der Filternavigation erscheint zunächst eine Kategorieauswahl; wären die gewünschten Suchergebnisse auf mehrere Kategorien verteilt worden und wären diese Kategorien im Adminbereich als sogenannte Ankerkategorien (siehe Kapitel 6) definiert worden, würden sie an dieser Stelle aufgelistet. Magento kann mithilfe von Artikelattributen wie *Farbe* und *Hersteller*, die ebenfalls für die Verwendung in der Filternavigation konfiguriert wurden, die dargestellten Artikel nach und nach so ausdünnen, dass Ihr Kunde aus nur noch wenigen einzelnen Artikeln den für ihn passenden auswählen muss. Mit der Möglichkeit, diese Filternavigation durch eigene Artikelattribute weiter zu ergänzen, stellt sie mit Abstand die wichtigste Filterfunktion für Ihre Kunden im Frontend dar.

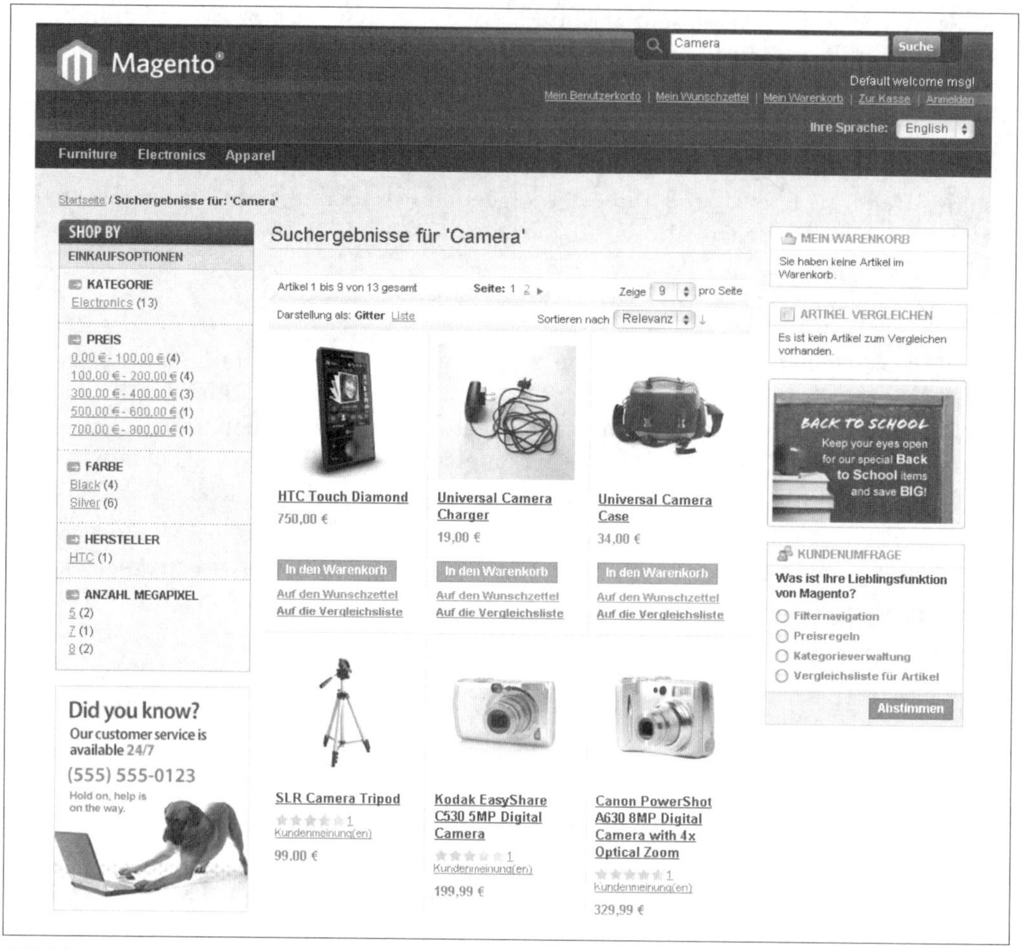

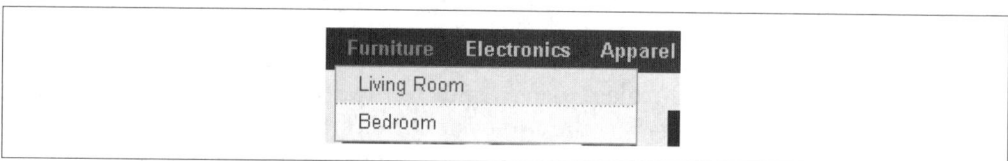

Abbildung 3-2: Suchergebnis mit Filternavigation

Kategorieübersicht und Artikelauflistung

Wenn Sie sich statt einer Suche dazu entschieden haben, über die Kategorieübersicht zum Ziel zu kommen, fahren Sie mit der Maus über die erste Kategorie *Furniture*. Im Dropdown-Menü, das daraufhin erscheint, klicken Sie auf *Living Room* (Abbildung 3-3).

Abbildung 3-3: Kategorien auswählen

Nach dem Klick werden Sie zu einer Kategorieübersicht weitergeleitet, in der Sie alle Produkte sehen, die dieser Kategorie zugeordnet sind. Die Artikelauflistung gibt es dabei sozusagen in zwei Geschmacksrichtungen, nämlich als Gitter (Abbildung 3-4) und als Liste (Abbildung 3-5), zwischen denen Sie und Ihre Kunden sich per Mausklick entscheiden können. Probieren Sie die verschiedenen Varianten einmal aus: Welche halten Sie für übersichtlicher?

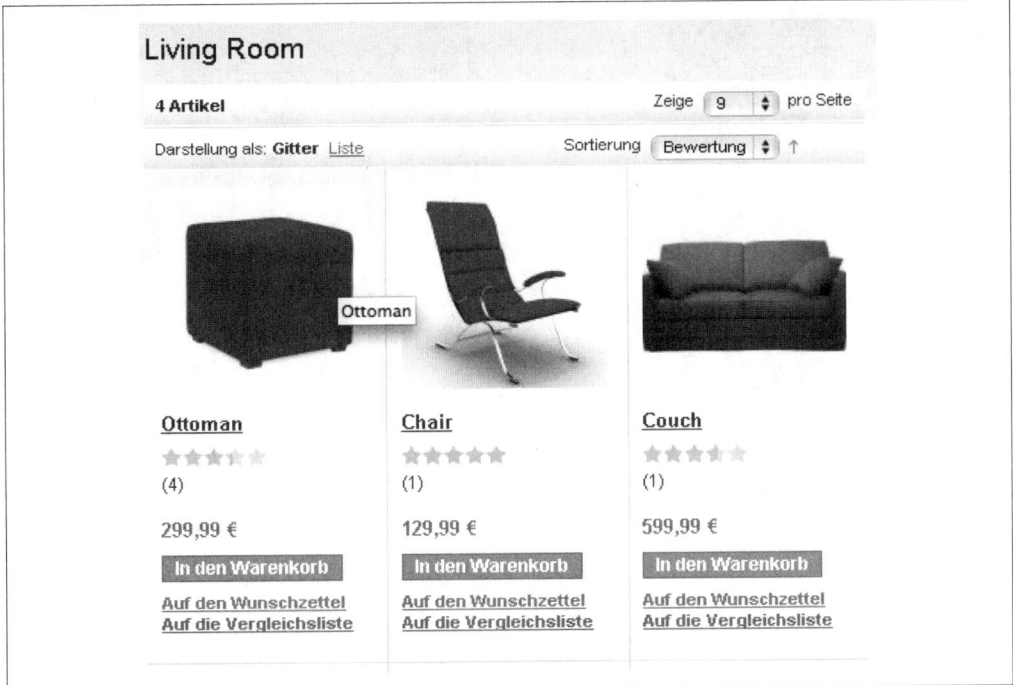

Abbildung 3-4: Artikelübersicht als Gitter

Um weiterzugehen, klicken Sie in einer der beiden Ansichten auf den Artikelnamen *Ottoman*, der sich gleich unter bzw. neben dem Artikelbild befindet. Sie werden daraufhin zur Artikeldetailseite weitergeleitet.

Artikeldetailseite

Auf dieser Seite sind sämtliche Informationen zum gewählten Artikel vorhanden, die Sie im Administrationsbereich von Magento eintragen und bearbeiten können (Abbildung 3-6). Ihnen wird die Kurzübersicht mit einem kurzen Informationstext genauso auffallen wie einige tabellarisch zusammengefasste Zusatzinformationen und eine Reihe von Schlagwörtern (siehe Abbildung 3-5) am unteren Ende der Seite.

Mit einem Klick auf die Schaltfläche *In den Warenkorb* können Sie nun den Ottoman in beliebiger Stückzahl in den Warenkorb legen. Lassen Sie das Eingabefeld bei *Stück* leer, wird automatisch nur eine Einheit in Richtung Warenkorb geschickt (Abbildung 3-7).

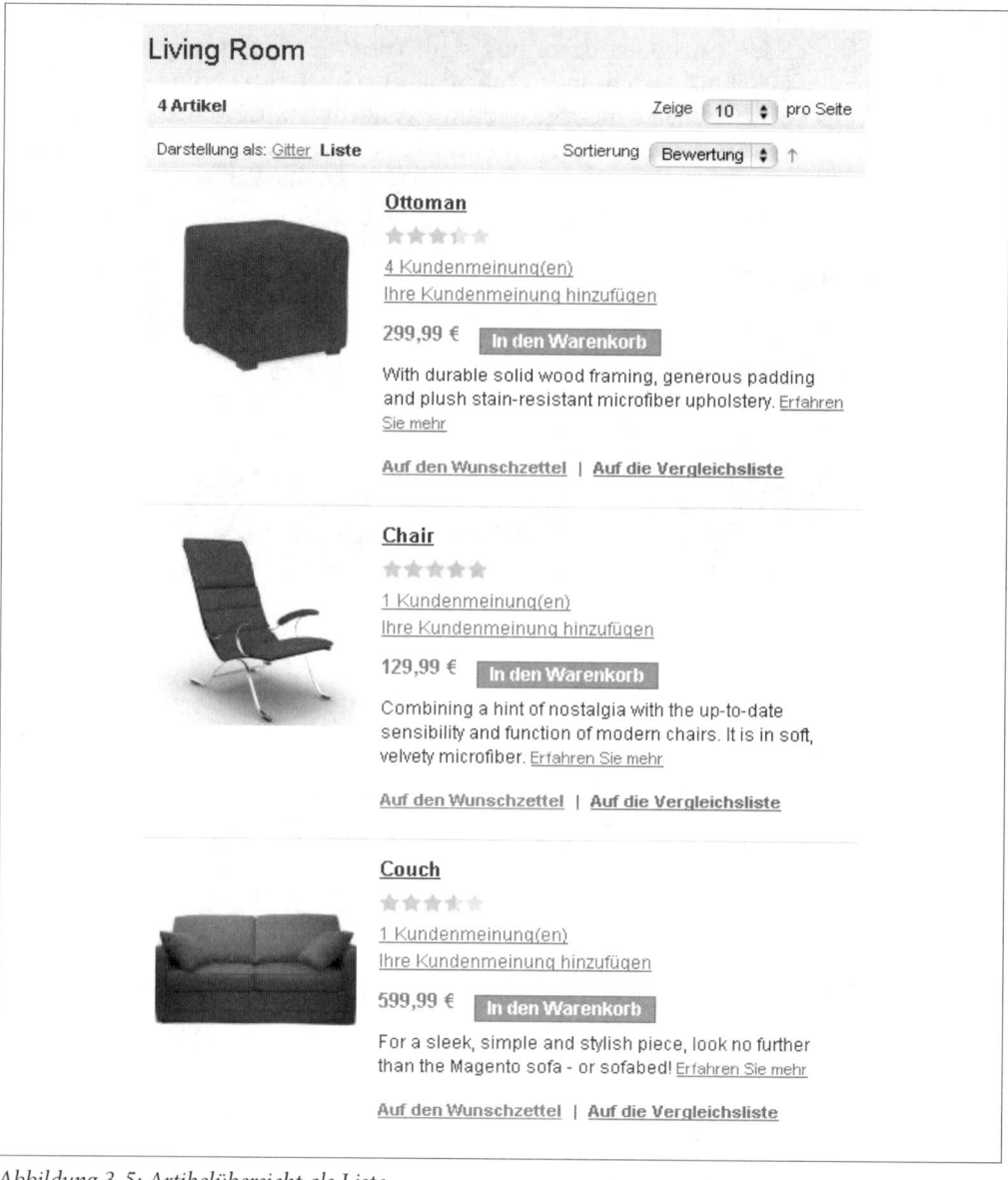

Abbildung 3-5: Artikelübersicht als Liste

Warenkorb

Im Warenkorb werden alle Artikel gesammelt, die Sie während Ihres Einkaufs auswählen. Hier lassen sich einzelne Artikel im Nachhinein löschen oder in der Stückzahl verändern. Ebenso ist die Möglichkeit integriert, einen Rabattcode einzugeben oder weitere ähnliche Artikel mitzubestellen.

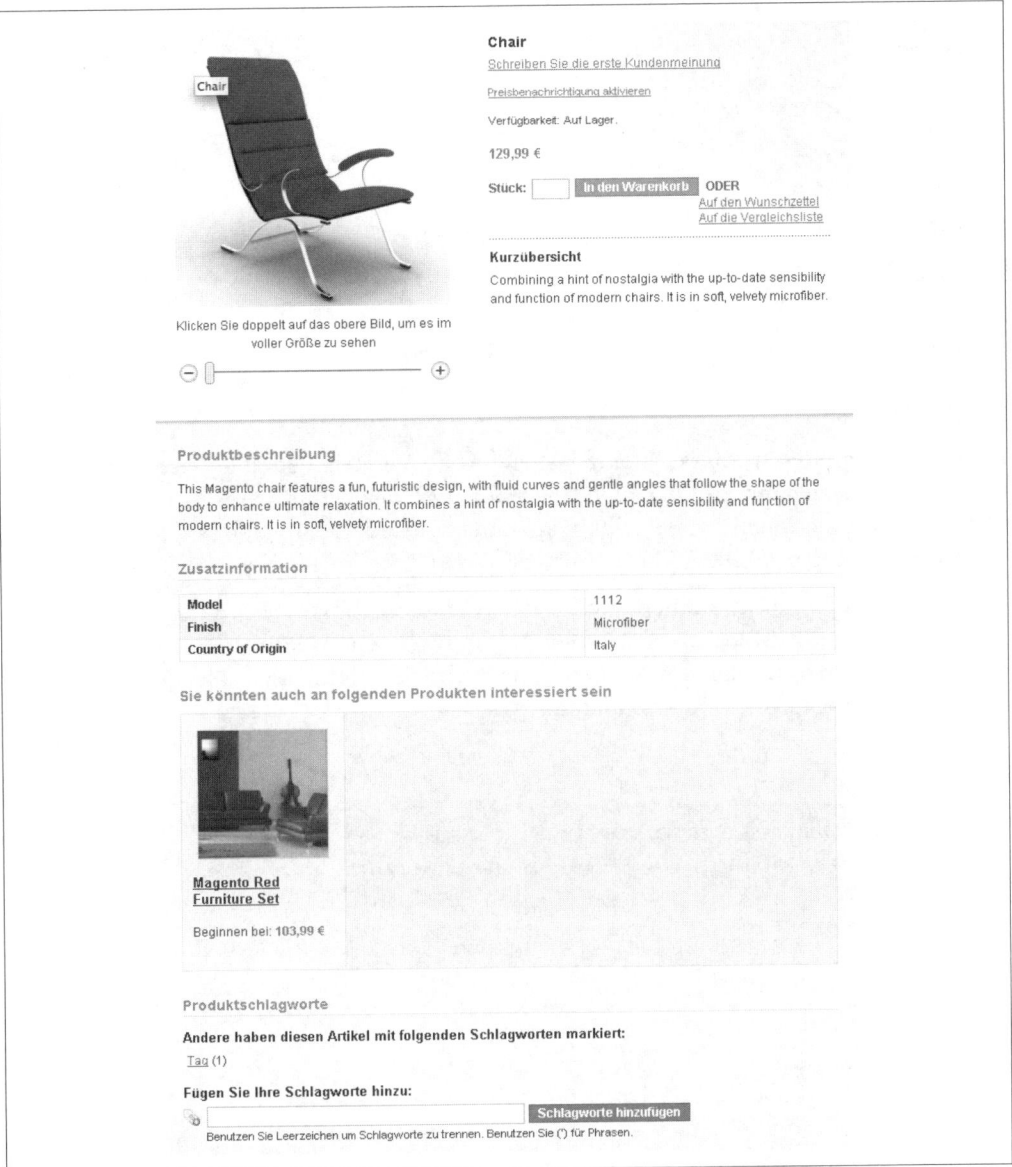

Abbildung 3-6: Die Artikeldetailseite

Nun haben Sie die Möglichkeit, über die Schaltfläche *Weiter einkaufen* weitere Artikel in den Warenkorb zu legen oder über die gleichnamige Schaltfläche zur Kasse zu gehen. Entscheiden Sie sich für Letzteres, sodass Sie zur Eingabeseite für Ihre Kundendaten geleitet werden (Abbildung 3-8).

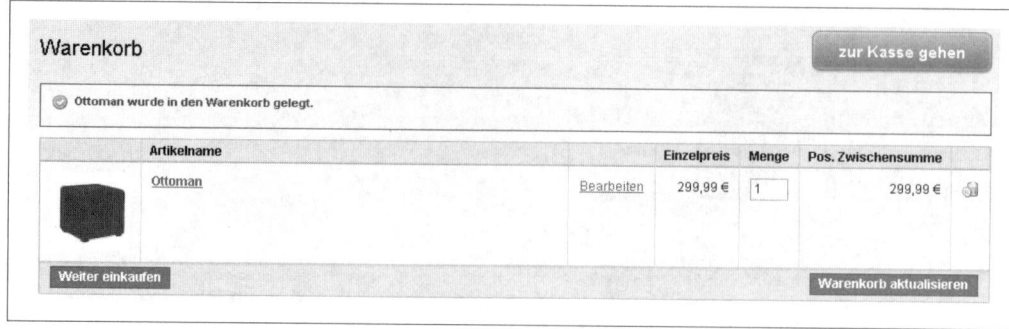

Abbildung 3-7: Der Artikel wurde erfolgreich in den Warenkorb gelegt

Bestellabwicklung

Eines der bekanntesten Merkmale, die Magento im Vergleich zu anderen Shopsystemen bietet, ist der sogenannten *One Page Checkout*. Wie der Name schon andeutet, werden sämtliche Informationen zur Bestellung auf einer Seite angezeigt, sodass der Kunde jederzeit weiß, an welcher Stelle im Bestellprozess er sich gerade befindet.

Der erste Schritt erlaubt es Ihnen, zwischen *Als Gast zur Kasse gehen* und *Registrieren* zu wählen (Abbildung 3-8). Sind Sie einmal im Shop registriert, können Sie sich auch mithilfe des Anmeldeformulars im rechten Bereich der Seite anmelden und umgehen damit eine erneute Eingabe Ihrer Kundendaten.

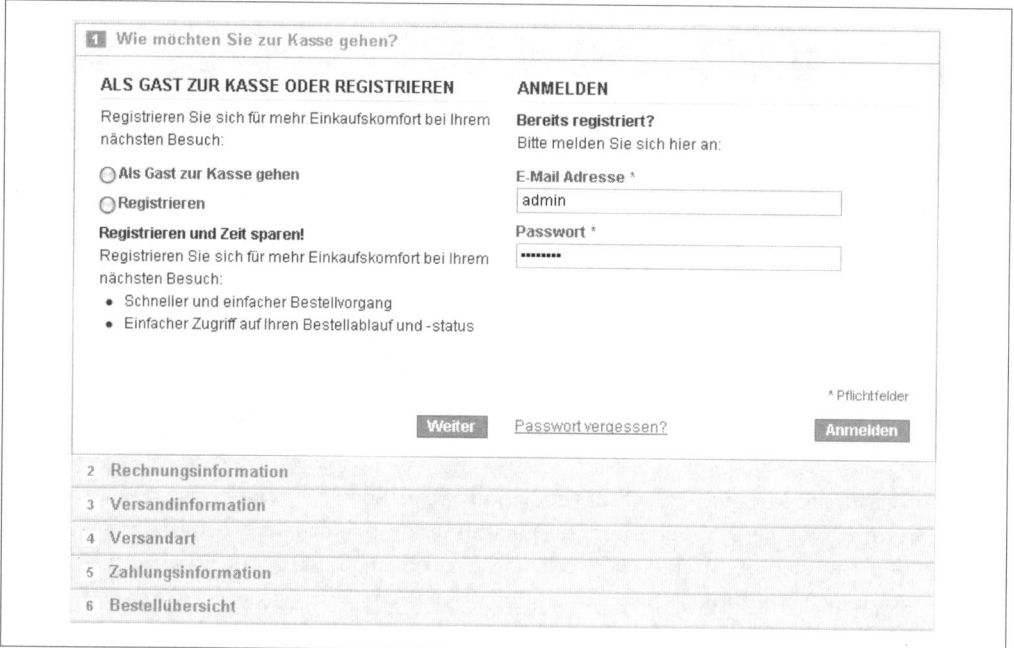

Abbildung 3-8: Registrierung oder Gastbestellung?

Da Sie zum ersten Mal bestellen, entscheiden Sie sich hier für die Option *Registrieren*, indem Sie das entsprechende Optionsfeld aktivieren und auf den Button *Weiter* klicken. In der anschließend erscheinenden Eingabemaske geben Sie nun, wie in Abbildung 3-9 zu sehen, beliebige Fantasiewerte ein – lassen Sie Ihrer Kreativität freien Lauf: Noch können Sie Test-, Fehl- und Spaßbestellungen nach Herzenslust vornehmen, es handelt sich ja noch nicht um einen Shop im Live-Betrieb.

Abbildung 3-9: Eingabeformular für Bestelldaten

Nachdem Sie sämtliche Adressdaten eingegeben und sich auch ein Passwort ausgedacht haben, aktivieren Sie noch die Option *An diese Adresse verschicken* und klicken unten rechts auf die Schaltfläche *Weiter*. Sie werden zum nächsten Schritt weitergeleitet, der Auswahl der gewünschten Versandart.

Standardmäßig sind nach der Neuinstallation feste Versandkosten von € 5,00 pro Artikel aktiviert (Sie werden sie in diesem Kapitel auf Seite 62 bearbeiten). Wählen Sie sie aus und klicken Sie auf *Weiter* (Abbildung 3-10).

Im nächsten Schritt wird die Zahlart ausgewählt (Abbildung 3-11). Entscheiden Sie sich für *Check/Money order* und klicken Sie erneut auf *Weiter*. (Auch hier werden Sie auf Seite 64 noch Hand anlegen.)

4 Versandart
Flat Rate
Fixed 5,00 €
Zurück
Weiter

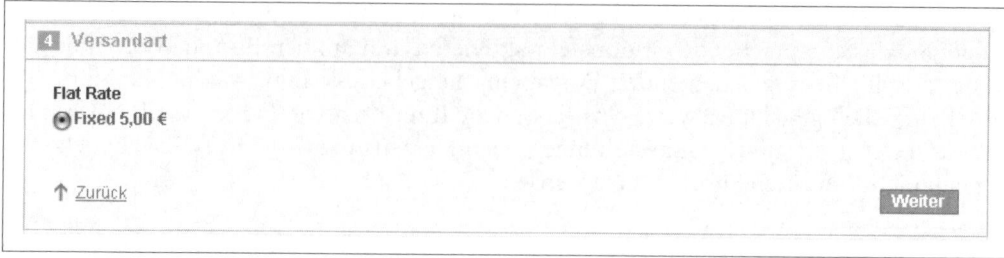

Abbildung 3-10: Auswahl der Versandart

5 Zahlungsinformation
Check / Money order
Credit Card (saved)
* Pflichtfelder
Zurück
Weiter

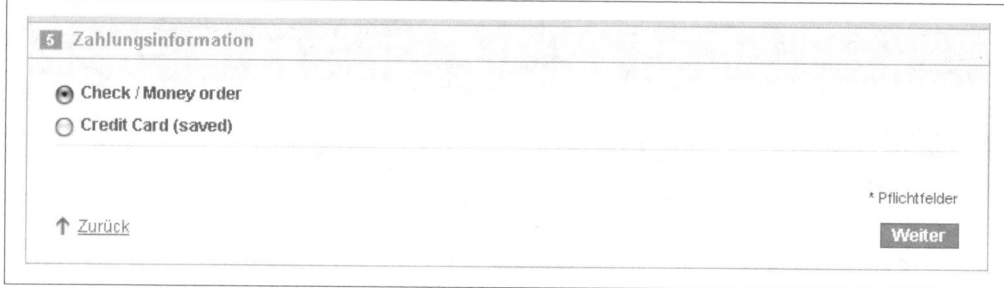

Abbildung 3-11: Auswahl der Zahlart

Im letzten Schritt des Bestellprozesses können Sie die zusammengefassten Daten Ihrer Bestellung noch einmal kontrollieren (Abbildung 3-12). Spätestens jetzt werden Sie feststellen, ob Sie fälschlicherweise bei der Bestellmenge eine 0 zu viel angefügt haben und gerade im Begriff sind, Ihr Möbelkaufbudget gehörig zu sprengen.

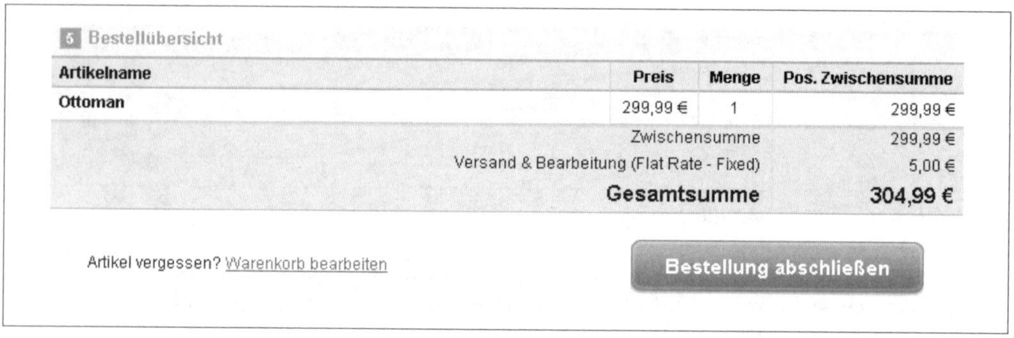

6 Bestellübersicht
Artikelname
Preis
Menge
Pos. Zwischensumme
Ottoman
299,99 €
1
299,99 €
Zwischensumme
299,99 €
Versand & Bearbeitung (Flat Rate - Fixed)
5,00 €
Gesamtsumme
304,99 €
Artikel vergessen? Warenkorb bearbeiten
Bestellung abschließen

Abbildung 3-12: Kontrollieren der Bestelldaten

Erst über den Button *Bestellung abschließen* wird die Bestellung abgeschlossen, und Ihnen wird die entsprechende Bestätigung angezeigt (Abbildung 3-13). Ein Klick auf *Weiter einkaufen* bringt Sie hingegen zurück zur Startseite.

Es ist Ihr Shop – bestellen Sie! So preiswert werden Sie nie mehr an neue Wohnzimmermöbel kommen!

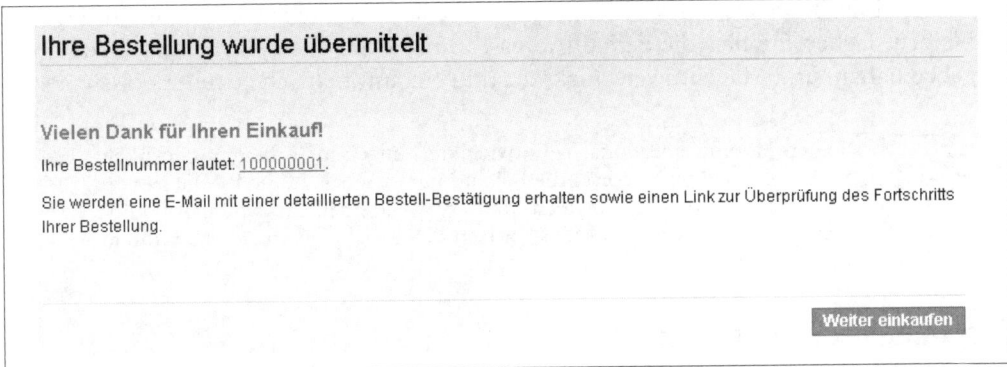

Ihre Bestellung wurde übermittelt

Vielen Dank für Ihren Einkauf!

Ihre Bestellnummer lautet: 100000001.

Sie werden eine E-Mail mit einer detaillierten Bestell-Bestätigung erhalten sowie einen Link zur Überprüfung des Fortschritts Ihrer Bestellung.

Weiter einkaufen

Abbildung 3-13: Die Bestellung wurde erfolgreich übermittelt

Der Adminbereich: Die Magento-Schaltzentrale

In diesem Abschnitt betrachten wir die einzelnen Elemente des Adminbereichs, mit denen Sie alle wesentlichen Funktionen und Einstellungen Ihres neuen Shops verwalten können. Der Adminbereich ist Ihre Schaltzentrale, über die Sie beispielsweise Artikel einpflegen, Bestellungen sowie Kunden administrieren und Rabattcodes erstellen.

Einloggen in den Adminbereich

Rufen Sie als Erstes per Browser die Adresse des Adminbereichs Ihrer Magento-Installation mit den Beispieldaten auf. In unserem Beispiel ist das *http://127.0.0.1/magento/admin*. Es erscheint der Log-in-Bildschirm, den Sie in Abbildung 3-14 sehen.

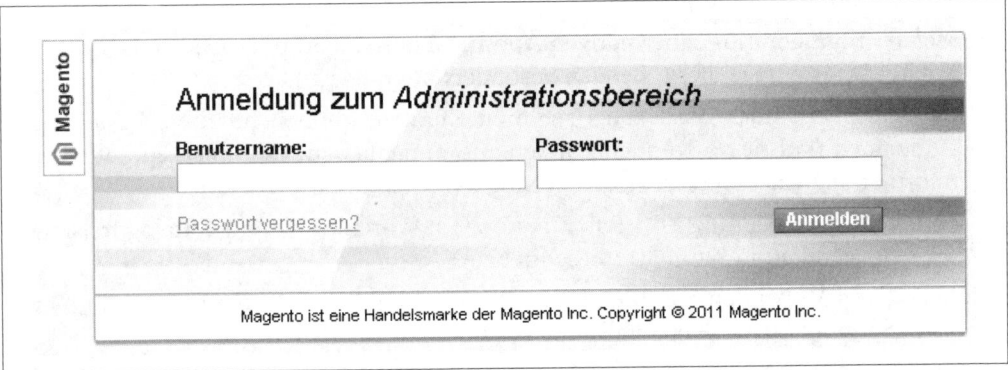

Anmeldung zum *Administrationsbereich*

Benutzername:

Passwort:

Passwort vergessen?

Anmelden

Magento ist eine Handelsmarke der Magento Inc. Copyright © 2011 Magento Inc.

Abbildung 3-14: Der Log-in-Screen des Magento-Adminbereichs

Tragen Sie die Zugangsdaten, die Sie bei der Installation bereits hinterlegt haben, in die jeweiligen Eingabefelder ein und klicken Sie auf *Weiter*. Wenn Ihre Eingaben korrekt waren, führt Magento Sie sofort in seine Schaltzentrale. Sollten Sie Ihr Passwort vergessen haben, hilft Ihnen ein Klick auf *Passwort vergessen?*, um nicht für immer ausgesperrt zu bleiben. Geben Sie hier die E-Mail-Adresse ein, die Sie ebenfalls bei der Installation vergeben haben, und Magento verschickt dorthin ein automatisch erstelltes Passwort.

 Sollten Sie mit einer lokalen Entwicklungsumgebung arbeiten, bedenken Sie bitte, dass Magento eventuell nicht in der Lage ist, diese E-Mail zu verschicken, da Sie keinen lokalen Mailserver betreiben. In diesem Fall können Sie das Passwort als MD5-Hash in der Tabelle *admin_user* bei Ihrem Benutzereintrag hinterlegen.

Bestandteile des Adminbereichs

Wie Sie an dieser Stelle vielleicht schon erahnen können, verbirgt sich hinter den zehn harmlos aussehenden Menüpunkten in der horizontalen Navigation ein enorm komplexes und vielseitiges System. Hand aufs Herz: Magento bietet Ihnen so viele verschiedene, wohldurchdachte Konfigurationsmöglichkeiten, dass diese im ersten Moment erdrückend wirken können.

Das Navigationsmenü enthält die folgenden Menüpunkte, die in aller Ausführlichkeit in den anschließenden Kapiteln erläutert werden.

- *Übersicht*: Das Dashboard.
- *Verkäufe*: Kontrollieren Sie hier Bestellungen, Rechnungen, Gutschriften und Lieferscheine. Dazu – sehr wichtig – gibt es hier die Möglichkeit, die Bestellbedingungen und relevante Steuersätze anzulegen. (Weitere Informationen hierzu finden Sie in Kapitel 8.)
- *Katalog*: Verwaltung von Kategorien, Attributen und Artikeln. (Mehr zu diesem Thema finden Sie in Kapitel 6.)
- *Mobile*: Konfiguration einer nativen App für iPhone, iPad oder Android. (Lesen Sie Kapitel 15, wenn Sie dieser Bereich besonders interessiert.)
- *Kunden*: Hier finden Sie Details zu Ihren Kunden, können für diese Bestellungen aufnehmen und sie zu Kundengruppen zusammenfassen. (Kapitel 8 enthält nähere Informationen zu den verschiedenen Möglichkeiten dieses Abschnitts.)
- *Preisregeln*: Verwaltung von Rabattaktionen. (Warenkorb- und Katalogpreisregeln werden detailliert in Kapitel 11 beschrieben.)
- *Newsletter*: Versenden Sie Ihre eigenen Rundschreiben. (Informationen zum Newsletter-System finden Sie ebenfalls in Kapitel 11.)
- *CMS*: An dieser Stelle verwalten Sie sämtliche Inhaltsseiten, die statischen Blöcke, Widget-Instanzen sowie Umfragen Ihres Shops. (In Kapitel 7 gehen wir im Detail auf die Nutzung des CMS ein.)
- *Berichte*: Ausführliche Reports zu allen Aspekten Ihres Shops. (In Kapitel 11 können Sie weitere Informationen hierzu nachlesen.)
- *System*: Sämtliche Konfigurationsmöglichkeiten sind hier zusammengefasst.

Um gleich in medias res zu gehen, zeigen wir Ihnen anhand einiger kleiner Beispiele, wie Sie sofort in die Arbeit mit dem Shop einsteigen können. Da Sie in der Standardinstallation auch die Beispieldaten von Magento importiert haben, sind einige Kategorien, Artikel und Ihr erster Kunde *John Doe* bereits vorhanden – nicht besonders viel, aber für einen ersten Überblick völlig ausreichend. Sie lernen Bereiche kennen, mit denen Sie es als Shopbetreiber fast täglich zu tun haben, und schon aus diesem Grund ist es wichtig, sie im Schlaf zu beherrschen. Diese konkreten Beispiele sind:

- Vorstellung: Die Magento-GUI
- Artikel und Kategorien verwalten
- Die Startseite des Shops verändern
- Rabattaktion starten
- Versandkosten und Zahlungsmöglichkeiten ändern und hinzufügen

Regler, Knöpfe und Schalter: Die Magento-GUI

Die Abkürzung GUI steht für *Graphical User Interface* (grafische Benutzeroberfläche) und ist ein Sammelbegriff für alle Elemente, mit deren Hilfe Sie mit einer Software kommunizieren und arbeiten können. Jedes Menü, jeder Button und jede Textinformation ist Teil dieser GUI, und so werden wir auch im Zusammenhang mit Magento und seinem Adminbereich diesen Begriff verwenden – es gibt ja sonst nicht so furchtbar viele Fachbegriffe in diesem Buch.

Die GUI von Magento ist übersichtlich aufgebaut und besteht im Grunde aus einem horizontalen Navigationsmenü, in dem Unterpunkte durch Drop-down-Menüs erreicht werden können (Abbildung 3-15), einem großen Inhaltsbereich darunter und einem Fußbereich. Diese Aufteilung wird in sämtlichen Untermenüs des Adminbereichs beibehalten, was die Einarbeitung in die verschiedenen Bereiche der GUI sicherlich erleichtert.

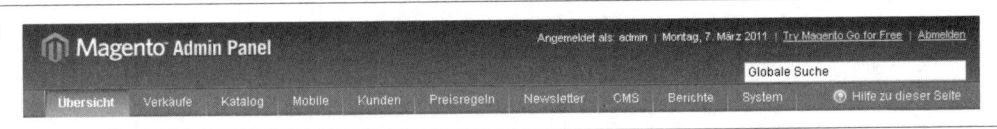

Abbildung 3-15: Kopf des Adminbereichs

Im Kopfbereich finden Sie neben dem Navigationsmenü noch eine Suchfunktion und ganz rechts einen Link, mit dem Sie sich sicher aus dem Adminbereich ausloggen können. Über die Suchfunktion gelangen Sie auf einfache Weise zur Bearbeitung eines Artikels. Geben Sie hier beispielsweise den Suchbegriff *Gaming* ein, wird nach einem kurzen Augenblick eine Liste mit allen Artikeln erzeugt, die mit diesem Begriff in Verbindung stehen (Abbildung 3-16).

Wenn Sie nun auf einen Eintrag in dieser Liste klicken, werden Sie direkt zur entsprechenden Detailseite in der Artikelverwaltung weitergeleitet.

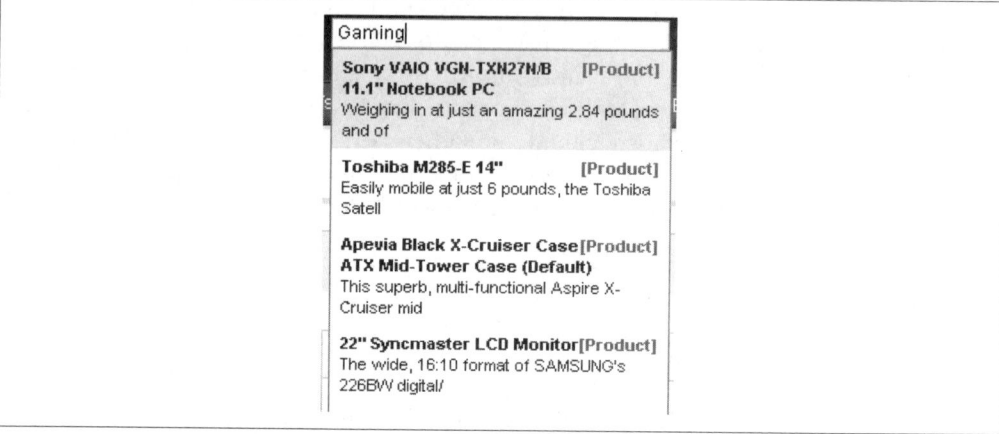

Abbildung 3-16: Artikelsuche im Adminbereich

Fährt man mit der Maus über das horizontale Navigationsmenü, klappen eventuell vorhandene Untermenüs auf, über die Sie direkt in die dazugehörigen Bereiche einsteigen. Wenn Sie nun beispielsweise auf *Katalog → Artikel verwalten* klicken, erscheint im Inhaltsbereich eine Liste mit Artikeln, die mithilfe von Filtern und Sortierungen durchsucht werden kann (Abbildung 3-17).

☐	166	HTC Touch Diamond	Einfacher Artikel	Cell Phones	HTC Touch Diamond	750,00 €	849	Katalog, Suche	Aktiviert
☐	165	My Computer	Bündel Artikel	Computer	mycomputer		79	Katalog, Suche	Aktiviert
☐	164	Gaming Computer	Bündel Artikel	Default	computer_fixed	4.999,95 €	968	Katalog, Suche	Aktiviert
☐	163	Computer	Bündel Artikel	Default	computer		426	Katalog, Suche	Aktiviert

Abbildung 3-17: Sind mehrere Elemente in einem Bereich vorhanden, werden sie in einer Liste dargestellt.

Auch in vielen anderen Bereichen der GUI wird zuerst eine Auflistung aller vorhandenen Elemente angezeigt.

 Ist der Inhalt so lang, dass beim Scrollen der Seite das obere Menü verschwindet, erscheint am oberen Bildschirmrand eine schwebende, gelb hinterlegte Ebene mit den Aktionsschaltflächen, sodass Sie beispielsweise einen Artikel auch dann anlegen können, wenn Sie eine Seite bis nach ganz unten gescrollt haben.

Mit einem Klick in die gewünschte Tabellenzeile wird der damit verbundene Eintrag aufgerufen, sodass Sie dessen Details bearbeiten können (Abbildung 3-18).

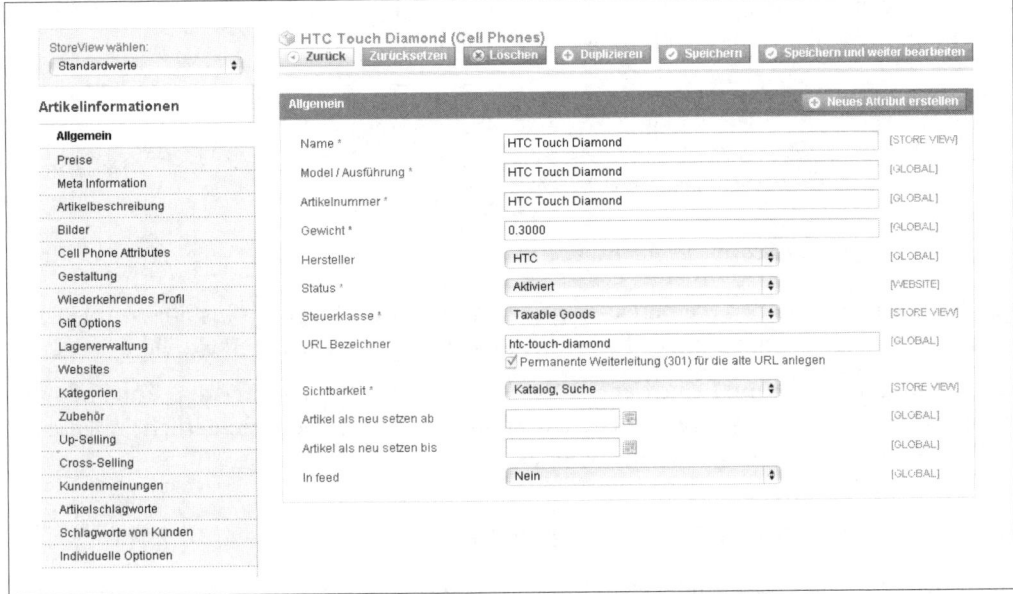

Abbildung 3-18: An dieser Stelle werden die Details bearbeitet.

Über den Eingabemasken auf der rechten Seite finden Sie die Aktionsschaltflächen, mit denen Sie die vorgenommenen Änderungen speichern oder den aktuellen Prozess abbrechen können. In dieser Leiste tauchen, abhängig von der gerade ausgeführten Aktion, weitere Möglichkeiten auf.

Werden in dieser Detailansicht mehrere Eingabemasken benötigt, erreichen Sie diese über die einzelnen Gruppen, die über ein vertikales Navigationsmenü auf der linken Seite verknüpft sind. Führen Sie Änderungen in einer Gruppe durch und springen dann durch einen Klick in eine andere Gruppe, zeigt Ihnen ein kleines Diskettensymbol, dass es nicht gespeicherte Änderungen gegeben hat. Apropos speichern, hier gibt es in der GUI fast ausnahmslos immer zwei Möglichkeiten: Wenn Sie auf den Button *Speichern* in der Schaltflächenleiste über dem Inhaltsbereich klicken, werden alle getätigten Änderungen gespeichert, und Sie werden wieder zurück zur Listenansicht geleitet. Mit *Speichern und weiter bearbeiten* führen Sie eine Zwischenspeicherung durch (die Diskettensymbole verschwinden) und bleiben auf der aktuellen Seite. Mit *Zurück* gelangen Sie wieder zur Listenansicht, ohne dass etwas gespeichert wird.

 Das Konfigurationsmenü unter *System → Konfiguration* funktioniert nach einem anderen Schema. Hier können Sie nicht zwischen den einzelnen Gruppen der vertikalen Navigation am rechten Bildschirmrand hin- und herspringen, ohne zu speichern! Vergessen Sie daher nicht, im Konfigurationsbereich nach erfolgter Änderung den Speichern-Button zu drücken!

Im Fußbereich können Sie unter anderem die Sprache einstellen, in der die Informationen des Adminbereichs angezeigt werden (Abbildung 3-19).

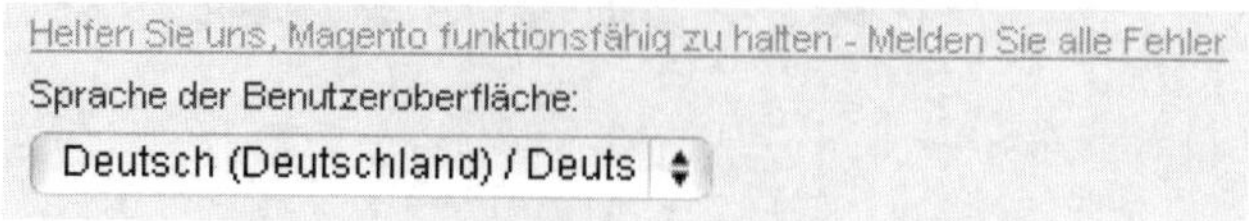

Helfen Sie uns, Magento funktionsfähig zu halten - Melden Sie alle Fehler

Sprache der Benutzeroberfläche:

Deutsch (Deutschland) / Deuts ⬍

Abbildung 3-19: Sprachauswahl des Adminbereichs

Bei der Installation haben Sie bereits angegeben, dass Ihre Magento-Installation deutsch lokalisiert ist, deswegen ist hier standardmäßig *Deutsch (Deutschland)* aktiviert.

Ausgestattet mit diesem Handwerkszeug, können Sie die allermeisten Aufgaben im Adminbereich schon erledigen; die GUI ist in allen Bereichen einheitlich aufgebaut, sodass Sie sich schnell zurechtfinden werden.

Das Dashboard: Verkaufsdaten auf einen Blick

Nach dem erfolgreichen Einloggen befinden Sie sich im eigentlichen Hirn des Magento-Systems. Das Dashboard ist das Erste, was Sie sehen, wenn Sie sich erfolgreich in den Adminbereich eingeloggt haben. Hier sind die wichtigsten Informationen für Sie als Shopbetreiber übersichtlich in Boxen zusammengefasst, beispielsweise die Gesamteinnahmen, der durchschnittliche Bestellumsatz sowie die letzten fünf Bestellungen. Einen besonderen Hingucker stellt der Graph auf der rechten Seite dar, der wahlweise die Anzahl der Bestellungen und deren Gesamtwerte innerhalb der letzten 24 Stunden anschaulich darstellt (Abbildung 3-20).

Wenn Sie Ihre Magento-Installation zum ersten Mal aufrufen, wird Ihnen die grafische Auswertung Ihrer Bewegungsdaten noch nicht angezeigt. Stattdessen sehen Sie einen Text wie den in Abbildung 3-21 gezeigten, der Sie darauf hinweist, dass Sie diese Funktion erst aktivieren müssen. Klicken Sie dazu auf den Textlink. Sie werden nun direkt in die Adminsektion unter *System → Konfiguration* befördert. Aktivieren Sie dort im Abschnitt *Übersicht* die Charts und speichern Sie diese Einstellung. Danach sehen Sie zur Begrüßung auch die grafische Auswertung Ihrer Bestelldaten.

Für das Erzeugen der Diagrammgrafik bedient sich Magento eines Google-Diensts. Dabei werden Google zwangsläufig Ihre Shopadresse und die Werte für das Diagramm mitgeteilt. Google stehen damit durchaus interessante Daten zur Verfügung. Sie sollten sich also genau überlegen, ob eine schöne grafische Auswertung rechtfertigt, dass Sie mit Google Ihre aktuellen Umsatzzahlen nachverfolgbar teilen möchten.

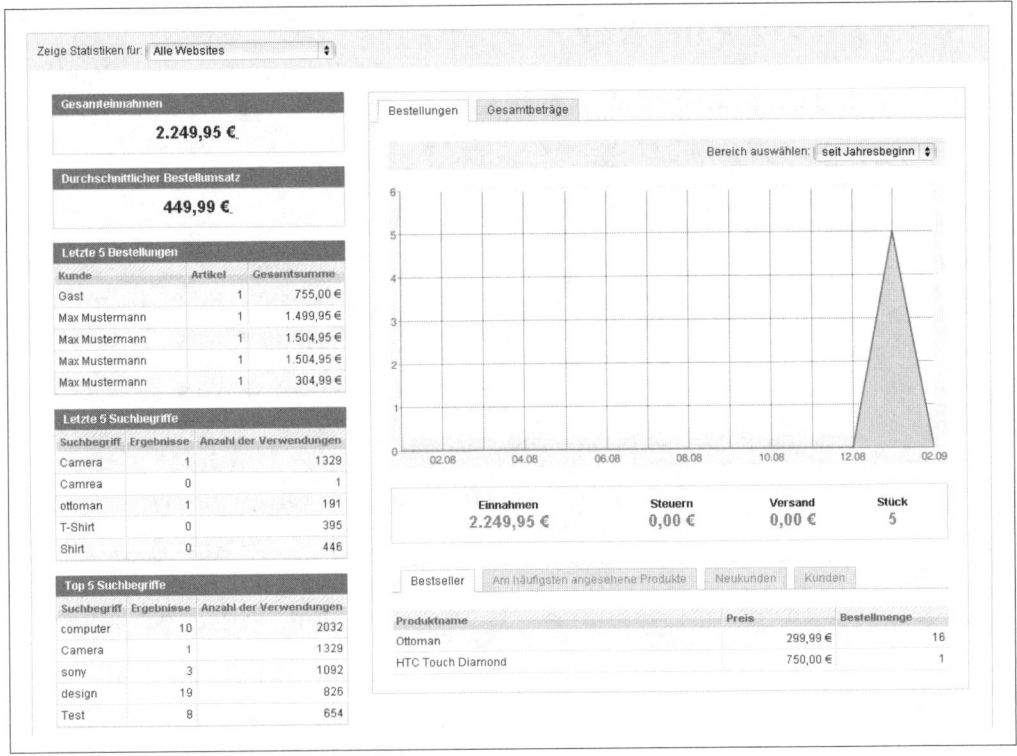

Abbildung 3-20: Der Aufbau des Magento-Dashboards

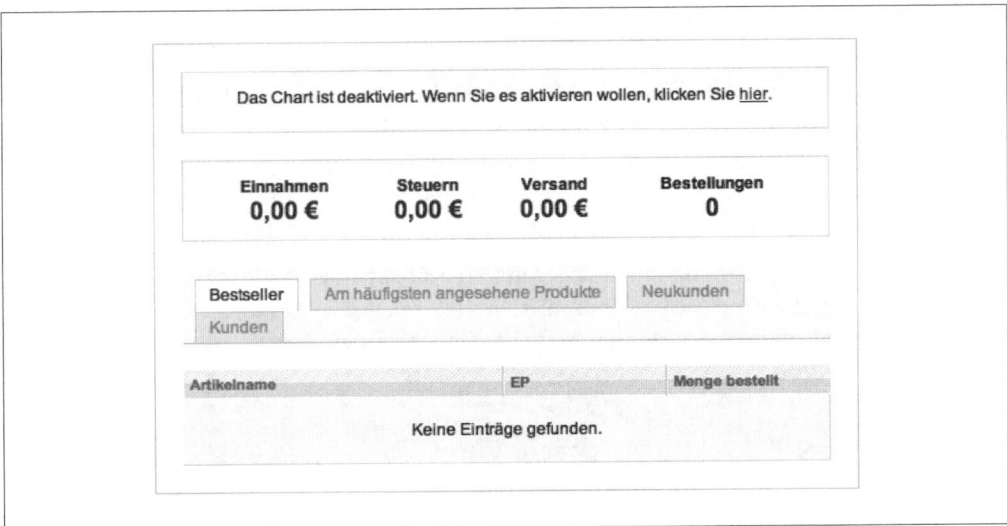

Abbildung 3-21: Fehlende grafische Auswertung nach der ersten Installation

Artikel und Kategorien verwalten

Bei allen Konfigurations- und Berichtsmöglichkeiten: Artikel und Kategorien sind mit Abstand das Wichtigste, das in Ihrem neuen Shop vorhanden sein muss. Alle nötigen Werkzeuge zur Erstellung von Artikeln, Kategorien und deren Verknüpfung finden Sie unter dem Menüpunkt *Katalog*. Hier sind alle Eingabemasken zusammengefasst, mit denen Sie die Produktpalette Ihres Shops steuern können.

 Wir haben in unserer Einleitung bereits auf die verschiedenen Techniken hingewiesen, die Magento nutzt, um Inhalte schneller zur Verfügung zu stellen. Diese Techniken können uns während des Einpflegens neuer Kategorien oder Produkte und der Konfiguration unseres Shops durchaus den einen oder anderen Nerv kosten, wenn wir vergessen, dieses Caching zu deaktivieren. Dazu klicken Sie unter *System → Cache-Verwaltung* über der Tabelle auf *Alle wählen*, um anschließend aus dem Drop-down-Feld rechts über der Tabelle *Deaktivieren* auszuwählen. Mit einem Klick auf *Ausführen* wird der Cache in Magento deaktiviert, und wir jagen im Front- und Backend fortan keinen Geistern der Konfigurationsvergangenheit mehr hinterher. Vergessen Sie aber nicht, dass nach dem Live-Gang Ihres Shops das Caching integraler Bestandteil einer guten Shopgeschwindigkeit ist. Aktivieren Sie es also nach getaner Arbeit! Mehr zum Thema Caching erfahren Sie in Kapitel 13.

Kategorieverwaltung

Beginnen wir damit, die Kategorieverwaltung kurz vorzustellen, die Sie über *Katalog → Kategorien verwalten* erreichen. Auf der ersten Seite erscheinen als wichtigste Elemente der Kategoriebaum links und die Eingabemasken für die Kategorieinformationen im mittleren Bereich (Abbildung 3-22).

Der Kategoriebaum erinnert Sie an die Ordnerstruktur des Windows Explorer? In der Tat ähnelt der Aufbau dieses Teils des Adminbereichs stark dem des älteren Windows-Bruders und funktioniert auch genau so. Wenn Sie auf das kleine Plussymbol neben einem der Icons klicken, wird der Baum an der entsprechenden Stelle ausgeklappt, ein Klick auf das Minussymbol klappt den jeweiligen Teil des Baums wieder ein.

Wählen Sie einen Kategorienamen auf der linken Seite aus, wird dieser rötlich hinterlegt, außerdem springt die Eingabemaske im mittleren Bereich jeweils zu der Kategorie, die Sie gerade ausgewählt haben. So können Sie jede Kategorie des Baums erreichen und deren Einstellungen ändern.

Eine Kategorie anlegen

Das Anlegen einer neuen Kategorie funktioniert ähnlich intuitiv wie das Betrachten und Editieren einzelner Kategorien. Wählen Sie eine Kategorie aus, unter der Sie eine neue Kategorie einfügen möchten. Als Beispiel gehen wir davon aus, dass Sie unter der bereits vorhandenen Kategorie *Furniture* eine neue Kategorie *Kitchen* eintragen möchten. (Das

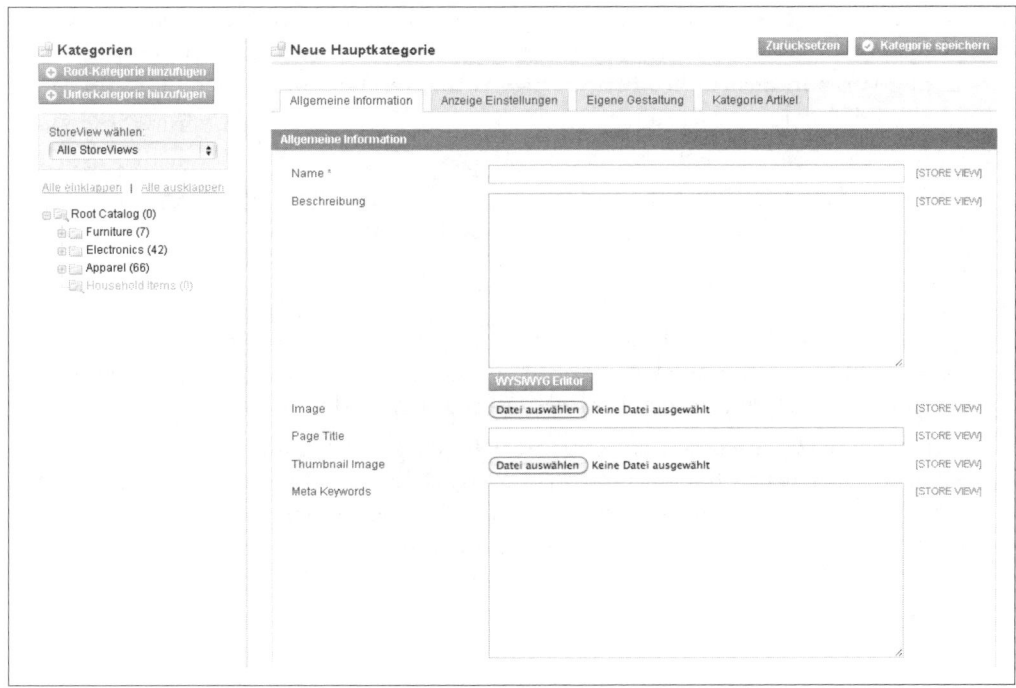

Abbildung 3-22: Kategorieverwaltung

Thema Küchen & Kochen wird Ihnen in diesem Buch noch einige Male begegnen, dann jedoch in aller Ausführlichkeit und in deutscher Sprache.) Markieren Sie die Kategorie *Furniture* per Mausklick und klicken Sie danach auf *Unterkategorie hinzufügen* (Abbildung 3-23).

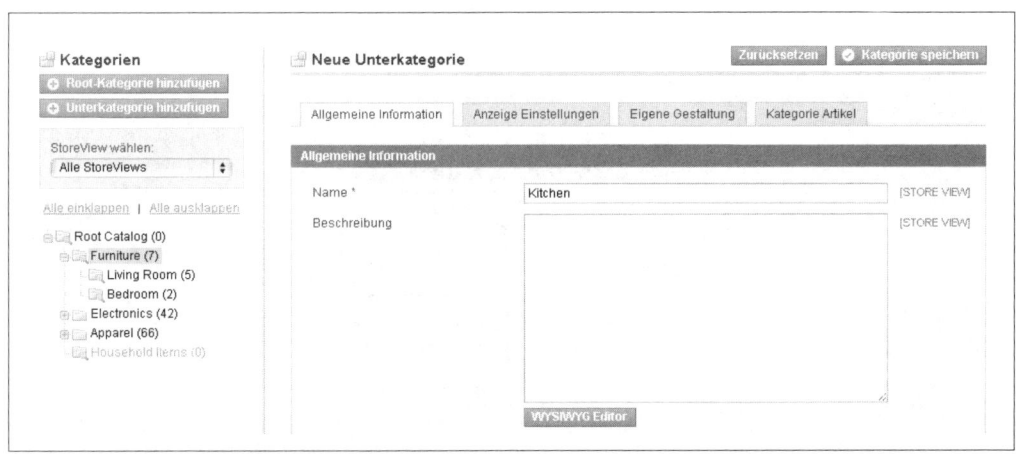

Abbildung 3-23: Eine neue Kategorie wird eingefügt

Der nächste Schritt besteht darin, die notwendigen Informationen für die neue Kategorie einzutragen und diese abzuspeichern. Um nicht bereits jetzt in die Tiefen der Kategorieverwaltung vorzudringen – dies heben wir uns für Kapitel 6 auf –, genügt es an dieser Stelle, zwei Pflichtfelder auszufüllen:

Name

>Dies ist das erste Eingabefeld, das unter der Überschrift *Allgemeine Information* erscheint. Tragen Sie hier folgerichtig den Namen der neuen Kategorie ein, nämlich *Kitchen.*

Kategorie Aktiv

>Dieser Schalter kann eine Kategorie an- oder ausschalten. Weil Sie die neue Kategorie sowohl im Adminbereich Ihres Shops als auch im Frontend in voller Pracht bewundern möchten, setzen Sie dieses Drop-down-Feld auf *Ja.*

Haben Sie beides erledigt, befördern Sie den neuen Eintrag mit einem Mausklick auf *Kategorie speichern* ohne Umschweife in die Datenbank. Wenn alles geklappt hat, wird dies durch die Information *Kategorie gespeichert* oben über der Tabelle angezeigt. Außerdem erscheint nun die frisch erstellte Kategorie *Kitchen* im Kategoriebaum (Abbildung 3-24). Last, but not least finden Sie sie ebenfalls im Frontend Ihres Shops (Abbildung 3-25).

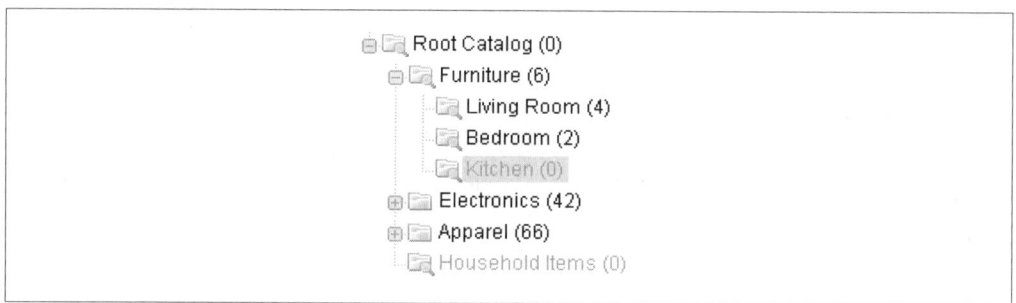

Abbildung 3-24: Die neue Kategorie erscheint im Kategoriebaum

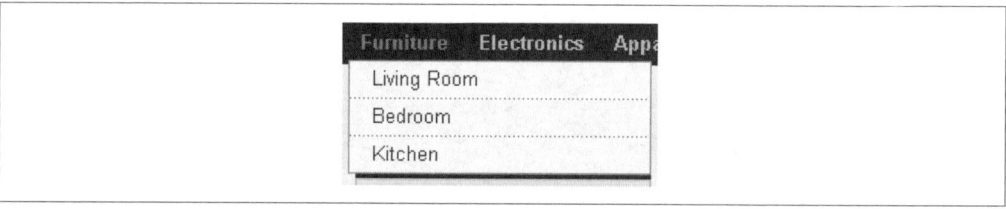

Abbildung 3-25: Die neue Kategorie Kitchen im Shop-Frontend

In Shop Navigation anzeigen

>Um eine Kategorie als Landingpage zu benutzen, kann es manchmal sinnvoll sein, die Kategorie aus dem Menü des Shops zu entfernen. Ein Link zur Kategorie soll aber dennoch das gewünschte Ergebnis zeigen. Schalten Sie die Anzeige in der

Menüleiste einfach ab, lassen die Kategorie aber aktiv, und schon haben Sie aus Ihrer Kategorie eine Landingpage gezaubert, die nur per Direktlink erreichbar ist.

Artikeltabelle

Nachdem Sie nun erfolgreich eine neue Kategorie angelegt haben, werden Sie dieser einen ebenfalls neu erstellten Artikel zuweisen. Klicken Sie dazu auf *Katalog → Artikel verwalten*, und im Inhaltsbereich erscheint eine Tabelle mit Artikeln, die in einer Standardinstallation von Magento mit Beispielartikeln enthalten sind.

Über der eigentlichen Artikeltabelle finden Sie eine Leiste mit verschiedenen Filteroptionen, die Ihnen dann das Leben besonders leicht machen, wenn Ihr Shop wächst und gedeiht und dementsprechend viele Einträge – in diesem Fall Artikel – in Ihrem Shop gespeichert sind.

Beginnen wir beim Drop-down-Menü *StoreView wählen*, das Sie im Kopf der Tabelle finden. Hier können Sie, wenn Sie mehrere Shops unter einer Magento-Installation betreiben, den gewünschten Bereich auswählen (mehr zur Erstellung von Multishops sowie dem Zusammenspiel von Website, Store und StoreView finden Sie in Kapitel 9). Belassen Sie die Einstellung hier auf *Alle StoreViews* (Abbildung 3-26).

Abbildung 3-26: Wählen des Geltungsbereichs

Darunter haben Sie die Möglichkeit, die Resultate der Tabelle in kleinere Datenhäppchen zu unterteilen, wobei standardmäßig 20 Einträge pro Seite gezeigt werden und Sie mithilfe der Vor- und Zurück-Pfeile oder Direkteingabe der gewünschten Seitenzahl durch diese Liste navigieren können. Hier nutzt Magento eine weit verbreitete Technik, die Sie sicherlich auch von anderen Softwareprodukten kennen.

Weiter unten finden Sie die Überschriften der jeweiligen Tabellenspalten, deren Inhalte Sie per Mausklick sortieren können. Darüber hinaus erscheint unter den Tabellenspalten eine blass türkis hinterlegte Zeile mit Such- und Filtereinstellungen in Form von Texteingabefeldern bzw. Drop-down-Menüs. Wenn Sie den gewünschten Suchbegriff eingeben und auf *Suchen* klicken, erscheinen in der Tabelle nur die dazu passenden Einträge. Analog verhält es sich mit den Drop-down-Menüs, in denen man bestimmte Filter setzen und diese ebenfalls mit einem Klick auf *Suchen* aktivieren kann. Es ist auch möglich, Filter und Kriterien zu mischen, also gleichzeitig zu verwenden. Die Schaltfläche *Filter zurücksetzen* löscht die eingestellten Filteroptionen, und die gesamte Tabelle wird wieder angezeigt (Abbildung 3-27).

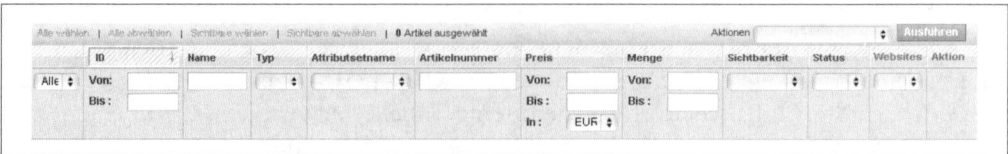

Abbildung 3-27: Diverse Filter- und Sortiermöglichkeiten

Artikel duplizieren und bearbeiten

So viel zum allgemeinen Teil – lassen Sie uns nun konkret einen Artikel so bearbeiten, dass Sie die Änderungen im Frontend des Shops tatsächlich sehen können. Suchen Sie dazu in der Artikelverwaltung den Artikel *Ottoman* und klicken Sie an beliebiger Stelle in die Zeile, um die Detailansicht aufzurufen. Es öffnet sich eine Eingabemaske, über die Sie alle artikelrelevanten Daten eintragen können.

Der Übersichtlichkeit wegen wurden die einzelnen Formulare zu passenden Gruppen zusammengefasst, die Sie im linken Menü finden; so gibt es beispielsweise einen Gruppen-Menüpunkt *Allgemein*, einen für *Preise*, einen für *Bilder* usw. Genauer gehen wir auf diese einzelnen Gruppen ab Seite 137 ein.

Um Sie nun nicht länger auf die Folter zu spannen, legen Sie jetzt einen neuen Artikel an, indem Sie einen bereits vorhandenen Artikel duplizieren und einige Eigenschaften ändern.

Klicken Sie zuerst oben rechts auf die Schaltfläche *Duplizieren*. Nach einer kurzen Weile erscheint die Meldung *Der Artikel wurde kopiert* in einem grün umrandeten Kasten oben in der Mitte (Abbildung 3-28).

Abbildung 3-28: Der Artikel wurde erfolgreich dupliziert

Alle Werte, die Sie nun mittels der verschiedenen Eingabemasken ändern, wirken sich auf den neuen Artikel aus. Ändern Sie also beliebig den Artikelnamen sowie die SKU (die Artikelnummer) und setzen Sie außerdem den *Status* auf *Aktiviert*. Um den Artikel im Frontend auch wirklich aufrufen zu können, müssen Sie den *URL Bezeichner* des Artikels ändern. Vergessen Sie dies, ist unter der URL des Ursprungsartikels zukünftig der duplizierte Artikel zu finden.

Magento versucht, verwaiste Links zu verhindern, und setzt beim Ändern des URL-Bezeichners automatisch den Haken ins Feld *Permanente Weiterleitung (301) für die alte URL anlegen.* Wenn Sie die URL eines bestehenden Artikels absichtlich ändern möchten, ist das ein wunderbares Hilfsmittel, das Ihnen viel Handarbeit erspart. Beim Kopieren von Artikeln wird Ihnen diese Hilfsbereitschaft aber schnell zum Verhängnis: Vergessen Sie, den Haken zu entfernen, ist der ursprüngliche Artikel nicht mehr aufrufbar, da seine Adresse permament auf den neuen Artikel umleitet!

Wenn Sie jetzt zur Gruppe *Preise* springen, sehen Sie, dass neben der Gruppe *Allgemein* ein kleines Diskettensymbol erscheint, das auf Änderungen in dem jeweiligen Bereich hinweist – so müssen Sie nicht nach jeder Aktion die Änderungen abspeichern (Abbildung 3-29), sondern erst zum Schluss.

Allgemein	🖫

Abbildung 3-29: Es gab Änderungen in einem Eingabebereich

In der Gruppe *Preise* geben Sie jetzt einen beliebigen neuen Preis ein. Hier können Sie als Dezimaltrennzeichen einen Punkt oder ein Komma verwenden, Magento versteht in diesem Fall beides. (Probleme würde es nur dann geben, wenn Sie versuchten, ebenfalls einen Tausenderpunkt einzutragen. Im aktuellen Fall müsste das Möbelstück dazu mindestens teilvergoldet oder von Lagerfeld gestaltet worden sein.)

Im nächsten Schritt weisen Sie dem duplizierten Artikel eine neue Kategorie zu. Dazu klicken Sie links auf *Kategorien*, und im Inhaltsbereich erscheint der bereits bekannte Kategoriebaum. Setzen Sie nun ein Häkchen in das Kontrollkästchen der Kategorie (oder Kategorien, ein Artikel darf auch mehreren Kategorien zugeordnet werden), um den aktuellen Artikel entsprechend zuzuweisen (Abbildung 3-30). Vorhin haben Sie eine neue Kategorie *Kitchen* erstellt – und da der Ottoman auch gut in eine Küche passt, setzen Sie hier einfach ein Häkchen.

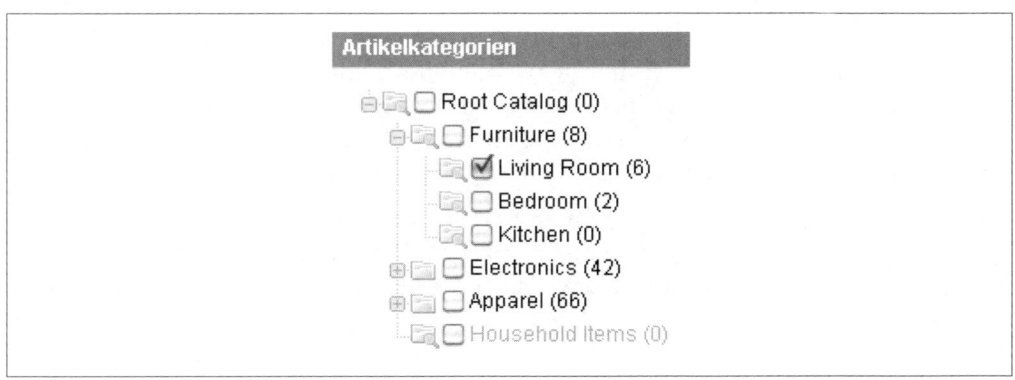

Abbildung 3-30: Per Häkchen eine oder mehrere Kategorien zuweisen

Klicken Sie anschließend oben rechts auf die Schaltfläche *Speichern*. Sobald Ihr neuer Artikel gespeichert ist, geschehen zwei Dinge: Zum einen erscheint er in der Artikelauflistung, auf die Sie nach dem Speichern automatisch geleitet werden, und zum anderen finden Sie nun einen neuen Artikel im Frontend Ihres Magento-Shops (Abbildung 3-31) – voilà!

Abbildung 3-31: Der neue Artikel im Frontend des Shops

Wundern Sie sich übrigens nicht, dass der Artikel erst einmal kein Bild hat und sein Status auf *Ausverkauft* steht. Auf die Lager- und Bildverwaltung gehen wir genauer in den Abschnitten »Lagerverwaltung« (Seite 156) und »Bilder« (Seite 151) in Kapitel 6 ein.

Die Startseite des Shops verändern

Ein Online-Shop besteht bekanntermaßen nicht nur aus einer Ansammlung von Artikeln, sondern darüber hinaus aus einer Reihe von Texten, die teilweise obligatorisch sind (denken Sie beispielsweise an *Allgemeine Geschäftsbedingungen, Widerrufsbelehrung, Versandhinweise* und *Impressum*) und teilweise hilfreiche Informationen liefern, die Sie Ihren Kunden zur Verfügung stellen möchten. In Ihrem Shop soll es also nicht nur von guten Angeboten nur so wimmeln, Sie möchten Ihre Kunden unter anderem auch mit einer ansprechend und individuell gestalteten Startseite in Ihrem Shop begrüßen.

Die Entwickler von Magento haben ihrem System deswegen ein Content-Management-System spendiert, mit dem Sie diese Inhalte pflegen können. In den folgenden Absätzen finden Sie eine Schnelleinführung in das Magento-CMS, näher beleuchten werden wir es in Kapitel 7.

Seiten mit dem CMS verwalten

Am Anfang steht die Auflistung – dies ist bei der Magento-Seitenverwaltung nicht anders. Klicken Sie auf *CMS → Seiten verwalten*, und Sie sehen alle Inhaltsseiten, die in Magento gespeichert sind. Per Mausklick können Sie sofort auf jeden einzelnen Eintrag zugreifen (Abbildung 3-32).

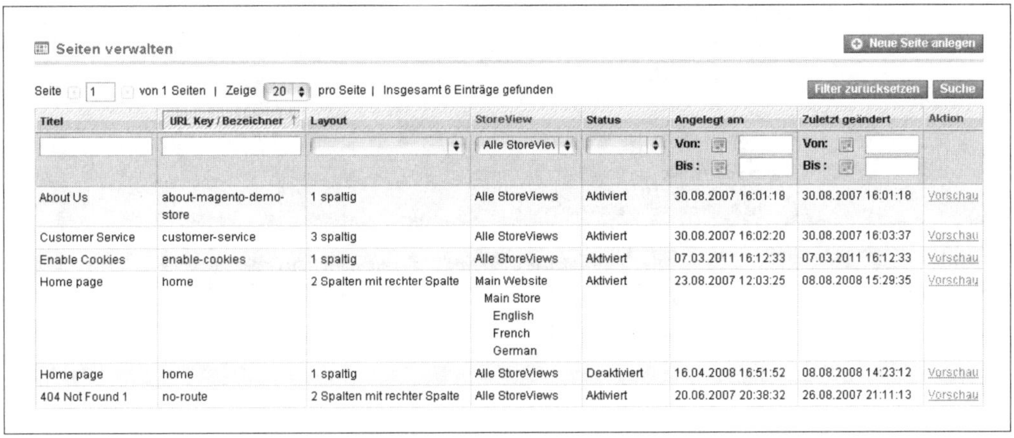
Seiten verwalten

Neue Seite anlegen

Seite 1 von 1 Seiten | Zeige 20 pro Seite | Insgesamt 6 Einträge gefunden

Filter zurücksetzen Suche

Titel	URL Key / Bezeichner	Layout	StoreView	Status	Angelegt am	Zuletzt geändert	Aktion
			Alle StoreViev		Von: Bis:	Von: Bis:	
About Us	about-magento-demo-store	1 spaltig	Alle StoreViews	Aktiviert	30.08.2007 16:01:18	30.08.2007 16:01:18	Vorschau
Customer Service	customer-service	3 spaltig	Alle StoreViews	Aktiviert	30.08.2007 16:02:20	30.08.2007 16:03:37	Vorschau
Enable Cookies	enable-cookies	1 spaltig	Alle StoreViews	Aktiviert	07.03.2011 16:12:33	07.03.2011 16:12:33	Vorschau
Home page	home	2 Spalten mit rechter Spalte	Main Website Main Store English French German	Aktiviert	23.08.2007 12:03:25	08.08.2008 15:29:35	Vorschau
Home page	home	1 spaltig	Alle StoreViews	Deaktiviert	16.04.2008 16:51:52	08.08.2008 14:23:12	Vorschau
404 Not Found 1	no-route	2 Spalten mit rechter Spalte	Alle StoreViews	Aktiviert	20.06.2007 20:38:32	26.08.2007 21:11:13	Vorschau

Abbildung 3-32: Auflistung der vorhandenen Seiten in Magento

Standardmäßig sind unter anderem die Startseite des Shops sowie die 404-Fehlerseite enthalten. (Letztere wird immer dann angezeigt, wenn eine Seite oder ein Artikel, die oder der im Browser eingegeben wurde, in Ihrem Shop nicht gefunden werden konnte.) Für alle Seiten des CMS können Sie neben dem eigentlichen Inhalt auch die Metadaten der Seiten bestimmen und ein individuelles Theme aktivieren.

Aufgrund Ihrer steigenden Laune – immerhin haben Sie schon erfolgreich Testbestellungen durchgeführt sowie eine neue Kategorie mitsamt eines neuen Artikels erstellt – bearbeiten Sie nun die Startseite Ihres Shops so, dass Sie Ihre Besucher mit einem netten Satz begrüßen. (In Kapitel 7 besprechen wir dann genauer, wie Sie das CMS nutzen, um beispielsweise auch HTML-Code und Grafiken einzufügen.) Klicken Sie dazu auf den Eintrag mit dem Titel *Home page*. Eine Bearbeitungsmaske erscheint, in der Sie eine Reihe von Daten für diese Seite des CMS eintragen können (Abbildung 3-33).

Geben Sie nun über dem vorhandenen Text im Texteingabefeld *Inhalt* an erster Stelle Folgendes ein:

```
Wir wünschen allen unseren Besuchern einen schönen Tag.
```

Nach einem Klick auf die Schaltfläche *Seite speichern* werden Ihre Änderungen übernommen, und wenn Sie nun die Startseite des Shops in Ihrem Browser aktualisieren, wird die Begrüßung über dem eigentlichen Inhalt der Startseite angezeigt (Abbildung 3-34).

Inhalt *

```
<p>Wir wünschen allen unseren Besuchern einen schönen Tag.</p>
<div class="col-left side-col">
<p class="home-callout">
<a href="{{store direct_url="apparel/shoes/womens/anashria-womens-premier-leather-sandal.html"}}"><img src="{{skin url='images/ph_callout_left_top.gif'}}" border="0" /></a>
</p>
<p class="home-callout">
<img src="{{skin url='images/ph_callout_left_rebel.jpg'}}" border="0" />
</p>
{{block type="tag/popular" template="tag/popular.phtml"}}
</div>
<div class="home-spot">
<p class="home-callout">
<img src="{{skin url='images/home_main_callout.jpg'}}" border="0" width="470" />
</p>
<p class="home-callout">
<img src="{{skin url='images/free_shipping_callout.jpg'}}" border="0" width="470" />
</p>
<div class="box best-selling">
<h3>Best Selling Products</h3>
<table border="0" cellspacing="0">
    <tbody>
        <tr class="odd">
            <td><a href="{{store direct_url="sony-vaio-vgn-txn27n-b-11-1-notebook-pc.html"}}"><img class="product-img" src="{{skin url='images/media/best_selling_img01.jpg'}}" border="0" width="95" /></a>
            <div class="product-description">
            <p><a href="{{store direct_url="sony-vaio-vgn-txn27n-b-11-1-notebook-pc.html"}}">Sony VAIO VGN-TXN27N/B 11.1" Notebook PC</a></p>
            <p>
            See all <a href="{{store
```

Abbildung 3-33: Bearbeiten einer Inhaltsseite

Abbildung 3-34: Modifizierte Startseite

Rabattaktion starten

Während man die Konfiguration des Shops und das Einpflegen der Kategorien und Artikel als Pflicht des Shopbetreibers ansehen könnte, bietet sich unter diesem Punkt die Möglichkeit, sozusagen die kaufmännische Kür zu absolvieren. Im Bereich *Preisregeln* des Adminbereichs lassen sich alle erdenklichen Preisregeln für Ihren Magento-Shop planen und aktivieren. Sie haben eine Rabattaktion auf alle Produkte geplant, weil Sie vielleicht Ihr Lager räumen müssen? In den beiden unscheinbar wirkenden Unterpunkten *Katalog Preisregeln* und *Warenkorb Preisregeln* sind die Werkzeuge versteckt, mit denen Sie mit nur wenigen Mausklicks die gesamte Preisgestaltung Ihres Online-Shops auf den Kopf stellen können – in hoffentlich sinnvoller Weise!

Seien Sie einmal großzügig zu Ihren Kunden und gewähren Sie allen einen Rabatt von 20 % auf wirklich alles. Rufen Sie dazu im Adminbereich *Preisregeln → Katalog Preisregeln* auf. Es erscheint eine Liste aller Rabattaktionen, die bei der Erstinstallation vorhanden sind (Abbildung 3-35).

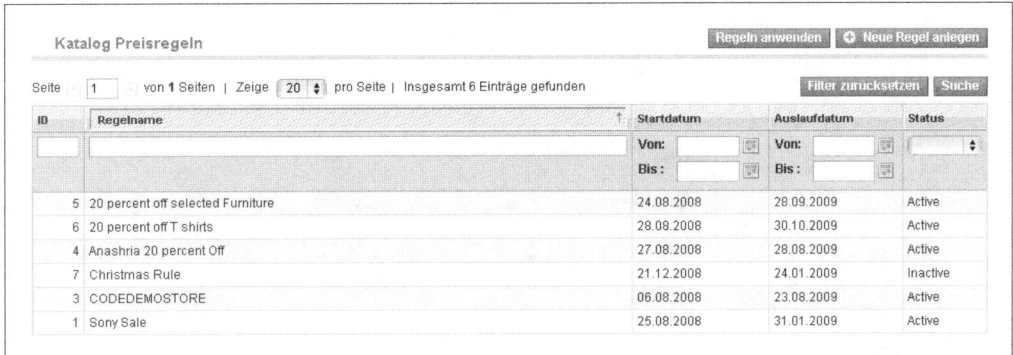

Abbildung 3-35: Verschiedene Rabattaktionen in der Magento-Datenbank

Um eine neue Regel anzulegen, klicken Sie auf die Schaltfläche *Neue Regel anlegen* oben rechts, worauf die folgende Eingabemaske erscheint (Abbildung 3-36).

Tragen Sie die Werte so ein, wie in Abbildung 3-37 dargestellt.

Ein Klick auf *Regeln speichern* legt die Rabattaktion mit den eingetragenen Werten in der Datenbank ab, sie wird aber noch nicht angewandt (Abbildung 3-38).

Erst über den Button *Regeln anwenden* werden diese auf den Shop übertragen. Nach einer Weile erscheint die Erfolgsmeldung *Regel wurde erfolgreich angewandt*, und sämtliche Waren im Shop sind ab sofort zu reduzierten Preisen zu haben (Abbildung 3-39).

 Katalogpreisregeln verlieren aus Sicherheitsgründen um ein Uhr nachts ihre Gültigkeit und müssen per Cronjob immer wieder aktiviert werden. Diesen einzurichten, ist sehr einfach: Lassen Sie die Datei *cron.php* im Magento-Root-Verzeichnis per CronTab alle fünf Minuten aufrufen – das ist schon alles.

So einfach können Sie Ihren Kunden also etwas Gutes tun. Wie Sie anhand der anderen gespeicherten Preisregeln sehen können, lassen sich Rabatte auch auf bestimmte Artikel und Kategorien beschränken. Es ist ebenfalls möglich, Reduktionen nicht nur prozentual, sondern auch absolut einzutragen.

Suchen Sie in Magento eine Möglichkeit, um Aufschläge zu hinterlegen, dann gehen Sie besser ein bisschen spazieren oder machen sich eine gute Tasse Tee. Nicht weil es so lange dauert, sie zu finden; es ist in Magento schlicht nicht möglich. Auch alle noch so kreativen Ideen mit negativen Werten oder wilden Kombinationen funktionieren nicht. Weitere Informationen zu Preisregeln hält Kapitel 11 für Sie bereit.

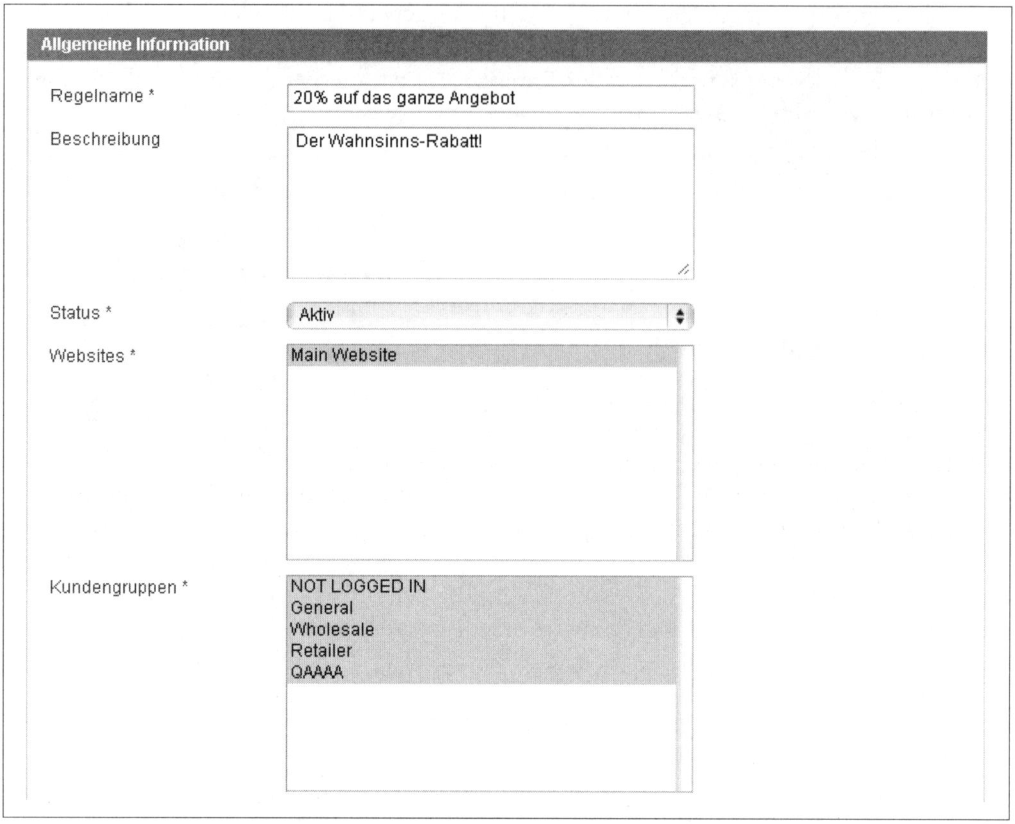

Allgemeine Information

Regelname *	20% auf das ganze Angebot
Beschreibung	Der Wahnsinns-Rabatt!

Status * Aktiv

Websites * Main Website

Kundengruppen *
NOT LOGGED IN
General
Wholesale
Retailer
QAAAA

Abbildung 3-36: Eingabemaske für die Erstellung einer neuen Rabattaktion

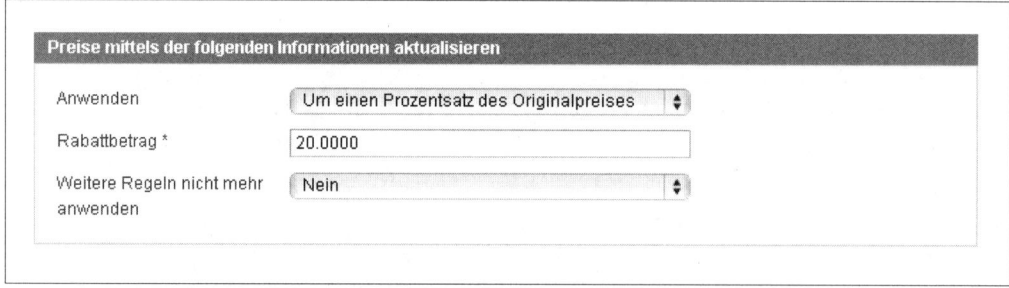

Preise mittels der folgenden Informationen aktualisieren

Anwenden	Um einen Prozentsatz des Originalpreises
Rabattbetrag *	20.0000
Weitere Regeln nicht mehr anwenden	Nein

Abbildung 3-37: Alle Preise sollen um 20 % reduziert werden

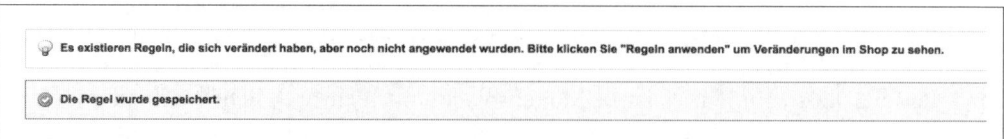

Es existieren Regeln, die sich verändert haben, aber noch nicht angewendet wurden. Bitte klicken Sie "Regeln anwenden" um Veränderungen im Shop zu sehen.

Die Regel wurde gespeichert.

Abbildung 3-38: Die Preisregel wurde gespeichert, muss aber noch angewendet werden

Abbildung 3-39: Alle Preise im Shop werden automatisch um 20 % reduziert!

Versand- und Zahlarten

Nach einigen Seiten voller Magento-Funktionalität sollten Sie nun bereit sein, Ihrem Shop einmal unter die virtuelle Motorhaube zu schauen – willkommen in der Systemkonfiguration. Hier nehmen Sie die meisten Einstellungen für Ihren Shop vor, und gerade beim Aufbau eines neuen Projekts werden Sie sich oft durch die einzelnen Unterpunkte des *System*-Menüs im Adminbereich klicken. An dieser Stelle lernen Sie, wie Sie eine neue Versandmethode und eine alternative Zahlungsmöglichkeit einstellen. Das ist natürlich nur ein kleiner Bestandteil des Konfigurationsmenüs; ans Eingemachte geht es in Kapitel 4, in dem wir zusammen unseren »Webkochshop« mithilfe des Konfigurationsmenüs auf unsere Bedürfnisse einstellen.

Versandarten

Wie Sie bei Ihren Testbestellungen gesehen haben, sind als Versandart in der Standardinstallation nur Versandkosten als Festkosten in Höhe von 5,00 _ angelegt. Gehen wir einmal davon aus, dass Sie Ihren Kunden anbieten möchten, die Artikel selbst bei Ihnen abzuholen, um sich die Versandkosten zu sparen. Um das zu erreichen, aktivieren Sie eine weitere Versandart. Außerdem bearbeiten Sie die bereits vorhandenen Festkosten.

Gehen Sie dazu über *System → Konfiguration* in den Konfigurationsbereich und wählen Sie aus dem linken Menü den Punkt *Versandarten* aus. Im mittleren Bereich erscheint eine Auflistung aller Versandmodule, die in einer Magento-Standardinstallation bereits vorhanden sind, wie beispielsweise *Festkosten*, *Table Rates*, *Versandkostenfrei* sowie *UPS* und *DHL* (Abbildung 3-40).

Klicken Sie nun auf die Überschrift *Festkosten* im oberen graublauen Balken, sodass sich dieser nach unten öffnet und die Eingabemaske für diese Versandart freigibt. Von den diversen Eingabemöglichkeiten interessiert uns im Moment nur der *Titel*, der *Name der Versandart*, der *Typ* sowie die *Angezeigte Fehlermeldung*. Tragen Sie in diese Eingabefelder die Werte so ein, wie in Abbildung 3-41 dargestellt.

Klappen Sie die Eingabemaske mit einem erneuten Klick auf den graublauen Balken wieder zu und springen Sie dann zur Eingabemaske *Versandkostenfrei*. Dort setzen Sie das Drop-down-Menü *Aktiviert* auf *Ja* und tragen in den folgenden beiden Eingabefeldern *Titel* und *Name der Versandart* die Werte *Selbstabholung* und *versandkostenfrei* ein. Zu

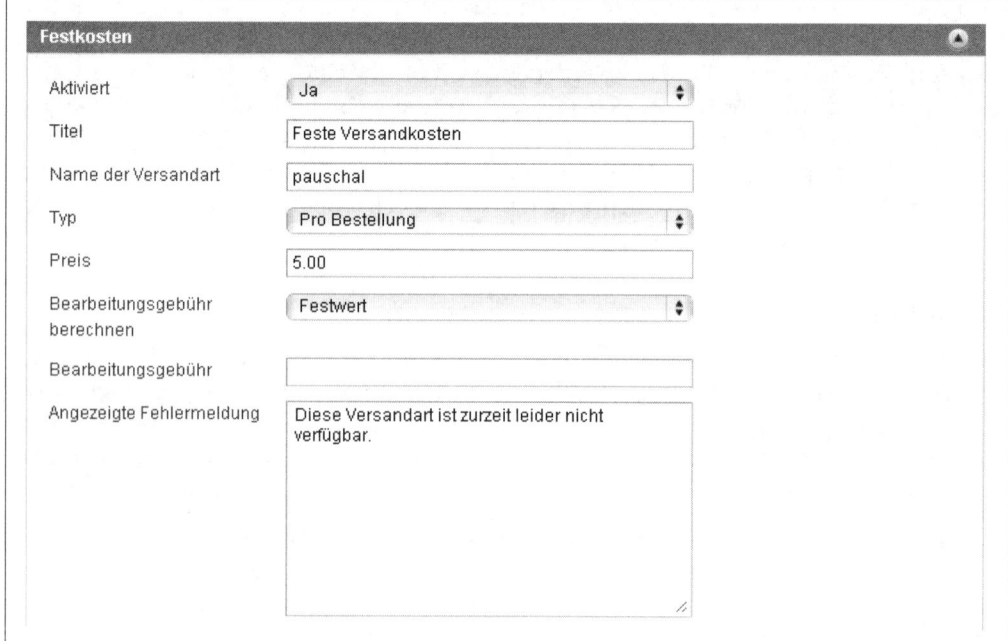

Shipping Methods
☑ Konfiguration speichern

Festkosten	⌄
Table Rates	⌄
Versandkostenfrei	⌄
UPS	⌄
USPS	⌄
FedEx	⌄
DHL	⌄

Abbildung 3-40: Standardmäßig vorhandene Versandmodule in Magento

Festkosten ⌃

Aktiviert	Ja ⬍
Titel	Feste Versandkosten
Name der Versandart	pauschal
Typ	Pro Bestellung ⬍
Preis	5.00
Bearbeitungsgebühr berechnen	Festwert ⬍
Bearbeitungsgebühr	
Angezeigte Fehlermeldung	Diese Versandart ist zurzeit leider nicht verfügbar.

Abbildung 3-41: Die Versandart Festkosten wird bearbeitet

guter Letzt übersetzen Sie noch die *Angezeigte Fehlermeldung* für den Fall, dass die Versandart aus irgendeinem Grund nicht verfügbar ist, und speichern Ihre Änderungen mit einem Klick auf *Konfiguration speichern* (Abbildung 3-42).

Führen Sie nun in Ihrem Online-Shop eine weitere Testbestellung durch. Im Bestellprozess werden Sie dann sehen, wie sich die gerade durchgeführten Änderungen auf das Frontend von Magento auswirken (Abbildung 3-43).

In ähnlicher Weise werden Sie nun sehen, wie eine neue Zahlungsmöglichkeit im Adminbereich hinzugefügt wird bzw. bereits vorhandene verändert werden.

Abbildung 3-42: Das Modul Versandkostenfrei wird aktiviert und übersetzt

Abbildung 3-43: Versandkostenfreie Bestellungen sind ab sofort in Ihrem Shop aktiviert

Zahlarten

Rufen Sie hierzu im Bereich *System → Konfiguration* den Menüpunkt *Zahlarten* auf. Analog zu den Versandarten erscheinen auch hier mehrere graublaue Balken, die jeweils eine Möglichkeit symbolisieren und per Mausklick auf- und wieder zugeklappt werden können (Abbildung 3-44).

Im ersten Schritt werden Sie die Zahlart *Kreditkarte* deaktivieren. (Das Speichern von Kreditkartendaten auf dem eigenen Server kann eine heikle Sache sein, und es ist daher unbedingt zu empfehlen, Kreditkartenzahlungen über einen Payment-Service-Provider abzuwickeln.) Klicken Sie dazu auf den Eintrag *Kreditkarten-Zahlung (Datenspeicherung)*, sodass die Bearbeitungsmaske für dieses Modul ausgeklappt wird. Wie auch bei der Versandart *Festkosten* müssen Sie hier lediglich im Drop-down-Menü *Aktiviert* den Wert auf *Nein* setzen, um es in Ihrem Shop zu deaktivieren (Abbildung 3-45).

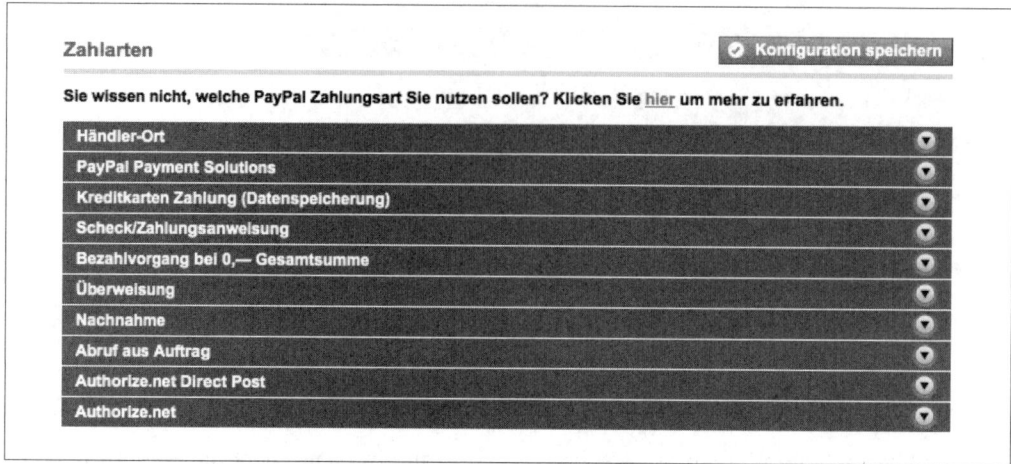

Abbildung 3-44: Übersicht der verschiedenen Zahlarten

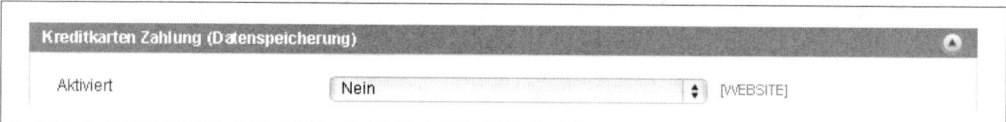

Abbildung 3-45: Deaktivieren Sie die Zahlart Kreditkarten-Zahlung (Datenspeicherung)

Als Nächstes bearbeiten Sie die Zahlart *Scheck/Zahlungsanweisung*, indem Sie auf den entsprechenden Balken klicken und im Eingabefeld *Titel* den Wert *Check/money order* durch *Scheck/Vorkasse* ersetzen (Abbildung 3-46).

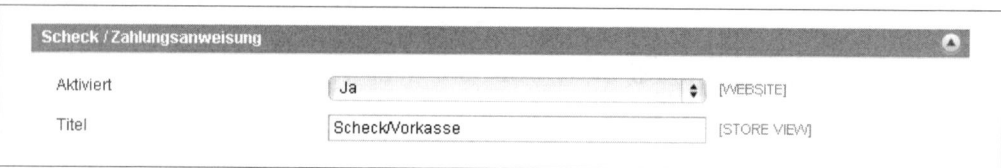

Abbildung 3-46: Bearbeiten der Zahlungsmöglichkeit Scheck/Zahlungsanweisung.

Last, but not least verwenden Sie eine bisher ungenutzte Zahlungsmöglichkeit, um die *Barzahlung bei Selbstabholung* zu realisieren. Aktivieren Sie die Eingabemaske *Abruf aus Auftrag* und tragen Sie die Werte so ein, wie in Abbildung 3-47 gezeigt.

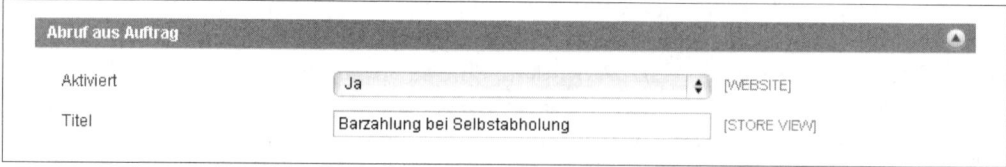

Abbildung 3-47: Barzahlung bei Selbstabholung wird aktiviert.

Nach einem Klick auf *Konfiguration speichern* können Sie nun eine neue Testbestellung ausführen und von den neu konfigurierten Zahlarten Gebrauch machen (Abbildung 3-48).

Abbildung 3-48: Die geänderten Zahlarten in Aktion

Auf den letzten Seiten haben Sie gesehen, wie Sie mit ein paar einfachen Änderungen im Adminbereich bereits Einfluss auf die Funktionalität des Frontends haben. Wenn Sie die genannten Schritte durchgegangen sind, haben Sie jetzt einen Eindruck davon, wie die Arbeitsschritte im Adminbereich strukturiert sind, und fühlen sich bestens präpariert, um tiefer in die Materie einzusteigen.

KAPITEL 4
Den Online-Shop konfigurieren

Im letzten Kapitel haben Sie im Schnellverfahren die wichtigsten Bereiche von Magento kennengelernt und mit einigen Beispielen schon praktische Erfahrungen sammeln können. Mit anderen Worten, Sie sind darauf perfekt vorbereitet, ein konkretes Projekt anzugehen! Wir stellen vor: den *Webkochshop*.

Dieses Kapitel wird sich damit beschäftigen, ein neues Projekt auf Basis von Magento anzulegen und alle nötigen Einstellungen so vorzunehmen, dass Sie damit online gehen können. Der Webkochshop hat sich zum Ziel gesetzt, in Deutschland (und im zweiten Schritt in Großbritannien) hochwertiges Kochzubehör wie Töpfe und Pfannen, aber auch Besteck und Backzubehör zu verkaufen.

Um den Shop für diese Aufgabe fit zu machen, werden Sie in den folgenden Abschnitten unter anderem allgemeine Kontaktdaten eintragen, die Steuern konfigurieren sowie die Versandarten und Zahlungsmöglichkeiten integrieren. Hierbei gehen wir nicht auf jede einzelne Eingabemaske ein – dazu gibt es hier einfach viel zu viele –, sondern beleuchten die Bereiche, die zum Betrieb des Webkochshops notwendig sind. Als Basis verwenden Sie hier und in allen nachfolgenden Kapiteln Ihre Magento-Installation ohne Beispieldaten.

Bevor Sie sich aber nun voller Eifer in die Konfigurationsarbeit stürzen, möchten wir Ihnen zunächst die sogenannten Geltungsbereiche vorstellen, die Ihnen während der Konfiguration, aber auch in anderen Zusammenhängen in diesem Buch immer mal wieder über den Weg laufen werden. Es handelt sich dabei um eine verschachtelte Vererbungsstruktur aus Website, Store und StoreView, die es Ihnen ermöglicht, beispielsweise komplexe Multishop-Projekte (siehe Kapitel 9) in die Tat umzusetzen. Alle Einstellungen, die Sie nachfolgend vornehmen werden, beziehen sich entweder auf die Standardkonfiguration – diese umfasst sämtliche Websites, Stores und StoreViews einer Magento-Installation – oder auf einen der genannten Geltungsbereiche (wobei der Store eine Sonderrolle einnimmt, wie Sie gleich sehen werden).

Geltungsbereiche: Global, Website und StoreView

Während des Crashkurses in Kapitel 3 ist Ihnen das Drop-down-Menü zur Auswahl des aktuell gültigen Geltungsbereichs schon einmal über den Weg gelaufen (Abbildung 4-1).

Abbildung 4-1: Das Menü zur Auswahl des aktuellen Geltungsbereichs im Adminbereich

Worauf bezieht sich nun dieser Geltungsbereich? Was gilt wo? Vereinfacht gesagt, geht es um die Frage, für welchen Teil der Magento-Installation die von Ihnen eingegebenen Daten und Einstellungen gelten sollen: Global, nur für eine Website oder nur für einen StoreView. Dieser dreigeteilte Aufbau des Magento-Systems ist der Schlüssel zu dessen enormer Flexibilität im Hinblick auf unterschiedlichste Verkaufsszenarien. Die drei Geltungsbereiche Global, Website und StoreView sind so ineinander verschachtelt, dass Einstellungen, die Sie für den Bereich Website treffen, sich auch auf die darunterliegenden StoreViews vererben.

Hier werden alle vorhandenen Geltungsbereiche ineinander geschachtelt angezeigt, sodass Sie Einstellungen auf den gewünschten Bereich beschränken können.

Wenn wir also gemeinsam in diesem Buch den Webkochshop aufbauen und Sie Konfigurationen sowie grafische Gestaltungen auf Website-Ebene eintragen, werden sämtliche StoreViews diesen Einstellungen folgen – es sei denn, Sie definieren für diesen Geltungsbereich etwas anderes. Mit anderen Worten: Es lassen sich mit einer Magento-Installation und einem gemeinsamen Benutzerzugang viele verschiedene Online-Shops über einen zentralen Adminbereich komfortabel verwalten.

 In Magento gibt es zur Konfiguration der Kategorien noch eine weitere, *Store* genannte Ebene zwischen Websites und StoreViews. Diese Ebene gehört genau betrachtet nicht zu den Geltungsbereichen, da sie selbst keine Konfigurationswerte speichern oder wiedergeben kann. Es ist jedoch möglich, innerhalb einer Website mehrere Stores mit unterschiedlichen Hauptkategorien zu betreiben. Mehr dazu erfahren Sie in Kapitel 4.

Mithilfe der Magento-Struktur können Sie also unter anderem verschiedene Zielgruppen ansprechen, indem Sie beispielsweise für ein junges Publikum ein modernes Design zugrunde legen, während einer älteren Zielgruppe eine klassischere Gestaltung präsentiert wird. Ebenso ist es denkbar, die gleichen Artikel in unterschiedlichen Ländern mit unterschiedlichen Währungen, Spracheinstellungen sowie anderen Liefer- und Versandkosten zu verkaufen. Schlussendlich ist auch eine Aufteilung nach Kunden realisierbar: Während im B2B-Bereich den Firmenkunden günstigere Nettopreise angezeigt werden, sehen die Privatkunden im B2C-Sektor die gesetzlich erforderlichen Bruttopreise für Endkunden. Hierbei ist – um das vorwegzunehmen – nicht nur die Ausgabe Nettopreis/Bruttopreis gemeint. In Magento ist tatsächlich möglich, dass ein Artikel auf unterschiedlichen Websites komplett unabhängige, unterschiedliche Preise hat.

All das lässt sich in Magento mit nur einer einzigen Installation bewerkstelligen und einem einzigen Adminbereich pflegen. Diese Multishop-Fähigkeit ist eine der herausragenden Merkmale von Magento und war bis dato kommerziellen Systemen vorbehalten. Sie ist im kostenlosen Open Source-Bereich bisher konkurrenzlos und damit vor allem für Shopbetreiber, die international operieren oder verschiedene Produktlinien verkaufen möchten, die ideale Lösung.

Bei einer Standardinstallation sind bereits eine Website (*Main Website*), ein dazugehöriger Store (*Main Website Store*) und ein StoreView (*Default StoreView*) vorhanden. Wie Sie im Folgenden sehen werden, lassen sich unter *System → Stores verwalten* weitere Websites, Stores und StoreViews beliebig anlegen, wobei diese drei Teile immer zusammen vorhanden sein müssen; eine Website ohne zugehörigen Store lässt sich genauso wenig einrichten wie ein Store ohne StoreView oder ein StoreView ohne Store. Bevor wir die Geltungsbereiche im Detail erläutern, können wir sie wie folgt zusammenfassen:

- *Global*: Werte gelten für die gesamte Installation (Admin- oder Default-Werte).
- *Website*: Übergeordneter Container für Warenkorb, Kundenkonten und gegebenenfalls Preise.
- *Store*: Mit der Website verknüpfter Kategoriebaum-Abschnitt für die Darstellung im Frontend.
- *StoreView*: Sicht auf den Store, die z. B. bei unterschiedlichen Sprachen variieren kann.

Global

In einer Magento-Installation ist der globale Geltungsbereich das übergeordnete Element, in dem alle anderen Geltungsbereiche enthalten sind. Bestimmte Werte, d. h. Attribut- und Konfigurationswerte, müssen in Magento global angegeben werden. Ein gutes Beispiel dafür sind die Artikelnummern (SKUs) – diese sind innerhalb einer Magento-Installation eindeutig. Dies bedeutet, dass – so komplex die Multistore-Struktur auch sein mag, die Sie anstreben – eine Artikelnummer niemals zwei verschiedenen Artikeln gleichzeitig zugewiesen werden kann.

Website

Innerhalb einer Magento-Installation können parallel mehrere verschiedene Websites angelegt werden. Das wichtigste Merkmal dieses Geltungsbereichs ist, dass alle Stores, die ihr unter- bzw. zugeordnet sind, denselben Warenkorb und dieselben Kundeninformationen teilen. Abhängig von der Konfiguration ist es auch möglich, den Geltungsbereich eines Artikelpreises von der globalen auf die Website-bezogene Gültigkeit zu verändern. Dies ist bei B2B/B2C-Website-Konstellationen sinnvoll, wenn die gleichen Artikel an Händler und Endkunden, jedoch zu gänzlich unterschiedlichen Preisen, verkauft werden sollen.

Wenn Sie also, wie Sie gleich anhand mehrerer Beispiele noch genauer sehen werden, einer Website mehrere Stores zuordnen, können sich Kunden, die ein Kundenkonto in Store A angelegt haben, mit den gleichen Informationen – also beispielsweise E-Mail-Adresse und Passwort – in Store B anmelden. Analog dazu finden sich alle Artikel in einem gemeinsamen Warenkorb wieder, die in einem der zu einer Website gehörenden Stores dort hineingelegt wurden. Das Verhältnis zwischen Websites und Stores wird in Abbildung 4-2 noch einmal dargestellt. Weiter unten finden Sie verschiedene Szenarien, die die Funktion der Website selbst deutlicher machen.

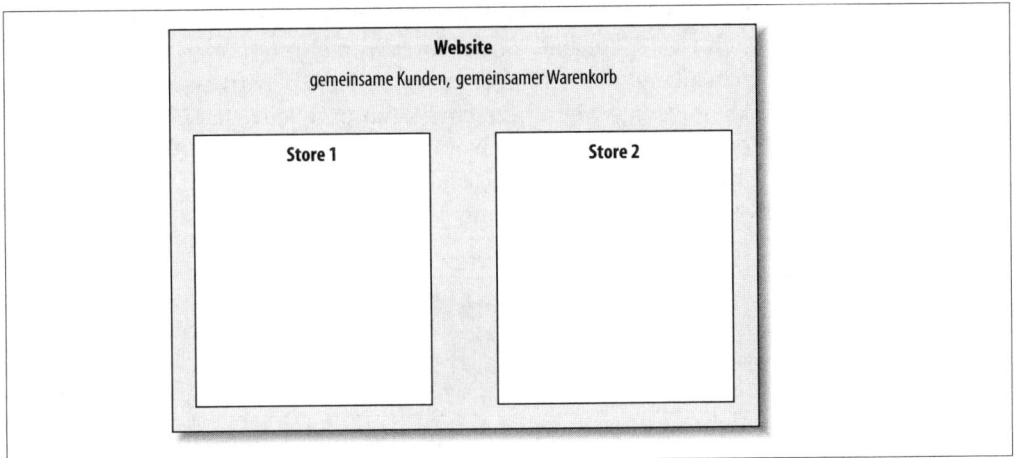

Abbildung 4-2: Das Verhältnis zwischen Website und Store

Store

Auch wenn ein Store nicht wirklich zu den Geltungsbereichen gehört, ist er in der Struktur der Websites und StoreViews ein wichtiger Mitspieler und muss hier erwähnt werden. Wie Sie in den nachfolgenden Konfigurationsschritten dieses Kapitels sehen werden, lassen sich alle Einstellungen in *System → Konfiguration* nur auf Website- oder StoreView-Ebene durchführen; den Eintrag des Stores im Drop-down-Menü zur Auswahl des Geltungsbereichs können Sie demnach auch nicht anklicken. Mit einem Store werden Sie nur dann in Berührung kommen, wenn Sie sich beispielsweise im Dashboard Store-basierte Umsätze ansehen oder in der Kategorieverwaltung (siehe Kapitel 6) Ihren Kategoriebaum aufbauen.

Ein Store wird einer bestimmten Website innerhalb der Magento-Installation zugewiesen und dient vor allem dazu, einen vorher festgelegten Kategoriebaum darzustellen; in Kapitel 6 beim Aufbau der Kategorien sehen Sie, dass jeder Kategoriebaum eine Wurzel (*Root*) haben muss, von der aus alle Unterkategorien ausgehen bzw. auf der diese fußen. Jeder Store, den Sie in Magento anlegen, benötigt zwingend die Zuweisung einer Root-Kategorie, wobei sich auch mehrere Stores ein und dieselbe Root-Kategorie teilen können. Im Grunde existiert der Geltungsbereich Store nur, um die Einbindung der Kategoriebäume in die Gesamtshopstruktur anschaulicher zu machen; eine weitere Funktion besteht darin, Verkaufsdaten auf Store-Ebene zusammenfassen und statistisch auswerten zu können.

StoreView

So wie eine Website mehrere Stores haben kann, so werden unter einem Store verschiedene StoreViews zusammengefasst. Wie der Name schon andeutet, bestimmen Sie innerhalb eines StoreView die »Sicht« auf den jeweiligen Store. Ein klassischer Einsatzbereich für diesen Geltungsbereich ist der Aufbau eines Stores in mehreren Sprachen; innerhalb eines StoreView lassen sich alle textlichen Informationen – das betrifft also beispielsweise den Katalog, aber auch die diversen Menübezeichnungen und Schaltflächen – sprachlich individuell anpassen. Von einem Aufbau mit zwei verschiedenen StoreViews machen wir auch in Kapitel 9 beim Konzipieren eines Multishop-Systems Gebrauch. Das Verhältnis zwischen Stores und StoreViews ist in Abbildung 4-3 noch einmal dargestellt.

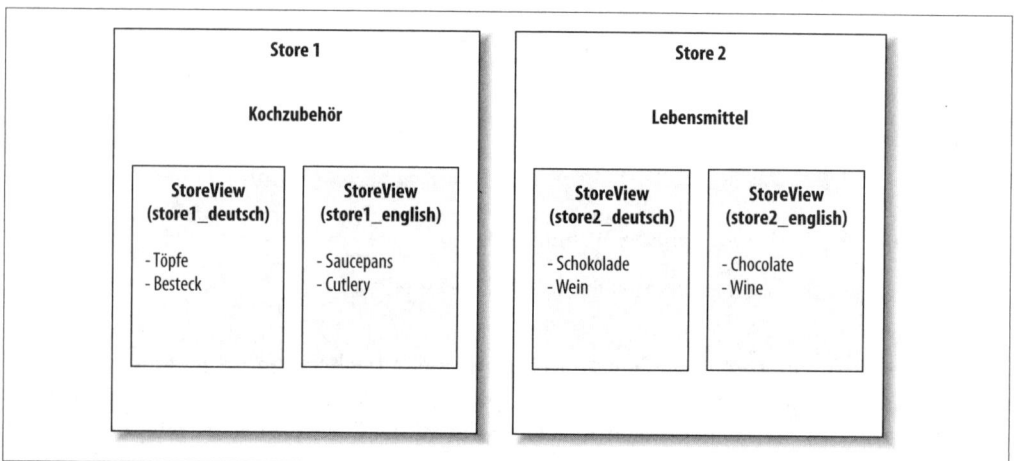

Abbildung 4-3: Das Verhältnis zwischen Stores und StoreViews

Die Geltungsbereiche: Drei Anwendungsbeispiele

Im Folgenden zeigen wir Ihnen anhand einiger Szenarien, wie Sie unter Berücksichtigung der gerade beschriebenen Geltungsbereiche den Webkochshop auf verschiedene

Weise strukturieren können. Diese sollten natürlich nur als Beispiele verstanden werden, viele andere Kombinationen der einzelnen Geltungsbereiche sind denkbar und in einer anderen Situation die bessere Lösung.

Eine Website, ein Store und zwei StoreViews

Diese einfache Variante wird Ihnen auch in Kapitel 9 begegnen, wenn wir gemeinsam den Webkochshop für den englischen Markt fit machen. Über den Magento-Adminbereich wird eine Website angelegt, der nur ein einziger Store zugeordnet ist. In diesem Beispiel wird also nur ein Kategoriebaum angezeigt, der über die Root-Kategorie mit dem Store verbunden ist. Zur Ansicht des Stores werden zwei StoreViews angelegt, die die Ausgabe im Internetbrowser bestimmen und den Inhalt des Webkochshops einmal in deutscher und einmal in englischer Sprache darstellen. Der Aufbau dieser Struktur wird in Abbildung 4-4 noch einmal veranschaulicht.

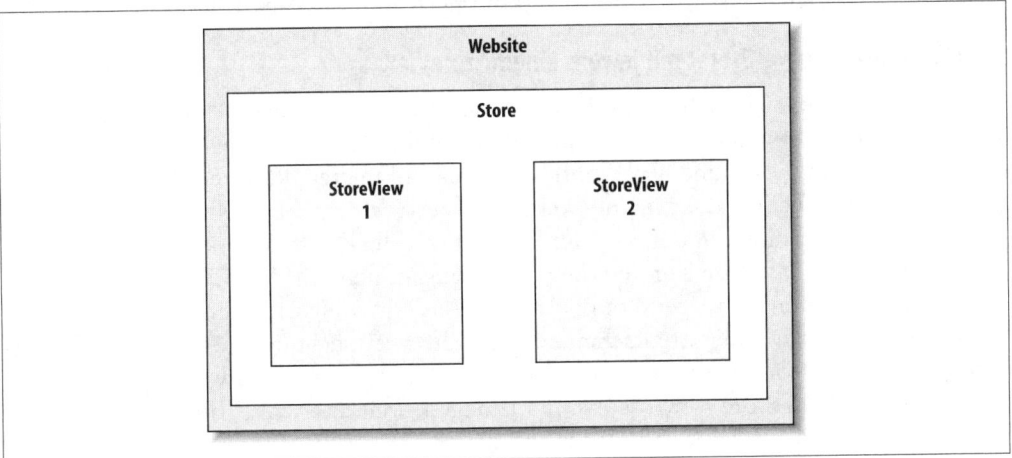

Abbildung 4-4: Eine Shopkonstruktion mit einer Website, einem Store und zwei StoreViews

Eine Website und zwei Stores mit jeweils einem StoreView

Ihre Webkochshop Ltd. möchte auf einer Website zwei Produktwelten darstellen, die Sie in zwei unterschiedliche Kategoriebäume verpacken. Ein Kategoriebaum enthält dabei nur Geschirr und Besteck und wird durch den Store *Webkochshop Non-Food* dargestellt. Der andere Baum enthält im Gegensatz dazu Dinge wie Kuchenglasur und Backaromen und soll analog den wunderschönen Namen *Webkochshop Gourmet* erhalten. Kunden, die ein Kundenkonto in dem einen Store angelegt haben, können auch problemlos im anderen Store bestellen. Ebenso ist es möglich, sowohl für Non-Food- als auch für Gourmet-Artikel einen gemeinsamen Warenkorb zu nutzen.

Zusätzlich legen Sie für jeden dieser beiden Stores jeweils einen StoreView (deutsch) an, um sie im Browser darzustellen. Dieser Aufbau wird in Abbildung 4-5 verdeutlicht.

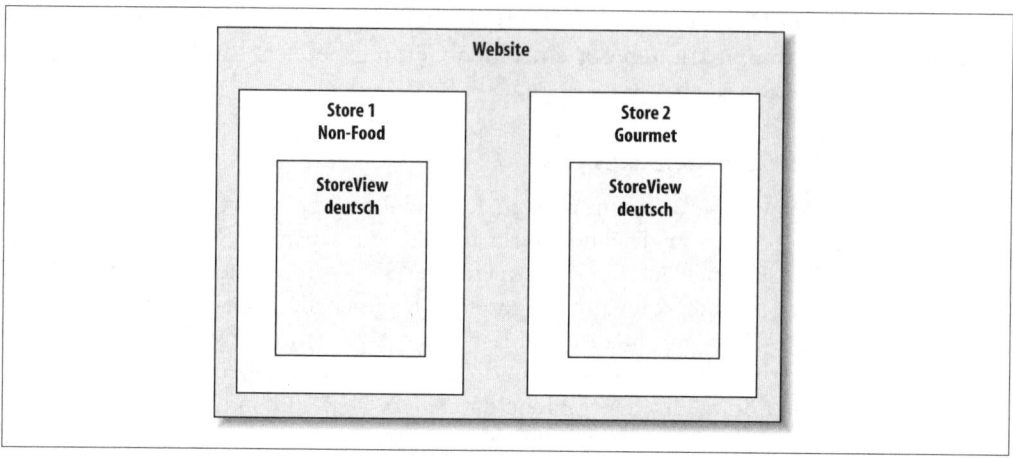

Abbildung 4-5: Struktur mit einer Website, zwei Stores und jeweils einem StoreView

Zwei Websites und zwei Stores mit jeweils einem StoreView

Stellen Sie sich vor, Sie möchten mit Ihrem jungen und dynamischen Unternehmen Web-kochshop Ltd. zwei völlig unterschiedliche Produktlinien anbieten, die man schlecht in einem gemeinsamen Online-Shop miteinander kombinieren könnte. Denken Sie bei-spielsweise an schlichtes Geschirr und einfaches Besteck für den preisbewussten Kunden und eine Premium-Linie, in der Sie auch Gold- und Silberbesteck verkaufen. Da Sie ver-meiden möchten, dass Ihre Kunden die Plastik- zusammen mit den Silberlöffeln in einen gemeinsamen Warenkorb legen können und außerdem zwei völlig getrennte Kundenda-tenbanken aufbauen wollen, entscheiden Sie sich, zwei verschiedene Websites anzule-gen, jeder einen Store zuzuweisen (*Webkochshop Budget* und *Webkochshop Premium*) und für jeden einen StoreView (deutsch) anzulegen, weil die Artikel nur in Deutschland verkauft werden sollen. Die Struktur dieser Lösung ist in Abbildung 4-6 dargestellt.

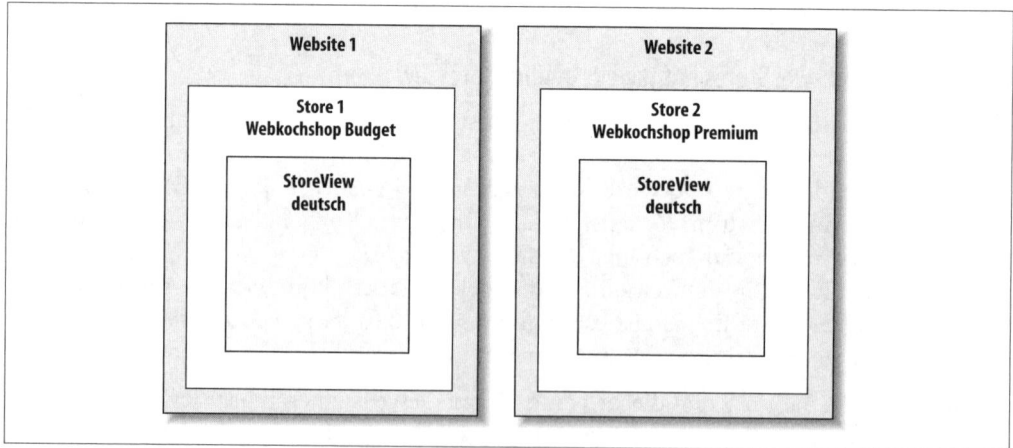

Abbildung 4-6: Der strukturelle Aufbau mit zwei Websites, je einem Store und je einem StoreView

In diesem Abschnitt haben Sie gesehen, welche unterschiedlichen Möglichkeiten es in Magento gibt, die verschiedenen Geltungsbereiche Website, Store und StoreView so miteinander zu verknüpfen, dass die gewünschte Kategoriestruktur und das anvisierte Kundenmanagement wie gewünscht abgebildet werden. Im nächsten Abschnitt tauchen Sie tiefer in den Aufbau von Magento ein und beginnen mit der Grundkonfiguration Ihres Shops.

Grundeinstellungen vornehmen

In diesem Abschnitt geht's ans Eingemachte: die Grundeinstellungen für den Webkochshop. Auf viele verschiedene Eingabemasken verteilt, finden Sie auf den folgenden Seiten eine Vielzahl von Schaltern, Hebeln und Stellrädchen, mit denen Sie Magento so fein justieren können, als wäre es für nichts anderes als für einen Kochzubehörshop programmiert worden.

Damit alle Änderungen, die Sie im Folgenden durchführen, auch sofort im Browser angezeigt werden können, ist es zweckmäßig, zuallererst den Zwischenspeicher von Magento zu deaktivieren. Standardmäßig ist der sogenannte Cache in der Konfiguration aktiviert. Dies kann dazu führen, dass Änderungen, die Sie beispielsweise an den sichtbaren Kopf- und Fußzeilen vornehmen, trotz Aktualisieren des Browsers nicht angezeigt werden. Setzen Sie unter *System → Cache-Verwaltung* in alle Kontrollkästchen ein Häkchen (dies geht noch schneller, wenn Sie auf den Link *Alle wählen* links oben klicken), setzen Sie das Drop-down-Menü *Aktionen* auf *Deaktivieren* und speichern Sie diese Einstellungen über den Button *Ausführen* (Abbildung 4-7).

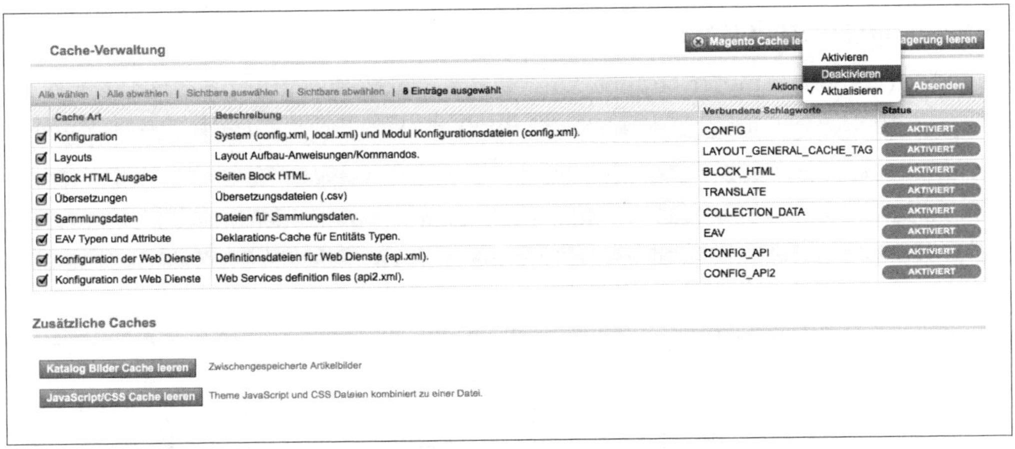

Abbildung 4-7: Cache-Einstellungen deaktivieren

Somit werden alle Bereiche des Caches ausgeschaltet, und Sie sehen im Frontend immer genau das, was quasi frisch aus der Datenbank erzeugt wurde. Mehr zum Thema Caching erfahren Sie in Kapitel 16 auf Seite 402.

Gehen Sie jetzt also über zum Herzstück des Adminbereichs, der Systemkonfiguration, die Sie über *System → Konfiguration* erreichen. Es öffnet sich eine Seite, auf der Sie zunächst links oben das Drop-down-Menü für die Einstellung des Geltungsbereichs sehen. Dort legen Sie fest, für welchen Bereich der Installation die nun folgenden Änderungen gelten sollen. Es ist wichtig, dass Sie den Eintrag *Standardkonfiguration* aktivieren, um alle hier getroffenen Einstellungen auf alle Websites und StoreViews Ihrer Magento-Installation weiterzuvererben.

Weiter unten sehen Sie eine Reihe von zu Gruppen zusammengefassten Menüpunkten; im Hauptbereich tragen Sie dann die jeweiligen Werte ein. Dort werden die einzelnen Abschnitte durch graublaue Balken dargestellt. Klicken Sie einmal darauf, um den jeweiligen Abschnitt nach unten aufzuklappen, ein weiterer Klick lässt das gerade Gesehene wieder wie von Geisterhand verschwinden.

Zeitgesteuerte Helferlein

Magento kann viele wiederkehrende Aufgaben ohne Ihr Zutun erledigen. Dazu müssen Sie lediglich eine Magento-eigene PHP-Datei durch einen sogenannten Cronjob automatisiert ausführen lassen. Dadurch werden die Magento-internen Prozesse gestartet, die nötig sind, um beispielsweise die Katalogpreisregeln (siehe Kapitel 11) oder die Währungstabelle (siehe Kapitel 9) zu aktualisieren. Um einen Cronjob zu starten, verwenden Sie die Datei *cron.php* im Magento-Root-Verzeichnis und lassen sie automatisch alle fünf Minuten aufrufen. Bei der Einrichtung eines Cronjobs kann Ihnen Ihr Hoster behilflich sein.

Allgemeine Einstellungen

Das Menü *Allgemein* in der Gruppe *Allgemein* – allgemeiner geht's nun wirklich nicht mehr. In diesem Fall legen Sie die Länderoptionen für den Webkochshop fest. Welches Land wird Ihren Kunden als Standardland bei Drop-downs angeboten? Welche Länder dürfen in Magento an verschiedenen Stellen – zum Beispiel zum Versand oder als Zahlungsursprung – verwendet werden? Außerdem legen Sie hier die Zeitzone und die Lokalisierung – in unserem Fall *Deutsch (Deutschland)* – fest und bestimmen den ersten Tag der Woche sowie die Tage des Wochenendes.

Beginnen Sie damit, im Abschnitt *Allgemein* die verschiedenen Länderoptionen festzulegen (Abbildung 4-8).

Standard-Land
> Die einzelnen Websites, die Sie über den Adminbereich betreiben, haben jede für sich ein Zuhause. Damit Ihre Kunden aus Deutschland in einem der wirklich langen Länder-Drop-downs nicht die gesamte Welt durchscrollen müssen, können Sie hier das Land festlegen, das in diesen Drop-downs vorausgewählt sein soll. Unser Webkochshop verkauft aus Deutschland heraus und hat als Hauptzielgruppe wohl meist deutsche Kunden. Wählen Sie hier also *Deutschland*.

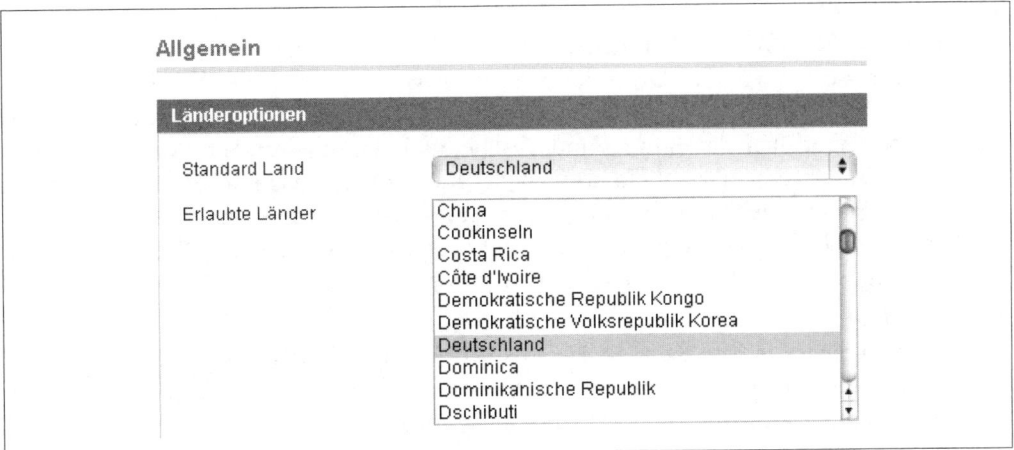

Abbildung 4-8: Einstellen der Länderoptionen

Erlaubte Länder

Über dieses Eingabefeld, das sich so unscheinbar präsentiert, treffen Sie eine wichtige Entscheidung: Wohin möchten Sie Ihre Waren verschicken, bzw. aus welchen Ländern können sich Kunden bei Ihnen registrieren? Zunächst werden alle Länder der Welt in diesem Feld aufgelistet. Je nachdem, für welche Möglichkeiten Sie sich entscheiden, wird es notwendig werden, sich über Liefer- und Versandkosten sowie weitere Sprachen und Währungen Gedanken zu machen. In Kapitel 9 werden Sie mit dem Webkochshop expandieren und Ihr berühmtes Angebot außer nach Deutschland auch nach Großbritannien schicken. Aus diesem Grund markieren Sie mit gedrückter Strg-Taste die beiden Länder *Deutschland* und *Vereinigtes Königreich*.

EU-Länder

Mit diesem Mehrfach-Auswahlfeld legen Sie fest, welche Länder in der EU Mitglied sind. Vermeiden Sie hier, versehentlich ein Land anzuklicken, da dadurch die Liste der bereits ausgewählten Länder zurückgesetzt wird. Sollte es Ihnen dennoch passieren, klicken Sie nicht auf *Konfiguration speichern*, sonst dürfen Sie – sofern Sie das auswendig wissen – alle EU-Mitgliedsstaaten von Hand erneut eintragen. Für den Fall, dass ein neues Land Teil der EU wird, können Sie also in Ihrem Magento-Shop die außenpolitischen Verhältnisse anpassen.

Postleitzahl ist optional für die folgenden Länder

Hand aufs Herz, wir wissen nicht genau, in welchen Ländern eine Postleitzahl nicht unbedingt nötig ist und die Angabe der Stadt reicht. Sollten Sie in ein solches Land versenden wollen, hat Magento aber vorgesorgt. Hier ausgewählte Länder verlieren die Pflichtfeldsternchen bei der Postleitzahleneingabe.

Bevor wir zur Konfiguration der Zeit- und Sprachoptionen kommen, müssen wir Magento mitteilen, dass in Deutschland die Angabe eines Bundeslands nicht verpflichtend ist. Erledigen können wir das im Abschnitt *Bundesland Optionen*.

Bundesland ist Pflichtfeld

In diesem Mehrfach-Auswahlfeld sind alle Länder vorausgewählt, für die Magento bei Adresseingaben das Drop-down zur Auswahl eines Bundeslands zur Pflicht macht. Deutschland gehört normalerweise nicht zu den Ländern, in denen wir als Shopbetreiber über das Bundesland Bescheid wissen müssen. Scrollen Sie daher in diesem Mehrfach-Auswahlfeld so weit herunter, bis Sie das markierte *Deutschland* finden. Halten Sie dann die Strg- oder Cmd-Taste gedrückt und klicken Sie auf *Deutschland*. Die nachfolgenden Länder, beispielsweise Estland, sollten weiterhin hinterlegt sein, Deutschland jedoch nicht mehr.

Bundesland anzeigen, wenn nicht erforderlich

Möchten Sie, dass Ihre Kunden die Auswahl des Bundeslands gar nicht erst sehen, wenn es nicht zu den Pflichtangaben gehört, wählen Sie hier *Nein*, und das Drop-down-Menü findet im Frontend keinen Platz mehr.

Im dritten Abschnitt dieses Menüs legen Sie *Optionen zur Lokalisierung* fest.

Zeitzone

Damit sämtliche Bestellungen auch korrekt erfasst werden können, ist es nötig, eine Zeitzone festzulegen, die für den Webkochshop relevant ist. Ihre Kunden werden ganz schön verärgert sein, wenn sie ein Angebot, das es nur einen Tag lang von Mitternacht bis Mitternacht zu kaufen gibt, bloß deswegen nicht mehr kaufen können, weil im Shop die zentralaustralische Zeitzone eingestellt ist. Vermeiden Sie diesen unangenehmen Fauxpas und wählen Sie *W. Europe Standard Time (Europe/Berlin)* aus.

Lokalisierung

Die Lokalisierung legt neben der Sprache fest, wie Datumsangaben und Währungsbeträge im Frontend dargestellt werden – denken Sie beispielsweise an die amerikanische Schreibweise 12/24 für Heiligabend. Setzen Sie hier den Eintrag des Drop-down-Menüs auf *Deutsch (Deutschland)*.

Erster Tag der Woche

Der erste Tag der Woche ist hierzulande *Montag*, stellen Sie das Drop-down-Menü also auf diesen Wert.

Wochenende

Ebenso wie den ersten Tag der Woche legen Sie hier die beiden Tage des Wochenendes fest, indem Sie bei gedrückter Strg-Taste *Samstag* und *Sonntag* aktivieren.

Die Adressen des Shops festlegen

Unter dem Menüpunkt *Web* legen Sie die Adressen (URLs) fest, über die der Webkochshop im Browser erreicht werden kann. Stellen Sie hier beispielsweise ein, welche Basis-URLs für den ungesicherten (*HTTP*) und den sicheren (*HTTPS*) Betrieb verwendet werden sollen, wie die Standardseite des CMS-Systems lautet und wie Magento mit Cookies und Sessions umgeht. In Bezug auf Sessions und Cookies sind die Voreinstellungen bereits sinnvoll und müssen nicht weiter bearbeitet werden. Auch die Standardseite kann erst einmal so bleiben, wie sie ist; in Kapitel 7 zum CMS und in Kapitel 9 zu Multishops werden wir später noch genauer darauf eingehen. Wie aus vorherigen Abschnitten schon bekannt, ist der mittlere Inhaltsbereich durch graublaue Balken strukturiert, über die Sie per Mausklick einzelne Bereiche ein- oder ausblenden können.

Im Abschnitt *Ungesichert* (Abbildung 4-9) nehmen Sie nun die Einstellungen bezüglich der ungesicherten Verbindung vor. Ein Wiedersehen mit diesem Abschnitt wird es außerdem auf Seite 254 geben, in dem wir auf die Multishop-Funktionalität von Magento eingehen und an dieser Stelle in dem Zusammenhang noch diverse Änderungen durchführen werden.

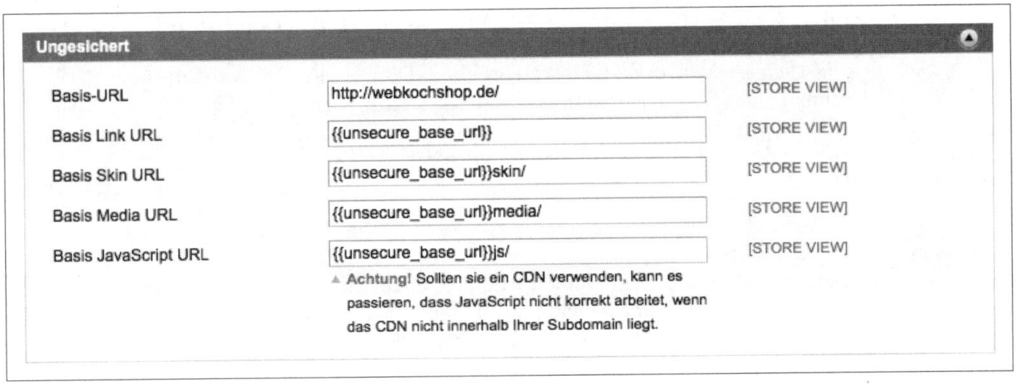

Ungesichert		
Basis-URL	http://webkochshop.de/	[STORE VIEW]
Basis Link URL	{{unsecure_base_url}}	[STORE VIEW]
Basis Skin URL	{{unsecure_base_url}}skin/	[STORE VIEW]
Basis Media URL	{{unsecure_base_url}}media/	[STORE VIEW]
Basis JavaScript URL	{{unsecure_base_url}}js/	[STORE VIEW]

⚠ Achtung! Sollten sie ein CDN verwenden, kann es passieren, dass JavaScript nicht korrekt arbeitet, wenn das CDN nicht innerhalb Ihrer Subdomain liegt.

Abbildung 4-9: URL-Einstellungen für nicht gesicherte Verbindungen

Basis-URL

Tragen Sie hier die Adresse ein, unter der der Webkochshop erreicht werden soll: *http://www.webkochshop.de/*. (Verwenden Sie zu Testzwecken die Adresse Ihrer lokalen Installation.)

Basis Link URL

In diesem und in den nachfolgenden Eingabefeldern werden Sie einige geschweifte Klammern sehen, in denen Variablennamen stehen. Der Standardeintrag lautet hier *{{unsecure_base_url}}* und bedeutet einfach, dass die Link-URL, die Magento für das Erstellen jedes Links verwendet, identisch ist mit dem Eintrag, den Sie unter *Basis-URL* (*unsecure_base_url*) hinterlegt haben. Diesen Eintrag belassen Sie so, wie er dort eingetragen ist.

Basis Skin URL

In Kapitel 10 werden Sie erfahren, dass sich ein Theme in Magento auf zwei Ordner verteilt. Einer dieser Ordner ist */skin*, in dem Bilder, JavaScript und Stylesheets auf dem Server abgelegt sind. Legen Sie also fest, unter welcher Adresse dieser Ordner erreicht werden soll. Auch hier können Sie den bestehenden Eintrag übernehmen.

Basis Media URL

Mit Medien sind in unserem Fall Bilder gemeint, die über den Adminbereich Artikeln und Kategorien zugewiesen werden können (siehe Seite 125 und Seite 151).

Hier lässt sich die Adresse dieser Bilder angeben, der Standardeintrag ist jedoch erneut völlig in Ordnung.

Basis JavaScript URL

Analog zu den Bildern kann auch ein spezieller Pfad für die JavaScript-Dateien, nicht nur die Ihres Themes, bestimmt werden. Für unsere Zwecke können Sie hier den Standardeintrag übernehmen.

Wieso bietet mir Magento diese Adresseinstellungen, wenn ich doch immer *{{unsecure_base_url}}* stehen lassen soll? Stellen Sie sich vor, Ihr Unternehmen verkauft Artikel weltweit. In dem Fall sind Dateien auf Ihrem Server aus den USA beispielsweise nicht so schnell zu laden wie hier in Deutschland. Sie haben dann die Möglichkeit, mit sogenannten *Content Delivery Networks* (CDN) zu arbeiten. Diese stellen Dateien auf unterschiedlichen Servern überall auf der Welt zur Verfügung. Diese Server-URLs würden Sie dann hier hinterlegen. Für unseren Webkochshop ist das aber in der Startphase nicht nötig – noch nicht.

Suchmaschinenoptimierer raten – völlig berechtigt übrigens – häufig dazu, Magento unter verschiedenen Subdomains aufrufbar zu machen. Das bedeutet, dass die Logografik nicht nur über *http://webkochshop.de/skin/frontend/default/default/images/logo.gif*, sondern auch über *http://images.webkochshop.de/skin/frontend/default/default/images/logo.gif* erreichbar ist. Der Vorteil dieser Technik ist, dass ein Browser nun viel mehr Daten gleichzeitig von Ihrem Server abfragen kann und die Seite schneller geladen wird. Als Nachteil kann sich das aber herausstellen, wenn die sogenannte Same-Domain-Policy greift, die es JavaScript-Code verbietet, auf Daten anderer Domains zuzugreifen. Genau das wäre hier allerdings nötig. Wägen Sie daher ab, ob Ihnen an dieser Stelle Einbußen in der Funktionalität oder eine höhere Performance wichtiger ist.

Wichtige HTML-Einstellungen vornehmen

Im nächsten Schritt bearbeiten Sie die Kopf- und Fußbereiche Ihres Shops (ohne dazu einen externen Editor zu benötigen). Besonders der Kopfbereich ist für jede Internetseite sehr wichtig: Es ist der Bereich, den Ihre Besucher zuerst sehen und der üblicherweise Ihr Logo und wichtige Links beinhaltet. Aber auch im nicht sichtbaren Bereich, genauer gesagt, im HTML-Quellcode jeder Internetseite, sind wichtige Informationen versteckt. Diese sogenannten Metaangaben beinhalten Details zur aktuellen Seite, wie Seitentitel, Seitenkodierung und zusätzliche Beschreibungen, die beispielsweise von Suchmaschinen ausgelesen werden. Auch im (sichtbaren) Fußbereich jeder Seite des Webkochshops möchten Sie bestimmte Inhalte hinterlegen, beispielsweise einen Copyright-Hinweis oder Links zu Impressum und AGB.

Sämtliche Einstellungen zu den Informationen, die in diesen Bereichen erscheinen, werden an einer zentralen Stelle vorgenommen. Springen Sie dazu in das Menü *Design* in der Gruppe *Allgemein*.

Kopfbereich der HTML-Seiten bearbeiten

Im Abschnitt *HTML Kopf* fügen Sie einige Werte ein, die in die Kopfbereiche jeder einzelnen Unterseite geschrieben werden. Diese sind für Ihre Besucher unsichtbar und enthalten beispielsweise Informationen zur Darstellung der Seite im Browser oder zur Indizierung der Seite durch Suchmaschinen.

Favicon Grafik

Bei einem Favicon handelt es sich um eine kleine Grafik, die in einem Browser üblicherweise links neben der Adressleiste erscheint. Auch bei den Bookmarks wird diese Grafik mit gespeichert, um das Auffinden zu erleichtern. An dieser Stelle lässt sich die Favicon-Grafik für den aktuellen Geltungsbereich auf den Server laden.

Standard Titel

In Kapitel 6 zu den Artikeln und Kategorien sowie in Kapitel 7 zum CMS werden Sie sehen, dass Sie für jede einzelne Unterseite im Webkochshop einen eigenen Seitentitel festlegen können. Seitentitel zeigen Browser sowohl im Fenstertitel als auch in der Taskleiste an, nicht zuletzt nutzen Suchmaschinen diesen Titel als Überschrift der Suchergebnisse. Hier tragen Sie einen Wert ein, der angezeigt wird, sollten Sie aus einem bestimmten Grund keine individuellen Seitentitel vergeben haben. Löschen Sie den Inhalt dieses Eingabefelds und schreiben Sie stattdessen *Der Webkochshop – Kochen mit Stil* dort hinein. Jede Seite im Shop, der selbst kein Titel zugewiesen wurde, wird in Ihrem Shop in Zukunft diesen Titel tragen.

Titel Prefix

Dieses Eingabefeld verwenden Sie, falls Sie einen oder mehrere feste Begriffe auf allen Seiten des Webkochshops dem Seitentitel voranstellen wollen. Schreiben Sie *Jetzt neu!* in dieses Feld.

Titel Suffix

Analog zum Präfix lässt sich hier ein Begriff oder eine beliebige Wortfolge an jeden Seitentitel im Webkochshop anhängen. Tragen Sie das Folgende ein: *– Immer der passende Topf!*

Standard Beschreibung

Zu Metatags und deren Relevanz für Suchmaschinen haben wir weitere Informationen für Sie ab Seite 150 zusammengestellt. Tragen Sie hier eine Beschreibung für alle Seiten ein, denen Sie an anderer Stelle keine eigene Metabeschreibung zugefügt haben. Beschränken Sie sich dabei auf ca. 160 Zeichen.

Standard Keywords

Analog zur Beschreibung hinterlegen Sie hier Schlüsselbegriffe, die allgemein auf Ihren Shop zutreffen, wie beispielsweise *Kochzubehör, Töpfe, Besteck*. Verwenden Sie vier, höchstens sieben Begriffe.

Standard Robots

Hier haben Sie die Wahl zwischen vier Varianten:

* *INDEX, FOLLOW*
* *NOINDEX, FOLLOW*

- *INDEX, NOFOLLOW*
- *NOINDEX, NOFOLLOW*

Setzen Sie das Drop-down-Menü auf *INDEX, FOLLOW*, um den Webkochshop für Suchmaschinen-Crawler vollständig durchsuchbar zu machen.

Suchmaschinen: Folgen Sie mir unauffällig

Im Metabereich eines jeden HTML-Dokuments lässt sich an einer Stelle festlegen, wie Suchmaschinen mit dem jeweiligen Dokument umgehen sollen, wenn sie diesem denn bei ihren automatischen Streifzügen durch die Weiten des Internets begegnen (*crawling*).

Der erste Wert beeinflusst die Entscheidung, ob Sie die aktuelle Seite in den Ergebnissen von Google & Co. sehen möchten. Gibt es in Ihrem Webprojekt Seiten, die Sie gern aus dem Index heraushalten möchten, entscheiden Sie sich hier für *NOINDEX*. Im Regelfall ist es jedoch sehr sinnvoll, möglichst viele (unterschiedliche) Seiten in den Index zu schicken, um dadurch die eigene Position zu verbessern. In diesem Fall entscheiden Sie sich für *INDEX*.

Der zweite Schalter betrifft die Frage, wie der Crawler der Suchmaschine die Links auf Ihrer Seite bewerten soll. Wenn Sie sich für *FOLLOW* entscheiden, folgt er allen Links auf der Seite und indiziert diese Unterseiten (soweit Sie sie mit *INDEX* freigegeben haben). In der anderen Variante, nämlich *NOFOLLOW*, schalten Sie diese Links für den Crawler de facto ab. (Die Tatsache, dass sich der Google-Crawler dennoch davon nicht vom Indizieren abhalten lässt, gilt als offenes Geheimnis.) Dies kann dann sinnvoll sein, wenn es möglicherweise einen Linkbereich auf Ihrer Website gibt, der aus Ihrem Angebot heraus auf Dritte verweist und Sie den Crawler lieber auf der eigenen Seite halten möchten.

Diverse Skripte & Skriptverknüpfungen

In dieses Eingabefeld tragen Sie JavaScript-Funktionen oder Links auf JavaScript-Dateien ein, die noch im Kopfbereich des HTML-Dokuments enthalten sein sollen. Für den Webkochshop sind derartige Skripte jedoch nicht erforderlich, Sie können das Feld also getrost leer lassen.

Demostore-Hinweis anzeigen

Falls Sie noch an Ihrem Shop feilen, dieser aber bereits online und für Besucher erreichbar ist, haben Sie hier die Möglichkeit, einen Hinweis einzublenden, der darüber informiert, dass es sich beim Webkochshop (noch!) nur um einen Demostore handelt.

Die (sichtbare) Kopfzeile verändern

Bisher haben wir es mit dem Kopf der HTML-Datei zu tun gehabt, der für Ihre Shopbesucher weitestgehend unsichtbar ist. Im Abschnitt *Kopfzeile* beeinflussen Sie nun den Kopfbereich des Webkochshops – eine Stelle, die im Gegensatz dazu sofort von den Besuchern wahrgenommen wird (Abbildung 4-10).

Gesamten Shop durchsuchen...
Search
Magento
Demo Store
Herzlich Willkommen in unserem Webkochshop
Mein Benutzerkonto | Mein Wunschzettel | Mein Warenkorb | Zur Kasse | Anmelden

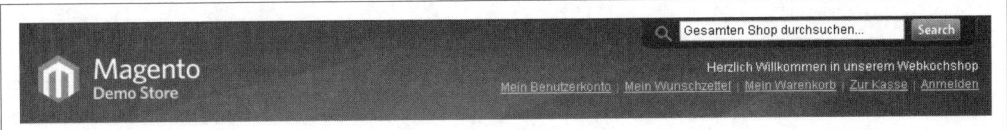

Abbildung 4-10: Kopfbereich inklusive Logo und Willkommensnachricht

Logo Bild Src-Attribut
: Über dieses Eingabefeld lässt sich der Pfad bzw. der Dateiname zur Logo-Grafik ändern. Im *Default*-Theme ist das Logo stets oben links angeordnet. In Kapitel 10 werden Sie sich mit der Modifikation dieses *Default*-Themes beschäftigen und auch ein neues Logo auf den Server laden. Für den Moment können Sie also die aktuelle Einstellung beibehalten.

Logo Bild Alt-Attribute
: Jedes Bild benötigt in validem HTML-Code ein sogenanntes Alt-Attribut. Dies ist ein kurzer Text, der angezeigt wird, sollte das Bild aus irgendeinem Grund nicht dargestellt werden können. Ein anderes Beispiel dafür ist die Verwendung von sogenannten Screenreadern, die Internetnutzern mit Sehbehinderung eine Website sprichwörtlich vorlesen. Der Text kann problemlos erkannt werden, ein Bild jedoch nicht. Tragen Sie deshalb das Wort *Webkochshop* in dieses Eingabefeld ein.

Begrüßungstext
: Sprechen Sie Ihre Kunden im Kopfbereich Ihres Shops mit ein paar netten Worten an. Sie könnten beispielsweise *Herzlich willkommen in unserem Webkochshop* in dieses Eingabefeld eintragen.

Die richtige Fußzeile finden

Neben einer Kopfzeile verfügt ein Shop üblicherweise auch über einen Seitenfuß, in dem Informationen wie Copyright, aber auch Impressum und AGB verlinkt sind (Abbildung 4-11). Obwohl Sie natürlich diese Dinge auch direkt im Theme ändern könnten – was im Übrigen ebenfalls für die Kopfzeile gilt –, ist der Eintrag hier die definitiv einfachere Variante und für unsere Zwecke ideal geeignet. Klicken Sie zur Änderung die Überschrift *Fußzeile* an.

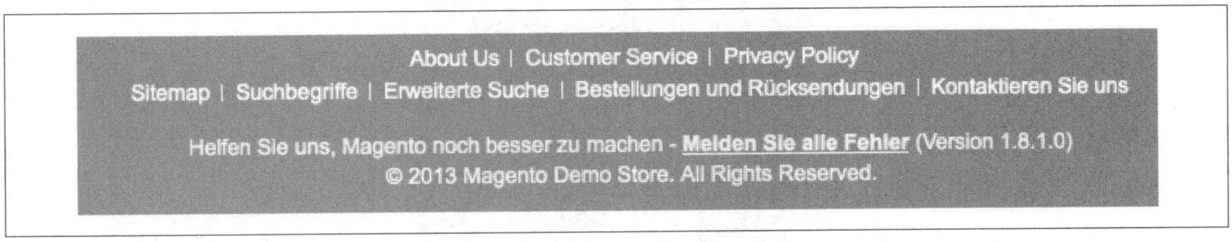
About Us | Customer Service | Privacy Policy
Sitemap | Suchbegriffe | Erweiterte Suche | Bestellungen und Rücksendungen | Kontaktieren Sie uns
Helfen Sie uns, Magento noch besser zu machen - Melden Sie alle Fehler (Version 1.8.1.0)
© 2013 Magento Demo Store. All Rights Reserved.

Abbildung 4-11: Fußzeile mit Copyright-Hinweis und weiteren Informationen

Copyright
: In diesem Eingabefeld ist Platz für einen Hinweis zum Urheber bzw. Eigentümer des Webshops. Tragen Sie hier *© 2014 Der Webkochshop* ein.

Verschiedenes HTML

Wie unter dem Eingabefeld auch schon als Hinweis vermerkt, können Sie noch Code eintragen, der vor dem schließenden Body-Tag des HTML-Dokuments eingefügt wird. Denkbar wäre hier beispielsweise das Einbinden eines Diensts zur Website-Analyse, der nicht von Google betrieben wird. Die Integration von Google Analytics besprechen wir anderer Stelle. Unser Beispielshop kommt jedoch ohne diesen Zusatzcode aus, also können Sie das Feld leer lassen.

Bildeinstellungen

Attraktive Bilder in verschiedenen Varianten sind ein sehr wichtiges Mittel beim Verkauf von Waren über das Internet. In Magento gibt es für Artikel drei Bildtypen: das Detailbild, das Kategoriebild und die Vorschau. Diese Bilder laden Sie bei der Artikelverwaltung auf den Server (siehe Seite 151). Die Originaldateien werden von Magento nie ausgeliefert, von allen Bildern werden automatisch Kopien in der passenden Größe erzeugt und im Bildercache abgelegt.

Base Image

Dies ist das Bild in der Originalgröße, in der Sie es auf Ihren Server laden. Es wird auf der Artikeldetailseite angezeigt (Abbildung 4-12) und bietet Ihnen die Möglichkeit – eine ausreichende Auflösung vorausgesetzt –, dort die Zoomfunktion zu nutzen. Dazu wird es auf 265 Pixel herunterskaliert dargestellt.

Small Image

Dieses Bild ist standardmäßig 135 Pixel breit und erscheint in der Artikelauflistung innerhalb einer Kategorie (Abbildung 4-13).

Thumbnail Image (Vorschau)

Last, but not least kommt dieses Bild in einer Breite von 50 Pixeln beispielsweise in der verkleinerten Warenkorbansicht in der Seitenleiste zum Einsatz (Abbildung 4-14).

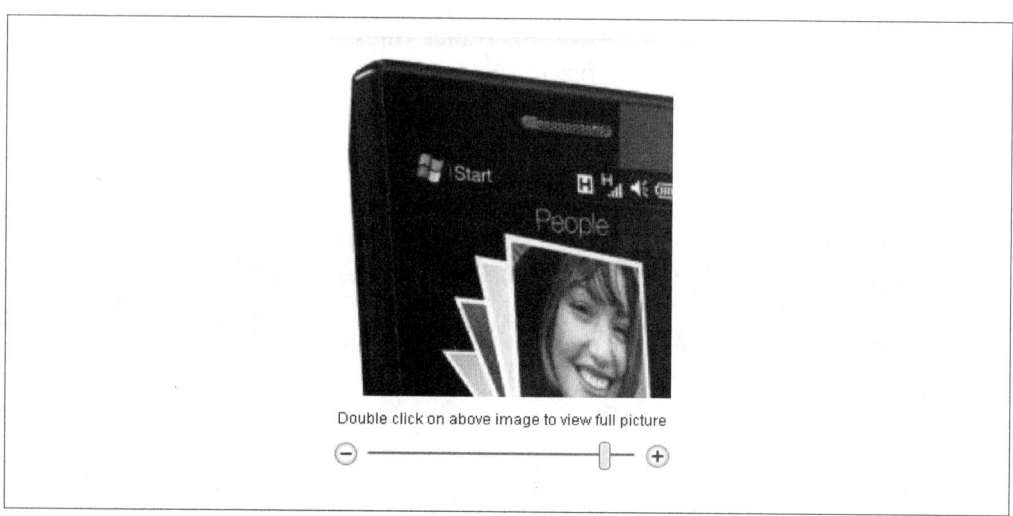

Abbildung 4-12: Das Base Image in der Zoomvariante

Abbildung 4-13: Das Small Image in einer Artikelauflistung

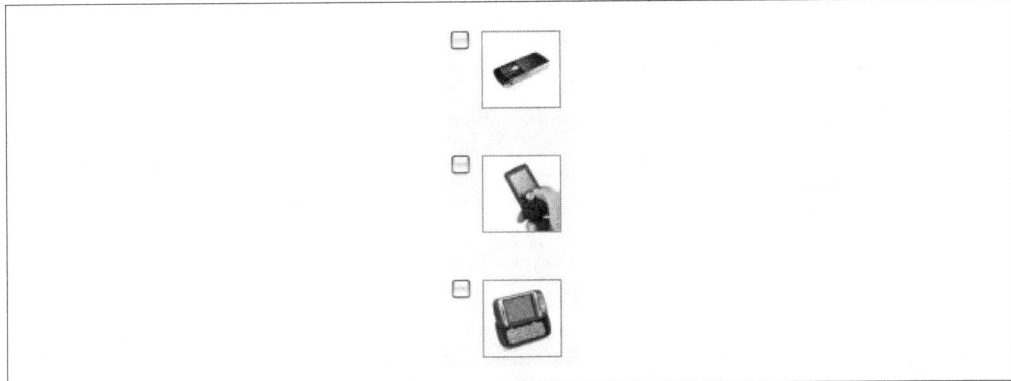

Abbildung 4-14: Das Thumbnail Image im Warenkorb

Legen Sie ein Wasserzeichen für Ihre Artikelbilder fest

Sie haben in liebevoller Kleinarbeit Ihre Artikel vor einem schönen Hintergrund drapiert, alles perfekt ausgeleuchtet und einmalige Produktfotos hergestellt. Dann ist es sehr ärgerlich, wenn ein Mitbewerber Ihnen diese Bilder einfach stiehlt. Um das zu verhindern, wurde in Magento eine Funktion integriert, die automatisch beim Upload der Artikelbilder (siehe Seite 151) ein von Ihnen festgelegtes Bild als Wasserzeichen darüberlegt. Die Details dieser Funktion bestimmen Sie im Abschnitt *Artikelbild Wasserzeichen*, und zwar separat für die drei Bildtypen, die in Magento vorgesehen sind und beim Upload automatisch erzeugt werden.

Base Image Wasserzeichen Standardgröße

Tragen Sie hier für das Wasserzeichen eine Breite und eine Höhe in Pixeln ein, das auf dem *Base Image* Platz finden soll. Eine sinnvolle Größe ist *100x67*. Dies entspricht einem Seitenverhältnis von 3:2, wie es bei den meisten Fotos vorliegt. Für mehr Harmonie auf Ihrer Seite wählen Sie dieses Verhältnis auch für Ihre Wasserzeichengrafik.

Base Image Wasserzeichen Deckung in Prozent (%)

Mit dieser Einstellung nehmen Sie Einfluss auf den Grad der Deckung. Je mehr sich der hier eingetragene ganzzahlige Wert der 100 nähert, desto stärker ist das Wasserzeichen zu sehen.

Base Image Wasserzeichen

Mithilfe des *Durchsuchen*-Buttons lässt sich das Bild, das als Wasserzeichen verwendet werden soll, auf der Festplatte lokalisieren.

Base Image Wasserzeichen Position

Hier haben Sie Einfluss auf die Art und Weise, wie das Wasserzeichen auf dem Originalbild positioniert wird. Diese Art von Einstellungen kennen Sie möglicherweise, wenn Sie ein eigenes Bild als Bildschirmhintergrund auf Ihrem Computer einrichten möchten.

- *Dehnen: Das Wasserzeichenbild wird so gedehnt, dass es auf die angegebenen Maße passt.*
- *Kachel: Das Bild wird vertikal und horizontal so lange wiederholt, bis die vorgegebenen Maße ausgefüllt sind.*

Die letzten fünf Varianten sind selbsterklärend:

- *Oben links*
- *Oben rechts*
- *Unten links*
- *Unten rechts*
- *Mittig*

Analog zum *Base Image* können Sie in den verbleibenden Eingabefeldern die entsprechenden Werte für *Small Image* und *Thumbnail* festlegen. Haben Sie alle Einstellungen vorgenommen, werden Ihre Artikelbilder auch so aussehen (Abbildung 4-15).

Platzhalter für Artikelbilder festlegen

Was geschieht, wenn Sie nicht für jeden Artikel ein passendes Artikelbild zur Verfügung haben? Auch daran haben die Magento-Entwickler gedacht und eine Möglichkeit integriert, Platzhalter für alle drei Bildvarianten (*Base Image, Small Image, Thumbnail*) zu hinterlegen. Suchen Sie dazu über die Schaltfläche *Durchsuchen* ein Bild von Ihrer Festplatte aus, das beispielsweise den Text »Bild leider nicht vorhanden« oder »Wir fotografieren für Sie« enthält (Abbildung 4-16).

Abbildung 4-15: Ein Artikelbildwasserzeichen in Aktion

Diesen Artikel fotografieren wir gerade für Sie!

Abbildung 4-16: Platzhalter für ein Artikelbild

Kontakte und E-Mail-Adressen festlegen

Allgemeine Einstellungen zu den E-Mail-Adressen, die von Magento als Absender verwendet werden, nehmen Sie unter dem Menüpunkt *Store E-Mail-Adressen* vor (Abbildung 4-17). Sie werden sehen, dass Magento ein wahrer E-Mail-Weltmeister ist, der an vielen verschiedenen Stellen E-Mails automatisiert versenden kann, um Sie und Ihre Kunden jederzeit auf dem neusten Stand zu halten.

Der E-Mail-Kontakt *Allgemeiner Kontakt* wird für allgemeine Anfragen im Shop genutzt. Tragen Sie hier den Absendernamen *Der Webkochshop* und die E-Mail-Adresse *info@ webkochshop.de* ein. Als Nächstes legen Sie bei *Verkaufsvertreter* fest, welche Angaben in den E-Mails erscheinen sollen, die im Rahmen einer Bestellung in Magento generiert werden. Geben Sie in das Feld *Absendername* erneut *Der Webkochshop* und in das Feld *E-Mail Absender* die Adresse *verkauf@webkochshop.de* ein. Im Bereich *Kundensupport* bestimmen Sie, welche Absenderangaben in der E-Mail enthalten sein sollen, die ver-

Abbildung 4-17: Verwaltung der E-Mail-Adressen

schickt wird, wenn der Kunde eine Anfrage an den Support stellt. Der *Absendername* sollte erneut *Der Webkochshop* und der *E-Mail Absender support@webkochshop.de* lauten. Last, but not least wurden mit *Eigene E-Mail 1* und *Eigene E-Mail 2* zwei Platzhalter vorbereitet, die Sie mit beliebigen Daten füllen können.

Unter *Kontakte* in der Gruppe *Allgemein*, legen Sie fest, ob das Kontaktformular im Webkochshop genutzt wird.

Der Abschnitt *Kontaktieren Sie uns* enthält nur ein Drop-down-Menü, mit dessen Hilfe Sie die Kontaktfunktion ein- und ausschalten. Da wir unseren Topf- und Geschirrbegeisterten Kunden die Möglichkeit geben möchten, direkt mit uns über das Kontaktformular in Verbindung zu treten, wählen Sie hier natürlich *Ja* aus. Weiter unten gibt es für Sie noch drei Eingabemöglichkeiten im Abschnitt *E-Mail-Optionen*. Wenn ein Kunde Ihnen eine Nachricht über das Kontaktformular schickt, erscheinen der hier angegebene Name sowie die eingetragene E-Mail-Adresse in der anschließend automatisch verschickten Bestätigungsmail.

In das Feld *Sende E-Mails an* tragen Sie Adresse ein, an die Anfragen über das Kontaktformular gesendet werden sollen. Verwenden Sie hier zu Testzwecken eine beliebige E-Mail-Adresse, auf die Sie Zugriff haben; im produktiven Einsatz empfiehlt sich die Verwendung von *kontakt@webkochshop.de*. Bei *E-Mail Absender* erscheint eine Drop-down-Liste, die alle eingerichteten Kontakte enthält. Wählen Sie aus dem Menü den Eintrag *Allgemeiner Kontakt* aus.

Die letzte wichtige Information in diesem Abschnitt ist die *E-Mail-Vorlage*. Dieses Drop-down-Menü enthält anfänglich nur einen Eintrag, *Standardvorlage der Lokalisierung*. Sobald Sie mehrere Vorlagen für die sogenannten Transaktions-E-Mails angelegt haben (siehe Seite 119), lassen sich hier auch weitere Varianten auswählen.

Einstellungen für den Artikelkatalog

Als Nächstes sind die Einstellungen für Ihren Artikelkatalog an der Reihe. Beginnen Sie mit der Konfiguration, indem Sie in der Gruppe *Katalog* den Menüpunkt *Katalog* auswählen und wiederum nacheinander die graublauen Balken im Inhaltsbereich aus- und nach der Bearbeitung wieder einklappen.

Im Crashkurs in Kapitel 3 haben Sie bei der Besprechung der Artikelauflistungen im Frontend gesehen, dass man innerhalb einer Kategorie bei der *Artikelauflistung* zwischen einer Listenansicht und einer Gitteransicht hin- und herschalten kann. Wie dies genau angezeigt wird, können Sie im Abschnitt *Shop* bestimmen.

Liste
> Entscheiden Sie hier, auf welche Weise die Artikel des Webkochshops dargestellt werden sollen.
>
> * *Gitter (Standard) / Liste*
> * *Liste (Standard) / Gitter*
> * *Nur Gitte*
> * *Nur Liste*

Artikel pro Seite (erlaubte Werte für Gitter)
> Die Werte dieses Eingabefelds beeinflussen, in wie großen Datenhäppchen die Artikel in der Gitteransicht dargestellt werden. Die Werte werden dabei kommasepariert eingegeben. Der Standard ist hier *9,15,30*, den Sie beibehalten können. Die Kunden im Frontend haben dann die Möglichkeit, zu wählen, ob sie 9, 15 oder 30 Artikel auf einmal sehen möchten.

Artikel pro Seite (Standardwerte Werte für Gitter)
> Hier möchte Magento von Ihnen wissen, welcher der Standardwert für die Anzahl der angezeigten Artikel sein soll. Wie unter dem Eingabefeld ebenfalls erläutert wird, muss das einer der Werte aus der Liste sein, die Sie im vorigen Feld eingetragen haben. Halten Sie an dieser Stelle den Wert 9 bei.

Artikel pro Seite (erlaubte Werte für Liste)
> Analog zu den Artikeln pro Seite in der Gitteransicht geben Sie hier die gewünschten Werte ebenfalls kommasepariert ein. Der Standardwert lautet *5,10,15,20,25*. Die kleineren Schritte erklären sich dadurch, dass in der Gitteransicht die Artikel enger auf der Seite platziert werden können, und deswegen lassen sich auch mehr anzeigen. Listenansichten nehmen in diesem Zusammenhang einen größeren Raum in Anspruch. Belassen Sie die Werte für den Webkochshop bei den Standardwerten.

Artikel pro Seite (Standardwerte Werte für Liste)
> Auch für die Listenansicht benötigt Magento einen Standardwert, der ein Wert aus der vorhin eingegebenen Liste sein muss.

Erlaube alle Artikel pro Seite

Diese Einstellung ist mit Vorsicht zu genießen. Setzen Sie diesen Wert auf *Ja*, können Kunden im Frontend alle Artikel einer Kategorie in einer Auflistung sehen, ohne dass diese auf einzelne Seiten verteilt würden. Das kann bei komplexen Katalogen zu erheblichen Performanceeinbußen führen, sodass in diesem Fall besser auf dieses Feature verzichtet werden sollte. Für Mitbewerber ist eine solche Liste ebenfalls sehr interessant, enthält sie doch auf einen Klick alle Preise zu allen Artikeln einer Kategorie!

Artikelauflistung sortiert nach

Wie es der Name schon vermuten lässt, legen Sie hier fest, wie die Artikel im Frontend standardmäßig sortiert werden sollen. Sie haben dabei die Wahl zwischen Position, Name und Preis. Sie können diese Liste mit eigenen Attributen erweitern. Lesen Sie dazu später in Kapitel 6, wie Sie eigene Attribute anlegen und konfigurieren können.

Flat Catalog Category verwenden

Aus Gründen der Flexibilität ist die Magento-Datenbank so aufgebaut, dass Artikel- und Kategoriedaten in unterschiedlichen Tabellen gespeichert sind. Insbesondere bei größeren Katalogen kann sich das nachteilig auf die Performance auswirken, deshalb gibt es in Magento die Möglichkeit, eine weitere, sogenannte »flache« Tabelle zu verwenden, in der alle Daten gespeichert sind. Haben Sie es mit Hunderten von Kategorien zu tun, trägt die Einstellung *Ja* merklich zur Steigerung der Shopperformance bei.

Flat Catalog Product verwenden

Analog zur *Flat Catalog Category* ist die Einstellung *Ja* das Mittel der Wahl, wenn Sie es in Ihrem Shop mit mehreren Zehntausend Artikeln zu tun haben. Eine wichtige Einschränkung liefert hier MySQL: Da jedes Attribut als eigene Spalte in dieser Sammeltabelle ausgegeben wird, funktioniert die Funktion *Flat Catalog Product* nur dann, wenn die Anzahl Ihrer Attribute 255 nicht überschreitet. Tabellen mit mehr als 255 Spalten sind nämlich in MySQL nicht möglich.

Erlaube dynamische Media-URLs bei Artikeln und Kategorien

Um bei der Darstellung Ihrer Kategorien und Artikel flexibel zu bleiben, empfehlen wir Ihnen hier die Einstellung *Ja*.

Versandeinstellungen

Damit der Shop die korrekten Versandkosten für die jeweilige Bestellung berechnen kann, ist es wichtig, Ihre Versandadresse im Adminbereich zu verewigen. Klicken Sie dazu auf den Menüpunkt *Versandeinstellungen* in der Gruppe *Verkäufe* und öffnen Sie anschließend den Abschnitt *Herkunft*, in den Sie die Adressdaten entsprechend eintragen können (Abbildung 4-18).

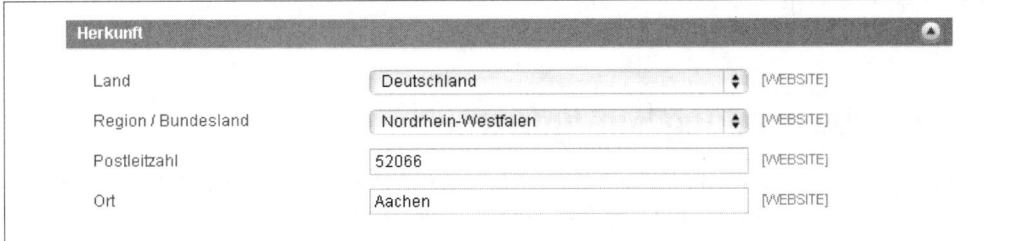

Abbildung 4-18: Von dieser Adresse werden die Waren des Webkochshops verschickt

Warenkorb und Bestellprozess anpassen

Der nächste Schritt besteht darin, festzulegen, wie Ihre Kunden den Bestellprozess im Web-kochshop durchlaufen sollen, wobei wir wieder nur auf die wichtigsten Konfigurations-schritte eingehen. Wählen Sie in der Gruppe *Verkäufe* den Menüpunkt *Zur Kasse* aus und füllen Sie die Eingabefelder im Abschnitt *Bezahloptionen* nacheinander aus. Diese Ein-stellungen sind an dieser Stelle wichtig, da Sie mit ein paar einfachen Mausklicks ganz ent-scheidend die Art und Weise beeinflussen, wie der Kunde den prall gefüllten digitalen Warenkorb zur Kasse bringt. Sie geben hier beispielsweise an, dass der gesamte Bestellpro-zess auf einer Seite geschehen soll und der Kunde sich sowohl als Neukunde registrieren als auch eine Gastbestellung ohne Registrierung durchführen kann.

Einseitigen Bezahlvorgang aktivieren (One Page Checkout)
Ein wichtiges Merkmal von Magento ist der sogenannte *One-Page-Checkout*: Der gesamte Bestellprozess wird auf einer einzigen Seite abgewickelt, sodass der Kunde auf einfache und transparente Weise seine Bestelldaten eingeben kann. Standardmä-ßig steht das Drop-down-Menü dazu auf *Ja*, und das ist auch sehr gut so. Sollte dort trotzdem *Nein* ausgewählt sein – vielleicht ist ja die Katze über die Tastatur gelau-fen, oder das Menü hat sich wegen Vollmond selbst verstellt –, ändern Sie das in jedem Fall wieder auf *Ja*, um den einseitigen Bezahlvorgang zu nutzen.

Bezahlvorgang als Gast ermöglichen
In modernen Online-Shops haben Kunden oftmals die Wahl, bei der Bestellung direkt ein Kundenkonto einzurichten oder die Bestellung als Gast ohne Registrierung zu täti-gen. Und da der Webkochshop ein moderner, mit allen Wassern gewaschener Online-Shop werden soll, wählen Sie hier die Option *Ja* aus. Der Vorteil für Sie als Shopbe-treiber besteht darin, dass dem Kunden so kurz vor der Bestellung nicht noch unnö-tige Hürden durch die Neuregistrierung in den Weg gestellt werden. Sollte der Kunde sich trotzdem für eine Registrierung entscheiden, kann er das auch tun und kommt damit beispielsweise in den Genuss eines eigenen Kundenbereichs.

Bestellbedingungen aktivieren
Der Gesetzgeber verlangt, dass ein Kunde vor der Bestellung explizit die allgemei-nen Geschäftsbedingungen akzeptieren muss, damit es zu einem gültigen Kaufver-trag kommt. Es ist daher sehr wichtig, dass Sie dieses Menü auf *Ja* setzen. (Auf

Kapitel 5, »AGB und Widerrufsbelehrung im Bestellprozess«, Seite 112 gehen wir auf die Einbindung der AGB noch genauer ein.)

Die Steuerberechnung konfigurieren

Man sagt, dass mehr als zwei Drittel der gesamten weltweit veröffentlichten Steuerliteratur in deutscher Sprache verfasst werden. Diese Zahlen mögen stimmen oder nicht, wichtig sind die Steuereinstellungen für den Webkochshop allemal. In diesem Abschnitt erläutern wir im Detail, wie Sie die Steuern in Magento perfekt konfigurieren. Dies geschieht an zwei Stellen: Im Abschnitt *Verkäufe → Steuer* werden alle steuerrelevanten Daten angegeben, über *System → Konfiguration* wird dann zum einen die Ausgabe im Frontend bearbeitet und zum anderen festgelegt, ob die Preise im Adminbereich brutto oder netto hinterlegt sind.

 Mit Firegento e.V. hat sich eine Gemeinschaft von Entwicklern und Agenturen zusammengefunden, deren Ziel es ist, Magento mit werbe- und kostenfreien Modulen zu verbessern. Für die Konfiguration eines Shops, gerade in Bezug auf die Steuereinrichtung, steht die Extension MageSetup zur Verfügung. Diese Extension ist in der Lage, die Steuerkonfigurationsarbeit für Sie zu erledigen. Mehr dazu finden Sie online unter *https://github.com/firegento/firegento-magesetup*.

Zuerst werden Sie Artikelsteuerklassen anlegen, um bestimmte Artikel gruppieren und steuerlich gleich behandeln zu können. Da für Lebensmittel ein anderer Mehrwertsteuersatz gilt als der Standardsatz von 19 %, werden Sie hier zwei Steuerklassen anlegen. In ähnlicher Weise gruppieren Sie im darauffolgenden Abschnitt verschiedene Kundengruppen mithilfe der sogenannten Kundensteuerklassen.

Als Nächstes sind die verschiedenen Steuerzonen und -sätze an der Reihe, über die im Webkochshop letztlich die relevanten Steueraufschläge berechnet werden. Da Sie im Shop sowohl Lebensmittel als auch Kochtöpfe und Bestecke verkaufen möchten, legen Sie hier die Sätze 7 % und 19 % an. Nach diesen vorbereitenden Maßnahmen fügen Sie die verschiedenen Steuerklassen, -zonen und -sätze zu Steuerregeln zusammen. Das alles hört sich schlimmer an, als es ist, tut aber nicht weh, und Sie können in der ruhigen Gewissheit Ihren Shop verwalten, dass Sie auf diese Art und Weise für sämtliche weltweit vorkommenden steuerlichen Besonderheiten gewappnet sind.

Artikelsteuerklassen anlegen

Beginnen Sie die Konfiguration des Webkochshops, indem Sie über das Navigationsmenü in den Bereich *Verkäufe → Steuer → Artikelsteuerklassen* springen. Zunächst werden Sie zu einer Tabelle weitergeleitet, in der die beiden Klassen *Shipping* und *Taxable Goods* enthalten sind. Diese sind auch bei einer Installation von Magento ohne Beispieldaten (*Sample Data*) enthalten und können zunächst ignoriert bzw. zu einem späteren Zeitpunkt gelöscht werden (Abbildung 4-19).

Abbildung 4-19: Übersicht der vorhandenen Artikelsteuerklassen

Was genau ist nun eine Artikelsteuerklasse? Wie der Name schon andeutet, können Sie mit einer solchen Steuerklasse bestimmte Artikel zusammenfassen, die im Shop mit dem gleichen Steuersatz verkauft werden sollen. Da wir im Webkochshop Artikel wie Kochtöpfe und Besteck, aber auch Lebensmittel wie Kuchenglasur verkaufen möchten und dafür zwei verschiedene Steuersätze zum Tragen kommen, nämlich 7 % und 19 %, kommt diese Konfigurationsmöglichkeit wie gerufen. An dieser Stelle legen Sie nun zwei Artikelsteuerklassen an. Klicken Sie dazu auf *Add new*, woraufhin eine Eingabemaske mit genau einem Eingabefeld (*Klassenname*) erscheint (Abbildung 4-20).

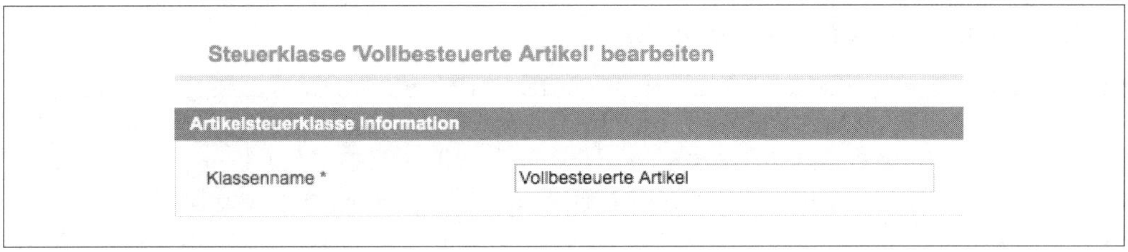

Abbildung 4-20: Anlegen einer neuen Artikelsteuerklasse

Tragen Sie hier *ermäßigt besteuerte Waren* ein und speichern Sie diesen Eintrag via *Steuerklasse speichern*. Zur Bestätigung erscheint die Meldung *Die Steuerklasse wurde gespeichert.* in grüner Schrift oberhalb der Tabelle. Wiederholen Sie diesen Vorgang und legen Sie ebenfalls die Artikelsteuerklasse *voll besteuerte Waren* an. Möchten Sie im Nachhinein diese Werte noch ändern, klicken Sie einfach in die jeweilige Zeile der Tabelle, und Sie können den Namen der Klasse beliebig verändern.

Analog zu den Artikelsteuerklassen lassen sich mit Kundensteuerklassen einer bestimmten Kundengruppe unterschiedliche Steuersätze zuweisen. Eine Übersicht der bereits vorhandenen Klassen erhalten Sie im Bereich *Verkäufe → Steuer → Kundensteuerklassen*. Dort legen Sie über die Schaltfläche *Neu* nun ebenfalls eine neue Steuerklasse *Endkunden* an, indem Sie diesen Begriff in das Eingabefeld *Klassenname* eintragen (Abbildung 4-21).

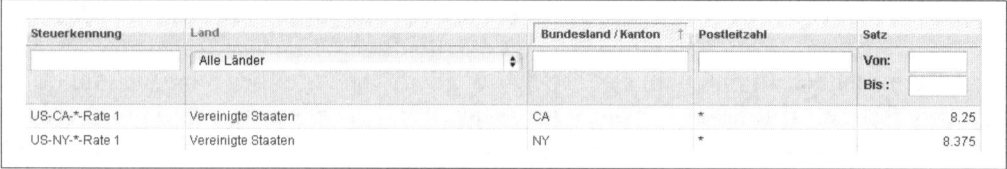

Abbildung 4-21: Anlegen einer neuen Kundensteuerklasse

Mit dem altbekannten Klick auf *Steuerklasse speichern* oben rechts wird auch dieser Eintrag sicher in Richtung Datenbank geschickt und erscheint zur Bestätigung ebenfalls in der Übersichtstabelle.

 Wenn Sie Ihre Artikel beispielsweise in das EU-Ausland und an Geschäftskunden mit gültiger Umsatzsteuer-Identifikationsnummer verkaufen, können Sie die Umsatzsteuer verlagern. Für diesen Fall ließe sich dann eine neue Kundengruppe *EU-Ausland* erstellen, sodass in Ihrem Shop für diesen besonderen Fall entsprechend eine Mehrwertsteuer von 0 % gelten würde. Magento ist in der Lage, diese Prüfung durchzuführen und den Kunden automatisch der korrekten Kundengruppe zuzuweisen. Um die Konfiguration der automatischen Kundengruppenzuordnung kümmern wir uns in Kapitel 8.

Steuersätze und -zonen verwalten

Bislang haben Sie Artikel und Kunden steuertechnisch zusammengefasst, jetzt ist es an der Zeit, Zahlen sprechen zu lassen und konkrete Steuersätze bzw. Steuerzonen für den Webkochshop festzulegen. Springen Sie dazu in den Bereich *Verkäufe → Steuer → Steuerzonen und -sätze verwalten* und ignorieren Sie dabei geflissentlich die beiden Einträge der Übersichtstabelle, die von Magento in der Standardinstallation dort hinterlegt wurden (Abbildung 4-22).

Steuerkennung	Land	Bundesland / Kanton ↑	Postleitzahl	Satz
	Alle Länder ⇕			Von: Bis:
US-CA-*-Rate 1	Vereinigte Staaten	CA	*	8.25
US-NY-*-Rate 1	Vereinigte Staaten	NY	*	8.375

Abbildung 4-22: Alle bisher vorhandenen Steuersätze

Erstellen Sie jetzt einen neuen Steuersatz, indem Sie die Schaltfläche *Neuen Steuersatz anlegen* anklicken. Es erscheint eine Eingabemaske, in der Sie mehrere Felder ausfüllen müssen (Abbildung 4-23).

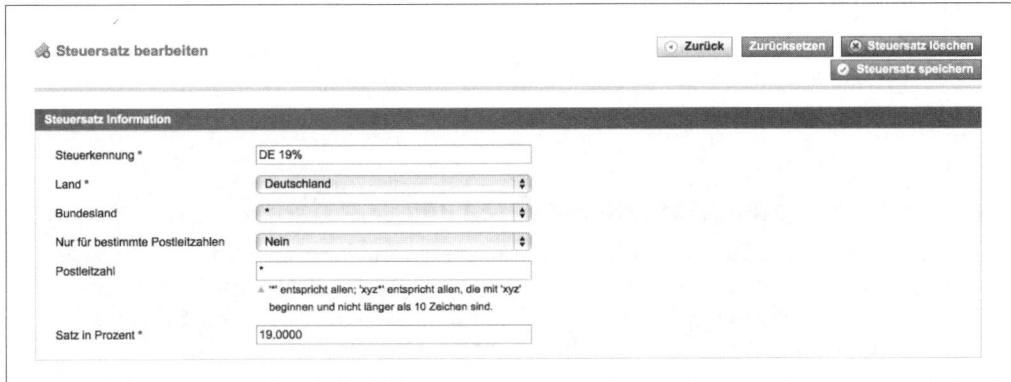

Abbildung 4-23: Ein neuer Steuersatz wird angelegt

Steuerkennung

Tragen Sie hier einen Schlüssel für den neuen Steuersatz ein, anhand dessen Sie ihn später wiedererkennen können. Für unser Beispiel wählen Sie die Angabe *DE 19%*.

Land

Als Nächstes erscheint ein Drop-down-Menü, in dem alle Länder gespeichert sind, die in der Magento-Datenbank vorhanden sind. Wählen Sie hier das Land aus, für das der aktuelle Steuersatz gelten soll, also *Deutschland*.

Bundesland

An dieser Stelle erscheinen alle subnationalen Einheiten, also beispielsweise Bundesländer oder Kantone, die für das oben genannte Land hinterlegt sind. Damit ist Magento auch für den Fall vorbereitet, dass es für verschiedene Bundesländer unterschiedliche Steuersätze geben kann. Da aber selbst der Freistaat Bayern bisher in allen Föderalismusreformen nicht auf einem eigenen Mehrwertsteuersatz bestanden hat, können Sie dieses Drop-down-Menü auf das * setzen, um alle Bundesländer auszuwählen.

Nur für bestimmte Postleitzahlen

Aktivieren Sie dieses Menü nur, wenn Steuern auf Basis der Postleitzahl erhoben werden sollen (siehe nächste Einstellung).

Postleitzahl

Magentos Flexibilität kennt kaum Grenzen, wie Sie anhand des folgenden Eintrags bemerken werden. Sollte es aus irgendeinem Grund erforderlich sein, bei der Steuerberechnung nach Postleitzahlen zu unterscheiden, geht an dieser Stelle auch das. Wählen Sie hier wieder das *, um anzugeben, dass der aktuelle Steuersatz für jede Postleitzahl in Deutschland gelten soll. (Diese Option ist beispielsweise für die USA relevant, daher taucht sie hier auf.)

Satz in Prozent

Last, but not least tragen Sie den gewünschten Prozentwert des Steuersatzes als Dezimalzahl ein, also *19.0000* für die aktuelle Mehrwertsteuer unserer voll besteuerten Artikel.

Steuersätze importieren und exportieren

Gerade in umfangreichen Multishop-Projekten mit vielen verschiedenen Steuersätzen kann es sinnvoller sein, die Steuersätze in einem externen Tabellenkalkulationsprogramm wie OpenOffice Calc oder Microsoft Excel zu verwalten, die Daten im CSV-Format zu speichern und diese dann in Magento zu importieren.

Um diese Funktion zu nutzen, navigieren Sie zum Bereich *Verkäufe → Steuer → Steuersätze exportieren*, und Sie sehen eine zweigeteilte Eingabemaske, mit deren Hilfe Sie CSV-Dateien importieren und exportieren können ().

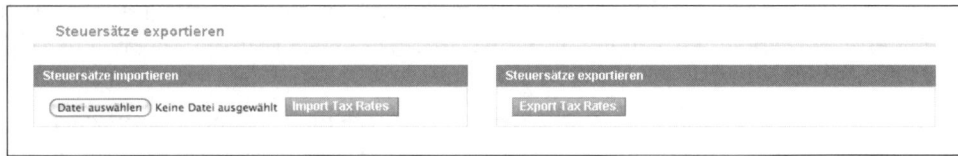

Abbildung 4-24: Import- und Exportmöglichkeit für Steuersätze

Klicken Sie zunächst auf *Export Tax Rates*, um alle bereits vorhandenen Sätze herunterzuladen und damit gleichzeitig eine Vorlage für alle weiteren Datensätze zu haben. Fügen Sie dieser CSV-Vorlage in Ihrem externen Programm beliebig viele Steuersätze hinzu, wobei Sie für jeden Steuersatz eine neue Zeile verwenden. Ist diese Arbeit beendet, lässt sich die bearbeitete Datei über die Importfunktion von Magento importieren. Navigieren Sie dazu mithilfe des *Durchsuchen*-Buttons zu der Stelle auf der Festplatte, an der die CSV-Datei abgespeichert ist, und laden Sie sie anschließend über die Schaltfläche *Import Tax Rates* auf den Server. Alle bestehenden Steuersätze werden dabei aktualisiert bzw. entfernt.

Nachdem Sie alle Werte eingetragen haben, speichern Sie den aktuellen Steuersatz mittels *Steuersatz speichern* ab. Legen Sie anschließend einen weiteren Steuersatz namens *DE 7%* an und weisen Sie ihm den Steuersatz *7.0000* (%) zu. Damit haben Sie alle steuertechnischen Vorbereitungen für den Webkochshop getroffen und können nun beim Anlegen der Artikel (siehe Kapitel 6) zwischen dem ermäßigten Satz von 7 % und dem regulären Mehrwertsteuersatz von 19 % wählen.

Steuerregeln verwalten

In den vorherigen Abschnitten haben Sie sozusagen alle Vorarbeiten für eine gültige Steuerregel erledigt und Steuerklassen sowie -sätze angelegt. Im letzten Schritt fügen Sie diese

Bestandteile zusammen und legen eine neue Steuerregel unter *Verkäufe → Steuer → Steuerregeln verwalten* an. Dies ist die Voraussetzung, um im Webkochshop Töpfe, Bestecke & Co. anbieten zu können.

In der Übersichtstabelle werden alle in der Datenbank vorhandenen Steuerregeln aufgelistet; auch bei einer Installation ohne Beispieldaten ist hier der US-amerikanische Steuersatz *Retail-Customer-Taxable-Goods-Rate-1* vorhanden, den Sie zunächst einmal ignorieren. Fügen Sie jetzt eine neue Steuerregel über *Neue Steuerregel anlegen* hinzu und füllen Sie die nun erscheinende Eingabemaske mit den folgenden Werten. Sie werden erkennen, dass viele Eingaben, die Sie in den vergangenen Abschnitten getätigt haben, hier wieder erscheinen. Das ist auch der Grund dafür, dass wir uns im Navigationsmenü von unten nach oben vorgearbeitet haben.

Name

Am Anfang steht der Name, so auch hier. Tragen Sie also den Namen der Steuerregel ein: *Endkunde kauft voll besteuerte Artikel*.

Kundensteuerklasse

Dieses Eingabefeld listet alle Kundensteuerklassen auf, die im System gespeichert sind – natürlich auch *Endkunden*, die Sie vor Kurzem angelegt haben. Wählen Sie hier genau diese Gruppe aus. Sollte es einmal erforderlich sein, eine Steuerregel auf mehrere Kundengruppen gleichzeitig zu beziehen, können in diesem Eingabefeld durch Halten der Strg-Taste auch mehrere Einträge gleichzeitig ausgewählt werden.

Artikelsteuerklasse

Analog zu den Kundensteuerklassen lassen sich hier eine oder mehrere Artikelsteuerklassen zuweisen. Aktivieren Sie den Eintrag *voll besteuerte Waren*. Falls nötig, können Sie auch hier mehrere Einträge gleichzeitig aktivieren.

Steuersatz

Alle Steuersätze, die bisher im System gespeichert worden sind, tauchen in diesem Eingabefeld auf. Klicken Sie auf *MwSt. 19%*.

Priorität

Diese Option wird dann interessant, wenn Sie einen Shop betreiben, in dem es mehrere Steuersätze gibt, und betrifft vor allem die Darstellung der Steuern im Warenkorb und im Bestellprozess. Wie es auch schon in der Erläuterung rechts neben dem Eingabefeld vermerkt ist, werden Steuerregeln mit derselben Priorität addiert, Steuerregeln unterschiedlicher Priorität werden zusammengesetzt. Setzen Sie in diesem Beispiel den Wert auf *1*.

Reihenfolge

Wenn die Steuersätze aufgrund der Prioritätseinstellung zusammengesetzt angezeigt werden, lässt sich mit diesem Sortierparameter die Reihenfolge einstellen. Tragen Sie hier ebenfalls eine *1* ein.

Raten Sie mal, was jetzt kommt? Richtig, das Abspeichern der neuen Steuerregel über *Regel speichern*. Nach dem Abspeichern ist die neue Regel im Shop aktiviert und mit der Artikelsteuerklasse verknüpft.

Sie haben in diesem Abschnitt gesehen, wie Sie Magentos Steuerregeln so verwenden, dass Sie die beiden Steuersätze, die für den Webkochshop wichtig sind, in der Datenbank hinterlegen. Um das gerade Gelernte zu vertiefen, legen Sie nun noch die Steuerregel für *Endkunde kauft ermäßigt besteuerte Artikel* an.

Anzeige der Steuern im Webkochshop

In den vorherigen Abschnitten haben Sie bereits verschiedene Steuerregeln und -sätze angelegt. In diesem Abschnitt geht es nun darum, zu bestimmen, wie genau die Steuer im Webkochshop ausgewiesen werden soll. Schauen Sie sich unter *System* → *Konfiguration* die drei folgenden Abschnitte *Steuerklassen*, *Berechnung* und *Steuerberechnung basierend auf* im Menüpunkt *Steuern* der Gruppe *Verkäufe* einmal genauer an. Die folgenden Einstellungen sind mit die wichtigsten, die Sie für Ihren Shop tätigen müssen. Das klingt nach einer Menge Verantwortung, aber gemeinsam werden wir diesen Teil schon durchstehen. Beginnen wir mit der Anpassung der *Steuerklassen*.

Steuerklasse für den Versand

Der Gruppentitel lässt möglicherweise Schreckliches vermuten, tatsächlich handelt es sich hierbei aber um die Konfiguration, mit welcher Steuerklasse der Versand berechnet werden muss. Wählen Sie hier *Endkunde kauft voll besteuerte Artikel* aus.

Fahren wir nun mit der Anpassung der *Berechnung* fort.

Steuerberechnungsmethode basiert auf

Entscheiden Sie sich hier für *Gesamt*, damit die Steuer auf Basis des Gesamtwerts des Warenkorbs berechnet wird und etwaige Rundungsfehler zu 99,9 % nicht ins Gewicht fallen.

Steuerberechnung basiert auf

An dieser Stelle bestimmen Sie, auf welcher Basis die Steuern im Webkochshop berechnet werden sollen. Gilt die *Versandadresse*, die *Rechnungsadresse* oder der *Versandursprung*? Die Lösung ist so einfach wie einleuchtend: Für die Berechnung des korrekten (Mehrwertsteuer-)Satzes gilt der Versandursprung des Webkochshops, also die Postadresse Ihres Geschäfts. Die Adressen, die der Kunde bei seiner Bestellung eingibt – sei es nun die Versand- oder die Rechnungsadresse –, spielen für die Steuerberechnung in unserem Fall keine Rolle.

Katalogpreise

Mit diesem Schalter teilen Sie dem System mit, ob die Preise, die Sie in der Artikelverwaltung hinterlegen (siehe Kapitel 6), Netto- oder Bruttopreise sind. Um Rundungsfehler in Magento von vornherein zu minimieren, pflegen Sie Ihre Artikelpreise so, dass Magento möglichst nichts rechnen muss. Als Verkäufer, der ausschließlich an Privatpersonen verkauft, erfassen Sie Ihre Artikelpreise brutto und wählen hier *Inklusive Steuern* aus. Als Verkäufer an Wiederverkäufer ist es sinnvoller, Preise ohne Steuern einzutragen, wählen Sie in dem Fall also im Drop-down-Menü den Wert *Zuzüglich Steuern* aus.

Versandkosten

Auch bei den Versandkosten sollten Sie sich die gleiche Frage stellen wie bei den Katalogpreisen. Für Privatpersonen erfassen Sie die Versandkosten brutto und wählen *Inklusive Steuern* aus. Als Verkäufer an Wiederverkäufer ist es natürlich auch hier sinnvoller, Preise ohne Steuern einzutragen. Wählen Sie also im Drop-down-Menü dann *Zuzüglich Steuern* aus.

Verwende Kundensteuerklasse

Hier entscheiden Sie, ob die Kundensteuerklasse vor oder nach der Berechnung des Rabatts mit eingerechnet wird. Wählen Sie hier *Nach Rabatt* aus.

Wende Rabatt auf Preise an

Eine der vielen Stärken von Magento ist es, auf einfache Weise Rabattaktionen durchzuführen, mit denen Sie Ihre Kunden in den Genuss von einmaligen Sonderpreisen kommen lassen können. In diesem Auswahlmenü stellt sich die Frage, ob beispielsweise ein Rabatt von 5 % vom Brutto- oder vom Nettopreis abgezogen wird. Der Einfachheit halber gewähren Sie im Webkochshop einen Rabatt auf den Bruttopreis (den die Kunden beim jeweiligen Artikel auch angezeigt bekommen) und wählen demzufolge im Menü *Inklusive Steuern* aus. Die Steuer wird dann vor dem Rabatt berechnet.

Steuer anwenden auf

An dieser Stelle bestimmen Sie, ob die Steuer auf den *Originalpreis* eines Artikels oder auf den eventuell vorhandenen *Individuellen Preis* erhoben wird. In diesem Zusammenhang bezeichnet *Originalpreis* den nicht rabattierten Preis und *Individueller Preis* den reduzierten Preis, der durch Rabatte, Staffelpreise usw. zustande gekommen ist. Natürlich wählen Sie für den Webkochshop die Option *Individueller Preis* aus.

In diesem Abschnitt haben Sie bezüglich der Anzeige der Steuern im Webkochshop bereits wichtige Weichen gestellt, beispielsweise dass die Steuerberechnung auf dem Versandursprung basieren soll. Nun wäre es ja sinnvoll, diesen Ursprung einmal genauer zu definieren, nicht wahr? Genau das tun Sie in der folgenden Eingabemaske *Standard Ursprung Steuerberechnung* (Abbildung 4-25).

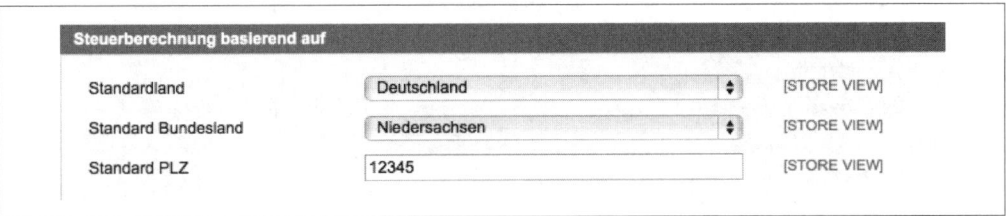

Abbildung 4-25: Versandursprung zur korrekten Steuerberechnung eintragen

Bei *Standard Land* bestimmen Sie das Land, aus dem der Versand stattfinden soll, geben Sie also Deutschland, Österreich oder die Schweiz an, gerade so, wie es bei Ihnen passt. Bei *Standard Bundesland* wählen Sie aus dem Drop-down-Menü das Bundesland aus, aus dem der Versand stattfinden soll. (Es macht für die Berechnung der Versandkosten zwar überhaupt keinen Unterschied, ob Sie einen Kochtopf aus Bayern oder Berlin versenden, da aber Magento alle Steuerberechnungen weltweit unterstützen soll, ist diese Funktion hier hinterlegt.) Als Letztes verwenden Sie bei *Standard PLZ* Ihre eigene Postleitzahl, um damit den genauen Versandursprung festzulegen.

Im letzten Abschnitt des Menüpunkts *Steuern*, den wir Ihnen in diesem Kapitel vorstellen möchten, bestimmen Sie unter anderem, wie die Steuern im Bestellprozess angezeigt werden. Hier bietet Magento mehrere Möglichkeiten, um den jeweiligen Anforderungen gerecht zu werden. Klicken Sie auf die Überschrift *Preisanzeige*, um die folgenden Einstellungen vornehmen zu können (Abbildung 4-26).

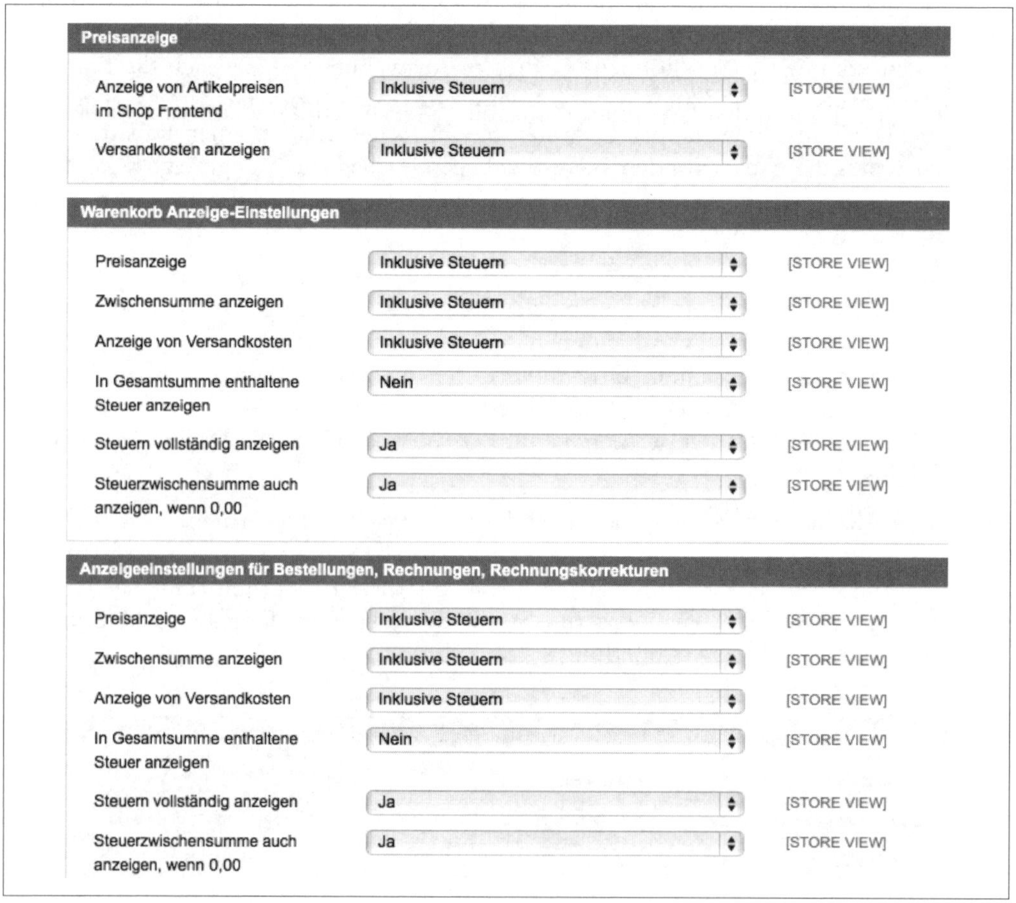

Abbildung 4-26: Wie sollen die Steuern im Frontend dargestellt werden?

Anzeige von Artikelpreisen im Shop-Frontend

Klickt sich Ihr Kunde durch die Kategorien des Webkochshops oder informiert er sich auf einer Artikeldetailseite, sollte er in jedem Fall Bruttopreise sehen. Setzen Sie daher das Drop-down-Menü auf *Inklusive Steuern*.

Versandkosten anzeigen

Auch für die Versandkosten gilt: Zeigen Sie diesbezüglich Bruttopreise an und wählen Sie hier ebenfalls die Einstellung *Inklusive Steuern*.

Weiter geht's mit dem Abschnitt *Warenkorb-Anzeige-Einstellungen*, bei dem es, wie es der Name schon verrät, allein darum geht, wie die Preise im Warenkorb angezeigt werden.

Preisanzeige

Ganz unabhängig davon, ob Sie die Preise in der Artikelverwaltung mit oder ohne Steueraufschlag eintragen, wird hier eingestellt, wie die Artikelpreise im Bestellprozess des Webkochshops dargestellt werden sollen. Für das Betreiben eines Online-Shops für Endkunden ist es natürlich obligatorisch, Endkundenpreise anzuzeigen, wählen Sie also hier in jedem Fall die Option *Inklusive Steuern* aus. Sollten Sie die Artikelpreise jedoch netto erfasst haben, da Sie Ihr Angebot nur an Wiederverkäufer richten, wählen Sie *Zuzüglich Steuern* aus.

Zwischensumme anzeigen

Soll die Summe der einzelnen Positionen des Warenkorbs inklusive oder exklusive Steuern dargestellt werden? Entscheiden Sie sich hier für *Inklusive Steuern*.

Anzeige von Versandkosten

Weiter oben haben Sie bereits festgelegt, dass die Versandkosten keine Steuern enthalten sollen. Damit der korrekte Bruttopreis angezeigt wird, wählen Sie in diesem Drop-down-Menü den Wert *Inklusive Steuern* aus.

In Gesamtsumme enthaltene Steuer anzeigen

Damit die Steuer separat ausgegeben wird, aktivieren Sie diese Option.

Steuern vollständig anzeigen

Im Warenkorb, in dem alle Preise der ausgewählten Artikel addiert werden, kann Magento auf Wunsch auch eine Gesamtsumme der Steuern anzeigen. Für den deutschen Markt muss jedoch die Steuer getrennt nach einzelnen Steuersätzen ausgewiesen werden. Entscheiden Sie sich also für die Option *Ja*.

Steuerzwischensumme auch anzeigen, wenn 0,00

Diese Option ist eigentlich nur für den Fall interessant, dass der Warenkorb den Wert *0* anzeigt. Ist das der Fall (wenn Sie einen sehr guten Tag haben und Ihren Kunden beispielsweise Gratisartikel anbieten), ist damit auch die Summe der Mehrwertsteuerbeträge *0*. Wählen Sie die Option *Ja*, wird der Steuerbetrag von *0 Euro* trotzdem angezeigt. Auch wenn dies für den gesunden Menschenverstand wenig Sinn ergibt, setzen Sie das Menü auf *Ja*, da Sie sich sonst für Abmahnschreiben empfänglich zeigen.

Mit diesen Einstellungen ist die Steuerkonfigurationsarbeit nun erledigt – herzlichen Glückwunsch!

 Um die Preise im Frontend inklusive Steuern anzuzeigen, müssen die neuen Steuerregeln den jeweiligen Kundengruppen zugeordnet werden (siehe Seite 205).

Die Währung einrichten

Die Einstellungen rund um die Währung, in der Preise im Webkochshop angezeigt werden, finden sich im Abschnitt *Währungsoptionen* des Menüpunkts *Einrichten der Währung* in der Gruppe *Allgemein* (Abbildung 4-27). Hier haben Sie die Möglichkeit, für die unterschiedlichen Länder, die Sie mit Ihrem Onlineangebot ansprechen, die entsprechenden Währungen anzuzeigen.

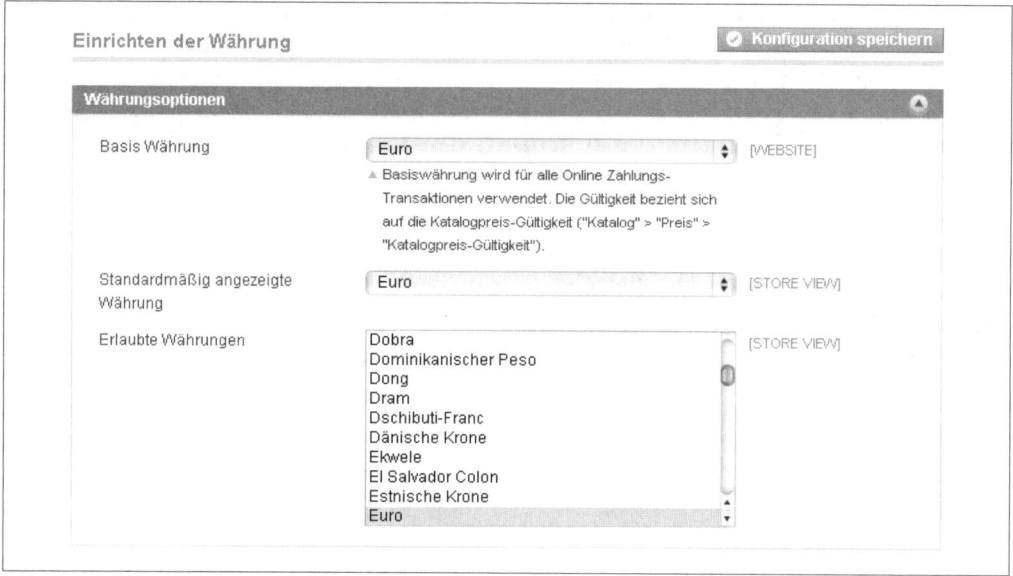

Abbildung 4-27: Währungseinstellung

Da der Webkochshop seinen Sitz in Deutschland hat und diese Währung auch für sämtliche Onlinezahlungen verwendet werden soll, wird der Euro als Basiswährung festgelegt. Auch die gesamten Preise werden Sie in Kapitel 6 in dieser Währung eintragen. Möchten Sie mehrere Währungen in einem Shop anbieten – in Kapitel 9 werden wir den Webkochshop für den Verkauf in britischen Pfund vorbereiten –, tragen Sie bei *Standardmäßig angezeigte Währung* diejenige ein, die zu Beginn angezeigt werden soll. Auch hier sollten Sie sinnvollerweise *Euro* aus dem Drop-down-Menü auswählen. Im Menü *Erlaubte Währungen* sind nun alle Währungen versammelt, die es zurzeit auf der Welt gibt. Mit gedrückter Strg-Taste (bzw. Cmd-Taste auf dem Mac) können Sie hier die gewünschten Währungen auswählen. Da wir uns zunächst nur auf eine Währung konzentrieren möchten, aktivieren Sie an dieser Stelle wiederum lediglich den guten alten Euro.

Nachdem Sie so den Grundstein für die Währungsverwaltung gelegt haben, werfen wir in der Konfiguration des Katalogs als Nächstes gemeinsam einen Blick auf die Lagerverwaltung.

Lagerbestände verwalten

Magento hat die Fähigkeit, Lagerbestände auf einfache Weise zu verwalten. Tragen Sie bei der Artikelpflege den aktuellen Lagerbestand ein, reduziert Magento diesen automatisch um die Menge, in der die entsprechenden Artikel bestellt worden sind. Um diese Funktionalität im Webkochshop zu verwenden, aktivieren Sie den Abschnitt *Lageroptionen* unter dem Menüpunkt *Lagerverwaltung* in der Gruppe *Katalog*.

Wird eine Bestellung vom Kunden oder von Ihnen storniert und werden demzufolge die bestellten Artikel nicht ausgeliefert, kann ihre Anzahl dem Lager wieder gutgeschrieben werden. Um das zu aktivieren, setzen Sie das Drop-down-Menü *Artikelstatus auf verfügbar setzen, wenn Bestellung storniert wird* auf *Ja*. Ebenfalls logisch ist, dass eine Bestellung in der Menge X dazu führen sollte, dass diese Menge auch aus dem Lager herausgezogen wird. Aktivieren Sie deswegen die Funktion *Lagerbestand nach Bestellung verkleinern* mit der Eingabe *Ja*. Außerdem können Sie entscheiden, ob Artikel, die nicht auf Lager sind, angezeigt werden sollen oder nicht.

Weitere Konfigurationsmöglichkeiten hinsichtlich der Lagerverwaltung von einzelnen Artikeln finden Sie im zweiten Abschnitt *Artikel Lagerbestand Optionen* (Abbildung 4-28).

Warenbestand verwalten
> Mithilfe dieses Schalters lässt sich die Lagerverwaltung komplett an- oder ausschalten. Sämtliche Einstellungen, die Sie im vorherigen oder in diesem Abschnitt machen, sind dann wirkungslos. Da Sie im Webkochshop jedoch stets einen Überblick über Ihren Warenbestand haben möchten, schalten Sie die Funktion mit *Ja* ein.

Nachlieferungen
> Es kann sicher vorkommen, dass ein Kunde mehr bestellen möchte, als tatsächlich in Ihrem Lager bereitsteht. Magento stellt Ihnen dafür die Möglichkeit zur Verfügung, Nachlieferungen anzubieten. Hier gibt es drei verschiedene Konfigurationsmöglichkeiten, die Sie über das Drop-down-Menü auswählen können:
>
> - *Keine Nachlieferungen: So schalten Sie diese Funktionalität komplett aus.*
> - *Lagerbestand unter 0 erlauben: Kunden können eine höhere Stückzahl bestellen, als im Lager vorhanden ist, werden darüber jedoch nicht informiert.*
> - *Lagerbestand unter 0 und Kunden darüber informieren: Zusätzlich werden Ihre Kunden darüber informiert, dass es zu einer Nachbestellung kommen wird.*
>
> Wählen Sie in diesem Menü die letzte Option aus.

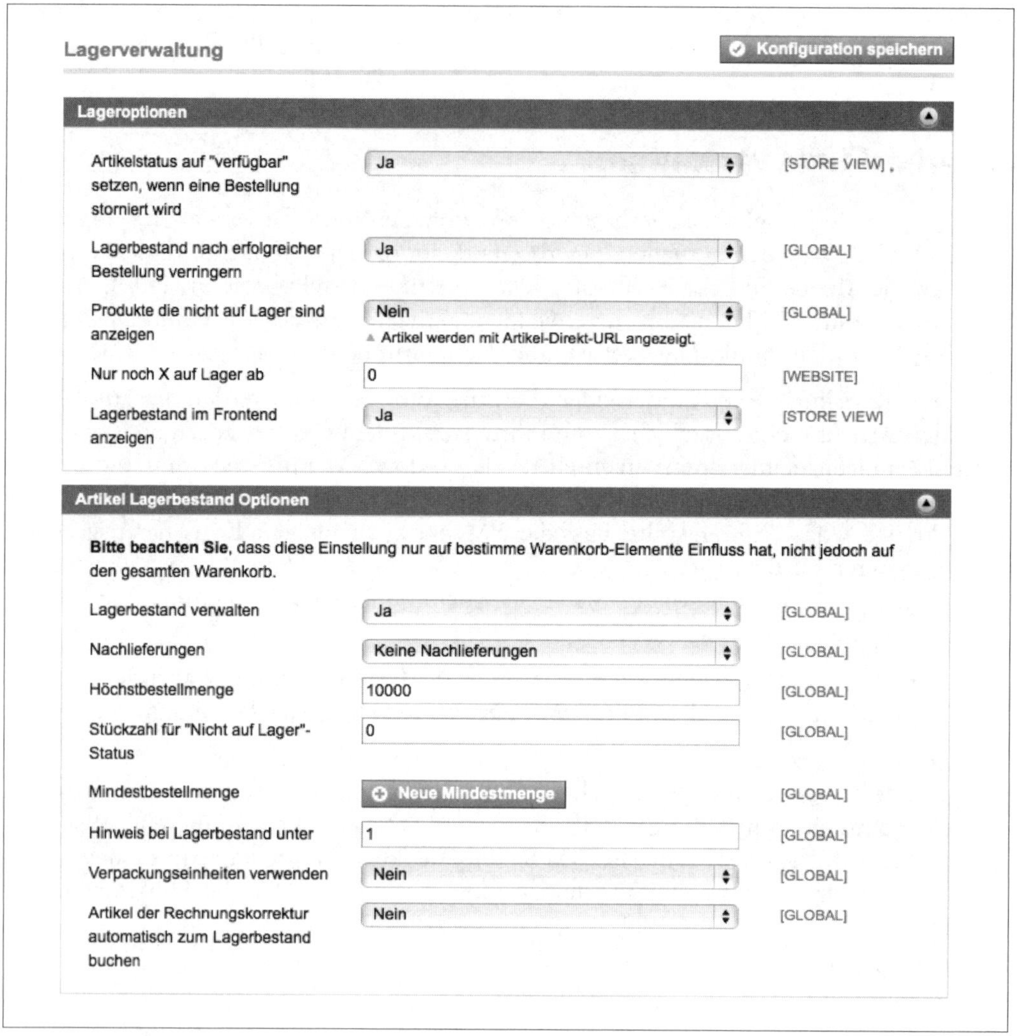

Abbildung 4-28: Artikellagerverwaltung

Höchstbestellmenge

Es wird Sie als Shopbetreiber sicher freuen, wenn jemand 243 Töpfe auf einmal bestellt, aber Hand aufs Herz, so viel Topf braucht (leider) kein Mensch. Um derartige Bestellungen zu verhindern, wurde in Magento die Möglichkeit integriert, eine Höchstbestellmenge festzulegen. Der – sehr ambitionierte – Standardwert ist hier *10000*. Legen Sie jedoch eine Menge von *1000* für den Webkochshop fest.

Stückzahl für »Nicht auf Lager«-Status

Wenn Sie sich einen Sicherheitspuffer in Ihre Lagerverwaltung einbauen möchten, haben Sie hier die Möglichkeit dazu. Ab der Stückzahl, die Sie hier eintragen, wird bei allen Artikeln der Lagerbestand als *Nicht auf Lager* angezeigt. Geben Sie beispielsweise den Wert *50* ein, wird Ihr Lager als leer dargestellt, obwohl noch eine Anzahl von 50 Stück vom jeweiligen Artikel dort vorhanden ist.

Mindestbestellmenge

So wie Sie die maximale Bestellmenge für Ihre Artikel festlegen können, können Sie dies auch für die Mindestbestellmenge tun. Tragen Sie hier die Anzahl der Artikel ein, die ein Kunde mindestens in seinem Warenkorb haben muss, um eine Bestellung ausführen zu können. Der Clou: Dieser Wert lässt sich individuell pro Kundengruppe einstellen. Klicken Sie dazu auf die Schaltfläche *Minimale Menge anlegen* und tragen Sie pro Kundengruppe dort als Standardwert die *1* ein, um gerade am Anfang keine Kunden durch einen zu hohen Wert zu vergraulen.

Hinweis bei Lagerbestand unter

In Magento gibt es die Möglichkeit, sich via E-Mail oder RSS-Feed (siehe Seite 329) warnen zu lassen, wenn die Artikelmenge im Lager unter einen bestimmten Wert sinkt. Tragen Sie hier den Wert *75* ein.

Verpackungseinheiten verwenden

Möchten Sie in VPE verkaufen, können Sie diese Option aktivieren, um die Artikelbestände gemäß Ihren Gebinden zu erfassen.

Artikel der Gutschrift automatisch zum Lagerbestand buchen

Das Aktivieren dieser Option sorgt dafür, dass Artikel, die aufgrund einer erstellten Gutschrift nicht verschickt werden, erneut dem Lager gutgeschrieben werden. Um diesen Automatismus nutzen zu können, wählen Sie hier *Ja* als Optionswert.

Sie haben nun die allgemeinen Einstellungen vornehmen können, der Webkochshop hat dadurch schon deutlich an Charakter gewonnen. Im letzten Abschnitt dieses Kapitels beschäftigen wir uns damit, wie Sie verschiedene Benutzer zur Verwaltung des Webkochshops anlegen können.

Benutzer und Benutzergruppen für den Adminbereich anlegen

Wenn Sie Magento installieren, ist standardmäßig nur ein Nutzer angelegt, der sich in den Adminbereich einloggen kann. Genauer gesagt, ist der Gruppe *Administrators*, die ihre virtuelle Nase in wirklich jeden Winkel des Adminbereichs stecken kann, nur ein Nutzer zugewiesen: Das sind Sie. Nehmen wir einmal an, Ihr Geschäft wächst und gedeiht, und Sie stellen einige Mitarbeiter ein, die nur die Bestellungen bearbeiten sollen. Es würde Sie doch sicherlich ruhiger schlafen lassen, wenn Sie wüssten, dass diese Mitarbeiter nicht aus Versehen Erweiterungen deinstallieren oder E-Mail-Adressen löschen könnten, oder?

Zunächst erstellen Sie eine Gruppe, die sich auf die Verarbeitung der Verkäufe beschränkt. Springen Sie dazu in *System* → *Berechtigungen* → *Gruppenberechtigungen*, wo Sie die oben erwähnte Gruppe *Administrators* sehen können (Abbildung 4-29)

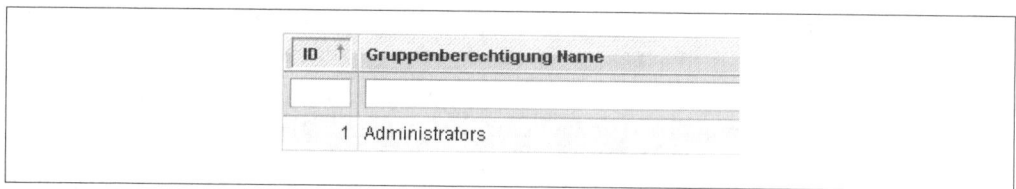

ID ↑	Gruppenberechtigung Name
1	Administrators

Abbildung 4-29: Die bereits vorhandene Gruppe »Administrators«

Klicken Sie nun auf *Neue Gruppenberechtigung*, um eine neue Gruppe anzulegen. In das Feld *Gruppenberechtigung Name* tragen Sie den Namen *Verkäufe* ein und wechseln über das Register links in das Untermenü *Gruppenberechtigung Quellen*. Dort erkennen Sie einen Hierarchiebaum, der alle Bereiche des Adminbereichs wiedergibt (Abbildung 4-30).

Gruppenberechtigung Quellen

Quellenzugriff   Eigene ▲▼

Quelle

- ☑ Sales
  - ☑ Bestellungen
    - ☑ Aktionen
      - ☑ Zurückstellen
      - ☑ Gutschrift
      - ☑ Wiederaufnehmen
      - ☑ Senden
      - ☑ Comment
      - ☑ Rechnung
      - ☑ Erfassen
      - ☑ Zeige
      - ☑ Nachbestellen
      - ☑ Bearbeiten
      - ☑ Abbrechen
      - ☑ Anlegen
  - ☑ Invoices
  - ☑ Shipments
  - ☑ Credit Memos
  - ☑ Bestellbedingungen
  - ☐ Steuern
    - ☐ Kundensteuerklassen
    - ☐ Produktsteuerklassen
    - ☐ Steuersätze exportieren
    - ☐ Steuerzonen und -sätze verwalten
    - ☐ Steuerregeln verwalten

Abbildung 4-30: Unterschiedliche Funktionen des Adminbereichs

Neben allen Funktionen bzw. Menüpunkten des Adminbereichs, die Ihnen aus den vorangegangenen Kapiteln bekannt vorkommen dürften, befindet sich jeweils ein Kontrollkästchen, in das Sie per Mausklick ein Häkchen hineinsetzen und es so aktivieren können. Da Sie eine Gruppe nur zur Bearbeitung der Verkäufe erstellen möchten, klicken

Sie sofort in das erste Kästchen *Sales* (*Verkäufe*). Es werden nun alle Funktionen ebenfalls angehakt, die hierarchisch unter *Sales* anlegt sind, also beispielsweise *Gutschrift* (*Creditmemo*), *Versand* (*Ship*) und *Rechnung* (*Invoice*). Korrigieren Sie diese Auswahl ein wenig, indem Sie in das Kontrollkästchen *Steuern* klicken und damit die gesamte Steuerverwaltung für diese Gruppe deaktivieren. Sichern Sie diese Gruppe über *Gruppenberechtigung speichern* oben rechts und springen Sie gleich anschließend in den Bereich *System → Berechtigungen → Benutzer*.

Auch hier wird eine vergleichsweise magere Tabelle geladen, in der es nur einen einzigen Benutzereintrag gibt: Ihren eigenen (Abbildung 4-31).

Abbildung 4-31: In dieser Tabelle ist erst ein Benutzer vorhanden

Legen Sie jetzt einen neuen Benutzer an, indem Sie auf die Schaltfläche *Neuer Benutzer* oben rechts klicken. Es öffnet sich eine Eingabemaske, in der Sie Informationen zu Ihrem neuen Benutzerkonto eintragen können. Geben Sie also in die Eingabefelder die vorgesehenen Informationen wie Benutzername, Vorname und Nachname ein; stellen Sie sicher, dass Sie das gleiche Passwort zweimal richtig eintragen und dass das Drop-down-Menü *Dieses Benutzerkonto ist* auf *Aktiv* steht. Daraufhin nutzen Sie das Register *Benutzer Gruppenberechtigung* ganz links, um den aktuellen Benutzer mit einer Gruppe zu verknüpfen (Abbildung 4-32).

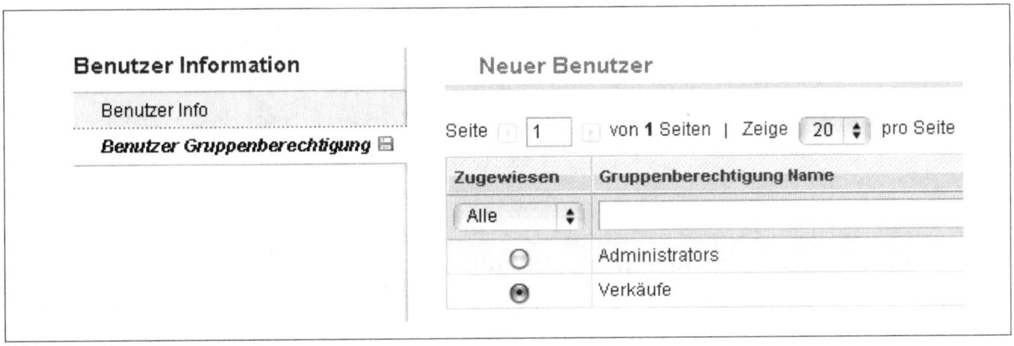

Benutzer Information

Benutzer Info

Benutzer Gruppenberechtigung 🖫

Neuer Benutzer

Seite ‹ 1 › von **1** Seiten | Zeige (20 ⬦) pro Seite

Zugewiesen	Gruppenberechtigung Name
Alle ⬦	
◯	Administrators
◉	Verkäufe

Abbildung 4-32: Verknüpfung des Benutzers mit einer Gruppe

Aktivieren Sie dazu im Inhaltsbereich das Optionsfeld neben der gerade erstellten Gruppe *Verkäufe* und speichern Sie den Benutzer über die Schaltfläche *Benutzer speichern* oben rechts. Geschafft! Es erscheint die Meldung *Der Benutzer wurde gespeichert*, ein Klick auf *Zurück* bringt Sie wieder zur Übersichtsliste, in der jetzt auch der neue Benutzer angezeigt wird.

Als letzten Schritt probieren Sie diesen neuen Benutzer einmal aus. Dazu melden Sie sich zuerst über den Link *Abmelden* ganz oben rechts vom Adminbereich ab. Sie werden mit der Nachricht *Ihre Abmeldung war erfolgreich* zum Log-in-Fenster weitergeleitet. Tragen

Sie nun bei *Benutzername* und *Passwort* jeweils die Daten ein, mit denen Sie auch den neuen Benutzer angelegt haben, und klicken Sie daraufhin auf *Anmelden*. Nach einem Augenblick öffnet sich der Adminbereich; Sie sehen als Erstes jedoch nicht wie gewohnt das Dashboard mit allerlei statistischen Informationen zu Ihren Shopverkäufen, sondern eine Auflistung aller Bestellungen (Abbildung 4-33).

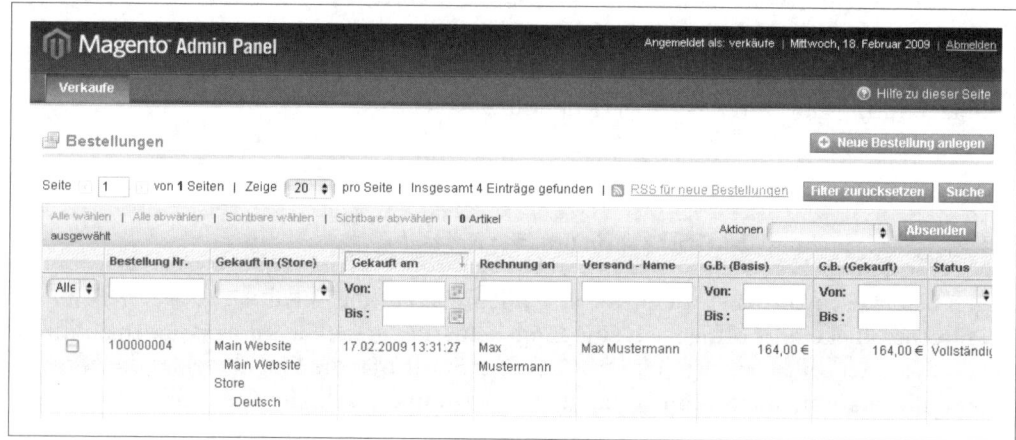

Abbildung 4-33: Der neue Benutzer sieht nur einen eingeschränkten Adminbereich

Weiterhin wird Ihnen auffallen, dass es in der horizontalen Navigation nur ein einziges Register – nämlich *Verkäufe* – gibt; und das ist auch gut so! Schließlich war der Sinn dieser Übung ja, einen eingeschränkten Bereich für die Bearbeitung der Verkäufe zu schaffen – und das ist Ihnen hiermit gelungen. Der gerade angelegte Benutzer kann nun Bestellungen einsehen, Rechnungen und Lieferscheine erstellen, jedoch nicht das Artikelangebot bearbeiten oder die Shopkonfiguration ändern. Sollte dieses erforderlich werden (wieder als Admin), erweitern Sie entweder die Berechtigungen der Gruppe *Verkäufe*, oder Sie legen eine komplett neue Gruppe mit weiterführenden Berechtigungen an und weisen dieser den neu erstellten Benutzer zu.

Voilà, damit haben Sie den grundlegenden Aufbau von Magento und seine Einteilung in die Geltungsbereiche Website, Store und StoreView kennengelernt und an den wichtigsten Stellschrauben für den Webkochshop gedreht. Die allgemeinen Einstellungen zum Shop haben Sie konfiguriert, beispielsweise die diversen Kontakt- und E-Mail-Möglichkeiten sowie den Aufbau der Artikeldarstellung und des Bestellprozesses. Außerdem haben Sie tapfer durchgehalten und Magentos umfangreiches Steuerberechnungssystem zum Verkauf Ihrer Artikel so angepasst, dass sowohl alle Steuern automatisch und korrekt berechnet als auch in der von Ihnen gewünschten Weise dargestellt werden. Last, but not least haben Sie sich um die Lagerverwaltung gekümmert und gelernt, wie sich verschiedene Nutzergruppen sowie Benutzer und die zugehörigen Zugangsrechte in Magento erstellen und bearbeiten lassen.

Im nächsten Kapitel gehen Sie einen Schritt weiter und lernen, wie Sie den Stern unter den neuen Webshops fit für den deutschen Markt machen.

Fit für den deutschen Markt: Magento lokalisieren

Wer hat's erfunden? Diesmal waren es nicht die Schweizer, sondern die Amerikaner. Magento ist ein Softwareprodukt, das von einer kalifornischen Firma erdacht und entwickelt wurde bzw. wird. Dies merkt man an einigen Stellen im System, vor allem bei fehlenden Übersetzungen beispielsweise im Adminbereich – auch wenn die deutschen Sprachdateien installiert wurden. Es gibt jedoch auch Darstellungen im Frontend, die »out of the box« zwar dem amerikanischen Markt bzw. dessen Gesetzgebung genügen mögen, den hiesigen Anforderungen jedoch nicht gerecht werden,

Um einen Online-Shop in Deutschland rechtssicher zu betreiben, müssen einige wichtige Informationen im Shop veröffentlicht werden. Dazu gehören beispielsweise die korrekte Darstellung von Mehrwertsteuer und Versandkosten, die Anzeige von Grundpreisen bei Lebensmitteln sowie korrekte Texte hinsichtlich der AGB, des Impressums und der Widerrufsbelehrung. In neuerer Zeit darf sich eine Seite Ihres Shops auch mit Datenschutzhinweisen präsentieren. Nicht zwingend vorgeschrieben, aber für eine professionelle Ansprache seiner Kunden unverzichtbar ist eine lückenlose Übersetzung des Shops in die deutsche Sprache. So sollten sämtliche Ausgaben im Shop – also Textbausteine, Buttons usw. – für den deutschsprachigen Markt angepasst werden.

Mit Firegento e.V. hat sich eine Gemeinschaft von Entwicklern und Agenturen zusammengefunden, deren Ziel es ist, Magento mit werbe- und kostenfreien Modulen zu verbessern. Für die rechtssichere Grundeinrichtung eines Shops in Bezug auf die Steuereinrichtung sowie Benachrichtigungsfunktionen, Textbausteine und Elemente im Shop selbst steht die Extension MageSetup, als Nachfolger von GermanSetup, zur Verfügung. Diese Extension bietet Ihnen eine anerkannte und solide Grundlage, um Ihren Shop schnell rechtssicher vorzubereiten. Die Installationshinweise finden Sie unter *http://firegento.com/#how_to_install_firegento_magesetup*. Die Extension zur Installation finden Sie über den Magento Connect Manager unter *http://www.magentocommerce.com/magento-connect/firegento-magesetup.html*.

In diesem Kapitel gehen wir darauf ein, wie Sie das installierte Magento-System so konfigurieren bzw. anpassen, dass es auch hierzulande problemlos eingesetzt werden kann. Wir behandeln dabei Übersetzungen genauso wie die Besonderheiten des deutschen Verbraucherschutzrechts in diesem Zusammenhang.

Der Teufel steckt wie bei so vielen Dingen auch bei der Anpassung von Magento für den deutschen Markt im Detail. Wenn Sie beispielsweise die Preisangaben entsprechend angepasst und die AGB in den Bestellprozess integriert haben, gibt es noch einige weitere Änderungen, die Sie durchführen müssen, um den Webkochshop sorgenfrei in Deutschland betreiben zu können. Hier sei angemerkt, dass wir im Rahmen dieses Buchs lediglich Hinweise geben und keine Garantien übernehmen können. Rechtssicherheit erlangen Sie als Shopbetreiber nur, wenn Sie Ihren Shop vor dem Launch von einem Rechtsanwalt diesbezüglich auf Herz und Nieren prüfen lassen.

Das Übersetzungssystem kennenlernen

Die Basis eines Shopsystems, das in den USA entwickelt wurde, jedoch auch international eingesetzt werden können soll, ist unter anderem ein flexibles Übersetzungssystem. Hier hat Magento eine Reihe von Möglichkeiten integriert, mit deren Hilfe Sie die Software in jede denkbare Sprache übersetzen können. Da wären zum einen die mehr als 60 Sprachpakete, die aktuell von der Community gepflegt werden und die man sich kostenlos über Magento Connect (siehe Kapitel 13) herunterladen kann. Diese Übersetzungen basieren im Kern auf CSV-Dateien, die Sie selbst bearbeiten können. Außerdem gibt es eine Inline-Übersetzungsmethode, auf die wir gleich noch genauer eingehen werden.

Komplettübersetzungen via CSV

Auf Ihrem Magento-Server sind im Ordner */app/locale* alle Dateien abgelegt, die für die Lokalisierung einer Website in Magento verantwortlich sind. Standardmäßig ist dort nur der Ordner */en_US* vorhanden. Nachdem Sie bei der Installation in Kapitel 2 auch die aktuellen deutschen Sprachdateien heruntergeladen und über Magento Connect installiert haben, finden Sie hier ebenfalls ein Verzeichnis namens */de_DE*, das wir uns nun einmal genauer ansehen werden.

In diesem Ordner befindet sich eine Reihe von CSV-Dateien, die für die Übersetzungen in die jeweiligen Sprachen zuständig sind. Sie beginnen jeweils mit dem Präfix *Mage_*, und es gibt sie für jedes Modul, also beispielsweise *Mage_Catalog.csv* und *Mage_Reports.csv*. Die Kodierung der Dateien ist UTF-8, das Trennzeichen ist das Komma, und die Texte werden mit Anführungszeichen (") zusammengefasst.

Öffnen Sie nun eine beliebige Datei in einem Tabellenkalkulationsprogramm wie OpenOffice Calc oder Microsoft Excel, erkennen Sie, dass diese aus zwei Spalten besteht, in der links jeweils die englischsprachigen Originalbegriffe erscheinen und rechts die jeweilige Übersetzung (Abbildung 5-1).

Action	Aktion
Add Attribute	Attribut hinzufügen
Add Design Change	Gestaltungsänderung hinzufügen
Add Group	Gruppe hinzufügen
Add Items to Cart	In den Warenkorb
Add New	Neu
Add New Attribute	Neues Attribut
Add New Attribute Set	Neues Attributset
Add New Group	Neue Gruppe
Add New Images	Neue Bilder
Add New Option	Neue Option
Add New Row	Neue Zeile
Add New Search Term	Neue Suchanfragen
Add New Set	Neues Set
Add Option	Option hinzufügen
Add Product	Produkt hinzufügen

Abbildung 5-1: Eine Übersetzungsdatei in der Detailansicht

An dieser Stelle ließen sich die Übersetzungen also individuell bearbeiten, jedoch werden diese Dateien bei einem Update immer wieder überschrieben. Eine Alternative bietet die in Ihrem Theme (Kapitel 10) enthaltene Datei *translate.csv*. Handelt es sich nur um eine begrenzte Anzahl von Übersetzungen, die Sie in Abwandlung der von der Community erstellten Übersetzung in Ihrem eigenen Shop verwenden möchten, sind die sogenannten Inline-Übersetzungen eine sinnvolle Einrichtung.

Inline-Übersetzungen

Abgesehen von der Möglichkeit, die einzelnen Strings einer Magento-Installation mittels der CSV-Methode zu übersetzen, hat Magento eine Funktion integriert, um sogenannte Inline-Übersetzungen zu pflegen. Dies ist vereinfacht gesagt ein Hilfsmittel, um einzelne Textbausteine so zu übersetzen, wie man möchte, ohne an den CSV-Dateien arbeiten zu müssen.

Um diese Funktionalität zu aktivieren, gehen Sie im Adminbereich zu *System → Konfiguration → Entwickleroptionen* und aktivieren die Eingabemaske *Inline übersetzen* (Abbildung 5-2).

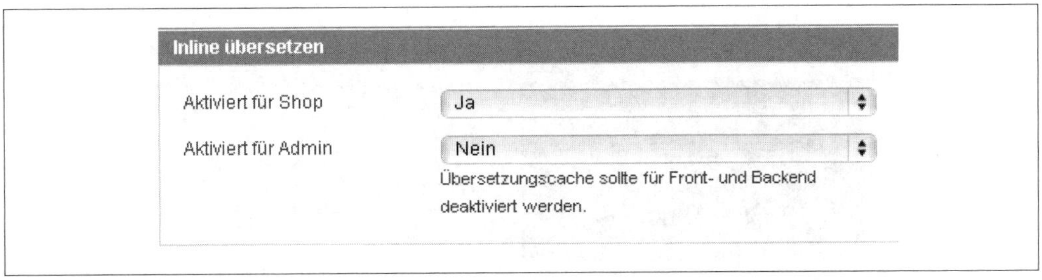

Inline übersetzen

Aktiviert für Shop	Ja
Aktiviert für Admin	Nein

Übersetzungscache sollte für Front- und Backend deaktiviert werden.

Abbildung 5-2: Aktivieren der Inline-Übersetzungen für das Frontend und/oder den Adminbereich

Hier können Sie entscheiden, ob Sie die Funktionalität für das Frontend und/oder den Adminbereich aktivieren möchten, indem Sie beide Drop-down-Menüs entsprechend auf *Ja* setzen. Um zu verhindern, dass sich möglicherweise Unbefugte an die Übersetzung Ihres Shops machen (oder andere Entwickleroptionen nutzen), wurde eine Abfrage der IP-Adresse eingebaut (Abbildung 5-3). Diese finden Sie unter dem Balken *Entwickler Clientbeschränkung*. Alle IP-Adressen, die dort kommasepariert eingetragen werden, können auf die Inline-Übersetzung zugreifen, alle anderen nicht. Lassen Sie dieses Feld leer, kann jeder die Funktion nutzen. Ihre eigene IP finden Sie übrigens auf *spielwiese.index23.de* – dort können Sie die Zahlenfolge einfach per Kopieren und Einfügen übernehmen.

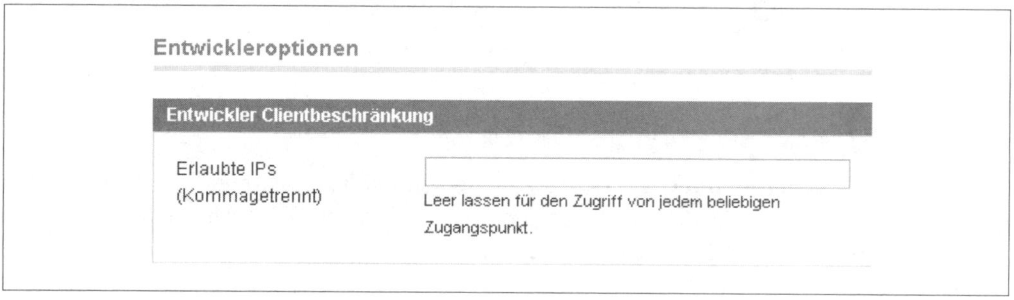

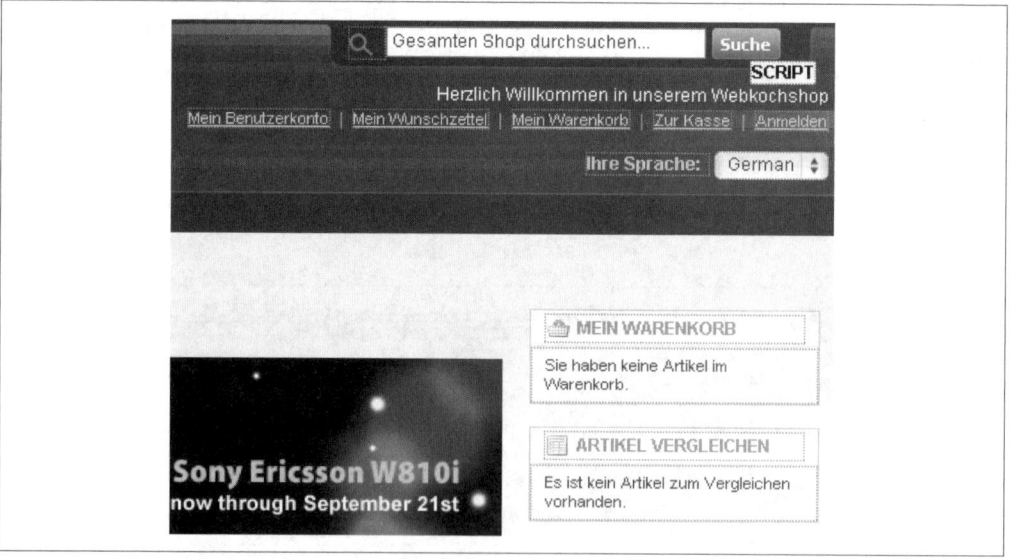

Abbildung 5-3: Nur Zugriffe von vorher festgelegten IP-Adressen werden zugelassen

Die Änderungen werden aktiv, wenn Sie sie per Schaltfläche *Konfiguration speichern* in der Datenbank ablegen. Wenn Sie nun das Frontend im Browser aktualisieren, werden Sie feststellen, dass alle übersetzbaren Textbausteine rot umrahmt sind (Abbildung 5-4).

Abbildung 5-4: Im Frontend werden die übersetzbaren Bereiche rot umrandet

Um nun konkret einen Textbaustein zu übersetzen, klicken Sie auf das kleine Buchsymbol direkt daneben. Es öffnet sich der Dialog, den Sie in Abbildung 5-5 sehen, in dem Sie eine eigene Übersetzung eintragen und diese dann abspeichern können.

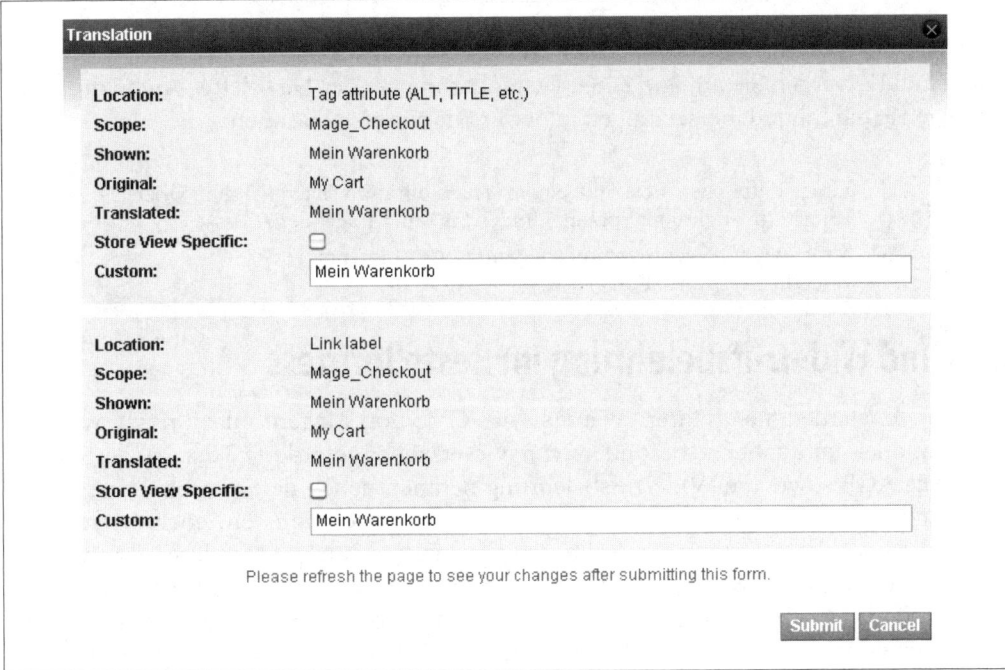

Abbildung 5-5: Eingabemöglichkeit für Ihre eigene Übersetzung

Nach einer erneuten Aktualisierung ist die Übersetzung im Shop aktiv und wird ab sofort anstelle der ursprünglichen verwendet.

 Möchten Sie den so geänderten Text später anders übersetzen, sind Sie auf die Verwendung der Inline-Übersetzung angewiesen. Die Übersetzungen werden in der Datenbank in der Tabelle *core_translate* abgelegt und fortan von dort geladen. Jede Übersetzung in den CSV-Dateien ist wirkungslos, da die Datenbank als letzter Schritt der Übersetzung immer die Hoheit haben wird. Das eigentliche Problem hierbei ist, dass Magento keine eingebaute Löschfunktion für solche Übersetzungen hat. Sie müssen den Eintrag aus der Tabelle also von Hand entfernen.

 Webkit-basierte Browser wie Safari und Chrome können auch in ihrer aktuellen Version das Inline-Übersetzungsfenster nicht öffnen. Ein immer noch bestehender Bug in der Programmierung lässt das Buchsymbol unentwegt verschwinden, sobald sich Ihr Mauszeiger dem Symbol nähert. Abhilfe: Verwenden Sie für die Inline-Übersetzung den Browser Firefox!

Für die Übersetzungen in Magento gibt es einen eigenen Cache-Bereich. Da Sie in Kapitel 4 den Cache für die Konfigurations- und Entwicklungsphase vorübergehend deaktiviert haben, kommt er aktuell nicht zum Einsatz. Wenn Sie später jedoch in den Live-Betrieb gehen, sollten Sie den Cache für eine optimale Performance wieder aktivieren.

Auf Seite 117 werden Sie anhand einer Textänderung bei der Newsletter-Anmeldung lernen, wie Sie die Inline-Übersetzungen in der Praxis einsetzen können.

Einen hilfreichen Post mit einem Videolink zum Thema Inline-Übersetzungen (in englischer Sprache) finden Sie unter folgender Adresse: http://www.magentocommerce.com/blog/comments/video-in-line-translations/

AGB und Widerrufsbelehrung im Bestellprozess

In Kapitel 7 werden Sie erfahren, wie man das CMS von Magento dazu nutzt, wichtige Informationen und dabei insbesondere vom Gesetzgeber geforderte Texte zu veröffentlichen. Die AGB sowie die Widerrufsbelehrung nehmen neben der Tatsache, dass sie für den Kunden des Webkochshops gut erreichbar verlinkt sein müssen, noch einen weiteren wichtigen Stellenwert ein: Sie sollten explizit in den Kaufprozess integriert werden. AGB werden nur dann Bestandteil des Vertrags, wenn der Kunde sie vor dem Abschluss der Bestellung zur Kenntnis nimmt, was sich am besten durch eine obligatorische Bestätigung nachweisen lässt. Ebenso sollte dem Kunden die Widerrufsbelehrung an einer entsprechenden Stelle im Bestellprozess angezeigt werden, da andernfalls die Widerrufsfrist nicht nach zwei Wochen endet und die Kunden auch nach langer Zeit noch widerrufen könnten.

Um diese notwendigen Angaben einzutragen, gehen Sie im Adminbereich zu *Verkäufe* → *Bestellbedingungen*. Dort sehen Sie als Erstes eine Liste aller obligatorischen Texte. Mit einem Klick auf *Neue Bedingung hinzufügen* öffnet sich eine entsprechende Eingabemaske (Abbildung 5-6).

Die folgenden Felder gilt es auszufüllen:

Bedingungsbezeichnung

Tragen Sie hier eine Bezeichnung ein, mit deren Hilfe Sie den Eintrag später auch wiederfinden. Im aktuellen Fall ist das der Text *agb*.

Status

Wie an vielen anderen Stellen in Magento steht Ihnen auch hier ein Schalter zur Verfügung, mit dem Sie diese Bedingung beliebig ein- und ausknipsen können. Setzen Sie hier das Drop-down-Menü auf *Aktiviert*.

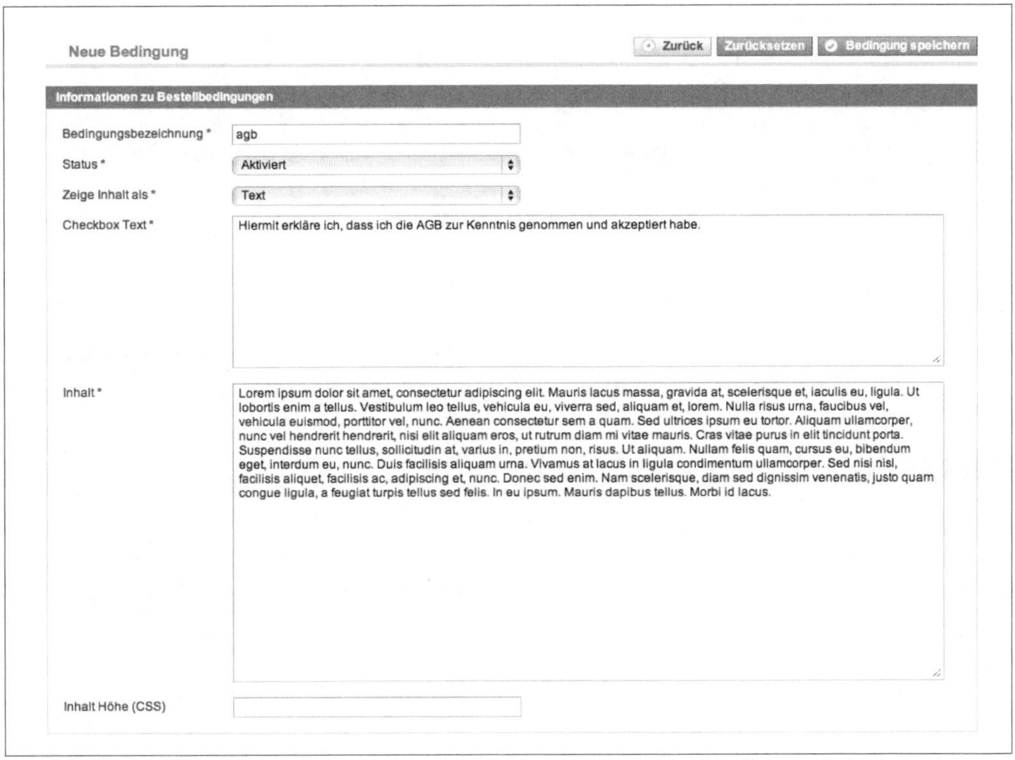

Abbildung 5-6: Anlegen einer neuen Bedingung

Zeige Inhalt als

Eine sehr sinnvolle Auswahlmöglichkeit steht Ihnen an dieser Stelle zur Verfügung. Je nachdem, in welcher Form Ihre AGB vorliegen, können Sie zwischen *Text* und *HTML* auswählen.

Checkbox Text

In dieses Eingabefeld tragen Sie die Information ein, die im Frontend neben dem anzuklickenden Kontrollkästchen erscheinen soll, hier ist das der Satz *Hiermit erkläre ich, dass ich die AGB zur Kenntnis genommen und akzeptiert habe.*

Inhalt

Hier hinein kopieren Sie den Inhalt, also den eigentlichen Text Ihrer AGB.

Inhalt Höhe (CSS)

Zu guter Letzt tragen Sie die Höhe in Pixeln für den Bereich ein, in dem der Inhalt mit dem Kontrollkästchen erscheint.

Nachdem Sie sämtliche Werte eingegeben haben, speichern Sie den Datensatz via *Bedingung speichern* oben rechts ab. Wenn nun jemand etwas in Ihrem Shop bestellt, erscheinen die AGB und müssen per Häkchen in das entsprechende Kontrollkästchen bestätigt werden (Abbildung 5-7), damit die Bestellung abgeschlossen werden kann.

Lorem ipsum dolor sit amet, consectetur adipiscing elit. Fusce dui. Etiam eros. Vestibulum vitae enim vitae eros vulputate imperdiet. Etiam quis lectus. Class aptent taciti sociosqu ad litora torquent per conubia nostra, per inceptos himenaeos. Aenean consequat. Fusce lacinia nulla eget ipsum. Donec felis ipsum, tempor non, mollis at, varius eu, lacus. Mauris est. Curabitur rutrum turpis nec neque. Quisque auctor nisi et mauris. Nunc velit tellus, tristique eu, facilisis at, adipiscing pretium, mi. Integer a nibh. Nunc justo ipsum, aliquam a, blandit a, interdum vitae, sapien. Lorem ipsum dolor sit amet, consectetur adipiscing elit. Sed lobortis est ut nulla.

☑ Hiermit erkläre ich, dass ich die AGB zur Kenntnis genommen und akzeptiert habe.

Abbildung 5-7: Die AGB müssen vor der Bestellung bestätigt werden

Legen Sie analog dazu einen Eintrag für die Widerrufsbelehrung an, die dem Kunden gemäß Gesetzgeber vor Vertragsschluss zugänglich gemacht werden muss.

Erforderliche Preisangaben integrieren

Spätestens dann, wenn ein Kunde einen Artikel auf irgendeiner Seite des Webkochshops in den Warenkorb legen kann, muss er vom System genau darüber informiert werden, welcher Endpreis von ihm zu zahlen ist. Entspricht die Preisangabe nicht den gesetzlichen Anforderungen, ist dies eine Ordnungswidrigkeit und kann mit Geldbußen geahndet werden. Außerdem verstößt ein Shopbetreiber damit unter Umständen auch gegen das Gesetz gegen den unlauteren Wettbewerb, was kostspielige Abmahnungen zur Folge haben kann.

Mehrwertsteuer und Versandkosten

Bei einem Shop, der sich an Endverbraucher richtet, ist es unzulässig, dort nur den Nettopreis mit dem Hinweis »zzgl. MwSt.« zu hinterlegen. Preise müssen als Bruttopreise angegeben werden, und der jeweilige Hinweis *inkl. MwSt. 19%* sollte nahe am Preis angebracht werden. Ebenso ist eine Angabe über die enthaltenen oder nicht enthaltenen Versandkosten obligatorisch. Es reicht dabei nach allgemeiner Auffassung ein Link auf eine Übersichtsseite, in der sie aufgelistet werden. Diese Lösung trägt der Tatsache Rechnung, dass ja Versandkosten auf Basis des Warenkorbs berechnet werden, in der Artikeldetailansicht beispielsweise aber noch nicht bekannt sind.

Die Konfiguration der Steuern haben Sie bereits in Kapitel 4 kennengelernt. An dieser Stelle zeigen wir Ihnen, wie Sie das *Default*-Theme so anpassen, dass diese Angabe auch an der richtigen Stelle erscheint.

 Das direkte Bearbeiten der Base/Default-Theme-Dateien ist nicht der bestmögliche Weg, um diese Änderungen durchzuführen, da sie bei einem Update überschrieben werden. Wie Sie ein eigenes Theme anlegen und die Änderungen dort vornehmen können, erfahren Sie in Kapitel 10.

Bearbeiten Sie die folgende Datei auf Ihrem Server:

/app/design/frontend/base/default/template/catalog/product/price.phtml

Suchen Sie dort die Zeile 201:

```
<?php echo $_coreHelper->currency($_price,true,true) ?>
```

Ergänzen Sie sie nun in der folgenden Weise:

```
<?php echo $_coreHelper->currency($_price, true, true) ?>
<?php echo $this->__("inkl. %d%% MwSt.<br />zzgl. ", $_product->getTaxPercent()); ?>
<?php echo '<a href="'.$this->getUrl('linkzuden/versandkosten').'">'
.$this->__('Versandkosten').'</a>'; ?>
```

Legen Sie die geänderte Datei wieder zurück an die Ursprungsstelle und aktualisieren Sie Ihren Browser. Wie Sie sehen, wird jetzt überall dort, wo der Preis im Webkochshop angezeigt wird – also beispielsweise in der Kategorieübersicht oder der Artikeldetailansicht –, der entsprechende Mehrwertsteuer- und Versandkostenhinweis angezeigt (Abbildung 5-8). (Der Link zur Informationsseite für die Versandkosten heißt in unserem Beispiel noch *linkzuden/versandkosten*, dieser sollte natürlich später durch einen Link ersetzt werden, der auf die von Ihnen in Kapitel 7 erstellte CMS-Seite verweist.)

Abbildung 5-8: Anzeige der Mehrwertsteuer und des Links zur Versandkosten-Informationsseite

Mehrere Dinge sind in diesem Zusammenhang noch einmal wichtig: Zum einen haben Sie hier gerade eine Änderung an einer Datei des Base/Default-Templates (*price.phtml*) vorgenommen. Dies ist zu Demonstrationszwecken in Ordnung, birgt aber den Nachteil, dass bei einem Programm-Update diese Änderung überschrieben wird. Ebenso gilt der Steuerhinweis nun für alle Geltungsbereiche Ihrer Magento-Installation, denen kein eigenes Theme zugewiesen wurde. Der richtige Weg wäre hier also, ein neues Theme mit eigenem Namen zu erstellen und dort die Änderung der *price.phtml* zu hinterlegen. (Wie man ein neues Theme in Magento erstellt, zeigen wir Ihnen in Kapitel 10, *Von Templates, Themes, Paketen & Co.*). Dieses Theme sollte dann exklusiv mit dem deutschen Store-View verknüpft werden, sodass in einem Multishop-Projekt (siehe Kapitel 9) in einer anderen Sprachversion dieser Hinweis nicht angezeigt wird.

Grundpreis

In der »Verordnung zur Änderung der Preisangaben- und der Fertigpackungsverordnung (PAngV)« ist seit dem Jahr 2000 festgelegt, dass alle in Verpackungen verkauften Artikel, die sich durch Gewichts- oder Volumenangaben definieren lassen, mit dem jeweiligen Grundpreis gekennzeichnet werden müssen. Möchten Sie also beispielsweise eine 150-gr-Packung Kuchenglasur verkaufen, sind Sie als Shopbetreiber angehalten, auch einen 100-g- oder einen Kilopreis für diese Schokolade zu veröffentlichen. Gleiches gilt für Getränke in verschiedenen Gebindegrößen, bei denen Sie jeweils den Preis pro Liter im Shop angeben müssen. Von Haus aus ist diese Funktionalität in Magento nicht vorhanden und musste bisher mit einem extra angelegten Attribut angelegt, händisch ausgerechnet und schließlich angezeigt werden.

Es gibt jedoch in Magento Connect eine freie Erweiterung, mit deren Hilfe Sie den Grundpreis automatisch darstellen können. Diese Erweiterung stellen wir Ihnen – neben anderen – im Detail in Kapitel 18 vor.

Besonderheiten bei der Newsletter-Anmeldung

Viele deutsche Gerichte sind mittlerweile gut damit beschäftigt, Fälle unerwünschter E-Mails (Spam) zu verhandeln. Verschickt jemand Massenrundschreiben via E-Mail ohne die explizite Einwilligung der jeweiligen Empfänger, kann der Versender hierfür abgemahnt werden.

Um sich in Magento für einen Newsletter anzumelden, muss der Interessent in der Standardinstallation des Systems lediglich seine E-Mail-Adresse eintragen und auf *Abonnieren* klicken (Abbildung 5-9).

Abbildung 5-9: Abonnieren eines Newsletters

Das entspricht in dieser Form leider nicht den rechtlichen Vorschriften für den deutschen Markt. Die Regelung besagt, dass der Kunde beim Abonnieren des Newsletters neben der bewussten Entscheidung für das Bestellen des Newsletters (das sogenannte Double-Opt-In) explizit über sein Widerrufsrecht mit Wirkung für die Zukunft informiert werden muss, d. h., er muss erfahren, dass (und am besten wie) er den Erhalt des Newsletters jederzeit stoppen kann. Zu diesem Zweck werden Sie den angezeigten Text so modifizieren, dass er den Kunden über sein Widerrufsrecht informiert. (Eine weitergehende Anpassung der Newsletter-Anmeldung ist leider nur über eine erweiterte Programmierung realisierbar und kann nicht durch Änderungen am Template allein gelöst werden.)

Aktivieren Sie also zunächst die Inline-Übersetzungen über *System → Konfiguration → Entwickleroptionen* im Abschnitt *Inline übersetzen*, so wie bereits weiter oben beschrieben. Wechseln Sie anschließend im Frontend des Webkochshops in die Kategorie *Töpfe*, sodass die Anmeldebox für den Newsletter eingeblendet wird. Fahren Sie mit dem Mauszeiger über den Text *Abonnieren Sie unseren Newsletter*, bis ein Buchsymbol erscheint, auf das Sie nun klicken. In dem sich öffnenden Eingabefenster tragen Sie in das Feld *Custom* den folgenden Text ein: *Abonnieren Sie unseren Newsletter. (Diesen können Sie jederzeit über einen im Newsletter enthaltenen Link wieder abbestellen.)* Wenn Sie nun auf *Submit* klicken und die Seite aktualisieren, wird der modifizierte Text angezeigt (Abbildung 5-10).

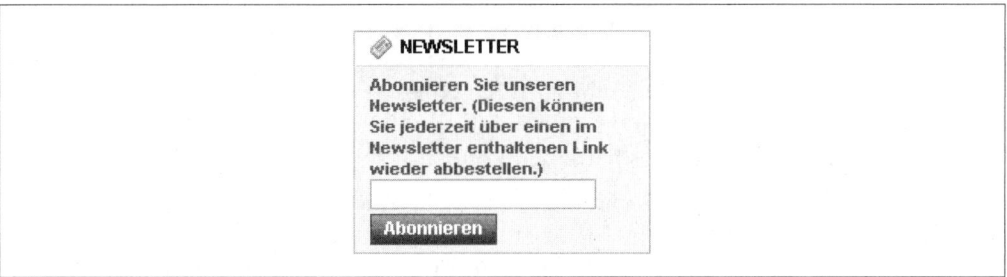

Abbildung 5-10: Die modifizierte Newsletter-Anmeldung

 Vergessen Sie nicht, die Inline-Übersetzungen nach getaner Arbeit wieder zu deaktivieren. Kundenbeteiligung ist ja gut und schön, aber Sie werden sicher ruhiger schlafen, wenn nicht jeder einfach die Texte des Webkochshops übersetzen kann.

Der Kunde wird ab sofort darüber informiert, dass und wie er den abonnierten Newsletter wieder abbestellen kann. In Kapitel 11 werden wir das Thema Newsletter noch eingehender beleuchten und dann auch erläutern, wie sich der Abbestellen-Link in die Newsletter-Vorlage integrieren lässt.

Für professionelle Newsletter-Aussendungen empfehlen wir Ihnen aber, die Leistungen professioneller Newsletter-Versender in Anspruch zu nehmen. Die Fallstricke und auch die möglichen Folgen sind zu umfangreich, als dass man hier ausführlicher darauf eingehen könnte. Mögliche Anbieter in diesem Bereich sind CleverReach, ein deutsches Unternehmen, das sehr mächtige Softwarefunktionen anbietet, sowie MailChimp aus den USA mit ebenfalls sehr umfangreichen Funktionsangeboten. Für beide Anbieter existieren kostenlose Magento-Erweiterungen.

 Wenn Sie sich dafür entscheiden, Ihre Newsletter mit Magento zu versenden, bedenken Sie folgende zwei Probleme: Zum einen wird Ihr Server mit der Aussendung der Newsletter beschäftigt sein, anstatt die Shop-Website an Ihre Kunden auszuliefern. Die Leistung Ihres System leidet also darunter. Zudem kann es Ihnen passieren, dass Ihr Server auf einer schwarzen Liste für Spam-Sender landet. Nahezu alle Mailanbieter verwenden diese Listen, um Nachrichten bereits im Vorfeld abzuweisen, die von einem Server kommen, der auf dieser Liste steht. Das wäre nicht so schlimm, würde Ihr Server nicht auch die Bestellbestätigungen und Rechnungen verschicken. Von einer solchen Liste gestrichen zu werden, kann im schlimmsten Fall mehrere Monate dauern.

E-Mail-Templates anpassen

Magento verschickt fleißig E-Mails. Jede Statusänderung kann mit einer automatisch generierten E-Mail quittiert werden. Außerdem meldet sich das System immer dann per elektronischer Nachricht, wenn eine Bestellung oder Registrierung eingegangen ist. Glücklicherweise haben Sie auf jede dieser E-Mails mithilfe von Vorlagen Zugriff und können genau kontrollieren, was in den E-Mails erscheinen soll. Neben den Texten, die in Ihrem Shop erscheinen, also den Kategorietexten und Artikelbeschreibungen, sind die E-Mail-Texte quasi Ihr direkter Draht zu Ihren Kunden. Einige Rechtschreibfehler hier, eine flapsige Bemerkung dort, und schon ist der Kunde von Ihrem Onlineangebot nicht mehr ganz so begeistert, wie er es hätte sein können.

Nach der Bestellung sollte der Kunde beispielsweise eine automatisch generierte E-Mail erhalten, in der der Bestelleingang bestätigt wird. Auch diese E-Mail muss einigen rechtlichen Anforderungen genügen. Beispielsweise muss eine Anbieterkennzeichnung vorhanden sein. Ebenso sollten korrekte Artikelbeschreibungen und Preise sowie die kompletten AGB und die Widerrufsbelehrung nach Vertragsschluss dort enthalten sein. In diesem Abschnitt bearbeiten Sie zwei E-Mail-Templates für den Webkochshop, mit denen Sie Ihre Kunden individuell ansprechen und dazu Ihre eigenen Formulierungen einfügen können. Um auch hier der aktuellen Rechtsprechung Genüge zu leisten, werden Sie ebenfalls die Widerrufsbelehrung und die AGB in das Template integrieren

Alle E-Mail-Templates befinden sich im jeweiligen *locale*-Verzeichnis auf Ihrem Magento-Server. Für die deutsche Lokalisierung, die Sie in Kapitel 2 installiert haben und auf deren Basis Sie den Webkochshop aufbauen, ist dies also das folgende Verzeichnis:

/app/locale/de_DE/template/email/

Analog dazu liegen die Templates für die amerikanische Lokalisierung beispielsweise in folgendem Verzeichnis:

/app/locale/EN_US/template/email/

In allen Lokalisierungen sind hier diverse HTML-Dateien abgelegt, die die Formatierung der verschiedenen E-Mails bestimmen. Alle E-Mails, die mit dem Verkauf zu tun haben, sind noch einmal in einem eigenen Unterordner zusammengefasst:

/app/locale/de_DE/template/email/sales/

Im folgenden Abschnitt sehen Sie anhand der beiden Bestellbestätigungen, wie Sie im Adminbereich die Standard-E-Mail-Templates überladen und ein E-Mail-Template an Ihre eigenen Bedürfnisse anpassen können.

Transaktions-E-Mails im Adminbereich bearbeiten

Sie wissen nun, wo die E-Mail-Templates auf dem Server liegen. Diese bilden sozusagen den Standard und werden verschickt, wenn Sie nichts Weiteres veranlassen. Aber genau das tun Sie jetzt: Willkommen bei der Bearbeitung der Transaktions-E-Mails!

Unter *System → Transaktions-E-Mails* lassen sich allen Aktionen, in denen Magento E-Mails verschickt, E-Mail-Vorlagen zuweisen, die in diesem Fall verwendet werden. In der Standardeinstellung sind dort keine Zuweisungen vorhanden, d. h., alle E-Mails werden über die auf dem Server liegenden Vorlagen generiert.

Um die E-Mail-Vorlagen zu bearbeiten, öffnen Sie die folgenden beiden Dateien mit einem Codeeditor Ihrer Wahl. Die erste wird vom System verschickt, wenn ein Kunde bei der Bestellung gleichzeitig ein Kundenkonto anlegt, die zweite Vorlage kommt bei einer Gastbestellung zum Einsatz.

/app/locale/de_DE/template/email/sales/order_new.html

/app/locale/de_DE/template/email/sales/order_new_guest.html

Legen Sie nun bei den Transaktions-E-Mails im Adminbereich über die Schaltfläche *Neue Vorlage* eine neue E-Mail-Vorlage an. Dazu laden Sie zunächst die jeweilige Standardvorlage (Abbildung 5-11).

Abbildung 5-11: Die Standardvorlage wird geladen

Im ersten Drop-down-Menü *Vorlage* suchen Sie sich jetzt die Standardvorlage aus, die Sie überschreiben möchten; in unserem Fall ist das *Neue Bestellung*. Bei *Lokalisierung* übernehmen Sie die Standardeinstellung *Deutsch (Deutschland)* und klicken anschließend auf *Vorlage laden*. Nach einem kurzen Augenblick werden die Daten der gewählten Vorlage in den unteren Teil des Inhaltsbereichs geladen (Abbildung 5-12).

Geben Sie der neuen Vorlage mittels des Eingabefelds *Vorlagenname* einen neuen Namen, z. B. *Bestellung-neu*; alle anderen Felder sind bereits mit den Daten gefüllt, die

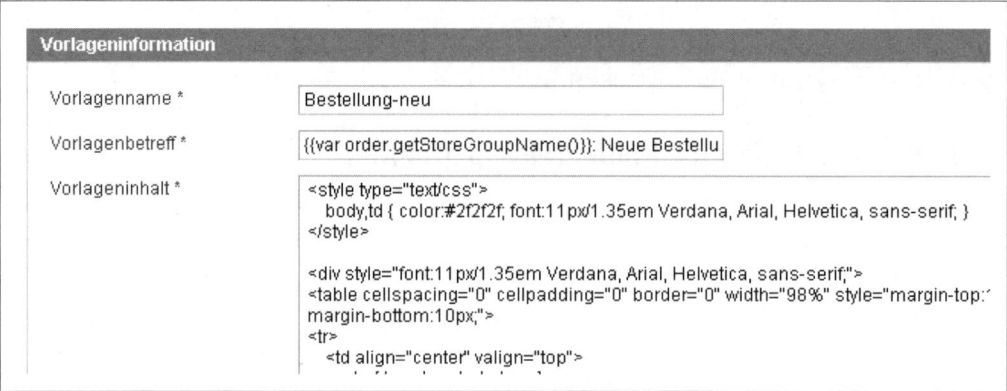

Abbildung 5-12: Die Standardvorlage kann nun bearbeitet werden

die oben erwähnten HTML-Dateien enthalten. Würden Sie die Vorlage an dieser Stelle speichern, hätten Sie eine Eins-zu-eins-Kopie der Vorlage erstellt, im Ergebnis würde sich also nichts ändern. Sie sind aber angetreten, die E-Mail-Vorlage anzupassen, nicht wahr?

Schauen Sie sich nun den Code im Textfeld *Vorlageninhalt* an. Es handelt sich dabei um eine HTML-Struktur, mit der der Inhalt der E-Mail formatiert wird. Ungefähr ab Zeile 20 finden Sie folgenden Absatz:

```
<p>
<strong>Hallo {{var order.getCustomerName()}}</strong>,<br/>
Vielen Dank für Ihre Bestellung bei {{var order.getStoreGroupName()}}. Sobald Ihre
Sendung verschickt wurde, erhalten Sie per E-
Mail weitere Informationen zur Sendungsverfolgung. Sie können den aktuellen Status Ihrer
Bestellung jederzeit <a href=
"{{store url="customer/account/"}}" style="color:#1E7EC8;">in Ihrem Kundenbereich</a>
einsehen. Sollten Sie Fragen zu Ihrem Kundenkonto oder Ihrer Bestellung haben, senden Sie
 uns eine E-Mail an <a href="mailto:dummyemail@magentocommerce.com" style="color:
#1E7EC8;"> dummyemail@magentocommerce.com</a> oder rufen uns von Montag bis Freitag von
8.00 bis 17.00 Uhr unter <span class="nobr">(0800) DEMO-STORE</span> an.
</p>
```

In diesem Codeschnipsel finden Sie statischen HTML-Text, den Sie in der Folge bearbeiten werden, und einige Magento-Variablen, die Sie einfach so übernehmen, wie beispielsweise {{var order.getCustomerName()}} für den Vor- und Nachnamen des Kunden oder {{store url="customer/account/"}} für den Link zum Kundenbereich. Ändern Sie den Text wie gewünscht und geben Sie beispielsweise Ihre eigene E-Mail-Adresse und Telefonnummer an. Das Ergebnis könnte dann so aussehen:

```
Sollten Sie Fragen zu Ihrem Kundenkonto oder Ihrer Bestellung haben, senden Sie uns eine
E-Mail an <a href="mailto:info@webkochshop.de" style="color:#1E7EC8;">info@webkochshop.de
</a> oder rufen uns von Montag bis Freitag von 8.00 bis 17.00 Uhr unter <span class=
"nobr">(01805) 123 456</span> an.
```

Haben Sie diese Änderungen durchgeführt, springen Sie ganz bis ans Ende des Codeblocks und fügen dort den HTML-Code für Ihre AGB, Ihre Widerrufsbelehrung und Ihre Anbieterkennzeichnung ein. Ist das erledigt, haben Sie über den Button *Vorlagenvor-*

schau die Möglichkeit, die Vorlage so zu sehen, wie sie auch im E-Mail-Programm des Empfängers angezeigt wird. Sind Sie mit dem Ergebnis zufrieden, speichern Sie dieses Template über *Vorlage speichern* oben rechts. Verfahren Sie anschließend mit der Standardvorlage *Neue Bestellung für Gäste* in der gleichen Weise, sodass sowohl registrierte Kunden als auch Gäste die modifizierten E-Mails erhalten.

Dieses Kapitel hat sich damit beschäftigt, Magento so zu konfigurieren, dass der Webkochshop in seiner deutschsprachigen Version an die hiesigen Verhältnisse angepasst wird. In diesem Zusammenhang haben Sie beispielsweise die Preisangaben und die Newsletter-Anmeldung modifiziert. Außerdem haben Sie gesehen, wie Sie E-Mail-Templates im Bereich *Transaktions-E-Mails* so anpassen, dass sie genau die Informationen enthalten, die Sie den Kochfans dieser Welt auch übermitteln möchten.

Mit dem guten Gefühl, Töpfe, Pfannen & Co. jetzt so richtig verkaufen zu können, erfahren Sie im nächsten Kapitel, wie Kategorien, Attribute und Artikel im Adminbereich angelegt werden.

Den Artikelkatalog aufbauen

Nachdem Sie in den vorangegangenen Kapiteln Ihre Magento-Installation so konfiguriert haben, dass darüber auf professionelle Weise Kochartikel vertrieben werden können, wird es höchste Zeit, diese Artikel auch in der Datenbank zu speichern. In diesem Kapitel erfahren Sie alles Wichtige, um Ihre Artikel strukturiert im »Webkochshop« anbieten zu können. Wir beginnen damit, das Fundament für die neue Website zu legen.

Dazu werden Sie zunächst einen Kategoriebaum erstellen, der Ihren Kunden dabei helfen soll, sich in Ihrem Angebot zurechtzufinden und jederzeit den Überblick zu behalten. Sie erfahren hier, was eine Root- und was eine Unterkategorie ist bzw. wie man einzelne Kategorien ineinander verschachtelt. Ebenso wird an einem Beispiel gezeigt, wie Sie die Anzeige einer Kategorie beeinflussen und beispielsweise ein Kategoriebild oder einen passenden Text einbinden.

Als Nächstes stellen wir Ihnen Magentos Artikelattribute und damit die kleinsten Bausteine sämtlicher Artikel vor, die Sie in der Software hinterlegen können. Vom Artikelnamen über die Artikelbeschreibung bis hin zu Artikelbildern: Durch alle diese verschiedenen Eigenschaften werden einzelne Artikel beschrieben – bzw. zusammengesteckt –, wobei es hier obligatorische (System-) und beliebige andere (Zusatz-)Attribute gibt. Um gerade bei größeren Shopprojekten mit vielen unterschiedlichen Attributen den Überblick nicht zu verlieren, sind in Magento die sogenannten Attributsets vorgesehen, mit denen sich ähnliche Attribute zusammenfassen und effektiv Artikelgruppen bilden lassen. An einigen Beispielen lernen Sie, wie Sie Attribute und Attributsets erstellen und damit zusammen mit den Kategorien die Grundlagen für Ihren Katalog schaffen.

Last, but not least stellen wir Ihnen die sechs verschiedenen Artikeltypen in Magento vor, mit deren Hilfe jeder erdenkliche Artikel in Magento abgebildet werden kann. Jeder Artikeltyp erfüllt dabei eine andere Aufgabe. Es gibt beispielsweise Artikeltypen, mit denen sich perfekt Sets aus mehreren Artikeln zusammenstellen lassen; andere sind ideal dazu geeignet, Artikel mit vielen Optionen – beispielsweise Farben oder Größen – anzubieten. Nachdem Sie mit dem Aufbau des Kategoriebaums und einiger Attributsets alle vorbereitenden Maßnahmen getroffen haben, werden Sie für jeden Artikeltyp ein Beispielartikel für den Webkochshop anlegen.

Magento bietet sehr viele Möglichkeiten, einen Katalog zu organisieren. Je besser Sie über das Zusammenspiel von Kategorien, Attributen und Artikeltypen Bescheid wissen, desto effizienter lässt sich die Software für den Verkauf Ihrer Artikel nutzen.

Kategorien anlegen

Kategorien sind so etwas wie der Wegweiser durch Ihr Artikelangebot. Vor allem bei größeren Shops mit Zehntausenden von Artikeln ist es unerlässlich, die Artikel mithilfe sinnvoller Kategorien zu unterteilen. Magento bietet eine Vielzahl von Möglichkeiten, wie Sie Ihren Katalog einfach strukturieren können. Außerdem finden Sie in der Kategorieverwaltung auch die Grundlage für das parallele Betreiben mehrerer Shops, wie Sie in Kapitel 9 zum Thema Multishops noch erfahren werden.

Magentos Kategorieverwaltung

Im Adminbereich finden Sie die Kategorieverwaltung unter *Katalog → Kategorien verwalten* (Abbildung 6-1).

Je nachdem, ob Sie gerade eine Magento-Installation mit oder ohne Testdaten (*Sample Data*) verwenden, kann die Reihenfolge der einzelnen Eingabefelder von der hier im Buch gezeigten abweichen. Die Unterschiede sind jedoch nicht dramatisch, und wir sind sicher, dass Sie die richtigen Einstellungen auch finden werden.

Die Kategorieverwaltung ist vereinfacht gesagt in zwei Bereiche unterteilt. Zum einen finden Sie in der linken Spalte den Kategoriebaum, der beliebig verschachtelt werden kann. Außerdem sehen Sie im Hauptbereich mehrere Eingabefelder, die mittels der horizontal angeordneten Registerkarten *Allgemeine Information*, *Anzeigeeinstellungen*, *Eigene Gestaltung* und *Kategorie Artikel* gruppiert sind. Betrachten Sie zunächst jedoch einmal nur die linke Spalte.

Von oben nach unten sehen Sie zuerst zwei Schaltflächen, *Root-Kategorie hinzufügen* und *Unterkategorie hinzufügen*, die, wie Sie gleich sehen werden, glücklicherweise auch genau das tun, was darauf steht. Darunter erkennen Sie das Drop-down-Menü für den aktuellen Geltungsbereich. Aktivieren Sie hier den Eintrag *Alle StoreViews*, um die folgenden Angaben global für alle StoreViews Ihrer Magento-Installation durchzuführen. In Kapitel 9, in dem Sie erfahren, wie Sie Artikel ebenfalls auf dem englischen Markt verkaufen können, werden Sie hier auch StoreView-spezifische Werte eintragen.

Unter dem Drop-down-Menü wurden zwei Links integriert, mit denen Sie den Kategoriebaum ein- oder ausklappen können. Dieser Kategoriebaum hat anfangs seinen Namen eigentlich nicht verdient, sieht er doch bei einer Neuinstallation von Magento ohne Beispieldaten (*Sample Data*) recht mager aus. Hier ist mit *Default Category*, manchmal auch *Root Catalog* genannt, gerade mal eine Kategorie vorhanden, die genau genommen in Ihrem Shop noch nicht einmal sichtbar ist.

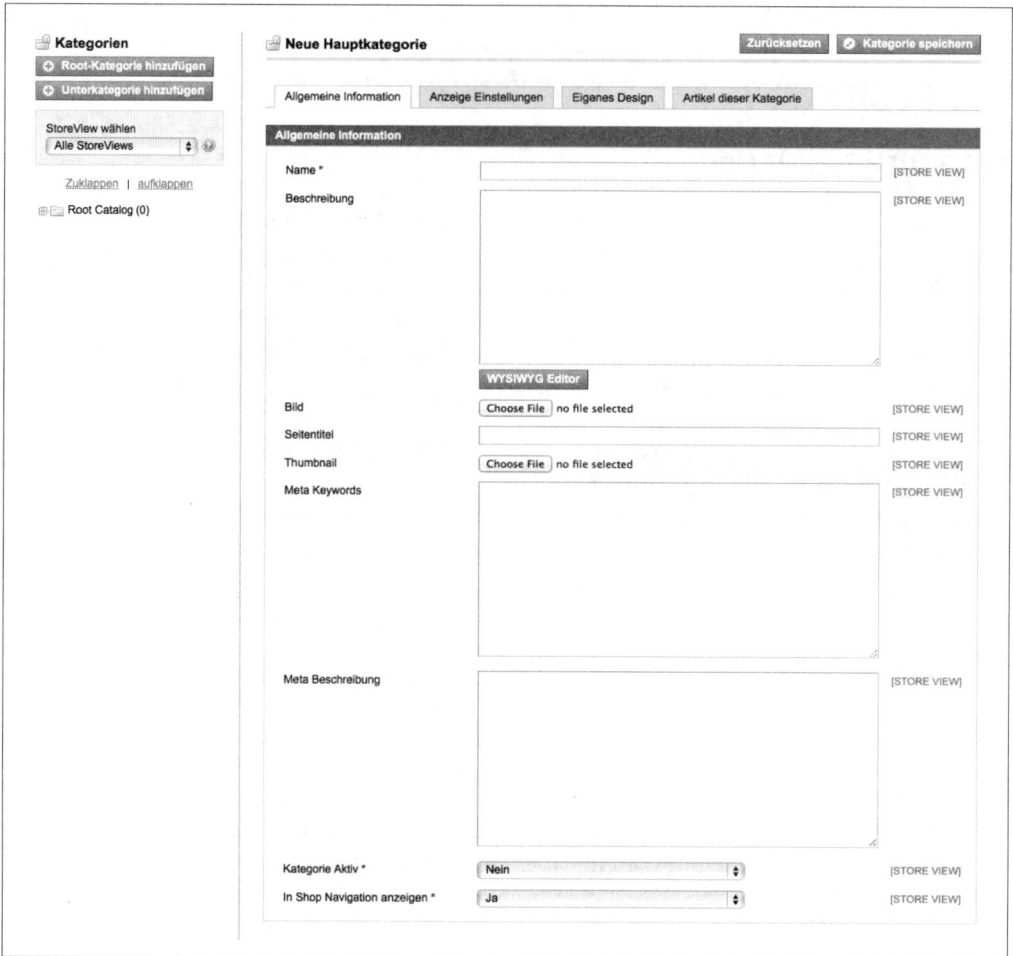

Abbildung 6-1: Magentos Kategorieverwaltung

Die Root-Kategorie(n)

Eine Magento-Installation hat im Prinzip beliebig viele Kategoriebäume, wobei jeder dieser Bäume in einer Wurzel (also einer Root) seinen Ursprung hat. Aus diesem Grund heißen die Kategorien, auf die alle weiteren (Artikel-)Kategorien verweisen bzw. von denen alle anderen Kategorien ausgehen, Root-Kategorien. Jeder Store bezieht sich in Magento auf eine Root-Kategorie, oder, anders formuliert, eine Root-Kategorie stellt die höchste Hierarchieebene dar, alle weiteren Kategorien sind dieser untergeordnet.

Man könnte auch sagen: Kategorien, die keine übergeordnete Kategorie mehr besitzen, sind Root-Kategorien und dienen nicht der Einteilung von Artikeln, sondern der Abgrenzung verschiedener Kategoriebäume einzelner Websites innerhalb der Magento-Instanz.

Um diesen abstrakten Überlegungen Taten folgen zu lassen, legen Sie im folgenden Abschnitt verschiedene Kategorien für den Webkochshop an.

Einen Kategoriebaum aufbauen

Klicken Sie einmal auf *Default Category*, sodass diese aktiviert und damit auch rötlich hinterlegt ist. (Der Name dieser Kategorie ist in diesem Zusammenhang nur von geringer Bedeutung, da sie lediglich den Start- oder Ausgangspunkt für einen Store in Magento darstellt und im Frontend selbst nicht sichtbar wird.) Anschließend erstellen Sie eine neue Unterkategorie, indem Sie auf die gleichnamige Schaltfläche links oben klicken. Im rechten Inhaltsbereich auf der Registerkarte *Allgemeine Information* geben Sie dann folgende Werte ein:

Name
> Hier wird der Name für die Kategorie vergeben. Tragen Sie das Wort *Kochzubehör* ein. Dieser Wert ist obligatorisch.

Kategorie aktiv
> An dieser Stelle haben Sie die Möglichkeit, wie mit einem Schalter die Kategorie an- oder auszuschalten, indem Sie aus dem Drop-down-Menü entweder den Wert *Ja* oder *Nein* auswählen. Diese Funktion ist für den Fall gedacht, dass Sie möglicherweise bei laufendem Betrieb des Shops eine neue Kategorie anlegen und Artikel hinzufügen möchten, um dann auf einen Schlag alles per Mausklick veröffentlichen zu können. Da wir unsere neue Kategorie aber sofort sehen können möchten, stellen Sie hier den Wert *Ja* ein.

URL Bezeichner
> Sie werden später beim Anlegen der Artikel sehen, dass die URLs, also die Zeichenketten in der Adressleiste Ihres Browsers, von Magento so umgeschrieben werden, dass sie unter anderem für Suchmaschinen einfacher lesbar sind. (Dies gilt auch für Umlaute: Ein *ü* wird beispielsweise in *u* umgeschrieben, aus einem *ß* wird ein *ss*.) An dieser Stelle geschieht das Gleiche für die Kategorienamen. Weil aber das System beim Speichern diese URL glücklicherweise automatisch generiert, brauchen Sie sich nicht darum zu kümmern und können das Feld getrost leer lassen.

Thumbnail
> Abhängig von Ihrem verwendeten Theme kann es möglich sein, dass Kategorien mit einem kleinen Vorschaubild versehen sind. Die Standard-Magento-Themes unterstützen dies nicht, aber wie Sie wissen, ist Magento hochgradig flexibel, und so möchte man Ihnen die Möglichkeit zumindest offen lassen.

Beschreibung
> Möchten Sie für Ihre neue Kategorie *Kochzubehör* einen kurzen Informationstext hinterlegen, können Sie diesen hier eintragen. Dieser Text wird in der Kategorieansicht über der Artikelliste angezeigt.

Bild

Analog zum Kategorietext haben Sie bei Magento auch die Möglichkeit, für jede Kategorie ein aussagekräftiges Bild auf den Server zu laden, das oberhalb des Beschreibungstexts angezeigt wird. Klicken Sie dazu auf den Button *Datei auswählen* und suchen Sie das gewünschte Bild auf Ihrer Festplatte.

Seitentitel

Eine Kategorieseite ist wie alle anderen von Magento dynamisch generierten Inhalte ein HTML-Dokument, für das ein Titel vergeben werden sollte – schon allein in seiner Rolle als »Suchmaschinenfutter«. Tragen Sie in das Feld ein paar beschreibende Worte zur aktuellen Kategorie ein, beispielsweise *Hochwertiges Kochzubehör in unserem Webkochshop online bestellen.*

Meta Keywords

Ein weiterer Bestandteil des Kopfs eines HTML-Dokuments sind die sogenannten Metainformationen, die im Browser selbst nicht angezeigt, von Suchmaschinen aber gelesen werden. An dieser Stelle können Sie vier bis sieben Begriffe eingeben, die Ihre Kategorie noch zusätzlich beschreiben. Für unser Beispiel können Sie diese Information getrost vernachlässigen.

Meta Beschreibung

Analog zu den *Meta Keywords* haben Sie in diesem Eingabefeld die Möglichkeit, eine Beschreibung der Kategorie einzugeben, die ebenfalls von Suchmaschinen gelesen werden kann. Auch hier können Sie die Eingabe dieser Informationen für unser Beispiel ignorieren.

In Shop-Navigation anzeigen

Mithilfe dieser Einstellung legen Sie fest, ob der Kategoriename in der Navigation angezeigt wird. Möchten Sie beispielsweise im Laufe Ihres Shoplebens einige versteckte Kategorien anlegen, ist dies die Schraube, an der Sie drehen müssen. Für das aktuelle Beispiel setzen Sie das Drop-down-Menü jedoch auf *Ja.*

Weiter geht's auf der nächsten Registerkarte namens *Anzeige-Einstellungen*:

Anzeige-Modus

Legen Sie hier fest, was Ihre Kunden sehen, wenn sie *Kochzubehör* im Shop anklicken: *Nur Artikel*, *Nur statischen Block* oder *Statischer Block und Artikel*. Da wir die Verwendung der statischen Blöcke erst in Kapitel 7 besprechen und Ihnen dann in diesem Zusammenhang auch deren Verwendung in der Kategorieverwaltung erläutern werden, wählen Sie jetzt erst mal die Option *Nur Artikel* aus.

CMS Block

Wenn Sie einen statischen Block in die Kategoriedarstellung aufnehmen möchten, wählen Sie aus dem Drop-down-Menü den passenden Eintrag aus. Dieses Menü können Sie unverändert lassen, da wir in unserem Beispiel auf einen statischen Block verzichten.

Als Anker für Filter-Navigation

Bei einer Kategorie können Sie festlegen, ob in dieser auch die sogenannte Filternavigation erscheinen soll. (Über die Filternavigation haben Sie bereits etwas auf Seite 35 gelesen.) Lassen Sie diese Einstellung der Einfachheit halber auf *Ja*.

Verfügbares Artikel-Listing sortiert nach

Legen Sie hier fest, welche Sortiermöglichkeiten dem Kunden für die Artikelliste dieser Kategorie angeboten werden sollen. Hier können Sie zwischen *Position*, *Name* und *Preis* wählen oder einfach ein Häkchen neben *Verwende alle verfügbaren Attribute* setzen, sodass nach allen möglichen Attributen sortiert werden kann. Später erfahren Sie, wie Sie selbst Attribute für eigene Artikel anlegen können. Neue Attribute können auch für die Sortierung von Artikellisten herangezogen werden. Diese erscheinen dann ebenfalls in diesem Mehrfachauswahlfeld.

Standard Artikel-Listing sortiert nach

Wählen Sie an dieser Stelle aus, nach welchem Attribut sortiert werden soll, wenn die Kategorie zum ersten Mal aufgerufen wird. Entscheiden Sie sich hier für *Preis*.

Preisschritte für Filternavigation

Wenn Sie sich noch einmal die Funktion der Filternavigation vor Augen führen, werden Sie sich erinnern, dass, je nachdem, nach welchen Artikeln Sie gesucht haben, Magento diese automatisch in Abhängigkeit vom Preis nach Preisbereichen sortiert. Die Berechnungsmethode für die automatische Bestimmung kann unter *System* → *Konfiguration* im Abschnitt *Katalog* → *Filternavigation* eingestellt werden. Abhängig von den noch verfügbaren und nicht herausgefilterten Artikeln, finden sich beispielsweise Möbel zwischen 0,00 € und 1000,00 € und Möbel im Preisbereich von 2000,00 € bis 3000,00 €. Möchten Sie aber statt einer dynamischen Preisbereichsberechnung feste Preisbereiche selbst definieren, tragen Sie in das Konfigurationsfeld nun einen numerischen Wert ein. Dieser wird als Preisbereich verwendet. Entscheiden Sie sich also beispielsweise für *500*, werden im Frontend Preisbereiche wie 0,00 € bis 500,00 € und 500,00 € bis 1000,00 € angezeigt.

Auf der nächsten Registerkarte, die mit *Eigene Gestaltung* bezeichnet ist, haben Sie die Möglichkeit, ein kategoriespezifisches Design auszuwählen und dieses auch noch zeitlich zu begrenzen. Auf die Nutzung dieses Formulars gehen wir im Detail in Kapitel 11 ein.

Auf der letzten Registerkarte *Kategorie Artikel* dreht sich – Überraschung! – alles darum, der aktuellen Kategorie Artikel zuzuweisen. Hierzu würden Sie ganz links ein Häkchen neben den Artikelnamen setzen, um ihn der aktuellen Kategorie zuzuordnen. An dieser Stelle sagen wir bewusst »würde«, weil noch keine Artikel in der Datenbank vorhanden sind.

 Wenn Sie bestehende Kategorien oder kürzlich gespeicherte Kategorien bearbeiten, ist standardmäßig bei dieser Artikelliste bereits ein Filter gesetzt: Magento zeigt nur Artikel an, die dieser Kategorie auch zugewiesen sind. Damit Sie alle Artikel Ihres Shops sehen, klicken Sie einmal auf *Filter zurücksetzen*.

Haben Sie alle diese Werte eingetragen, speichern Sie die neue Kategorie *Kochzubehör* mit einem Klick auf *Kategorie speichern*. Der magere Kategoriebaum hat jetzt seinen ersten Ast bekommen, wie Sie in Abbildung 6-2 sehen können. Neben dem neuen Kategorienamen erscheint in Klammern die Ziffer *0*, wodurch Sie auf einen Blick sehen können, dass der Kategorie noch keine Artikel hinzugefügt wurden.

Abbildung 6-2: Kategorie anlegen

Auf die gleiche Weise können Sie nun Ihren eigenen Kategoriebaum weiter ausbauen:

- Markieren Sie die übergeordnete Kategorie.
- Klicken Sie auf *Unterkategorie hinzufügen*.
- Geben Sie mindestens den Kategorienamen ein und stellen Sie *Kategorie Aktiv* auf *Ja*.
- Klicken Sie auf *Kategorie speichern*.

 Besonders wenn Ihr Kategoriebaum wächst und gedeiht, können Sie die einzelnen Kategorien via Drag-and-drop verschieben. Klicken Sie einfach mit der linken Maustaste auf ein Element, verschieben Sie es mit gedrückter Maustaste an die gewünschte Stelle und legen Sie es ab. So können Sie beispielsweise mit ein paar einfachen Mausbewegungen die Reihenfolge der Kategorien ändern oder die Kategorien ineinander verschachteln.

Wenn Sie sich nun das Frontend des Shops ansehen, werden Sie feststellen, dass die gerade angelegten Kategorien angezeigt werden. Damit diese nicht einfach leer Ihren Shop bevölkern, erläutern wir auf den nächsten Seiten, wie Sie Attribute und Artikel anlegen und diese den Kategorien zuweisen.

Attribute und Attributsets editieren

Bevor Sie die eigentlichen Artikeltypen kennenlernen, stellen wir Ihnen zunächst die Attribute vor. Diese sorgen per se ebenfalls dafür, dass ein neu anzulegender Artikel typisiert wird. Es wird hierbei zwischen Systemattributen und Zusatzattributen unterschieden. Erstere sind Artikeleigenschaften, die zwingend angegeben werden müssen, beispielsweise Preise oder Artikelnamen. Wie der Name schon verrät, werden im Gegensatz dazu zusätzliche Informationen mithilfe der Zusatzattribute abgebildet.

Attribute anlegen

Vereinfacht gesagt, ist ein Attribut in Magento eine Eigenschaft, die einem Artikel direkt zugeordnet ist. Ein wichtiges – und auch obligatorisches – (System-)Attribut eines jeden Artikels ist beispielsweise der Preis. Andere Attribute wie Artikelname, Artikelbeschreibung und SKU (*Stock Keeping Unit*, vergleichbar mit einer eindeutigen Artikelnummer oder EAN) sind ebenfalls Attribute, die bei einem Artikel zwingend vorhanden sein müssen, damit er in Magento überhaupt angelegt werden kann. Mehrere Attribute werden zu Attributsets zusammengefasst, die man beim Anlegen dieser Sets benennen kann.

Es gibt demgegenüber auch Attribute, die einem Artikel zugewiesen werden können, um zusätzliche Artikeleigenschaften abzubilden. Wie Sie gleich sehen werden, ist es sinnvoll, für unseren Webkochshop ein Attribut *Größe* anzulegen, um verschiedenen Töpfen bestimmte Durchmesserwerte in Zentimetern zuweisen zu können.

Sie könnten jetzt natürlich fragen, warum man diese Information nicht direkt in den Fließtext der Artikelbeschreibung integriert. Der Grund liegt darin, dass man mit diesen Attributen verschiedene Artikel vergleichbar machen kann. Artikelvergleiche werden auf Seite 314 im Detail beschrieben und bieten einen wichtigen Mehrwert für Ihre Kunden. Zudem bieten sich Attribute zur Verwendung in Filternavigationen und Sortierfeldern oder auch für Rabattbedingungen an. Sie sehen also: Attribute sind in Magento sehr wichtig.

Sind die Attribute angelegt und zu Attributsets zusammengefasst (eine genauere Erläuterung zu Attributsets finden Sie auf Seite 137), erscheinen die Attribute in der Artikelverwaltung, wo Sie als Shopbetreiber ihnen die gewünschten Werte zuweisen können.

Sehen wir uns nun gemeinsam an, wie man Attribute anlegt und verwaltet. Klicken Sie dazu zuerst auf *Katalog* → *Attribute* → *Attribute verwalten*. Es erscheint eine Liste von Attributen, die bei einer neuen Installation von Magento in die Datenbank geschrieben werden. Wie bei Magento üblich, sind diese wieder in einer Tabelle untergebracht, die sich auf verschiedene Art und Weise filtern und sortieren lässt.

Um sofort in medias res zu gehen, legen Sie nun ein neues Attribut an, um die Produkteigenschaft *Größe* abbilden zu können. Da Sie für den Webkochshop eine Reihe von Kochtöpfen in den Shop einstellen, wäre es doch eine gute Idee, diese wichtige Information an die Kunden weiterzugeben, nicht wahr?

Klicken Sie in der Attributübersicht auf die Schaltfläche *Neues Attribut anlegen*, um ein neues Artikelattribut anzulegen. Es erscheint ein Fenster mit den üblichen Eingabefeldern, die auf Registerkarten auf der linken Seite in die Punkte *Eigenschaften* und *Bezeichnungen/Optionen verwalten* gruppiert sind. Ganz rechts erscheinen bei einigen Feldern noch kurze Erläuterungen zur jeweiligen Bedeutung. Die folgenden Felder in der Gruppe *Eigenschaften* im Abschnitt *Attributeigenschaften* gilt es zu füllen (Abbildung 6-3).

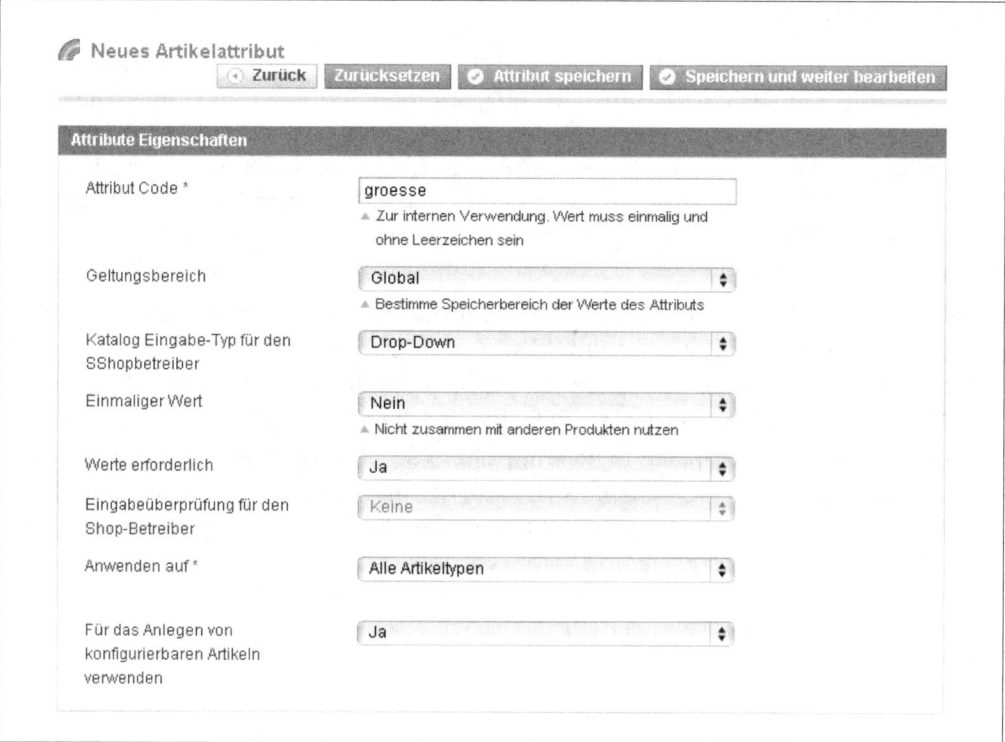

Abbildung 6-3: Attributeigenschaften eingeben

Attribut-Code

Geben Sie hier einen eindeutigen Code für das neue Attribut an. Wie bei allen derartigen Einträgen benötigt Magento auch in diesem Fall eine eindeutige Zeichenfolge ohne Sonder- oder Leerzeichen, maximal jedoch 30 Zeichen. Tragen Sie deshalb in das Eingabefeld das Wort *groesse* ein.

Arbeiten Sie mit vielen unterschiedlichen Artikelgruppen, werden Sie auch viele unterschiedliche Attributsets anlegen. Damit Sie später die Attribute schneller wiederfinden, empfiehlt sich die Verwendung eines bestimmten Präfixes je Attributset. In unserem Beispiel könnte das so aussehen: *toepfe_ groesse*.

Geltungsbereich

In diesem Drop-down-Menü können Sie entscheiden, für welchen Bereich das neue Attribut gelten soll. Zur Auswahl stehen hier *StoreView*, *Website* und *Global* (zu den Geltungsbereichen *Website*, *Store* und *StoreView* finden Sie Genaueres in Kapitel 4. Wenn Sie den Wert *Website* auswählen, wird dieses Attribut für einen bestimmten Artikel pro Website festgelegt. Falls Sie sich für *StoreView* entscheiden, kann der Artikel sogar auf dieser Ebene unterschiedliche Werte für das Attribut enthalten. Im

Fall von *Global* legen Sie fest, dass der Artikel innerhalb der gesamten Magento-Installation nur einen bestimmten Attributwert tragen kann. Letztere Einstellung ist auch die zwingende Voraussetzung für das Anlegen eines konfigurierbaren Artikels (siehe Seite 168). Setzen Sie also den Status des Drop-down-Menüs auf *Global*.

Katalog Eingabetyp für Shopbesitzer

Aus dieser Liste von Möglichkeiten können Sie wählen, wie Sie beim Anlegen eines Artikels den Wert des Attributs füllen möchten. Nehmen Sie hier für unser Beispiel den Wert *Drop-down*. So haben Sie die Möglichkeit, später beim Anlegen eines neuen Artikels einen Wert aus einem Auswahlmenü aussuchen zu können.

- *Einzeiliges Textfeld*: Der Wert der Attributeigenschaft wird frei in ein Textfeld eingegeben. Dieser Typ ist nützlich für alle Eigenschaften eines Artikels, die man nicht anfassen oder sehen kann. Diese Metaangaben sind beispielsweise Namen, Beschreibungen sowie ganz allgemein Texte.

- *Mehrzeiliger Textbereich*: In diesem Fall handelt sich die Eingabe um einen längeren Text.

- *Datum*: Der Wert ist ein Datum im Format *tt.mm.jj*.

- *Ja/Nein*: Diese Funktion ist ein virtueller An- oder Ausschalter für das entsprechende Attribut. Ein Einsatzbereich für diese Variante eröffnet sich beispielsweise, wenn Sie einen bestimmten Artikel zu einem bestimmten Zweck markieren wollen, weil Sie ihn vielleicht permanent auf der Startseite anzeigen lassen möchten. Eine andere Anwendung wäre beispielsweise, der Artikeleigenschaft *mit Deckel* den Wert *Ja* oder *Nein* zuzuweisen. Leider lassen sich Felder des Ja/Nein-Typs nicht für die Filternavigation oder für konfigurierbare Artikel verwenden. Der Umweg ist hier immer, ein Drop-down-Menü zu verwenden und es mit den beiden Werten *Ja* und *Nein* zu füllen.

- *Mehrfach-Auswahl*: Eine Liste, aus der mehrere Werte ausgewählt werden können.

- *Drop-down*: Es wird ein Menü angezeigt, aus dem man einen Eintrag auswählen kann.

- *Preis*: Diese Variante ermöglicht die Eingabe eines Preises als Attributwert. Verwenden Sie diese Option beispielsweise, um einen weiteren Preis für einen Artikel zu hinterlegen, wie zum Beispiel eine unverbindliche Preisempfehlung oder den Preis von letzter Woche. Beachten Sie bitte: Dieser Preis kann nicht zur Berechnung im Warenkorb verwendet werden!

- *Bild*: Für diesen Attributwert laden Sie ein Bild auf den Server. Ohne weitere Programmierarbeit kann ein solches Attribut jedoch nicht direkt im Frontend des Shops angezeigt werden.

- *Feste Produktsteuer (FPT)*: Eine spezielle Steuerart, die aber beim Verkauf auf dem deutschsprachigen Markt keine Rolle spielt.

Standardwert

Wenn Sie als Eingabetyp anstelle von *Drop-down* beispielsweise *Textfeld* auswählen, erscheint diese Eingabemöglichkeit für einen Standardwert. Der Text bzw. der Wert, den Sie hier eingeben, erscheint beim Anlegen eines neuen Artikels als vorgegeben.

Einmaliger Wert

Hier entscheiden Sie, ob das Attribut mit anderen Werten geteilt werden soll oder nicht. Da es sich um ein Attribut für mehrere Artikel handeln soll, lassen Sie den Wert *Nein* einfach aktiviert. Diese Funktion ist dann für Sie interessant, wenn Sie Unikate im Webkochshop verkaufen möchten, beispielsweise eine limitierte Auflage von kristallbesetzten Eierbechern mit Seriennummer.

 Verwenden Sie diese Option nicht mit Drop-down-Attributen, da Sie ansonsten nur genau so viele Artikel anlegen können, wie Sie Drop-down-Optionen angelegt haben.

Werte erforderlich

Bei der Eingabe eines Attributs in der Artikelverwaltung kann dieses entweder obligatorisch sein oder nicht. Falls Sie die Eingabe eines Werts zwingend erforderlich machen wollen, wählen Sie aus dem Drop-down-Menü den Wert *Ja* aus, andernfalls belassen Sie ihn auf *Nein*. Da unsere Kochtöpfe und auch andere Artikel in jedem Fall eine Information zur Größe bekommen sollen, setzen Sie die Auswahl hier auf *Ja*.

Eingabeüberprüfung für den Shop-Betreiber

In diesem Bereich haben Sie wiederum die Möglichkeit, aus mehreren vorgegebenen Werten auszuwählen. Hier betrifft Ihre Auswahl die Art und Weise, wie die Eingabe der Attributwerte in der Artikelverwaltung kontrolliert wird.

- *Keine*: Es können beliebige Werte eingetragen werden.
- *Dezimalzahl*: Der Wert muss eine Dezimalzahl in der Form *123,45* sein.
- *Ganze Zahl*: Bei dem Wert muss es sich um eine ganze Zahl handeln, z. B. *2*, *6* oder *5986*.
- *eMail*: Hier überprüft das System, ob der eingegebene Wert einer validen E-Mail-Adresse der Form *info@webkochshop.de* entspricht. (Es wird allerdings nicht überprüft, ob diese eingegebene E-Mail-Adresse tatsächlich existiert.)
- *URL*: Die Eingabe muss eine wohlgeformte Webadresse in der Form *http://www. webkochshop.de* sein.
- *Buchstaben*: Der Wert darf nur aus Groß- und Kleinbuchstaben von A bis Z bzw. a bis z bestehen.
- *Buchstaben (a-z,A-Z) oder Ziffern (0-9)*: Der Wert darf aus Buchstaben und Ziffern bestehen.

Der Vorteil einer solchen Kontrolleinrichtung ist, dass so Falscheingaben von vornherein minimiert werden können. Dies ist vor allem dann sinnvoll, wenn Sie die

Artikel nicht selbst einpflegen (und dabei natürlich die größtmögliche Sorgfalt walten lassen würden), sondern diese Aufgabe anderen übertragen. Für das aktuelle Attribut *Größe* möchten wir Werte vergeben wie *26cm*, die in einem Drop-down-Menu auswählbar sein sollen. Aus diesem Grund benötigen wir die Eingabeüberprüfung an dieser Stelle nicht und entscheiden uns für *Keine*.

Anwenden auf

In diesem Drop-down-Menü können Sie festlegen, ob das aktuelle Attribut für alle oder nur für bestimmte der sechs verschiedenen Artikeltypen gelten soll. Für den ersten Fall wählen Sie *Alle Artikeltypen* und für den zweiten *Ausgewählte Artikeltypen* aus dem Drop-down-Menü. Im letzteren Fall erscheint ein Auswahlfeld, aus dem Sie die gewünschten Artikeltypen auswählen können. Für unser Beispiel aktivieren Sie die Option *Alle Artikeltypen*, um nachher die größtmögliche Flexibilität zu haben.

Für das Anlegen von konfigurierbaren Artikeln verwenden

Auf Seite 168 besprechen wir im Detail, wie konfigurierbare Artikel angelegt werden. Ein wichtiger Bestandteil eines solchen Artikels ist ein Attribut, das dem Artikel im Adminbereich zugewiesen werden und das der Kunde im Frontend konfigurieren kann. Weil wir unser neues Attribut *Größe* für einen solchen Zweck anlegen möchten, setzen Sie den Wert des Drop-down-Menüs auf *Ja*.

Im Abschnitt *Shop-Einstellungen* legen Sie das Verhalten und die Anzeige des aktuellen Attributs im Frontend fest, beispielsweise in der Artikelsuche (Abbildung 6-4).

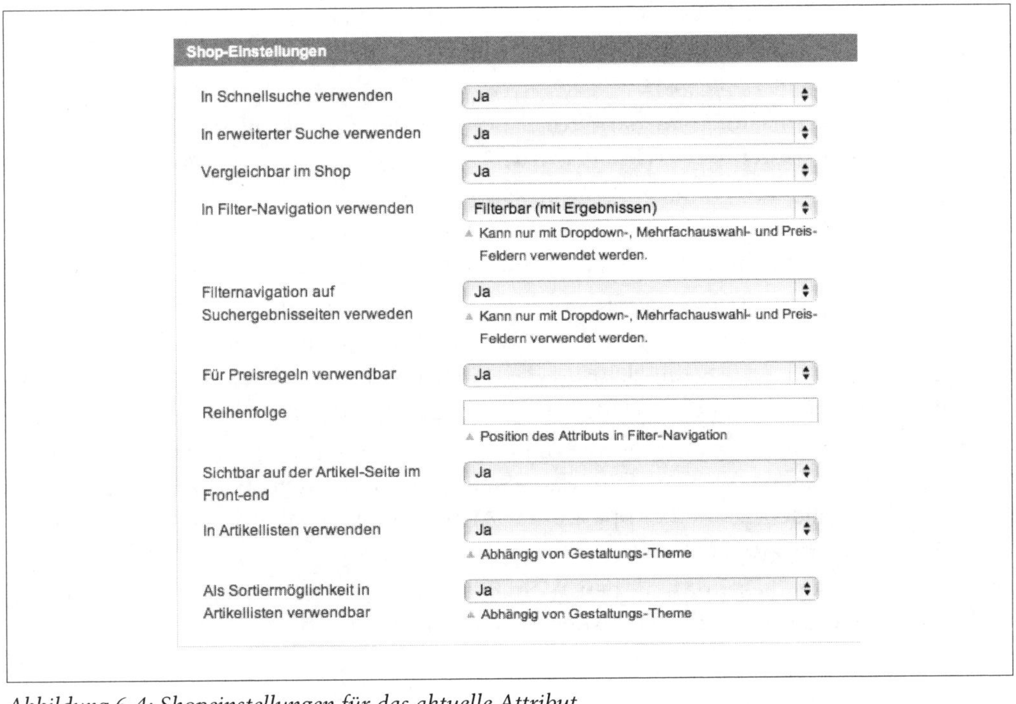

Abbildung 6-4: Shopeinstellungen für das aktuelle Attribut

In Schnellsuche verwenden

Im Zusammenhang mit den Attributen können Sie an dieser Stelle einstellen, ob die Suchfunktion auch Artikel berücksichtigt, die sonst nicht gefunden worden wären. Denken Sie beispielsweise an einen Edelstahlkochtopf mit dem Durchmesser 26 cm, bei dem die Größe *26cm* weder im Artikelnamen noch in der Artikelbeschreibung enthalten ist – also in den Feldern, die eine Suchfunktion traditionell unter die Lupe nimmt. Haben Sie aber diesem Artikel das Attribut *Größe* zugewiesen und dieses in der Artikelverwaltung wiederum mit einem Attributwert (*26cm*) verknüpft, wird es gefunden, wenn Sie in diesem Drop-down-Menü den Wert *Ja* auswählen. Für unser Beispiel wählen Sie hier auch bitte genau diesen Wert.

In erweiterter Suche verwenden

Analog zur Schnellsuche haben Ihre Kunden im Shop ebenfalls die Möglichkeit, eine erweiterte Suche mit zusätzlichen Suchfunktionen durchzuführen. Da wir das Attribut *Größe* auch für diesen Fall auffindbar machen möchten, setzen Sie hier den Wert des Drop-down-Menüs wiederum auf *Ja*. Mit dieser Einstellung sollten Sie jedoch beim Bearbeiten von weiteren Attributen vorsichtig sein, da die Suche schnell unübersichtlich wird, wenn zu viele Attribute berücksichtigt werden.

Vergleichbar im Shop

Der Shop bietet Ihren Kunden die Möglichkeit, verschiedene Artikel auf eine Vergleichsliste zu setzen und die ausgewählten Artikel dann nebeneinander zu betrachten. Zu den Vergleichslisten erhalten Sie auf Seite 314 genauere Informationen. In unserem konkreten Fall setzen Sie den Wert des Drop-down-Menüs auf *Ja*, um den Kunden beim Attribut *Größe* diese sinnvolle Möglichkeit einzuräumen.

In Filter-Navigation verwenden

Eine weitere Funktionalität der Artikelsuche ist die Filternavigation, die im Crashkurs auf Seite 35 genauer erläutert wurde.

Verwendet werden können hier nur Drop-down-Menüs, Mehrfachauswahl- und Preisfelder. Da Sie weiter oben als Wert für die Eingabe *Drop-down* ausgewählt haben, können Sie hier noch aus folgenden Punkten auswählen:

- *Nein:* Das Attribut wird überhaupt nicht in der Filternavigation verwendet.

- *Filterbar (mit Ergebnissen):* Das Attribut wird in der Filternavigation berücksichtigt. Die wird jedoch nur dann in den Suchergebnissen angezeigt, wenn tatsächlich ein Artikel gefunden wurde, der durch dieses Attribut beschrieben wird.

- *Filterbar (keine Ergebnisse):* Verwendung in der Filternavigation ohne Ergebnisanzeige. In dieser Variante wird das jeweilige Attribut auch angezeigt, wenn in der entsprechenden Suche kein passender Artikel gefunden wurde, hinter dem Attributnamen also *(0)* steht .

Wählen Sie aus diesem Menü den Wert *Filterbar (mit Ergebnissen)*. Ein Beispiel für die Filternavigation im Einsatz haben Sie auf Seite 36 gesehen.

Filternavigation auf Suchergebnisseiten verwenden

Tragen Sie hier ebenfalls den Wert *Ja* ein, damit auf Suchergebnisseiten dieses Attribut in der Filternavigation erscheinen kann.

Für Preisregeln verwendbar

Sie möchten in einer Katalog- oder Warenkorbpreisregel prüfen, ob ein Artikel mit einem bestimmten Wert dieses Attributs vorhanden ist? Dann müssen Sie hier den Wert *Ja* vergeben, andernfalls steht dieses Attribut für Bedingungen in Preisregeln nicht zur Verfügung.

Reihenfolge

Gibt es mehrere Attribute in der Filternavigation, lässt sich hier eine Zahl eintragen, nach der die Attribute sortiert werden. Ganz oben steht dabei das Attribut mit dem Sortierparameter *0*, danach das mit *1* usw. Lassen Sie dieses Feld leer, wird standardmäßig *0* eingetragen, das Attribut *Größe* rutscht also in der Filternavigation an die erste Stelle.

 Wenn Sie die einzelnen Positionen mit 10, 20, 30 usw. anstelle von 1, 2, 3 usw. durchnummerieren, haben Sie es leichter, neue Einträge dazwischen einzufügen (z. B. 15, 25), ohne die gesamte Liste neu durchnummerieren zu müssen.

Sichtbar auf der Artikel-Seite im Frontend

Setzen Sie diesen Wert auf *Ja*, um zu erreichen, dass das Attribut auf den Artikeldetailseiten in einer Tabelle auch angezeigt wird.

In Artikellisten verwenden

Entscheiden Sie sich hier für *Nein*, um Ihr Attribut auf den Kategorieseiten nicht extra laden zu lassen. Die Standardvorlagen von Magento können keine zusätzlichen Attribute anzeigen, ohne manuell angepasst zu werden. Daher würde das Laden zusätzlicher Attribute nur Leistungseinbußen, aber keinen Vorteil bringen.

 Diese Ausgabe erscheint nicht automatisch in allen Gestaltungsvorlagen. Die jeweilige Vorlage muss die Ausgabe gesondert zur Verfügung stellen.

Als Sortiermöglichkeit in Artikellisten verwendbar

An dieser Stelle definieren Sie, ob das neue Attribut zur Sortierung von Artikellisten verwendet werden kann.

Die nötigen Grunddaten für dieses Attribut haben Sie nun schon eingegeben. Bisher waren dies Systemeinstellungen, mit denen Sie Verhalten des Attributs festgelegt haben. Als Nächstes folgen Einstellungen für den sprachrelevanten Teil des Attributs, also derjenigen Bestandteile, die pro Sprachversion unterschiedlich sein können. Klicken Sie nun auf *Bezeichnungen/Optionen verwalten* in der Menüleiste ganz links. Sie werden feststellen, dass neben dem Menüpunkt *Eigenschaften* ein kleines Diskettensymbol erscheint, das anzeigt, dass es nicht gespeicherte Änderungen gibt. Im mittleren Inhaltsbereich sehen Sie nun die beiden Abschnitte *Titel verwalten* und *Optionen verwalten*, wie auch in Abbildung 6-5 dargestellt.

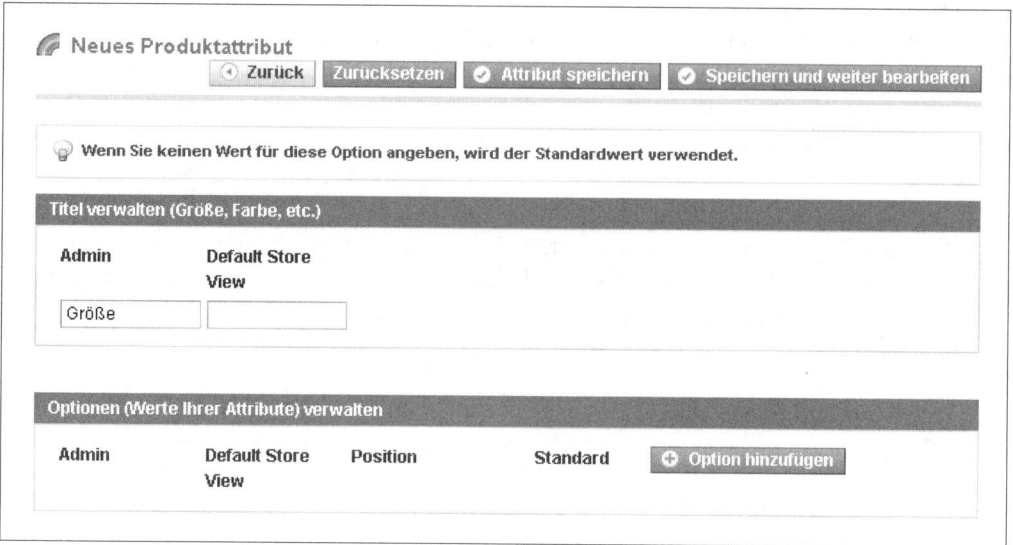

Abbildung 6-5: Attributbezeichnung und Optionen bearbeiten

Der Bereich *Titel verwalten* ist schnell erklärt: Bisher wurden Sie beim Anlegen des Attributs *Größe* lediglich nach einem (eindeutigen) Code, jedoch nicht nach einer Bezeichnung gefragt, die später in der Artikelansicht im Frontend angezeigt werden könnte. Der Grund dafür ist so einfach wie einleuchtend: Was machen Sie, wenn Sie beispielsweise einen englischen StoreView anlegen und dort genau wie in der deutschen Version das Wort *Größe* anstelle von *Size* erscheint? Oder, besser gesagt, erscheinen würde, denn die Magento-Entwickler haben mitgedacht und eine Möglichkeit eingebaut, die Bezeichnung für jeden StoreView individuell zu hinterlegen. Geben Sie den Wert im Feld *Admin* ein, gilt – getreu dem Magento-Schachtelprinzip – dieser Wert für alle StoreViews. Wenn Sie selbst dort nichts eintragen, wird anstelle der Bezeichnung der Code verwendet, den Sie weiter oben für das Attribut eingetragen haben. Tragen Sie hier unserem Beispiel folgend das Wort *Größe* im Feld *Admin* ein. Je nachdem, wie viele verschiedene StoreViews es in Ihrer Installation gibt (mehr zum Anlegen von StoreViews im Rahmen eines Multishop-Projekts finden Sie in Kapitel 9), wird es auch jeweils ein entsprechendes Eingabefeld pro StoreView an dieser Stelle geben.

Da Sie vorher festgelegt haben, dass die Optionswerte für das neue Attribut mithilfe eines Drop-down-Felds eingetragen werden sollen, können Sie hier nun die einzelnen Werte für dieses Menü eintragen. (Bei der Eingabemöglichkeit *Textfeld* beispielsweise wird dieses Menü dann logischerweise nicht angezeigt.) Um die Werte zu vergeben, klicken Sie einfach auf die Schaltfläche *Option hinzufügen*, um neue Zeilen einzufügen (Abbildung 6-6).

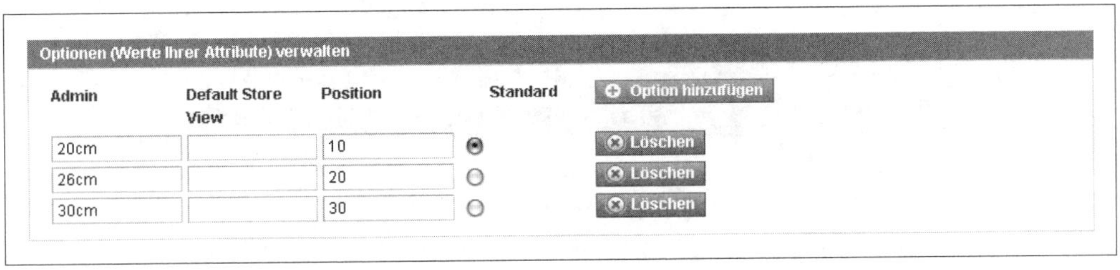

Abbildung 6-6: Neue Optionswerte für Attribute hinzufügen

Nach und nach können Sie nun alle Werte eintragen, die das Attribut *Größe* haben kann, also beispielsweise *20cm*, *26cm*, *30cm* usw. Analog zur Attributbezeichnung sind hier auch wieder alle verfügbaren StoreViews Ihres Shops zusammen mit dem Feld *Admin* aufgelistet, Sie können also auch hier die gewünschten Werte in der jeweiligen Sprache angeben. Um die Werte zu sortieren, tragen Sie bei *20cm 10*, bei *26cm 20* und bei *30cm 30* ein. Wie beim Eintragen der Attributbezeichnung trägt auch hier jedes Eingabefeld den Namen des jeweiligen StoreView. Mit der Schaltfläche *Löschen* entfernen Sie die jeweilige Zeile wieder.

Sobald Sie alle Änderungen durchgeführt haben, speichern Sie das neue Attribut über die Schaltfläche *Attribut speichern*. Hat alles funktioniert, erscheint die Bestätigung *Das Artikelattribut wurde gespeichert*.

Attribute zu Attributsets zusammenfassen

Sie können sich vielleicht vorstellen, dass, wenn für mehrere Zehntausend Artikel Attribute erstellt werden, deren Verwaltung schnell unübersichtlich werden kann. Glücklicherweise haben die Entwickler von Magento auch daran gedacht und eine Möglichkeit eingebaut, mehrere Attribute zu sogenannten Attributsets zusammenzufassen. Einem Attributset *Töpfe* beispielsweise werden – neben den obligatorischen Attributen wie Preis, Titel usw., die sowieso bei jedem Artikel vorhanden sein müssen – alle Attribute zugewiesen, die zur Beschreibung von Kochtöpfen geeignet sind. Da Sie im Webkochshop auch Kuchenglasur verkaufen, werden diese dann als Attributset *Backlebensmittel* zusammengefasst, bei denen Attribute wie Geschmack und Kakaogehalt wesentlich mehr Sinn ergeben.

Standardmäßig ist in Magento das Attributset *Default* enthalten, das alle erforderlichen Systemattribute bereits enthält. Darauf basierend lassen sich nun beliebig viele weitere Attributsets anlegen. Dies bedeutet, dass alle Attribute in *Default* auch automatisch in Ihre neuen Attributsets kopiert werden; in das neue Set müssen also lediglich die neuen Attribute aufgenommen werden.

Um ein neues Attributset anzulegen, das von *Default* kopiert wird, klicken Sie auf *Katalog → Attribute → Attributsets verwalten*. Es erscheint eine dieser Ihnen mittlerweile bekannten Magento-Listen mit einem Eintrag *Default*. Legen Sie nun mithilfe der Schaltfläche *Neues Set* oben rechts ein neues Attributset an, werden Sie zuerst nach dem Namen und der Kopiervorlage für dieses Set gefragt (Abbildung 6-7).

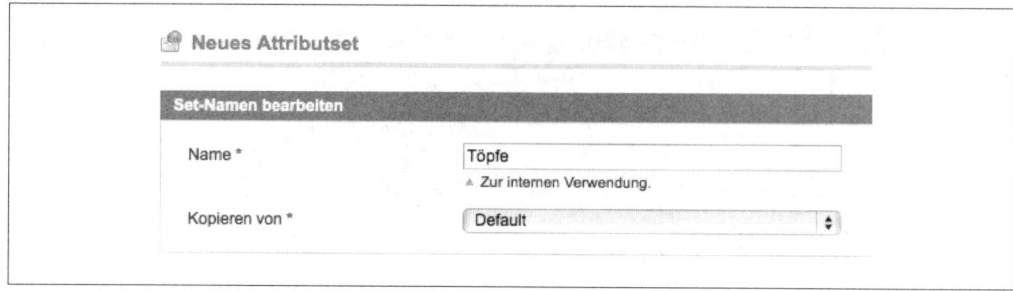

Abbildung 6-7: Ein neues Attributset auf Basis von Default anlegen

Tragen Sie hier nun den Namen *Töpfe* (Attributsets werden in der Magento-Datenbank intern durchnummeriert, benötigen also keinen eindeutigen Code) ein, wählen Sie *Default* aus und klicken Sie oben rechts auf die Schaltfläche *Attributset speichern*. Im Hintergrund werden daraufhin alle Attribute des Default-Attributsets in das neue Attributset kopiert. Nach dem Speichern werden Sie zu einer Eingabemaske weitergeleitet, mit der Sie das gerade erstellte Attributset verwalten können (Abbildung 6-8).

Abbildung 6-8: Bearbeiten des Attributsets

Der Inhaltsbereich ist in drei Bereiche geteilt. Ganz links lässt sich der Name des aktuellen Attributsets unter *Set-Namen bearbeiten*, nun ja, bearbeiten. Im mittleren Bereich sehen Sie einen hierarchisch aufgebauten Baum der einzelnen Attribute, die zu den Gruppen *General*, *Prices*, *Meta Information*, *Images*, *Design*, *Wiederkehrendes Profil* und *Gift Options* zusammengefasst sind. Diese Gruppen sind bereits standardmäßig in Magento enthalten und unterteilen die Attribute innerhalb eines Attributsets in sinnvolle Einheiten.

Die Spalte ganz rechts in der Eingabemaske trägt die Überschrift *Nicht zugewiesene Attribute*, womit Sie eigentlich schon alles wissen. In diesem Bereich werden alle diejenigen Attribute aufgelistet, die zwar über die Attributverwaltung angelegt worden sind, jedoch dem Attributset noch nicht zugewiesen wurden. Wenig überraschend, ist dort auch das frisch angelegte Attribut *groesse* zu finden, mit dem wir unsere Edelstahlkochtöpfe genauer beschreiben möchten.

Attribute gruppieren

Wie Sie beim Anlegen und Bearbeiten der Artikel später in diesem Kapitel sehen werden, entsprechen die Namen der Gruppen auch den einzelnen Menüpunkten im linken Navigationsmenü. Eine Gruppe erkennen Sie daran, dass links daneben ein kleines Minussymbol das Zusammenklappen des Baums erlaubt und außerdem ein kleines Ordnersymbol mit einer Lupe daneben angeordnet ist (Abbildung 6-9).

Abbildung 6-9: Markierung der Gruppen eines Attributsets

Im Gegensatz dazu werden die einzelnen Attribute mit kleinen Formularsymbolen markiert. Dabei gibt es einige, wie beispielsweise *name* oder *description*, die außerdem unten rechts ein kleines Stoppschildsymbol tragen, und andere, wie *color*, bei denen dieses Symbol fehlt (Abbildung 6-10).

Abbildung 6-10: System- und Zusatzattribute

Ein rotes Stoppschild kennzeichnet Systemattribute, die in einem Attributset zwingend vorhanden sein müssen und die bei einer Standardinstallation von Magento im System bereits vorhanden sind. Aus diesem Grund kann man sie auch nicht löschen. Im Gegensatz dazu ist das Attribut *manufacturer* eine Zusatzattribut, das auch aus dem Attributset und aus Magento selbst entfernt werden könnte.

Wir erinnern uns: Jedes Attribut steht für eine Artikeleigenschaft. Das erste Attribut *name* beispielsweise bezeichnet dabei den Titel des neuen Artikels. Es ist gleichzeitig auch ein Platzhalter für ein Eingabefeld in der Artikelverwaltung. Wie Sie beim Anlegen von Artikeln sehen werden, gibt es eine ganze Reihe von diesen Eingabefeldern, die jeweils unterschiedlich bezeichnet und zu Gruppen zusammengefasst sind. Und diese Gruppen wiederum entsprechen haargenau den Gruppen, die Sie auch hier sehen (Abbildung 6-11).

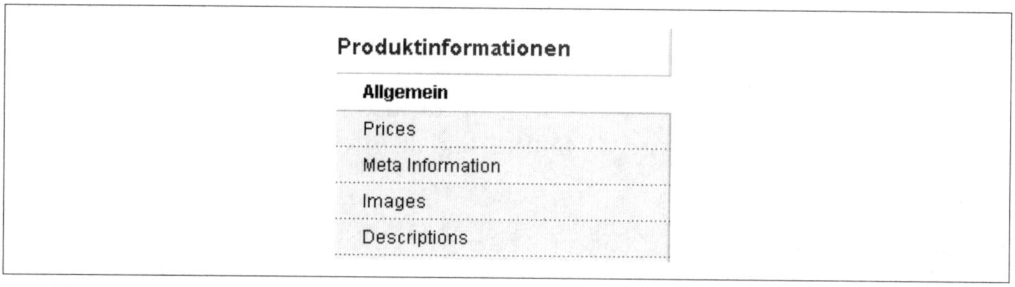

Produktinformationen
Allgemein
Prices
Meta Information
Images
Descriptions

Abbildung 6-11: Die Gruppen in den Attributsets entsprechen denen der Attributverwaltung

Wenn Sie mit der Maus über den Attributbaum fahren, ein Symbol oder einen Namen anvisieren und die Maustaste drücken, werden Sie feststellen, dass sie sich bewegen lassen. Ganz intuitiv können Sie also per Drag-and-drop die Attribute so verschieben und in der Reihenfolge verändern, wie Sie möchten. Sie können auch ein Attribut von einer in die andere Gruppe verschieben, wenn Ihnen das sinnvoller erscheint. Ebenso ist es möglich, komplette Gruppen zu verschieben. Klicken Sie dazu beispielsweise auf den Namen *Prices*, halten Sie die Maustaste gedrückt und bewegen Sie den Ordner so nach oben über den Namen *General*, dass eine blau gepunktete Linie erscheint (Abbildung 6-12). Lassen Sie die Maustaste los, und schon befindet sich die Gruppe *Preise* über der Gruppe *General*. Diese Sortiermöglichkeit ist sinnvoll, weil Sie damit gleichzeitig das Aussehen der Eingabemasken der Artikelverwaltung bestimmen. In der Reihenfolge, in der die einzelnen Gruppen hier angeordnet sind, werden Sie Ihnen auch beim Anlegen und Bearbeiten von Artikeln begegnen.

Klicken Sie doppelt auf eine Gruppe, um diese umzubenennen
General
Prices
short_description
sku
weight

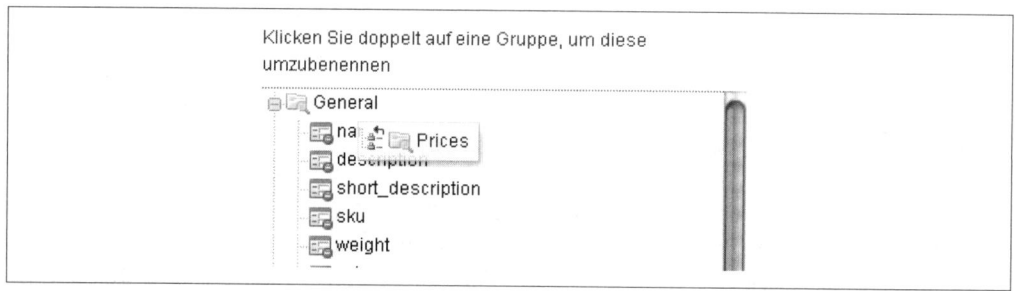

Abbildung 6-12: Verschieben von Gruppen und Attributen

Damit des Sortierens und Gruppierens nicht genug: Klicken Sie auf die Schaltfläche *Neu* und geben Sie im daraufhin erscheinenden Pop-up-Fenster den neuen Gruppennamen *Topfinformationen* ein. Bestätigen Sie Ihre Eingabe, und Ihre neue Gruppe erscheint unten im Attributbaum.

 Möchten Sie im Nachhinein den Namen einer Gruppe ändern, doppelklicken Sie einfach darauf – schon können Sie einen neuen Namen eingeben.

Wird eine Gruppe nicht mehr benötigt, markieren Sie sie mit einem einfachen Mausklick (sie wird dann auch rötlich hinterlegt) und befördern sie mit dem Button *Ausgewählte Gruppe löschen* in die ewigen digitalen Jagdgründe. Das funktioniert allerdings nur, wenn in der Gruppe keine Systemattribute mehr vorhanden sind. Diese müssen Sie erst in eine andere Gruppe verschieben, bevor Sie die unerwünschte Gruppe löschen können. Attribute selbst können von dieser Seite aus nicht gelöscht werden. Sie müssen also nicht befürchten, Ihre stundenlange Vorarbeit mit einem Mausklick zu vernichten.

Neue Attribute zuweisen

In der Spalte ganz rechts (*Nicht zugewiesene Attribute*) ziehen Sie das Attribut *groesse* als Nächstes einfach via Drag-and-drop in die mittlere Spalte, genauer gesagt, auf den Namen der neu angelegten Gruppe *Topfinformationen*. Wenn ein grünes Plussymbol erscheint, lassen Sie die Maustaste los, und schon hat das Attribut *groesse* eine neue Heimat im Attributset *Töpfe* gefunden (Abbildung 6-13).

Abbildung 6-13: Dem Attributset ein neues Attribut hinzufügen

Analog dazu können Sie auch Attribute aus dem Set entfernen, indem Sie sie einfach per Drag-and-drop vom mittleren Bereich nach ganz rechts schieben und dort ablegen. Dies funktioniert jedoch nur bei Attributen, die nicht mit einem roten Stoppschild markiert sind; Systemattribute lassen sich auch mit den ausdauerndsten Klickversuchen nicht aus dem Attributbaum entfernen.

 Haben Sie das Gefühl, dass Ihre Mausfertigkeiten nicht ausreichen, um Attribute zu entfernen, da sie immer wieder in ihre alte Gruppe zurückspringen? Für das Entfernen von Attributen ist etwas Fingerspitzengefühl nötig: Ziehen Sie das Attribut direkt unter oder zwischen Attribute, die sich bereits ganz rechts befinden. Liegen dort keine Attribute mehr, erscheint das Gruppensymbol *Leer*, auf das Sie das zu entfernende Attribut ziehen können.

Wenn Sie alle Gruppen und Attribute nach Ihren Bedürfnissen verschoben bzw. eingefügt haben, speichern Sie das Attributset mit einem Klick auf *Attributset speichern* oben rechts. Nach einem kurzen Augenblick erscheint die Erfolgsmeldung *Das Attributset wurde gespeichert*. Per Mausklick auf *Zurück* gelangen Sie wieder auf die Übersicht aller Attributsets. Zu dem Standardeintrag *Default* ist nun auch das neue Set *Töpfe* hinzugekommen.

Möchten Sie jetzt ein weiteres Attributset erstellen, können Sie entscheiden, ob dies auf Basis von *Default* oder *Töpfe* geschehen soll. Je nachdem, welche Attributkonstellation dabei am sinnvollsten ist, können Sie den gewünschten Eintrag aus dem Drop-down-Menü auswählen und mit Ihrem neuen Attributset da weitermachen, wo Sie beim alten Set aufgehört haben. Beachten Sie, dass Attributsets immer eine Kopie erzeugen. Eine Verschachtelung von Attributsets ist nicht möglich.

Nachdem Sie nun ein neues Attribut *groesse* erstellt und dieses in ein neues Attributset *Töpfe* integriert haben, sind alle Vorarbeiten für das Erstellen von Artikeln erledigt. In den folgenden Abschnitten lernen Sie, wie Sie die verschiedenen Artikeltypen in Magento anlegen.

Artikel mithilfe von Artikeltypen anlegen

Kommen wir nun zum Herzstück eines jeden Online-Shops: der Artikelverwaltung. In Magento lässt sich der Katalog auf viele Arten strukturieren. Beginnen wir zunächst damit, die von Magento verwendeten Artikeltypen anschaulich zu erklären.

Das Magento-System ist so konzipiert, dass es praktisch allen Artikelkonstellationen gerecht wird und man alle erdenklichen Besonderheiten und Spezialfälle damit abdecken kann. Zu diesem Zweck haben die Entwickler mehrere Artikeltypen konzipiert, die nun im Detail besprochen werden sollen. Wir beginnen mit den einfachen Artikeln.

Einfache Artikel (Simple Products)
> Dieser Artikeltyp wird wohl in den meisten Fällen zum Einsatz kommen. Ein einfacher Artikel hat einige standardmäßige Attribute wie beispielsweise Preis, Beschreibung und Bild. Der Artikel erscheint genau so im Frontend des Shops, wie Sie als Shopbetreiber ihn auch im Adminbereich anlegen. Einfache Artikel sind darüber hinaus Grundlage für die anderen, komplexeren Artikeltypen.

Virtuelle Artikel (Virtual Products)

Ein virtueller Artikel kann beispielsweise ein Abo-Vertrag sein, bei dem im Gegensatz zu den normalen Artikeln kein Versand nötig wird. Darüber hinaus unterscheidet er sich nicht von den einfachen Artikeln.

Downloadartikel (Downloadable Products)

Dieser Typ trägt dem Wunsch vieler Anwender Rechnung, über einen Magento-Shop auch Download-Artikel anbieten zu können. Insofern ist dieser Artikeltyp eine Erweiterung der virtuellen Artikel. Sie bestimmen als Shopbetreiber, welche Datei(en) nach dem Kauf wie oft heruntergeladen werden können, und der Kunde kann direkt nach dem Kauf auf das bestellte Dokument zugreifen. Dabei spielt es keine Rolle, ob es sich um ein Bild, eine Audiodatei oder ein PDF handelt.

Konfigurierbare Artikel (Configurable Products)

Der Hauptanwendungsbereich von konfigurierbaren Artikeln sind Fälle, in denen es mehrere Varianten ein- und desselben Artikels gibt. Ein gutes Beispiel aus unserem Webkochshop ist in diesem Zusammenhang ein Kochtopf, der in den Durchmessern 20 cm, 26 cm und 30 cm verkauft werden soll.

Gruppen-Artikel (Grouped Products)

Hierbei handelt es sich um Artikel, die in einem Set verkauft werden sollen. Stellen Sie sich vor, Sie möchten ein Topfset bestehend aus einem großen Topf, einem kleinen Topf und einer Pfanne über den Webkochshop vertreiben. Mit einem Gruppen-Artikel fassen Sie diese einzelnen einfachen Artikel zusammen, um sie in einem gemeinsamen Angebot in Ihrem Shop zu verkaufen. Auf der Artikeldetailseite im Shop sehen Ihre Kunden dann diese Kombination der Artikel, um sie zu ermutigen, diese auch gemeinsam zu erwerben. Trotzdem können Artikel in einer individuellen Menge in den Warenkorb gelegt werden; ein Gruppen-Artikel ist in diesem Sinne letztlich eine Möglichkeit, Kunden zusätzlich zu den anderen Möglichkeiten in Magento auf weitere Artikel aufmerksam zu machen. Im Unterschied zu den Bündel-Artikeln legen Kunden nicht einen, sondern mehrere einzelne Artikel in den Warenkorb.

Bündel-Artikel (Bundle Products)

Dieser Artikeltyp ist eine Mischung aus konfigurierbaren und Gruppen-Artikeln. Auch hier werden einige zueinander passende einfache Artikel vom Shopbetreiber als zusätzlicher Artikel zu einem Bündel zusammengefasst und gemeinsam auf einer Artikeldetailseite im Shop dargestellt. Bündel-Artikel eignen sich hervorragend dazu, einfache Artikel in Rubriken zusammenzufassen. Beispielsweise lassen sich auch komplexe Computersysteme zusammenstellen: So könnte der Kunde z. B. aus einer Reihe von CPUs sowie verschiedenen Gehäusen auswählen. Am Ende sieht er ein einzelnes Produkt im Warenkorb, technisch gesehen sind es aber viele einfache Artikel – ideal also für die gezielte Warenbestandspflege!

Welcher Artikeltyp? – Entscheiden Sie sorgfältig!

Sie werden in vielen Abschnitten des Adminbereichs feststellen, dass alle Änderungen bezüglich Benennungen usw. rückgängig gemacht bzw. im Nachhinein noch geändert werden können. Dies gilt nicht für den Artikeltyp und das Attributset! Haben Sie einmal festgelegt, welchen Artikeltyp Sie anlegen bzw. welches Attributset Sie verwenden möchten, entscheiden Sie dies ganz zu Anfang und können es später nicht mehr rückgängig machen (jedenfalls nicht über die Möglichkeiten, die Ihnen der Adminbereich standardmäßig mit auf den Weg gibt). Auch wenn Sie einen Artikel duplizieren – eine Funktion, die Ihnen sicherlich noch ans Herz wachsen wird –, geschieht das immer nur unter Beibehaltung des aktuellen Artikeltyps und Attributsets.

Einen einfachen Artikel anlegen

Nachdem Sie nun die unterschiedlichen Magento-Artikeltypen kennengelernt haben, zeigen wir Ihnen jetzt, wie man einen einfachen Artikel anlegt. In unseren Webkochshop möchten wir den *Edelstahlkochtopf Hubertus* in unser Angebot aufnehmen.

 Wundern Sie sich nicht, falls in den nachfolgenden Beschreibungen die Reihenfolge der Attribute im Vergleich zu Ihrem Shop abweicht. Je nach Magento-Version und installierten Demodaten können hier Unterschiede auftauchen. Vertrauen Sie auf Ihr Gespür, Sie finden die richtigen Felder schnell!

Klicken Sie dazu auf *Katalog → Artikel verwalten* und nutzen Sie die Schaltfläche *Artikel hinzufügen* oben rechts, um den Dialog zur Artikeleingabe zu starten. Im ersten Fenster werden Sie nach dem Artikeltyp sowie nach dem Attributset gefragt, das Sie verwenden möchten (Abbildung 6-14).

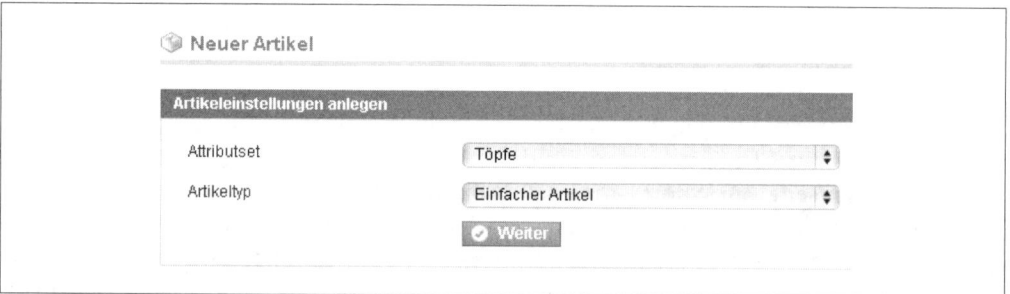

Abbildung 6-14: Auswahl des Artikeltyps und des Attributsets

Wie Sie bereits auf Seite 137 gesehen haben, können Sie mit Attributsets verschiedene Artikeleigenschaften zusammenfassen. Wählen Sie im oberen Drop-down-Menü das Set *Töpfe*, um das neu angelegte Attribut *Größe* verwenden zu können, und im zweiten Menü die Option *Einfacher Artikel*. Klicken Sie dann auf *Weiter*.

Allgemein

Jetzt erscheint die eigentliche Maske zum Anlegen des Artikels, die aus dem mittlerweile berühmt gewordenen Drop-down-Menü zur Auswahl des Geltungsbereichs, aus mehreren Menüeinträgen (den Attributgruppen) auf der linken Seite, einem Hauptinhaltsbereich und einer Reihe von Aktionsschaltflächen im oberen Bereich besteht, wie in Abbildung 6-15 zu sehen.

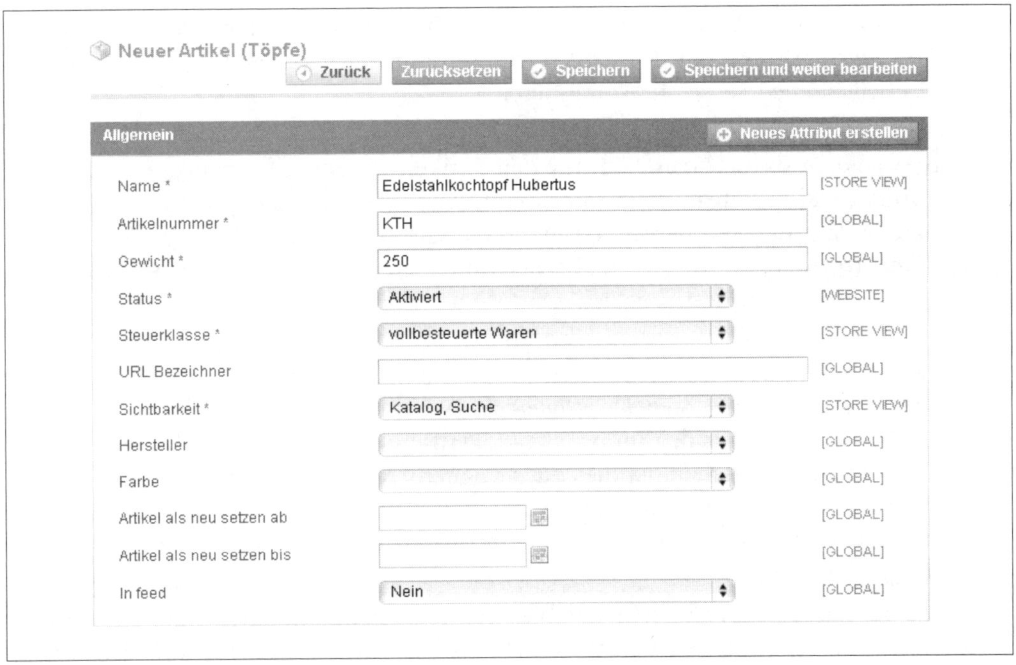

Abbildung 6-15: Allgemeine Artikelinformationen

Bevor Sie nun diesen einfachen Artikel anlegen (das Gleiche gilt auch für die weiteren Artikeltypen in den folgenden Abschnitten), stellen Sie sicher, dass im Drop-down-Menü oben links der Wert *Standardwerte* aktiviert ist. Auf diese Weise gelten sämtliche Artikelinformationen global für Ihre gesamte Magento-Installation. In Kapitel 9, in dem es um den Aufbau eines Multishop-Systems geht, werden Sie später sehen, wie man auch Store-View-spezifische Einstellungen verwendet, um einen bestimmten Artikel für den englischen Markt anders darzustellen als für den deutschen.

Sie können nun damit beginnen, die einzelnen Felder entsprechend den Anforderungen Ihres Artikels auszufüllen. Am Beispiel eines Edelstahlkochtopfs, ohne den der moderne Hausmann nun wirklich nicht mehr auskommt, sehen Sie, welche Werte Sie dabei hinterlegen können. Die Werte, die unbedingt ausgefüllt werden müssen, sind mit einem roten Sternchen gekennzeichnet. Ganz rechts neben den Eingabefeldern steht in eckigen Klammern der Bereich, in dem die eingegebene Information bei Bedarf überschrieben werden kann, also beispielsweise *StoreView* und *Global*.

Name

Hier vergeben Sie einen individuellen Namen für Ihren Artikel. Bei der Auswahl der Benennung sind Sie völlig frei, die Zeichenfolge muss keinen bestimmten Richtlinien folgen. Geben Sie in dieses Textfeld *Edelstahlkochtopf Hubertus* ein.

Artikelnummer

Dieser Wert ist eine Spezialität von Magento und bezeichnet eine eindeutige Kennzeichnung für den jeweiligen Artikel. Geben Sie hier also eine Artikelnummer ein, die für jeden Ihrer Artikel anders sein muss. Diese Nummer kann im Frontend des Shops, beispielsweise auf der Artikeldetailseite und im Warenkorb, angezeigt werden. Ebenso sehen Sie sie im Adminbereich.

Gewicht

Dieses Feld ist dazu vorgesehen, für den Artikel ein Gewicht anzugeben. Eine solche Angabe ist vor allem dann interessant, wenn Sie im Bestellprozess gewichtsabhängige Versandkosten berechnen möchten. Geben Sie das Gewicht in Kilogramm ein und trennen Sie die Dezimalstellen mit einem Punkt oder einem Komma – Magento versteht beides.

Status

Weisen Sie mithilfe diese Drop-down-Menüs Ihrem neuen einfachen Artikel alternativ den Status *Aktiviert* oder *Deaktiviert* zu. Wird es aus einem bestimmten Grund nötig, einen Artikel aus der Shopansicht zu entfernen, ohne ihn gleich komplett aus der Datenbank zu löschen, ist dies das geeignete Werkzeug. Hilfreich ist die *Status*-Option auch, wenn Sie bestimmte Artikel vorbereiten und erst zu einem späteren Zeitpunkt veröffentlichen möchten, indem Sie den Status dann auf *Aktiviert* setzen.

Steuerklasse

Magento verfügt über ein sehr flexibles Steuerberechnungssystem, das die korrekten Preise für alle erdenklichen Verkaufskonstellationen anzeigen kann. (Die Konfiguration der Steuerklassen usw. wurde in Kapitel 4 detailliert besprochen.) Legen Sie in diesem Drop-down-Menü fest, welche Steuerklasse für den jeweiligen Artikel gelten soll. Dies ist in unserem Beispiel die Artikelsteuerklasse *vollbesteuerte Artikel*.

URL-Bezeichner

Magento schreibt dynamische Adressen so um, dass sie wie statische Adressen aussehen. Diese Funktionalität ist vor allem dazu gedacht, Suchmaschinen die Indizierung der gesamten Shopinformationen zu erleichtern. Um es Ihnen als Shopbetreiber möglichst einfach zu machen, wird diese neue URL beim Anlegen eines neuen Artikels automatisch erzeugt und abgespeichert. Sie haben aber hier die Möglichkeit, auf die URL Einfluss zu nehmen und sie in Ihrem Sinn zu verändern.

Sichtbarkeit

Kunden haben im Frontend grundsätzlich mehrere Möglichkeiten, gewünschte Artikel zu finden. Sie können beispielsweise die Suchfunktion nutzen oder den Artikel über den Kategoriebaum bzw. Katalog erreichen. Im Drop-down-Menü *Sichtbarkeit* haben Sie die Wahl zwischen *Einzeln nicht sichtbar*, *Katalog*, *Suche* sowie *Katalog und Suche*, wobei im letzten Fall der Artikel über beide Wege gefunden werden kann. Der Fall *Einzeln nicht sichtbar* wird dann benötigt, wenn der einfache Artikel Teil eines anderen Artikels sein und nicht separat im Shop erscheinen soll.

Hersteller

Wählen Sie aus der Liste einen Hersteller für diesen Artikel aus. Diese Liste können Sie bearbeiten, indem Sie das Attribut *manufacturer* bearbeiten (die Verwaltung der Attribute wurde genauer auf Seite 129 erläutert). Die Angabe des Herstellers ist vor allem deshalb sinnvoll, weil im Frontend dazu verschiedene Such- und Filteroptionen eingestellt werden und Ihre Kunden so nach gewünschten Herstellernamen suchen können.

Farbe

Analog zum *Hersteller*-Attribut lässt sich hier eine Farbe für den neuen Artikel festlegen.

Artikel als neu setzen ab

Ein weiteres Feature von Magento ist, dass Sie Einstellungen vornehmen können, die erst in der Zukunft aktiviert werden. An dieser Stelle der Artikeleingabemaske legen Sie fest, ab welchem Termin ein Artikel als neu markiert werden soll. Sie können entweder das Datum in der Form *tt.mm.jj* selbst eingeben oder dazu auf das kleine Kalendersymbol klicken und ein Datum aussuchen (Abbildung 6-16).

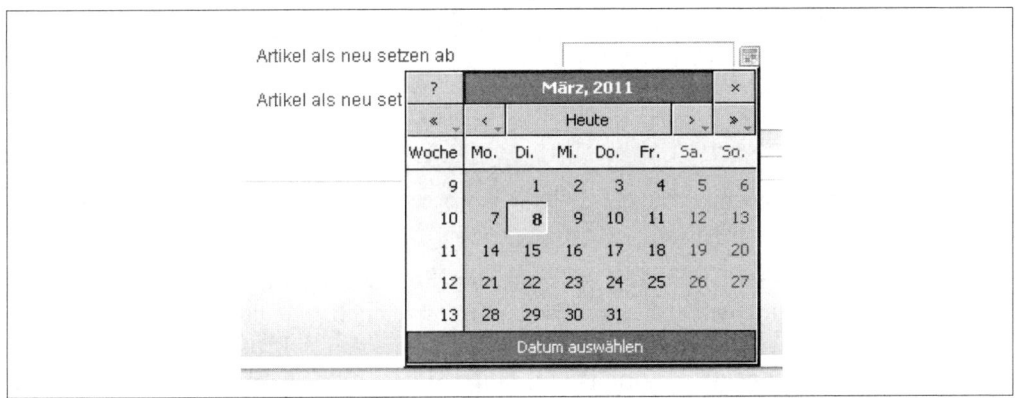

Abbildung 6-16: Festlegen eines Datums

Artikel als neu setzen bis

Analog zum vorherigen Eintrag legen Sie hier das Ende des *neu*-Status fest. Sie können dabei das Datum manuell eingeben oder erneut die Kalenderfunktion nutzen.

Preise

Nachdem Sie diese allgemeinen Artikelinformationen eingegeben haben, wechseln Sie nun zur Eingabemaske für die Preise, indem Sie links auf den Menüpunkt *Preise* klicken. Es erscheint das Fenster, das Sie in Abbildung 6-17 sehen können. Außerdem werden Sie feststellen, dass ein kleines Diskettensymbol neben dem Menüpunkt *Allgemein* erscheint, um daran zu erinnern, dass es in diesem Abschnitt noch nicht gespeicherte Änderungen gibt. Nach Eingabe der Daten auf dieser Seite sind alle Pflichtangaben gemacht, und Sie können mit einem Klick auf *Speichern und weiter bearbeiten* die bisherigen Eingaben in der Datenbank ablegen; das Diskettensymbol verschwindet wieder.

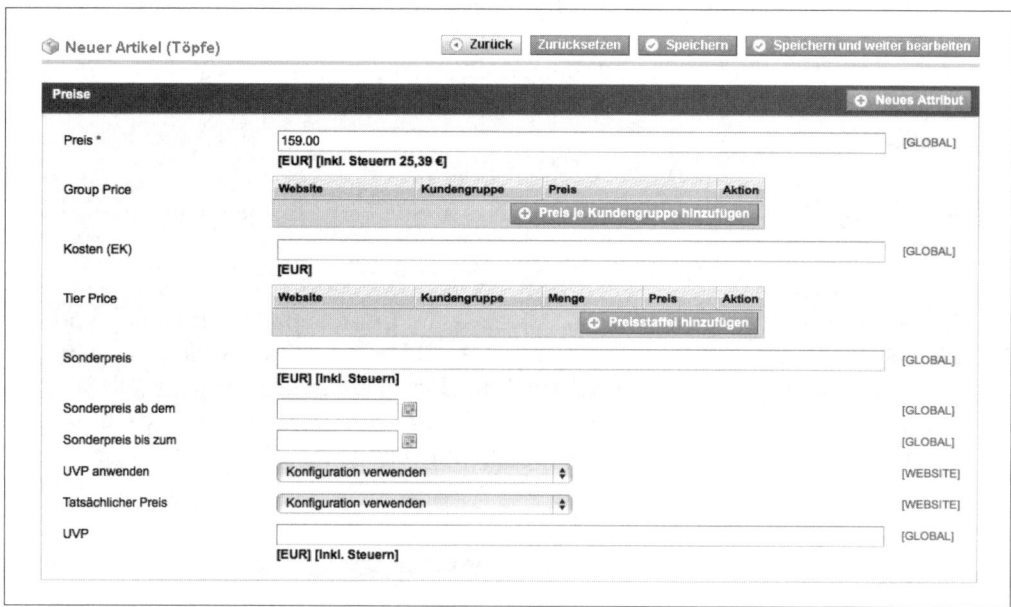

Abbildung 6-17: Eingabemöglichkeiten für Preise

Die folgenden Informationen hinsichtlich Artikelpreisen können Sie hier hinterlegen:

Preis

> Geben Sie an dieser Stelle den vollständigen Preis ohne Tausenderpunkt inklusive Dezimalstellen ein, wobei Sie als Dezimaltrennzeichen den Punkt verwenden sollten. Da Sie sich in der Konfiguration (siehe Kapitel 4) für Bruttopreise entschieden haben, geben Sie den Bruttopreis ein. Unter dem Eingabefeld erscheint in eckigen Klammern auch die Währung, in der der Preis angegeben wird.

Kosten (EK)

> Um später feststellen zu können, welchen Roherlös Ihr Shop generiert, können Sie hier den Einkaufspreis bzw. die Kosten eintragen, zu denen Sie einen bestimmten Artikel einkaufen. Analog zum Artikelpreis wird wieder der vollständige Preis ohne Tausenderpunkt mit Dezimalstellen eingetragen.

Group Price

> Seit Magento 1.8 ist es möglich, je nach Kundengruppe unterschiedliche Preise für denselben Artikel zu speichern. Klicken Sie dazu auf die Schaltfläche und wählen Sie anschließend die Kundengruppe aus. Das Preisfeld füllen Sie ebenfalls mit dem Bruttopreis Ihres Artikels. Die System-Kundengruppe *NOT LOGGED IN* steht für die Kunden, die am Shop nicht angemeldet sind, und damit für alle Gäste.

Tier Price

Nehmen wir an, Ihre Kunden möchten einzelne Artikel Ihres Angebots in großen Mengen kaufen. Als guter Geschäftsmann sollten Sie in diesen Fällen Mengenrabatte anbieten. Und als stolzer Besitzer eines Magento-Systems haben Sie die Möglichkeit, dies mit ein paar Mausklicks zu realisieren, wie Sie Abbildung 6-18 sehen können.

Website	Kundengruppe	Menge		Preis	Aktion
Alle Websites [E ♦	ALLE GRUPPI ♦	5	und darüber	150	⊗
Alle Websites [E ♦	ALLE GRUPPI ♦	10	und darüber	140	⊗
Alle Websites [E ♦	ALLE GRUPPI ♦	50	und darüber	130	⊗
					⊕ Preisstaffel hinzufügen

Abbildung 6-18: Anlegen von Staffelpreisen in Magento

Klicken Sie zunächst auf *Preisstaffel hinzufügen*, worauf eine neue Zeile mit den Spalten *Website*, *Kundengruppe*, *Menge*, *Preis* und *Aktion* erscheint. Im Drop-down-Menü unter *Website* geben Sie an, für welche Bereiche der Staffelpreis gelten soll, bei *Kundengruppe* wählen Sie die gewünschte Gruppe oder *ALLE GRUPPEN* aus (mehr zu Kundengruppen erfahren Sie in Kapitel 8), im Feld *Menge* bestimmen Sie die Menge, ab der die Staffel gilt, und last, but not least den Preis, der für die aktuelle Staffel gelten soll. Mit der roten Schaltfläche unter *Aktion* lässt sich eine Zeile löschen, über den Button *Preisstaffel hinzufügen* können Sie eine neue Zeile anlegen. Mithilfe dieser Eingaben haben Sie also die Möglichkeit, Mengenrabatte in Ihrem Shop zu realisieren.

 Zu den Staffelpreisen gibt es auf der Magento-Website einen englischen Screencast: *http://www.magentocommerce.com/media/screencasts/ configuring-tier-pricing/view*.

Sonderpreis

Es ist eine beliebte Marketingstrategie, Artikel für einen gewissen Zeitraum zu einem ermäßigten Preis zu verkaufen. (Weitere Möglichkeiten, mithilfe von Rabatten usw. die Umsätze anzukurbeln, finden Sie in Kapitel 11.) An dieser Stelle können Sie angeben, welcher Sonderpreis für den Artikel gelten soll.

Sonderpreis ab dem

Hier legen Sie mittels Direkteingabe des Datums oder mithilfe der Kalenderfunktion das Datum fest, ab dem der eingegebene Sonderpreis im Shop gelten soll. Je nachdem, für welches Layout Sie sich im Template entscheiden, wird ab diesem Datum der alte Preis durchgestrichen und der aktuelle Preis in roter Schrift dargestellt.

Sonderpreis bis zum

> Auch das schönste Sonderangebot muss einmal enden. Das bestimmen Sie an dieser Stelle, an der Sie das jeweilige Datum in Ihrer Artikeldatenbank speichern.

Metainformationen

Nach den allgemeinen Eingabemöglichkeiten und den Preisen schauen wir uns nun gemeinsam den nächsten Bereich, nämlich die Metainformationen, an. Klicken Sie dazu auf *Meta Information*, worauf die Eingabemaske erscheint, die Sie in Abbildung 6-19 sehen.

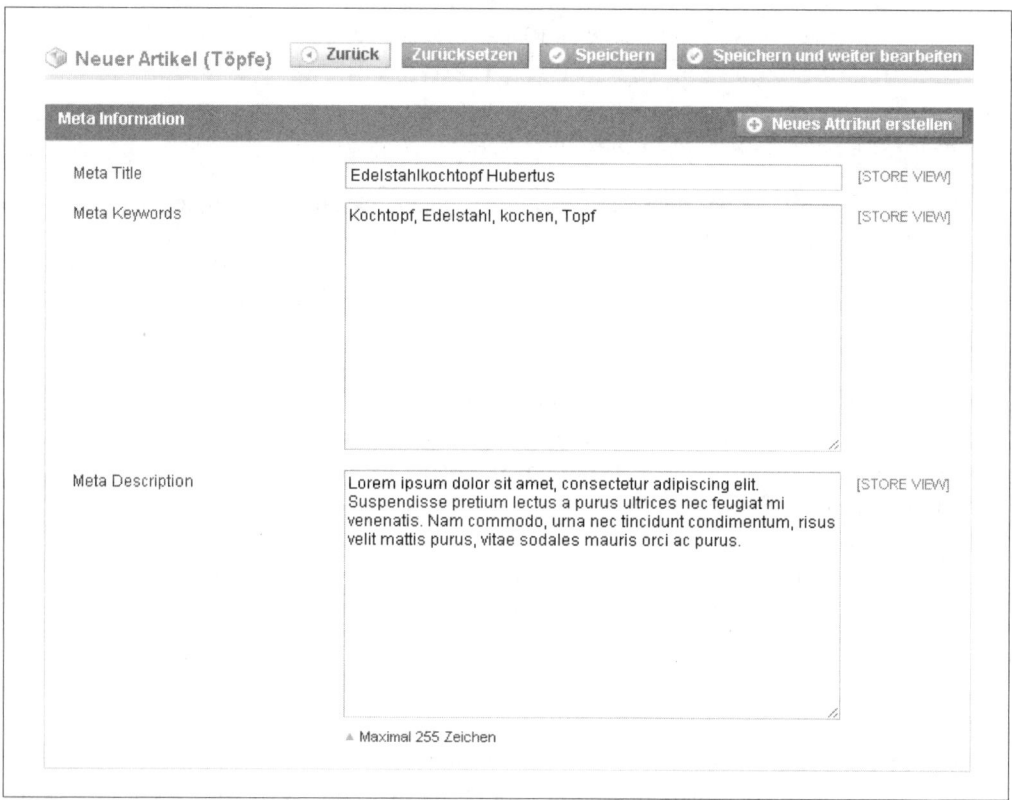

Abbildung 6-19: Tragen Sie hier die Metainformationen für Ihren Artikel ein

Neben dem eigentlichen Inhalt enthält ein HTML-Dokument üblicherweise einen Kopf, in dem Sie Informationen über dieses Dokument finden. Einen Teil dieser Informationen bezeichnet man als Metainformationen. Diese wurden bis vor einiger Zeit besonders von den Suchmaschinen zum Ranking verwendet. Mittlerweile ist die Bedeutung dieser Informationen nur noch marginal. Allein die Metabeschreibung wird von Google in Ausnahmefällen dazu genutzt, das Informationshäppchen (Snippet) zu bilden, das in den Suchmaschinenergebnissen erscheint. Sind Ihre Ressourcen beim Aufbau der Artikel begrenzt, sollten Sie Ihre Zeit eher darauf verwenden, die für den Kunden sichtbaren Artikelbeschreibungen zu optimieren.

In dieser Eingabemaske sehen Sie drei Felder, die Sie hinsichtlich der Metaangaben mit Informationen füllen können:

Meta Titel
> Geben Sie hier einen Titel für die Artikeldetailseite ein. Sinnvollerweise legen Sie den Artikelnamen zugrunde, den Sie mit einigen Extrainformationen noch aufwerten können.

Meta Keywords
> Tragen Sie hier eine durch Kommata getrennte Liste der Schlüsselwörter ein, die Ihren Artikel beschreiben. Verwenden Sie dabei nur Wörter, die tatsächlich relevant sind, und beschränken Sie sich dabei auf vier bis sieben Begriffe.

Meta Beschreibung
> An dieser Stelle tragen Sie eine kurze Beschreibung für Ihren Artikel ein, die nicht länger als 160 Zeichen lang sein darf.

Bilder

Der nächste Bereich der Artikelbearbeitung betrifft die Bilder, die als Artikelbilder angezeigt werden. Auch hier zeigt sich Magento von seiner flexibelsten Seite, wie Sie in der Eingabemaske in Abbildung 6-20 sehen können. Klicken Sie einfach auf *Bilder* in der linken Menüleiste. Sie sehen daraufhin eine Tabelle mit mehreren Spalten. Jede Zeile, die dieser Tabelle hinzugefügt wird, entspricht einem Bild-Upload.

Zu Beginn ist die Tabelle noch leer, weil bisher kein Bild hinterlegt wurde. Statt der Bilder sehen Sie die Information *Kein Bild*. In diesem Fall werden die Platzhalter verwendet, die Sie auf Seite 84 hinterlegt bzw. konfiguriert haben.

Außerdem erhalten Sie die Information, dass ein Bild für jeden StoreView hinterlegt werden muss. (Dies erkennen Sie auch daran, dass wie in den vorherigen Masken die Information *StoreView* in eckigen Klammern hinterlegt ist.) Magento ist in diesem Zusammenhang sehr vielseitig, je nachdem, welchen StoreView Sie gerade ansprechen, können Sie unterschiedliche Bilder hinterlegen. Wozu ist das sinnvoll? Stellen Sie sich einen englischsprachigen Besucher vor, der plötzlich mit deutschen Texten in Ihren Bildern konfrontiert wird. Über die StoreViews können Sie so auch übersetzte Inhalte in Ihren Artikelbildern präsentieren.

Sehen wir uns zunächst die einzelnen Spalten der Tabelle an:

Bild
> Wenn Sie mit der Maus über den weißen Bereich fahren, sehen Sie hier ein kleines Vorschaubild des jeweiligen Uploads. Wundern Sie sich aber nicht, wenn das Laden dieses winzigen Vorschaubilds ein paar Sekunden in Anspruch nimmt. Die hier so klein dargestellte Datei ist in Wirklichkeit die unverkleinerte Originalversion Ihrer Fotos.

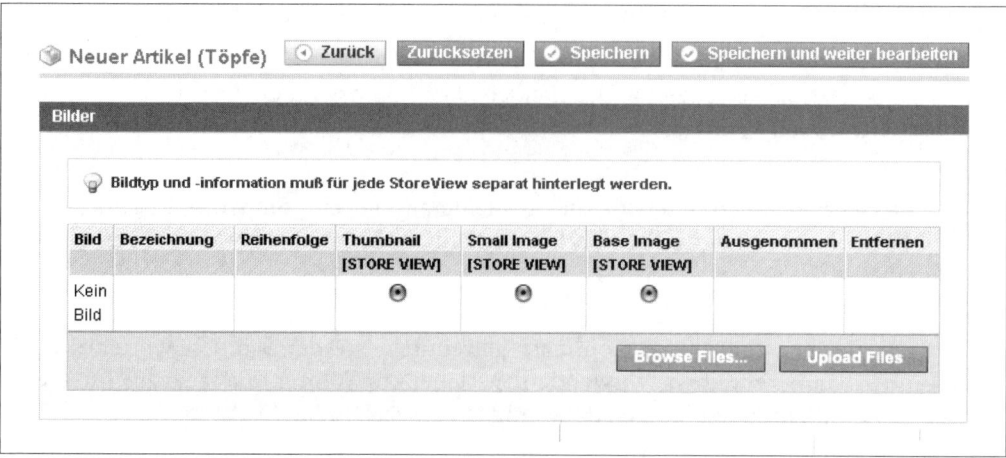

Abbildung 6-20: Übersicht über die hinterlegten Bilder für den aktuellen Artikel

Bezeichnung

In dieses Texteingabefeld lassen sich zusätzliche Informationen zum jeweiligen Bild hinterlegen. Zum einen bildet diese Information die jeweilige Bildunterschrift in der Bildergalerie. Außerdem wird sie im Frontend als sogenanntes alt-Attribut eingebunden; dies ist eine zusätzliche Auszeichnung für den Fall, dass aus irgendeinem Grund kein Bild im Browser angezeigt werden kann; im Zusammenhang mit barrierearmer bzw. barrierefreier Webprogrammierung ist es sogar ein wichtiges Element. Für validen (X)HTML-Code ist dieses Tag ebenfalls unerlässlich. Last, but not least ist diese Information auch wichtig für Suchmaschinen, die (noch) nicht erkennen können, was auf dem jeweiligen Bild zu sehen ist.

Reihenfolge

Möchten Sie zu einem Artikel mehrere Bilder veröffentlichen, die allesamt auf der Detailseite angezeigt werden sollen, können Sie hier mit einem Sortierparameter für Ordnung sorgen. Dabei wird das Bild mit dem Wert *0* zuerst angezeigt, danach erscheint *1* usw. – auch hier gilt unser Tipp: 10, 20, 30 statt 1, 2, 3 – das spart Ihnen im Zweifel später einmal Tipparbeit.

Thumbnail

Es gibt drei Bildtypen, die einem Artikel zugeordnet werden können. Diese Bildvariante ist die kleinste und standardmäßig 50 Pixel breit. Sie wird in der verkleinerten Warenkorbansicht und beim Vorschlag für Zubehör verwendet und kann nur einmal zugewiesen werden.

Small Image

Diese Bildvariante ist standardmäßig 135 Pixel breit und wird beispielsweise in einer Artikelauflistung innerhalb einer Kategorie angezeigt. Sie können analog zum *Thumbnail* nur ein Bild als *Small Image* markieren.

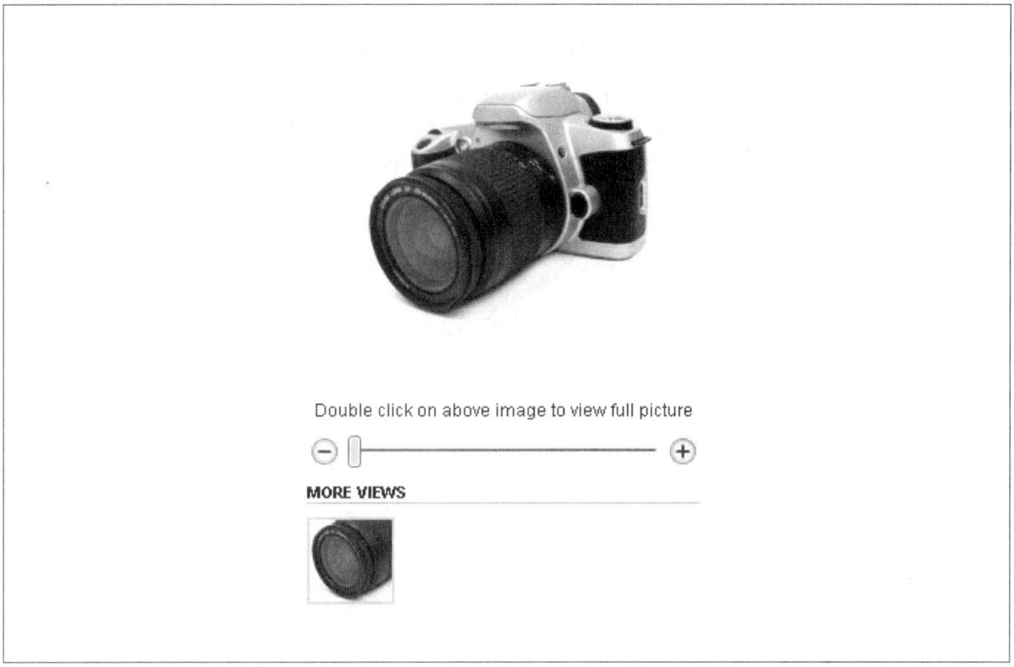

Double click on above image to view full picture

MORE VIEWS

Abbildung 6-21: Das Artikelbild auf der Artikeldetailseite

Base Image

Das wahrscheinlich wichtigste wird als *Base Image* bezeichnet. Dies ist das Bild, das auf der Artikeldetailseite erscheint. Wenn Sie das Standard-Template verwenden, wird es per JavaScript auf 265 Pixel Breite verkleinert und kann mit einem kleinen Schieberegler vergrößert werden. Vor allem dann, wenn man für das *Base Image* ein hoch aufgelöstes Bild verwendet, entsteht in diesem Fall ein Zoomeffekt, mit dem Kunden sich auch feine Details genau ansehen können.

Aktivieren die das Optionsfeld in der Spalte *Base Image*, wenn das jeweilige Bild als Hauptbild verwendet werden soll. Wie alle Bilder in einer Art Bildergalerie im Bereich *Mehr Bilder* (*More views*) angezeigt werden, sehen Sie in Abbildung 6-21

Ausgenommen

Wenn Sie für einen Artikel mehr als ein Bild auf den Server laden, werden die zusätzlichen Bilder in einer Galerie auf der Artikeldetailseite angezeigt. Um ein Bild in dieser Galerie auszublenden, markieren Sie es mithilfe des Kontrollkästchens in dieser Spalte. Das empfiehlt sich für die Abbildungen, die Sie als *Base-*, *Small-* und *Thumbnail*-Ansicht verwenden, da diese sonst in der Galerie ebenfalls erscheinen würden – wo sie definitiv nicht hingehören.

Entfernen

Dieser Teil der Bildverwaltung spricht für sich: Möchten Sie ein Bild loswerden, setzen Sie einfach ein Häkchen in das Kontrollkästchen, und es wird beim nächsten Speichervorgang ins digitale Nirwana geschoben.

Bild-Upload in Magento

Zum Bild-Upload wird in Magento der Adobe Flash Player verwendet. Dieser sollte auf Ihrem System installiert sein, um diese Funktion auch zu gewährleisten. Im Frontend des Shops werden die Bilder dann ganz normal ohne weitere nötige Zusatzsoftware über den Browser angezeigt.

Um ein Bild auf den Server zu laden, klicken Sie zunächst auf die Schaltfläche *Browse Files* und wählen ein Bild von Ihrer Festplatte aus (Abbildung 6-22).

Abbildung 6-22: Über den Bilder-Manager ein Bild auf den Server laden

Haben Sie ein bzw. mehrere Bilder ausgewählt, müssen diese mit einem Klick auf *Upload Files* hochgeladen werden. Sollten Sie vor dem Speichern den letzten Schritt vergessen haben, werden die Bilder dem Artikel nicht zugeordnet.

 Wenn Sie Ihren Shop mit einer Passwortabfrage geschützt haben, funktioniert der Bild-Upload in Magento nicht mehr. Ursache ist die Verwendung des Flash-Uploaders, der in einer eigenen, geschützten Umgebung läuft und von der Passwortabfrage noch nichts weiß. Versucht er nun, Bilddaten an den Server zu senden, fordert der Server die Zugangsdaten an, die der Flash-Uploader aber nicht liefern kann. Im Resultat verweigert der Server die Annahme, und der Flash-Uploader kann seinen Dienst nicht verrichten.

Abbildung 6-23: Das neue Attribut Größe im Einsatz

Beschreibung

Der Name lässt es schon vermuten – in diesem Bereich dreht sich alles um Artikelbe-schreibungen. Mit dem ebenfalls integrierten WYSIWYG-Editor (Abbildung 6-24) haben Sie in diesem Bereich die Möglichkeit, die Beschreibungen nach Ihren Vorstellungen zu gestalten. Rufen Sie ihn auf, indem Sie den gleichnamigen orangefarbenen Button ankli-cken. Aber Vorsicht: Auch die schönste Shopgestaltung nützt wenig, wenn mithilfe des WYSIWYG-Editors die Artikelbeschreibungen in allzu grellen Farbtönen erscheinen. Nutzen Sie die Voreinstellung unter *System → Konfiguration* im Abschnitt *Content Management → WYSIWYG Editor*. Dort können Sie den Editor standardmäßig so deakti-vieren, dass er bei Bedarf jederzeit eingeschaltet werden kann.

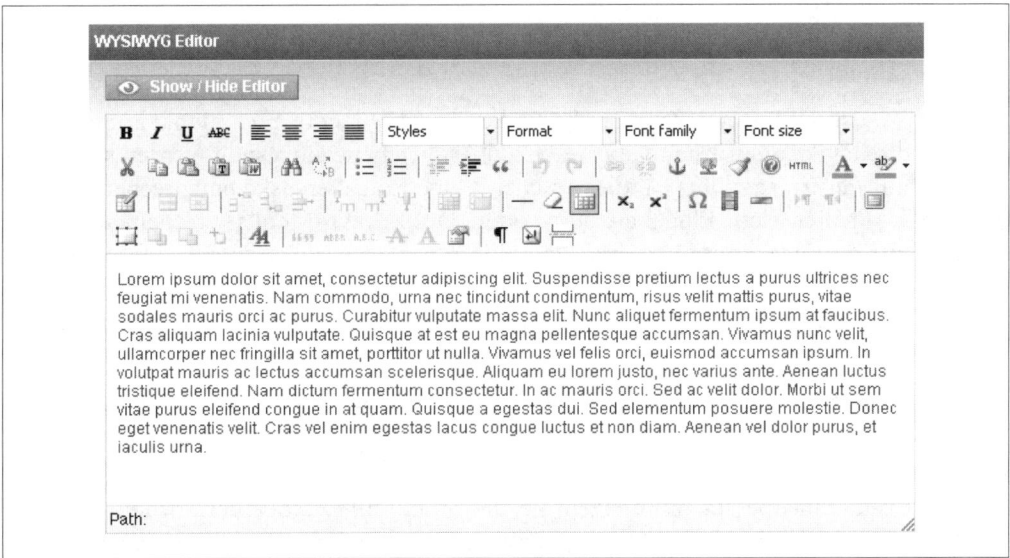

Abbildung 6-24: Eine Artikelbeschreibung wird formatiert

Beschreibung

Magento sieht zwei Arten der Beschreibung eines Artikels vor: eine längere Vari-ante, die mit *Beschreibung* bezeichnet wird und auf den Artikeldetailseiten erscheint, und eine kürzere, die auf den Kategorieseiten verwendet wird, wenn die Listenansicht aktiv ist Diese Beschreibung darf gern etwas ausführlicher ausfallen. Denken Sie daran, dass Ihnen für die Gestaltung auch HTML zur Verfügung steht.

Kurzbeschreibung
Geben Sie hier eine Kurzbeschreibung ein, die Ihre Kunden neugierig auf Ihren Artikel machen soll, wenn sie sich den Inhalt einer Kategorie Ihres Shops in der Listenansicht ansehen.

Gestaltung

Dieser Abschnitt dient dazu, zeitlich begrenzte Gestaltungsänderungen auf Artikelebene durchzuführen und wird in Kapitel 11 detailliert beschrieben.

Topfinformationen

Dieser Bereich der Artikelverwaltung entspricht genau der Gruppe *Topfinformationen*, die Sie im Attributset *Töpfe* neu angelegt haben. Alle neuen Attribute, die Sie dort im Laufe der Zeit zuordnen, erscheinen auch automatisch in diesem Bereich der Artikeleingabe – und zwar genau in der Reihenfolge, die Sie beim Bearbeiten des Attributsets via Drag-and-drop bestimmt haben.

Wählen Sie hier nun die Größe *20cm* aus und gehen Sie zum nächsten Schritt, der *Lagerverwaltung*, über.

Lagerverwaltung

Als Nächstes ist der Lagerbestand an der Reihe, der in Magento zwar global konfiguriert, der Schachtellogik entsprechend aber auch auf Artikelebene eingestellt werden kann. Klicken Sie auf *Lagerverwaltung*, und es erscheint eine Eingabemaske entsprechend Abbildung 6-25. Unter den Eingabefeldern oder Drop-down-Menüs erscheinen jeweils Kontrollkästchen mit einem Häkchen. Hierdurch wird symbolisiert, dass in diesem Fall die Konfigurationseinstellungen verwendet werden. Wird eine individuelle Einstellung benötigt, müssen Sie das Eingabefeld erst freischalten, indem Sie das Häkchen entfernen.

Warenbestand verwalten
An dieser Stelle haben Sie die Möglichkeit, die Lagerverwaltung für den aktuellen Artikel einzuschalten. Aktivieren Sie den Wert *Ja* aus der Liste.

Menge
In diesem Eingabefeld hinterlegen Sie die Stückzahl, zu der der Artikel in Ihrem Lager vorhanden ist. Die Stückzahl in dieser Eingabemaske ist auch das einzige Feld, in dem eine Eingabe obligatorisch ist; es wäre ja auch noch schöner, wenn man eine Lagerverwaltung aktiviert, ohne eine Stückzahl einzugeben.

Anzahl, um Artikel mit ›Nicht auf Lager‹ zu kennzeichnen
Legen Sie hier eine Stückzahl fest, ab der der Artikel als *Ausverkauft* markiert wird. Wenn Sie hier beispielsweise den Wert *10* eingeben, ist sichergestellt, dass immer mindestens zehn Stück des Artikels vorrätig sind.

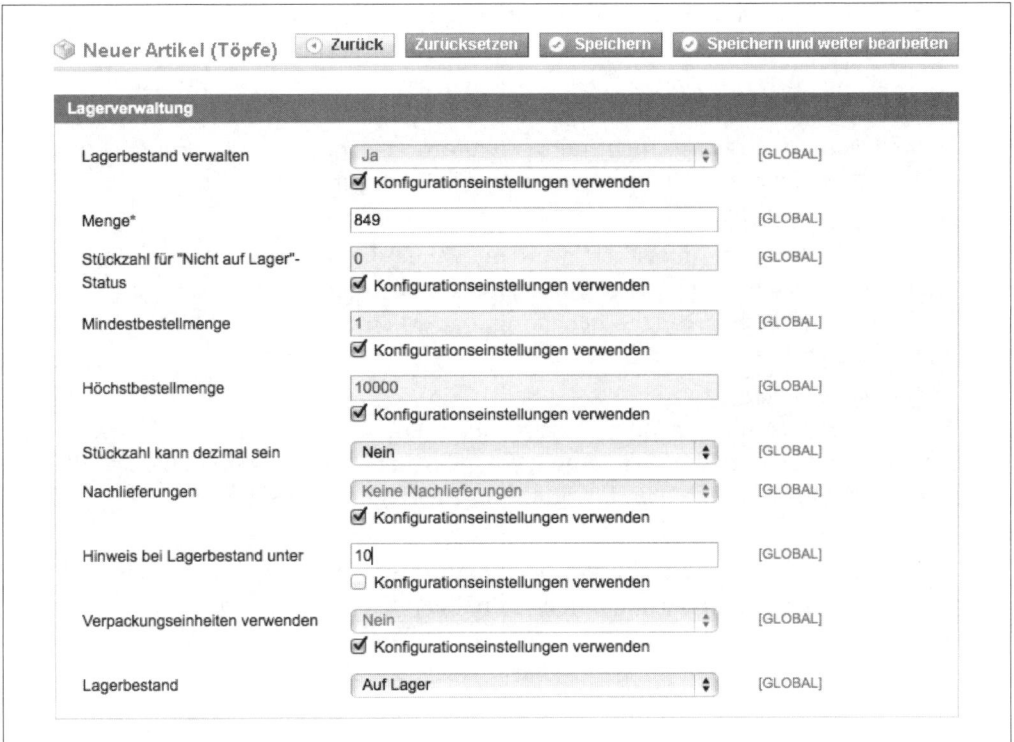

Abbildung 6-25: Verwaltung des Inventars auf Artikelebene

Mindestbestellmenge

Jeder Hausmann sollte mindestens zwei Ihrer Edelstahlkochtöpfe besitzen, oder nicht? Wenn Sie dieser Meinung sind, können Sie hier die entsprechende Mindestbestellmenge eingeben, also 2.

Höchstbestellmenge

Mehr als 20 Kochtöpfe braucht aber auch der enthusiastischste Hobbykoch nicht? Legen Sie hier eine Höchstbestellmenge für den aktuellen Artikel fest.

Stückzahl kann dezimal sein

Es mag ja sein, dass der durchschnittliche bundesdeutsche Haushalt 5,3 Töpfe und Pfannen sein Eigen nennt, dies muss aber für Sie nicht zwangsläufig bedeuten, dass Sie Ihre Artikel auch in Bruchstücken verkaufen müssen – oder können! Wählen Sie also in diesem Fall den Wert *Nein* aus dem Drop-down-Menü aus.

Nachlieferungen

Sie können entscheiden, ob Sie über Ihren Shop mehr Einheiten eines Artikels verkaufen möchten, als Sie zum Zeitpunkt des Verkaufs auf Lager haben. Wenn Sie durch das Entfernen des Häkchens die Konfigurationseinstellungen überschreiben und demzufolge das Drop-down-Menü aktivieren, erhalten Sie drei verschiedene Möglichkeiten: Mit *Keine Nachlieferungen* legen Sie fest, dass ein Kunde nur die

Menge kaufen kann, die tatsächlich vorhanden ist; mit *Lagerbestand unter 0 erlauben* können Kunden auch Artikel kaufen, wenn diese nicht mehr in ausreichender Stückzahl im Lager vorhanden sind; wählen Sie die Option *Lagerbestand unter 0 erlauben und Kunden informieren*, wenn Artikel jenseits der vorhandenen Lagermengen eingekauft werden können, im Warenkorb aber darüber informiert wird, dass Teile der bestellten Artikel nachgeliefert werden müssen.

Hinweis bei Lagerbestand unter
Möchten Sie darüber informiert werden, wenn die Lagermenge eine bestimmte Stückzahl unterschreitet? Geben Sie hier den gewünschten Wert ein, und Sie werden im RSS-Feed entsprechend benachrichtigt. Mehr zum Thema RSS-Feeds für den Shopbetreiber finden Sie auf Seite 329.

Aktiviere Mengeneinheiten
Sie möchten gern nur gerade Stückzahlen verkaufen, weil Ihnen das Glück bringt? Dann tragen Sie in diesem Feld eine 2 ein, aber für unseren Webkochshop belassen Sie diese Einstellung auf *Nein*, um auf Mengeneinheiten zu verzichten.

Lagerbestand
Ganz egal, welche Werte Sie weiter oben eingetragen haben, in diesem Drop-down-Menü können Sie jeden Artikel noch einmal explizit auf *Lieferbar* oder *Ausverkauft* setzen.

Website

Betreiben Sie in Ihrer Magento-Instanz mehrere Websites, können Sie gezielt bestimmen, in welchen Websites der Artikel erscheinen darf. Setzen Sie hier den Haken bei der *Main Website*. (Weitere Informationen zu den Möglichkeiten verschiedener Websites finden Sie in Kapitel 9.)

Kategorien

Die Lagerverwaltung für unseren *Edelstahlkochtopf Hubertus* ist eingestellt und bereit für den Verkauf.

Das Zuweisen des Artikels zu einer oder mehreren Kategorien funktioniert ähnlich intuitiv wie das zuvor Beschriebene. Klicken Sie dazu auf *Kategorien*, und es erscheint ein Kategoriebaum, wie in Abbildung 6-26 dargestellt.

Der Kategoriebaum ist so aufgebaut, wie Sie es vielleicht vom Windows Explorer kennen. Mit einem Klick auf ein Plussymbol klappt der Baum auf, und es erscheinen untergeordnete Kategorien, ein Klick auf ein Minussymbol reduziert den Baum wieder. Links neben den jeweiligen Kategorienamen erkennen Sie ein Kontrollkästchen, in das Sie ein Häkchen setzen und damit den Artikel einer Kategorie (oder auch mehreren) zuweisen können. Rechts neben dem Kategorienamen erscheint in Klammern die Anzahl der Artikel, die dieser Kategorie bisher zugewiesen worden sind. (Mit dem Aufbau des Kategoriebaums haben wir uns eingehend auf Seite 123 beschäftigt.)

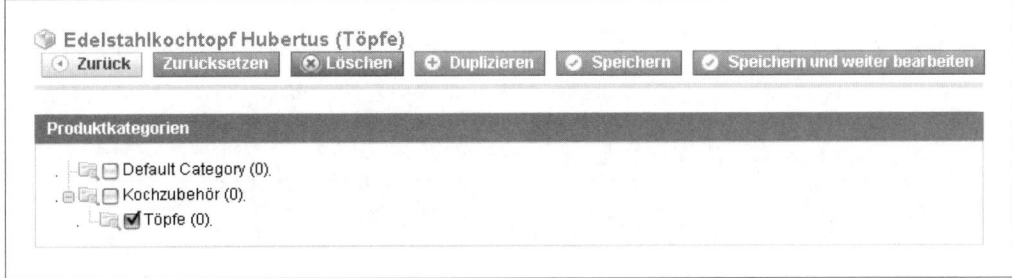

Abbildung 6-26: Artikel dem Kategoriebaum hinzufügen

Zubehör, Up-Selling und Cross-Selling

Nachdem Sie den *Edelstahlkochtopf Hubertus* nun der gewünschten Kategorie hinzugefügt haben, sehen Sie als Nächstes die drei Punkte *Zubehör*, *Up-Selling* und *Cross-Selling*. Mithilfe dieser Menüpunkte lassen sich Verknüpfungen zwischen Artikeln herstellen, die auch im Webkochshop entsprechend dargestellt werden. Denken Sie beispielsweise an Messer, die zusammen mit Gabeln verkauft werden sollen. Diese drei Verknüpfungsarten werden in Kapitel 11 im Detail besprochen. An dieser Stelle gehen Sie einfach über zum nächsten Menüpunkt, nämlich den *Individuellen Optionen*.

Individualisierungsoptionen

Diese Funktion stellt eine effektive Tuning-Möglichkeit für die einfachen Artikel in Magento dar. Nehmen wir einmal an, Sie möchten speziell gravierte Töpfe verkaufen und den Kunden anbieten, den Text sowie die Schriftart für diesen Schriftzug im Frontend selbst auszuwählen. Klicken Sie dazu ganz links in der Seitenleiste auf *Individualisierungsoptionen*, um die Eingabemaske für diesen Teil der Artikelverwaltung aufzurufen. Um eine neue Option für den *Edelstahlkochtopf Hubertus* anzulegen, klicken Sie rechts oben auf die Schaltfläche *Neue Option*, sodass Sie die Eingabefelder wie in Abbildung 6-27 gezeigt sehen können.

Titel
> Tragen Sie hier den Titel der Artikeloption ein. Da wir beim obigen Beispiel der Gravur bleiben möchten, entscheiden Sie sich hier für *Schriftart*.

Eingabetyp
> Als Nächstes legen Sie fest, auf welche Art der Kunde den Wert für diese Option auswählen kann. Da Sie ihm eine festgelegte Anzahl von Schriftarten anbieten möchten, wählen Sie in diesem Drop-down-Menü den Wert *Drop-down* aus.

Pflichtangabe
> Bestimmen Sie, ob die Auswahl einer Schriftart durch den Kunden obligatorisch sein soll oder nicht. Setzen Sie diesen Wert für unser Beispiel auf *Ja*.

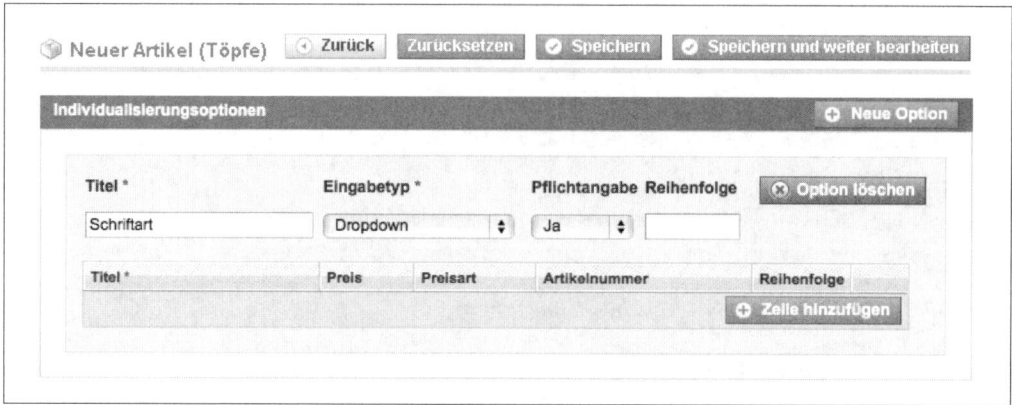

Abbildung 6-27: Individualisierungsoptionen hinzufügen

Reihenfolge

Mit einem Sortierparameter, der Ihnen in der Artikelverwaltung nun schon einige Male über den Weg gelaufen ist, haben Sie die Möglichkeit, die Reihenfolge der Optionen zu beeinflussen. Lassen Sie dieses Feld für unser Beispiel leer, damit wird automatisch eine *0* in die Datenbank geschrieben und die Option ganz nach oben sortiert.

Damit haben Sie alle erforderlichen Felder für die individuelle Artikeloption *Schriftart* ausgefüllt. In einem zweiten Schritt weisen Sie ihr mit einer beliebigen Anzahl von Zeilen die Werte zu, die die Kunden im Shop auswählen können. Klicken Sie dazu auf die Schaltfläche *Neue Zeile*, um Ihre neue Option mit Leben zu füllen (Abbildung 6-28).

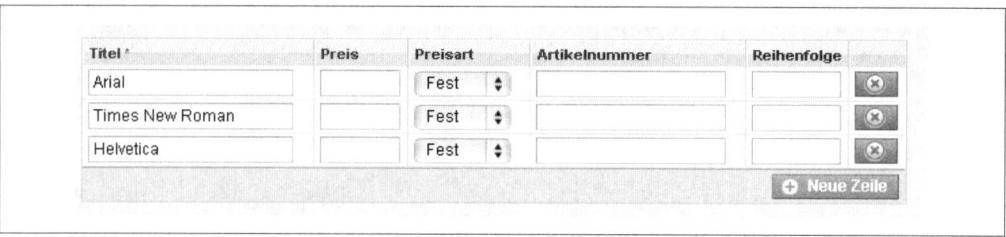

Abbildung 6-28: Der Individualisierungsoption neue Werte hinzufügen

Titel

Tragen Sie hier Werte ein, die im Drop-down-Menü für die Schriftart angezeigt werden sollen, also beispielsweise *Arial*, *Times New Roman* und *Helvetica*.

Preis

Für den Fall, dass eine bestimmte Auswahl zu Mehrkosten führt, können diese hier als Aufpreise hinterlegt werden. In unserem Beispiel bieten Sie jedoch die Gravur als kostenlosen Service an, das Feld können Sie deshalb auch leer lassen.

Preisart

> Wählen Sie aus, ob der Aufpreis, den Sie eingetragen haben, als fester Wert (*Fest*) oder prozentual (*Prozent*) zum Grundpreis für den Artikel hinzugerechnet wird. Sie haben im *Preis*-Feld keinen Wert eingegeben, die Preisart bleibt also wirkungslos und muss nicht verändert werden.

Artikelnummer

> Wenn Sie in Ihrem Warenwirtschaftssystem eine neue Artikelnummer vergeben, je nachdem, welche Schriftart bei der Gravur verwendet wird, können Sie diese hier hinterlegen. Für unser Beispiel lassen Sie dieses Feld einfach leer; damit wird bei der Bestellung allein die Hauptartikelnummer des zu gravierenden Artikels verwendet. Andernfalls würde Magento die Zeichenfolge an die Hauptartikelnummer anhängen.

Reihenfolge

> Nehmen Sie hier Einfluss auf die Reihenfolge der Werte im Drop-down-Menü *Schriftart*. Lassen Sie dieses Feld leer, wird jeweils der Wert *0* eingetragen, und die einzelnen Werte werden so sortiert, wie sie in die Datenbank eingetragen worden sind.

Nachdem Sie jetzt wissen, wie man das Drop-down-Menü mit Leben füllt, können Sie nun beliebig viele Zeilen über den Button *Neue Zeile* generieren oder nicht benötigte Einträge mit der roten Schaltfläche ganz rechts wieder löschen.

Die zweite Artikeloption, über die der Kunde einen beliebigen Freitext für die Gravur eingeben kann, wird analog dazu angelegt. Klicken Sie also wiederum auf die Schaltfläche *Neue Zeile* und wählen Sie als Eingabetyp *Text-Field* aus. Außerdem entfällt ein Anlegen mehrerer Zeilen für die Optionswerte, da es sich ja wie erwähnt um eine Freitexteingabe handelt. Die beiden neuen Artikeloptionen *Schriftart* und *Text* sehen Sie in Abbildung 6-29 in Aktion.

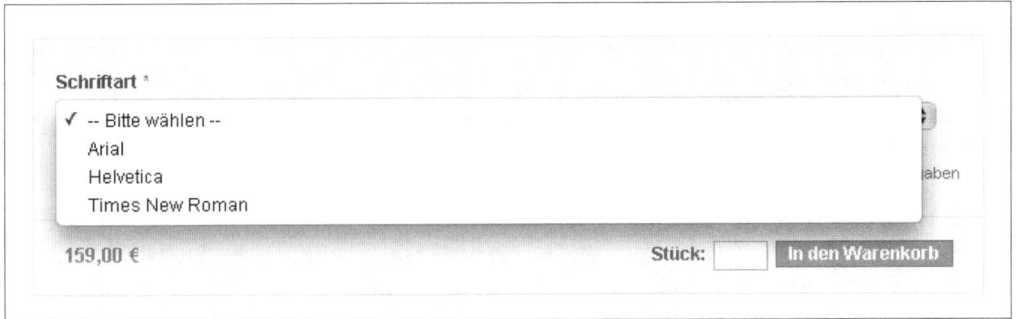

Abbildung 6-29: Gravieren leicht gemacht: die Individualisierungsoptionen im Einsatz

Kundenmeinungen, Artikelschlagworte und Schlagworte von Kunden

Diese drei Eingabemasken, die Sie in der Menüleiste ganz links jeweils unter *Kundenmeinungen*, *Artikelschlagworte* und *Schlagworte von Kunden* finden, nachdem Sie den Artikel zum ersten Mal gespeichert haben, stellen genau genommen keine weitere Konfigurationsmöglichkeit auf Artikelebene dar. Sie finden hier eine Übersicht der Daten, beispielsweise Meinungen und Schlagwörter, die Kunden für den jeweiligen Artikel hinterlassen haben. Für Sie als Shopbetreiber haben diese drei Bereiche daher eher den Stellenwert eines artikelspezifischen Berichts über die Art und Weise, wie Kunden auf den jeweiligen Artikel reagiert haben.

Da unser *Edelstahlkochtopf Hubertus* noch nicht für die Menschheit sicht- und kaufbar gemacht wurde, sind in den entsprechenden Listen auch noch keine Daten enthalten. In Kapitel 11, in dem wir genauer auf das Feedback der Kunden und erweiterte Marketingwerkzeuge eingehen, werden wir die Verwendung dieser Masken genauer untersuchen.

Auf den vorangegangenen Seiten haben wir im Detail beschrieben, wie man einen einfachen Artikel in Magento anlegt und welche verschiedenen Konfigurationsmöglichkeiten es dabei gibt. Haben Sie alle Eingaben abgeschlossen, können Sie mit einem Klick auf die Schaltfläche *Speichern* den Artikel abspeichern und den neuen Kochtopf ab sofort in Ihrem Shop anbieten (Abbildung 6-30).

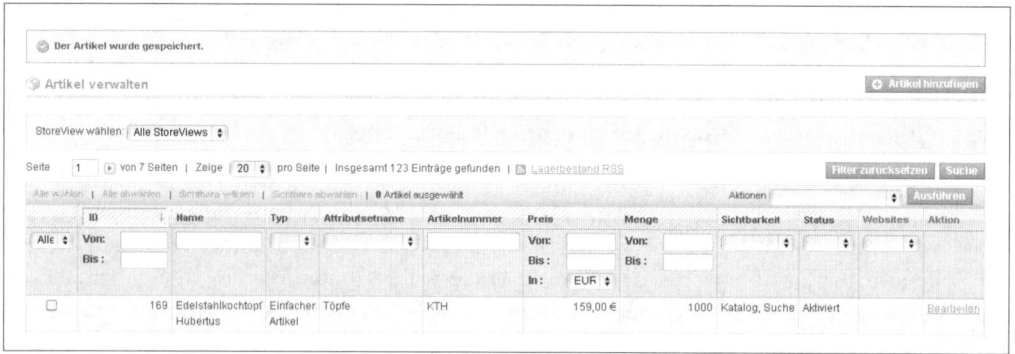

Abbildung 6-30: Neuer Artikel in der Artikelliste

Sollten Sie eine Angabe vergessen haben, macht Magento Sie mit einem Ausrufezeichen neben dem jeweiligen Menünamen darauf aufmerksam (Abbildung 6-31). Es ist also nicht möglich, unvollständige Artikel in die Datenbank zu speichern – Magento übernimmt die Kontrollarbeit.

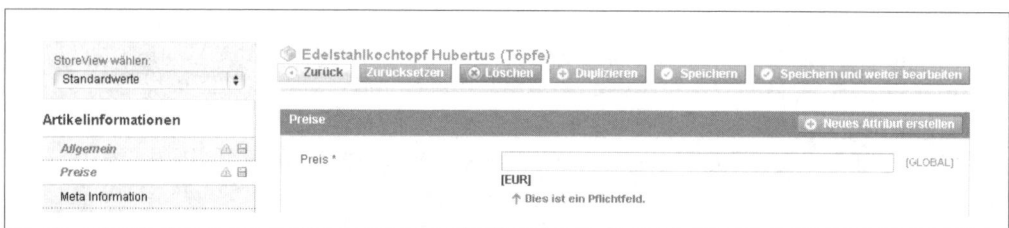

Abbildung 6-31: In der Artikelverwaltung wurde ein Pflichtfeld nicht angegeben

Später werden Sie erfahren, wie man konfigurierbare Artikel in Magento erstellt. Beachten Sie bitte, dass einfache Artikel nur dann für konfigurierbare Artikel genutzt werden können, wenn sie keine individuellen Optionen enthalten, die als Pflichtangaben markiert sind!

In diesem Abschnitt haben Sie gelernt, welche grundlegenden Artikeltypen es in Magento gibt, um echte Artikel zu verkaufen. Wieso betonen wir das Wort echt? Sehen Sie jetzt, wie Sie in Magento virtuelle Artikel wie beispielsweise Abo-Verträge, E-Books, Bilder oder Programme verkaufen können.

Virtuelle Artikel (Virtual Products)

Ein virtueller Artikel zeichnet sich vor allem dadurch aus, dass er keine Versandkosten erfordert und somit auch nicht der komplette Bestellprozess durchlaufen wird, wenn er allein im Warenkorb liegt. Was das Anlegen eines solchen Artikels in der Artikelverwaltung angeht, stimmt dies zu 100 % mit dem eines einfachen Artikels (siehe Seite 144) überein.

Downloadartikel (Downloadable Products)

Diese Weiterentwicklung der virtuellen Artikel ermöglicht es Shopbetreibern, auch Downloads anzubieten. Das Anlegen eines solchen Artikels unterscheidet sich von dem eines einfachen Artikels nur durch einen weiteren Menüeintrag in der linken Navigationsleiste, nämlich *Downloadinformation*.

Im Webkochshop werden Sie mithilfe dieses Artikeltyps eine PDF-Datei mit Kochrezepten (*1000 Nudelrezepte für den ambitionierten Anglistik-Studenten*) verkaufen. Beginnen Sie also das Anlegen eines Artikels über den Button *Artikel hinzufügen* in der Artikelverwaltung (*Katalog → Artikel verwalten*) und tragen Sie die notwendigen Informationen so ein, wie Sie es bei den einfachen Artikeln (siehe Seite 144) gesehen haben. Verwenden Sie dazu das Attributset *Default* und den Artikeltyp *Downloadable-Artikel Product*. Wechseln Sie in das Menü *Downloadinformation*, um dort wichtige Einstellungen für den Download des PDF vorzunehmen (Abbildung 6-32).

Zunächst hinterlegen Sie für den neuen Artikel ein Probekapitel in Form einer PDF-Datei. Tragen Sie dazu im Abschnitt *Beispiele* im Eingabefeld *Titel* das Wort *Probekapitel* ein und klicken Sie auf *Neue Zeile hinzufügen*. In das nun erscheinende Feld *Titel* schreiben Sie den Titel des Probekapitels: *10 Spaghetti-Tricks*. Aktivieren Sie das Optionsfeld *File* und suchen Sie über die Schaltfläche mit den drei Punkten die Datei auf Ihrem Computer. Klicken Sie anschließend auf den Button *Dateien hochladen* zum Übertragen dieser Datei auf den Server (Abbildung 6-33).

Das Probekapitel ist angelegt, fehlt nur noch der Hauptteil des Dokuments. Im Abschnitt *Links* tragen Sie dazu in das Eingabefeld *Titel* das Wort *PDF-Dokumente* ein. Das Dropdown-Menü *Links können einzeln erworben werden* belassen Sie auf *Ja* und klicken auf

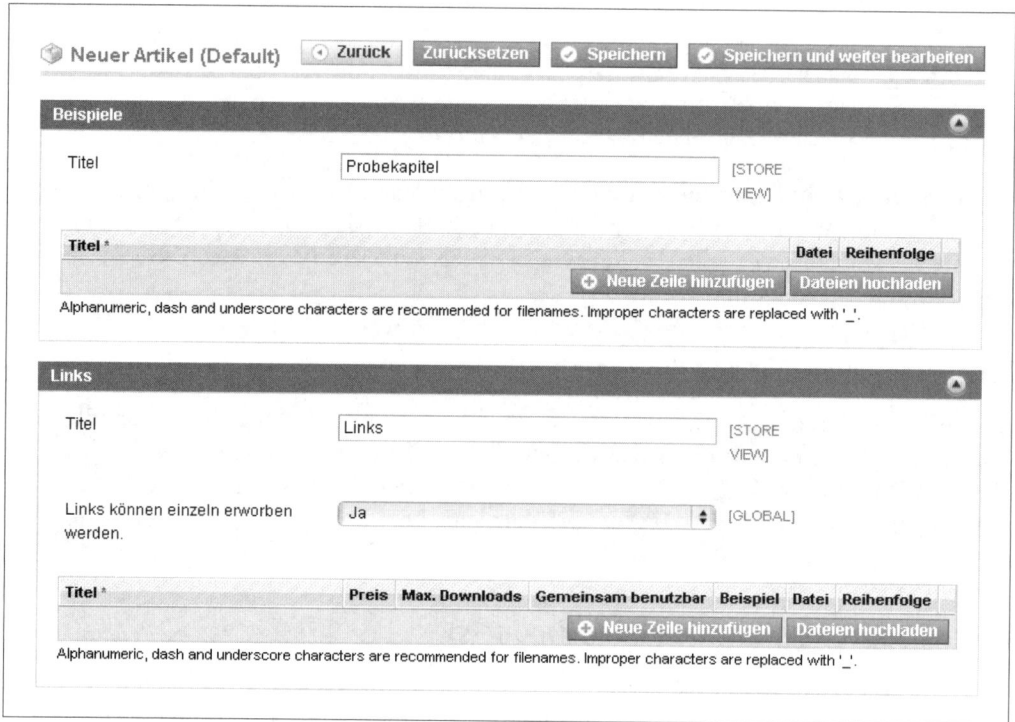

Abbildung 6-32: Spezielle Informationen für den Downloadartikel

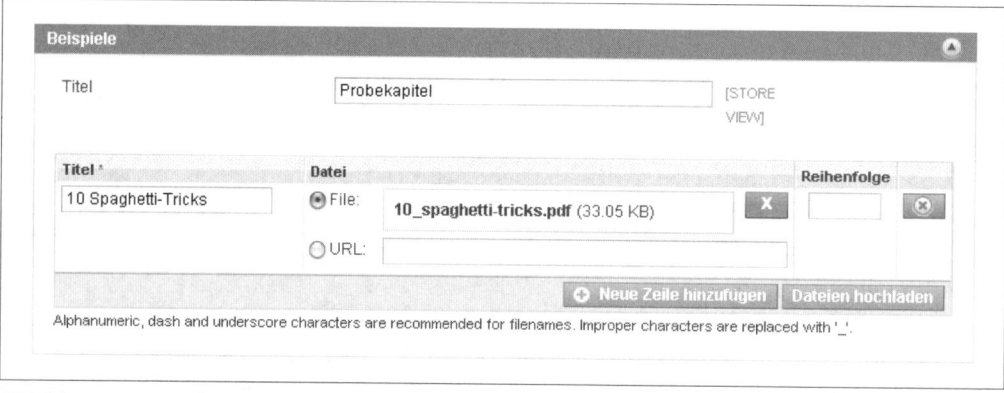

Abbildung 6-33: Laden Sie das Probekapitel auf den Server

Neue Zeile hinzufügen. In der nun erscheinenden Eingabemaske können Sie jetzt beliebig viele Links eintragen, über die die Kunden nach der Bestellung das PDF herunterladen können. Dies ist vor allem dann sinnvoll, wenn Sie die Kapitel des PDF einzeln verkaufen. In unserem Beispiel verkaufen Sie die Datei jedoch nur komplett und benötigen daher lediglich eine Zeile (Abbildung 6-34).

An dieser Stelle fällt Ihnen sicherlich auf, dass Sie keine individualisierbaren Dateien hinterlegen können. In Magento ist es nämlich ausschließlich möglich, eine Datei für alle Kunden zu verkaufen. Lizenzdateien oder andere Dateien, die für jede Bestellung individuell angelegt oder ausgewählt werden müssten, lassen sich mit Magentos Bordmitteln nicht umsetzen.

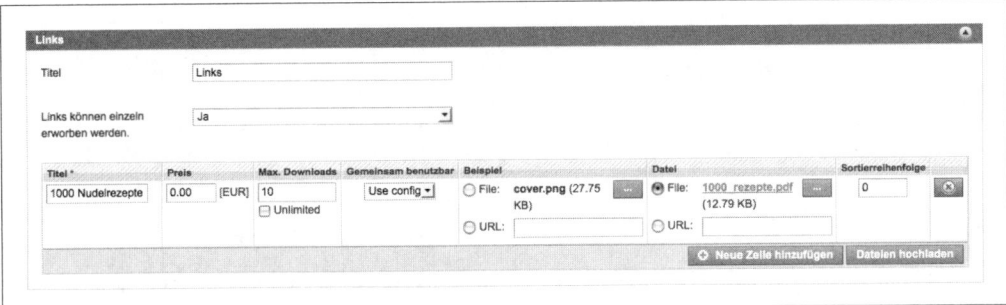

Abbildung 6-34: Anlegen eines Links für den Artikeldownload

In das Feld *Titel* geben Sie nun *1000 Nudelrezepte für den ambitionierten Anglistik-Studenten* ein, der Preis beträgt *0.00* (den haben Sie bereits beim Hauptartikel festgelegt), bei *Max. Downloads* tragen Sie eine *10* ein, das Drop-down-Menü *Gemeinsam benutzbar* belassen Sie bei der Standardeinstellung. Anschließend könnten Sie, wenn Sie die Kapitel einzeln verkaufen, in der Spalte *Beispiel* für jeden Link eine Beispieldatei – zum Beispiel eine Probeseite des jeweiligen Kapitels – auswählen. Wir haben bereits für den gesamten Artikel eine Beispieldatei hinterlegt, sodass wir hier kein Beispiel mehr benötigen. Last, but not least aktivieren Sie in der Spalte *Datei* wiederum das Optionsfeld *File* und lokalisieren analog zum Probekapitel das vollständige PDF des Kochbuchs auf Ihrem Rechner. Zum Schluss laden Sie es über die Schaltfläche *Dateien hochladen* auf den Server.

Das PDF ist nun im Webkochshop gespeichert und kann gekauft werden (Abbildung 6-35).

Nach der Bestellung erhält der Kunde einen Link, über den er die Datei herunterladen kann und hoffentlich schon kurz danach in seiner Küche vor brodelndem Salzwasser steht.

Damit Kunden jederzeit Zugriff auf Ihre Downloadartikel haben, empfiehlt es sich, Magento so zu konfigurieren, dass der Gastbezahlvorgang deaktiviert werden soll, sobald sich Downloadartikel im Warenkorb befinden. In der Praxis hat sich gezeigt, dass viele Kunden die Bestellbestätigungsmail mit dem Downloadlink löschen, nicht mehr finden oder einfach nicht sehen, dass sich der Downloadlink darin befindet. Somit können sich diese Kunden jederzeit im Webkochshop anmelden und unter *Meine Downloads* das PDF laden.

1000 Nudelrezepte für den ambitionierten Anglistik-Studenten

E-Mail an einen Freund
Schreiben Sie die erste Kundenmeinung

Verfügbarkeit: Auf Lager

15,00 €

Probekapitel
10 Spaghetti-Tricks
Auf den Wunschzettel | Auf die Vergleichsliste

Kurzübersicht

Lorem ipsum dolor sit amet, consectetur adipiscing elit. Nulla dapibus, turpis sed euismod venenatis, velit nulla tristique elit, id lobortis ipsum odio et mauris. Cras feugiat leo eu enim. Integer euismod. Duis viverra turpis eget magna. Proin varius condimentum velit. Etiam congue urna eu neque. Aliquam aliquet sapien et lorem. Suspendisse mattis. Proin eu diam. Praesent vitae ligula. Proin vitae nunc fringilla turpis porta semper.

Links *

☐ 1000 Nudelrezepte für den ambitionierten Anglistik-Studenten (Beispiel)

* Pflichtangaben

15,00 €   Stück: [   ] **In den Warenkorb**

Abbildung 6-35: Ab sofort verkaufen Sie im Webkochshop ein Kochbuch in PDF-Form

In den vorherigen Abschnitten haben Sie gelernt, wie man zunächst einen Kategoriebaum so aufbaut, dass Kunden sich in Ihrem Artikelangebot gut zurechtfinden. Anschließend haben Sie das Attributsystem von Magento kennengelernt, ein neues Attributset erstellt und die Datenbank des Webkochshops perfekt für die neuen Artikel vorbereitet. Daraufhin haben Sie den Edelstahlkochtopf Hubertus als einfachen Artikel angelegt und gesehen, welche Informationen es dabei einzutragen gilt. Zum Schluss haben Sie einen Downloadartikel angelegt, sodass Kunden im Webkochshop eine PDF-Datei bestellen können, diese aber nicht versendet, sondern stattdessen automatisch zum Download angeboten wird.

Downloadartikel konfigurieren

Im Adminbereich werden die Download-Artikel unter *System → Konfiguration →
Katalog* im Abschnitt *Downloadartikel-Optionen* konfiguriert:

Bestellstatus, um Downloadartikel zu aktivieren
> Hier möchte Magento wissen, welchen Bestellstatus eine Bestellung haben
> muss, um den Download freizugeben. Zu den Bestellungen bzw. Bestellstatus
> kommen wir erst in Kapitel 8, an dieser Stelle wählen Sie für den Webkoch-
> shop den Wert *Vollständig* aus dem Drop-down-Menü aus.

Standard Maximalanzahl an Downloads
> An dieser Stelle bestimmen Sie, wie oft ein Kunde den bestellten Download-
> artikel herunterladen kann. Der Standardwert steht hier auf *0*, setzen Sie ihn
> jedoch auf *3*, um Ihren Kunden mehrere Versuche einzuräumen.

Gemeinsam benutzbar
> Soll der Kunde den Link zur Download-Datei mit anderen teilen können oder
> nicht? Dies entscheiden natürlich Sie, für unseren gemeinsamen Webkoch-
> shop empfehlen wir Ihnen jedoch, das Drop-down-Menü auf *Nein* zu setzen.

Standard Beispieltitel
> Vor der Bestellung einer downloadbaren Datei kann sich der Kunde erst eine
> Art Leseprobe herunterladen, um zu sehen, ob das, was er im Begriff ist, im
> Online-Shop zu kaufen, auch das Gewünschte ist. Tragen Sie hier die Über-
> schrift *Beispieldaten* ein.

Standard Linktitel
> Ein Link ist ein Link ist ein Link. Der Link zum Download soll auch Link hei-
> ßen, nennen Sie ihn deshalb der Einfachheit halber natürlich *Link*.

Links in neuem Fenster öffnen
> Legen Sie hier das Ziel des Download-Links fest; entweder öffnet sich dieser im
> selben oder in einem neuen Browserfenster. Wir empfehlen die Einstellung *Ja*,
> um die aktuelle Seite nicht zu verlassen und ein neues Fenster zu aktivieren.

Inhaltseinstellung verwenden
> Hier bestimmen Sie die Art und Weise, wie der downloadbare Inhalt ausgelie-
> fert wird, entweder *inline* (in der Seite) oder als Anhang (*attachment*).

Bezahlvorgang als Gast deaktivieren, wenn Downloadartikel im Warenkorb liegen
> Üblicherweise haben Ihre Kunden im Frontend die Möglichkeit, entweder bei
> der Bestellung sofort ein passwortgeschütztes Kundenkonto anzulegen oder
> ohne Registrierung mit einem Gastkonto zu bestellen. Setzen Sie den Wert des
> Drop-down-Menüs auf *Ja*, um bei downloadbaren Downloadartikeln sinnvol-
> lerweise die Gastkontofunktion zu unterbinden. Eine Gastkontofunktion
> funktioniert nur dann, wenn Sie den Download-Link vorher auf *gemeinsam
> benutzbar* gesetzt haben.

Artikel gruppieren und zusammen anbieten

Auf den vorangegangenen Seiten haben Sie die einfachen Artikel und deren virtuelle bzw. digitale Brüder und Schwestern kennengelernt, nämlich die virtuellen Artikel und die Downloadartikel. Insbesondere die einfachen Artikel bilden die kleinsten Einheiten im Webkochshop und werden für die meisten Einsatzbereiche der Artikeltyp der Wahl sein. Es gibt allerdings auch Fälle, in denen einfache Artikel auf eine bestimmte Art und Weise gebündelt bzw. gruppiert werden müssen, um einen Artikel anbieten zu können. Und in diesem Zusammenhang spielt Magento seine ganze Stärke aus: Es stehen Ihnen insgesamt drei verschiedene Artikeltypen zur Verfügung, mit deren Hilfe sich sehr komplexe Artikel im Webkochshop abbilden lassen. In der Folge lernen Sie nun die konfigurierbaren Artikel, die Gruppen-Artikel und die Bündel-Artikel kennen und erfahren auch gleich, wie Sie damit praxisnah Artikel in Ihren Shop einstellen können.

Konfigurierbare Artikel (Configurable Products)

Mit dem bis jetzt gewonnenen Wissen können Sie nun einfache Artikel anlegen und damit schon vielen Artikeln Ihres Sortiments Rechnung tragen. Wie verfahren Sie aber nun, wenn Sie den Edelstahlkochtopf in verschiedenen Varianten verkaufen möchten, beispielsweise in verschiedenen Größen? Da Sie ja nicht auf den Kopf gefallen sind, könnten Sie nun beispielsweise den Artikel einige Male duplizieren und ihn dann mit verschiedenen Namen, Artikelbeschreibungen, Bildern usw. online stellen. Dies wäre auch völlig korrekt und in die richtige Richtung gedacht, birgt jedoch für Ihre Besucher den Nachteil, dass sie sich über mehrere Artikeldetailseiten bewegen müssen, obwohl es sich ja in Wahrheit um den gleichen Artikel handelt.

Einen konfigurierbaren Artikel kann man sich als eine Art Container vorstellen, in dem alle Varianten eines Artikels zusammengefasst sind. Dies hat den Vorteil, dass der Kunde sich nicht über mehrere Artikeldetailseiten bewegen muss, sondern alle Informationen auf einer Seite gebündelt angezeigt bekommt. Mithilfe von Drop-down-Menüs wählt er die Größe aus – um beim Kochtopf-Beispiel zu bleiben –, die ihm gefällt, und kann diesen von ihm so konfigurierten Artikel direkt in den Warenkorb legen.

In diesem Abschnitt werden Sie die konfigurierbaren Artikel genauer kennenlernen und erfahren anhand eines Beispiels aus unserem Webkochshop, wie Sie diesen Artikeltyp am effektivsten einsetzen.

Mit mehreren einfachen Artikeln Varianten erstellen

Beim Anlegen eines konfigurierbaren Artikels sind zwei Dinge von entscheidender Bedeutung. Dies sind zum einen eine Reihe von einfachen Artikeln, die zu einem konfigurierbaren Artikel zusammengefasst werden (und bereits alle vorher vollständig angelegt worden sein sollten) sowie entsprechend vorbereitete Attribute, die die verschiedenen Konfigurationsmöglichkeiten wiedergeben.

Unser Edelstahlkochtopf wird für die Verwendung in einem konfigurierbaren Artikel insgesamt dreimal geklont, um ihn in drei verschiedenen Größen (20 cm, 26 cm und 30 cm) anbieten zu können. Rufen Sie zu diesem Zweck die Artikelverwaltung auf (*Katalog → Artikel verwalten*) und wählen Sie den Edelstahlkochtopf aus, indem Sie an beliebiger Stelle in die Zeile klicken. Wie schon beim Anlegen des Artikels erscheinen zuerst die allgemeinen Informationen der Artikelverwaltung.

Erzeugen Sie jetzt einen Klon des Topfs, indem Sie auf *Kopieren* im oberen Bereich der Seite klicken. Es erscheint die Meldung *Artikel kopiert*, und Sie werden sofort zur Bearbeitung dieses neuen Artikels weitergeleitet (Abbildung 6-36).

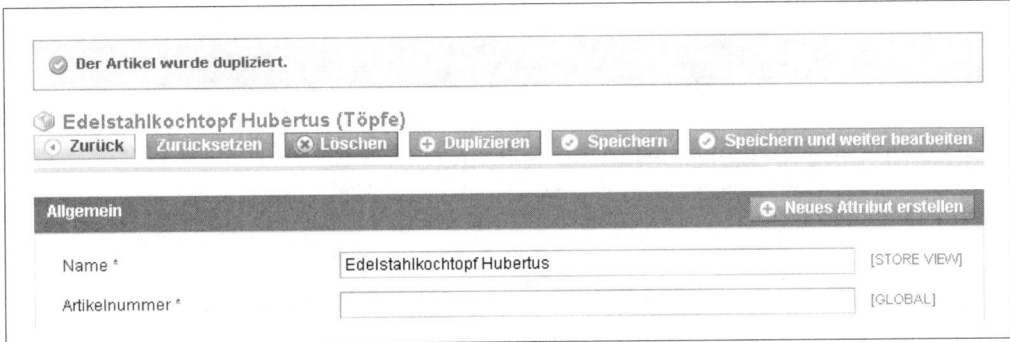

Abbildung 6-36: Klonen eines Artikels

Diesen Klon modifizieren Sie nun in einigen wenigen Punkten. Ändern Sie in den folgenden Bereichen die Artikelinformationen:

Allgemein

Tragen Sie hier eine neue Artikelnummer (SKU) ein, da diese nicht für zwei Artikel gleich sein darf. Wir haben uns in unserem Beispiel für *KTH26* entschieden, da der aktuelle Klon (Kochtopf Hubertus) die Größe 26 cm repräsentieren soll. Sie können sich natürlich hier auch einen Fantasiewert ausdenken. Da der Klon beim Duplizieren standardmäßig den Status *Deaktiviert* bekommt, setzen Sie ihn auf *Aktiviert*.

Die Kopie des Artikels besitzt momentan noch den gleichen URL-Bezeichner wie das Original. Nach dem Speichern wäre also der Ursprungsartikel unter seiner Adresse nicht mehr aufrufbar. Ändern Sie nun aber den URL-Bezeichner der Kopie, setzt Magento standardmäßig den darunter befindlichen Haken. Somit wird beim Speichern automatisch eine Umleitung von der alten auf die neue Adresse hinterlegt. Wichtig ist also beim Kopieren von Artikeln: Entfernen Sie den Haken, nachdem Sie den URL-Bezeichner geändert haben. Nur so sind anschließend beide Artikel aufrufbar.

Preise

Der etwas größere Topf soll auch einen höheren Preis erhalten. Tragen deshalb bei *Preis* den fiktiven Wert *179* ein.

Topfinformationen

In der Drop-down-Liste markieren Sie die Größe *26cm*, um dem neuen Topf einen neuen Wert für das Attribut *Größe* zuzuweisen.

Haben Sie diese Werte nun alle geändert, klicken Sie auf *Speichern*, worauf der neue Artikel in der Artikelliste erscheint. Im nächsten Schritt wiederholen Sie diesen Vorgang – diesmal für die Größe *30cm* –, sodass es zum Schluss drei Edelstahlkochtöpfe im Webkochshop gibt (Abbildung 6-37).

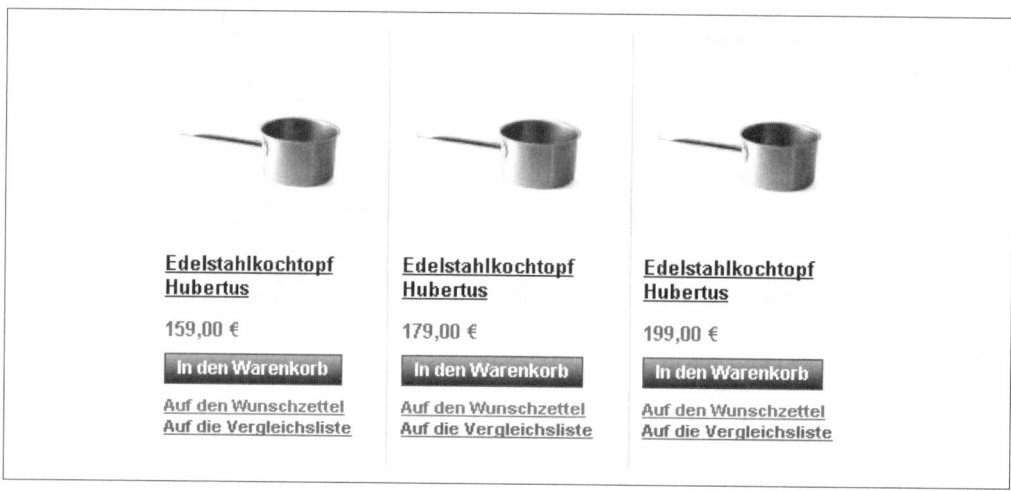

Abbildung 6-37: Drei Edelstahlkochtöpfe in Ihrem Online-Shop

Diese Töpfe unterscheiden sich nur durch den Preis, die Artikelnummer und die jeweilige Größe voneinander. Wählen Sie eine Variante aus und betrachten Sie sich diese in der Detailansicht, sehen Sie, wie im Standard-Template das Attribut *Größe* dargestellt wird, so auch gezeigt in Abbildung 6-38.

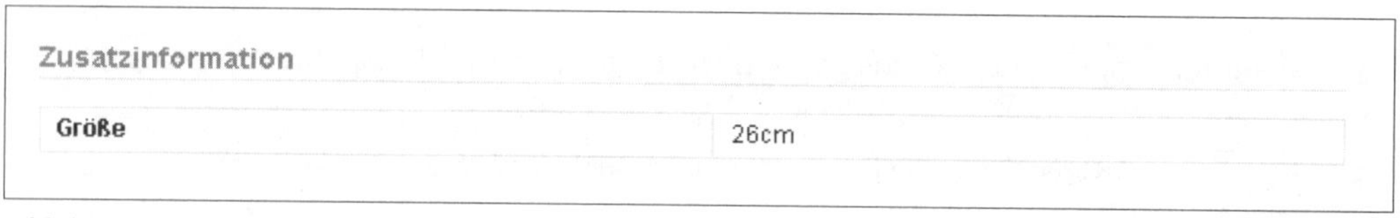

Zusatzinformation	
Größe	26cm

Abbildung 6-38: Das Attribut Größe in der Artikeldetailansicht

Unser Kochtopf ist nun mit allen relevanten Informationen in drei Größen im Shop vorhanden, und der Verkauf könnte eigentlich beginnen. Um den Shopbesuchern die Auswahl noch einfacher zu machen, wird im folgenden Abschnitt erläutert, wie diese drei Artikelvarianten zu einem einzigen konfigurierbaren Artikel zusammengefasst werden können.

Einen konfigurierbaren Artikel erstellen

Wählen Sie im Adminbereich erneut die Artikelverwaltung aus (*Katalog → Artikel verwalten*) und klicken Sie oben rechts auf *Artikel hinzufügen*. Wählen Sie anschließend das Attributset *Töpfe* und den Artikeltyp *Konfigurierbarer Artikel* aus und klicken Sie auf *Weiter*. In der folgenden Maske (Abbildung 6-39) werden Sie gefragt, welches Attribut Sie für den konfigurierbaren Artikel verwenden möchten.

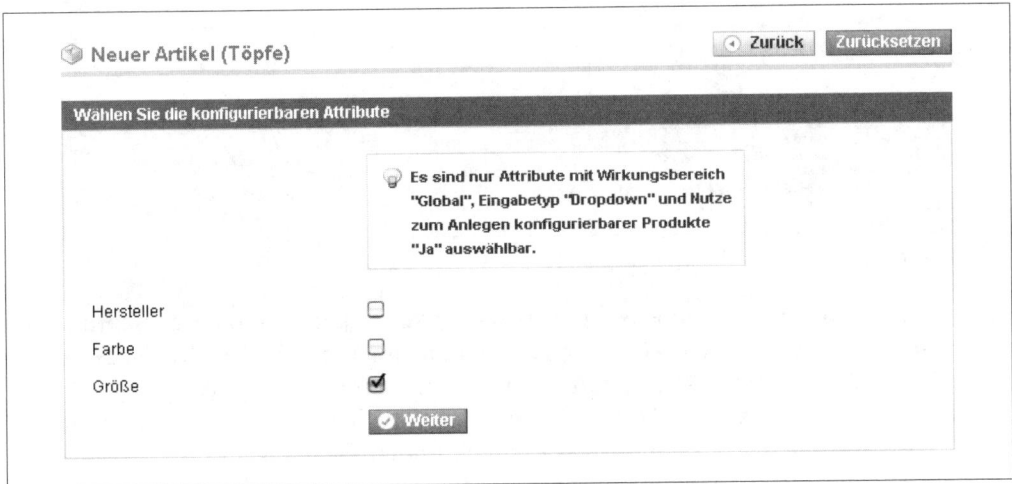

Abbildung 6-39: Attribut für den konfigurierbaren Artikel auswählen

Da wir uns auf das Attribut *Größe* beschränken möchten, markieren Sie das Kontrollkästchen bei *Größe* mit einem Häkchen und springen mit *Weiter* in die Artikelverwaltung, die Sie auch vom Anlegen der einfachen Artikel auf Seite 144 kennen – bis auf zwei Unterschiede.

Zum einen werden Sie feststellen, dass der Menüpunkt *Topfinformationen* fehlt. Das ist deswegen auch völlig einleuchtend, da Sie ja gerade eine Art Containerartikel erstellen, in dem die schon angelegten Größenvarianten bereits enthalten sind. Der konfigurierbare Artikel selbst benötigt diese Angaben nicht. Zum zweiten ist der Punkt *Verknüpfte Artikel* hinzugekommen, den wir uns im nächsten Abschnitt einmal genauer betrachten werden.

Tragen Sie nun die Artikelinformationen für den konfigurierbaren Artikel nacheinander ein. Um den Artikel besser von den einfachen Artikeln unterscheiden zu können, geben Sie bei *Name* im Bereich *Allgemein* den Text *Edelstahlkochtopf Hubertus, verschiedene Größen* ein. In das Eingabefeld *Preis* der Gruppe *Preise* tragen Sie den Wert der niedrigsten Artikelvariante ein, in unserem Fall den Preis des 20-cm-Topfs, also *159*. Sie sehen im nächsten Abschnitt, dass Magento zur Preisverwaltung bei Varianten von einem Grundpreis und mehreren Aufpreisen ausgeht. Bei der *Lagerverwaltung* setzen Sie diesen Artikel auf *Auf Lager*.

Verknüpfte Artikel

An dieser Stelle der Artikelverwaltung legen Sie fest, welche Artikel Sie unter dem konfigurierbaren Artikel zusammenfassen möchten. Wählen Sie den Punkt *Verknüpfte Artikel* aus dem Menü, erscheint die Eingabemaske, die Sie in Abbildung 6-40 sehen. Gegebenenfalls müssen Sie noch auf *Filter zurücksetzen* klicken, um eine vollständige Auflistung zu sehen.

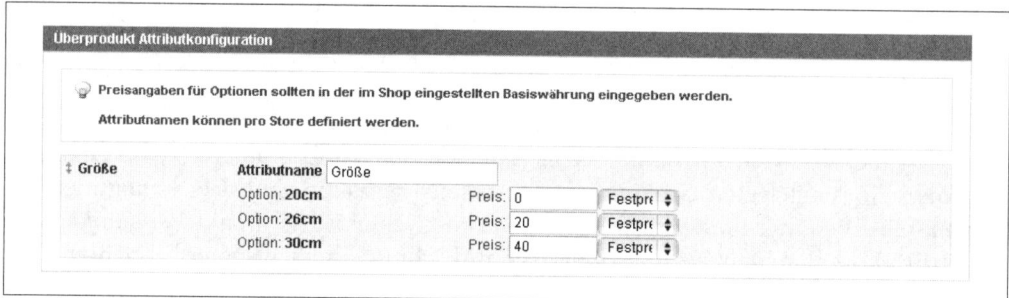

Abbildung 6-40: Verknüpfte Artikel anlegen

Zurzeit sind in unserem Webkochshop nur drei Artikel gespeichert, die Sie als Grundlage für einen konfigurierbaren Artikel nutzen können, nämlich der *Edelstahlkochtopf Hubertus* in den Größen *20cm*, *26cm* und *30cm*. In der Liste im unteren Bereich werden alle Artikel aufgelistet, die es in der Datenbank gibt. Verschiedene Filter- und Sortiermöglichkeiten lassen Sie die gewünschten Artikel schnell finden. Fügen Sie alle drei Töpfe dem konfigurierbaren Artikel hinzu, indem Sie Häkchen in die Kontrollkästchen ganz links setzen. Während Sie das für alle drei Größen erledigen, erscheint eine weitere Eingabemaske, die in Abbildung 6-41 dargestellt wird.

Überprodukt Attributkonfiguration

Preisangaben für Optionen sollten in der im Shop eingestellten Basiswährung eingegeben werden.

Attributnamen können pro Store definiert werden.

‡ Größe	Attributname	Größe			
	Option: 20cm		Preis: 0	Festpr ‡
	Option: 26cm		Preis: 20	Festpr ‡
	Option: 30cm		Preis: 40	Festpr ‡

Abbildung 6-41: Varianten für den konfigurierbaren Artikel festlegen

Es erscheint das Attribut *Größe* zusammen mit den Varianten, die Sie per Mausklick hinzugefügt haben. In einem konfigurierbaren Artikel verschmelzen mehrere Artikel zu einem, deswegen müssen Sie an dieser Stelle noch einmal die Aufpreise für die einzelnen Varianten anlegen. Hier haben Sie die Möglichkeit, einen festen (*Festpreis*) oder einen prozentualen (*Prozent*) Wert anzugeben, wie Sie es auch schon bei den individuellen Optionen (siehe Seite 159) kennengelernt haben. Tragen Sie demzufolge bei der Variante *20cm* 0, bei *26cm* 20 und bei *30cm* 40 ein und speichern Sie den Artikel anschießend mit einem Klick auf *Speichern*.

Schauen wir uns jetzt einmal an, wie der *Edelstahlkochtopf Hubertus* mit seinen verschiedenen Varianten im Webkochshop erscheint. Wenn Sie die Seite aktualisieren, werden Sie feststellen, dass nun insgesamt fünf Artikel im Shop vorhanden sind – drei einfache Artikel, ein Download-Artikel und ein konfigurierbarer Artikel. Schauen Sie sich die Detailseite des neuen konfigurierbaren Artikels an, sehen Sie ein Drop-down-Menü, aus dem Sie die gewünschte Variante auswählen können (Abbildung 6-42).

Edelstahlkochtopf Hubertus, verschiedene Größen

E-Mail an einen Freund
Schreiben Sie die erste Kundenmeinung

Verfügbarkeit: Auf Lager.

159,00 €

Auf den Wunschzettel | Auf die Vergleichsliste

Kurzübersicht

Lorem ipsum dolor sit amet, consectetur adipiscing elit. Morbi fringilla. Ut in leo. Praesent eleifend arcu sit amet pede. Nam dui nisi, pulvinar id, placerat quis, tincidunt in, ante. Proin tortor est, faucibus a, condimentum et, sagittis nec, velit. Lorem ipsum dolor sit amet, consectetur adipiscing elit. Vestibulum eleifend arcu in pede. Praesent fermentum. Nam a metus id nisl lobortis mattis. Maecenas eget magna sed ante rutrum porttitor.

Klicken Sie doppelt auf das obere Bild, um es im voller Größe zu sehen

⊖ ──────[ ]────── ⊕

MEHR ANSICHTEN

Größe *

✓ Option wählen...
  20cm
  26cm +20.00 €
  30cm +40.00 €

159,00 €   Stück: [   ] **In den Warenkorb**

Abbildung 6-42: Ihr erster konfigurierbarer Artikel mit Größenauswahl

Im Drop-down-Menü erkennen Sie neben der Größenangabe auch die Aufpreise für die 26-cm- und 30-cm-Varianten. Je nachdem, welchen Wert Sie aus dem Menü auswählen, wird automatisch der richtige Preis berechnet.

Wenn Sie auf direkte Weise weitere Optionen für Ihren konfigurierbaren Artikel, d. h. neue einfache Artikel, anlegen möchten, gibt es hierzu auch ein Schnellverfahren: Unter dem Menüpunkt *Verknüpfte Artikel* finden Sie

den Abschnitt *Schnell einfache Artikel anlegen*. Dort lassen sich mit ein paar Handgriffen an Ort und Stelle weitere Artikel erstellen, die sofort mit dem aktuellen konfigurierbaren Artikel verknüpft werden.

Sie haben gesehen, wie sich ein konfigurierbarer Artikel aus mehreren einfachen Artikeln erstellen lässt, wobei Sie nur ein Attribut – die Größe – zugrunde gelegt haben. Magento ist aber so konzipiert, dass Sie auch noch weitere Attribute gleichzeitig zuweisen können. Vorstellbar wäre beispielsweise, dass Sie den *Edelstahlkochtopf Hubertus* in verschiedenen Grifffarben anbieten möchten. Die Vorgehensweise wäre dann diese:

- Erstellen eines neuen Attributs *Grifffarbe* beispielsweise mit den Werten *rot*, *blau* und *schwarz*.

- Hinzufügen von *Grifffarbe* zum Attributset *Töpfe*.

- Erstellen neuer einfacher Artikel: *20cm rot*, *20cm blau*, *20cm schwarz*, *26cm rot* usw.

- Erstellen eines neuen konfigurierbaren Artikels unter Berücksichtigung der Attribute *Größe* und *Grifffarbe*. Im Frontend werden aufgrund dieser beiden Attribute dem Kunden auch zwei Drop-down-Menüs angezeigt.

Zum Schluss dieses Abschnitts wäre eigentlich ein wenig Aufräumarbeit sinnvoll; immerhin ist jetzt der gleiche Edelstahlkochtopf als einfacher Artikel dreimal und als konfigurierbarer Artikel einmal im Online-Shop vorhanden, nicht wahr? Sie könnten für den Live-Betrieb in der Artikelverwaltung sämtlicher einfacher Artikel im Bereich *Allgemein* die Sichtbarkeit auf *Einzeln nicht sichtbar* setzen. Somit wären diese als selbstständige Artikel komplett aus dem Shop ausgeblendet und dienten lediglich als Varianten für den konfigurierbaren Artikel. Da wir die gerade angelegten einfachen Artikel in diesem Buch jedoch noch als Anschauungsmaterial benötigen, lassen Sie diese trotz alledem sichtbar.

Möchten Sie eine Variante aus dem Shop entfernen – möglicherweise kann Ihr Lieferant die 26-cm-Variante von *Hubertus* vorübergehend nicht mehr liefern –, setzen Sie einfach den Status des jeweiligen einfachen Artikels auf *Deaktiviert*.

Konfigurierbarer Artikel vs. Individualisierungsoptionen

In den bisherigen Abschnitten haben Sie gesehen, dass es zwei Möglichkeiten gibt, einen Artikel so zu konfigurieren, dass die Kunden auf der Detailseite aus verschiedenen Optionen wählen können. Zum einen haben Sie die Möglichkeit, für jede denkbare Variante einen einfachen Artikel anzulegen und diese Artikel dann allesamt innerhalb eines konfigurierbaren Artikels zusammenzufassen. Andererseits ließe sich auch eine Variante vorstellen, in der Sie nur einen einzigen einfachen Artikel erstellen und die Optionen mithilfe der individuellen Artikeloptionen (siehe unten) abbilden. Beide Vorgehensweisen haben Vor- und Nachteile, die hier kurz beleuchtet werden sollen.

→

Konfigurierbare Artikel haben den Vorzug, dass Sie wesentlich präziser die verfügbaren Varianten abbilden können. Ein Kochlöffel, der in mehreren Farben, Materialien und Längen verkauft wird, erhält für jede denkbare Kombination einen eigenen einfachen Artikel, der mit individueller Artikelnummer und Lagerverwaltung eindeutig pflegbar wird. So können Sie auch den Fall berücksichtigen, dass – um beim Kochlöffelbeispiel zu bleiben – es in Ihrem Angebot für die Farbe Blau ausschließlich Holzlöffel gibt. Somit werden bei einer Konfiguration durch den Kunden im Frontend diese Optionen gar nicht erst in Kombination angezeigt. Ebenso können Kunden Attributkombinationen nur bestellen, wenn diese auch tatsächlich auf Lager liegen. Mit konfigurierbaren Artikeln tragen Sie also Ihrer Lagerhaltung präzise Rechnung.

Nachteilig wird sich diese Variante bei Artikeln auswirken, die besonders viele Auswahlmöglichkeiten und -kombinationen bieten. Unseren Kochlöffel gibt es in fünf verschiedenen Farben, drei verschiedenen Materialien und zwei verschiedenen Längen. Machen Sie schon mal ein paar Fingerdehnübungen, denn für diesen Fall müssen Sie 30 verschiedene einfache Artikel anlegen! Alternativ bietet sich dann die Nutzung der Import-/Export-Funktion an (siehe 337).

Individuelle Artikeloptionen kommen hingegen mit wesentlich weniger Pflegeaufwand aus als konfigurierbare Artikel, was gleichzeitig ihr großer Vorteil ist. Ganz gleich, wie viele Optionen es mit wie vielen Optionswerten gibt – Sie müssen sie nur einmal bei einem einfachen Artikel erstellen.

Das bringt jedoch gleichzeitig einen großen Nachteil mit sich: Da keine eigenständigen Artikeleinheiten für die vielen Kombinationen existieren, kann auch keine Lagerhaltung verwendet werden. Außerdem sind hier Fälle denkbar, in denen Kunden Artikel mit Optionswerten bestellen, die Sie in dieser Form gar nicht liefern können.

Gruppen-Artikel (Grouped Products)

Nachdem Sie die einfachen Artikel kennengelernt und anschließend erfahren haben, wie Sie diese zu konfigurierbaren Artikeln kombinieren können, stellen wir Ihnen im Folgenden die Gruppen-Artikel vor. Diesen Artikeltyp könnte man als einen weiteren Container bezeichnen, unter dem einfache Artikel zusammengefasst werden. Ein Gruppen-Artikel bietet dabei mit eigener Beschreibung und eigenen Fotos einen Weg, bestimmte Artikel gemeinsam auf einer Artikeldetailseite bestellbar zu machen, wie hier in Abbildung 6-43 dargestellt ist.

Einfache Artikel erstellen

Um Ihnen diesen Artikeltyp näherzubringen, werden wir gemeinsam das Sortiment des Webkochshops erweitern. Sie werden in den nächsten Abschnitten verschiedene Arten von Partygeschirr, also Pappteller, Plastikgabeln, Plastikmesser und Plastiklöffel, zunächst als einfache Artikel in den Shop einstellen. Diese werden dann zusammengefasst und gemeinsam dargestellt. Weil es sich bei dem Partygeschirr um Artikel handelt, die zueinander passen und die vom Kunden in unterschiedlicher Menge in den Warenkorb gelegt werden sollen, ist der Gruppen-Artikel, wie Sie gleich sehen werden, der ide-

Partygeschirr Hollywood

E-Mail an einen Freund
Schreiben Sie die erste Kundenmeinung

Verfügbarkeit: Auf Lager.

Leider kein
Bild vorhanden

Produktname	Preis	Stück
Pappteller Gustav, Packung 100 Stück	7,50 €	0
Plastikmesser Leon, Packung 50 Stück	10,00 €	0
Plastikgabel Milva, Packung 50 Stück	12,50 €	0
Plastiklöffel Jimmy, Packung 50 Stück	12,50 €	0

In den Warenkorb   ODER   Auf den Wunschzettel
Auf die Vergleichsliste

Kurzübersicht

Lorem ipsum dolor sit amet, consectetur adipiscing elit.
Nulla dapibus, turpis sed euismod venenatis, velit nulla
tristique elit, id lobortis ipsum odio et mauris. Cras feugiat
leo eu enim. Integer euismod. Duis viverra turpis eget
magna. Proin varius condimentum velit. Etiam congue urna
eu neque. Aliquam aliquet sapien et lorem. Suspendisse
mattis. Proin eu diam. Praesent vitae ligula. Proin vitae nunc
fringilla turpis porta semper.

Abbildung 6-43: Ein Gruppen-Artikel: das Partygeschirr Hollywood

ale Artikeltyp. Legen Sie zunächst vier einfache Artikel mit dem Attributset *Default* an, wie es ab Seite 144 im Detail beschrieben wird.

Diese Artikel sind:

- *Pappteller Gustav*, Packung 100 Stück – € 7,50
- *Plastikmesser Leon*, Packung 50 Stück – € 10,00
- *Plastikgabel Milva*, Packung 50 Stück – € 12,50
- *Plastiklöffel Jimmy*, Packung 50 Stück – € 12,50

Legen Sie diese Artikel nacheinander als einfache Artikel im Shop an, wobei Sie die Sichtbarkeit auf *Einzeln nicht sichtbar* belassen, um sie nicht einzeln im Shop anzuzeigen.

Einfache Artikel zusammenfassen

Klicken Sie in der Artikelverwaltung auf die Schaltfläche *Artikel hinzufügen*. Im sich nun öffnenden Fenster wählen Sie das Attributset *Default* und den Artikeltyp *Gruppen-Artikel* und klicken auf *Weiter*. Es öffnet sich die Ihnen mittlerweile vertraute Artikelverwaltung, wobei wie schon bei den konfigurierbaren Artikeln etwas fehlt. Das ist in diesem Fall als Erstes der nicht vorhandene Menüpunkt *Preise*: Im Gegensatz zu einem konfigurierbaren Artikel, der ja einen Grundpreis hat und die Varianten feste oder prozentuale Aufpreise haben können (siehe Seite 168), trägt ein Gruppen-Artikel keinen eigenen Preis. Im Bereich *Allgemein* fehlt außerdem die Eingabemöglichkeit für das Gewicht.

Tragen Sie also zuerst den Wert *Partygeschirr Hollywood* in das Eingabefeld *Name* und andere beliebige Werte in die obligatorischen Felder wie beispielsweise *Kurzbeschreibung* und *Artikelnummer* ein.

Wie schon bei den konfigurierbaren Artikeln finden Sie ganz unten in der Menüleiste den Punkt *Verknüpfte Artikel*. Dort können Sie nach allen Artikeln suchen, die bisher in der Datenbank gespeichert sind, und diese dem Gruppen-Artikel hinzufügen, indem Sie einfach jeweils ein Häkchen in das Kontrollkästchen ganz links setzen. Tun Sie das nun für die Löffel, Gabeln, Messer und Pappteller und speichern Sie den neuen Artikel mithilfe der Schaltfläche *Speichern* oben rechts (Abbildung 6-44).

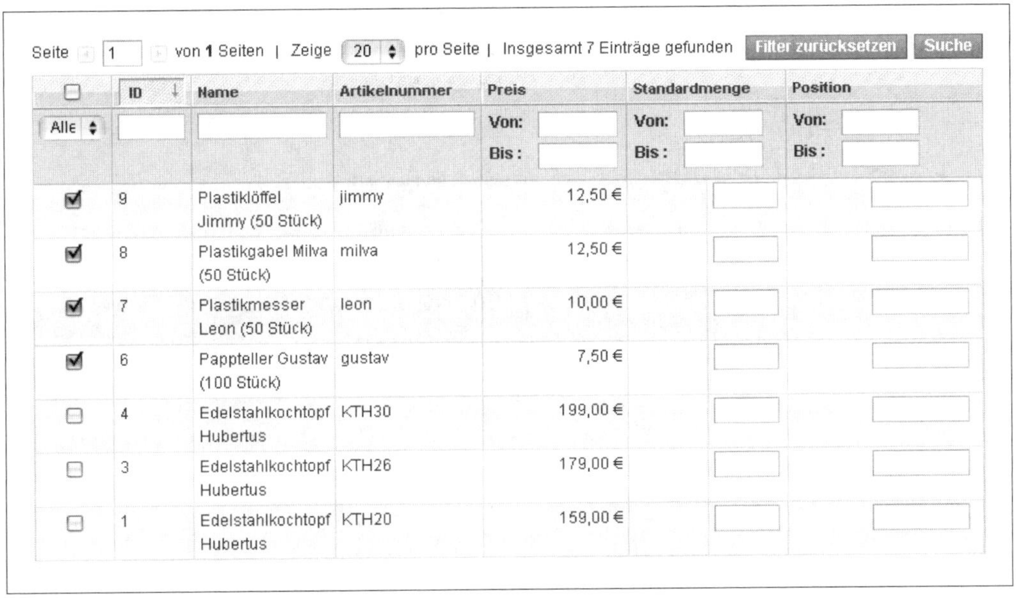

	ID ↓	Name	Artikelnummer	Preis	Standardmenge	Position
Alle ⬍				Von:	Von:	Von:
				Bis :	Bis :	Bis :
☑	9	Plastiklöffel Jimmy (50 Stück)	jimmy	12,50 €		
☑	8	Plastikgabel Milva (50 Stück)	milva	12,50 €		
☑	7	Plastikmesser Leon (50 Stück)	leon	10,00 €		
☑	6	Pappteller Gustav (100 Stück)	gustav	7,50 €		
☐	4	Edelstahlkochtopf Hubertus	KTH30	199,00 €		
☐	3	Edelstahlkochtopf Hubertus	KTH26	179,00 €		
☐	1	Edelstahlkochtopf Hubertus	KTH20	159,00 €		

Seite ◁ 1 ▷ von **1** Seiten | Zeige 20 ⬍ pro Seite | Insgesamt 7 Einträge gefunden | Filter zurücksetzen | Suche

Abbildung 6-44: Artikelverknüpfung

Wenn Sie nun Ihren Shop aktualisieren, sehen Sie das *Partygeschirr Hollywood* als Gruppen-Artikel. Auf der Artikeldetailseite wird eine Auflistung aller einfachen Artikel dargestellt, die Sie zuvor in der Artikelverwaltung dem Gruppen-Artikel hinzugefügt haben. Sie sehen, dass die Kunden beispielsweise die Teller und die Messer in beliebigen Mengen in den Warenkorb legen können. Der Artikel *Partygeschirr Hollywood* bietet also lediglich den Rahmen für die Darstellung dieser zueinander passenden Artikel.

Ähnlich diesem Artikeltyp können Sie in Magento auch Artikel zu Sets zusammenfassen, die nur gemeinsam gekauft werden können. Wir präsentieren: die Bündel-Artikel.

Bündel-Artikel (Bundle Products)

Wie Sie in den vorangegangenen Abschnitten gesehen haben, bestand die Hauptfunktion der konfigurierbaren Artikel darin, mehrere einfache Artikel, die sich nur durch bestimmte Attribute unterschieden, so zusammenzufassen, dass Shopbesucher nicht über mehrere Artikeldetailseiten nach dem Gewünschten suchen mussten. Im Gegensatz dazu wurden bei den Gruppen-Artikeln mehrere verschiedene Artikel so zusammengefasst, dass sie gemeinsam auf einer Seite gekauft werden können. Die Bündel-Artikel sind nun sozusagen eine Mischvariante dieser beiden schon beschriebenen; das soll jetzt anhand eines einfachen Beispiels genauer gezeigt werden.

Schauen Sie sich das Beispiel unseres Webkochshops in Abbildung 6-45 einmal an, in der das *Besteckset Monaco* verkauft wird.

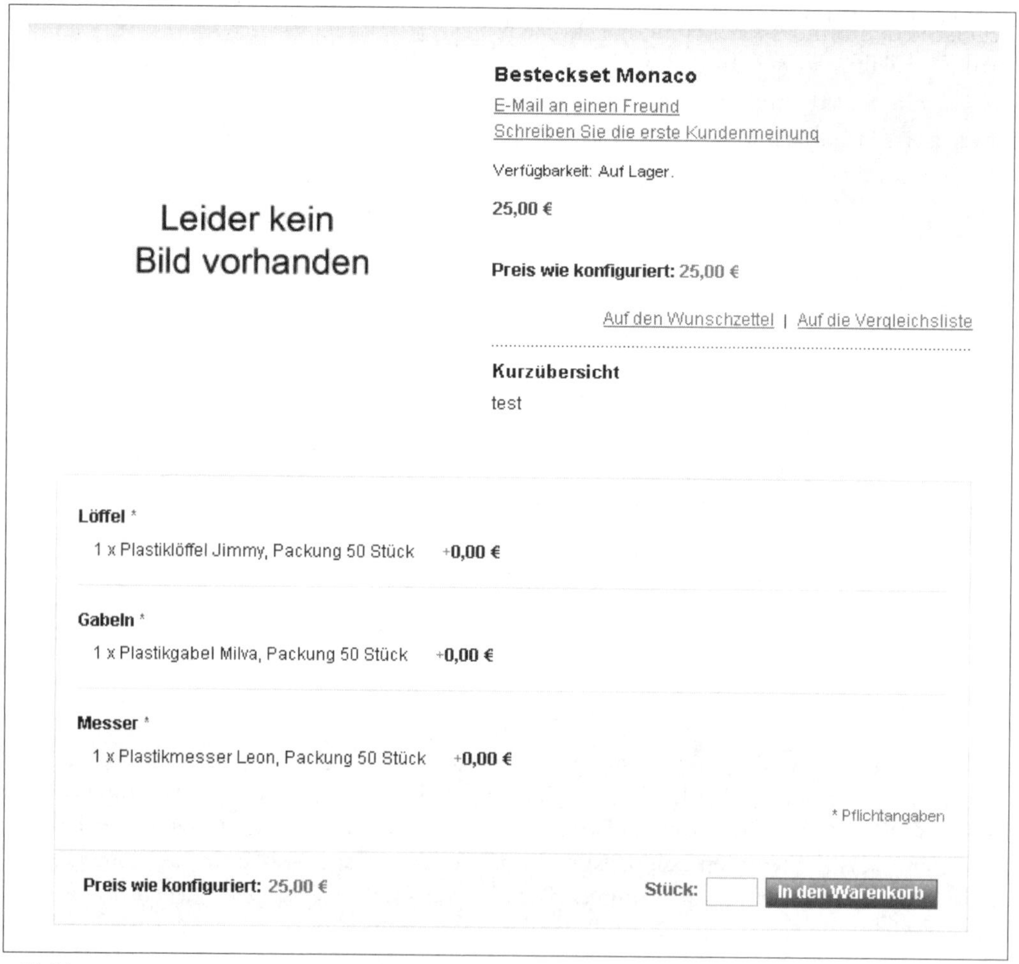

Besteckset Monaco
E-Mail an einen Freund
Schreiben Sie die erste Kundenmeinung

Verfügbarkeit: Auf Lager.

25,00 €

Preis wie konfiguriert: 25,00 €

Auf den Wunschzettel | Auf die Vergleichsliste

Kurzübersicht
test

Leider kein
Bild vorhanden

Löffel *
1 x Plastiklöffel Jimmy, Packung 50 Stück   **+0,00 €**

Gabeln *
1 x Plastikgabel Milva, Packung 50 Stück   **+0,00 €**

Messer *
1 x Plastikmesser Leon, Packung 50 Stück   **+0,00 €**

* Pflichtangaben

Preis wie konfiguriert: 25,00 €   Stück: [   ] **In den Warenkorb**

Abbildung 6-45: Besteckset Monaco: ein Beispiel für einen Bündel-Artikel

In diesem einfachen Beispiel sehen Sie, dass ein Bündel-Artikel besonders dann geeignet ist, wenn Sie als Shopbetreiber einzelne Artikel bündeln und zu einem gemeinsamen Preis verkaufen möchten. Mit diesen Artikeln können Sie im Handumdrehen attraktive Pakete für Ihre Kunden schnüren. Daneben ist es auch möglich, viele einfache Artikel in Rubriken gruppiert anzuzeigen. Ähnlich wie in den konfigurierbaren Artikeln hat der Kunde nun die Gelegenheit, individuell aus den angebotenen Möglichkeiten auszuwählen.

Einfache Artikel bündeln

Einige der einfachen Artikel, die Sie zur Demonstration der Gruppen-Artikel verwendet haben, kommen nun auch für Ihren ersten Bündel-Artikel zum Einsatz – Sie brauchen sie also nicht erneut anzulegen.

Legen Sie den Bündel-Artikel an, indem Sie auf die Schaltfläche *Artikel hinzufügen* in der Artikelverwaltung klicken (das sollten Sie mittlerweile fast schon im Schlaf beherrschen). Wählen Sie das Attributset *Default* und den Artikeltyp *Bündel-Artikel* und klicken Sie auf *Weiter*. Im Abschnitt *Allgemein* tragen Sie dann den Artikelnamen *Besteckset Monaco* bei *Name* ein und erfinden einige Fantasiewerte für *Beschreibung* und *Kurzbeschreibung*.

Bei den Feldern *Artikelnummer* und *Gewicht* (Abbildung 6-46) gibt es einige Besonderheiten, auf die wir jetzt etwas näher eingehen möchten.

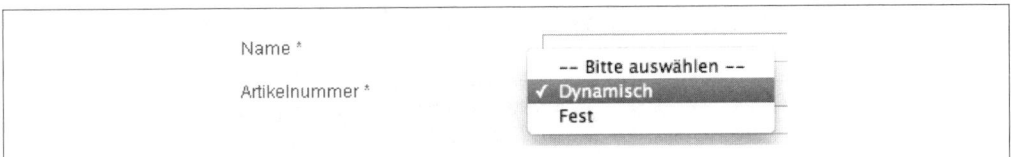

Abbildung 6-46: Dynamische Artikelnummern- und Gewichtsangaben bei Bündel-Artikeln

Bisher haben Sie die Artikelnummer (SKU – *Stock Keeping Unit*) immer als einen Wert kennengelernt, der für jeden Artikel eindeutig ist und von Ihnen als Shopbetreiber festgelegt werden kann. Im Fall der Bündel-Artikel wächst diese Angabe jedoch quasi über sich hinaus und kann auch dynamisch generiert werden. Je nachdem, welche Artikel der Kunde innerhalb des Sets auswählt (ja, auch diese Variante ist möglich, dazu später mehr), wird die SKU aus den tatsächlich bestellten einfachen Artikeln generiert. Analog verhält es sich mit dem Gewicht, das sich aus den Einzelartikeln ergibt und aufaddiert wird. Für unser Beispiel belassen Sie die Drop-down-Menüs bei *Artikelnummer* und *Gewicht* auf *Dynamisch*, damit Magento die jeweiligen Werte automatisch erstellt. Tragen Sie dann noch den Wert *monaco* in das Eingabefeld *Artikelnummer* ein.

Analog dazu hat sich die Preiseingabe gegenüber den bisherigen Artikeln etwas geändert (Abbildung 6-47).

Abbildung 6-47: Dynamische und feste Preise bei Bündel-Artikeln

Auch hier können Sie wählen, ob der Preis dynamisch generiert oder fest eingestellt werden soll. Belassen Sie hier die Eingabe ebenfalls auf *Dynamisch*. Ganz unten in der Eingabemaske sehen Sie im Unterschied zu den anderen Artikeln noch das Eingabefeld *Preis Ansicht*. Dieses gibt an, wie der Preis des Sets angezeigt werden soll (*Kleinstmöglich* oder *Preisbereich*).

Es folgt der entscheidende Schritt, das Hinzufügen der einfachen Artikel. Über den Menüpunkt *Gebündelte Artikel* springen Sie jetzt zu einer Eingabemaske, in der Sie Artikel suchen und dem Bündel-Artikel hinzufügen können.

Im oberen Bereich *Versand* sehen Sie als Erstes das Drop-down-Menü *Versende Bündel-Artikel*, aus dem Sie zwei Optionen auswählen können: *Einzeln* oder *Gemeinsam* (Abbildung 6-48).

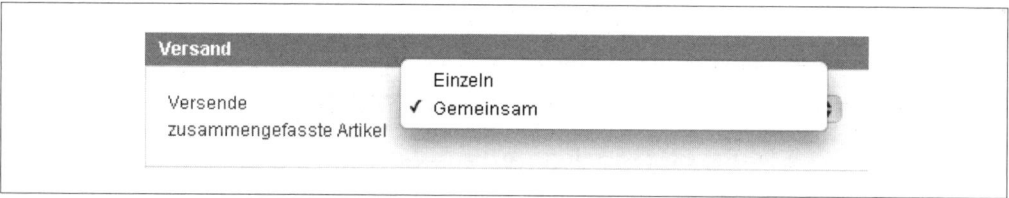

Abbildung 6-48: Gemeinsamer oder einzelner Versand

Da Sie im Begriff sind, einen Artikel zu erstellen, der aus mehreren einzelnen Artikeln besteht, stellt sich nun die Frage, was geschieht, wenn einer dieser Artikel beispielsweise eher oder später als die anderen Artikel verfügbar ist. Warten Sie, bis alle Artikel verfügbar sind, oder schicken Sie in der ersten Lieferung den ersten Artikel und dann in einer zweiten die übrigen? Hier können Sie einstellen, wie Magento dies handhaben soll. Setzen Sie für unser Beispiel den Versand auf *Gemeinsam*.

Als Nächstes wartet der Abschnitt *Bündel-Artikel* geduldig auf Ihre Eingaben (nicht zu verwechseln mit den Bündel-Artikeln). Wir erinnern uns: An dieser Stelle sollen einfache Artikel dem kombinierten Bündel-Artikel hinzugefügt werden. Die einfachen Artikel verlieren innerhalb des Bündel-Artikels sozusagen ihre Eigenständigkeit und werden in dieser Maske zu Optionen zusammengefasst. Daher besteht der folgende Schritt darin, per Mausklick auf *Option hinzufügen* dem Bündel-Artikel einen neuen einfachen Artikel hinzuzufügen (Abbildung 6-49).

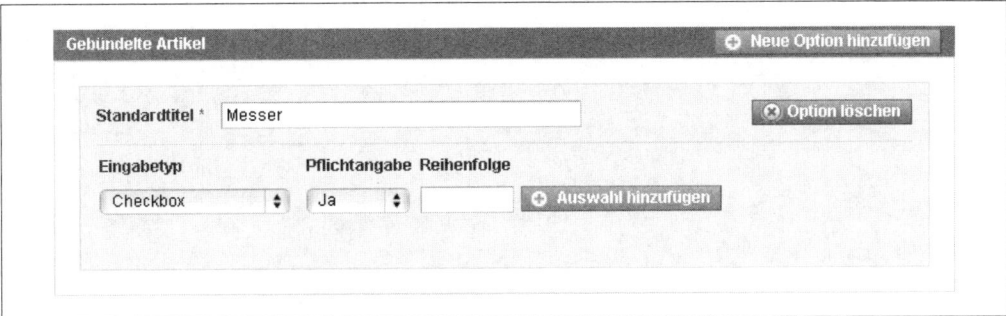

Abbildung 6-49: Eine neue Option für den Bündel-Artikel wird angelegt

Standardtitel

Der erste Artikel soll in unserem Beispiel eine Packung Plastikmesser sein. Tragen Sie also hier den Wert *Messer* ein.

Eingabetyp

Als Eingabetyp wählen Sie *Checkbox* aus. Da wir pro Option in diesem Beispiel jedoch nur jeweils einen Wert hinzufügen, ist diese Angabe sowieso überflüssig.

Pflichtangabe

Der unter dieser Option hinzugefügte Artikel soll obligatorisch bei jeder Bestellung ausgewählt werden. Aus diesem Grund setzen Sie den Wert hier auf *Ja*.

Reihenfolge

Hier legen Sie fest, wie Optionen sortiert werden, indem Sie einen individuellen Sortierparameter eintragen. Die Option *Messer* soll in der Artikelansicht als Allererstes angezeigt werden, lassen Sie deswegen das Eingabefeld leer, sodass dort beim Abspeichern automatisch der Wert *0* eingetragen wird.

Haben Sie die Werte eingegeben, speichern Sie diese Option mit der Schaltfläche *Auswahl hinzufügen*. Nach einem kurzen Speichervorgang erscheint eine Liste mit der freundlichen Aufforderung: *Bitte Artikel zum Hinzufügen auswählen* (Abbildung 6-50).

Mittlerweile dürften Sie sich schon mit schlafwandlerischer Sicherheit durch die Filter- und Sortiermöglichkeiten der Artikelliste bewegen können. Fügen Sie nun das *Plastikmesser Leon* hinzu, indem Sie ein Häkchen in das Kontrollkästchen rechts neben dem Preis setzen. Über das Eingabefeld ganz rechts lässt sich darüber hinaus noch festlegen, welche Stückzahl dieses Artikels im Set erscheinen soll. Tragen Sie hier eine *1* ein und schließen Sie den Vorgang mit *Gewählte Artikel zur Option hinzufügen* ab. Wie Sie in Abbildung 6-51 sehen können, wurde der Artikel *Plastikmesser Leon* der Option *Messer* erfolgreich hinzugefügt.

Wiederholen Sie nun den Vorgang und tragen Sie nacheinander die Option *Gabeln* mit dem Artikel *Plastikgabel Milva* und die Option *Löffel* mit dem Artikel *Plastiklöffel Jimmy* ein. Wenn Sie alles eingegeben haben, ist Ihre Arbeit zumindest an diesem Artikel beendet, und er tritt nach einem Klick auf *Speichern* ganz oben seinen Weg in Ihre Shopdaten-

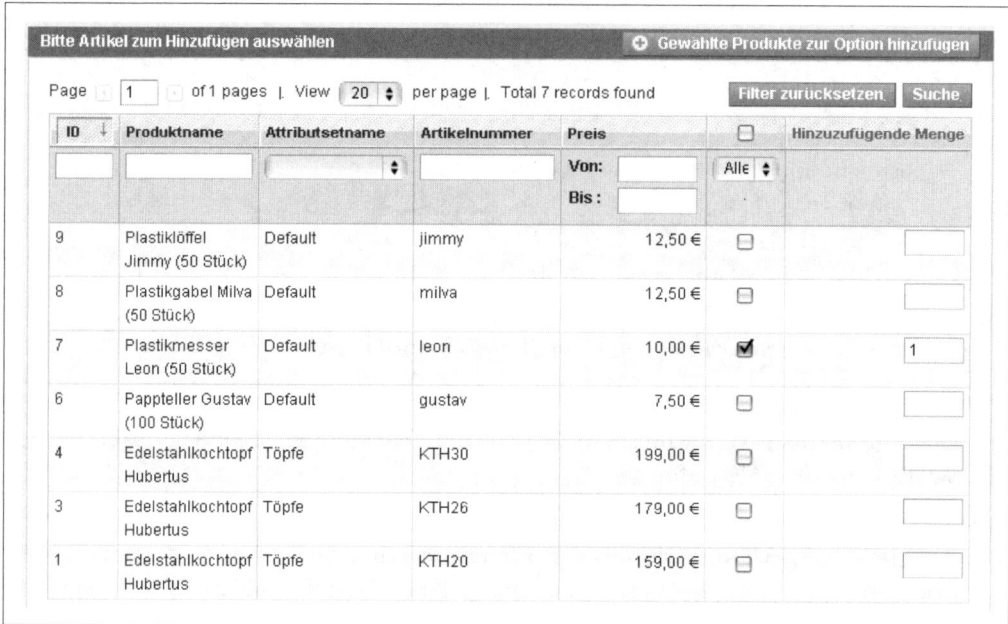

Abbildung 6-50: Einfache Artikel dem Set hinzufügen

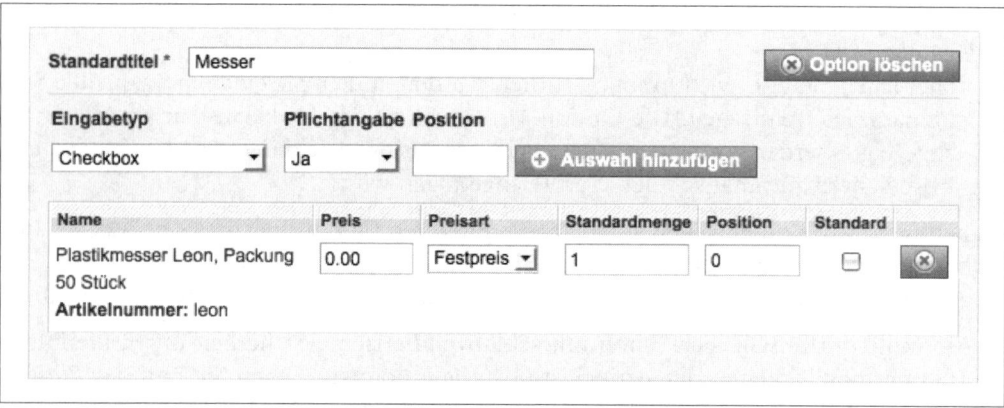

Abbildung 6-51: Der Option Messer wurde ein neuer Artikel hinzugefügt

bank an. Schauen Sie sich nun Ihr Frontend an (Aktualisieren des Browsers nicht vergessen), und Sie sehen Ihr brandneues *Besteckset Monaco* bestehend aus jeweils einer Packung Gabeln, Messer und Löffel, das die Kunden zu einem Festpreis in den Warenkorb legen können und das auch gemeinsam verschickt wird (Abbildung 6-52).

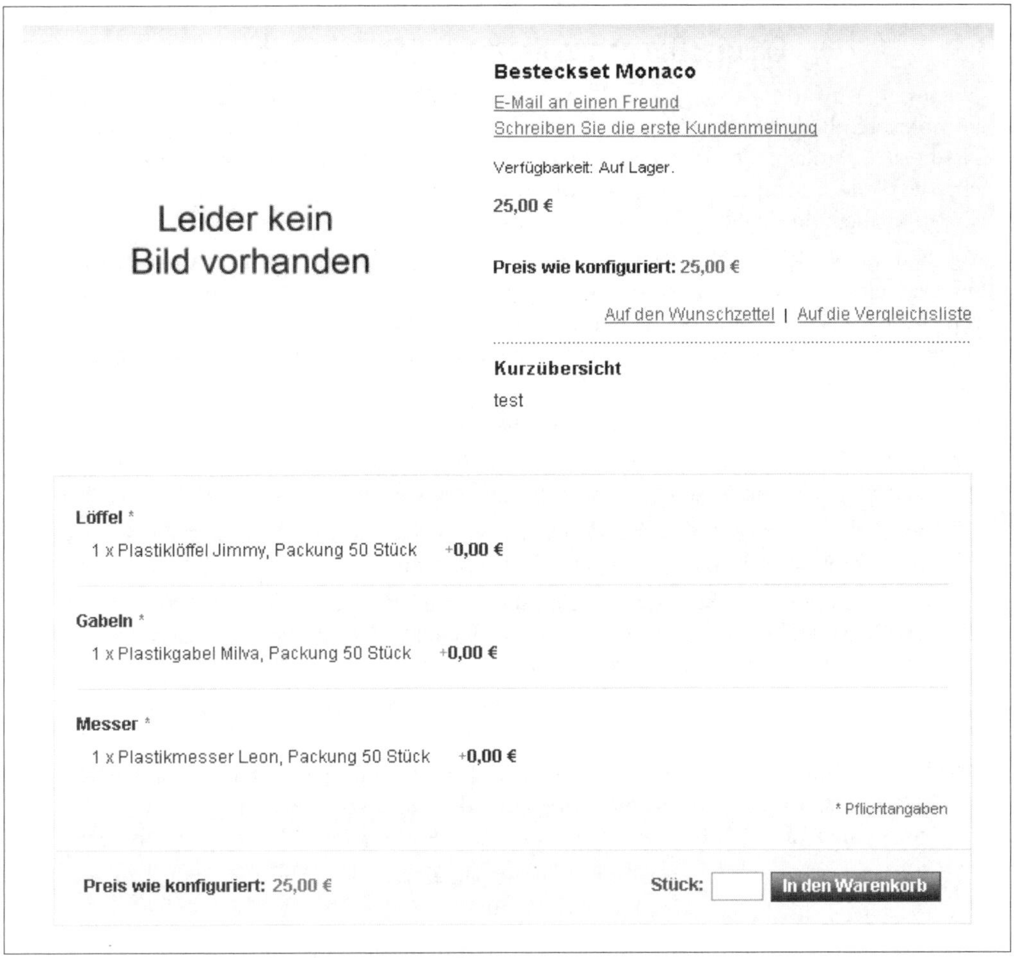

Besteckset Monaco

E-Mail an einen Freund

Schreiben Sie die erste Kundenmeinung

Verfügbarkeit: Auf Lager.

25,00 €

Preis wie konfiguriert: 25,00 €

Auf den Wunschzettel | Auf die Vergleichsliste

Kurzübersicht

test

Löffel *

1 x Plastiklöffel Jimmy, Packung 50 Stück   +**0,00 €**

Gabeln *

1 x Plastikgabel Milva, Packung 50 Stück   +**0,00 €**

Messer *

1 x Plastikmesser Leon, Packung 50 Stück   +**0,00 €**

* Pflichtangaben

Preis wie konfiguriert: 25,00 €   Stück: [   ]   **In den Warenkorb**

Abbildung 6-52: Das neue Besteckset Monaco

Ganz schön komplex, diese komplexen Artikel, nicht wahr? Haben Sie vorher bereits mit einer Shopsoftware gearbeitet, die nur einen Artikeltyp kannte, sind besonders die letzten drei vorgestellten Typen erst einmal nicht so leicht nachzuvollziehen. Wenn Sie aber damit arbeiten und in dem Zusammenhang feststellen, dass sich nahezu jede Artikelkonstellation mit diesem System abbilden lässt, möchten Sie diese Artikeltypen schon bald nicht mehr missen.

Nachdem wir Ihnen nun die Kategorie-, Attribut- und Artikelverwaltung im Detail erläutert haben, gehen wir im nächsten Kapitel dazu über, uns die Lokalisierung des Webkochshops genauer anzusehen.

Exkurs: Die ganze Kraft der Bündel-Artikel

Nach der Aufwärmübung zu den Bündel-Artikeln zeigen wir Ihnen jetzt anhand eines komplexeren Beispiels, was Sie mit diesem Artikeltyp sonst noch so anstellen können. Es lassen sich nämlich alle einfachen Artikel Ihres Shops in beliebiger Kombination zu solchen Artikeln zusammenfassen. Seien Sie also mutig: Lassen Sie Ihre Kunden ihre eigene Traumküche in Ihrem Shop konfigurieren.

Wie Sie sich vielleicht schon denken können, benötigen Sie für dieses Vorhaben wieder mehrere einfache Artikel. Lassen Sie also Ihrer Kreativität freien Lauf und tragen Sie die folgenden Artikel in Ihren Adminbereich ein: zwei verschiedene Kühlschränke, zwei verschiedene Herde und zwei verschiedene Geschirrspülmaschinen. Führen Sie danach die folgenden Schritte aus:

1. Legen Sie einen neuen *Bündel-Artikel* mit dem Attributset *Default* an.

2. Tragen Sie im Bereich *Allgemein* bei *Name*, *Beschreibung* und *Kurzbeschreibung* Fantasiewerte ein und setzen Sie den *Status* auf *Aktiviert*.

3. Belassen Sie *Artikelnummer* und *Gewicht* auf *Dynamisch* und tragen Sie bei *Artikelnummer* außerdem noch einen beliebigen Wert ein.

4. Im Abschnitt *Preise* belassen Sie die Einstellung bei *Preis* auf *Dynamisch* und lassen das Eingabefeld daneben leer. Wählen Sie weiter unten die richtige Steuerklasse aus und entscheiden Sie sich bei *Preis-Ansicht* für *Preisbereich*.

5. Weisen Sie dem neuen Artikel im Abschnitt *Kategorien* einer beliebigen Kategorie zu.

6. Im Abschnitt *Bündel-Artikel* fügen Sie mehrere Optionen mit den Namen *Kühlschrank*, *Herd*, *Geschirrspülmaschine* ein. Als *Eingabetyp* verwenden Sie hier *Dropdown*, die *Pflichtangabe* setzen Sie auf *Ja*, und das Eingabefeld *Position* bleibt leer.

7. Weisen Sie jeder dieser drei Optionen die beiden jeweils passenden Artikel zu.

8. Speichern Sie diesen neuen Bündel-Artikel.

Sie haben nun mit ein paar Schritten einen Artikel angelegt, bei dem der Kunde zu den jeweiligen Komponenten seiner Küche zwei Wahlmöglichkeiten hat. Der Preis, die Artikelnummer und das Gewicht des gesamten Artikels werden automatisch berechnet, ebenso wird der Preisbereich angezeigt, in dem sich die neue Küchenkombination bewegen wird.

Textinhalte präsentieren: Das CMS

Weil ein Online-Shop nicht nur aus Artikeln, sondern auch aus statischen Inhalten besteht, haben die Magento-Entwickler ihrem System ein rudimentäres CMS (*Content-Management-System*) spendiert. Damit lassen sich unter anderem Inhaltsseiten erstellen und Texte pflegen, die Sie gern in Ihrem Shop veröffentlichen möchten. Dies können zum einen obligatorische Texte sein, die Sie erstellen müssen, um den rechtlichen Anforderungen Genüge zu tun. Es sind aber selbstverständlich auch alle anderen Inhalte, die Sie Ihren Kunden gern näherbringen möchten. Eine Anfahrtsbeschreibung, ein Firmenprofil, eine Liste mit häufig gestellten Fragen? Mit dem Magento-CMS kein Problem! Darüber hinaus verfügen Sie über die Möglichkeit, den Produktkatalog mit den sogenannten statischen Blöcken auf interessante Weise zu erweitern. In diesem Kapitel lernen Sie dieses CMS und dessen Verwendung genauer kennen.

 Über eine kostenfreie Extension ist das Blogsystem und Neuzeit-CMS WordPress (*http://www.magentocommerce.com/extension/3958/wordpress*) nahtlos integrierbar.

Auf den folgenden Seiten werden Sie sämtliche Informationstexte für den Webkochshop erstellen und zuweisen. Ebenso erfahren Sie, wie Sie Ihre Kategorien mit statischen Blöcken aufwerten können und sie auch in andere Bereiche des Frontends integrieren.

Eine neue Seite mit dem CMS erstellen

Nachdem Sie dem Webkochshop in Kapitel 6 schon eine ausgeklügelte Kategorie- und Artikelstruktur verpasst haben, werden Sie in diesem Abschnitt dafür sorgen, dass auch Ihre Inhaltsseiten zur Crème de la Crème gehören. Nacheinander werden Sie in diesem Abschnitt Inhaltsseiten anlegen und damit wichtige Informationen für Ihre Kunden veröffentlichen. Das sind beispielsweise Texte für das *Impressum (Anbieterkennzeichnung)*, die *Datenschutzerklärung*, die *Allgemeinen Geschäftsbedingungen* sowie die *Widerrufsbelehrung*. (Die letzten beiden Texte haben Sie vorhin in Kapitel 5 bereits in den Bestellprozess des Webkochshops integriert.)

In diesem Abschnitt zeigen wir Ihnen am Beispiel einer Informationsseite über die Versandkosten, wie Sie im CMS eine neue Seite anlegen und diese auch im Fußbereich des *Default*-Themes verlinken. Anschließend gehen wir noch kurz auf Inhaltsseiten ein, die für den Webkochshop relevant sind und auf die gleiche Weise erstellt werden können.

Informationsseite für die Liefer- und Versandkosten

Die Versandkostenseite muss klar ersichtlich alle Versandkosten enthalten, die im Shop anfallen könnten. Entscheiden Sie sich für den Versand in mehrere Länder – beispielsweise in einem Multishop-System (siehe Kapitel 9) –, müssen dort laut Gesetzgeber explizit die Kosten für alle belieferten Länder erscheinen.

Auf ähnliche Weise muss der Shopbetreiber seine Kunden darauf hinweisen, welche Zahlungsmöglichkeiten er in seinem Shop anbietet, z. B. *Nachnahme*, *Vorkasse*, *PayPal* usw. In diesem Zusammenhang sollte der Kunde auch erfahren, wann der genaue Zahlungszeitpunkt bei einer Bestellung ist, also beispielsweise Einzug der Lastschrift nach Auslieferung.

Eine ausführliche Informationspflicht besteht auch dann, wenn für bestimmte Zahlungsmöglichkeiten ein Aufschlag erhoben wird. Gibt es beispielsweise eine Nachnahmegebühr in Ihrem Shop, muss darauf im Text auch deutlich hingewiesen werden. Etwaige Zollgebühren bei Lieferung an Länder außerhalb der EU sollten ebenfalls hier erscheinen.

Beginnen Sie mit dem Anlegen der neuen Inhaltsseite im Adminbereich. Die Auflistung aller im System hinterlegten Inhaltsseiten finden Sie unter *CMS → Seiten verwalten*. Um eine neue Seite hinzuzufügen, klicken Sie auf *Neue Seite anlegen* oben rechts, sodass die Bearbeitungsmaske für diese Inhaltsseite auf Ihrem Display erscheint (Abbildung 7-1).

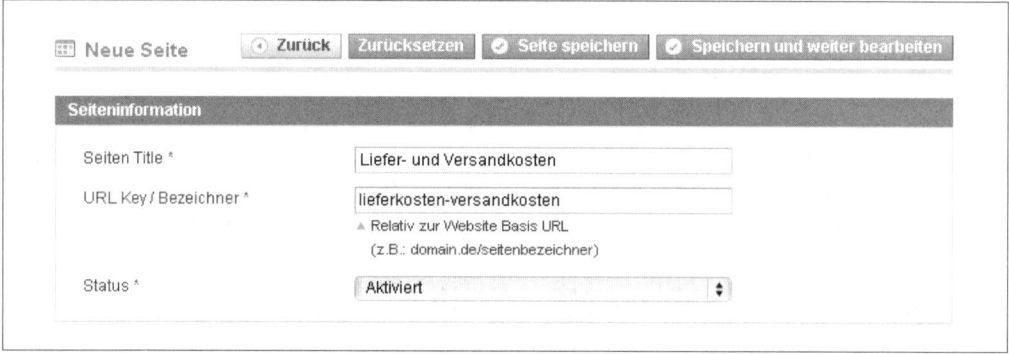

Abbildung 7-1: Bearbeitungsmaske der Startseite

Die folgenden Eingabefelder warten nun auf Ihre Eingabe bzw. Änderung:

Seitentitel
Der Seitentitel ist für die eigentliche Gestaltung Ihres Shops unsichtbar und taucht nur in der Titelleiste Ihres Browsers auf. Die Einträge, die Sie hier vornehmen, werden – außer im Fall der Startseite – auch für die Bildung des sogenannten Breadcrumb-Pfads verwendet, wie Sie auf Seite 190 sehen werden. Generell lässt sich

sagen, dass der Seitentitel eine entscheidende Bedeutung für die Indizierbarkeit Ihrer Seite durch Suchmaschinen hat. Die Informationen, die Sie hier hinterlegen, sind mit die wichtigsten, die Sie in einem HTML-Dokument überhaupt hinterlegen können. Da wir es in unserem Beispiel jedoch nur mit einer Informationsseite für die Versandkosten zu tun haben und diese Seite fast gar nichts mit unseren Produkten zu tun hat, genügt an dieser Stelle die Light-Version: Tragen Sie hier einfach *Liefer- und Versandkosten* ein.

URL-Key/Bezeichner

Besser, als die Bezeichnung dieses Eingabefelds es aussagt, könnte man es nicht erklären: Hier ist Platz für die Adresse der aktuellen Seite in der Browseradressleiste. Sie sollten Folgendes dort einfügen: *lieferkosten-versandkosten*.

StoreView

Legen Sie hier fest, auf welchem StoreView diese Seite erscheinen darf. In unserem Fall reicht es vorerst, wenn Sie *Alle StoreViews* auswählen. In Kapitel 9 erfahren Sie, wie Sie Inhalte in mehreren Sprachen aufbereiten.

Status

Hier finden Sie ein weiteres Beispiel für einen Magento-typischen An- und Ausschalter. Mithilfe des Drop-down-Menüs legen Sie fest, ob eine Inhaltsseite im Shop erscheinen darf oder nicht. Dies ist vor allem dann hilfreich, wenn Sie Seiten erst vorbereiten möchten, bevor Sie sie auf die Menschheit loslassen. Da Sie sich hier aber noch in einem Testsystem befinden, dessen mehr oder weniger schönes Aussehen niemand außer Ihnen mitbekommt, setzen Sie das Menü hier getrost auf *Aktiviert*.

Wechseln Sie im Anschluss in den Menüpunkt *Inhalt* in der linken Seitenleiste.

Seiten-Überschrift

Die hier eingetragene Überschrift wird oberhalb des eigentlichen Inhaltstexts eingeblendet. In unserem Beispiel lassen Sie diese einfach weg.

Inhalt

Dies ist der Bereich, in dem Sie sich so richtig austoben können, denn hier beeinflussen Sie das, was im Frontend tatsächlich angezeigt wird. In Kapitel 3 haben Sie ja schon einen kurzen Begrüßungssatz an Ihre enthusiastische Käuferschaft gerichtet, indem Sie ein kleines Stückchen HTML über den bereits vorhandenen Text geschrieben haben. An dieser Stelle haben Sie die Wahl, entweder den eingebauten WYSIWYG-Editor zu verwenden, um mit dessen Hilfe Ihren Text zu formatieren – das ist die Standardeinstellung –, oder diesen Editor auszuschalten und den Text mittels HTML zu formatieren. Ist Ihnen Letzteres lieber, blenden Sie die WYSIWYG-Funktion mit dem *Button Show/Hide Editor* aus und fügen anschließend einen Informationstext zu Ihren Liefer- und Versandkosten ein, den Sie mithilfe von HTML formatieren können, also beispielsweise:

```
<h1>Liefer- und Versandkosten</h1>
<p>Wir beliefern unsere Kunden zu pauschalen Versandkosten von € 4,90 pro Bestellung.</p>
```

Als Nächstes haben Sie die Möglichkeit, unter dem Menüpunkt *Gestaltung* das Layout der Seite individuell zu verändern (Abbildung 7-2).

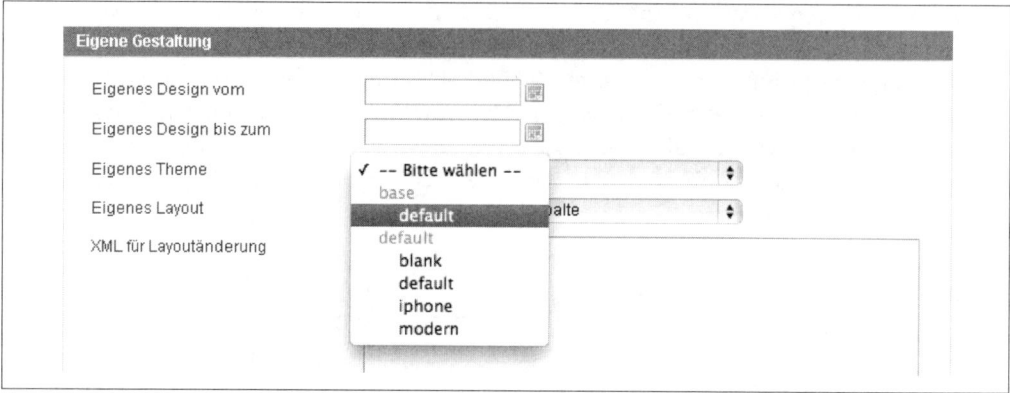

Abbildung 7-2: Der Eingabebereich Gestaltung

Die hier gezeigte Konfigurationsmaske teilt sich in zwei Bereiche auf. Der obere Abschnitt bezieht sich dabei auf die generelle Gestaltung der Inhaltsseite.

Layout

Wählen Sie hier das Seiten-Template (siehe Kapitel 10) aus, mit dem Magento diese Inhaltsseite anzeigen soll.

XML für Layoutänderungen

Als fortgeschrittener Magento-Profi können Sie hier, wie in Kapitel 10 beschrieben, Änderungen an der XML-Struktur der Seite vornehmen und so ganz gezielt einzelne Inhaltsblöcke – d. h. statische Blöcke – an- oder ausschalten.

Der zweite Teil der Maske befasst sich mit Änderungen, die Layoutänderungen für einen gewissen Zeitraum definieren.

Eigenes Design vom

Das eigene Theme, das Sie der Content-Seite verpassen möchten, lässt sich auch auf einen bestimmten Zeitrahmen begrenzen. Tragen Sie hier mithilfe der Kalenderfunktion oder mittels Direkteingabe des Datums in der Form *tt.mm.jj* den Tag ein, ab dem die aktuelle Seite im individuellen Layout erscheinen soll.

Eigenes Design bis zum

Auch die schönste Änderung am Shopdesign muss einmal vorbei sein. Haben Sie beispielsweise ein eigenes Theme für die Weihnachtszeit ausgewählt, wird es spätestens am 6. Januar mit der Entsorgung des Weihnachtsbaums ebenfalls höchste Zeit, wieder zum normalen Design zurückzukehren. Dieses Datum können Sie hier eintragen.

Eigenes Theme

In Kapitel 10 lernen Sie, wie sich mit einigen einfachen Schritten ein neues Theme erstellen lässt; wenn Sie dort Ihrer Kreativität freien Lauf lassen und ein neues Theme bzw. Template erzeugen, könnten Sie dieses genau hier exklusiv den Liefer- und Versandkosten hinzufügen. Magento ist so flexibel konzipiert, dass jede Inhaltsseite, die über das CMS erzeugt wurde, in dieser Weise individuell gestaltet werden kann. Im Drop-down-Menü erscheinen alle Themes, die im entsprechenden Ordner auf dem Server abgelegt sind. Wählen Sie aus diesen den Eintrag aus, der für die aktuelle Seite gelten soll.

Eigenes Layout

Aus diesem Auswahlmenü können Sie wählen, wie die aktuelle Seite grob strukturiert werden soll. Mit anderen Worten, Sie entscheiden hier, welches Seiten-Template (siehe Kapitel 10) zum Einsatz kommen soll. Weil es unter anderem auch für die Startseite gilt und der Webkochshop in einem einheitlichen Look erscheinen soll, wählen Sie hier *2 Spalten mit rechter Spalte*.

XML für Layoutänderung

Ein weiteres großes Eingabefeld voll mit scheinbar kryptischem Inhalt: Dies ist genau die richtige Stelle, um ein paar eigene Zeilen XML unterzubringen, mit denen Sie Inhaltsblöcke bzw. Aktionen für die aktuelle Seite bereitstellen. Mehr zu den Mysterien der Magento-Blockstruktur haben wir für Sie in Kapitel 10 aufbereitet.

Nach diesen Einstellungen sehen Sie zu guter Letzt die Gruppe *Metadaten* (Abbildung 7-3). An dieser Stelle tragen die Entwickler dem Umstand Rechnung, dass Shopbetreiber gern individuelle Einträge für die entsprechenden Kopfbereiche ihrer HTML-Dokumente vergeben können möchten. Da der Stellenwert dieser Angaben – vor allem im Fall der Schlüsselwörter – insbesondere für den Bereich Suchmaschinen nachgelassen hat, sind sie nicht mehr von allzu großer Bedeutung. Der Vollständigkeit halber seien aber diese beiden Eingabefelder hier auch noch einmal kurz beschrieben.

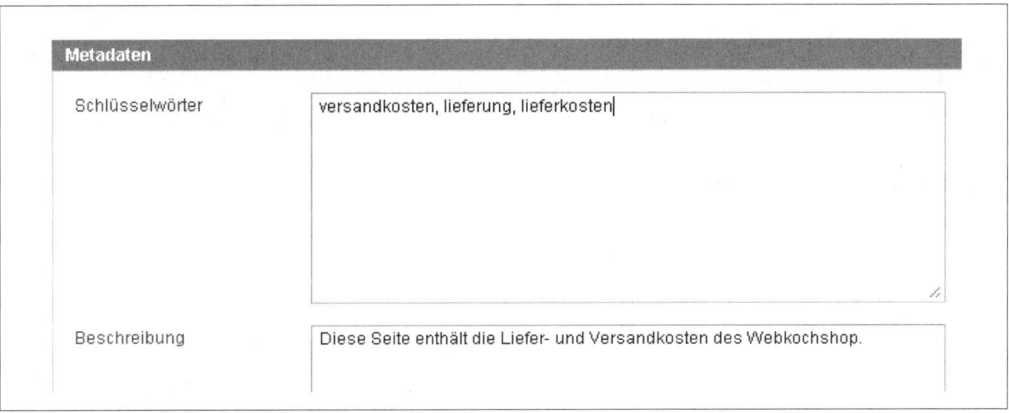

Abbildung 7-3: Metadaten eintragen

Schlüsselwörter

Hier tragen Sie eine Reihe von Schlüsselwörtern ein, die den Seiteninhalt beschreiben. Verwenden Sie nicht mehr als vier bis sieben Begriffe und trennen Sie diese mit Kommata.

Beschreibung

Dieses Eingabefeld ist dafür vorgesehen, für eine Inhaltsseite noch einmal eine für die Suchmaschinen optimierte Kurzbeschreibung mit einer maximalen Länge von ungefähr 160 Zeichen einzutragen. Ist auf der Inhaltsseite, die Sie gerade bearbeiten, im normalen, auch im Browser lesbaren Bereich zu wenig Text vorhanden, wird dieser Beschreibungstext von Google & Co. zur Bildung des sogenannten Snippets verwendet. Dieses sind die Informationsschnipsel einer Seite, aus denen die Suchergebnisse zusammengesetzt sind.

Nach einem Klick auf *Seite speichern* wird diese in der Datenbank abgelegt und ist – wenn Sie den Status auf *Aktiviert* gesetzt haben – sofort unter der folgenden Adresse im Shop zu sehen (Abbildung 7-4):

http://www.webkochshop.de/lieferkosten-versandkosten

Abbildung 7-4: Die neue Informationsseite zu den Liefer- und Versandkosten

So weit, so gut. Diesen Link können Sie jetzt verwenden, um diese Informationsseite mit dem entsprechenden unter dem Preis angebrachten Verweis (*inkl. 19% MwSt. zzgl. Versandkosten*) zu verlinken (siehe Kapitel 5, *Fit für den deutschen Markt: Magento lokalisieren*). Der nächste Schritt besteht nun darin, auch einen Link im Fußbereich des Webkochshops zu erzeugen, über den Ihre Kunden die Liefer- und Versandkosten erreichen können.

Inhaltsseiten im Template verlinken

Es gibt mehrere Möglichkeiten, die Links im Footer zu bearbeiten, von denen wir Ihnen an dieser Stelle zwei vorstellen möchten. In der einen Variante überarbeiten Sie den statischen Block *footer_links* (mehr zu diesen Blöcken lesen Sie auf Seite 194) im Adminbereich, in der zweiten Variante bearbeiten Sie die zugrunde liegende Template-Datei.

Beginnen wir mit der einfacheren Block-Methode: Rufen Sie den Bereich *CMS → Statische Blöcke* auf und klicken Sie auf den Eintrag *footer_links* – dies ist der einzige Block, der zurzeit dort vorhanden ist. Sie werden zur Bearbeitung dieses Blocks weitergeleitet; im unteren Bereich im Textfeld *Inhalt* finden Sie folgenden Codeschnipsel, wenn Sie den WYSIWYG-Editor ausblenden *(Show/Hide Editor)*:

```
<ul>
<li><a href="{{store url="about-magento-demo-store"}}">About Us</a></li>
<li class="last"><a href="{{store url="customer-service"}}">Customer Service</a></li>
</ul>
```

Fügen Sie nun in die unsortierte Liste einen neuen Link zu Ihren Versandkosten ein, sodass der Block so aussieht:

```
<ul>
<li><a href="{{store url="versandkosten"}}">Versandkosten</a></li>
<li><a href="{{store url="about-magento-demo-store"}}">About Us</a></li>
<li class="last"><a href="{{store url="customer-service"}}">Customer Service</a></li>
</ul>
```

Sichern Sie diese Änderung über *Block speichern* und schauen Sie sich eine beliebige Seite des Webkochshops an, nachdem Sie sie aktualisiert haben. Im Fußbereich wird nun ein neuer Link zur gerade erstellten Versandkostenseite angezeigt (Abbildung 7-5).

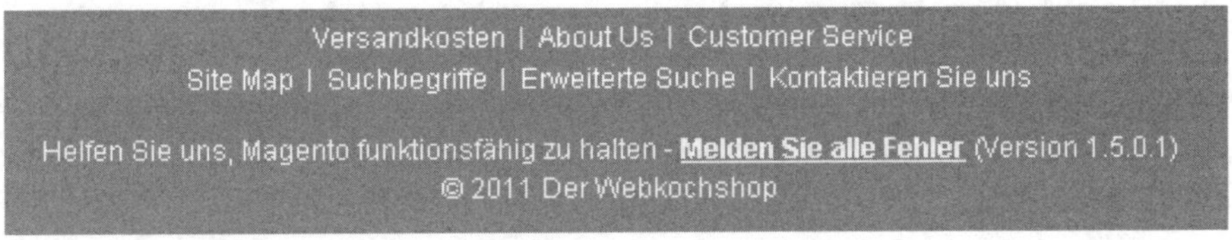

Versandkosten | About Us | Customer Service
Site Map | Suchbegriffe | Erweiterte Suche | Kontaktieren Sie uns

Helfen Sie uns, Magento funktionsfähig zu halten - **Melden Sie alle Fehler** (Version 1.5.0.1)
© 2011 Der Webkochshop

Abbildung 7-5: Der Link zu den Versandkosten wird ab sofort angezeigt

Bei der zweiten Methode führen Sie Änderungen in der zugrunde liegenden Template-Datei durch. Auf die Theme-Struktur von Magento gehen wir in Kapitel 10 noch im Detail ein, an dieser Stelle sollen Sie lediglich einen kleinen Vorgeschmack dessen bekommen, was sich bereits mit wenigen Änderungen im Quelltext erreichen lässt.

Nehmen Sie nun einen externen HTML-Editor Ihrer Wahl und öffnen Sie die folgende Datei auf Ihrem Server:

/app/design/frontend/default/default/template/page/html/footer.phtml

Hier sehen Sie unter anderem diesen Code:

```
<div class="informational">
    <?php echo $this->getChildHtml() ?>
</div>
```

Über den PHP-Aufruf wird zum einen der Inhalt des gerade besprochenen statischen Blocks geladen, und zum anderen werden weitere Modulinhalte in den Fußbereich geladen, die genauer in Kapitel 10 besprochen werden sollen. Sie können nun, ausnahmsweise, die gesamte Datei so bearbeiten, dass der Fußbereich Ihren Vorstellungen entspricht. Ersetzen Sie beispielsweise den oben dargestellten Code durch das Folgende, werden einige vom System generierte Links nicht mehr angezeigt (Abbildung 7-6):

```
<div class="informational">
    <li><a href="{{store url=""}}versandkosten">Versandkosten</a></li>
</div>
```

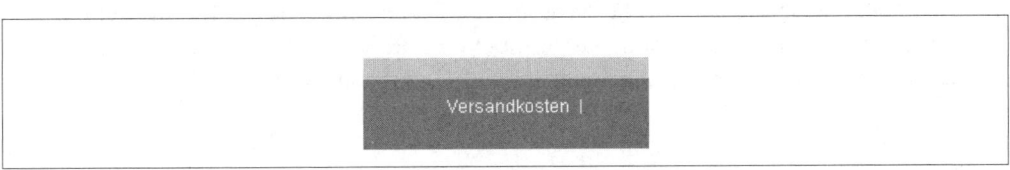

Abbildung 7-6: Der Fußbereich nach der Änderung der footer.phtml-Datei

Grundsätzlich sollte man jedoch Änderungen an den Default-Themes vermeiden, da dadurch die Update-Fähigkeit Ihres Themes stark beeinträchtigt wird. In Kapitel 10 erfahren Sie, wie sich diese Änderungen durchführen lassen, ohne dabei das modulare Konzept von Magento zu vernachlässigen.

Sie haben in diesem Abschnitt gesehen, auf welche Weise sich Links zu neu erstellten Inhaltsseiten im Fußbereich unterbringen lassen. Analog dazu können Sie nun weitere wichtige Informationen einstellen und verlinken, die nachfolgend aufgelistet sind.

Weitere wichtige Informationen veröffentlichen

Einige andere wichtige Inhaltsseiten, die unbedingt in Ihrem Shop enthalten sein müssen, stellen wir Ihnen nachfolgend in aller Kürze vor.

Startseite

Die Startseite ist zweifellos eine der wichtigsten Seiten des Webkochshops, ist sie doch gleichzeitig Ihr Aushängeschild und die Eingangstür für Ihre Kunden. Planen Sie diese Seite, und was Sie damit erreichen möchten, entsprechend im Voraus. In unserem Magento-Crashkurs in Kapitel 3 haben Sie bereits erfahren, wie Sie diese Seite schon mit einfachen Mitteln modifizieren können. Dort kann beispielsweise ein attraktives Bild integriert und damit gleichzeitig auf ein unschlagbares Angebot verlinkt werden.

Ein besonderes Augenmerk sollten Sie auf den Seitentitel der Startseite legen. Um unserem Webkochshop den richtigen Start zu verpassen, geben Sie in der Seitenverwaltung (*CMS → Seiten verwalten*) in das Eingabefeld *Seitentitel* Folgendes ein: *Kochzubehör, Kochtöpfe und Besteck online bestellen in unserem Webkochshop*. Diese Begriffe wählen Sie aus, weil Sie erwarten, dass Ihre potenziellen Kunden in den Suchmaschinen danach suchen, wenn sie sich dafür interessieren. Hierbei sind nicht nur einzelne Suchbegriffe, sondern auch Suchphrasen wie *online bestellen* relevant. Die Suchbegriffe bzw. Suchphrasen sollten dabei jeweils zum Inhalt der einzelnen Seite passen. Für die Startseite entscheiden Sie sich daher für eher allgemeine Begriffe aus dem Bereich Kochen.

Allgemeine Geschäftsbedingungen

Die AGB sollten für den Kunden leicht auffindbar sein, damit er im Zweifelsfall weiß, zu welchen Bedingungen er die Ware bei Ihnen bestellt. Außerdem müssen die AGB im Bestellprozess explizit akzeptiert werden. Wie Sie diese Bedingung einstellen, haben Sie in Kapitel 5 erfahren.

Im CMS legen Sie eine Seite für die AGB an, die Sie anschließend in Ihrem Template so verlinken, dass der Kunde sie ohne langes Suchen und Scrollen finden kann, was in diesem Zusammenhang auch eine Anforderung des Gesetzgebers darstellt.

Datenschutzerklärung

Informieren Sie Ihre Kunden detailliert über die Datenschutzrichtlinien, die Sie bei Anmeldung und Bestellung in Ihrem Shop zugrunde legen. Hierbei ist beispielsweise wichtig, dass die Richtlinien von allen Unterseiten des Shops, auf denen Daten erhoben werden, einfach erreicht werden können. Sie sollten folgende Informationen enthalten:

- Datenschutzbeauftragte(r)
- Zweck der Datenerhebung
- Werden Bonitätsprüfungen oder Ähnliches während des Bestellprozesses durchgeführt?
- Weitergabe an Dritte?
- Verwendung von Cookies
- Abwicklung von Anfragen zum Thema Datenschutz
- Welche Daten sind obligatorisch, welche freiwillig?

Vergessen Sie nicht, gegebenenfalls auf Dienste wie Google Analytics oder Facebook hinzuweisen. Auch diese Angebote erfordern es, in den Datenschutzrichtlinien erwähnt zu werden.

Widerrufsbelehrung oder Rückgaberecht

Analog zu den AGB muss auch die Widerrufsbelehrung für den Kunden eindeutig im Bestellprozess zu erkennen sein, was in Kapitel 5, *Fit für den deutschen Markt: Magento lokalisieren* im Detail erläutert wird. Zusätzlich sollten Sie eine Inhaltsseite anlegen, in der die Widerrufsbelehrung und/oder das Rückgaberecht dargestellt wird, und diese Seite beispielsweise im Fußbereich Ihres Shops mit einem Link hinterlegen. So muss der Kunde nicht erst bestellen, um diese Regelungen in Erfahrung bringen zu können.

Impressum/Anbieterkennzeichnung

Last, but not least sollte in Ihrem Shop kein Zweifel darüber bestehen, wer denn nun genau die Ware verkauft. Mit anderen Worten, es ist erforderlich, dass Sie eine Inhaltsseite erstellen, in der Sie eine korrekte Anbieterkennzeichnung hinterlegen und diese gut auffindbar in Ihrem Shop verlinken.

Zu einer korrekten Anbieterkennzeichnung gehören der Name, die Anschrift und eine E-Mail-Adresse sowie bei juristischen Personen die Rechtsform und der Vertretungsberechtigte. Weiterhin sind bei vorhandenen Registereinträgen (Handels-, Vereins-, Genossenschafts- oder Partnerschaftsregister) das Register sowie die Registernummer anzugeben. Soweit eine Umsatzsteuer-Identifikationsnummer vorhanden ist, muss auch diese aufgeführt werden.

Hilfe beim Erstellen eines rechtskonformen Impressums erhalten Sie bei Ihrem Haus- und Hofanwalt oder gebührenfrei im Internet unter *http://www.e-recht24.de/impressum-generator.html* mit einem übersichtlichen Assistenten.

Statische Blöcke verwenden

E-Commerce ist sehr dynamisch: Ständig wechseln Artikel und Preise, Systeme werden aktualisiert, basieren auf dynamischen Skriptsprachen und Datenbanken. Ist es da nicht beruhigend zu lesen, dass innerhalb von Magento zur Abwechslung auch mal etwas statisch ist? Willkommen bei den statischen Blöcken, den HTML-gewordenen Ruheinseln Ihres Online-Shops.

Statische Blöcke werden in Magento zum einen dazu eingesetzt, Kategorien, genauer gesagt, Kategorieauflistungen, in besonderer Weise aufzuwerten. Das können Sie vor allem nutzen, um attraktive sogenannte *Landingpages* zu gestalten, auf die Sie Ihre Kunden im Rahmen spezieller Werbeaktionen weiterleiten. Zum anderen dienen statische Blöcke dazu, festgelegte Aufgaben außerhalb der Kategorien zu erfüllen. Mit ihnen lässt sich jeder beliebige Inhalt beispielsweise in den Seitenleisten des Frontends oder in E-Mails unterbringen. In den folgenden Abschnitten wird im Detail erläutert, was ein statischer Block ist und wie man einen solchen über den Adminbereich erstellen und einbinden kann.

Einen neuen Block für die Kategorieübersicht anlegen

Am Anfang wollen wir uns gemeinsam vor Augen führen, wie Magento in Bezug auf Blöcke aufgebaut ist. Diese Vorüberlegungen sind die Voraussetzung dafür, einen eigenen statischen Block erstellen zu können. Sie möchten ja immerhin wissen, wie breit Ihr neues Block-Meisterwerk beispielsweise werden soll, oder nicht? Obwohl wir in Kapitel 10 bei der Erläuterung der Magento-Themes noch genauer auf die Blockstruktur eingehen werden, wollen wir in diesem Kapitel den Teil umreißen, der die Verwendung von statischen Blöcken betrifft. Nach den allgemeinen Vorüberlegungen werden Sie dann in einem Praxisbeispiel für eine neue Kategorie *Messersets* einen statischen Block erstellen, um diese noch attraktiver präsentieren zu können.

Wie Sie in Abbildung 7-7 sehen können, gibt es grundsätzlich vier verschiedene Möglichkeiten, die Informationen im Frontend zu strukturieren.

In der ersten Variante erstreckt sich der Block über die gesamte Breite der Seite. Dort ist nur noch Platz für eine Kopf- und eine Fußzeile, die Seitenleisten werden vollständig ausgeblendet. In den Varianten zwei und drei lässt der mittlere Block noch Platz für eine Seitenleiste entweder links oder rechts, in der sich beispielsweise ein Navigationsmenü unterbringen lässt. In der letzten Variante beschränkt sich der Block auf den mittleren Bereich, die Seitenleisten sind sowohl links als auch rechts vorhanden.

Zur Demonstration in unserem Webkochshop verwenden wir die letzte Variante. In dieser bleibt Ihnen zwar weniger Raum für eine individuelle Gestaltung, weil Sie sich ja bei

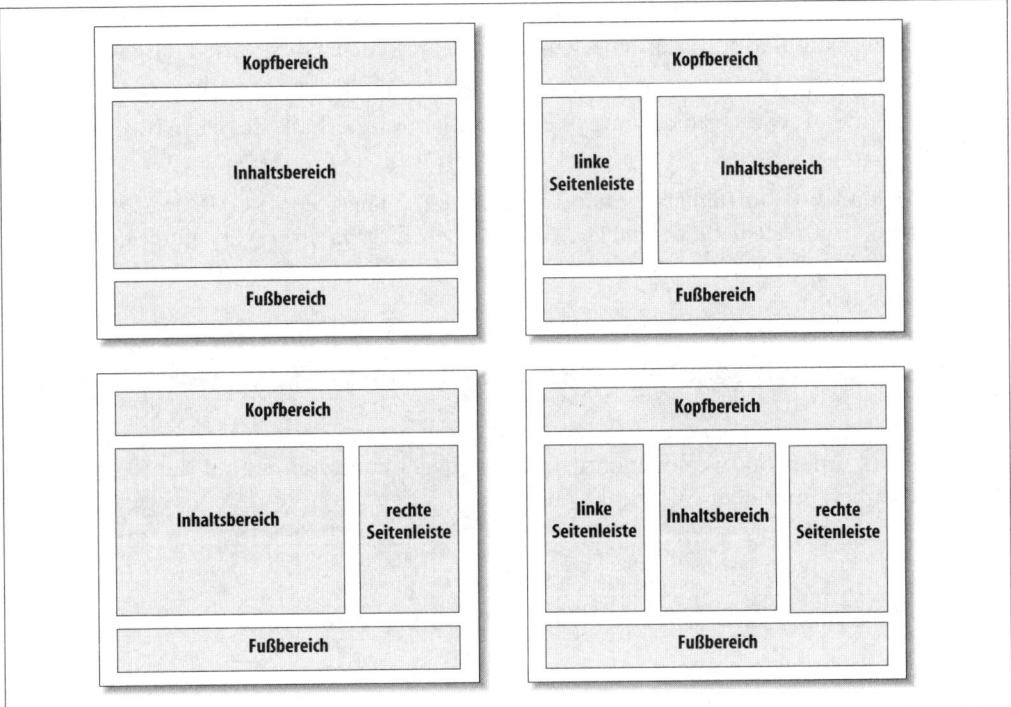

Abbildung 7-7: Verschiedene Layouts

der Anzeige der Inhalte auf die mittlere Spalte beschränken müssen und nicht die gesamte Breite nutzen können. Diese Aufteilung hat jedoch den Vorteil, dass Ihre Kunden immer noch die Funktionen links und rechts vom Inhaltsbereich nutzen und beispielsweise über das Navigationsmenü in eine andere Kategorie springen können.

Grundlage für einen statischen Block ist sein (X)HTML-Code. Erstellen Sie mit Ihrem Lieblings-HTML-Editor einen in sich geschlossenen Block, den Sie in einer Kategorieübersicht verwenden möchten. Ihnen stehen hierbei sämtliche HTML- und CSS-Tags zur Verfügung, die Sie auch auf anderen Webseiten einsetzen können. Zusätzlich dazu können Sie dynamische Elemente verwenden wie beispielsweise:

```
{{store direct_url="electronics/computers/laptops.html"}}
{{skin url='images/media/head_electronics_laptops.gif}}
```

Mit `store direct_url` bzw. `skin url` können Sie dynamisch auf die absolute URL des jeweiligen Shops verweisen bzw. auf Ihr */skin*-Verzeichnis zugreifen, um beispielsweise Bilder in den neuen statischen Block zu laden. Letzteres ist besonders hilfreich, immerhin müssten Sie sonst eine ziemlich lange Quelladresse für ein verlinktes Bild eintragen. Möchten Sie beispielsweise ein Bild mit dem Namen *messerset.jpg* in Ihren statischen Block laden, ist dazu nur eine Codezeile wie die folgende nötig:

```
<img src="{{skin url='images/media/messersets.jpg'}}" title="Messersets">
```

Da Magento weiß, welcher Skin-Ordner gerade aktiv ist (in Kapitel 10 werden Sie mehr über Skins und deren Einbindung erfahren), wird auch der jeweilige Pfad korrekt dargestellt.

Erstellen Sie also jetzt Ihren eigenen statischen Block nach Ihren Vorstellungen, wobei Sie beliebige Elemente wie Grafiken oder Flash-Elemente innerhalb des HTML-Codes nutzen können.

Haben Sie den Code für den statischen Block erstellt, gehen Sie zu *CMS → Statische Blöcke* und legen mit *Neuen Block anlegen* einen neuen Eintrag an. Es erscheint eine Eingabemaske (Abbildung 7-8), in der Sie verschiedene Informationen zum statischen Block eintragen können.

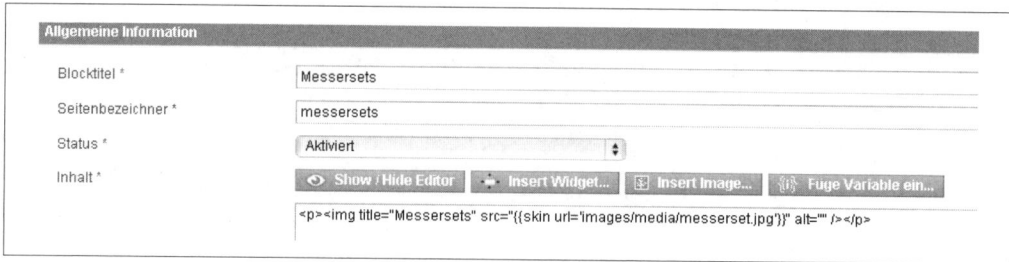

Abbildung 7-8: Ein neuer statischer Block soll angelegt werden

Blocktitel

Tragen Sie hier den Titel ein, über den Sie den neuen Block später identifizieren können. Wenn der Webkochshop wächst und gedeiht und viele verschiedene Blöcke in der Datenbank gespeichert sind, würde alles andere zu glattem Chaos führen. Wir entscheiden uns hier für *Messersets*.

Seitenbezeichner

Dieses Feld dient dazu, dem neuen Block einen Namen zu geben, der intern verwendet wird, um ihn in das Frontend einzubinden. Der Bezeichner darf keine Leerzeichen enthalten, nehmen Sie hier also *messersets*.

StoreView

Wie auch bei CMS-Seiten können Sie statische Blöcke für bestimmte StoreViews aktivieren oder deaktivieren. Wenn Sie in Ihrem Magento-Shop lediglich einen StoreView mit einem Store und einer Website haben, zeigt Magento Ihnen diese Option vorerst nicht an. In unserem Beispiel steht die Option aber zur Verfügung, wählen Sie hier *Alle StoreViews* aus.

Status

Mit diesem Schalter lässt sich der Block ganz einfach per Mausklick aktivieren und deaktivieren. Setzen Sie das Drop-down-Menü auf *Aktiviert*.

Inhalt

Dieses große Eingabefeld nimmt den gesamten Inhalt des aktuellen Eintrags auf. Kopieren Sie daher das Stück HTML des statischen Blocks hinein, das Sie vorher in einem externen Editor Ihrer Wahl angefertigt haben, oder nutzen Sie einfach den eingebauten WYSIWYG-Editor.

Mit einem Klick auf *Block speichern* geschieht genau das, und der neue Block ist gut und sicher in der Datenbank gespeichert. Im nächsten Schritt verknüpfen Sie diesen Block mit einer Kategorie.

Einen statischen Block mit einer Kategorie verknüpfen

Der folgende Schritt zur Verwendung eines statischen Blocks besteht nun darin, ihn mit einer Kategorie zu verknüpfen. Springen Sie also zur Kategorieverwaltung (*Katalog* → *Kategorien verwalten*) und legen Sie direkt unter *Default Category* eine neue Kategorie namens *Messersets* an. (Welche einzelnen Schritte dazu nötig sind, haben Sie bereits in Kapitel 6 gesehen.)

Im unteren Bereich der zweiten Eingabemaske *Anzeigeeinstellungen* finden Sie zwei Eingabefelder, die für Ihr Vorhaben entscheidend sind (Abbildung 7-9).

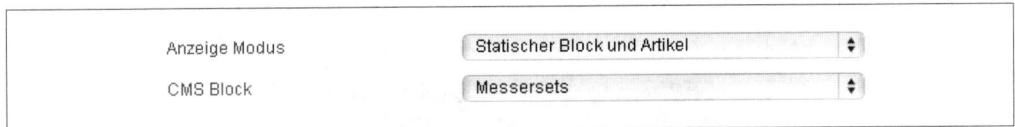

Abbildung 7-9: Auswahl des statischen Blocks für die aktuelle Kategorie

Anzeige-Modus

Entscheiden Sie sich für eine von drei Varianten:

Nur Artikel: Mit dieser Einstellung schalten Sie den statischen Block für die aktuelle Kategorie faktisch aus, da in der Artikelliste – wie es der Name schon verrät – nur Artikel aufgelistet werden.

Nur statischer Block: Dies ist die genau entgegengesetzte Variante: Sie legen mit dieser Auswahl fest, dass gar keine Artikel, sondern lediglich der von Ihnen ausgesuchte statische Block angezeigt wird. Mit dieser Methode erstellen Sie auf einfache Weise Landingpages.

 Möchten Sie in der oberen Menüleiste von Magento statt Kategorien auch Seiten einfügen – der Klassiker wäre hier die Kontaktseite –, dann... geht das erst mal nicht. Es gibt aber einen Trick: Legen Sie einen statischen Block mit den Inhalten Ihrer Seite an und erstellen Sie dann eine Kategorie mit dem Seitennamen, den Sie in die Menüzeile einfügen möchten. Weisen Sie dieser Kategorie dann den entsprechenden statischen Block zu und stellen Sie die Kategorie auf *Nur statischer Block*. Siehe da: Im Frontend haben Sie nun einen Link in der oberen Menüzeile, der augenscheinlich eine Seite lädt.

Statischer Block und Artikel: Bestimmt haben Sie es schon erraten, dies ist eine Mischvariante. Es werden sowohl der Block oben als auch die Artikel darunter angezeigt. Entscheiden Sie sich in unserem aktuellen Beispiel für diese Variante.

CMS-Block

Dieses Drop-down-Menü enthält die Titel aller statischen Blöcke, die Sie vorher angelegt haben. Wählen Sie den Eintrag *Messerset*.

Als Nächstes wählen Sie das Register *Eigene Gestaltung* aus dem mittleren oberen Bereich aus, um noch eine weitere wichtige Auswahl für den statischen Block zu treffen. Sie finden dort unter anderem das Drop-down-Menü *Seitenlayout*, über das Sie das Aussehen der Webkochshop-Inhalte rund um Ihren statischen Block beeinflussen können. Sie bestimmen hier, wie die übrigen Elemente des Webkochshops rund um den statischen Block dargestellt werden.

Aktivieren Sie für unser Beispiel den Eintrag *Keine Layoutänderungen*, da Sie das für den ganzen Geltungsbereich gültige Layout nutzen möchten.

Nachdem Sie nun alle anderen erforderlichen und gewünschten Werte für diese Kategorie eingetragen haben (wenn Sie sich nicht mehr sicher sind, schauen Sie sich das entsprechende Kapitel 6 noch einmal genauer an), speichern Sie diese via *Kategorie speichern*. Wenn Sie jetzt das Frontend des Webkochshops aktualisieren und auf die neu angelegte Kategorie *Messersets* klicken, erscheint Ihr neuer statischer Block in voller Pracht (Abbildung 7-10)!

Abbildung 7-10: Ein neuer statischer Block in der Kategorie Messersets

 Der deutsche Screencast (*http://www.vimeo.com/2126839*) zum Thema *Static Blocks* bezieht sich auf eine ältere Version des Adminbereichs, in der es noch kein Register *Eigene Gestaltung* in der Kategorieverwaltung gab.

Einen statischen Block in der Seitenleiste verwenden

Im vorherigen Abschnitt haben Sie gesehen, wie Sie einen statischen Block zusammen mit einer Kategorie verwenden können. Zusätzlich dazu lässt sich ein solcher Block jedoch auch an anderen Stellen im Template nutzen. Sie können damit beispielsweise Banner in den Seitenleisten erstellen. Dazu ist entweder eine Änderung in der jeweiligen Layoutdatei (siehe Kapitel 10) oder eine Widget-Instanz nötig, zum anderen muss dieser neue statische Block ebenfalls in HTML erstellt und in den Adminbereich eingefügt werden.

In diesem Beispiel legen Sie über *CMS → Statische Blöcke verwalten* einen neuen Block mit dem Namen *Messerset Odysseus* und dem Seitenbezeichner *odysseus* an und tragen folgenden Text in das Textfeld *Inhalt* ein:

```
<img src="{{skin url='images/media/odysseus.jpg'}}" title="Messerset Odysseus">
```

Legen Sie anschließend folgende Datei an und öffnen Sie sie in einem Codeeditor:

/app/design/frontend/default/default/layout/local.xml

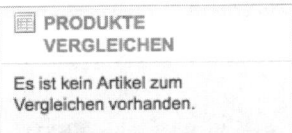

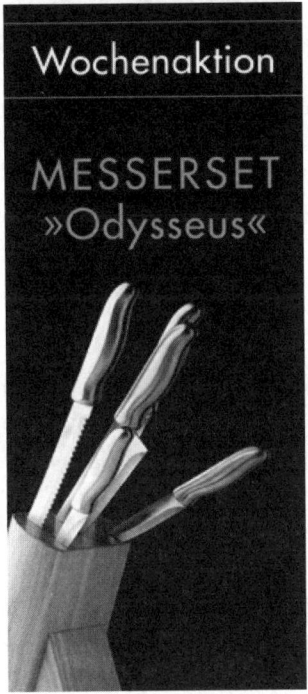

Abbildung 7-11: Neuer statischer Block in der rechten Seitenleiste

Dort fügen Sie den folgenden Codeschnipsel ein:

```xml
<?xml version="1.0">
<layout>
    <default>
        <reference name="right">
            <!-- CMS Block -->
            <block type="cms/block" name="odysseus">
                <action method="setBlockId"><block_id>odysseus</block_id></action>
```

```
        </block>
        <!-- CMS Block Ende -->
      </reference>
    </default>
  </layout>
```

Speichern Sie diese Datei nach Ihren Änderungen ab. Wenn Sie nun den Browser aktualisieren, sehen Sie den frisch erstellten statischen Block in der rechten Seitenleiste (Abbildung 7-11), der das Messerset »Odysseus« zum Vorschein bringt.

Widgets

Da Sie nun die statischen Blöcke kennengelernt haben, möchten wir Ihnen zum Abschluss dieses Kapitels deren große Geschwister vorstellen, die sogenannten *Widgets*. Hierbei handelt es sich im Grunde um statische Blöcke, die ihre eigene Konfigurationsmöglichkeit bereits mitbringen. Sie können sich noch nichts darunter vorstellen? Kein Problem, glücklicherweise haben wir da was vorbereitet.

Stellen Sie sich einmal vor, Sie möchten im Webkochshop eine CMS-Seite veröffentlichen, auf der die Highlights Ihres Katalogs zusammen mit einigen informativen Texten beispielsweise zum Einkochen von Obst und Gemüse verbunden werden. Nach der Lektüre dieses Kapitels wissen Sie bereits, was dazu zu tun ist: Sie legen eine neue Seite an, toben sich textmäßig nach Herzenslust aus und fügen dann die Links zum gewünschten Artikel ein. Diese Links erhalten Sie, wenn Sie sich die jeweiligen Artikeldetailseiten aufrufen, die URL kopieren und sie in Ihren Text einfügen. Das geht aber noch bequemer – und genau hier kommen die Widgets ins Spiel.

Legen Sie also eine neue CMS-Seite mit dem Namen *Rund ums Einkochen* an, springen Sie zum Menüpunkt *Inhalt* und klicken Sie dann auf den Button *Show/Hide Editor*. Um nun einen Link zu einem Artikel – nehmen wir hier die Einfachheit halber unseren alten Bekannten, den Edelstahlkochtopf Hubertus – einzubinden, klicken Sie als Erstes auf den Button *Insert Widget*. Es öffnet sich ein neuer Layer, wie Abbildung 7-12 zeigt.

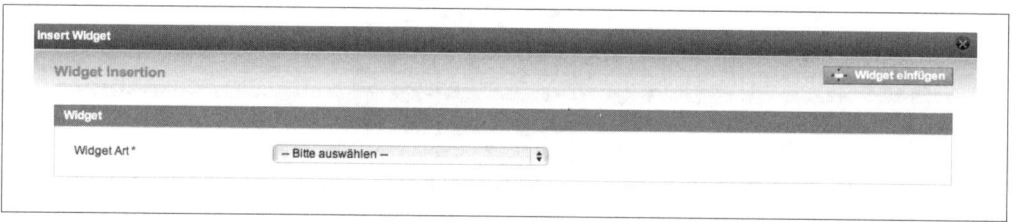

Abbildung 7-12: Wählen Sie ein Widget aus

Zunächst sehen Sie hier nicht viel mehr als ein Drop-down-Menü, in dem die Widget-Arten erscheinen, die bei Magento *out of the box* dabei sind. Dies sind:

Bestellungen und Rücksendungen
  Für die in Magento vorhandene RMA-Funktion können Sie mit diesem Widget ein Suchformular für Bestellungen und Rücksendungen platzieren.

CMS-Seiten-Link

Dieses Widget sorgt dafür, dass ein Link zu einer CMS-Seite integriert wird.

Katalog - Liste neuer Artikel

Lassen Sie mit diesem Widget eine Liste der neuen Artikel einer bestimmten Kategorie anzeigen.

Katalog-Artikel-Link

Dieses Widget setzt einen Link auf einen gewünschten Artikel und ist damit genau das, was wir für unser aktuelles Beispiel benötigen.

Katalog-Kategorie-Link

In der Form, wie Sie einen Link zu einem Artikel setzen, können Sie das mit diesem Widget auch für eine Kategorie tun.

Statischer-Block

Mit dieser Möglichkeit integrieren Sie den Inhalt eines statischen Blocks in eine CMS-Seite.

Zuletzt angesehene Artikel

Jetzt wird's richtig spannend: Dieses Widget sorgt dafür, dass eine Liste der vom Kunden zuletzt angesehenen Artikel dargestellt wird – vollautomatisch!

Zuletzt verglichene Artikel

Auch hier vollautomatisch: eine Liste aller Artikel, die der Kunde zuletzt verglichen hat.

Wählen Sie aus der Drop-down-Liste nun *Katalog-Artikel-Link* aus, und es öffnet sich unterhalb eine weitere Eingabemaske, in der Sie den Ankertext des Artikels sowie dessen Titel eintragen können. Tragen Sie die Werte so ein, wie in Abbildung 7-13 dargestellt, und klicken Sie anschließend auf *Artikel auswählen*.

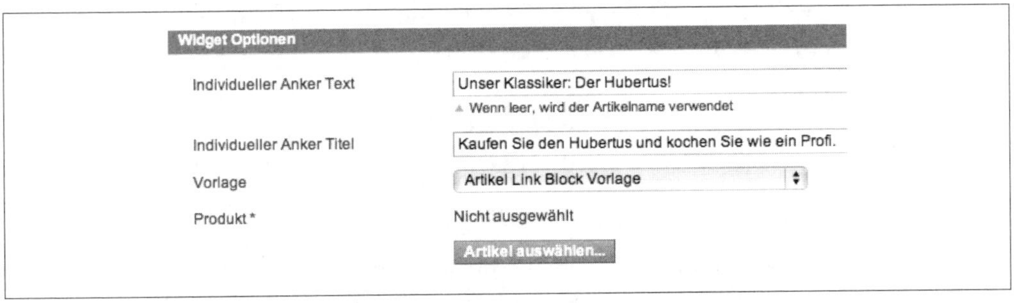

Widget Optionen	
Individueller Anker Text	Unser Klassiker: Der Hubertus!
	⚠ Wenn leer, wird der Artikelname verwendet
Individueller Anker Titel	Kaufen Sie den Hubertus und kochen Sie wie ein Profi.
Vorlage	Artikel Link Block Vorlage
Produkt *	Nicht ausgewählt
	Artikel auswählen...

Abbildung 7-13: Hier hinterlegen Sie die Ankertexte für den neuen Artikel-Link

Es öffnet sich eine Liste aller Artikel, die in Ihrer Datenbank gespeichert sind. Suchen Sie hier den oft erwähnten Kochtopf aus und klicken Sie oben rechts auf Widget einfügen. Und ehe Sie sich's versehen, haben Sie einen Link zum Artikel auf Ihre CMS-Seite erzeugt. Rufen Sie nun die Seite im Frontend auf, und er sollte so aussehen, wie in Abbildung 7-14 gezeigt. Die anderen Widgets lassen sich auf die gleiche einfache Weise konfigurieren und einsetzen – probieren Sie es einfach aus.

Abbildung 7-14: Der Link erscheint dank Widget wie gewünscht auf der CMS-Seite

Widget-Instanzen

Wenn Sie sich mit der Struktur des Magento-eigenen Layout-XML nicht auseinandersetzen möchten, können Sie mit *Widget-Instanzen* unter dem Menüpunkt *CMS → Widgets* sehr einfach die soeben kennengelernten Widgets im Shop einbauen – und zwar nicht nur auf einzelnen Produktseiten, sondern beispielsweise auf jeder Seite im Kopfbereich oder in der linken Spalte.

Stellen Sie sich vor, es ist August, und Sie möchten Ihren Online-Shop in einen wohlverdienten zweiwöchigen Betriebsurlaub schicken. Ihre Kunden sollen darüber natürlich rechtzeitig informiert werden. Also legen Sie sich einen statischen Block mit einer Urlaubshinweisnachricht an.

Um diesen Block auf jeder Seite im Kopfbereich anzuzeigen, ohne ein Zeichen Layout-XML tippen zu müssen, klicken Sie rechts oben auf den Button *Neue Widget-Instanz.* Im anschließenden Dialog wählen Sie nicht nur den Widget-Typ aus, sondern auch, für welche Designkonfiguration diese Widget-Instanz gelten soll. Weil Magento später das hier ausgewählte Theme-Verzeichnis durchsucht und Informationen daraus verwenden muss, können Sie diese Einstellung nachträglich nicht mehr verändern (mehr zu Themes erfahren Sie in Kapitel 10).

Für unser folgendes Beispiel wählen Sie den Widget-Typ *Statischer Block* und das Design *default/default.* Damit sind Sie bestens vorbereitet für den nächsten Schritt.

Die Widget-Instanz benötigt ein paar wenige Grundinformationen, bevor wir mit der Konfiguration der Darstellung weitermachen können.

Widget-Instanz Titel
Diese interne Bezeichnung hilft Ihnen in der Listenauswahl der Widget-Instanzen, die richtige Instanz wiederzufinden. An anderen Stellen wird dieser Wert nicht verwendet.

Zuweisen zu StoreViews
Falls Sie das Widget nur in bestimmten Sprachen anzeigen möchten, wählen Sie hier die passenden StoreViews aus, andernfalls belassen Sie die Einstellung auf *Alle StoreViews.*

Reihenfolge
Die Reihenfolge der Widget-Instanzen untereinander kann über dieses Feld mit Zahlenwerten wie 10, 20, 30 usw. festgelegt werden. Beachten Sie aber, dass sich Widget-Instanzen nicht zwischen bestehende Blöcke oder gar ganz an den Anfang eines Blocks sortieren lassen. Die Sortierung bezieht sich auf mehrere Widget-Instanzen innerhalb eines Blocks.

Wirklich spannend wird es nun, wenn wir Magento mitteilen wollen, wann und wo die Widget-Instanz im Frontend ihren Glanz versprühen darf. Über den Button *Neues Layout-Update* können wir mit einem Assistenten bequem über Formularfelder komplexes Layout-XML erstellen, ohne dass wir uns damit befassen müssen.

Display On

Über dieses Auswahlfeld können Sie festlegen, auf welchen Seiten die Layoutänderung greifen soll. Dabei können Sie neben *Alle Seiten* auch bestimmte Seitengruppen wählen. Die Auswahloption *Bestimmte Seiten* offenbart ein weiteres Auswahlfeld *Page*. Der Urlaubshinweis soll aber zu jeder Zeit sichtbar sein, daher ist *Alle Seiten* für uns die richtige Option.

Seite

Hier können Sie nicht etwa eine bestimmte CMS-Seite auswählen, sondern bestimmte Systemseiten wie den Warenkorb oder den Wunschzettel. Wenn Sie ein Layout-Update nur auf einer bestimmten CMS-Seite benötigen, können Sie dies direkt bei der CMS-Seite unter *CMS → Seiten verwalten* eintragen.

Block Referenz

Bestimmen Sie nun, in welchem Bereich der Seite das Widget dargestellt werden soll. Die Optionen in dieser Drop-down-Liste basieren auf der Auswahl der Designkonfiguration, die Sie zu Beginn getroffen haben. Für eine Information, die immer sichtbar sein soll, bietet sich der Block *Navigationsleiste* an.

Vorlage

Bei manchen Widgets ist es möglich, unterschiedliche Vorlagen zu nutzen. Link-Widgets beispielsweise bringen ein Block- und ein Inline-Template mit. Block-Templates erzeugen dabei einen Zeilenumbruch vor und nach dem Element, Inline-Templates laufen einfach mit dem Fließtext mit und erzeugen keine Zeilenumbrüche.

Unser Widget *Statischer Block* stellt nur ein Block-Template zur Verfügung.

Nachdem wir Magento nun etliche Informationen zu Position und Darstellung im Frontend mitgeteilt haben, fehlt eine letzte wichtige Konfiguration: Welcher statische Block soll denn nun angezeigt werden? Genau diese Einstellung kann im zweiten Register in der linken Leiste vorgenommen werden. Klicken Sie hier auf *Block auswählen …* und anschließend auf den gewünschten statischen Block.

Zum Abschluss speichern Sie die Widget-Instanz durch einen Klick auf *Speichern* in der rechts oben befindlichen Aktionsschaltflächenleiste, und fertig ist der Urlaubshinweis.

In diesem Kapitel haben Sie gelernt, wie man das CMS von Magento einsetzt, um statische Inhalte abzuspeichern und somit wichtige bzw. obligatorische Informationen wie Impressum und AGB zu veröffentlichen. Anschließend haben Sie die statischen Blöcke kennengelernt und erfahren, wie man damit Kategorieseiten aufwerten und sie auch in die Seitenleiste Ihres Shops einbinden kann. Im Folgenden gehen wir auf einen Bereich ein, der Sie in Ihrem Shop idealerweise permanent auf Trab halten sollte: Kunden und Bestellungen.

Kunden und Bestellungen verwalten

Bei all den Konfigurationsarbeiten für den Webkochshop und dem Einstellen der Artikel sollte eines nicht vergessen werden: Jemand muss diesen Shop besuchen und dort idealerweise auch einkaufen. In diesem Kapitel verwalten Sie Ihr wichtigstes Kapital: Kunden und deren Bestellungen. Magento bietet eine Reihe von Möglichkeiten, Kunden zu verwalten, diese in Gruppen einzuteilen und allerlei Informationen zu ihrem Bestellverhalten zu sammeln.

Außerdem ist eine vollwertige Bestellabwicklung integriert: Bestellungen können Status zugewiesen werden, es lassen sich Lieferscheine und Rechnungen einfach per Mausklick generieren, und auch Rechnungskorrekturen (früher bekannt als Gutschriften – Steuerrecht sei Dank!) sind für Magento kein Problem. Anhand des Webkochshops, in dem Sie bisher noch Ihr einziger (aber bester) Kunde sind, erfahren Sie in diesem Kapitel, wie die tagtägliche Arbeit eines Shopbetreibers hinsichtlich der Bearbeitung von Bestellungen funktioniert.

Kunden und Kundengruppen bearbeiten

Jeder gute Online-Shop wächst und gedeiht mit seinen Kunden. Deshalb ist es wichtig, diese professionell verwalten zu können und sie durch immer wieder neue und spannende Angebote an den Webkochshop zu binden. Wie Sie das erreichen, erfahren Sie in den folgenden Abschnitten.

Neue Kundengruppe anlegen

Sie beginnen damit, für den Webkochshop eine neue Kundengruppe anzulegen. In einer Kundengruppe fassen Sie Kunden zusammen, die Sie beispielsweise bei der Preisgestaltung auf gleiche Weise behandeln möchten. In diesem Abschnitt werden Sie eine neue Kundengruppe für Webkochshop-Fans anlegen, damit die darin enthaltenen Kunden beispielsweise bezüglich Rabattaktionen gleichbehandelt werden können. Außerdem benennen Sie zwei Kundengruppen um, die standardmäßig installiert sind und auch nicht gelöscht werden können: *NOT LOGGED IN* für alle nicht eingeloggten Besucher und *General* für alle registrierten Kunden des Webkochshops.

Um eine neue Kundengruppe anzulegen, wählen Sie im Adminbereich die Seite *Kunden* → *Kundengruppen* aus. Es erscheint eine Liste aller Gruppen, die bereits in der Datenbank vorhanden sind (Abbildung 8-1).

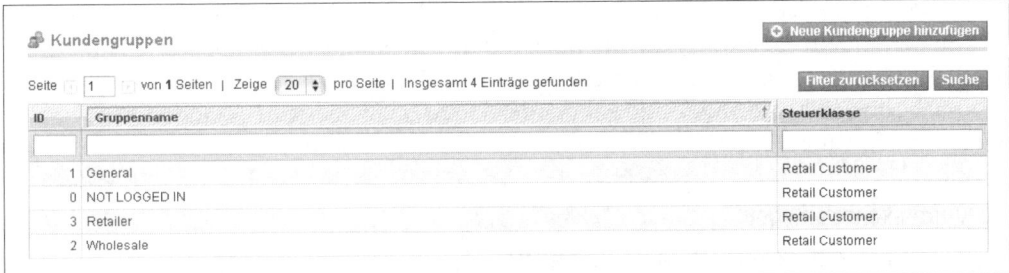

Abbildung 8-1: Übersicht über bereits vorhandene Kundengruppen

Beginnen jetzt Sie mit dem Anlegen einer neuen Kundengruppe, indem Sie auf die Schaltfläche *Neue Kundengruppe hinzufügen* klicken. Es erscheint eine Eingabemaske, in der Sie nur zwei Werte einzutragen brauchen (Abbildung 8-2).

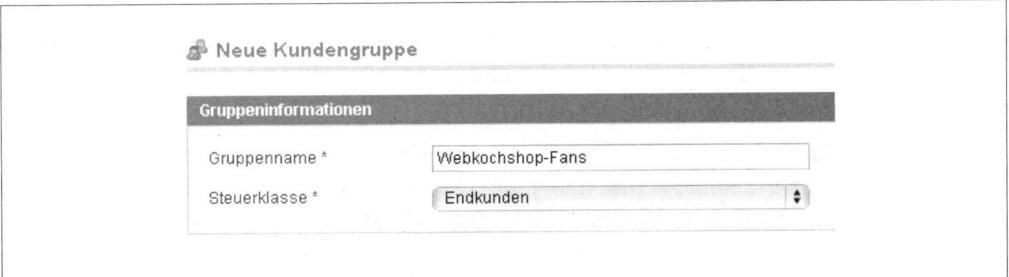

Abbildung 8-2: Anlegen einer neuen Kundengruppe

In das Eingabefeld *Gruppenname* schreiben Sie den gewünschten Namen der Kundengruppe. Für unseren Webkochshop benötigen wir eine Gruppe für Endkunden, tragen Sie daher diesen Namen dort ein. Darunter sehen Sie ein Drop-down-Menü, das alle in der Datenbank vorhandenen Kundensteuersätze enthält. Auf Seite 100 haben Sie bereits einen Kundensteuersatz für *Endkunden* angelegt, den Sie hier aus dem Menü auswählen. Zum Abschluss speichern Sie die neue Kundengruppe über die Schaltfläche *Kundengruppe speichern*. In bewährter Weise teilt Ihnen Magento mit, dass die Kundengruppe erfolgreich gespeichert wurde. Außerdem reiht sich die neue Gruppe *Webkochshop-Fans* in die Kundengruppenübersicht ein.

Öffnen Sie nun die übrigen Kundengruppen, *Not logged in* und *General* und weisen Sie beiden die Steuerklasse *Endkunden* zu.

Kunden anlegen

Nachdem Sie nun so viel Energie darauf verwendet haben, würden Sie doch sicherlich gern erfahren, wie Sie die stetig wachsende Schar der Webkochshop-Kunden verwalten bzw. Details zu jedem einzelnen Kochfan einsehen können. Willkommen bei der Magento-Kundenverwaltung, die Sie über *Kunden → Kunden verwalten* erreichen. Dort sehen Sie eine Liste aller Kunden, die bereits in der Datenbank gespeichert sind. Ganz zu Beginn beeindruckt sie noch mit gähnender Leere, aber Sie sind ja angetreten, das zu ändern, nicht wahr?

Ein Kundenkonto anlegen

Um nun mit dem Kundenbereich auch arbeiten zu können, erstellen wir gemeinsam einen neuen Kunden über die Schaltfläche *Neuen Kunden hinzufügen* (Abbildung 8-3). Keine Sorge: Ist der Webkochshop einmal aktiv, übernehmen Ihre Kunden die Eingabe dieser Daten. Das Anlegen von Kundendaten in diesem Bereich ist allerdings dann für Sie interessant, wenn Callcenter-Mitarbeiter den Adminbereich von Magento nutzen (siehe Seite 232) sollen.

Tragen Sie nun die folgenden Werte im Abschnitt *Benutzerkonto Information* ein. Die Eingabefelder, die leer bleiben sollten bzw. bei denen der Standardwert übernommen werden sollte, sind in dieser Liste nicht aufgeführt.

Zugeordnet zu Website

> In diesem Drop-down-Menü erscheinen alle Websites, die in Ihrem Shop angelegt sind. Wie Sie in Kapitel 4 gesehen haben, werden Kunden dem Geltungsbereich *Website* zugewiesen. Dies hat zur Folge, dass sich alle Stores und StoreViews dieser Website sämtliche Kundeninformationen teilen, was auch im Nachhinein nicht mehr änderbar ist. Zusätzlich dazu sehen Sie noch den Eintrag *Admin*, der bedeutet, dass dieser Kunde aus dem Adminbereich heraus angelegt wurde. Wählen Sie diesen Eintrag für unser Beispiel aus.

Kundengruppe

> Dieses Drop-down-Menü enthält alle Kundengruppen, die Sie weiter oben auf Seite 204 angelegt haben. Wählen Sie die Kundengruppe *Allgemein* aus.
>
> Unterhalb des Auswahlfelds sehen Sie eine Checkbox *Disable Automatic Group Change Based on VAT ID*, mit der Sie die automatische Änderung der Kundengruppe basierend auf der USt-IdNr.-Prüfung für diesen Kunden abschalten können.

Präfix

> In dieses Anredefeld tragen Sie *Herr* oder *Frau* ein, ganz wie Sie möchten. Sollten Sie in der Systemkonfiguration (siehe dazu den Abschnitt »Die Kundenregistrierung einstellen« weiter unten in diesem Kapitel) Werte für dieses Feld vorgegeben haben, erscheint anstelle des Eingabefelds ein Drop-down-Menü.

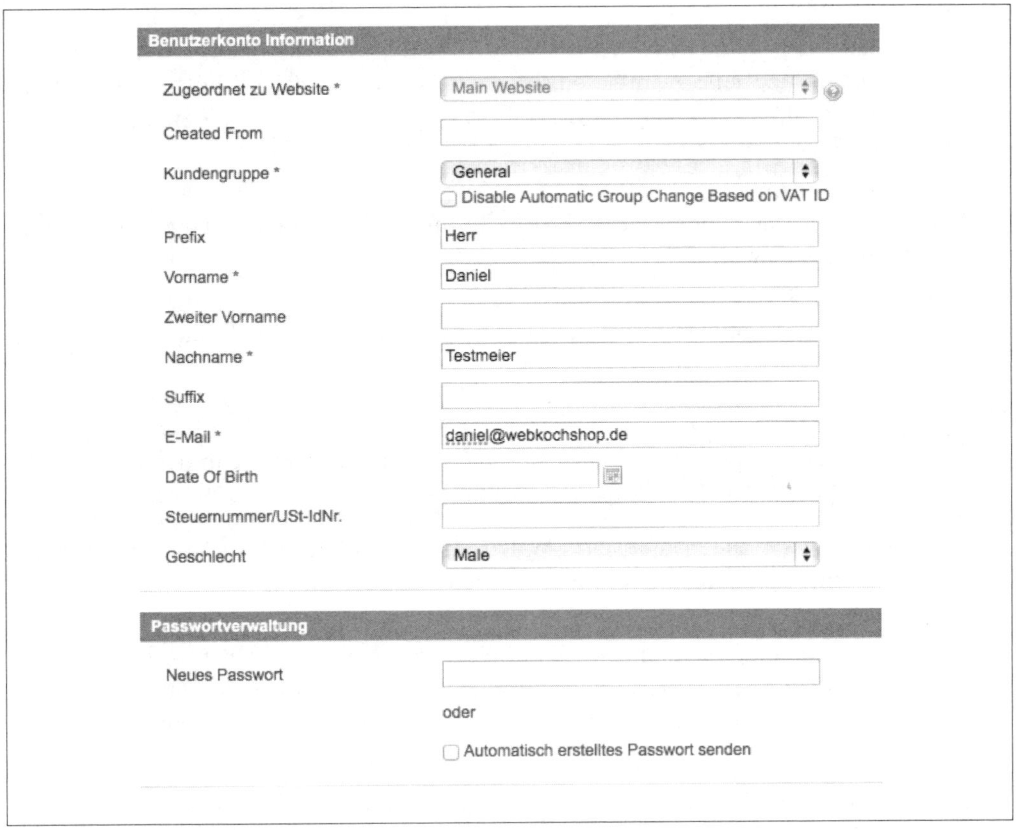

Abbildung 8-3: Anlegen eines neuen Kunden

Vorname

Lassen Sie Ihrer Kreativität freien Lauf und denken Sie sich einen verheißungsvollen Vornamen für den ersten Kunden des Webkochshops aus.

Zweiter Vorname

Möchten Sie sich nicht nur mit einem Vornamen begnügen, wird dieses Feld mit all den weiteren (womöglich peinlichen) Vornamen gefüllt, die Eltern sich weltweit noch so für ihre Sprösslinge ausdenken.

Nachname

Auch hier können Sie sich austoben und einen schicken Nachnamen für den ersten Kunden erfinden.

Suffix

In dieses Feld könnten Sie ein *Junior (Jr)* oder *Senior (Sr)* eintragen, für unsere Zwecke ist das aber nicht nötig – ein *Walter Kohlbröttel jr.* klingt auch irgendwie merkwürdig, oder?

E-Mail

Die E-Mail-Adresse für Ihren neuen Kunden findet in diesem Feld ihren Platz. Tragen Sie am besten eine Adresse ein, die wirklich existiert und auf die Sie Zugriff haben. So erhalten Sie auch alle E-Mails, die bei der Weiterverarbeitung der Testbestellungen erzeugt werden – und das sind viele!

Geburtstag

Verwenden Sie das kleine Kalendersymbol, um ein fiktives Geburtsdatum für Ihren Testkunden auszuwählen.

Steuernummer/USt.ID

Dieses Feld ist besonders interessant, wenn es sich um einen Firmenkunden handelt.

Geschlecht

Männlein oder Weiblein?

Willkommensnachricht senden

Warum nicht? Setzen Sie per Mausklick ein Häkchen in dieses Kontrollkästchen, um nach Eingabe aller Daten eine Willkommensmail zu versenden. So sehen Sie gleich, wie Ihre Kunden im Shop begrüßt werden.

Gesendet von

Ein Kunde ist immer auch einem bestimmten StoreView zugeordnet, sodass sich entsprechende Berichte, beispielsweise Verkaufsberichte, korrekt automatisiert erstellen lassen. Diese Option ist uns sichtbar, wenn bereits mehrere StoreViews eingerichtet sind.

Tragen Sie anschließend ein Passwort ein, das Sie sich leicht merken können – es wäre ja ein schlechter Start, wenn ausgerechnet der erste Kunde nichts im Webkochshop bestellen könnte, weil ihm das Passwort abhandengekommen ist! (Zur Beruhigung: Natürlich lässt sich dann das Passwort automatisch wieder zurücksetzen.) Diejenigen unter Ihnen, die ein Faible für kryptische Passwörter haben, lassen das Eingabefeld leer und setzen ein Häkchen bei *Automatisch erzeugtes Passwort senden*. Magento erzeugt dann selbst ein Passwort und schickt es an die angegebene Adresse.

Eine Adresse eintragen

Die Grunddaten für das Kundenkonto sind eingetragen, es fehlen natürlich noch die Adressdaten – irgendwohin müssen Sie das edle Geschirr ja auch schicken, nicht wahr? Magento bietet die Möglichkeit, einem Kunden mehrere Adressen hinzuzufügen, wobei das System grundsätzlich zwischen Rechnungs- und Lieferadresse unterscheidet. Eine Adresse besteht üblicherweise aus einem Namen und einer Adresse; Ersterer kann dabei auch vom Namen des Benutzerkontos abweichen. Das bedeutet beispielsweise, dass die Person Hans Meier ein Kundenkonto im Webkochshop erhalten kann, seine Rechnungen jedoch an Dagmar Theissen und die Lieferungen an Hans-Martin Wagner geschickt werden.

Klicken Sie nun links auf das Register *Adressen* und dort im Inhaltsbereich auf *Neue Adresse* (Abbildung 8-4).

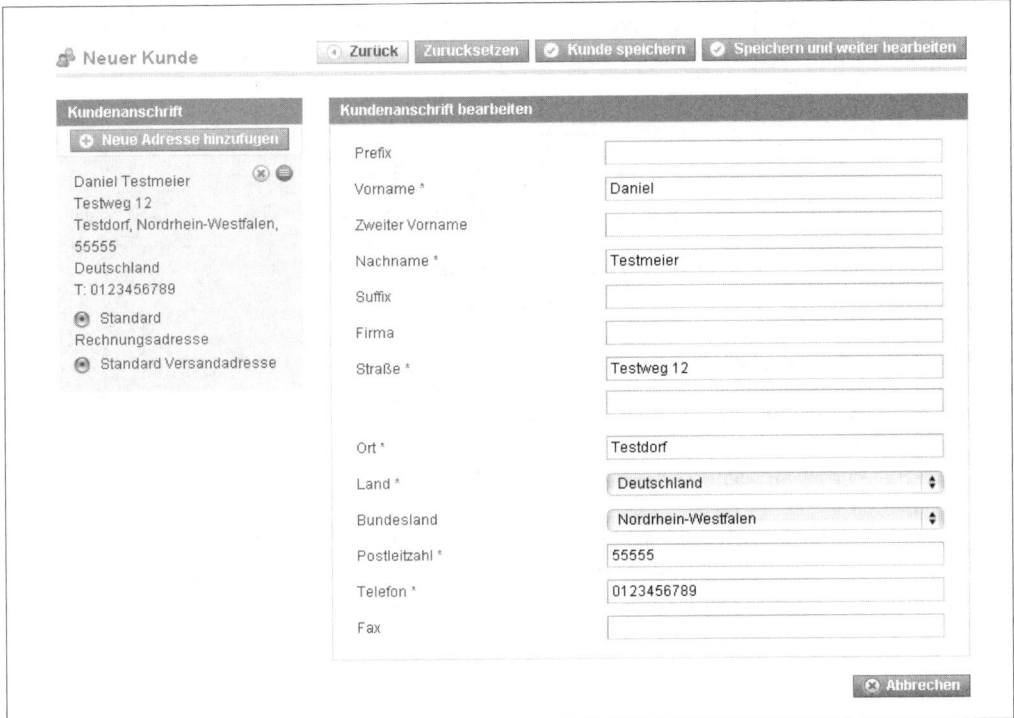

Abbildung 8-4: Für das Kundenkonto wird eine neue Adresse erstellt

Aktivieren Sie die Optionsfelder *Standard Rechnungsadresse* und *Standard Lieferadresse* im linken Bereich und tragen Sie die Adressdaten in die Eingabemaske rechts ein. Auch hier können Sie Ihrer Fantasie freien Lauf lassen und sich neben einem klangvollen Namen (dieser kann wie gesehen vom Namen des Kundenkontos abweichen) auch eine Adresse in bester Lage und eine leicht zu merkende Telefonnummer einfallen lassen.

Nachdem Sie alle Daten eingetragen haben, speichern Sie das neue Kundenkonto samt der neuen Rechnungsadresse über die Schaltfläche *Kunde speichern* oben rechts. Anschließend werden Sie zur Kundenliste weitergeleitet, und es erscheint die Meldung *Kunde wurde erfolgreich gespeichert*.

Herzlichen Glückwunsch zum ersten Kunden! Wir wünschen Ihnen, dass es ganz schnell mehr werden!

Kundendetails ansehen

In der Kundenliste (*Kunden → Kunden verwalten*) erscheinen also sukzessive die Kunden des Webkochshops. Diese Liste (Abbildung 8-5), die Sie nach verschiedenen Kriterien filtern und durchsuchen können, enthält die wichtigsten Kundendaten wie beispielsweise den Namen, die E-Mail-Adresse, das Anmeldedatum und die Kundengruppe. Außerdem lassen sich an dieser Stelle Kundendaten als CSV- oder XML-Datei exportieren (Abbildung 8-6) und bestimmte Stapelverarbeitungsaktionen auf selektierte Kunden anwenden: *Löschen*, *Für Newsletter anmelden*, *Vom Newsletter abmelden* oder *Kundengruppe zuweisen*.

Abbildung 8-5: Export von Kundendaten aus der Kundenliste

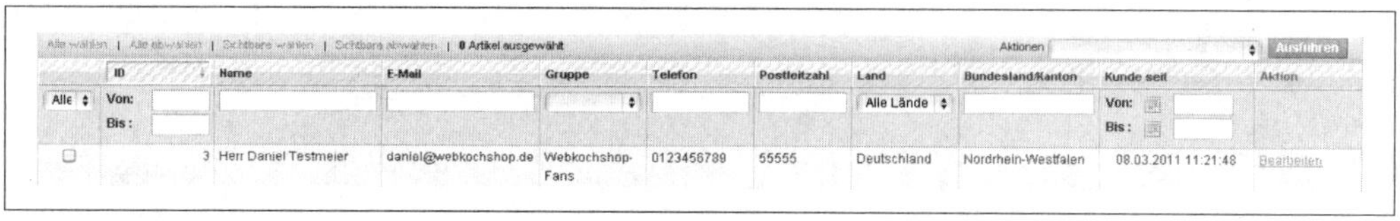

Abbildung 8-6: Die wichtigsten Kundendaten übersichtlich zusammengefasst

Klicken Sie nun auf den Kunden, den Sie vorhin angelegt haben. Die erscheinende Eingabemaske ist in eine linke Seitenleiste und einen Hauptbereich aufgeteilt, in dem Sie Zugriff zu allen Daten haben, die Magento im Zusammenhang mit einem Kundenkonto speichert.

In der linken Leiste sehen Sie einige Menüpunkte, deren Inhalt wir hier kurz vorstellen möchten:

Kundenansicht

> Dies ist die Seite, die standardmäßig erscheint, sobald Sie die Details zu einem Kunden aufrufen. Hier sehen Sie eine Zusammenfassung der wichtigsten Daten zum Kunden, beispielsweise wann er sich zuletzt angemeldet hat und in welchem Geltungsbereich Ihrer Magento-Installation er das Kundenkonto angelegt hat.

Benutzerkonto Information

> An dieser Stelle gibt es ein Wiedersehen mit der Eingabemaske für das Benutzerkonto. Es ist genau die, die Sie auch beim Anlegen des Kundenkontos auf Seite 206 verwendet haben. Darin lassen sich, falls erforderlich, die Daten des Kundenkontos ändern, und Sie können ein neues Passwort erstellen.

Adressen

> Auch dieser Menüpunkt kommt Ihnen sicherlich bekannt vor: Als Sie vorhin dem frischen Kundenkonto eine neue Standardadresse zugewiesen haben, taten Sie das exakt in der gleichen Maske. Nutzen Sie sie, um eventuell die Adressen des Kunden zu verändern oder neue Adressen hinzuzufügen.

Bestellungen

In dieser Übersicht erscheinen alle Bestellungen, die dieser Kunde bisher getätigt hat.

Zahlungsfreigaben

Hierbei handelt es sich um weitere Informationen zu den sogenannten Billing Agreements, die sich auf eine bestimmte PayPal-Zahlweise beziehen.

Wiederkehrende Profile (beta)

Auch dieser Menüpunkt bezieht sich auf PayPal, hier werden bestimmte Abonnementinformationen dargestellt.

Warenkorb

Hat ein Kunde mehrere Artikel in den Warenkorb gelegt und sie dann nicht bestellt, erscheinen die enthaltenen Artikel an dieser Stelle. Ob Kochtöpfe oder Kaffeelöffel – Ihrem Shop entgeht nichts!

Wunschzettel

Anstatt bestimmte Artikel gleich in den Warenkorb zu legen, haben Kunden des Webkochshops auch die Möglichkeit, sie auf einen virtuellen Wunschzettel zu schreiben. Wenn Sie zur Abwechslung einmal nicht nur Kaufmann sein möchten und sich zum Weihnachtsmann berufen fühlen, ist dieser Menüpunkt genau das Richtige für Sie.

Newsletter

In Kapitel 11 werden Sie alles rund um das Thema Newsletter erfahren. Hat ein Kunde sich für einen Newsletter angemeldet, wird er in dieser Liste angezeigt.

Kundenmeinungen

Hier weht ein Hauch von Web 2.0 durch den Webkochshop. Sie haben doch sicherlich schon von dieser Art des Mitmach-Internets gehört, bei dem jeder User zu allem und jedem seinen (verbalen) Senf abgeben kann? An dieser Stelle können Sie sehen, welches literarische Talent im jeweiligen Kunden schlummert. Mehr zum Thema Kundenmeinungen finden Sie in Kapitel 11.

Schlagworte

Kunden, die etwas zu Ihrem Shop beitragen, jedoch keine komplette Kundenmeinung verfassen möchten, haben die Möglichkeit, Ihre Artikel zu verschlagworten (siehe Kapitel 11). Sämtliche Schlagwörter eines Kunden sind hier aufgelistet.

Haben Sie Änderungen bei diesem Kunden durchgeführt, speichern Sie diese über die Schaltfläche *Kunde speichern* und werden daraufhin automatisch zur Kundenübersicht weitergeleitet.

Kunden live betrachten

Fänden Sie es auch interessant, zu erfahren, wer gerade in diesem Moment fasziniert im Webkochshop auf Entdeckungsreise geht? Oder wäre es nicht spannend, wenn Sie wüssten, welche Seiten gerade genau angesehen werden? Springen Sie im Adminbereich zu

Kunden → Kunden online, und Sie erfahren auf einen Blick genau das (Abbildung 8-7)! In Echtzeit können Sie hier als Shopbetreiber sehen, wie viele Kunden gerade online sind.

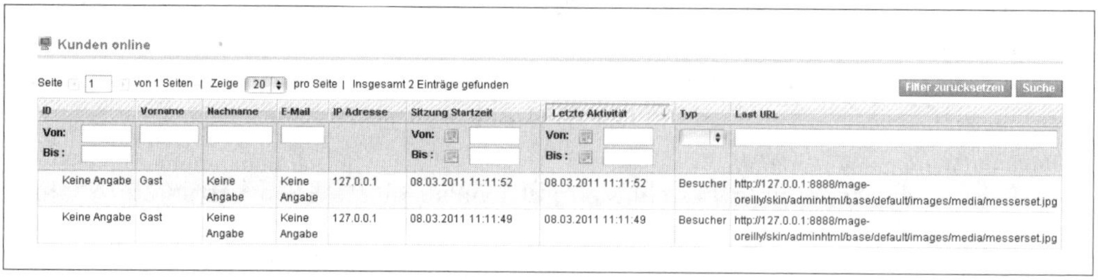

Abbildung 8-7: Hier sehen Sie, welche Kunden sich gerade im Webkochshop tummeln

Der Webkochshop kann Ihre Kunden natürlich nur als solche erkennen, wenn sie vorher schon ein Benutzerkonto bei Ihnen angelegt und sich mit den jeweiligen Zugangsdaten angemeldet haben. Nicht angemeldete Besucher werden in der Tabelle als *Gäste* ausgegeben.

Die Kundenregistrierung einstellen

Zuerst legen Sie fest, auf welche Weise Ihre Kunden sich im Webkochshop registrieren und anmelden können. Das geschieht – Sie haben es sich sicherlich schon denken können – unter *System → Konfiguration*. Klicken Sie dort in der Gruppe KUNDEN auf den Menüpunkt *Kundenkonfiguration*. Im Inhaltsbereich erscheinen wieder die bekannten graublauen Balken, mit denen sich die einzelnen Abschnitte auf- und zuklappen lassen.

Im Abschnitt *Benutzerkonto Verteilungsoptionen* legen Sie fest, welchen Geltungsbereich die Kundenkonten im Webkochshop zukünftig haben sollen. Es ist möglich, ein solches Konto entweder an eine bestimmte Website zu binden oder es für Ihre gesamte Installation gelten zu lassen. Mit anderen Worten: Wenn Sie in Zukunft mehrere Websites anlegen möchten (mehr zum Thema Multishops in Kapitel 9), würde ein Kundenkonto, das in einem Shop einer Website angelegt wird, auch für alle anderen Shops gelten, die auf dieser oder anderen Websites angelegt wurden. Entscheiden Sie sich hier für *Website*.

In Abschnitt *Benutzerkonto anlegen Optionen* wird ein Teil der Kundenanmeldung konfiguriert (Abbildung 8-8).

Folgende Optionen stehen Ihnen zur Verfügung:

Automatische Zuordnung zu Kundengruppen aktivieren
> Damit Magento einem Kunden basierend auf der Umsatzsteuer-Identifikationsnummer direkt die richtige Kundengruppe zuweisen kann, aktivieren Sie diese nützliche Funktion. Damit ist der erste Schritt für erfolgreichen B2B-Binnenhandel in der EU gemacht. Nach Aktivieren dieser Option erscheinen automatisch weitere Konfigurationsfelder, die im weiteren Verlauf noch erklärt werden.

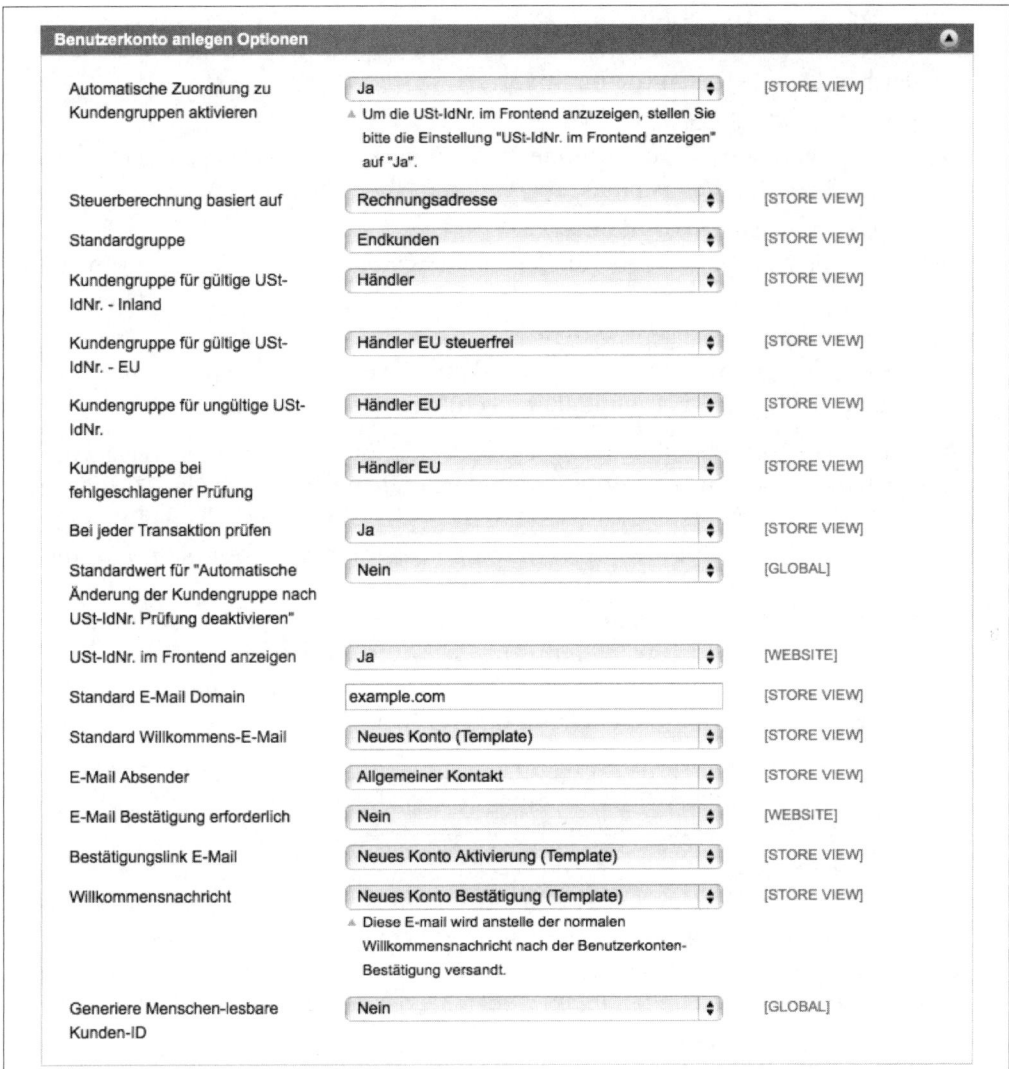

Abbildung 8-8: Vorlagen für das Kundenkonto

Steuerberechnung basiert auf

Konfigurieren Sie hier, auf welcher Adresse die Auswahl der korrekten Steuerregel beruht. Zur Auswahl steht Ihnen neben der Rechnungsadresse die Versandadresse.

Standardgruppe

Mit Magento lassen sich mehrere Kundengruppen verwalten, und an dieser Stelle legen Sie fest, welcher Kundengruppe ein neuer Kunde automatisch bei der Registrierung zugewiesen wird. Wählen Sie aus den Einträgen, die in Magento gespeichert sind, die Gruppe *Allgemein* aus, die Sie vorher auf Seite 204 umbenannt haben.

Kundengruppe für gültige USt-IdNr. - Inland

Dieser Kundengruppe werden Kunden mit gültiger USt-IdNr. zugeordnet, die sich im gleichen Land befinden wie Ihr Shop.

Kundengruppe für gültige USt-IdNr. - EU

Dieser Kundengruppe werden Kunden mit gültiger USt-IdNr. zugeordnet, die sich außerhalb Ihres Shopheimatlands, aber innerhalb der EU befinden.

Kundengruppe für ungültige Ust-IdNr.

Dieser Kundengruppe werden Kunden mit ungültiger USt-IdNr. zugeordnet, egal aus welchem Land sie kommen.

Kundengruppe bei fehlgeschlagener Prüfung

Dieser Kundengruppe werden Kunden dann zugeordnet, wenn aus technischen Gründen keine USt-IdNr.-Prüfung durchgeführt werden konnte.

Bei jeder Transaktion prüfen

Um sicherzustellen, dass ein vor zwei Jahren geprüfter Händler auch jetzt noch zum steuerfreien Einkauf berechtigt ist, prüfen Sie die USt-IdNr. bei jeder Transaktion.

Standardwert für »Automatische Änderung der Kundengruppe nach USt-IdNr. Prüfung deaktivieren«

Eine große Bezeichnung für ein kleines Häkchen: Beim Anlegen eines Kunden können Sie individuell festlegen, dass für diesen Kunden keine automatische Kundengruppenzuordnung durchgeführt werden soll. Den Grundzustand dieses kleinen Häkchens können Sie mit diesem Drop-down-Menü einstellen.

USt-IdNr. im Frontend anzeigen

Nun, auch wenn es selbsterklärend klingt: Aktivieren Sie hier die Anzeige der Steuernummer des Kunden im Kundenbereich des Frontends.

Standard E-Mail Domain

Wenn Sie Bestellungen im Backend als Admin für Kunden anlegen, ist die E-Mail-Adresse kein Pflichtfeld. Magento kann jedoch trotzdem eine Bestätigung per E-Mail verschicken und nutzt dann eine E-Mail-Adresse nach dem Schema *kundenID@standard-eMail-Domain*. Geben Sie daher hier *webkochshop.de* ein.

Standard Willkommens-E-Mail

Ist die E-Mail-Bestätigung neu angelegter Benutzerkonten ausgeschaltet, erhalten alle neuen Kunden des Webkochshops nach der Registrierung eine freundliche E-Mail, die sie willkommen heißt und weitere Informationen zum Anbieter, zum Bestellvorgang usw. enthält. Diese Vorlage lässt sich, wie alle anderen E-Mail-Vorlagen in Magento, völlig frei gestalten. Zu Beginn ist jedoch nur die *Standardvorlage der Lokalisierung* vorhanden, deswegen übernehmen Sie diese hier einfach.

E-Mail Absender

Auch die Registrierungs-E-Mails benötigen einen Absender – belassen Sie das Drop-down-Menü an dieser Stelle einfach auf *Allgemeiner Kontakt*. (Die Einstellung der E-Mail-Kontakte haben wir im Detail in Kapitel 4 erläutert.)

E-Mail Bestätigung erforderlich

Für Ihre Kunden ist die E-Mail-Adresse in Kombination mit dem richtigen Passwort der Schlüssel zum Shop. Außerdem ist diese Adresse die Basis des Kontakts zwischen Ihnen und dem Kunden. Es wäre doch schade, wenn sich beispielsweise durch einen Buchstabendreher in der E-Mail-Adresse bei der Registrierung der Kunde nicht mehr anmelden könnte und Sie nicht mehr mit ihm in Kontakt treten können. Aus diesem Grund hat Magento die Möglichkeit eingebaut, dass im Registrierungsprozess eine E-Mail an die angegebene Adresse geschickt wird, in der ein Bestätigungslink enthalten ist. Hat der Kunde diese E-Mail erhalten, klickt er auf den Link und ruft so eine spezielle Bestätigungsseite in Magento auf. Dadurch ist sichergestellt, dass mit der E-Mail-Adresse alles in Ordnung ist. Zu allem Überfluss hat natürlich auch hier wieder das deutsche Rechtssystem die Notwendigkeit dieser Funktion untermauert. In Deutschland gilt für die digitale Kommunikation, egal in welchem Feld, das Double-Opt-In-Verfahren. Das bedeutet, dass eine Registrierung, egal wofür, erst Gültigkeit erlangen darf, wenn der Kunde diese nicht nur angefordert, sondern (double) auch bestätigt hat. Um diese wichtige und sinnvolle Funktion nutzen zu können, setzen Sie das Drop-down-Menü im Live-Betrieb auf *Ja*. Um jedoch schneller Testbestellungen und Registrierungen durchführen zu können, empfehlen wir Ihnen zunächst die Einstellung *Nein*.

Bestätigungslink E-Mail

Dies ist die Vorlage für die Bestätigungs-E-Mail. Belassen Sie die Einstellung hier wieder auf *Standardvorlage der Lokalisierung*.

Willkommensnachricht

Die letzte E-Mail-Vorlage dieses Abschnitts: Legen Sie hier eine Willkommensnachricht fest, die der Kunde nach erfolgreicher Registrierung erhält, wenn die E-Mail-Bestätigung für Benutzerkonten eingeschaltet ist. Diese beinhaltet im Prinzip genau die gleichen Angaben wie die, die Sie weiter oben unter *Standard Willkommens-E-Mail* kennengelernt haben. Sie wird anstelle der *Standard Willkommens-Email* verschickt, wenn vorher das Benutzerkonto durch den Kunden aktiviert wurde.

Im nächsten Abschnitt, den *Namens- und Adressoptionen,* ist besondere Sorgfalt geboten, beeinflussen Sie hier doch maßgeblich, welche Eingabemaske Ihre Kunden bei der Registrierung sehen. Mit anderen Worten, hier legen Sie fest, welche persönlichen Angaben Kunden des Webkochshops preisgeben müssen. Damit sich die Kunden unproblematisch im Webkochshop registrieren können, gehen wir gemeinsam die einzelnen Konfigurationsschritte durch (Abbildung 8-9). Das Ziel ist, das Registrierungsformular für den Kunden so zu gestalten, dass alle für den Versand relevanten Angaben aufgenommen werden, der Kunde aber trotzdem nicht das Gefühl hat, ausgehorcht zu werden.

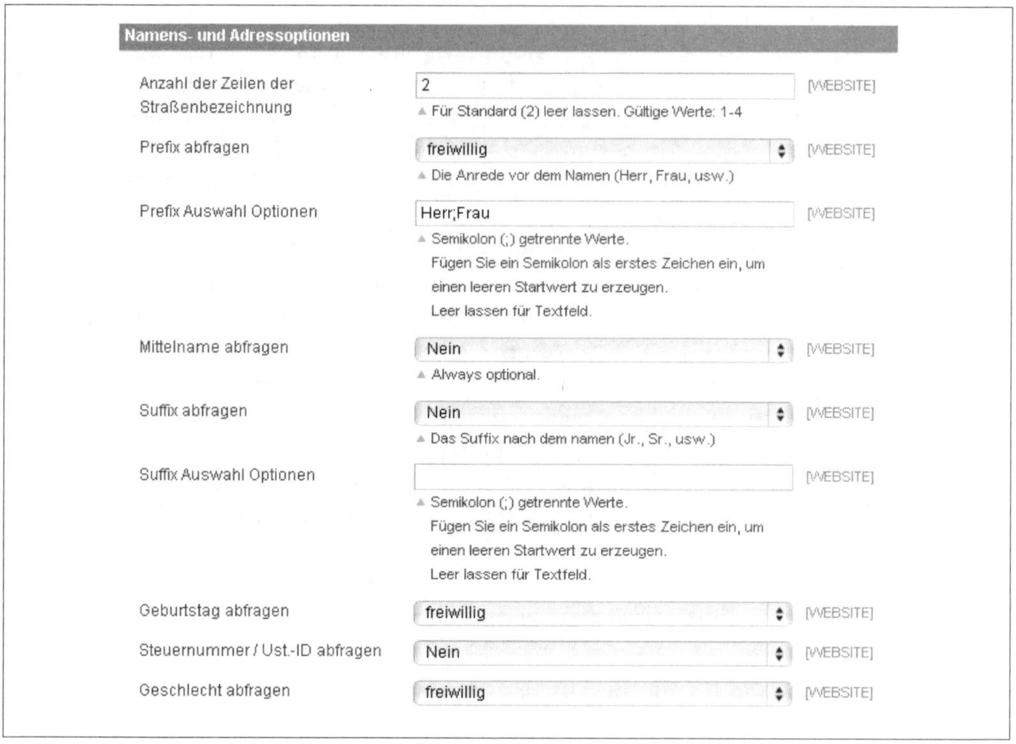

Abbildung 8-9: Mit diesen Einstellungen passen Sie das Registrierungsformular an

Anzahl der Zeilen der Straßenbezeichnung

Dieses Eingabefeld spricht weitestgehend für sich: Sie bestimmen hier den Platz, auf dem sich Ihre Kunden bezüglich ihrer Anschrift austoben können. Magento akzeptiert einen Wert zwischen *1* und *4* Zeilen, in die der Kunde Straßenname, Hausnummer, Postfach, Etage usw. eintragen kann. Der Standardwert ist *2*, den Sie auch für den Webkochshop beibehalten.

Präfix abfragen

Möchten Sie, dass Ihre Kunden vor dem Namen noch eine Anrede auswählen? Wir möchten Ihnen diese Option in jedem Fall sehr ans Herz legen, bietet sie doch den Vorteil, dass Sie Ihre Kunden zukünftig wesentlich besser ansprechen können, beispielsweise in Newslettern. Stellen Sie hier das Drop-down-Menü auf *Pflichtfeld*, sodass in der Eingabemaske ein Feld erscheint, das auszufüllen für Ihre Kunden obligatorisch ist. Was genau dort angezeigt wird, beeinflussen Sie im nächsten Schritt.

Präfix Auswahl Optionen

Jetzt wird es interessant: Wenn Sie dieses Feld leer lassen, erscheint in der Registrierungsmaske ebenfalls nur ein leeres Feld, in das die neuen Kunden des Webkochshops einen beliebigen Wert eintragen können. So schön diese Flexibilität auch ist, so wird sie auf längere Sicht wahrscheinlich zu uneinheitlichen Kundendaten führen. Stellen Sie sich beispielsweise vor, es werden *Herr*, *Hr* und *Hr.* durcheinandergewürfelt, oder Kunden missverstehen die Bedeutung des Eingabefelds und tragen dort bereits ihren Vornamen ein. Um dem vorzubeugen, können Sie hier eine Liste von Einträgen anlegen, aus denen Ihre Kunden bei der Registrierung wählen können. Tragen Sie einfach *Frau;Herr* dort ein, und es wird ein Drop-down-Menü angezeigt, aus dem entweder *Frau* oder *Herr* gewählt werden kann.

Mittelname abfragen

Besonders im englischsprachigen Raum ist es üblich, bei seinem Namen noch den zweiten Namen bzw. dessen Anfangsbuchstaben anzugeben. Im Fall des Webkochshops verzichten Sie darauf und belassen das Drop-down-Menü auf *Nein*.

Suffix abfragen

Analog zur Anrede können Sie Ihren Kunden hier ermöglichen, ein Namensanhängsel wie *Jr.* einzutragen. Da das in unseren Breitengeraden nicht besonders üblich ist und keinen großen Mehrwert darstellt, lassen Sie dieses Eingabefeld einfach leer.

Suffix Auswahl Optionen

Bei der Anrede haben Sie bereits gesehen, wie man eine Drop-down-Liste von Auswahlmöglichkeiten mithilfe einer durch Semikola getrennten Liste erstellt. Da wir auf das Namensanhängsel im Webkochshop verzichten, bleibt auch dieses Feld unausgefüllt. (Manche Eingabefelder haben einfach ein hartes Schicksal.)

Geburtstag abfragen

Ein Geburtsdatum im Webkochshop? Soll es vielleicht eine Altersbeschränkung beim Kauf von Kochtöpfen und Herden geben? Möchten Sie einem Kleinkind keinen glühend heißen Topf in die Hand geben? Wir können Entwarnung geben, der Zweck eines solchen Felds ist weitaus unspektakulärer, für Sie als Shopbetreiber jedoch nicht minder interessant. Wenn Sie das Geburtsdatum eines Kunden wissen, lassen sich beispielsweise Geburtstagsgrüße verschicken – eine sehr sinnvolle Maßnahme zur Kundenbindung! Um jedoch Ihren Kunden die Wahl zu lassen, ob sie diese Information mit Ihnen teilen möchten – nicht jeder freut sich über digitale Glückwünsche zu seinem Festtag –, wählen Sie im zugehörigen Drop-down-Menü den Wert *freiwillig* aus.

Steuernummer/USt.-ID abfragen

Dieses vorletzte Feld ist nur dann interessant, wenn Sie auch gewerbliche Kunden haben, bei denen Sie gern die Umsatzsteuer-Identifikationsnummer mit aufnehmen möchten. (Das ist beispielsweise dann interessant, wenn Geschäftskunden aus dem EU-Ausland bei Ihnen bestellen und Sie die Umsatzsteuer auf diese Weise verlegen können.) Im Webkochshop wenden Sie sich jedoch an Endkunden, belassen also die Einstellung hier auf *Nein*.

Geschlecht abfragen

Legen Sie damit fest, ob Sie Ihre Kunden nach dem Geschlecht fragen, um beispielsweise darauf basierend bestimmte Marketingaktionen durchzuführen.

Wenn Sie die Eingabemaske konfiguriert haben, sieht das Endergebnis wie in Abbildung 8-10 aus.

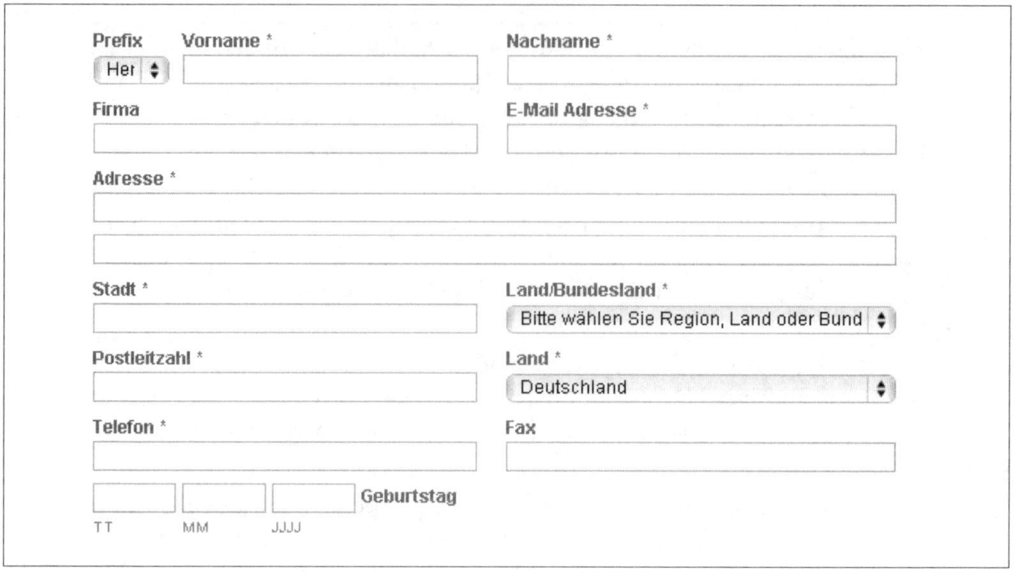

Abbildung 8-10: Eingabemaske für die Kundenregistrierung

Adressformate einstellen

Eines haben die amerikanischen Programmierer bereits festgestellt: Nicht überall ist Amerika. Daher bietet Magento eine Möglichkeit, Adressformulare an die länderspezifischen Eigenheiten anzupassen. Während in Amerika die Angabe der Postleitzahl nach Stadt und Bundesstaat erfolgt, sind die hiesigen Einwohner irritiert, wenn die Reihenfolge der Felder durcheinandergeraten zu sein scheint.

Unter dem Menüpunkt *System → Konfiguration* finden Sie in der Gruppe *Kundenkonfiguration* einen Abschnitt zum Thema *Adress-Format Vorlage* (Abbildung 8-11).

Sie sehen hier vier große Eingabefelder, in denen sich bereits die Definition für das amerikanische Adressformat befindet. Auf unserer Website zum Buch (*http://webkochshop.de/*) finden Sie die vier Definitionen für die Einrichtung des deutschen Adressformats sowie zur Wiederherstellung auch die entsprechenden Vorlagen für das amerikanische Format.

Wenn Sie in Ihrer Magento-Installation mit mehreren Websites international arbeiten, empfehlen wir Ihnen, diese Änderungen auf Website- oder StoreView-Ebene einzutragen. Somit können Sie genau steuern, in welchem Land welches Adressformat zu sehen ist.

Benutzer der Mxperts_CustomerAddress-Extension sollten ab Magento Version 1.4.2.0 auf diese Extension verzichten und auf die oben genannte Adressformatierung setzen. Die Extension wird nicht mehr weiterentwickelt und kann in zukünftigen Versionen Kompatibilitätsprobleme verursachen.

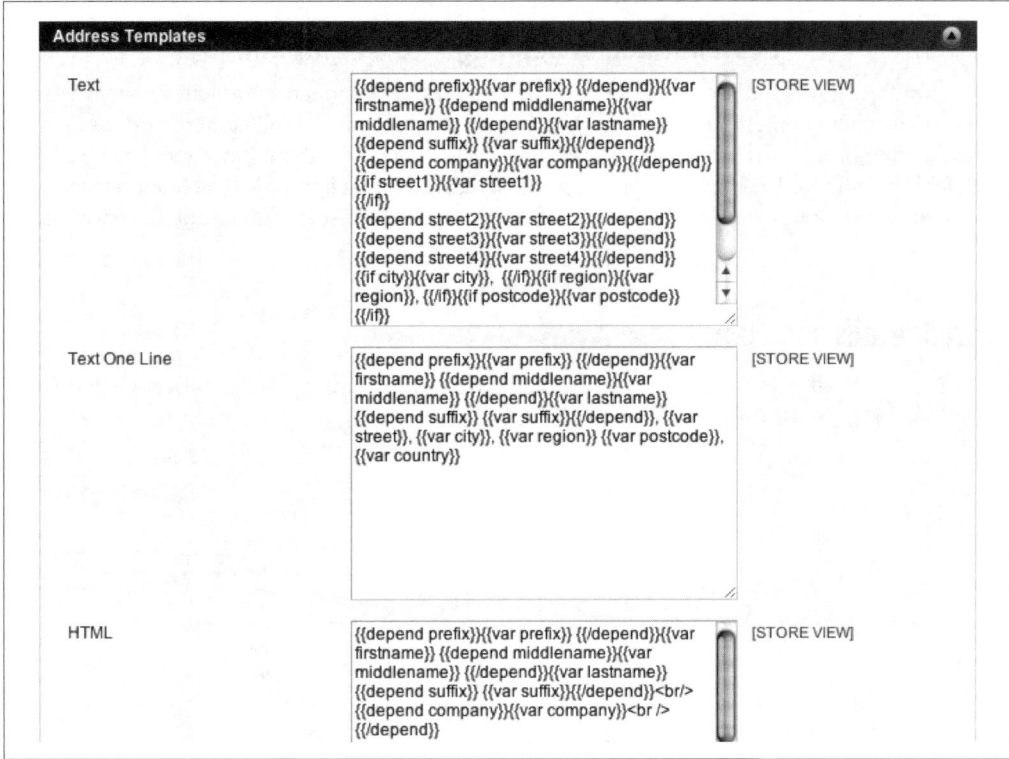

Abbildung 8-11: Einstellung der Adressformate

Hat Ihr Shop nur in Deutschland ansässige Kunden zur Zielgruppe, empfehlen wir zusätzlich eine Einstellung, die Ihren Kunden die notwendige Eingabe des Bundeslands erspart. Mehr dazu haben Sie bereits in Kapitel 4 auf Seite 76 erfahren.

Bestellungen pflegen

So richtig glücklich werden Sie als Shopbetreiber eigentlich nur, wenn in regelmäßigen Abständen Bestellungen eintrudeln und wenig später liebevoll verpackte Artikel an die erwartungsvoll wartende Kundschaft Ihr Lager verlassen. Wie Sie diese Bestellungen bearbeiten, d. h. ihnen einen bestimmten Status zuweisen oder daraus eine Sendung generieren, erfahren Sie in den nachfolgenden Kapiteln.

Um jetzt mit dieser Beschreibung fortzufahren, haben wir eine Bitte an Sie: Bestellen Sie! Falls Sie das noch nicht getan haben, seien Sie Ihr bester Kunde und tätigen eine Reihe von Testbestellungen. Registrieren Sie sich dazu auch ruhig einmal mit ein paar klangvollen Fantasienamen und Alter Ego, um gleichzeitig zu überprüfen, ob alle Einstellungen zur Kundenregistrierung, die Sie getätigt haben, auch tatsächlich funktionieren. Haben Sie Ihren eigenen (virtuellen) Teil zur Bewältigung der Finanzkrise beigetragen, schauen wir uns die Bestellungen nun gemeinsam an.

Bestellungen in der Magento-Datenbank

Achtung: Es gibt standardmäßig keine Möglichkeit, Bestellungen komplett aus dem System zu löschen. Um die ganzen Testbestellungen, die man im Rahmen einer Shopkonfiguration durchführt, zu entfernen, muss man direkt auf Datenbankbasis ein paar SQL-Befehle bemühen. Eine andere und auch bessere, weil einfacherere Möglichkeit ist, diese zu stornieren. Somit werden die Testbestellungen in den Statistiken nicht mit ausgewertet.

Bestelldetails ansehen

Um eine Liste aller getätigten Bestellungen anzusehen, springen Sie über *Verkäufe* → *Bestellungen* in die Bestellübersicht (Abbildung 8-12).

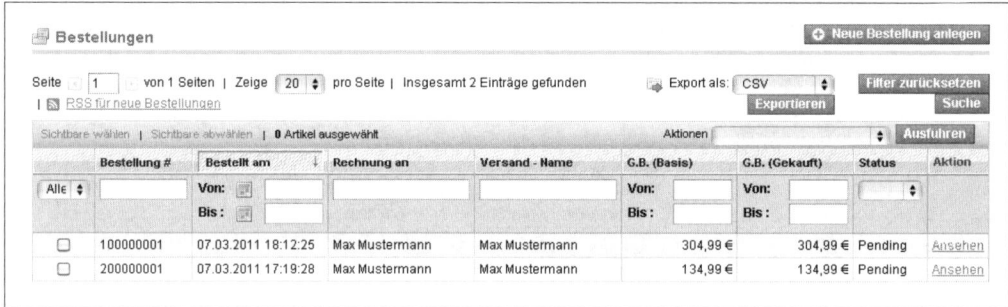

Abbildung 8-12: Alle eingegangenen Bestellungen in der Übersicht

In dieser Liste sehen Sie auf einen Blick die wichtigsten Daten zu den eingegangenen Bestellungen, wie beispielsweise den Namen des Kunden, den Bestellzeitpunkt und den Gesamtwert der Bestellung. Die Liste lässt sich auf verschiedene Weise filtern und sortieren, sodass Sie beispielsweise Bestellungen aus einem bestimmten StoreView ansehen können, wenn Sie ein Multishop-System Ihr Eigen nennen. Außerdem lassen sich auf mehrere Bestellungen bestimmte Aktionen anwenden; dies ist vor allem dann hilfreich, wenn viele Bestellungen bearbeitet werden müssen und Sie nicht jedes Mal in die Bestelldetailansicht springen möchten. Folgende sogenannte Batch-Aktionen können Sie auswählen und über den Button *Absenden* ausführen:

- *Stornieren*: Storniert eine Bestellung. Sie ist noch in der Datenbank gespeichert, findet jedoch keinen Eingang in die Verkaufsstatistiken mehr.

- *Zurückstellen*: Hier lassen Sie sozusagen eine Bestellung pausieren.

- *Wiederaufnehmen*: Setzen Sie die Bearbeitung einer Bestellung fort, die Sie vorher zurückgestellt haben.

- *Rechnungen drucken*: Zu allen markierten Bestellungen werden vorhandene Rechnungen in eine PDF-Datei geschrieben, die Ihnen dann zum Download angeboten wird.

- *Packzettel drucken*: Zu allen markierten Bestellungen werden vorhandene Lieferscheine in ein PDF exportiert, die Ihnen dann zum Download angeboten werden ...

- *Alle Rechnungskorrekturen drucken*: Auf Basis der markierten Bestellungen werden alle vorhandenen Rechnungskorrekturen als PDF-Datei exportiert und – richtig – zum Download angeboten.

- *Alle drucken:* Alle Vorgänge, die zu den markierten Bestellungen vorhanden sind, also Rechnungen, Lieferscheine und Rechnungskorrekturen, werden in ein gemeinsames PDF geschrieben und ... na ja, Sie wissen schon ...

Klicken Sie nun auf eine beliebige Bestellung – genauer gesagt, in die jeweilige Tabellenzeile –, um sich deren Details genauer anzusehen (Abbildung 8-13).

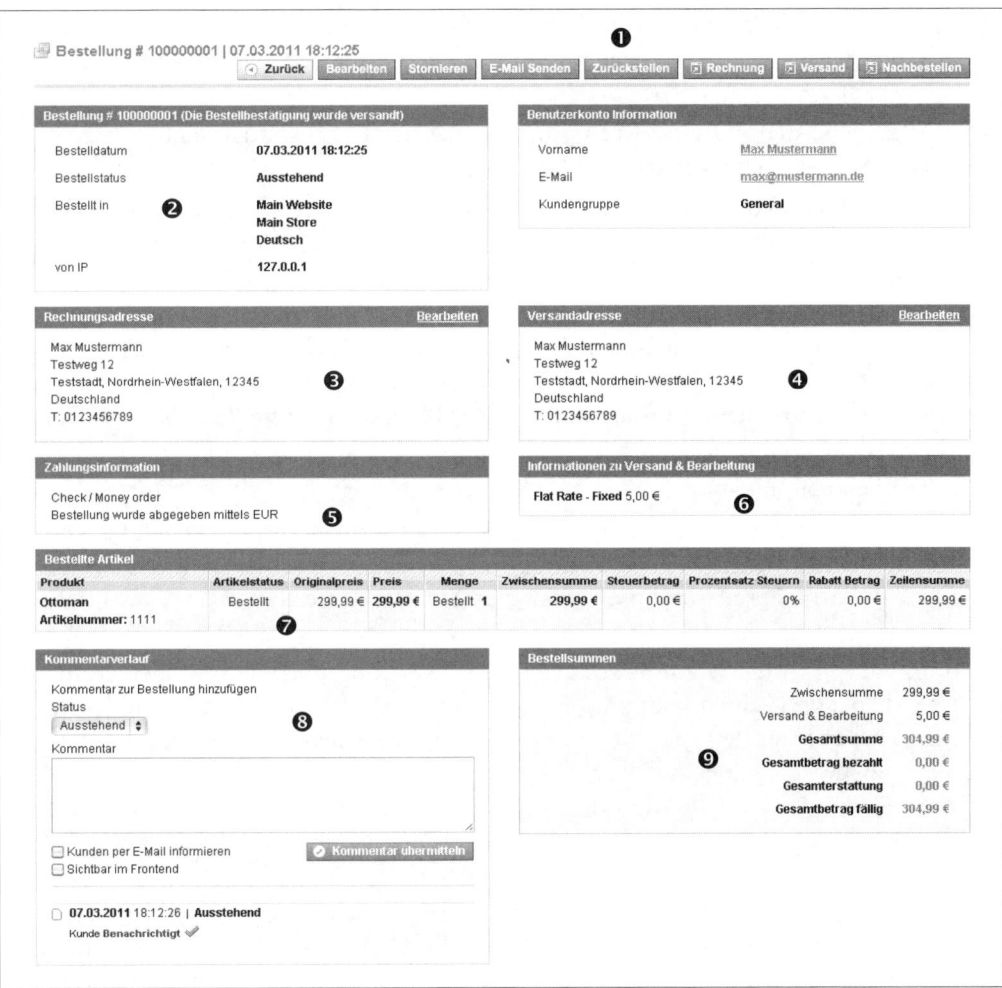

Abbildung 8-13: Die Details der Bestellung

Im Inhaltsbereich erkennen Sie eine Reihe von Boxen und einige Schaltflächen, die wir im Folgenden beleuchten möchten.

❶ Mithilfe dieser Aktionsschaltflächen lässt sich die Bestellung weiter bearbeiten. Über *Zurück* gelangen Sie wieder in die Bestellübersicht, mit *Bearbeiten* erstellen Sie eine bearbeitbare Kopie der aktuellen Bestellung und stornieren Letztere, und per *Stornieren* wird die Bestellung ohne neue Kopie einfach storniert. Weiterhin können Sie via *Sende E-Mail* dem jeweiligen Kunden eine erneute Bestellbestätigung schicken und die Bestellung über *Zurückstellen* vorübergehend deaktivieren (wenn beispielsweise der Versand zum aktuellen Zeitpunkt nicht möglich ist), mithilfe von *Rechnung* generieren Sie eine Rechnung aus den Bestelldaten, und über *Versand* erstellen Sie einen Lieferschein.

❷ Hier sehen Sie auf einen Blick die wichtigsten Informationen zur Art der Kontos, also beispielsweise, ob sich der Kunde registriert oder den Gastzugang gewählt hat und welcher Kundengruppe er derzeit angehört.

❸ In diesem Kasten wird die Rechnungsadresse des Kunden angezeigt, so wie er sie auch im Bestellprozess angegeben hat.

❹ Gibt es zu der aktuellen Bestellung eine abweichende Lieferadresse, wird sie in dieser Box dargestellt. Stimmen Rechnungs- und Lieferadresse überein, wird an hier die Rechnungsadresse wiederholt.

❺ An dieser Stelle erfahren Sie, welche Zahlweise der Kunde ausgewählt hat und welche weiteren Zahlungsinformationen, beispielsweise die Bankverbindung bei der Zahlweise Vorkasse, an den Kunden automatisch übermittelt worden sind. Viele Zahlungsmodule speichern Informationen zum Zahlungsverkehr im Bestellverlauf ❽.

❻ Dieser Kasten fasst die Liefer- und Versandkosten zusammen, die für die aktuelle Bestellung relevant sind.

❼ An dieser Stelle werden detailliert die einzelnen Artikel zusammengefasst, die der Kunde bestellt hat. Neben Artikeloptionen werden dort auch die bestellte Menge sowie die Artikelpreise und die enthaltenen Steuern dargestellt.

❽ Hier können Sie auf den Verlauf der Kommunikation mit dem Kunden zugreifen, d. h., Sie sehen alle Statusänderungen der Bestellung und die etwaigen Kommentare, die an den Kunden übermittelt wurden. Wenn also ein Kunde nach der Bestellung eine bestimmte Frage beispielsweise zum aktuellen Bestellstatus hat, können Sie sich hier mit einem Blick auf den neuesten Stand bringen und genau sehen, wann der Kunde welche Information erhalten hat. Gleichzeitig lässt sich das zugehörige Eingabefeld auch dazu nutzen, direkt Kommentare an den Kunden zu versenden.

❾ In der letzten Box auf dieser Bestelldetailseite werden gelb hinterlegt die Gesamtsummen der Bestellung zusammengefasst, also Zwischensumme der Nettobeträge, Gesamtsumme der Steuern, Gesamtsumme der Liefer- und Versandkosten und der tatsächlich zu zahlende Betrag für diese Bestellung.

In der linken Seitenleiste sind unter der Überschrift *Bestellansicht* die Menüpunkte *Information* (dieser ist standardmäßig aktiviert, wenn Sie eine Bestellung in der Detailansicht öffnen), *Rechnungen, Rechnungskorrekturen, Lieferscheine, Kommentarverlauf* und *Transaktionen* angeordnet (Abbildung 8-14).

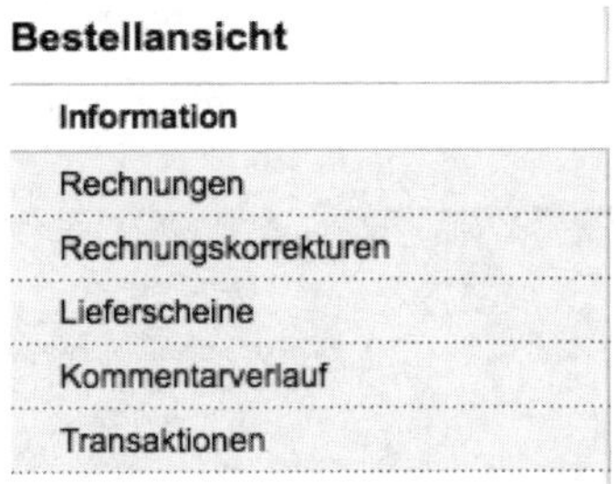

Abbildung 8-14: Unter einer Bestellung sind sämtliche zugehörigen Daten geordnet zusammengefasst

Auf diese Weise sind alle Vorgänge, die zu einer Bestellung gehören, dieser übersichtlich zugeordnet. Wenn Sie jetzt in den nächsten Abschnitten Rechnungen, Rechnungskorrekturen und Lieferscheine zu einer bestimmten Bestellung erzeugen, können Sie diese jederzeit über das linke Menü erreichen.

Rechnungen erstellen

Haben Sie die Bestellung erhalten, folgt der nächste Schritt: die Erstellung der Rechnung. Da ja alle dazu erforderlichen Daten bereits ausführlich in Magento gespeichert sind, bedarf es nur eines Mausklicks auf die Schaltfläche *Rechnung*, um diese zu generieren. Die Informationen auf der Rechnung sind ähnlich gestaltet und angeordnet wie bei den Bestelldetails (Abbildung 8-15).

Bevor Sie die Rechnung erstellen, können Sie die zu verrechnende Artikelmenge noch nachträglich ändern. Ebenso ist die Möglichkeit vorhanden, aus der Gesamtbestellung eine Gesamtrechnung erzeugen oder jede Position einzeln in eine separate Rechnung überführen zu lassen. Zuletzt schreiben Sie noch einen netten Gruß vom Onlineteam des Webkochshops in den Rechnungskommentar, setzen jeweils ein Häkchen in die beiden Kontrollkästchen *Kommentar anfügen* und *E-Mail-Kopie der Rechnung* und versenden die Rechnung über *Rechnung übermitteln* unten rechts (Abbildung 8-16).

Sobald diese Rechnung erstellt worden ist, erscheint der Hinweis Die *Rechnung wurde erstellt* in grüner Schrift im oberen Bereich des Hauptfensters. Die Seite trägt den Titel *Rechnung#100000001 | Bezahlt (Die Rechnungs-E-Mail wurde versandt)*, und die Rechnung wird in der Datenbank mit einer fortlaufenden Rechnungsnummer gespeichert. Sie als Shopbetreiber erhalten außerdem eine E-Mail mit der HTML-formatierten Rechnung (wenn Sie das so eingestellt haben, siehe Tipp), ebenso wie natürlich Ihr Kunde – der Sie gerade selbst sind.

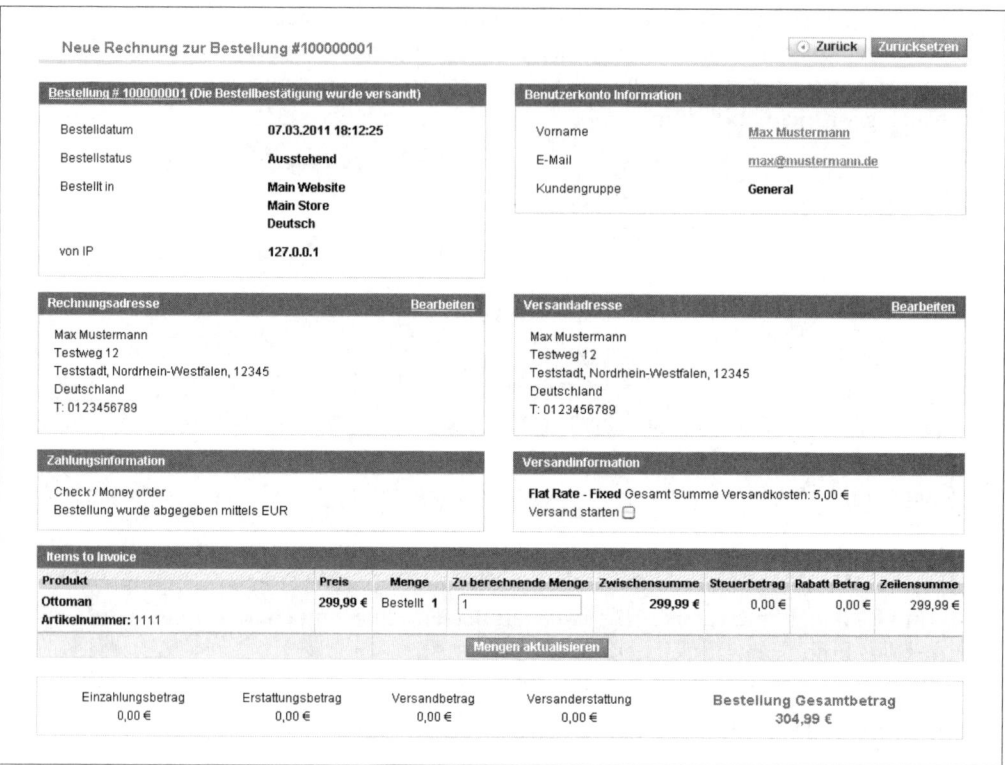

Abbildung 8-15: Aus einer Bestellung wird eine Rechnung generiert

Abbildung 8-16: Die Rechnung wird generiert

 Die Einstellungen für die Rechnungs-E-Mail nehmen Sie unter *System →
Konfiguration → Verkaufs-E-Mails* vor. Hier können Sie einstellen, an wel-
che E-Mail-Adresse(n) die Bestellbestätigung(en) in Kopie geschickt werden sollen.

Für Ihre Unterlagen oder für den Fall, dass Sie Ihren Kunden eine Papierrechnung schicken möchten (anderenfalls werden Sie das deutsche Finanzamt nicht besonders glücklich machen), können Sie die frisch erstellte Rechnung als PDF exportieren und anschließend ausdrucken. Klicken Sie dazu auf die orangefarbene Schaltfläche *Drucken* oben rechts. Nun haben Sie also die einmalige Gelegenheit, haufenweise Rechnungen unter dem Namen des Webkochshops zu produzieren, ohne diese jemals bezahlen zu müssen!

Springen Sie nun noch einmal über *Verkäufe → Bestellungen* zu der Bestellung, zu der Sie gerade eine Rechnung ausgestellt haben, und öffnen Sie sie in der Detailansicht. Hier möchten wir Sie auf zwei Dinge hinweisen, durch die Sie auf einen Blick feststellen können, dass Sie wirklich und leibhaftig Ihre erste Webkochshop-Rechnung erstellt haben. Zunächst erkennen Sie, dass der Bestellstatus nun *Vollständig* lautet; beim Bestelleingang wird dieser zuerst immer auf *Ausstehend* gesetzt. Außerdem sehen Sie in der Box *Bestellte Artikel* in der Spalte *Menge* die Information, dass die Menge *1* berechnet wurde (Abbildung 8-17).

Abbildung 8-17: Hier sehen Sie es schwarz auf weiß: Die angezeigte Menge wurde in Rechnung gestellt

Eine Gesamtliste aller Rechnungen, die jemals erstellt wurden, finden Sie übersichtlich sortiert unter *Verkäufe → Rechnungen*.

Kommen wir nun zum zweiten wichtigen Bearbeitungsschritt, dem Erstellen eines Lieferscheins.

Lieferscheine generieren

Ähnlich einer Rechnung kann aus einer Bestellung auch für jede Position eine einzelne Sendung generiert werden. Es kann sich dabei um eine vollständige Lieferung (wenn Sie die Lagerverwaltung laut der Beschreibung auf Seite 101 richtig konfiguriert haben und alle bestellten Artikel tatsächlich verfügbar sind) oder auch eine Teillieferung handeln.

Erstellen Sie einen Lieferschein, indem Sie auf die Schaltfläche *Versand* in der Detailansicht der aktuellen Bestellung klicken (Abbildung 8-18).

Diese Seite ist mit *Neuer Versand für Bestellung #100000001* betitelt und sagt Ihnen auf diese Weise, dass Sie gerade im Begriff sind, einen Lieferschein zu erstellen. Die restliche Eingabemaske ist fast genau so aufgebaut wie die Rechnungsmaske, die Sie auf Seite 223 kennengelernt haben, nur mit dem Unterschied, dass Sie anstelle eines Rechnungskommentars einen Versandkommentar eintragen und mit verschicken können. Magento wäre aber nicht Magento, wenn es nicht auch hier noch eine praktische Zusatzfunktion für Sie bereithielte: die Trackingnummer (Abbildung 8-19).

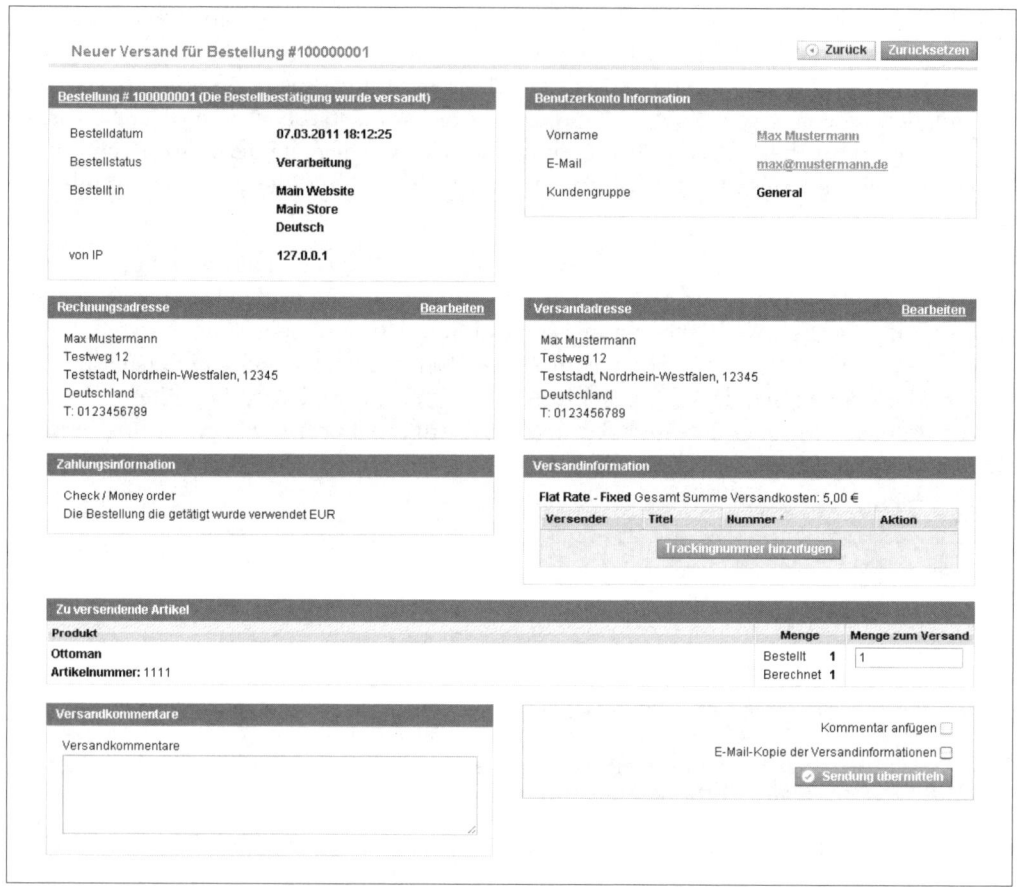

Abbildung 8-18: Ein Lieferschein wird generiert

Versandinformation

Feste Versandkosten - pauschal Gesamte Versandkosten: 5,00 €

Versender	Titel	Nummer	Aktion
Eigener Wert ▾			Löschen
	Trackingnummer hinzufügen		

Abbildung 8-19: Eingabe der Trackingnummer

Viele moderne Logistikunternehmen bieten ihren Kunden mittlerweile die Möglichkeit, sie per Online-Sendungsverfolgung jederzeit darüber zu informieren, wo sich ein Paket gerade befindet. An dieser Stelle lässt sich diese Nummer der Sendung zuweisen. Nach einem Klick auf die Schaltfläche *Trackingnummer hinzufügen* klappt eine Eingabemaske auf, in der Sie einen *Versender* auswählen sowie einen *Titel* und eine *Nummer* eintragen.

Diese Informationen werden dann neben den Bestellinformationen und eventuellen Versandkommentaren ebenfalls auf den Lieferschein geschrieben. Außerdem kann der Kunde diese Informationen in seinem Benutzerkonto einsehen.

Haben Sie alles eingetragen, setzen Sie – wie bei der Erstellung der Rechnung – in die Kontrollkästchen *Kommentar anfügen* und *E-Mail-Kopie der Versandinformationen* jeweils ein Häkchen und generieren den Lieferschein über den Button *Lieferschein erstellen*. Der Lieferschein wird in die Datenbank geschrieben (es erscheint die beruhigende Meldung *Der Versand wurde angelegt*), und Sie werden zur Detailseite der aktuellen Bestellung weitergeleitet.

 Möchten Sie das E-Mail-Template für Lieferscheine verändern, haben Sie dazu unter *System → Konfiguration* über den Menüpunkt *Verkaufs-E-Mails* die Gelegenheit dazu. Mehr zur Konfiguration von E-Mails, die von Magento zu den verschiedensten Anlässen verschickt werden, wurde bereits in Kapitel 4 erzählt.

An zwei Dingen können Sie auch hier wieder erkennen, dass bei der Erstellung der Sendung alles geklappt hat: Zum einen erscheint in der Box *Informationen zu Versand & Bearbeitung* ein Link zur Sendungsverfolgung, mit dem Magento ein Pop-up-Fenster mit den Sendungsdaten öffnet, zum anderen erscheint im Kasten *Bestellte Artikel* in der Spalte *Menge* der Hinweis *Versandt 1* (Abbildung 8-20).

Menge	
Bestellt	1
Berechnet	1
Versandt	1

Abbildung 8-20: Die von Ihnen gewünschte Menge wurde verschickt

Um den Lieferschein für die gerade erstellte Sendung ausdrucken zu können, springen Sie über *Verkäufe → Bestellungen* in die Detailansicht der Bestellung, für die Sie soeben eine Rechnung und eine Sendung auf die Beine gestellt haben, und klicken in der Menüleiste links auf *Lieferscheine*. Im Inhaltsbereich links erscheint nun der gerade erstellte Lieferschein (Abbildung 8-21), den Sie per Mausklick ebenfalls in der Detailansicht öffnen.

In diesem Fenster haben Sie die Möglichkeit, sich die Einzelheiten der Sendung noch einmal anzusehen und gegebenenfalls weitere Kommentare dazu abzuspeichern. Sie drucken den Lieferschein nun – analog zu den Rechnungen – über die Schaltfläche *Drucken* oben rechts aus.

Eine komplette Übersicht aller Sendungen haben die Magento-Entwickler noch einmal in einer Liste zusammengefasst, die Sie über *Verkäufe → Lieferscheine* erreichen können.

Abbildung 8-21: Auswählen eines gespeicherten Lieferscheins

PDF-Vorlagen für Rechnungen und Lieferscheine

Es gibt leider zurzeit keine einfache Möglichkeit, die Vorlagen für die Rechnungen und Lieferscheine zu bearbeiten. Dies ist insbesondere deshalb problematisch, weil die standardmäßig in Magento mitgelieferte Rechnungsvorlage nicht alle Angaben enthält, die gesetzlich vorgeschrieben sind. Mithilfe der Extension *FiregentoPDF*, die Sie kostenlos über Magento Connect beziehen können (*http://www.magentocommerce.com/magento-connect/firegento-pdf.html*), haben Sie jedoch diesbezüglich weitere Gestaltungsmöglichkeiten.

Rechnungskorrekturen ausstellen

Aus irgendeinem Grund ist bei der Lieferung eines Messersets an einen Ihrer Stammkunden etwas total danebengegangen; so etwas kommt leider in den besten (Shop-)Familien vor. Um den verständlichen Ärger des Kunden zu mildern und ihm ein wenig entgegenzukommen, können Sie an dieser Stelle Rechnungskorrekturen ausstellen. Dies ist aber erst dann möglich, wenn vorher eine Rechnung erstellt wurde. Springen Sie also in die Detailansicht der Rechnung, die Sie auf Seite 223 geschrieben haben, und klicken Sie oben rechts auf die Schaltfläche *Rechnungskorrektur*.

Die nun erscheinende Seite trägt den Titel *Neue* Rechnungskorrektur *für Bestellung #100000001* und enthält im Wesentlichen alle Informationen, die auch Rechnungen und Sendungen beinhalten. Der wichtigste Unterschied liegt jedoch in der Box unten rechts (Abbildung 8-22).

Hier warten drei Eingabefelder auf Ihre Eingaben:

Versandkosten erstatten

In dieses Feld tragen Sie den Betrag ein, den Sie dem Kunden als Versandkosten in Rechnung gestellt haben und den Sie ihm nun wieder gutschreiben möchten. Standardmäßig ist in unserer Konfiguration 5 eingetragen, also die Kosten, die tatsäch-

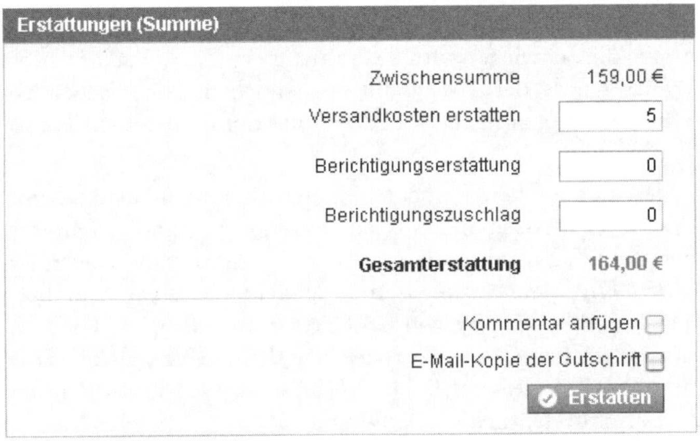

Abbildung 8-22: Eintragen der Erstattungsbeträge

lich bei der entsprechenden Bestellung als Versandkosten angefallen sind. Sie haben die Möglichkeit, hier jeden beliebigen Betrag einzutragen, der kleiner oder gleich dem Versandkostenbetrag der aktuellen Bestellung ist, also im aktuellen Beispiel einen Betrag zwischen 0,01 und 5,00.

Berichtigungserstattung

Hier tragen Sie den Betrag ein, den Sie dem Kunden zusätzlich zu den Versandkosten gutschreiben möchten. Dieser Betrag bezieht sich, im Gegensatz zum vorherigen, nicht explizit auf einen Posten, sondern wird pauschal dem Erstattungsbetrag hinzugerechnet. Die Berichtigungserstattung kann dabei nicht höher sein als der gesamte bereits bezahlte Betrag.

Berichtigungszuschlag

Dieser Betrag ist das genaue Gegenteil der Berichtigungserstattung. Der Wert, den Sie hier eintragen, wird von Ihnen einbehalten und bezieht sich ebenfalls nicht auf einen bestimmten Posten der Bestellung, sondern auf den gesamten Rechnungsbetrag.

Kein Kochtopf für Schwiegermutter

Gehen wir einmal von folgendem Beispiel aus: Ein Kunde hat den *Edelstahlkochtopf Hubertus* zu einem Bruttopreis von € 189,00 gekauft; dazu wurde ihm vom Webkochshop ein Versandkostenanteil von € 4,90 berechnet. Der Gesamtbetrag dieser Bestellung und der zugehörigen Rechnung beträgt demnach € 193,90.

→

Leider hat der Versand des Kochtopfs länger als drei Wochen gedauert, sodass als Weihnachtsgeschenk für die Schwiegermutter kurzfristig ein CD-Gutschein herhalten musste. Zu allem Überfluss wurde der Topf dann auch noch in der falschen Größe geliefert. Kurzum, der Kunde ist »not amused« und drauf und dran, Ihnen den Topf kommentarlos wieder zurückzuschicken.

Da Sie den Kunden nicht verlieren möchten, bieten Sie ihm an, eine Rechnungskorrektur auszustellen. Als Erstes erlassen Sie ihm den gesamten Versandkostenbetrag von € 4,90, der bereits standardmäßig im Feld *Versandkosten erstatten* eingetragen ist. Würden Sie nun die Werte *Berichtigungserstattung* und *Berichtigungszuschlag* bei *0* belassen, würden Sie dem Kunden den vollen Betrag von € 193,90 zurückerstatten. Ganz so nett sind Sie jedoch nicht und geben bei *Berichtigungszuschlag* den Betrag *150* ein. Somit beträgt der Gesamterstattungsbetrag insgesamt € 34,10 (189 − 4,90 − 150), was Ihren Kunden und seine Schwiegermutter hoffentlich wieder versöhnt.

Haben Sie alle Werte eingetragen (inklusive eines netten Rechnungskorrektur-Kommentars) und jeweils ein Häkchen bei *Kommentar anfügen* und *E-Mail-Kopie der* Rechnungskorrektur gemacht, haben Sie hier alle Arbeiten erledigt. Bleibt nur noch, per Mausklick auf *Erstatten (Offline)* Ihrem Kunden eine Riesenfreude zu bereiten und den eingetragenen Betrag zu erstatten.

Denken Sie daran, dass abhängig von den in Ihrem Shop verfügbaren Zahlarten keine automatische Rücküberweisung des erstatteten Betrags stattfindet. Bei einigen Zahlarten finden Sie diese Funktion nur, wenn Sie die Erstattung über den Umweg der bereits erstellten Rechnung vornehmen. Klicken Sie dazu links zuerst auf das Register *Rechnungen* und öffnen Sie die erstellte Rechnung. Wenn die genutzte Zahlart die Onlineerstattung unterstützt, finden Sie nun rechts oben einen Button, der Sie auf die bereits gezeigte Eingabemaske für Rechnungskorrekturen bringt – mit dem Unterschied, dass Sie nun einen weiteren Button *Erstatten (Online)* vorfinden.

Nach einer kurzen Weile erscheint die Meldung Rechnungskorrektur *wurde erfolgreich erstellt*, und Sie werden zur Detailseite der aktuellen Bestellung weitergeleitet.

Die Einstellungen für die Rechnungskorrektur-E-Mail nehmen Sie unter *System → Konfiguration → Verkaufs-E-Mails* vor.

Hier erinnern Sie zwei Anzeigen daran, dass das mit der Rechnungskorrektur wunderbar funktioniert hat: Zum einen erscheint in der Box *Bestellte Artikel* in der Spalte *Menge* die Information *Erstattet 1*. Außerdem werden in der Box *Bestellsummen* nun die Erstattungsbeträge explizit ausgewiesen (Abbildung 8-23).

Bestellsummen	
Zwischensumme	159,00 €
Versand & Bearbeitung	5,00 €
Berichtigungszuschlag	10,00 €
Gesamtsumme	**164,00 €**
Gesamtbetrag bezahlt	**164,00 €**
Gesamterstattung	**154,00 €**
Gesamtbetrag fällig	**0,00 €**

Abbildung 8-23: Summieren der Erstattungen

Wie eine Rechnung lässt sich auch eine Rechnungskorrektur ausdrucken. Springen Sie dazu in die Detailansicht der entsprechenden Rechnungskorrektur und wählen Sie die Schaltfläche *Drucken*, um die Rechnungskorrektur ins PDF-Format exportieren und sofort ausdrucken zu können.

Eine komplette Liste aller Rechnungskorrekturen zu allen Bestellungen, die Sie im Adminbereich erstellt haben, finden Sie übrigens unter *Verkäufe → Rechnungskorrekturen*. In einer Magento-typischen sortier- und filterbaren Liste sind hier auf einen Blick wichtige Daten wie die Nummer und das Ausstellungsdatum der Rechnungskorrektur aufgeführt (Abbildung 8-24). Per Mausklick in die gewünschte Zeile lassen sich dann weitere Details zum jeweiligen Datensatz aufrufen.

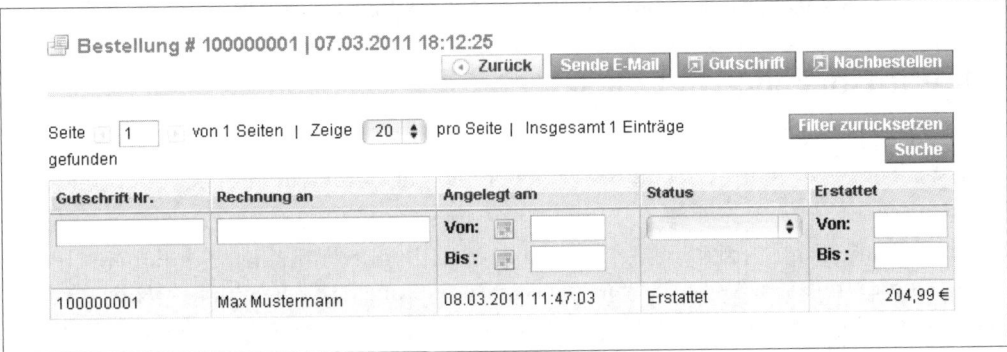

Abbildung 8-24: Auflistung aller ausgestellten Rechnungskorrekturen

Kommentarverlauf ansehen

Bei all den Rechnungen, Lieferscheinen und Rechnungskorrekturen, die Sie im Laufe eines erfüllten Shopbetreiber-Lebens in die Welt schicken, wäre es doch eine sinnvolle Einrichtung, alle zu einer Bestellung verschickten Kommentare auf einen Blick sehen zu können, oder nicht? Nichts leichter als das. Wählen Sie die Bestellung aus, die Sie weiter oben auch schon bearbeitet haben, und öffnen Sie sie in der Detailansicht. Ganz unten in der linken Leiste finden Sie den Eintrag *Kommentarverlauf*, über den Sie die gesamte Kommunikation mit dem Kunden, übersichtlich in einer Liste sortiert, nachvollziehen können (Abbildung 8-25).

Abbildung 8-25: Übersicht über den Kommentarverlauf

Sie sehen hier beispielsweise das genaue Datum und die Uhrzeit, zu dem bzw. der eine Änderung zu der aktuellen Bestellung stattfand, sowie die Angabe, was genau geschehen ist (z. B. Rechnungskorrektur *Nr. 100000001 erstellt* oder *Rechnung Nr. 100000001 Kommentar hinzugefügt*). Auf einen Blick sehen Sie also, wann und wie die einzelnen Töpfe, Messer, Löffel und Gabeln ihren Weg zu Ihren Kunden gefunden haben und ob es zu den einzelnen Bestellungen noch spezielle Anmerkungen gegeben hat.

Magento im Callcenter einsetzen

Die Tatsache, dass Ihre Kunden über das Frontend bestellen können, ist nicht weiter überraschend – Magento wäre nun wirklich keine gut durchdachte Software, wenn dies in irgendeiner Weise Probleme verursachen würde.

Es gibt jedoch auch Konstellationen, in denen Bestellungen über den Adminbereich ausgelöst werden müssen. Wenn Sie beispielsweise telefonische Bestellungen entgegennehmen wollen und diese dazu von Callcenter-Mitarbeitern bearbeitet werden sollen, bietet sich eine Bestellung über den Adminbereich an.

Eine neue Bestellung beginnen Sie in der Bestellübersicht (*Verkäufe → Bestellungen*) über die Schaltfläche *Neue Bestellung anlegen*. Auf der nun erscheinenden Seite (Abbildung 8-26) wählen Sie zunächst einen Kunden aus, für den Sie die Bestellung generieren möchten.

Verwenden Sie dazu einen der Testkunden, die Sie für die Testbestellungen in diesem Kapitel angelegt haben. (Alternativ dazu können Sie auch erst einen neuen Kunden über den Button *Neuen Kunden anlegen* in die Datenbank schreiben.) Wählen Sie die entsprechende Zeile aus, und Sie werden zu einer umfangreichen Bestellseite geleitet, die hier im

ID ↓	Name	E-Mail	Telefon	Postleitzahl	Land	Land/Bundesland
					Alle Länd ⇕	
3	Herr Max Mustermann	info@cooee.de	0123456789	52070	Deutschland	Nordrhein-Westfalen
2	David Testmeier	david@webkochshop.de	123456789	55555	Deutschland	Nordrhein-Westfalen

Abbildung 8-26: Anlegen einer neuen Bestellung im Adminbereich

Detail vorgestellt werden soll. Diese besteht aus einer linken Seitenleiste, die in verschiedene Bereiche unterteilt ist (Abbildung 8-27), und einem Inhaltsbereich mit mehreren Boxen.

 Sollten in Ihrer Magento-Installation später mehrere StoreViews vorhanden sein, wird Ihnen nach der Kundenauswahl noch eine Zwischenseite angezeigt, über die Sie den gewünschten StoreView auswählen können.

Sehen Sie sich zunächst die linke Leiste an.

Magento vergisst nichts, und den Beweis dafür werden Sie (unter anderem) hier finden. Wenn der Kunde, für den Sie die Bestellung generieren, Artikel angeschaut, diese in den Warenkorb gelegt oder auf seinen Wunschzettel geschrieben hat, ist das hier unter der Überschrift *Aktuelle Kundentätigkeit* aufgelistet. Von oben nach unten sind dies die folgenden Bereiche:

- *Warenkorb*
- *Wunschzettel*
- *Zuletzt bestellte Artikel*
- *Artikel in Vergleichsliste*
- *Zuletzt verglichene Artikel*
- *Zuletzt angesehene Artikel*

Sollten in einem der Bereiche Artikel vorhanden sein, können Sie diese, falls gewünscht, in den Warenkorb legen, indem Sie ein Häkchen in das Kontrollkästchen unter dem Warenkorbsymbol setzen (Abbildung 8-28).

Mit einem Klick auf *Änderungen anwenden* entweder oben oder unten in der Seitenleiste werden die so markierten Artikel in den aktuellen Warenkorb geschickt. Wenn Sie in einem Rutsch gleichzeitig Artikel beispielsweise vom Wunschzettel löschen möchten, setzen Sie dazu in das Kontrollkästchen des entsprechenden Artikels unter dem Mülleimersymbol davor ebenfalls ein Häkchen (Abbildung 8-29).

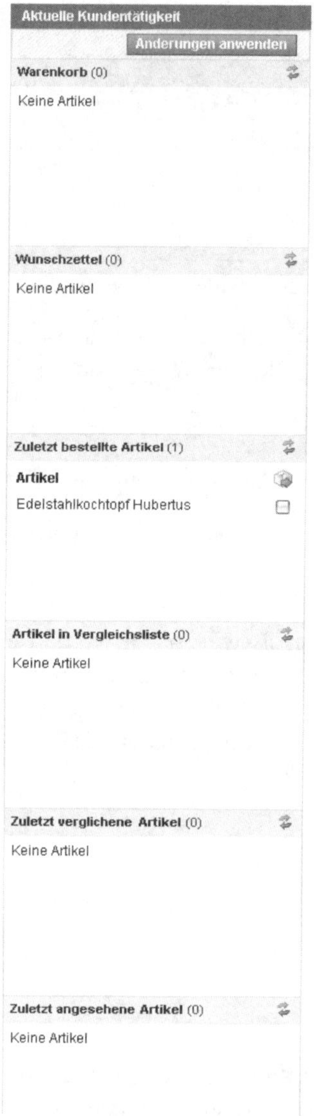

Aktuelle Kundentätigkeit
Änderungen anwenden
Warenkorb (0)
Keine Artikel
Wunschzettel (0)
Keine Artikel
Zuletzt bestellte Artikel (1)
Artikel
Edelstahlkochtopf Hubertus
Artikel in Vergleichsliste (0)
Keine Artikel
Zuletzt verglichene Artikel (0)
Keine Artikel
Zuletzt angesehene Artikel (0)
Keine Artikel

Abbildung 8-27: Seitenleiste der Bestellmaske

Zuletzt bestellte Artikel (1)
Artikel
Edelstahlkochtopf Hubertus

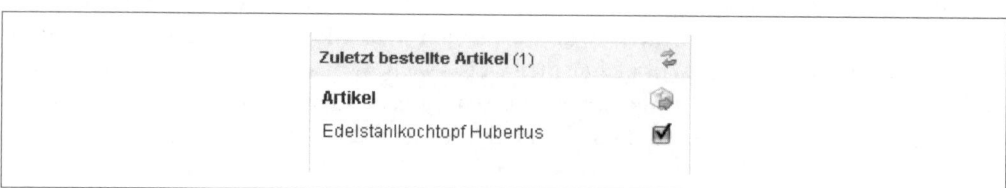

Abbildung 8-28: Dieser Artikel soll in den Warenkorb gelegt werden

Abbildung 8-29: Ein Artikel wird vom Wunschzettel des Kunden entfernt

Nach einem kurzen Augenblick erscheint der gewählte Artikel im Warenkorb, womit wir schon bei der Erläuterung des Haupteingabebereichs der Bestellmaske wären (Abbildung 8-30).

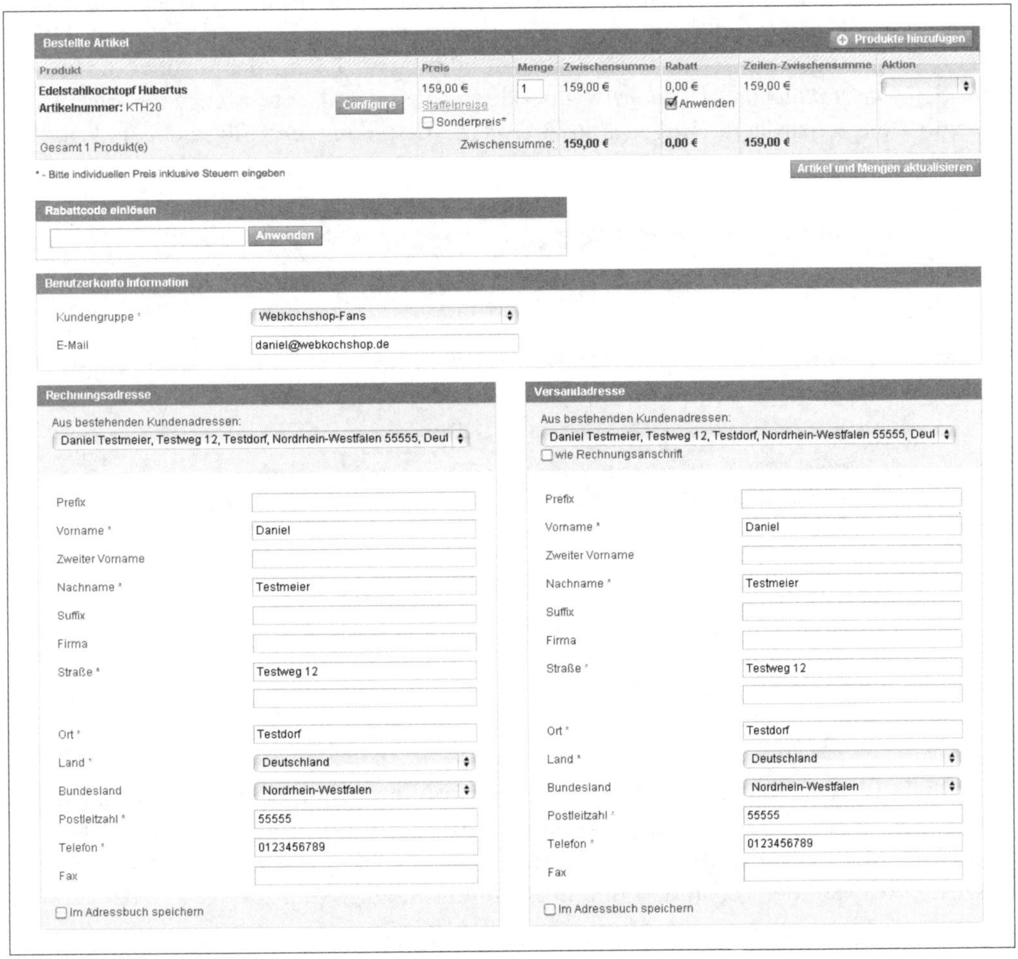

Abbildung 8-30: Haupteingabebereich der Bestellmaske

In diesem Warenkorb erscheinen die gewünschten Artikel und können dort noch beliebig verändert werden. Es ist beispielsweise möglich, die Menge einzutragen, in der der gerade hinzugefügte Artikel bestellt werden soll. Außerdem sehen Sie das Eingabefeld *Sonderpreis*, mit dessen Hilfe Sie einen ganz bestimmten Preis für den jeweiligen Artikel festlegen können. Es ist ebenfalls ein Feld für das Eintragen eines Rabattcodes vorgesehen, und eventuelle Rabatte lassen sich per Mausklick für einen Artikel aktivieren oder deaktivieren. Schließlich ist rechts eine Aktionsspalte integriert, über die Sie den Artikel wieder aus dem aktuellen Warenkorb löschen (*Entfernen*), ihn an den Kundenwarenkorb zurückschicken (*In den Warenkorb verschieben*) oder auf den Wunschzettel (*Auf den Wunschzettel verschieben*) schreiben können.

Sie möchten außerdem einen Artikel in den Warenkorb der aktuellen Bestellung legen, der bisher noch nicht in der linken Seitenleiste aufgeführt war? Über den Button *Artikel hinzufügen* gelangen Sie in eine Suchmaske (Abbildung 8-31), aus der Sie über die Listenfilter den *Edelstahlkochtopf Hubertus* auswählen, die gewünschte Menge eintragen und diese über die Schaltfläche *Ausgewählte Artikel der Bestellung hinzufügen* ebenfalls in den Warenkorb legen.

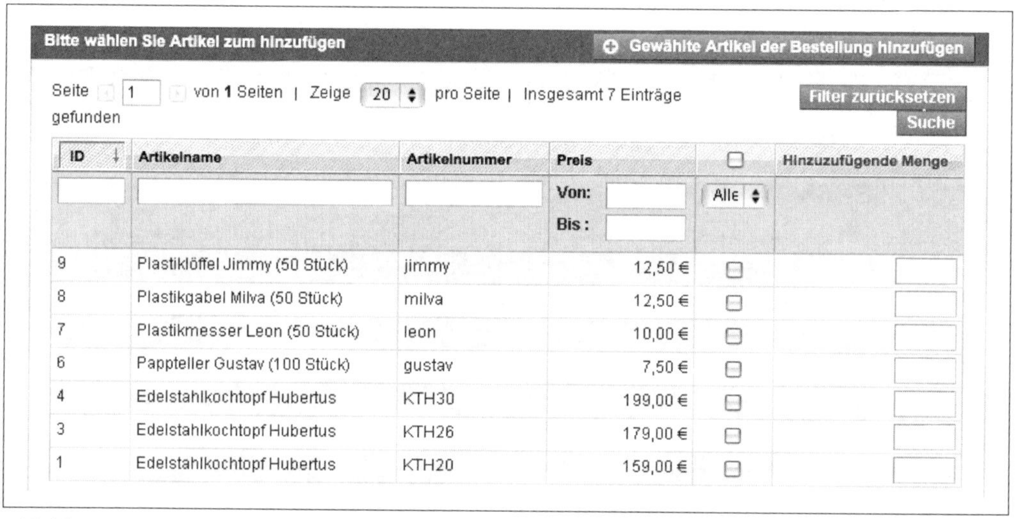

Bitte wählen Sie Artikel zum hinzufügen
Gewählte Artikel der Bestellung hinzufügen
Seite 1 von 1 Seiten | Zeige 20 pro Seite | Insgesamt 7 Einträge gefunden
Filter zurücksetzen
Suche
ID
Artikelname
Artikelnummer
Preis
Hinzuzufügende Menge
Von:
Bis :
Alle
9 Plastiklöffel Jimmy (50 Stück) jimmy 12,50 €
8 Plastikgabel Milva (50 Stück) milva 12,50 €
7 Plastikmesser Leon (50 Stück) leon 10,00 €
6 Pappteller Gustav (100 Stück) gustav 7,50 €
4 Edelstahlkochtopf Hubertus KTH30 199,00 €
3 Edelstahlkochtopf Hubertus KTH26 179,00 €
1 Edelstahlkochtopf Hubertus KTH20 159,00 €

Abbildung 8-31: Fügen Sie den gewünschten Artikel dem Warenkorb hinzu

Im vorherigen Abschnitt haben Sie gesehen, dass Sie im Adminbereich beim Füllen des Warenkorbs genauso flexibel vorgehen können wie im Shop-Frontend selbst. Was jetzt noch zum Abschluss der Bestellung fehlt, ist eine Rechnungs- und eine Lieferadresse sowie die Auswahl der Versandart und der Zahlungsmöglichkeit.

Da Sie schon einen vorhandenen Kunden für die Bestellung ausgewählt haben, sind die relevanten Werte bereits in den Adressmasken eingetragen. Es lassen sich jedoch auch Änderungen an diesen Adressen durchführen, die Sie mit einem Häkchen in das Kontrollkästchen *Im Adressbuch speichern* für die Zukunft sichern können. Wählen Sie nun die Zahlungsmöglichkeit *Vorkasse* aus, indem Sie das zugehörige Optionsfeld in der Box *Zahlweise* aktivieren. Im Anschluss rufen Sie per Mausklick auf *Versandarten und -kosten abrufen* im Kasten die aktuellen Versandkosten auf, die Sie ebenfalls per Optionsfeld aktivieren (Abbildung 8-32). Außerdem lässt sich unten links noch ein Versandkommentar eintragen.

Abbildung 8-32: Versandart und Zahlweise bei der Bestellung im Adminbereich

In der gelb hinterlegten Box *Bestellsummen* werden alle Einzelpreise und Steuern so zusammengerechnet, wie das auch im Warenkorb im Frontend geschehen würde. Setzen Sie noch ein Häkchen bei *Kommentar anfügen* sowie bei *E-Mail-Kopie der Bestellbestätigung*, um den Kommentar mitzuschicken und selbst eine Kopie der Auftragsbestätigung zu erhalten, und schicken Sie die Bestellung über *Bestellung übermitteln* ab (Abbildung 8-33).

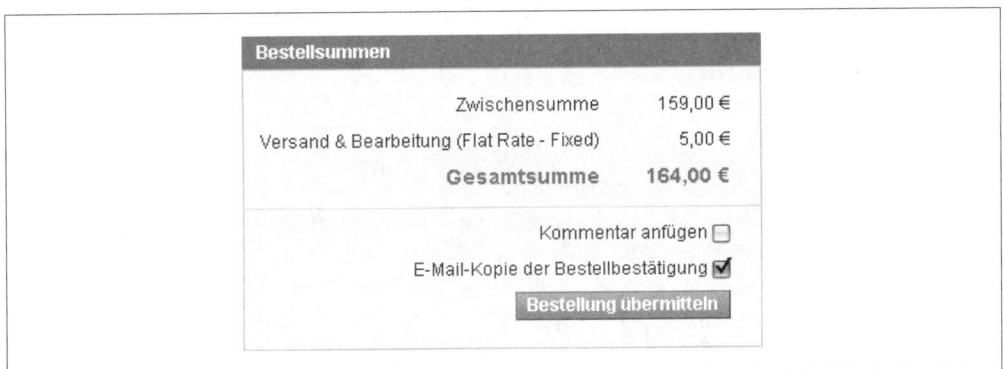

Abbildung 8-33: Die Bestellung kann nun abgeschickt werden

In diesem Kapitel haben Sie gesehen, wie Sie Ihre Kunden sowie die Bestellungen verwalten können. Wir haben ebenfalls erläutert, wie eine Bestellung weiterverarbeitet wird und daraus Rechnungen, Lieferscheine und Rechnungskorrekturen erstellt werden können. Sie sind also gerüstet, wenn der Kundenansturm losgeht und schneller Bestelldaten in die Datenbank geschrieben werden, als Sie mit der Maus klicken können.

Das nächste Kapitel behandelt den Aufbau eines zweiten kaufmännischen Standbeins: einer Webkochshop-Version für den britischen Markt. Tragen Sie mit guten Küchenprodukten dazu bei, dass die Küche der Insel endlich besser wird!

Multishops einsetzen: Der Webkochshop very british

Bei all Ihren Konfigurationsstreifzügen im Adminbereich sind Sie sicherlich immer mal wieder auf die Einstellungen zum Geltungsbereich gestoßen. Egal ob Sie nun ein Theme festlegen oder die Lagerverwaltung einstellen: Stets geben Sie auch an, ob die Einstellungen für eine Website, einen Store oder einen StoreView gelten sollen. Dahinter verbirgt sich vereinfacht gesagt Magentos Multishop-Fähigkeit, mit der Sie mehrere Webpräsenzen ganz nach Ihren Wünschen konfigurieren können. Mit einer Installation lassen sich mehrere Stores betreiben, die wiederum über verschiedene StoreViews erreicht und betrachtet werden können. Es gibt hier sehr viele mögliche Strukturierungsvariationen, wodurch Sie als Shopbetreiber in höchstem Maße flexibel in der Verwirklichung Ihrer Vorstellungen sind. Ein Multishop lässt sich daher auf verschiedene Weise realisieren, beispielsweise mithilfe mehrerer Websites, mehrerer Stores oder mehrerer StoreViews. Basis ist dabei idealerweise eine einzige Magento-Installation.

Aus diesem Grund werden Sie im ersten Teil den Webkochshop, den Sie in den vergangenen Kapiteln fleißig mit Artikeln gefüllt haben, nun für den englischen Markt vorbereiten. Dazu müssen unter anderem die Bedienelemente sowie die Kategorienamen in englischer Sprache erscheinen. Außerdem sollen alle Produktpreise in Britischen Pfund dargestellt werden. Im Frontend wird dies so realisiert, dass die Kunden über ein Dropdown-Menü die gewünschte Sprache auswählen können und alle weiteren Systemeinstellungen für den Verkauf nach Großbritannien damit ebenfalls aktiviert werden.

Im zweiten Teil des Kapitels werden Sie lernen, wie man ein neues Multishop-Projekt ganz von vorne beginnt und eine neue Website-Store-StoreView-Struktur aufbaut. Dabei werden sämtliche erforderlichen Schritte erläutert, die notwendig sind, um eine komplexe Shopstruktur zu erstellen (auch diejenigen, die die Installationsroutine im Hintergrund bereits für Sie erledigt hat). Dort wird unter anderem gezeigt, wie Sie die neue Website über eine Domain bzw. Subdomain ansprechen können.

Den Multishop im Adminbereich konfigurieren

Um eine Multishop-Lösung zu realisieren, ist es sinnvoll, noch einmal kurz die Struktur der drei Geltungsbereiche von Magento Revue passieren zu lassen. In diesem Kapitel wird erläutert, wie man in einer Magento-Installation mehrere Websites, Stores und StoreViews anlegt. Bei der Konfiguration des Systems (siehe Kapitel 4) haben Sie bereits gesehen, dass bei der Standardinstallation lediglich eine Website (*Main Website*), ein Store (*Main Store*) und ein StoreView (*Default Store View*) vorhanden sind. Alle Einstellungen unter *System → Konfiguration* haben Sie dabei für die *Standardkonfiguration* vorgenommen, sodass sich diese auch auf die Website, den Store und die StoreViews vererbt haben.

In diesem Kapitel werden Sie einen StoreView *English* anlegen und so anpassen, dass Sie damit englische Kunden ansprechen und den Webkochshop auf dem englischen Markt expandieren lassen können. Diese Einstellungen werden die allgemeinen Einstellungen überschreiben – Magentos Schachtel-Logik lässt grüßen.

StoreViews erstellen und umbenennen

Bei der Konfiguration des Webkochshops in Kapitel 4 haben Sie alle Einstellungen für die Standardkonfiguration vorgenommen. Somit haben Sie sichergestellt, dass sich diese Einstellungen auf alle Geltungsbereiche, d. h. Websites, Stores und StoreViews, auswirken. Um Kochtöpfe & Co. auch auf dem britischen Markt anbieten zu können, werden Sie sich in den folgenden Abschnitten einen neuen StoreView *English* anlegen und den StoreView *Default Store View* umbenennen. Dabei verändern Sie die Standardkonfiguration nicht, sondern übernehmen Teile, die im konkreten Fall sinnvoll sind, und ergänzen sie um spezifische Einstellungen.

Klicken Sie zum Erstellen eines neuen StoreView auf *System → Stores verwalten*, sodass die aktuell gespeicherten Geltungsbereiche angezeigt werden. Erstellen Sie als Nächstes über die Schaltfläche *StoreView anlegen* einen neuen StoreView (Abbildung 9-1).

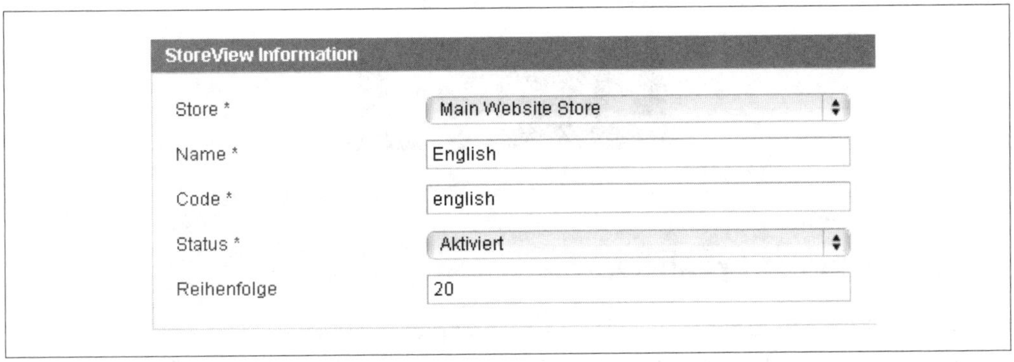

Abbildung 9-1: Ein neuer StoreView wird angelegt

Hierzu wählen Sie im Drop-down-Menü *Store* den Eintrag *Main Website Store* aus: Der neue StoreView soll die gleichen Kategorien und Artikel enthalten wie die bereits vorhandenen. Im folgenden Eingabefeld *Name* tragen Sie *English* ein. Dieser Wert erscheint, wie Sie gleich sehen werden, im Drop-down-Menü zur Wahl des StoreView. Schreiben Sie als Nächstes den Code *english* in das gleichnamige Eingabefeld, anhand dessen Magento den neuen StoreView intern eindeutig identifizieren kann. Zum Schluss setzen Sie den *Status* auf *Aktiviert,* tragen im letzten Feld den Sortierparameter *20* ein und speichern den neuen StoreView mithilfe des Buttons *StoreView speichern.* Anschließend werden Sie zur Übersichtsliste geleitet, in der nun beide StoreViews, nämlich *Default Store View* und *English*, vorhanden sind (Abbildung 9-2).

Website Name	Store Name	StoreView Name
Main Website (Code: base)	Main Store (Root-Kategorie: Root Catalog)	English (Code: default)
		German (Code: german)

Abbildung 9-2: Der neue StoreView wurde erfolgreich gespeichert

Eine letzte Schönheitskorrektur sollten Sie noch durchführen: Schauen Sie sich per Mausklick die Details zum Eintrag *Default Store View* an. Ändern Sie den Eintrag bei *Name* auf *Deutsch* und geben Sie als Sortierparameter die Zahl *10* an.

 Bitte achten Sie darauf, den Code des *Default Store View* nicht zu ändern. Magento benötigt für einen reibungslosen Betrieb eine Standard-Website und einen Standard-StoreView. Die dafür vorgesehenen Default-Codes sollten nicht geändert werden. Den Namen hingegen dürfen Sie natürlich ändern.

Nach dem erneuten Speichern dieses StoreView haben Sie alle nötigen Einstellungen für die StoreViews durchgeführt. Wenn Sie nun das Frontend aufrufen, werden Sie sehen, dass standardmäßig der deutsche StoreView angezeigt wird und im Drop-down-Menü die Einträge *Deutsch* und *English* erscheinen (Abbildung 9-3).

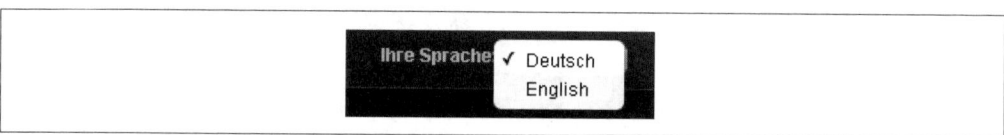

Abbildung 9-3: Mit diesem Drop-down-Menü können Ihre Kunden bereits die Sprachversion auswählen

Mehrsprachigkeit realisieren

Um den Webkochshop guten Gewissens auch englischsprachigen Kunden präsentieren zu können, bedarf es einiger Einstellungen für die Wahl der richtigen Sprache. Führen Sie sich einmal vor Augen, welche verschiedenen Arten von Textbausteinen es im Frontend gibt. Da wären beispielsweise Artikel- und Kategorienamen bzw. deren Beschreibungen, Beschriftungen von Schaltflächen und allgemeine Informationstexte, die Sie über das CMS einpflegen (siehe Kapitel 7). Dazu kommen natürlich noch die E-Mail-Texte, die entsprechend angepasst werden müssen. Es mag vielleicht einen gewissen Charme haben und sehr authentisch sein, einen original bayrischen Weißwurstkochtopf nach England zu schicken und diesen Kauf mit einer deutschen E-Mail zu bestätigen – für Verwirrung werden Sie damit jedoch allemal sorgen.

In den folgenden Abschnitten werden Sie nun die Stellen des Magento-Systems bearbeiten, an denen Sie Einstellungen zur Mehrsprachigkeit vornehmen können.

Kategorien in englischer Sprache

Beginnen Sie erst einmal damit, einige Ihrer Kategorien und Artikel ins Englische zu übersetzen. Wenn Sie auf *Katalog → Kategorien verwalten* klicken, erscheint wieder der Kategoriebaum, den Sie in Kapitel 6 im Schweiße Ihres Angesichts aufgebaut haben (Abbildung 9-4).

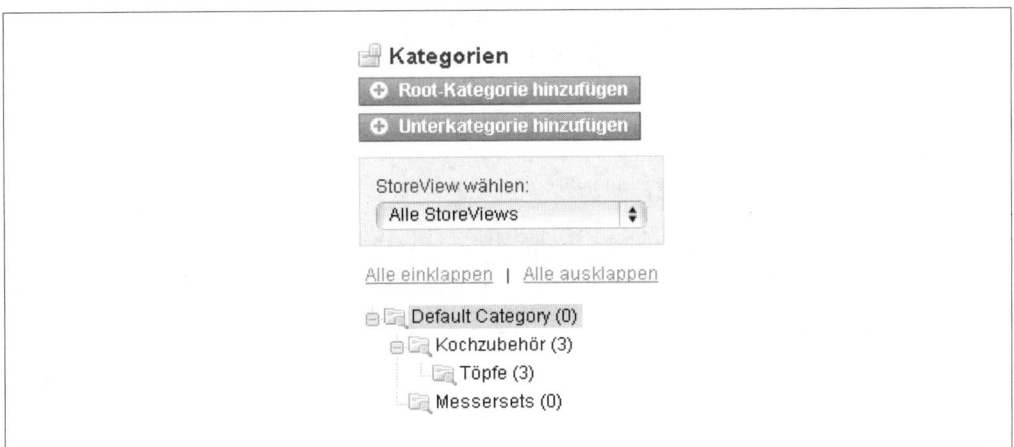

Abbildung 9-4: Der Kategoriebaum in deutscher Sprache

Markieren Sie nun die Kategorie *Kochzubehör* im linken Kategoriebaum, sodass sie rötlich hinterlegt ist. Um eine Übersetzung für diese Kategorie einzutragen, wählen Sie im Drop-down-Menü zur Auswahl des Geltungsbereichs, der anfangs auf *Alle StoreViews* eingestellt ist, den StoreView *English* aus. Nach der folgenden Warnmeldung *Bitte bestätigen Sie die Site-Umschaltung. Alle Daten, die bisher nicht gespeichert wurden, gehen verloren!*, die Sie getrost bestätigen können, haben Sie den Geltungsbereich geändert. In der Eingabemaske, die daraufhin neu geladen wird, sind ein paar Häkchen hinzugekommen, mit denen Sie die Standardwerte übernehmen können (Abbildung 9-5).

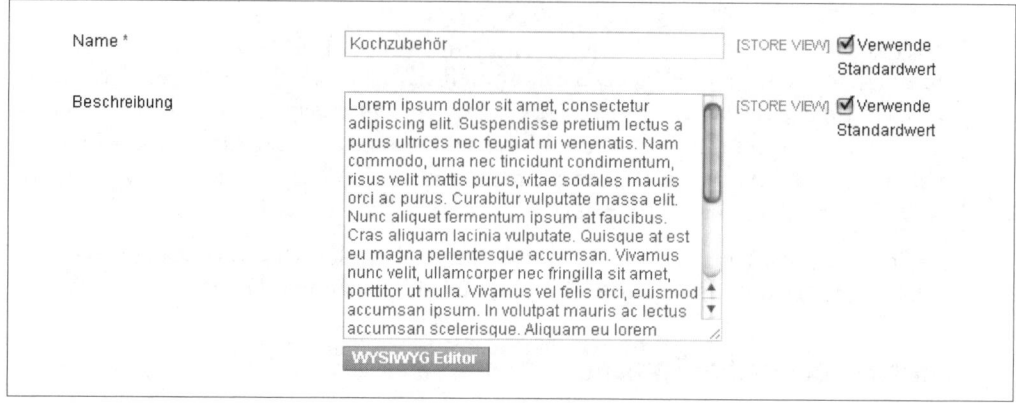

Abbildung 9-5: Im neu gewählten StoreView lassen sich die Standardwerte übernehmen

Da Sie die Darstellung der Kategorien so verändern wollen, dass auch jemand, der der deutschen Sprache nicht mächtig ist, den Webkochshop versteht, entfernen Sie nun sämtliche Häkchen bis auf die neben Ist *Aktiv*, *Image*, *Thumbnail Image* und *In Shop-Navigation anzeigen*. Diese Einstellungen sind in unserem Beispiel nicht sprachspezifisch und können daher problemlos mit den Standardwerten übernommen werden.

 Wenn der eingesetzte CMS-Block deutsche Sprachelemente enthält, müssen diese selbstverständlich separat übersetzt bzw. in einem neuen Block mit identischem Identifier untergebracht werden.

In die restlichen Eingabefelder tragen Sie nun die jeweiligen Daten ein. Als Übersetzung für *Kochzubehör* schreiben Sie beispielsweise *Kitchen Utensils* in das Eingabefeld *Name* und *kitchen-utensils* in das Feld *URL-Bezeichner*. Vergessen Sie nicht, das Häkchen bei *Permanente Weiterleitung* zu entfernen, damit die Kategorie auch wirklich über beide URLs aufgerufen werden kann. Wenn Sie der Ehrgeiz packt, können Sie die Felder *Beschreibung* sowie *Meta Keywords* und *Meta Beschreibung* mit knackigen englischen Texten füllen. Es handelt sich bei diesen jedoch nicht um Pflichtfelder, und es ist für den Webkochshop keine Schande, wenn Sie sie einfach leer lassen. Klicken Sie anschließend auf *Kategorie speichern* oben rechts, und die Übersetzung wird in der Datenbank gespeichert. Führen Sie diese Schritte für alle Kategorien aus, wechseln Sie anschließend zum Frontend des Webkochshops und aktualisieren Sie Ihren Browser gegebenenfalls. Je nachdem, welchen StoreView Sie mittels des Auswahlmenüs aktivieren, ändert sich die gerade eingegebene Kategoriebezeichnung (Abbildung 9-6).

Abbildung 9-6: Eine übersetzte Kategorie im Webkochshop

Wundern Sie sich übrigens nicht, dass in der Kategorieverwaltung des Adminbereichs im linken Kategoriebaum die deutschen Kategorienamen angezeigt werden, selbst wenn Sie in den StoreView *English* wechseln. Dieser Baum orientiert sich an den Standardwerten, und die sind in Ihrem Fall nun einmal in Deutsch eingetragen.

Artikel in englischer Sprache

Nachdem Sie nun die Kategorien erfolgreich übersetzt haben, wird das Übersetzen der Artikel für Sie ein Kinderspiel sein, weil der Ablauf hier genau der gleiche ist. Wechseln Sie in die Artikelverwaltung (*Katalog → Artikel verwalten*) und klicken Sie in der Artikelliste auf den Artikel *Edelstahlkochtopf Hubertus*. Nach einem kurzen Moment werden die Artikeldetails geladen, die Sie schon aus Kapitel 6 kennen. Wiederum interessiert Sie in diesem Fall das Drop-down-Menü zur Auswahl des Geltungsbereichs oben links, das am Anfang stets auf *Standardwerte* steht. Wechseln Sie auf den StoreView *English* und bestätigen Sie die Warnmeldung zur Site-Umschaltung, die Ihnen im vorherigen Abschnitt auch schon begegnet ist. Die Eingabemaske wird neu geladen und enthält wie zuvor bei der Kategorieverwaltung einige Häkchen, mit deren Hilfe Sie die Standardwerte übernehmen können (Abbildung 9-7).

Abbildung 9-7: Standardwerte können auch bei Artikeln übernommen werden

Entfernen Sie wiederum die Häkchen bei den sprachspezifischen Angaben – also bei *Name*, *Beschreibung* und *Kurzbeschreibung* – und geben Sie englische Texte nach Ihrem Geschmack ein. Der Name könnte beispielsweise *Stainless Steel Saucepan Hubertus* lauten. Tragen Sie außerdem weiter unten im Eingabefeld *URL-Bezeichner stainless-steel-saucepan-hubertus* ein. Alle anderen Einstellungen für diesen Artikel können übernommen, im Bedarfsfall jedoch auch individuell angepasst werden. Möchten Sie beispielsweise im StoreView *English* andere Artikelbilder hinzufügen, können Sie das, wie auf Seite 151 genau beschrieben, unter dem Menüpunkt *Bilder* erledigen.

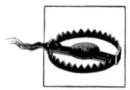 Wenn Sie Ihre Artikel in dieser Form bearbeiten, können Sie viele Attribute ändern, die Preise jedoch nicht. Falls Sie in verschiedenen Lokalisierungen verschiedene Preise für dieselben Artikel hinterlegen möchten, sollten Sie das über eine Konstruktion mit unterschiedlichen Websites lösen. Sie können dabei verschiedenen Websites den gleichen Kategoriebaum (über Zuweisungen von Root-Kategorien haben Sie in Kapitel 6 mehr erfahren) zuweisen, die Preisverwaltung unter *System* → *Konfiguration* und dann links *Katalog* auswählen und unter der Gruppe *Preis* von globaler Gültigkeit auf Website-Gültigkeit umstellen. Anschließend können Sie demselben Artikel Website-basierend unterschiedliche Preise zuordnen. Noch einfacher geht es, wenn Sie einfach Duplikate der Artikel mit den verschiedenen Preisen den verschiedenen Websites zuordnen.

Haben Sie alle Einstellungen für den Artikel vorgenommen bzw. die relevanten Artikelinformationen übersetzt, speichern Sie diese Änderungen über die Schaltfläche *Speichern*. Und, zur Freude aller Engländer, ist die *Stainless Steel Saucepan Hubertus* auch in ihrer Sprache im Webkochshop vertreten (Abbildung 9-8).

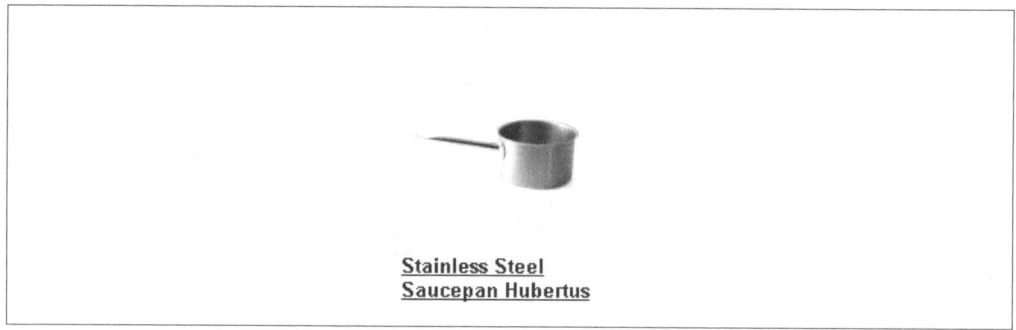

Abbildung 9-8: Den Edelstahlkochtopf gibt's nun auch in englischer Sprache

Nachdem Sie gesehen haben, wie man Artikel und Kategorien in eine andere Sprache übersetzt, wenden wir uns gemeinsam der nächsten Multishop-Baustelle zu: den Informationstexten und Beschriftungen im Frontend des Webkochshops.

Bedienelemente in englischer Sprache

Für den Fall, dass Sie jetzt befürchten, Sie müssten jedes einzelne Element im Webkochshop so übersetzen, wie Sie das gerade bei den Artikeln und Kategorien gemacht haben, können wir Sie beruhigen. Genau genommen bedarf es nur einer kleinen Einstellung im Adminbereich, um die Bedienelemente des Frontends in der gewünschten Sprache erscheinen zu lassen. Atmen Sie also erleichtert auf (und aus), springen Sie im Adminbereich zu *System* → *Konfiguration* und klicken Sie anschließend auf *Allgemein* in der Gruppe *Allgemein*. Wählen Sie im Drop-down-Menü für den Geltungsbereich den StoreView *English* aus und klicken Sie im Inhaltsbereich auf den Abschnitt *Optionen für Lokalisierung* bzw. auf dessen graublauen Balken, um den Abschnitt auszuklappen (Abbildung 9-9).

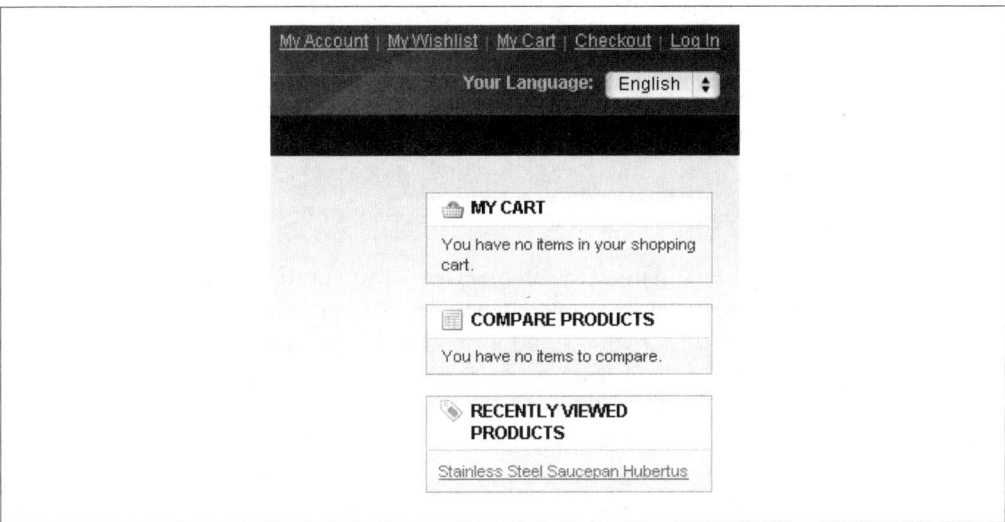

Abbildung 9-9: Optionen für die Lokalisierung

Entfernen Sie wiederum das Häkchen für die Standardeinstellung, diesmal beim Drop-down-Menü *Lokalisierung*, und wählen Sie im nun aktivierten Menü den Eintrag *Englisch (Vereinigtes Königreich)* aus. Speichern Sie diese Änderung via *Konfiguration speichern* oben rechts – und, ob Sie es glauben oder nicht, das war es schon! Ab sofort werden alle Elemente des StoreView *English* auch in englischer Sprache angezeigt (Abbildung 9-10).

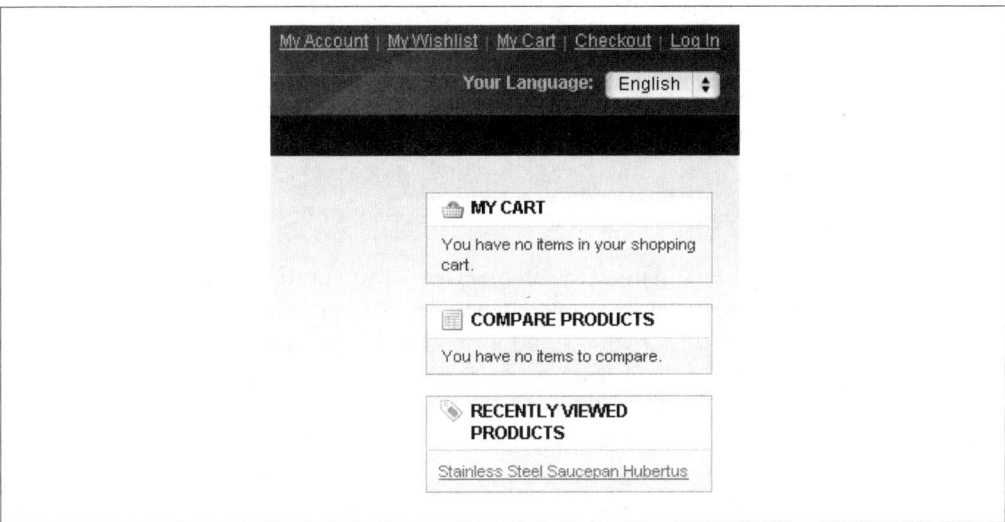

Abbildung 9-10: Die Bedienelemente des Webkochshops sind nun englisch lokalisiert

Eigene Domain und Startseite

Es wäre doch nett, wenn Ihre Kunden aus Großbritannien mit einer eigenen Domain gleich auf die englische Version des Webkochshops zugreifen könnten, ohne zuerst das Drop-down-Menü für die Sprachen in Anspruch nehmen zu müssen, finden Sie nicht?

Und das Sahnehäubchen wäre dann natürlich noch, wenn die Kunden jenseits des Ärmelkanals auch mit einer eigenen Startseite begrüßt würden. Wiederum ist Magento hier bestens vorbereitet, und mit ein paar Einstellungen im Adminbereich lassen sich die oben genannten Funktionalitäten leicht umsetzen.

Beginnen wir bei der individuellen Startseite. In Kapitel 7 zum Magento-CMS haben Sie im Detail erfahren, wie Sie eine neue Inhaltsseite erstellen können. Legen Sie eine neue Startseite über *CMS → Seiten verwalten* an und geben Sie dieser den Seitentitel *Welcome to the Webkochshop* sowie den URL-Seitenbezeichner *home-en* (Abbildung 9-11). Wechseln Sie über das Register ganz links in *Gestaltung* und wählen Sie im Abschnitt *Seiten-Layout* im Drop-down-Menü *Layout* den Eintrag *2 Spalten mit rechter Spalte*.

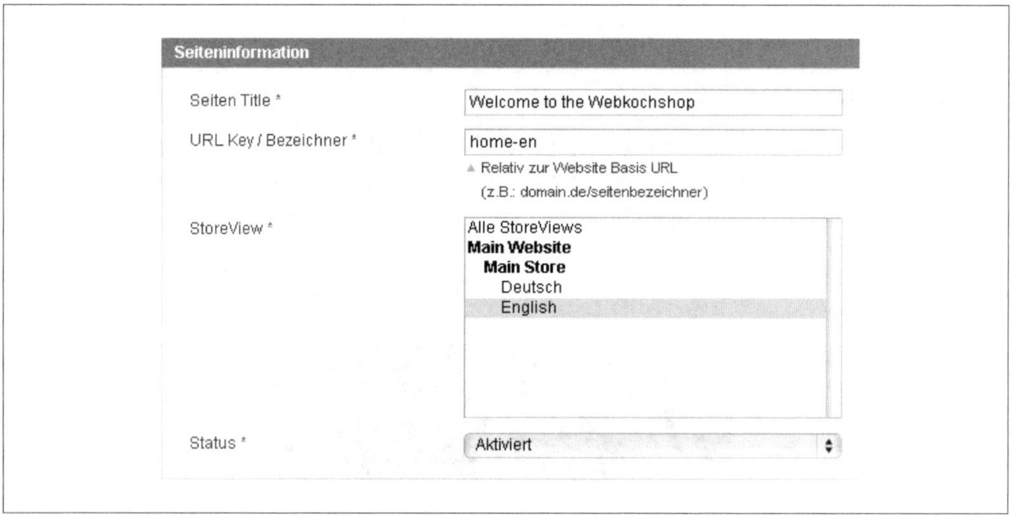

Seiteninformation	
Seiten Title *	Welcome to the Webkochshop
URL Key / Bezeichner *	home-en
	▲ Relativ zur Website Basis URL
	(z.B.: domain.de/seitenbezeichner)
StoreView *	Alle StoreViews
	Main Website
	Main Store
	Deutsch
	English
Status *	Aktiviert ⬍

Abbildung 9-11: Eine neue Startseite für die englische Version

Nach dem Speichern dieser Inhaltsseite rufen Sie die Konfiguration unter System → *Konfiguration* auf und wählen den Menüpunkt *Web* in der Gruppe *Allgemein*. Vergewissern Sie sich wiederum, dass das Drop-down-Menü für den Geltungsbereich auf *English* eingestellt ist. Öffnen Sie nun den Abschnitt *Ungesichert* mit einem Klick auf dessen graublauen Überschriftsbalken. Wie Sie sehen, erscheinen dort wieder die bereits bekannten Häkchen, mit deren Hilfe die Standardeinstellungen übernommen werden können, die Sie in Kapitel 4 vorgenommen haben. Entfernen Sie nun das Häkchen aus dem Kontrollkästchen neben *Basis-URL* und tragen Sie in das Eingabefeld die URL *http://www.webkochshop.com/* ein. Nach einem Klick auf *Konfiguration speichern* kann die englische Version des Webkochshops jetzt unter der angegebenen Adresse erreicht werden.

 Bitte beachten Sie, dass Sie das DocumentRoot der neuen Domain *webkochshop.com* auf dasselbe Verzeichnis zeigen lassen wie das DocumentRoot der Domain *webkochshop.de*.

Last, but not least verknüpfen Sie die gerade neu angelegte Startseite mit dem englischen StoreView. Öffnen Sie dazu den Abschnitt *Standardseiten* und entfernen Sie das Häkchen neben *CMS Startseite*. Im Drop-down-Menü, das dadurch aktiviert wird, wählen Sie den Eintrag *Welcome to the Webkochshop* und speichern diese Konfiguration erneut ab. Wenn Sie das Frontend jetzt im Browser aufrufen und aktualisieren, hat die englische Version nun eine eigene Startseite und kann unter der konfigurierten Adresse aufgerufen werden (Abbildung 9-12).

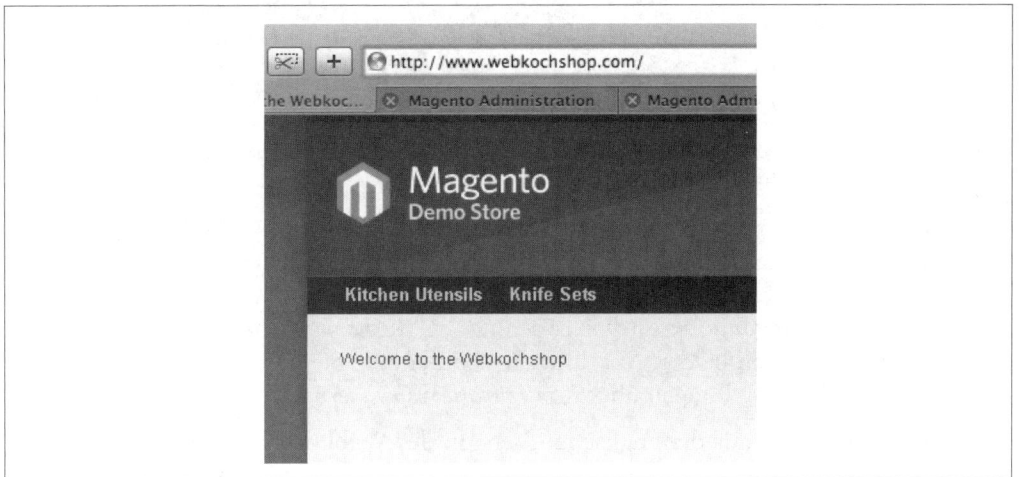

Abbildung 9-12: Die englische Version des Webkochshops wird nun über eine separate Adresse erreicht und hat eine eigene Startseite

E-Mail-Kommunikation in englischer Sprache

Ähnlich einfach wie die Einstellung der Lokalisierung ist auch die Konfiguration der E-Mails, die zu den entsprechenden Gelegenheiten automatisch vom System verschickt werden. Diese E-Mail-Texte sind ebenso in den jeweiligen Übersetzungsdateien vorhanden und können im Adminbereich ganz einfach dem StoreView *English* zugewiesen werden. Außerdem lassen sich die Absendernamen und die zugehörigen E-Mail-Adressen ebenfalls leicht ändern. Im Folgenden werden wir für den StoreView *English* eigene Adressen konfigurieren, damit Sie die Kommunikation mit deutschen und englischen Kunden sinnvoll voneinander trennen können.

Wählen Sie dazu im Adminbereich unter *System → Konfiguration* zunächst das Menü *Store E-Mail Adressen* in der Gruppe *Allgemein* und vergewissern Sie sich, dass das Drop-down-Menü für den Geltungsbereich auf *English* eingestellt ist. Wie Sie bereits bei der allgemeinen Konfiguration in Kapitel 4 gesehen haben, lassen sich in den Abschnitten des Inhaltsbereichs verschiedene E-Mail-Absender anlegen (Abbildung 9-13).

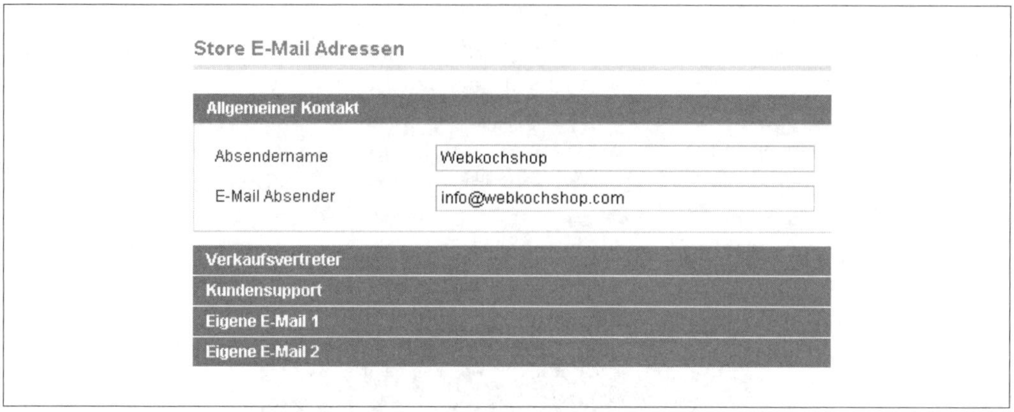

Abbildung 9-13: Bearbeitung der verschiedenen Absender

In den ersten drei Abschnitten entfernen Sie zunächst wieder die Häkchen bei *Website verwenden* (der Standardeinstellung) und übernehmen im Feld *Name* jeweils *Webkochshop*. Die E-Mail-Adresse bei *Allgemeiner Kontakt* lautet *info@webkochshop.com*, bei Verkaufsvertreter *sales@webkochshop.com* und bei *Kundensupport support@webkochshop.com*. In den letzten beiden Abschnitten übernehmen Sie die Standardeinstellungen und speichern alle Einstellungen über *Konfiguration speichern*.

Sämtliche E-Mails, die aus der englischen Version des Webkochshops heraus verschickt werden, tragen jetzt als Absenderadresse die *webkochshop.com*-Domain (im Gegensatz zur *webkochshop.de*-Domain der deutschen Version).

Die E-Mail-Adressen haben Sie nun also dem neuen StoreView angepasst, wie sieht es aber mit den E-Mail-Texten aus? Bei der Konfiguration des Webkochshops in Kapitel 4 haben Sie bereits im Menü *Verkaufs-E-Mails* in der Gruppe *Verkäufe* eingestellt, dass standardmäßig für alle E-Mails die *Standardvorlage der Lokalisierung* verwendet werden soll. Diese Standardeinstellungen übernehmen Sie auch für den StoreView *English*; dies hat zur Folge, dass automatisch englische Texte beispielsweise in die Registrierungs- und die Verkaufs-E-Mails geschrieben werden. Die Vorlagen für diese Texte finden Sie im Ordner */locale*, den wir in Kapitel 5 bereits genauer beleuchtet haben.

In diesem Abschnitt sind Sie der englischen Version des Webkochshops ein ganzes Stück nähergekommen: Sie haben Kategorien und Artikel so übersetzt, dass diese auch für ein nicht deutschsprachiges Publikum einen Sinn ergeben. Außerdem haben Sie mit dem Wechsel der Lokalisierung dafür gesorgt, dass sämtliche Schaltflächen und sonstigen Bedienelemente in englischer Sprache angezeigt werden. Der neuen Sprachversion haben Sie eine eigene URL sowie eine individuelle Startseite zugewiesen. Last, but not least haben Sie den E-Mail-Versand so angepasst, dass andere Adressen und Vorlagen für die automatisch verschickten E-Mails aus dem StoreView *English* verwendet werden.

Alles, was Ihnen zu Ihren Glück also noch fehlt, ist eine automatische Umrechnung der Euro-Preise in Britische Pfund. Wie Sie im nächsten Kapitel sehen werden, sind jedoch auch diese Einstellungen ein Kinderspiel.

Währungen verwalten und aktualisieren

Nachdem Sie nun alle Kategorie- und Artikelinformationen übersetzt haben und in der englischen Version des Webkochshops alle Informationstexte und Schaltflächen in Englisch angezeigt werden, fehlt uns zu unserem Glück nur noch eines: die Darstellung der Preise in Britischen Pfund. Und da Sie bestimmt nicht so lange warten möchten, bis der Euro auch auf der Insel eingeführt wird, zeigen wir Ihnen in diesem Abschnitt, wie Sie für den neuen StoreView eine passende Währung einstellen und die Preise auf Basis des Euro-Preises berechnen.

Währungskurse

Die zentrale Stelle, an der Sie alle in Ihrem Shop verwendeten Währungen bearbeiten, ist der entsprechende Bereich im Adminbereich, den Sie über *System → Währungskurse verwalten* erreichen. Hier sehen Sie eine Liste aller Währungen, die Sie in Kapitel 4 bei der Konfiguration des Webkochshops als erlaubte Währungen angelegt haben. In unserem Beispiel sind das der Euro und das Britische Pfund, das in Magento mit Pfund Sterling bezeichnet wird (Abbildung 9-14).

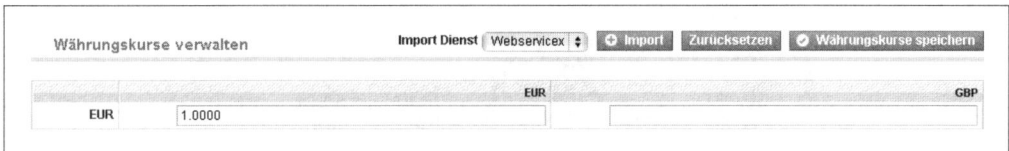

Abbildung 9-14: In Magento gespeicherte Währungskurse

Da Sie bei der Konfiguration ebenfalls Euro als Basiswährung eingetragen haben, wird als Kurs im entsprechenden Eingabefeld standardmäßig der Wert *1.0000* eingetragen. In das Feld *GBP* (Britische Pfund) könnten Sie jetzt von Hand den Wechselkurs eintragen. Davon raten wir Ihnen aber ab – nicht, weil wir Ihnen dies nicht zutrauen, sondern weil Magento das, wie so vieles andere auch, automatisch für Sie erledigen kann. Das Geheimnis liegt in einer direkten Schnittstelle zu einem Währungsserver. Zurzeit ist hier nur die Verbindung zu *Webservicex* (*www.webservicex.net*) hinterlegt. Über diesen kostenlosen Service wird einfach per Mausklick der tagesaktuelle Währungskurs abgefragt und in Ihr System eingespeist. Klicken Sie einfach auf die Schaltfläche *Import*; eine Verbindung mit dem Server wird im Hintergrund aufgebaut, und nach kurzer Zeit erscheint der Wechselkurs für das Pfund im Feld *GBP*. Klicken Sie anschließend auf *Währungskurse speichern*, sodass die Änderungen sicher in der Magento-Datenbank abgelegt werden können.

Ist der Wechselkurs gespeichert, fehlt nur noch, dass Sie dem StoreView *English* das Britische Pfund als Standardwährung zuweisen. Dies geschieht in der Systemkonfiguration (*System → Konfiguration*) im Menüpunkt *Einrichten der Währung* im Abschnitt *Währungsoptionen*. Entfernen Sie das Häkchen bei *Website verwenden* und aktivieren Sie im Drop-down-Menü *Standardmäßig angezeigte Währung* den Eintrag *Pfund Sterling*. Im Feld *Erlaubte Währungen* wird die Standardkonfiguration verwendet, dort sind sowohl Euro als auch Pfund aktiviert. Übernehmen Sie diese Einstellungen so, damit auch englische Kunden in Euro bezahlen können, und klicken Sie zum Schluss auf *Konfiguration speichern*. Ab sofort werden im englischen StoreView alle Preise in der Währung *British Pound Sterling* angezeigt. Mittels eines Drop-down-Menüs kann zusätzlich in Echtzeit die Währung *Euro* aktiviert werden (Abbildung 9-15).

Abbildung 9-15: In der englischen Version werden nun alle Preise in Pfund angezeigt

Automatischer Währungsabgleich

Mithilfe des oben beschriebenen Währungsabgleichs hat Magento Ihnen schon Arbeit abgenommen, da Sie die Wechselkurse nicht selbst eintragen müssen. Es gibt aber noch eine weitere Funktion, die Ihnen die tägliche Arbeit mit unterschiedlichen Währungen enorm erleichtern wird. Die Rede ist von einem automatischen, d. h. zeitgesteuerten Währungsabgleich. Mit ein paar einfachen Einstellungen bringen Sie Ihr Magento dazu, sich völlig eigenständig und in regelmäßigen Abständen mit dem Währungsserver zu verbinden, die tagesaktuellen Wechselkurse abzufragen und diese in den Shop zu übertragen. So werden alle Preise im Webkochshop jederzeit richtig in andere Währungen umgerechnet – luxuriöser kann's fast nicht mehr werden.

Um den Abgleich zu konfigurieren, springen Sie im Adminbereich wiederum zu *System → Konfiguration* und wählen im Drop-down-Menü für den Geltungsbereich die *Standardkonfiguration* aus. (Die folgenden Einstellungen können Sie nur auf dieser Ebene, nicht jedoch auf StoreView-Ebene durchführen!) Klicken Sie auf *Einrichten der Währung* und öffnen Sie im Inhaltsbereich die *Einstellungen für den terminierten Import* (Abbildung 9-16).

Abbildung 9-16: Einstellungen für den automatischen Währungsabgleich

Wählen Sie bei *Aktiviert* den Eintrag *Ja*, bei Startzeit die Uhrzeit *01:14:00* mithilfe der drei Drop-down-Menüs für Stunden, Minuten und Sekunden und bei *Häufigkeit* den Eintrag *Täglich* aus. Nein, wir sind nach all den Seiten voller Text nicht übergeschnappt. Die Uhrzeit sollte tatsächlich deutlich vom Standard 00:00:00 abweichen, denn der Service wird zu dieser Zeit erwartungsgemäß völlig überlastet sein. Nutzen wir also diese willkürlich gewählte Zeit, damit wir auch sicher eine Antwort vom Server der Gegenseite erhalten. Sollte es bei einem automatischen Abgleich dennoch zu Problemen kommen, können Sie sich darüber via E-Mail informieren lassen. Tragen Sie deshalb eine E-Mail-Adresse, auf die Sie Zugriff haben, in das Feld *Fehler E-Mail Empfänger* ein und speichern Sie die Änderungen mit *Konfiguration speichern*. Glückwunsch! Ab jetzt werden jeweils um Mitternacht alle Währungen in Ihren Shops aktualisiert, sofern Sie, wie in Kapitel 4 beschrieben, den Magento-Cron-Aufruf in Ihre Cronjobs aufgenommen haben.

Der Webkochshop ist nun perfekt für den englischen Markt vorbereitet. In den folgenden Abschnitten werden wir dieses Projekt kurz in die Warteschleife schicken und sehen uns anhand eines zweiten Beispiels an, wie Sie einen Multishop komplett neu einrichten.

Einen Multishop komplett neu aufbauen

Im Folgenden zeigen wir Ihnen, wie man eine komplett neue Struktur aus Website, Store und StoreViews aufbaut. Es kann ja durchaus sein, dass der Onlineverkauf von Kochzubehör im Webkochshop so erfolgreich ist, dass Sie ein komplett neues Projekt mit neuen

Einstellungen und Produkten erstellen möchten. Das lässt sich natürlich aus einer einzigen Magento-Installation heraus bewerkstelligen. Das wussten Sie schon? Wir wollten es nur noch einmal erwähnt haben.

Website, Store und StoreView im Adminbereich anlegen

Um eine neue Website anzulegen und diese beispielsweise über eine neue Domain oder Subdomain erreichbar zu machen, müssen sowohl im Adminbereich als auch im Magento-Dateisystem einige Dinge angepasst werden. Beginnen wir zunächst mit dem Adminbereich.

Wechseln Sie zu *System → Stores verwalten* und legen Sie dort eine neue Website an. Dazu klicken Sie im oberen Bereich auf *Website anlegen* und legen die neue Website im Inhaltsbereich an (Abbildung 9-17).

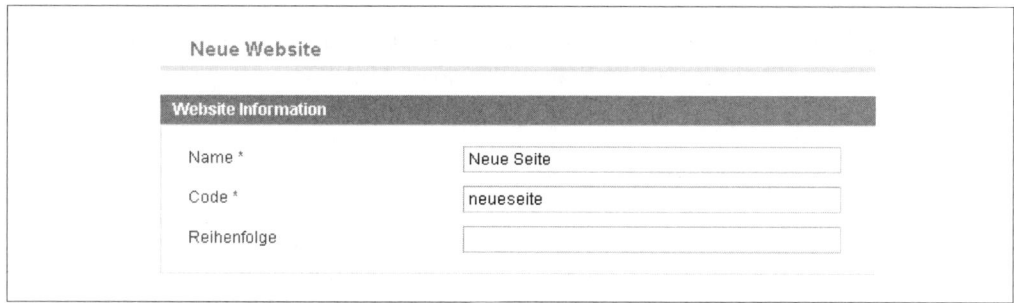

Abbildung 9-17: Eine neue Website anlegen

Die Eingaben für die neue Website sind kein Hexenwerk: Geben Sie einfach den gewünschten Namen *Neue Seite* bei *Name* und den internen Code *neueseite* (der außer dem Unterstrich keine Sonderzeichen, sondern nur Zahlen und Buchstaben enthalten darf) ein. Danach wird der neue Datensatz nach einem Klick auf *Website speichern* angelegt, außerdem erhalten Sie die Erfolgsmeldung *Die Website wurde gespeichert*. Sollten Sie sich bei der Eingabe vertippt haben, löscht die Schaltfläche *Zurücksetzen* alle bisherigen Eingaben; ein Klick auf *Zurück* bringt Sie zurück zur Übersichtsseite, ohne dass etwas gespeichert wird.

 Da Magento das Eingabefeld *Code* bei Website, Store und StoreView als interne Identifizierungsmöglichkeit nutzt, muss der Code eindeutig sein. Sollten Sie versuchen, mehr als einmal den gleichen Code anzulegen, wird eine rot umrandete Fehlermeldung angezeigt.

Als Nächstes müssen Sie für die gerade erzeugte Website einen Store anlegen. Ein Store ist in Magento so definiert, dass er zur Darstellung einer bestimmten Root-Kategorie angelegt wird. Wie man eine Kategorie bzw. eine Root-Kategorie anlegt, haben wir bereits in Kapitel 6 dargestellt.

Um in Ihrem neuen Projekt der Website *Neue Seite* einen neuen Store zuzuweisen, gehen Sie wie folgt vor. Klicken Sie zunächst in der Store-Verwaltung oben auf die Schaltfläche *Store anlegen*. Im nun folgenden Fenster werden diese Angaben von Ihnen verlangt: *Website*, *Name* und *Rootkategorie* (Abbildung 9-18).

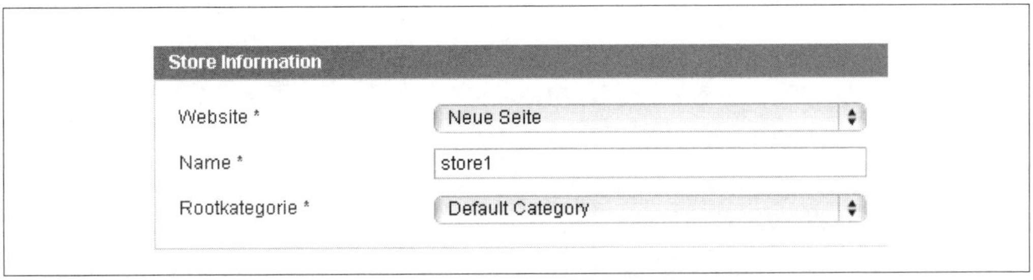

Store Information

Website *	Neue Seite
Name *	store1
Rootkategorie *	Default Category

Abbildung 9-18: Anlegen eines Stores

Im Feld *Website* erscheint ein Drop-down-Menü, in dem Sie aus den bisher in Magento vorhandenen Websites *Neue Seite* auswählen können. Ein Store kann immer nur zu einer bestimmten Website gehören, deswegen ist diese Eingabevariante sinnvoll; außerdem vermeidet man so Probleme durch Schreibfehler oder Ähnliches. Als Nächstes geben Sie im entsprechenden Feld den Namen des Stores ein, in unserem Fall *store1*. Im letzten Drop-down-Menü wählen Sie schließlich die Root-Kategorie des zukünftigen Stores aus. Da sich ein Store nur jeweils auf eine Root-Kategorie beziehen kann und diese auch vor Anlegen des Stores vorhanden sein muss, ist diese Anordnung so hinterlegt; wählen Sie hier *Default Category*.

Mit einem Klick auf *Store speichern* wird der neue Store in die Magento-Datenbank eingetragen – mit der entsprechenden Erfolgsmeldung *Der Store wurde gespeichert*. Mithilfe der Buttons *Zurücksetzen* bzw. *Zurück* löschen Sie Ihre Eingaben oder kehren ohne Speicherung wieder auf die Übersichtsseite zurück.

Nachdem wir nun eine neue Website und einen Store angelegt haben, fehlt zu unserem Glück nur noch ein StoreView. Dies ist sozusagen die Brille oder die Sicht, durch die man auf einen Store zugreift, und klassischerweise der Bereich, in dem man verschiedene Sprachen bzw. Lokalisierungen für seinen Store anlegt – wie Sie bereits gesehen haben.

Das Anlegen eines StoreView beginnt – analog zu den Schritten für Website und Store – mit einem Klick auf eine Schaltfläche, in diesem Fall *StoreView anlegen* (Abbildung 9-19).

In der sich öffnenden Eingabemaske finden Sie Eingabefelder für *Store*, *Name*, *Code*, *Status* und *Reihenfolge*. Im Drop-down-Menü *Store* wählen Sie den gewünschten Store aus, auf den der neue StoreView Bezug nehmen soll, also *store1*. Als Nächstes vergeben Sie einen Namen für den StoreView, in unserem Fall bestimmen Sie für das neue Projekt den Namen *Deutsch*.

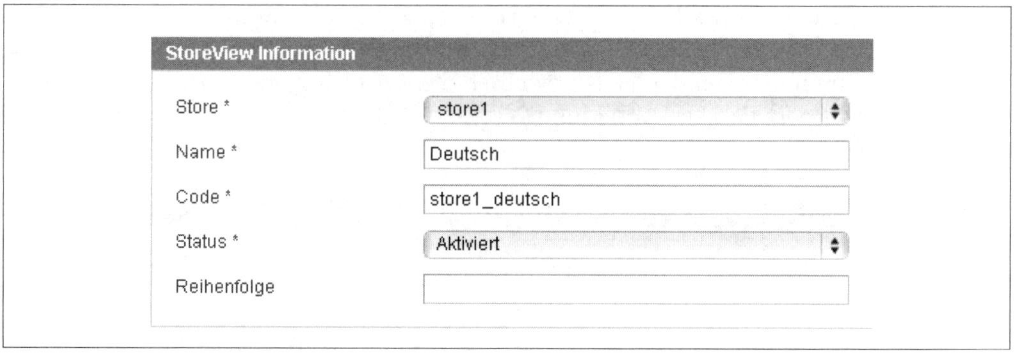

StoreView Information	
Store *	store1
Name *	Deutsch
Code *	store1_deutsch
Status *	Aktiviert
Reihenfolge	

Abbildung 9-19: Anlegen eines StoreView

Der Code, der danach abgefragt wird, darf wiederum nur Kleinbuchstaben, Ziffern und einen Unterstrich enthalten und dient Magento zur internen Identifizierung. Entscheiden Sie sich hier für den Code *store1_deutsch*. Weiterhin lässt sich dem *Status* des neuen StoreView der Wert *Aktiviert* oder *Deaktiviert* zuweisen; wie es der Name schon andeutet, haben Sie hier die Möglichkeit, einen StoreView vorzubereiten und ihn, wenn schließlich alle Einstellungen stimmen, im Nachhinein scharf zu schalten. Für unsere Zwecke setzen Sie den *Status* auf *Aktiviert*, um den StoreView *store1_deutsch* auch sofort nutzen zu können. Zum Schluss klicken Sie auf *StoreView speichern*. Die Meldung *Store-View wurde erfolgreich gespeichert* zeigt Ihnen, dass Sie in diesem Bereich alles richtig gemacht und nun erfolgreich eine neue Website mit eigenem Store und wiederum eigenem StoreView angelegt haben.

Domains für die neue Website konfigurieren

Hier wählen Sie unter *System* → *Konfiguration* → *Web* im Drop-down-Menü für die Auswahl des Geltungsbereichs oben links zunächst die gerade frisch erstellte Website *Neue Seite* aus (Abbildung 9-20). Damit gelten alle Änderungen, die Sie dort durchführen, nur für diese Website; alle anderen Bereiche Ihrer Magento-Installation bleiben davon komplett unberührt.

Schauen Sie sich zuerst einmal den Bereich *Ungesichert* an: Alle Angaben, die Sie dort hinterlegen, gelten für die standardmäßige Übertragung der Shopdaten über das ungesicherte HTTP-Protokoll.

Zu Demonstrationszwecken in diesem Buch ist es völlig in Ordnung, den Shop in einer solchen Umgebung aufzubauen. Sobald ein Shop jedoch in den produktiven Betrieb geht und damit sensible Daten wie Kundendaten usw. übertragen werden sollen, ist der Einsatz eines SSL-Zertifikats bzw. die Übertragung via HTTPS unbedingt zu empfehlen. Die Einstellungsmöglichkeiten für Letztere finden Sie unter *Sicher*. Im Zusammenhang mit der Einrichtung eines SSL-Zertifikats für die sichere Verbindung empfehlen wir Ihnen, hierzu mit Ihrem Hosting-Provider Kontakt aufzunehmen.

Abbildung 9-20: Konfiguration der gerade erstellten Website

Wenn Sie die Seite zum ersten Mal öffnen, werden Sie feststellen, dass Sie gar nichts bearbeiten können; sämtliche Texteingabefelder enthalten Angaben, die ausgegraut sind – und ganz egal, wie oft Sie mit der Maus hineinklicken, die Eingaben werden nicht akzeptiert. Dies klingt zunächst ärgerlich, ist aber logisch, wenn man sich die kleinen Kontrollkästchen auf der rechten Seiten ansieht, die jeweils mit *Standard verwenden* beschriftet sind. Wie weiter oben erwähnt, ist Magento konsequent verschachtelt aufgebaut und geht aus diesem Grund davon aus, dass die Standardvorgaben verwendet werden sollen, wenn keine individuellen Angaben gemacht werden. Erst wenn Sie per Klick das Häkchen aus dem jeweiligen Kontrollkästchen entfernen, ist der Weg frei für Ihren Cursor und Ihre eigenen Angaben. Schauen wir uns die einzelnen Eingabefelder im Abschnitt *Ungesichert* einmal genauer an:

Basis-URL

Geben Sie hier die URL an, unter der der neue Shop erscheinen soll. Standardmäßig ist dort die URL Ihres Hauptshops eingetragen, Sie können jedoch auch jede andere Domain verwenden, solange diese im DNS eingetragen ist bzw. auf Ihren Magento-Server zeigt und der Webserver (vorrangig Apache) so konfiguriert ist, dass die neue Domain auch auf das DocumentRoot der bestehenden Domain zeigt. Damit ist es möglich, viele verschiedene Websites zu erstellen, die jeweils über eine eigene Domain angesprochen werden, letztlich aber auf Basis einer und derselben Magento-Installation generiert und angezeigt werden. Für unser Beispiel deaktivieren Sie das Häkchen für die Standardwerte und schreiben in das Feld *http://www.neueseite.de/*.

Basis Link URL

Alle Links, die Magento selbstständig erzeugt, werden mit dieser Basisadresse generiert. Diese Basis-URL wird dabei mit dem Platzhalter *{{unsecure_base_url}}* eingetragen. Belassen Sie es hier bei den Standardeinstellungen, da sonst jeder Klick im Frontend zu einem falschen Ziel führen wird.

Basis Skin URL

Wenn Sie Ihren */skin*-Ordner für diese neu angelegte Website an einen exotischen Ort verfrachten möchten, können Sie hier den Pfad dazu angeben. Wir empfehlen jedoch, den Standard beizubehalten.

Basis Media URL

Auch der Speicherort sämtlicher Mediendateien, also der Bilder und Videos, kann an dieser Stelle variiert werden. Hier ist es aber analog zum */skin*-Ordner empfehlenswert, diesen über die standardmäßige Ordnerstruktur erreichbar zu machen.

Basis JavaScript URL

Aller guten Dinge sind drei. Möchten Sie JavaScript-Bibliotheken, die Sie im Layout Ihrer neuen Website nutzen möchten, an einer anderen Stelle als der standardmäßig vorgegebenen ablegen, können Sie das hier konfigurieren. Das kann bei größeren Shopprojekten sinnvoll sein, sodass die verwendeten JavaScript-Frameworks nur jeweils einmal aktualisiert werden müssen.

Die Einstellungen für den sicheren Bereich unmittelbar darunter sind fast die gleichen, bis auf zwei Unterschiede: Zum einen heißt der Platzhalter hier sinnvollerweise *{{secure_base_url}}*, zum anderen finden Sie noch ein Drop-down-Menü, mit dessen Hilfe Sie den HTTPS-Modus für Ihren Online-Shop ein- oder ausschalten können. Haben Sie alle gewünschten Änderungen vorgenommen, bestätigen Sie das mit einem Klick auf *Konfiguration speichern*.

An dieser Stelle ist es sinnvoll, sich noch einmal die verschachtelte Struktur des Magento-Systems vor Augen zu führen. In den vorherigen Abschnitten haben Sie für die neu erstellte Website *Neue Seite* die *Basis Link URL* angepasst, um sie über eine neue Domain (*www.neueseite.de*) erreichbar zu machen. Der Systemlogik folgend, müssten auch die untergeordneten Einheiten, also der Store *store1* und der StoreView *store1_deutsch*, ähnlich konfiguriert werden können bzw. Werte von der jeweils übergeordneten Einheit erben.

Einen Store selbst kann man in dieser Hinsicht nicht über das Konfigurationsmenü bearbeiten, da er per se nichts anderes ist als ein Rahmen zur Darstellung eines bestimmten Kategoriebaums, beginnend bei einer vorher festgelegten Root-Kategorie. Aus diesem Grund sind im Drop-down-Menü die jeweiligen Store-Namen auch ausgegraut, wie Sie in Abbildung 9-20 sehen können.

StoreViews lassen sich demgegenüber sehr wohl konfigurieren, und Sie werden in Kürze sehen, dass hier ebenfalls der Schachtel-Logik Rechnung getragen wird. Wählen Sie aus dem Drop-down-Menü für den Konfigurationsbereich den StoreView *store1_deutsch* aus und klicken Sie, falls noch nicht geschehen, auf den Menüpunkt *Web* unter *System → Konfiguration*.

Wie bei der Bearbeitung der unsicheren und sicheren Bereiche für die Website aus dem vorherigen Abschnitt sehen Sie hier wiederum die diversen Eingabefelder, deren Inhalte ebenfalls ausgegraut sind. Neben dem Kontrollkästchen erscheint jedoch jetzt der Ausdruck *Website verwenden* anstelle von *Standard verwenden*. Tatsächlich werden also Konfigurationseinstellungen von oben nach unten weitervererbt, was die Konfiguration selbst wesentlich einfacher und logischer macht: Es wird nur dann ein Eingreifen nötig, wenn eine Abweichung vom Standard erforderlich ist, anderenfalls wird dieser Standard einfach übernommen.

Bei der Verwendung von unterschiedlichen Domains oder Subdomains für Ihre unterschiedlichen Sprachen sollten Sie beachten, dass Browser den Zugriff auf Cookies sperren, die nicht zur gleichen Domain gehören; das Zauberwort heißt Same-Origin-Policy. Bei unterschiedlichen Domainnamen (*webkochshop.de* und *webkochshop.com*) gibt es außer der Übertragung einer Sessionkennung keine Möglichkeit, die Daten des Kunden auf der anderen Seite zu laden. Mit der Übertragung der Sessionkennung gehen Sie jedoch ein großes Risiko ein, da jeder Benutzer, der in Besitz dieser Kennung gelangt, direkt die aktuelle Kundensitzung mit vollem Zugriff übernehmen kann. Wir empfehlen Ihnen daher, die Übertragung dieser Sitzungskennung abzuschalten unter *System → Konfiguration, Web → Einstellungen für Sessiongültigkeit* mit dem Drop-down-Menü *Verwende SID im Shop-Frontend*.

Eine Alternative ist hier die Verwendung von Subdomains. Durch die Konfiguration der Cookie-Gültigkeit unter *System → Konfiguration, Web → Sitzungscookie Verwaltung* können Sie sicherstellen, dass alle Seiten des Shops auf dasselbe Cookie zugreifen können. Die Subdomains sollten dann *www.webkochshop.de* und *en.webkochshop.de* lauten. In diesem Fall lautet die Konfiguration der Cookie-Domain *webkochshop.de*. Beachten Sie hier den vorangestellten Punkt, der das Cookie innerhalb aller Subdomains gültig macht.

Eine neue 404-Fehlerseite konfigurieren

Jedes Mal, wenn Sie versuchen, eine URL in einem Browser aufzurufen, die in dieser Form nicht existiert, sendet der jeweilige Server einen sogenannten 404-Fehler zurück. Je nachdem, welchen Browser Sie gerade verwenden, erscheint dann üblicherweise der Hinweis, die Schreibweise zu überprüfen und es noch einmal zu probieren. Auch in Magento ist eine 404-Funktionalität für den Fall vorgesehen, dass jemand sich bei der Adresseingabe für den Webkochshop vertippt hat (Abbildung 9-21).

Um Ihre Website weiter zu individualisieren, erfahren Sie nun, wie Sie Ihrem neuen Werk eine individuelle 404-Fehlerseite zuweisen können.

In Kapitel 7 haben Sie gesehen, wie man Magentos CMS dazu verwendet, neue Seiten anzulegen, diese zu bearbeiten und verschiedenen Website-Einheiten zuzuweisen. Erstellen Sie nun in gleicher Weise eine neue Inhaltsseite über *CMS → Seiten verwalten* und geben Sie ihr den Seitentitel *404 Seite nicht gefunden* sowie den URL-Seitenbezeichner *404-neueseite*. Als StoreView wählen Sie *store1_deutsch* aus und setzen den Status auf *Aktiviert*. Tragen Sie einen beliebigen Text wie »O weia, wo sind Sie denn jetzt gelandet, diese Adresse gibt's hier nun wirklich nicht!« in das Textfeld *Inhalt* ein und speichern Sie diese über *Seite speichern*.

Um unserer neuen Website, genauer gesagt, dem gerade angelegten StoreView *store1_deutsch*, die neue 404-Fehlerseite zuzuweisen, bemühen Sie zunächst erneut das Konfigurationsmenü unter *System → Konfiguration* und klicken auf *Web* (wenn Sie dort nicht schon längst sind, weil Sie diszipliniert dieses Buch von vorne nach hinten durcharbeiten). Stellen Sie sicher, dass im Drop-down-Menü für den Geltungsbereich der Punkt

Whoops, our bad...

The page you requested was not found, and we have a fine guess why.

- If you typed the URL directly, please make sure the spelling is correct.
- If you clicked on a link to get here, the link is outdated.

What can you do?

Have no fear, help is near! There are many ways you can get back on track with Magento Demo Store.

- Go back to the previous page.
- Use the search bar at the top of the page to search for your products.
- Follow these links to get you back on track!
  Store Home
  My Account

Did you know?

Our customer service is available 24/7

(555) 555-0123

Hold on, help is on the way.

Abbildung 9-21: Standard-404-Seite des Default-Themes

neueseite aktiviert ist. Wenn Sie die Seite ein wenig nach unten scrollen, sehen Sie den Abschnitt *Standardseiten*. In bekannter Manier können Sie nun wieder einzelne Textfelder definieren oder einfach die vererbten Standardwerte übernehmen.

Standard Web-URL

Belassen Sie diese Einstellung auf *cms*. Damit ist das CMS-Modul von Magento gemeint, das für die Auslieferung der CMS-Webseiten zuständig ist.

CMS Startseite

In diesem Drop-down-Menü legen Sie die Seite des CMS fest, die als Startseite Ihrer Website gelten soll. Sie finden hier eine Liste aller Seiten, die vorher im CMS erstellt und aktiviert worden sind.

Standard No-Route URL

Geben Sie an dieser Stelle die Adresse ein, zu der der Benutzer weitergeleitet werden soll, wenn die gesuchte bzw. eingegebene URL nicht vorhanden ist. Für diesen 404-Fehler ist standardmäßig *cms/index/noRoute* eingetragen. Diesen Wert sollten Sie auch nicht verändern.

CMS keine Routenseite

In einem weiteren Drop-down-Menü wählen Sie den Eintrag *404-neueseite* aus.

CMS-Seite bei deaktivierten Cookies

Ohne Cookies funktioniert Magento im Frontend leider nicht ohne Weiteres. Um den Benutzer darauf aufmerksam zu machen, dass seine aktuellen Browsereinstellungen dazu führen, dass keine Cookies gespeichert werden können, leitet das System ihn automatisch auf eine CMS-Seite um, die Sie selbst verwalten können. Diese Weiterleitung funktioniert allerdings nur, wenn Sie im Abschnitt Feststellung der Browser-Fähigkeiten diese Umleitung explizit mit eingeschaltet haben. An dieser Stelle lässt sich übrigens auch ein Warnhinweis einstellen, der erscheint, falls ein Nutzer ohne aktiviertes JavaScript in Ihrem Shop unterwegs ist. Ohne JavaScript verweigert Magento nämlich leider komplett seinen Dienst.

Brotkrumennavigation für CMS-Seiten

Erinnern Sie sich noch an Hänsel und Gretel? In diesem bekannten Märchen hatten die beiden Geschwister auf ihrem Spaziergang gen Hexenhaus in regelmäßigen Abständen Brotkrumen auf den Boden geworfen, um später den Weg zurück nach Hause zu finden. Einmal davon abgesehen, dass das Thema des Webkochshops durchaus mit diesen Teigwaren zu tun hat, hat sich der Begriff Brotkrumen (*breadcrumbs*) mittlerweile in die Web-Development-Sprache eingebürgert. Der Ausdruck bezeichnet die horizontale Auflistung von Kategorienamen, die alle verlinkt sind und es so ermöglichen, an jeden beliebigen Punkt einer Website zurückzuspringen (Abbildung 9-22). Mithilfe dieser Brotkrumen wird also die Orientierung erleichtert, was besonders bei komplexen Hierarchien wichtig ist.

Startseite / Kochzubehör / **Töpfe**

Abbildung 9-22: Die Brotkrumennavigation

Im Konfigurationsmenü können Sie in diesem Zusammenhang einstellen, ob auf den ausgewählten CMS-Seiten die Brotkrumennavigation erscheinen soll oder nicht.

Nachdem Sie alle Änderungen eingetragen haben, klicken Sie auf *Konfiguration speichern* oben rechts, um die neuen Einstellungen auf Ihren aktiven Shop zu übertragen. Wenn Sie nun absichtlich eine falsche URL in das Adressfeld Ihres Browsers eingeben, wird Ihre individuelle 404-Fehlerseite geladen.

Website-Aufruf hinterlegen

Den letzten notwendigen Schritt für den Aufbau des Multishops können Sie leider nicht aus dem Adminbereich heraus erledigen, er muss in einer Datei auf dem Server erledigt werden. Hier geht es um die Frage, welche Website aufgerufen werden soll, wenn über eine bestimmte Domain auf die Magento-Installation zugegriffen wird. Bei der Auswahl eines StoreView – wie Sie es bei der englischen Version des Webkochshops gesehen haben – ist dies nicht weiter problematisch. Zum einen wird automatisch ein Dropdown-Menü generiert, über das man einen StoreView wählen kann, zum anderen kann jedem StoreView eine eigene Basis-URL zuwiesen werden, sodass beim Aufruf einer bestimmten URL – in unserem Beispiel entweder *webkochshop.de* oder *webkochshop.com* – der jeweilige StoreView automatisch geladen wird.

Da wir es aber im aktuellen Beispiel mit einer komplett neuen Website zu tun haben, müssen wir diesen Aufruf anders hinterlegen. Das ist zum Glück nicht kompliziert und vollzieht sich nur in einer Datei. Dabei kann es sich um die .htaccess-Datei handeln oder sogar um die Serverkonfiguration selbst, was der bevorzugte, aber leider selten mögliche Weg wäre. Fügen Sie dazu in die .htaccess-Datei oder die Serverkonfiguration selbst folgende Zeilen ein:

```
SetEnvIf Host ^en\.webkochshop\.de$ MAGE_RUN_CODE=english
SetEnvIf Host ^en\.webkochshop\.de$ MAGE_RUN_TYPE=store
```

Dabei steht der Code english Pate für Ihren Code der StoreView im Backend.

Alternativ – und das ist leider die häufigere Variante, da sie nicht updatesicher ist – öffnen Sie in einem Codeeditor die Datei *index.php*, die im Root-Verzeichnis Ihres Servers liegt. Dort finden Sie die Zeilen, die für den Aufruf des Magento-Systems verantwortlich sind:

```
$mageRunCode = isset($_SERVER['MAGE_RUN_CODE']) ?
               $_SERVER['MAGE_RUN_CODE'] : '';
$mageRunType = isset($_SERVER['MAGE_RUN_TYPE']) ?
               $_SERVER['MAGE_RUN_TYPE'] : 'store';

Mage::run($mageRunCode, $mageRunType);
```

Mit einem PHP-Switch erstellen Sie nun eine Bedingung, in der eine neue Website geladen wird, je nachdem, welche URL aufgerufen wird bzw. welchen Wert die Servervariable SERVER_NAME annimmt.

```
// Apache-Umgebungsvariablen prüfen

if( isset($_SERVER['MAGE_RUN_CODE']) &&
    isset($_SERVER['MAGE_RUN_TYPE']) ) :

        /* Variablen setzen, falls sie existieren */

        $mageRunCode = isset($_SERVER['MAGE_RUN_CODE']) ?
                   $_SERVER['MAGE_RUN_CODE'] : '';
        $mageRunType = isset($_SERVER['MAGE_RUN_TYPE']) ?
                   $_SERVER['MAGE_RUN_TYPE'] : 'store';

else:
        /* Falls sie nicht existieren */

        /* Switch in Abhängigkeit von der Servervariablen */

        switch ( $_SERVER["SERVER_NAME"] ) :
           case "webkochshop.de" :
           case "www.webkochshop.de" :

              /* Magento wird mit dem angegebenen StoreView geladen */
              $mageRunCode = "default";
              $mageRunType = "store";
           break;
```

```
                case "neueseite.de" :
                case "www.neueseite.de" :
                    **
                     * Magento mit angegebener Website starten.
                     * Hierbei wird der Default-StoreView verwendet.
                     */
                    $mageRunCode = "neueseite"
                    $mageRunType = "website";
                break;

                default:

                    /**
                     * Falls der angegebene Domainname nicht im Switch
                     * enthalten ist, wird Magento mit der Default-Website
                     * und dem Default-StoreView geladen.
                     */
                    $mageRunCode = ""
                    $mageRunType = "store";
                break;
            endswitch;

        endif;

        Mage::run($mageRunCode, $mageRunType);
```

Wenn nun jemand über die URL *www.neueseite.de* auf Ihre Magento-Installation zugreift, wird automatisch die Website *Neue Seite* aufgerufen. In allen anderen Fällen – also auch bei *www.webkochshop.de* und *www.webkochshop.com* – wird Magento mit den Standardwerten geladen, und damit wird die Website *Main Website* aufgerufen.

 Machen Sie sich nach dieser Änderung bitte eine Kopie der *index.php*-Datei, da diese bei größeren Aktualisierungen von Magento ausgetauscht wird. Ihre Änderungen wären dann verloren.

In diesem Kapitel haben Sie erfahren, wie man auf einfache Weise ein Multishop-System mit Magento erstellen kann. Am Anfang haben Sie gelernt, wie man den standardmäßig vorhandenen StoreView *English* so einstellt, dass alle Textausgaben in englischer Sprache erscheinen. Sie haben dazu Kategorien und Artikel übersetzt, die Lokalisierung eingestellt und neue E-Mail-Absender definiert. Ebenso haben Sie eine neue Währung eingestellt und eine individuelle Startseite für die englische Version des Webkochshops festgelegt. Kurzum, Sie haben den Webkochshop so konfiguriert, dass nun auch die Kundschaft jenseits des Ärmelkanals in den Genuss Ihrer Artikel kommen kann.

Im zweiten Teil dieses Kapitels haben Sie eine komplett neue Website-Store-StoreView-Struktur aufgebaut, Domains dafür konfiguriert und auf Ihrem Server alle Einstellungen so vorgenommen, dass diese neue Website mittels einer neuen Domain erreicht werden kann.

Mit anderen Worten: Die interne Struktur von Magento, d. h. seine Geltungsbereiche, sind Ihnen mittlerweile in Fleisch und Blut übergegangen, und Sie können jetzt einen Multishop auch im Halbschlaf anlegen. Und damit dieser Shop nun ein schönes grafisches Kleid erhält, erfahren Sie im nächsten Kapitel mehr über die Grundlagen der Theme-Erstellung.

Von Templates, Themes, Paketen & Co.

Wie bisher schon klar geworden sein dürfte, bietet Magento Shopbetreibern eine Fülle von Möglichkeiten, Artikel zu präsentieren und zu verkaufen. Die ausgefeilteste Shoptechnologie wird aber nicht mit Umsätzen belohnt werden, wenn sie nicht in ein schönes Kleid – sprich in ein hochwertig gestaltetes und programmiertes Theme – gehüllt ist. In diesem Kapitel lassen Sie Ihrer Kreativität freien Lauf und verpassen dem Webkochshop einen neuen Anstrich.

Eines sei an dieser Stelle vorweggenommen: Die Art und Weise, wie Themes in Magento aufgebaut sind, wie die zugehörigen Elemente miteinander in Beziehung stehen und nicht zuletzt wie diese benannt werden, sorgt – so liest man es immer wieder in Foren und diversen Kommentaren – immer wieder für Unverständnis, Kopfschütteln und mitunter Haareraufen. Das fängt beispielsweise schon beim Wort Template oder auch Template-System an: Üblicherweise verwendet man es als Oberbegriff für sämtliche Gestaltungsdateien, die auf eine Software aufgesetzt werden, um die grafische Gestaltung zu steuern. Diese Templates lassen sich dann entweder selbst gestalten oder käuflich erwerben. Möchte man beispielsweise ein Template in xt:Commerce einbinden, werden die entsprechenden Dateien in einen vorher bestimmten Template-Ordner auf den Server geladen, das neue Template wird im Adminbereich aktiviert, und einen Klick später erscheint der Shop im neuen Glanz.

Dies ist in Magento ähnlich – aber nicht ganz. Sinnvollerweise sollten Sie für die Lektüredauer dieses Kapitels alles ausblenden, was Sie bereits über Templates wissen, und sich auf die Magento-Terminologie einlassen. Der Begriff Template wird Ihnen hier zwar auch begegnen, er wird aber in einem anderen Zusammenhang genutzt.

Stürzen wir uns also gemeinsam ohne weitere Vorreden in das Abenteuer Theme-Entwicklung. Wenn Sie sich schon mit HTML, XML und PHP auskennen, ist dies sicherlich von Vorteil, zwingend notwendig für das Verständnis des Kapitels und die Umsetzung der genannten Beispiele ist es allerdings nicht. Es werden zunächst einige Grundbegriffe erläutert, anschließend bringen wir Ihnen Magentos Blockstruktur näher und zeigen Ihnen schließlich, wie Sie ein neues Theme auf Basis des *Default*-Themes erstellen.

Die Grundbegriffe verstehen

In diesem Abschnitt werden wir auf die wichtigsten Begriffe, die Ihnen im Zusammenhang mit der grafischen Gestaltung begegnen werden, kurz eingehen, um sie dann im Anschluss genauer zu erklären.

Paket (Interface)

> Ein Paket ist in der Magento-Terminologie die größte strukturelle Einheit, der verschiedene *Themes* untergeordnet sind. Auf dem Server ist das grundlegende Basis-Paket unter dieser Adresse abgelegt:
>
> */app/design/frontend/base/*

 Ändern Sie niemals Dateien in diesem Verzeichnis! Diese Dateien können und werden bei Updates überschrieben und sind für den stabilen Betrieb von Magento wichtig.

Theme

> Ein Theme besteht aus einer Reihe von Dateien (nämlich aus *Sprach-, Template-, Layout-* und *Skin-Dateien*), die zusammen die visuelle Ausgestaltung, aber auch die Funktionalität Ihres Shops bestimmen. Mehrere Themes sind in einem Paket zusammengefasst. Das *Default*-Theme ist in folgendem Verzeichnis gespeichert:
>
> */app/design/frontend/base/default/*

Template

> Unter einem Template bzw. unter Template-Dateien versteht man in Magento PHTML-Dateien, mit deren Hilfe die Ausgaben des Systems für die Darstellung im Browser formatiert werden. Diese Template-Dateien enthalten sowohl (X)HTML- als auch PHP-Elemente und bilden sozusagen die Brücke zwischen der internen Programmlogik und der grafischen Gestaltung. Die Template-Dateien des *Default*-Themes finden sich an dieser Stelle:
>
> */app/design/frontend/base/default/template/*

Layout

> In Magento wird die grundlegende Blockstruktur mithilfe von XML-Dateien definiert, die man als Layouts bezeichnet. Jede funktionale Einheit – auch als Modul bezeichnet (siehe dazu den Kasten »Häuslebauen mit Magento« auf Seite 284) – wird dabei über die korrespondierende Layoutdatei aufgebaut. Die Layoutdateien des *Default*-Themes sind hier abgespeichert:
>
> */app/design/frontend/dbase/default/layout/*

Skin

> In einem Skin-Ordner sind alle CSS- und JavaScript-Dateien sowie Bilder und sonstige Medien abgelegt, über die das im Layout und im Template erzeugte (X)HTML grafisch ausgestaltet wird. Die Dateien liegen im Gegensatz zu den vorher genannten Elementen nicht im */app/design/*-Ordner, sondern an der folgenden Stelle:
>
> */skin/frontend/base/default/*

Den Zusammenhang zwischen diesen Elementen haben wir hier in einem Diagramm dargestellt (Abbildung 10-1):

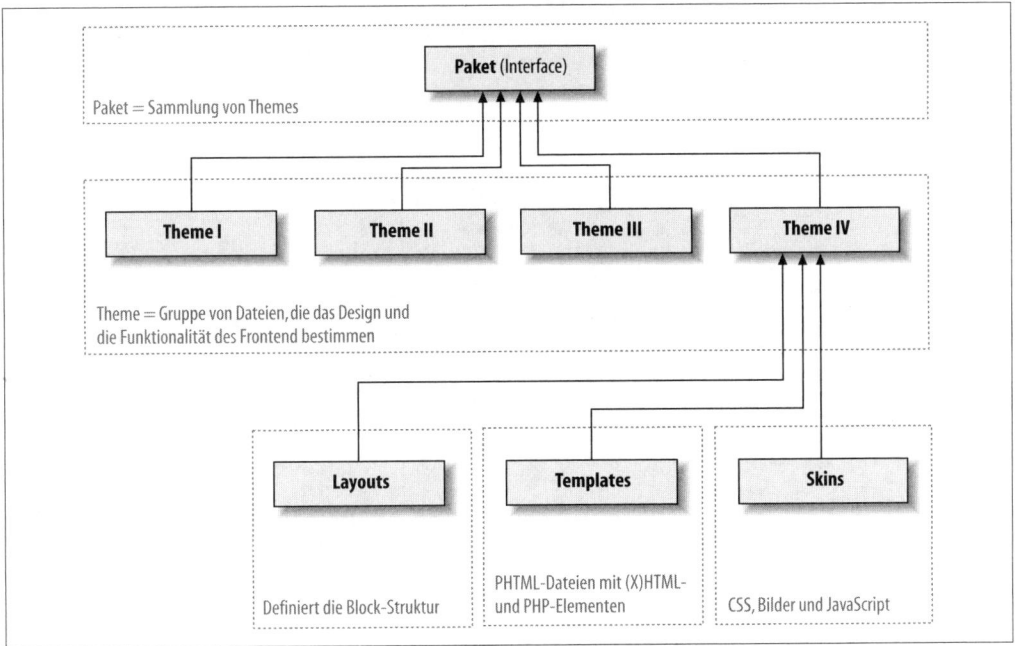

Abbildung 10-1: Struktur der Magento-Gestaltungselemente

Auf Ihrem Magento-Server sieht die Ordnerstruktur dann wie in Abbildung 10-2 (*/app/design/*) bzw. wie in Abbildung 10-3 (*/skin*) aus.

Der wichtige Unterschied, den man bei der Arbeit in diesen beiden Verzeichnissen (*app/design/* und *skin/*) verstanden haben muss, ist: Das */app*-Verzeichnis sowie alle darin enthaltenen Ordner und Dateien können über den Webbrowser nicht direkt aufgerufen werden. Selbst wenn Sie den vollständigen Pfad zu einer Datei im */app*-Ordner kennen, wird Magento Ihnen mit einem Fehler *404 – Datei nicht gefunden* antworten. Dies dient der Sicherheit Ihres Shopsystems. Die Dateien und Ordner im */skin*-Verzeichnis hingegen können und müssen für den Browser aufrufbar bleiben, damit Gestaltungselemente wie Grafiken und CSS-Dateien geladen werden können.

In diesem kurzen Überblick haben Sie bereits gesehen, dass die Designstruktur von Magento in mehreren Stufen verschachtelt ist und Shopbetreibern auf diese Weise erlaubt wird, ihren Shop in allen denkbaren Designvarianten zu präsentieren. Bevor Sie nun in voll in die Themes einsteigen, stellen wir Ihnen im nächsten Abschnitt die Blockstruktur von Magento vor, deren Verständnis für die Arbeit mit Templates und Layouts unverzichtbar ist.

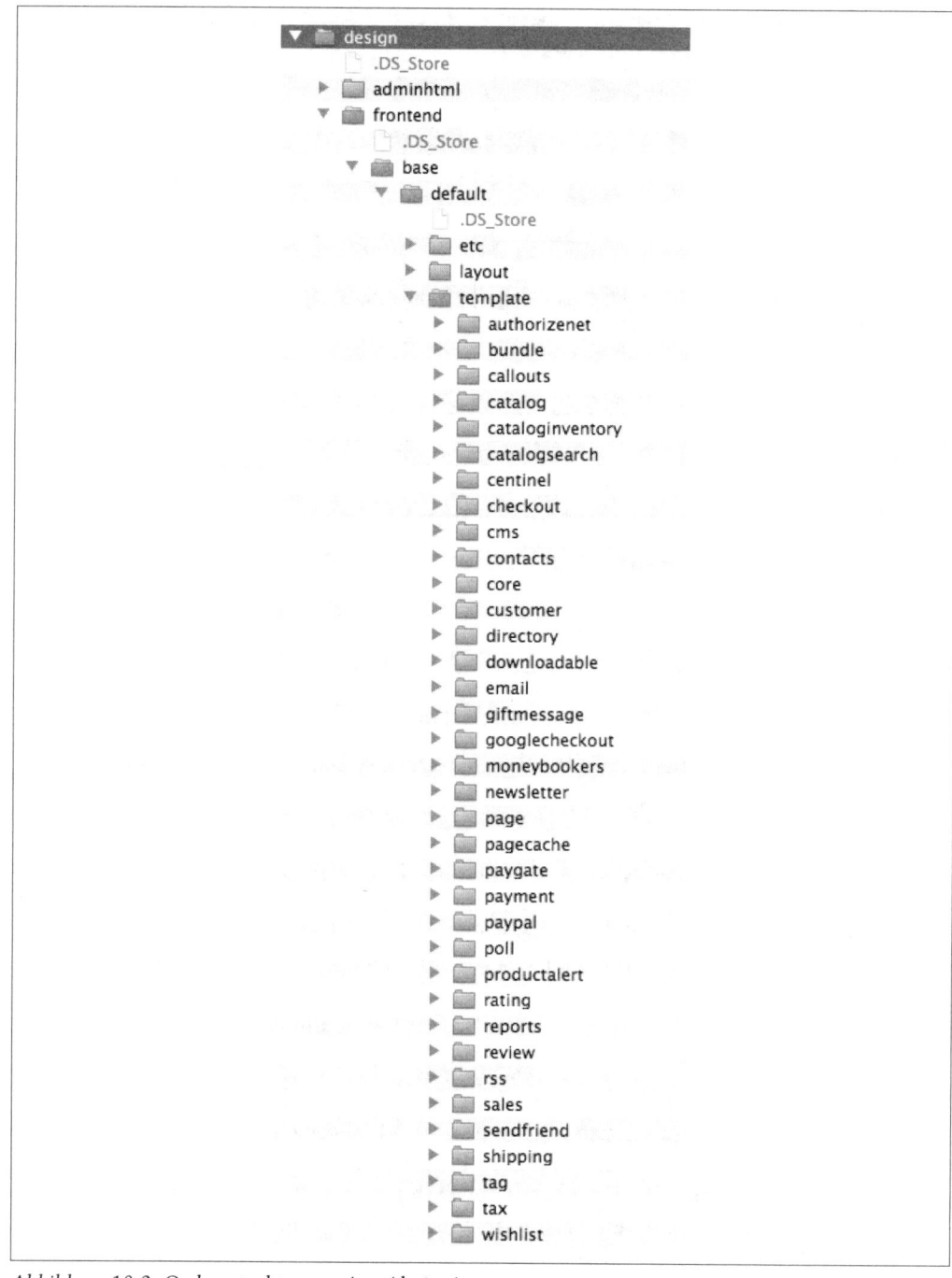

Abbildung 10-2: Ordnerstruktur von /app/design/

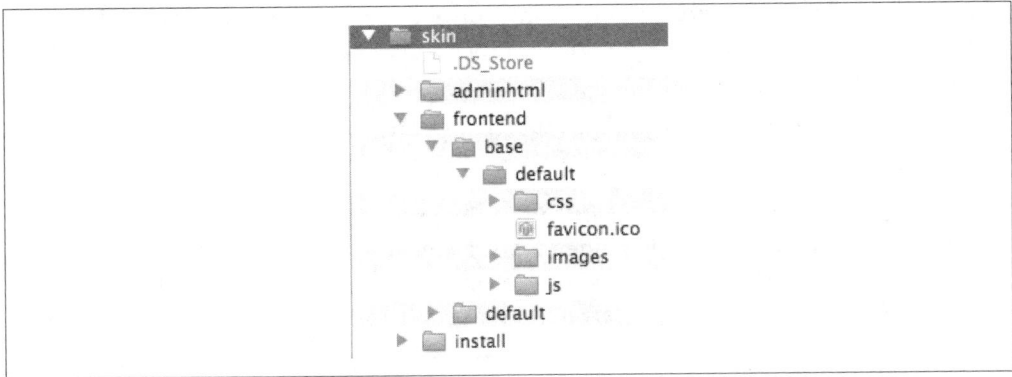

Abbildung 10-3: Ordnerstruktur von /skin/

Magentos Blockstruktur kennenlernen

In den Diskussionen rund um die Magento-Software taucht öfter der Begriff *block* auf. Ihnen ist diese Bezeichnung bereits in Kapitel 7 begegnet, in dem wir das CMS und die sogenannten statischen Blöcke erläutert haben. Ein Block ist in Magento eine strukturelle Einheit, mit deren Hilfe sowohl die Funktionalität als auch die Ausgaben im Browser gesteuert werden. Man unterscheidet zwischen Struktur- und Inhaltsblöcken, wobei die statischen Blöcke, die Sie in Kapitel 7 kennengelernt haben, zu den Inhaltsblöcken zu zählen sind.

Module

Der Magento-Terminologie noch nicht genug, ist in diesem Zusammenhang ein weiterer Begriff von besonderer Bedeutung: das *Modul*. (Dieses sollten Sie nicht mit den Erweiterungen verwechseln, mit denen Sie in Kapitel 13 die Grundfunktionalität von Magento erweitern.) In einem Modul sind wichtige Funktionen eines Shops zusammengefasst, und in diesem Sinne stehen sie in Magentos Systemhierarchie über den Blöcken.

Jedes Modul besteht im Grunde jeweils aus einer XML-Layoutdatei und einem Unterverzeichnis im Template-Ordner. Sie finden also beispielsweise die Module *Page* und *Catalog*, in denen die Formatierung der Shopseiten grundsätzlich gesteuert wird und die wir in der Folge noch genauer besprechen werden, in den folgenden Verzeichnissen des *Default*-Themes:

/app/design/frontend/base/default/template/catalog

/app/design/frontend/base/default/template/page

In diesen Verzeichnissen gibt es eine Reihe von PHTML-Dateien, mit deren Hilfe die zugehörigen Blöcke formatiert werden. Die korrespondierenden Layoutdateien sind an den folgenden Stellen abgelegt:

/app/design/frontend/base/default/layout/catalog.xml

/app/design/frontend/base/default/layout/page.xml

Neben einem eigenen Unterverzeichnis im Template-Verzeichnis besteht jedes Modul auch noch aus einer korrespondierenden XML-Datei, also *page.xml* und *catalog.xml*, die Sie bei der Besprechung der Layouts (siehe Seite 272) kennenlernen werden. In Abbildung 10-4 sehen Sie anhand des Verzeichnisbaums, welche Module es außer *Page* und *Catalog* noch gibt.

Abbildung 10-4: Die vorhandenen XML-Dateien geben die Module wieder

Nachdem wir Ihnen nun die Module vorgestellt haben, werfen wir einen Blick auf die Struktur- und die Inhaltsblöcke.

Strukturblöcke (Structural blocks)

Hinter diesem Begriff verbergen sich die grundlegenden Bereiche einer Inhaltsseite, in die die gewünschten Inhaltsblöcke integriert werden. Strukturblöcke sind beispielsweise die Kopf- und Fußbereiche und auch die Seitenleiste sowie der Hauptinhaltsbereich (Abbildung 10-5).

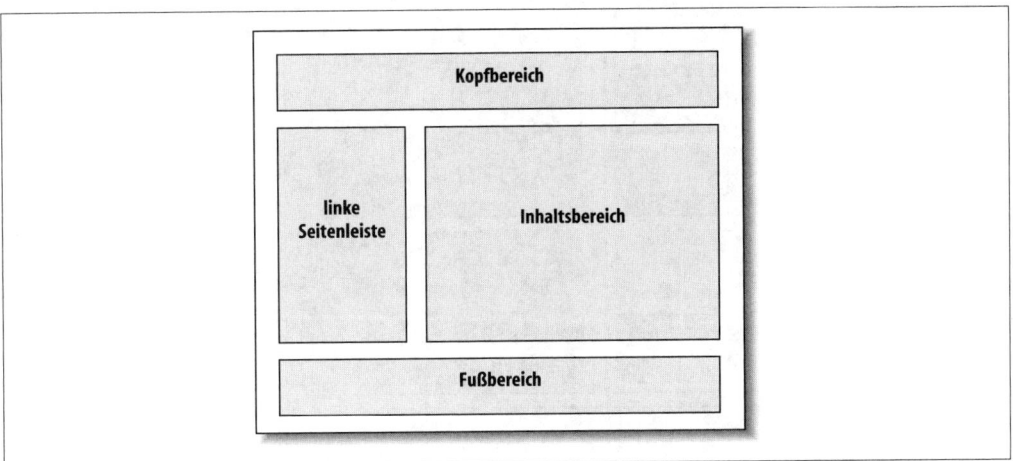

Abbildung 10-5: Strukturblöcke

Diese Blöcke könnte man auch als Eltern der Inhaltsblöcke bezeichnen, da ihnen diese, was den Aufbau der Seite angeht, untergeordnet sind. Mit anderen Worten, jeder Inhaltsblock muss auch einem Strukturblock zugeordnet sein, um auf der Seite angezeigt werden zu können. Auf Seite 274 werden Sie sehen, wie Sie mithilfe der sogenannten *References* einzelne Inhaltsblöcke den Strukturblöcken zuweisen können.

Inhaltsblöcke (Content blocks)

Im Gegensatz dazu fasst man in Inhaltsblöcken bestimmte funktionale und gestalterische Einheiten zusammen, also beispielsweise die Artikelauflistung, die Boxen für den Warenkorb oder den Artikelvergleich. Die verschiedenen Inhaltsblöcke werden je nach Bedarf durch korrespondierende XML-Dateien (siehe Seite 272) in die entsprechenden Strukturblöcke eingeordnet: Die Boxen für den Warenkorb oder den Artikelvergleich werden beispielsweise dann in den Block *Seitenleiste links* geschrieben, der Block für die Artikelauflistung erscheint selbstverständlich im Hauptbereich. Dies wird in Abbildung 10-6 verdeutlicht.

Mithilfe von Inhaltsblöcken lassen sich also funktionale Einheiten sowie Informationseinheiten anlegen und in die grafische Gestaltung des Shops integrieren. Beispiele für Inhaltsblöcke in Aktion haben Sie bereits anhand der statischen Blöcke für die Kategorie *Messersets* oder den Artikel *Messerset Odysseus* in Kapitel 7 gesehen. Auch bei der

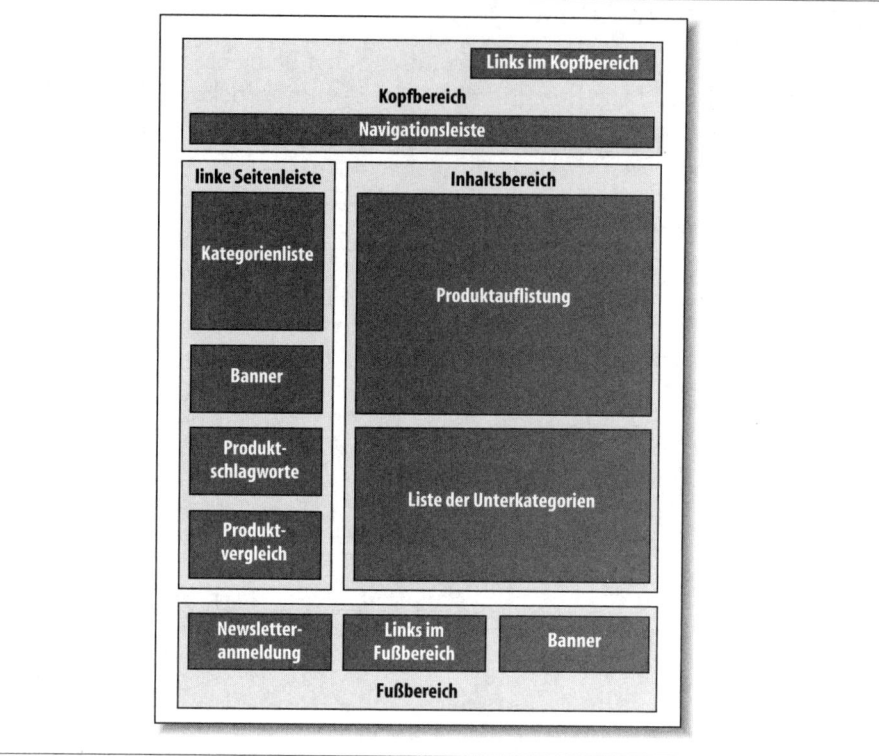

Abbildung 10-6: Das Verhältnis zwischen Struktur- und Inhaltsblöcken

Box zur Newsletter-Anmeldung, die Sie in Kapitel 5 übersetzt haben, handelt es sich um einen Inhaltsblock.

Um nun noch mehr Licht ins Dunkel dieser Struktur zu bringen, erläutern wir in den nachfolgenden Abschnitten, wie Sie ein neues Theme anlegen und dabei mit allen damit verbundenen Elementen in Berührung kommen.

Ein neues Theme erstellen

Nachdem Sie jetzt mit den Grundbegriffen vertraut sind, gehen wir gemeinsam in medias res und gestalten ein neues Theme für den Webkochshop auf Basis des *Default*-Themes. Hierbei werden wir das Rad nicht neu erfinden, sondern zeigen Ihnen anhand einfacher Beispiele, wie Sie ein neues Theme erstellen und für die eigenen Zwecke verwenden können.

Das *Default*-Theme im Base-Paket ist standardmäßig im Magento-Installationspaket enthalten und hat bereits dafür gesorgt, dass Sie in den vorangegangenen Kapiteln überhaupt etwas im Shop-Frontend haben sehen können. Es enthält alle Elemente, die zur Darstellung nötig sind, und ist deswegen auch gleichzeitig die Fallback-Lösung für Ihre zukünftigen

Theme-Abenteuer. Wenn Sie hier ein neues Theme erstellen und es entsprechend im Adminbereich verlinken und aktivieren, werden die neuen Elemente des Themes – beispielsweise CSS-Dateien im /skin-Verzeichnis – genutzt. Fehlt aber ein wichtiger Bestandteil in Ihrem Theme, wird er aus dem *Default*-Theme im /base-Verzeichnis geladen.

Die bedeutet auch, dass es nicht nötig ist, das *Default*-Theme 1:1 zu klonen, in einem eigenen Pfad abzuspeichern und Änderungen darin durchzuführen. Es müssen im Theme nur die Dateien enthalten sein, in denen es tatsächlich auch eine Änderung gegenüber dem *Default*-Theme gegeben hat; alle anderen werden aus Letzterem bezogen. Es gibt dabei lediglich eins zu beachten: Auch wenn beispielsweise das neue Theme nur aus einer einzigen XML-Datei besteht, muss diese trotzdem korrekt in die Magento-Ordnerstruktur eingebunden werden.

Das Theme-Verzeichnis /webkochshop

Wir beginnen damit, zwei neue Verzeichnisse für das Theme *webkochshop* im *default*-Paket zu erzeugen, in denen zum einen sämtliche Template- und Layoutdateien und zum anderen alle Skin-Dateien untergebracht werden. Diese beide Verzeichnisse haben für das *Default*-Theme die folgenden Adressen:

Verzeichnis 1: /app/design/frontend/default/default/

Verzeichnis 2: /skin/frontend/default/default/

Die Ordnerstruktur in /app/design spiegelt sich in der von /skin wider, was Sie jetzt bei den neuen Verzeichnissen für das *webkochshop*-Theme sehen werden. Legen Sie zwei neue Ordner für das neue Theme in der folgenden Weise an:

Verzeichnis 1: /app/design/frontend/default/webkochshop/

Verzeichnis 2: /skin/frontend/default/webkochshop/

Beide Verzeichnisse bilden sozusagen den Startpunkt für die Erstellung des neuen Themes, die Sie in den nachfolgenden Abschnitten mit Inhalten füllen werden.

Neues Theme im Adminbereich zuweisen

An dieser Stelle können Sie das Theme *webkochshop* bereits dem gewünschten Geltungsbereich zuweisen. Zwar stehen Sie bei der Erstellung dieses Themes noch ganz am Anfang, trotzdem ist der Schritt an dieser Stelle sinnvoll. Da noch keine modifizierten Dateien oder Ähnliches hinterlegt wurden, werden alle aus dem *Default*-Theme geladen, es kommt also nicht zu Fehlermeldungen. Außerdem können Sie auf diese Weise Ihre Änderungen am neuen Theme sofort ansehen und überprüfen.

Wählen Sie im Adminbereich unter *System → Konfiguration* mithilfe des Drop-down-Menüs oben links den Geltungsbereich *Standardkonfiguration* aus und klicken Sie anschließend auf den Menüpunkt *Gestaltung* in der Gruppe *Allgemein*. In das Eingabefeld *Standard* schreiben Sie nun den Namen des neuen Themes, *webkochshop*.

Die restlichen Felder lassen Sie leer. Nach dem Speichern über die Schaltfläche *Konfiguration speichern* oben rechts haben Sie nun das neue Theme zugewiesen.

 Irrtümlich wird die Grundkonfiguration der Themes häufig unter *System → Design* vorgenommen. Dieser Menüpunkt dient jedoch nur dazu, zeitlich beschränkt die Grundkonfiguration zu überschreiben.

Ein Layout erstellen

Das Wort Layout ist ein fester Begriff in Magentos Template-Aufbau und kein Synonym beispielsweise für Design oder grafische Gestaltung. Ein Layout ist ein wichtiger Bestandteil eines Themes und besteht aus einer Reihe von XML-Dateien, mit deren Hilfe zum einen die Inhaltsblöcke den Strukturblöcken zugeordnet werden und Ersteren zum anderen eine Formatierung zugewiesen wird. Zu jedem Modul, zu dem es ein eigenes Unterverzeichnis im Vorlagenverzeichnis gibt, existiert auch eine korrespondierende XML-Datei.

Die Layoutdateien des *Default*-Themes des *Base*-Pakets sind in folgendem Verzeichnis auf Ihrem Server gespeichert:

/app/design/frontend/base/default/layout

In diesem Abschnitt lernen Sie das *Catalog*-Modul und damit auch die Datei *catalog.xml* genauer kennen. Sie erfahren, wie das XML dieser Datei aufgebaut ist und was man unter *Handles* und *References* versteht.

Nach diesem theoretischen Teil werden Sie die Datei so modifizieren, dass bestimmte Inhalte der Seitenleisten ihren Platz wechseln, d. h. von links nach rechts rutschen. Anschließend speichern Sie die Datei in der Ordnerstruktur des neuen Webkochshop-Themes so ab, dass es dort zur Verfügung steht.

Genug der Vorrede. Kopieren Sie als Erstes die folgende Datei:

/app/design/frontend/base/default/layout/catalog.xml

in Ihr Webkochshop-Theme unter:

/app/design/frontend/default/webkochshop/layout/catalog.xml

Öffnen Sie sie anschließend in Ihrem Lieblings-Codeeditor. Dort sehen Sie unter anderem den folgenden Codeschnipsel, den wir der Übersichtlichkeit wegen hier gekürzt haben:

```
<default>
  <!-- Mage_Catalog -->
  <reference name="left">
    <block type="core/template" name="left.permanent.callout"
        template="callouts/left_col.phtml">
      <action method="setImgSrc">
        <src>images/media/col_left_callout.jpg</src></action>
      <action method="setImgAlt" translate="alt" module="catalog">
```

```
            <alt>Our customer service … (555) 555-0123.</alt></action>
          <action method="setLinkUrl"><url>checkout/cart</url></action>
      </block>
    </reference>
    <reference name="right">
      <block type="catalog/product_compare_sidebar" before="cart_sidebar"
            name="catalog.compare.sidebar"
            template="catalog/product/compare/sidebar.phtml"/>
      <block type="core/template" name="right.permanent.callout"
            template="callouts/right_col.phtml">
        <action method="setImgSrc">
          <src>images/media/col_right_callout.jpg</src></action>
        <action method="setImgAlt" translate="alt" module="catalog">
          <alt>Keep your eyes … and save A LOT!</alt></action>
      </block>
    </reference>
</default>
```

Eine Menge Holz, nicht wahr? Als Erstes werden Sie wahrscheinlich die XML-typische Auszeichnungsstruktur erkennen, die in spitzen Klammern dargestellt wird und aus öffnenden und schließenden Tags besteht.

Handle

Eines dieser Tags, die den oben gezeigten Codeschnipsel umschließen, heißt <default>; im Zusammenhang mit dem Magento-System spricht man hier auch von einem sogenannten *Handle*. Ein Handle ist so etwas wie ein Name, anhand dessen das System erkennen kann, was mit den Elementen geschehen soll, die von ihm umschlossen werden. Das Handle *default* in unserem Beispiel besagt, dass die hier aufgeführten Angaben auf allen Seiten zum Einsatz kommen, da es sich um eine Grund- bzw. Standardeinstellung (*default*) handelt. Für Einstellungen, die beispielsweise nur die Kundenanmeldung betreffen, hieße das entsprechende Layout-Handle <customer_account_login>. Diese Layout-Handles lassen sich in fast allen Fällen aus der URL der Seite ablesen. Die ersten drei Teile nach dem Domainnamen dieser URL *webkochshop.de/customer/account/login* ergeben *customer/account/login*. Genau diese Zeichenfolge wird für das Layout-Handle verwendet, nur dass aus den URL-typischen Schrägstrichen Unterstriche werden.

Einige der häufigsten nicht direkt ablesbaren Layout-Handles geben wir Ihnen hier mit auf den Weg.:

catalog_category_view
:   Alle Kategorieseiten werden mit diesem Layout-Handle gesteuert.

catalog_category_default
:   Kategorieseiten ohne Filternavigation hören auf dieses Layout-Handle.

catalog_category_layered
:   Kategorieseiten mit Filternavigation werden hiermit konfiguriert.

catalog_product_view
:   Die Artikeldetailseite steuert dieses Layout-Handle.

customer_logged_in

Ist ein Kunde aktuell eingeloggt, lassen sich damit Änderungen vornehmen.

customer_logged_out

Ist ein Kunde aktuell nicht eingeloggt, bietet auch dieses Layout-Handle einen Angriffspunkt dafür.

<Reference>

Wenn Sie den Codeschnipsel weiter verfolgen, sehen Sie nach dem Handle den Eintrag `<reference>`. Hiermit beziehen Sie sich auf einen anderen Strukturblock, quasi wie mit einer Art Verknüpfung. Alles, was Sie an Layout-Updates in den jeweiligen `<reference>`-Container schreiben, wird auf den referenzierten Strukturblock angewandt. So bezieht sich

```
<reference name="right">
```

auf einen Block mit dem Namen right.

<block>

Auf Seite 267 haben Sie bereits einiges über die Magento-Blöcke erfahren und wissen, dass mit ihrer Hilfe Funktionalität und Gestaltung der Inhaltsseiten gesteuert werden. In unserem Codeschnipsel erscheint nach der ersten Referenz auf right der folgende Block-eintrag, der für die Formatierung der Box für den Produktvergleich verantwortlich ist (Abbildung 10-7).

Abbildung 10-7: Dieser Kasten wird durch den nachfolgenden Block generiert

```
<block type="catalog/product_compare_sidebar" name="catalog.compare.sidebar"
                        template="catalog/product/compare/sidebar.phtml"/>
```

Was will uns der (Code-)Autor nun hiermit sagen? Als Erstes wird in diesem Blockelement der Typ (type) bestimmt, in unserem Beispiel ist dies catalog/product_compare_sidebar. Dieser Typ verweist auf die zugrunde liegende Block-Klasse und damit auf die Funktionalität des Blocks und sollte nicht geändert werden. Ein weiterer Typ ist beispielsweise cms/block, mit dem ein über das CMS generierter statischer Block eingebunden werden kann (siehe Kapitel 7).

Als Nächstes wird dem aktuellen Block mit name ein eindeutiger Name zugewiesen, um ihn identifizieren und referenzieren zu können: catalog.compare.sidebar. Last, but not least enthält der Block noch die Information darüber, welche Vorlage (template) zur Formatierung verwendet werden soll. In unserem Beispiel ist dies die Datei *sidebar.phtml* im

Vorlagenverzeichnis */catalog/product/compare*. Möchten Sie also den Aufbau der Box beeinflussen, finden Sie in dieser Datei den entsprechenden (X)HTML-Code.

Weil alle Theorie bekanntlich grau ist, der Webkochshop jedoch zu einer farbenfrohen Angelegenheit werden soll, sehen Sie nun, wie Sie einige kleinere Änderungen an der *catalog.xml* durchführen können. Schauen Sie sich noch einmal diesen Teil der Datei an:

```
<reference name="left">
    <block type="core/template" name="left.permanent.callout"
                            template="callouts/left_col.phtml">
        <action method="setImgSrc">
                <src>images/media/col_left_callout.jpg</src></action>
        <action method="setImgAlt" translate="alt" module="catalog">
            <alt>Our customer service is available 24/7.
            Call us at (800) DEMO-NUMBER.</alt></action>
        <action method="setLinkUrl"><url>checkout/cart</url></action>
    </block>
</reference>
<reference name="right">
    <block type="core/template" before="cart_sidebar" name="catalog.compare.sidebar"
                            template="catalog/product/compare/sidebar.phtml"/>
    <block type="core/template" name="right.permanent.callout"
                            template="callouts/right_col.phtml"/>
</reference>
```

Hier wird ein Bild mitsamt Telefonnummer (Abbildung 10-8) in die linke Leiste des Shops eingebunden, da der entsprechende Block mit dem Namen `left.permanent.call-out` innerhalb der `Reference left` aufgerufen wird.

Abbildung 10-8: Ein sogenanntes Call-out im Default-Theme

Verschieben Sie diesen Block nun so, dass er in der `Reference right` aufgerufen wird.

```
<reference name="left"></reference>
<reference name="right">
    <block type="core/template" name="left.permanent.callout"
                            template="callouts/left_col.phtml">
        <action method="setImgSrc">
```

```
            <src>images/media/col_left_callout.jpg</src></action>
        <action method="setImgAlt" translate="alt" module="catalog">
            <alt>Our customer service is available 24/7.
            Call us at (800) DEMO-NUMBER.</alt></action>
        <action method="setLinkUrl"><url>checkout/cart</url></action>
    </block>
    <block type="core/template" before="cart_sidebar" name="catalog.compare.sidebar"
                        template="catalog/product/compare/sidebar.phtml"/>
    <block type="core/template" name="right.permanent.callout"
                        template="callouts/right_col.phtml"/>
</reference>
```

Mit dieser einfachen Änderung haben Sie bereits bewirkt, dass das Bild von der linken Seite auf die rechte Seite rutscht. Speichern Sie diese Datei nun ab.

Damit hat das neue *webkochshop*-Theme bereits seine erste Modifikation erfahren: Anstelle der *catalog.xml* aus dem *default*-Layout wird nun Ihre modifizierte Datei geladen. Schauen Sie sich das Frontend des Webkochshops an und klicken in eine beliebige Kategorie, sehen Sie, dass das Bild mit dem Hund von links nach rechts gewandert ist (Abbildung 10-9).

Abbildung 10-9: Das Call-out ist auf die rechte Seite unter »Artikel vergleichen« gewandert

Im zweiten Schritt ändern Sie noch die Position des Call-out innerhalb der Seitenleiste und lassen es zuallererst, noch über dem Warenkorb, erscheinen. Mittels der before- und after-Attribute im Block lassen sich die einzelnen Blöcke auf einfache Weise positionieren:

* before="-" positioniert den Block vor allen anderen.
* after="-" positioniert den Block hinter allen anderen.

- `before="meinblock"` positioniert den Block vor einem anderen mit dem Namen `mein-block`.

- `after="meinblock"` positioniert den Block hinter einem anderen mit dem Namen `meinblock`.

Suchen Sie im Codeeditor – Sie bearbeiten immer noch die Datei *catalog.xml* – nach der folgenden Zeile:

```
<block type="core/template" before="cart_sidebar" name="catalog.compare.sidebar" template
="catalog/product/compare/sidebar.phtml"/>
```

Dieser Block bewirkt die Einbindung der Box für die Vergleichsliste. Ändern Sie hier den Sortierparameter in der folgenden Weise:

```
<block type="core/template" after="left.permanent.callout" name="catalog.compare.sidebar"
 template="catalog/product/compare/sidebar.phtml"/>
```

Dieser Parameter bewirkt, dass die Vergleichsliste nach dem gerade von links nach rechts verschobenen Call-out angezeigt wird. Speichern Sie die Datei ab und aktualisieren Sie das Frontend erneut in Ihrem Browser. Und tatsächlich: Die Reihenfolge in der rechten Spalte wurde geändert (Abbildung 10-10).

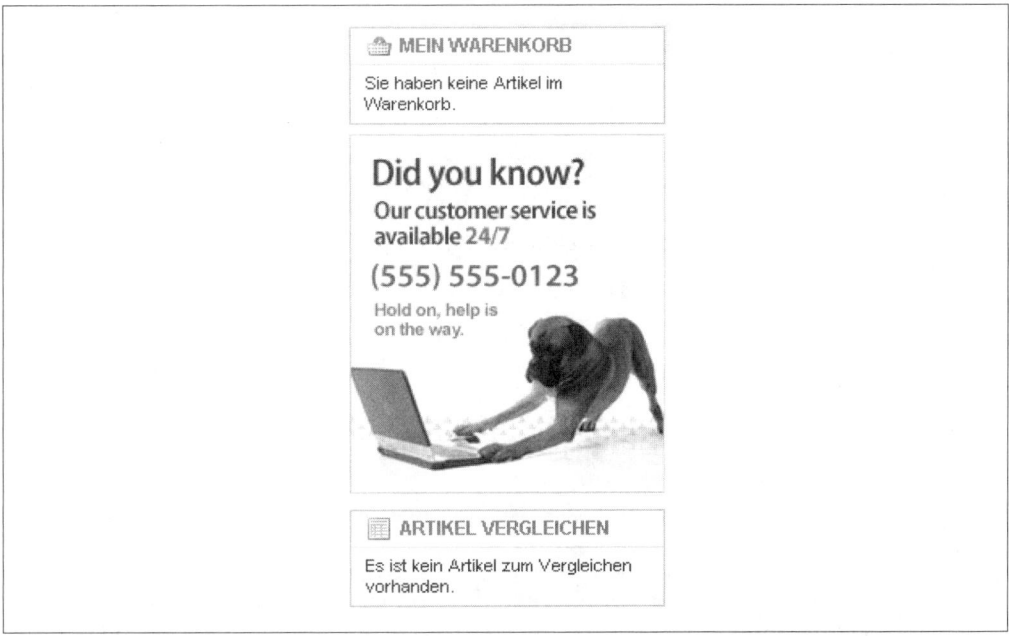

Abbildung 10-10: Die Reihenfolge der Inhaltsblöcke in der rechten Spalte wurde angepasst

 Die Sortierung der Inhaltsblöcke innerhalb der Strukturblöcke hängt neben den oben beschriebenen Sortierparametern auch davon ab, welche Blöcke in den anderen Layoutdateien – immerhin gibt es davon standardmäßig ungefähr 30 Stück – in die rechte Spalte geschrieben werden.

Sie haben also gesehen, wie man mit einigen Änderungen in einer Layoutdatei einen Block einfach an einer anderen Stelle anzeigen lassen kann. Da Sie die so geänderte Datei *catalog.xml* im Layoutverzeichnis des *webkochshop*-Themes abgespeichert haben, ist diese auch sofort in diesem Theme aktiv. Wichtig ist in diesem Zusammenhang, dass die modifizierte Datei korrekt in die Ordnerhierarchie eingebunden wird:

/app/design/frontend/default/webkochshop/layout/catalog.xml

Dies gilt nicht nur für Layoutdateien, sondern für alle anderen Dateien, die nachfolgend besprochen werden.

Im nächsten Schritt lernen Sie nun, wie man Template-Dateien für das neue Theme anpasst.

Templates

Wie bereits kurz angesprochen, besteht ein Template aus einer Anzahl von PHTML-Dateien, die sowohl (X)HTML- als auch PHP-Elemente enthalten und sozusagen das Bindeglied zwischen den Blöcken (siehe Seite 267) und der in (X)HTML formatierten Ausgabe im Browser bilden. In diesem Abschnitt stellen wir Ihnen den Aufbau der Templates vor und erläutern, was sich hinter dem Begriff Seiten-Template verbirgt. Anschließend werden Sie das Template so ändern und in die Ordnerlogik des *webkochshop*-Themes integrieren, dass unter anderem auf den Artikeldetailseiten im Webkochshop zukünftig auch das Attribut *Lieferzeiten* angezeigt wird, das Sie über die Artikelverwaltung einpflegen.

Die Template-Dateien des *Default*-Templates befinden sich in den Unterverzeichnissen des folgenden Verzeichnisses:

/app/design/frontend/base/default/template

Ein Unterverzeichnis, auf das wir zuerst eingehen wollen, ist dieses:

/app/design/frontend/base/default/template/page

In diesem Verzeichnis sind alle Template-Dateien abgelegt, mit deren Hilfe allgemeine Formatierungen für den Webkochshop vorgenommen werden, wie beispielsweise Kopf- und Fußzeilen. Außerdem finden Sie dort die sogenannten Seiten-Templates, auf die wir nun eingehen möchten.

Seiten-Templates

Im Unterverzeichnis */page/* finden sich unter anderem vier Dateien, die den Aufbau aller Seiten im Webkochshop grundsätzlich aufteilen und die man aus diesem Grund auch als Seiten-*Templates* (*page templates*) bezeichnet. In diesen Templates bestimmen Sie, wie die Strukturblöcke formatiert werden sollen.

- *1column.phtml:* Die dargestellten Elemente des Shops verteilen sich auf die gesamte Seitenbreite. Eine linke oder rechte Seitenspalte gibt es nicht, ebenso wenig deren Inhalte.

- *2columns-left.phtml*: Das Design ist aufgeteilt in eine (Navigations-)Leiste links und einen Hauptbereich rechts davon. Die Elemente der rechten Spalte sind nicht zu sehen.

- *2columns-right.phtml*: Das Design ist aufgeteilt in eine (Navigations-)Leiste rechts und einen Hauptbereich links davon. Die Elemente der linken Spalte sind nicht zu sehen.

- *3columns.phtml*: Sämtliche Seiten sind in drei Spalten aufgeteilt, d. h. Leisten links und rechts und ein größerer Inhaltsbereich in der Mitte.

In Abbildung 10-11 finden Sie die einzelnen Varianten schematisch dargestellt.

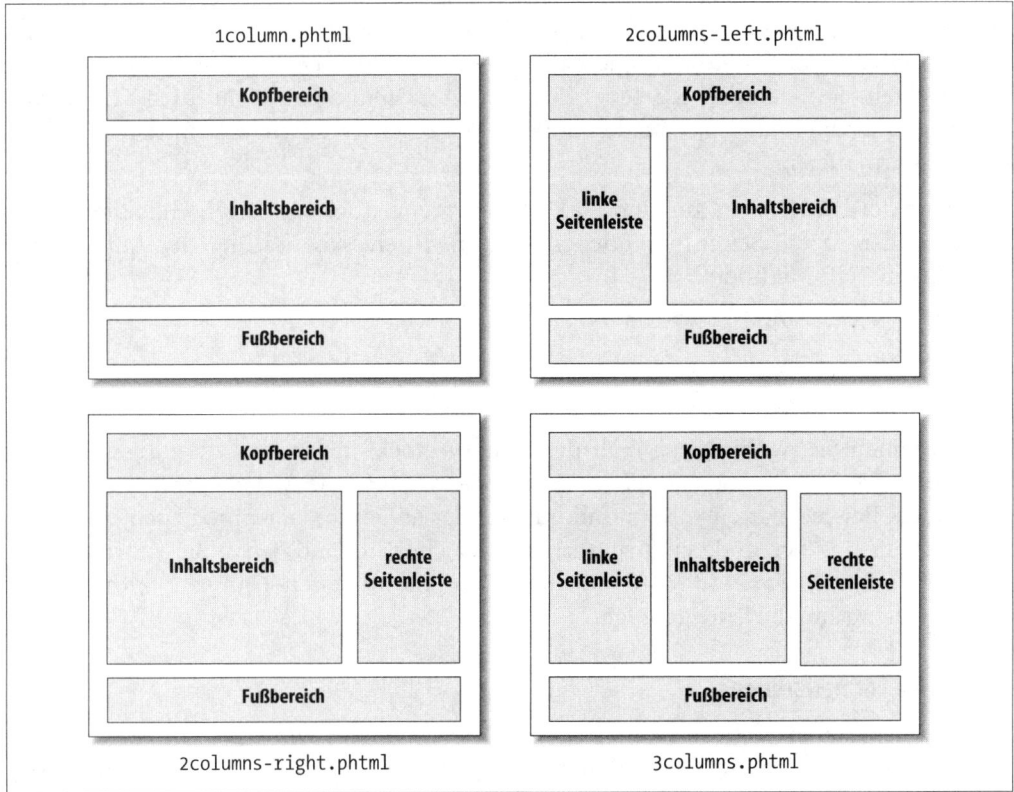

Abbildung 10-11: Die verschiedenen Seiten-Templates

Stellvertretend für alle diese Dateien schauen wir uns einen Ausschnitt aus der *3columns.phtml* einmal genauer an:

```
<div class="main-container col3-layout">
    <div class="main">
        <?php echo $this->getChildHtml('breadcrumbs') ?>
        <div class="col-wrapper">
            <div class="col-main">
```

```php
        <?php echo $this->getChildHtml('global_messages') ?>
        <?php echo $this->getChildHtml('content') ?>
    </div>
    <div class="col-left sidebar">
        <?php echo $this->getChildHtml('left') ?>
    </div>
</div>
<div class="col-right sidebar">
    <?php echo $this->getChildHtml('right') ?>
</div>
    </div>
</div>
```

Dieser Ausschnitt beschreibt das `<div>`-Element namens `main-container`, das für die Formatierung des Seiteninhalts zwischen der Kopfzeile oben und der Fußzeile unten verantwortlich ist. Sie sehen, dass innerhalb dieses `<div>`-Elements drei weitere Container verschachtelt sind, nämlich `col-left sidebar`, `col-main` und `col-right sidebar`, die wiederum jeweils die Inhalte der beiden äußeren Seitenleisten sowie des mittleren Inhaltsbereichs formatieren.

Innerhalb der HTML-Struktur sind PHP-Elemente eingefügt, mit deren Hilfe die jeweiligen Eingaben in die Seiten geschrieben werden. Interessant ist hier der Aufruf einer bestimmten PHP-Methode:

```php
$this->getChildHtml()
```

Für right gilt:

```php
$this->getChildHtml('right')
```

So bestimmen Sie, wohin der Inhalt des Strukturblocks right in die Seite geschrieben wird. Erinnern Sie sich noch an die Reference, die wir auf Seite 274 angesprochen haben? In unserem Beispiel hatten wir ein Call-out von der linken in die rechte Seitenleiste, d. h. von dem einen in den anderen Strukturblock verschoben. Und genau diese Strukturblöcke werden über obige PHP-Methode aufgerufen und im Seiten-Template mithilfe eines `<div>`-Elements auf die Seite gebracht.

Allgemeine Formatierungen

Im */page*-Verzeichnis findet sich ein weiterer Ordner namens */html*. Darin finden Sie wiederum einige Dateien, mit deren Hilfe grundlegende Informationen des Webkochshops formatiert werden:

- *breadcrumbs.phtml*: Bestimmen Sie das Aussehen der sogenannten Brotkrumennavigation.
- *footer.phtml*: Diese Datei beeinflusst das Aussehen der Fußleiste.
- *head.phtml*: In dieser Datei verändern Sie den Kopf sämtlicher HTML-Dateien. Das ist gleichsam eine Ergänzung zu der HTML-Konfiguration, die Sie in Kapitel 4 kennengelernt haben.
- *header.phtml*: Hier wird der (sichtbare) Kopf der HTML-Dateien bearbeitet.

- *pager.phtml*: Artikelauflistungen, die mehrere Elemente enthalten, werden an dieser Stelle formatiert.
- *top.links.phtml*: Hier beeinflussen Sie die HTML-Ausgaben für die angezeigten Links im sichtbaren Kopfbereich.

Auch jetzt nehmen wir gemeinsam stellvertretend für die Dateien in diesem Ordner eine Datei unter die Lupe, nämlich die *header.phtml*:

```
<div class="header-top-container">
    <div class="header-top">
        <h1 id="logo"><a href="<?php echo $this->getUrl('') ?>">
                <img src="<?php echo $this->getLogoSrc() ?>"
                    alt="<?php echo $this->getLogoAlt() ?>" /></a></h1>
        <p class="no-display"><a href="#main"><strong>
                <?php echo $this->__('Skip to Main Content') ?>
                &raquo;</strong></a></p>
        <?php echo $this->getChildHtml('topSearch') ?>
        <div class="quick-access">
            <?php echo $this->getWelcome() ?><br />
            <div class="shop-access">
                <?php echo $this->getChildHtml('topLinks') ?>
            </div>
            <?php echo $this->getChildHtml('store_language') ?>
        </div>
    </div>
</div>
<?php echo $this->getChildHtml('topMenu') ?>
```

Wieder fällt die gemeinsame Verwendung von HTML- und PHP-Elementen auf, mit deren Hilfe die Inhalte formatiert werden. Zusätzlich zum PHP-Aufruf $this->get-ChildHtml() kommen in dieser Datei noch Aufrufe wie $this->getUrl() und $this->get-LogoSrc() hinzu, mit denen Sie – Sie haben es vielleicht schon erraten – die Ausgabe für das Logo und den *Home*-Link steuern.

Anwendungsbeispiel: Lieferzeit

Ab Seite 272 haben Sie die Layoutdatei *catalog.xml* bearbeitet. Die korrespondierenden Template-Dateien finden sich im folgenden Verzeichnis bzw. in den jeweiligen Unterverzeichnissen:

/app/design/frontend/base/default/template/catalog

Das ist genau die richtige Stelle, wenn Sie Template-Änderungen an Seiten durchführen möchten, die den Katalog betreffen. Hier zeigen wir Ihnen, wie Sie das Template für die Artikeldetailseite verändern und für das *webkochshop*-Theme speichern.

Auf den Artikeldetailseiten müssen laut Gesetzgeber genaue Angaben zur Warenverfügbarkeit und zur Lieferdauer der Artikel gemacht werden, also beispielsweise *Lieferung 3–5 Werktage*. Diese Information ist in Magento standardmäßig nicht enthalten – hier gibt es lediglich *lieferbar* und *nicht lieferbar* – und muss mit einem zusätzlichen Attribut *Lieferzeit* abgebildet werden. Attribute und Attributsets haben wir im Detail in Kapitel 6 besprochen. Wenn Sie sich nicht mehr ganz sicher sind, wie die einzelnen Schritte dazu aussehen, schlagen Sie dort ruhig noch einmal nach.

Legen Sie ein neues Attribut *Lieferzeit* an, wobei Sie unter anderem als Eingabemethode *Textfeld* auswählen und die sonstigen Werte analog zu Abbildung 10-12 eintragen.

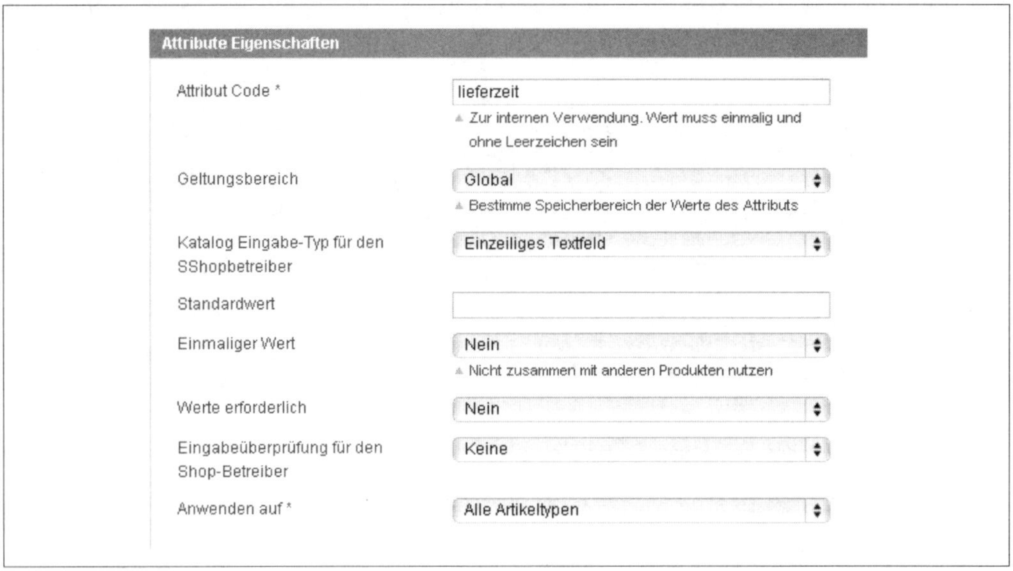

Abbildung 10-12: Das neue Attribut Lieferzeit wird angelegt

Fügen Sie als Nächstes das frisch erstellte Attribut *Lieferzeit* dem Attributset *Töpfe* in der Gruppe *General* hinzu. Das hat zur Folge, dass das Attribut im Bereich *Allgemein* in der Artikelverwaltung ausgefüllt werden kann. Rufen Sie den *Edelstahlkochtopf Hubertus* in der Detailansicht auf und tragen Sie als Lieferzeit *3–5* Arbeitstage ein (Abbildung 10-13).

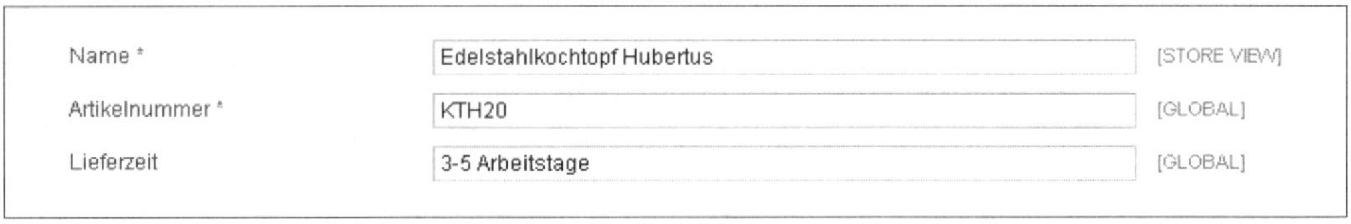

Abbildung 10-13: Die Lieferzeit wird eingepflegt

Wenn Sie den Artikel mit diesem Wert abspeichern, haben Sie bereits den größten Teil der Änderung durchgeführt.

Nun öffnen – Achtung: nur öffnen, nicht speichern – Sie folgende Template-Datei in einem Codeeditor. Diese ist verantwortlich für die Formatierung der Artikeldetailseite bei einfachen Artikeln (die Änderungen für die anderen Artikeltypen lassen sich auf die gleiche Weise einfügen):

/app/design/frontend/base/default/template/catalog/product/view/type/default.phtml

In dieser Datei suchen Sie nach folgendem Abschnitt:

```php
<?php if ($_product->isAvailable()): ?>
<p class="availability in-stock">
<?php echo $this->__('Availability:') ?>
<span><?php echo $this->__('In stock') ?></span>
</p>
<?php else: ?>
<p class="availability out-of-stock">
<?php echo $this->__('Availability:') ?>
<span><?php echo $this->__('Out of stock') ?></span>
</p>
<?php endif; ?>
```

Fügen Sie anschließend diese Zeilen ein, um den Wert des Attributs *Lieferzeit* genau darunter auszugeben:

```php
<p class="availability">
<?php echo "Lieferzeit: ";
echo $_product->getData('lieferzeit') ?>
</p>
```

Sie haben es fast geschafft! Im letzten Schritt speichern Sie die geänderte Datei unter dem folgenden Pfad ab, wobei Sie gegebenenfalls auf dem Server die dazu notwendige Verzeichnisstruktur vorher erzeugen müssen:

/app/design/frontend/default/webkochshop/template/catalog/product/view/type/ default.phtml

Voilà! Sie haben nun im *webkochshop*-Theme eine neue Template-Datei gespeichert, die das Attribut *Lieferzeit* auf der Artikeldetailseite ausgibt (Abbildung 10-14).

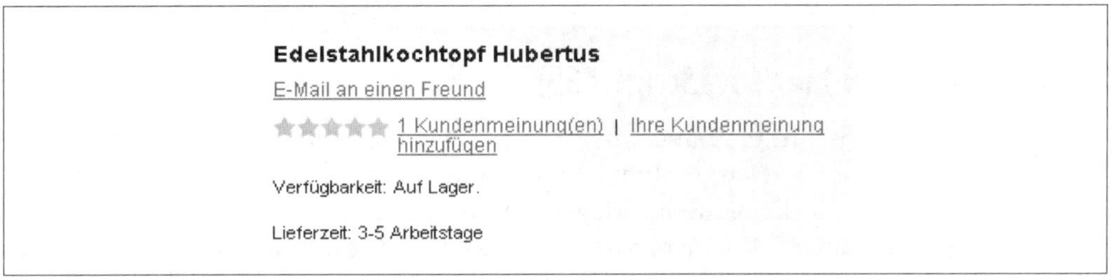

Abbildung 10-14: Die eingetragene Lieferzeit wird nun im Template angezeigt

Dieser Abschnitt hat Ihnen verraten, wie man mit den Template-Dateien umgeht und schon mit kleinen Änderungen neue – und vor allen wichtige – Informationen mithilfe eines Attributs einblenden kann. Im letzten Teil dieses Kapitels beschäftigen wir uns mit dem Styling mittels CSS-Dateien und Bildern.

Häuslebauen mit Magento

Brummt Ihnen nach diesen Ausführungen zu Blöcken und Layouts ein wenig der Kopf? Und tragen Sie sich vielleicht in diesem Zusammenhang schon mit dem Gedanken, nun doch ein normales Ladengeschäft anstelle eines »neumodischen« Online-Shops zu eröffnen? Nun, vergessen Sie für einen Moment das Vorhaben Webkochshop und stellen Sie sich einfach einmal vor, Magento wäre ein elegantes zweistöckiges Einfamilienhaus.

In einem Haus finden sich üblicherweise mehrere Zimmer, die über die Etagen verteilt sind. Diese Zimmer sind im Fall von Magento die Strukturblöcke, teilen sie doch das gesamte Gebilde in grundlegende Einheiten auf. Jedes Zimmer wiederum besteht aus vielen einzelnen Elementen, beispielsweise Möbelstücken oder Pflanzen. Das sind in unserer Analogie Magentos Inhaltsblöcke, die auf die Strukturblöcke – sprich die einzelnen Zimmer – verteilt sind. Last, but not least besteht das Haus aus mehreren Etagen, die die einzelnen Zimmer in Bereiche unterteilen, also z. B. Wohnbereich, Schlafbereich usw. Eine derartige Unterteilung übernehmen in Magento die einzelnen Module wie *Page* oder *Catalog*. Gäbe es ein Modul *Parterre*, würde in der zugehörigen Layoutdatei *parterre.xml* bestimmt werden, ob der Esstisch in die Küche oder ins Wohnzimmer gestellt werden muss. Ebenso wird hier hinterlegt, an welcher Stelle genau der Tisch näher beschrieben wird: Im Template-Verzeichnis */parterre* sind dazu alle Dateien abgespeichert, die das Aussehen und die Form dieses Tischs und sämtlicher anderer Möbelstücke auf dieser Etage festlegen. Nutzen Sie die korrespondierende *esstisch.phtml*-Datei, um zu bestimmen, wie viele Beine der Tisch haben und aus welchem Material er bestehen soll.

Nach diesem kurzen Ausflug ins Bauingenieurwesen und in die Innenarchitektur haben Sie hoffentlich wieder Mut gefasst und geben Magento eine zweite Chance. Eins sei verraten: Sie werden es nicht bereuen!

Der Skin-Ordner (Bilder, JavaScript, CSS)

In den vorherigen Abschnitten haben Sie gesehen, wie man mithilfe von Blöcken sowie Layout- und Template-Dateien die Inhalte von Shopseiten strukturieren kann. Alle Elemente lassen sich so an die Stelle im Magento-Grundgerüst verschieben, an der Sie sie auch gern sehen möchten. Mit einem Skin wird dieses Gerüst nun wortwörtlich mit einer schönen »Haut« oder einem ansprechenden Kleid versehen. Hier kommt also der Designer (in Ihnen?) ins Spiel: Mithilfe von Grafik- und CSS-Dateien sowie speziellem für die Anzeige wichtigem JavaScript verpassen Sie Ihrem Shop ein individuelles Aussehen. So hilfreich und praktisch Magentos Block- und Modulstruktur für Sie als Shopbetreiber auch ist, Ihre Kunden interessiert vor allen Dingen das, was er im Browser sieht. In diesem Abschnitt bringen wir Ihnen den Aufbau der Skins näher und zeigen Ihnen in einem Praxisbeispiel, wie Sie ein neues Logo auf den Server laden können.

Der */skin*-Ordner tanzt in Magentos Verzeichnishierarchie etwas aus der Reihe. Wie Sie bisher sehen konnten, sind alle das Erscheinungsbild der Website betreffenden Dateien in */app/design/* gespeichert. Die sogenannten Skins finden sich aber an einer völlig anderen

Stelle auf dem Server. Auf Seite 265 haben Sie bereits gelesen, dass es sich um ein Sicherheitsfeature von Magento handelt, nur die Dateien öffentlich lesbar auf dem Server abzulegen, für die das auch unbedingt notwendig ist. Der /skin-Verzeichnisbaum spiegelt dabei exakt den /app/design-Verzeichnisbaum wider. Für unser neues *webkochshop*-Theme gilt also:

/app/design/frontend/default/webkochshop/

/skin/frontend/default/webkochshop/

Ein vollständiges Skin besteht unter anderem aus drei Verzeichnissen, nämlich */css*, */images* und */js*. In diesen werden alle Dateien abgelegt, die für das Design der Seite erforderlich sind.

Für unser Praxisbeispiel erstellen Sie zunächst in einem externen Grafikprogramm ein Logo im GIF-Format; das Logo kann für diesen Demozweck ein ganz einfaches sein. Achten Sie für dieses Beispiel darauf, dass es ein Format von 157 Pixeln Breite und 47 Pixeln Höhe hat; das sind die Standardwerte des Magento-Demoshop-Themes. Im letzten Schritt laden Sie das neue Logo unter dem Namen *logo.gif* via FTP in folgendes Bildverzeichnis:

/skin/frontend/default/webkochshop/images/

Sie ahnen es schon – das war's! Wenn Sie nun Ihren Browser aktualisieren, prangt das neue Logo eindrucksvoll im Kopfbereich. Sie sehen also, wie Sie bereits mit dem Hochladen einer neuen Logo-Datei das Aussehen des Webkochshops verändern können.

Magento und Matroschka

Sie kennen doch sicherlich diese russischen Steckpuppen, die innen hohl sind und jeweils eine kleinere Puppe enthalten, die wiederum eine kleinere Puppe enthält und so weiter. Dieses Prinzip haben wir im Laufe des Buchs häufiger auch als Schachtel-Logik bezeichnet. Bei diesem Konzept geht es darum, dass Elternelemente ihre Merkmale auf die Kindelemente 1:1 weitervererben, es sei denn, für diese Kindelemente werden bestimmte individuelle Merkmale hinterlegt. Das lässt sich sehr gut am Beispiel eines neuen Skins beschreiben:

Ein neues Skin muss nicht komplett alle Bild- und Style-Daten enthalten, die zur Darstellung nötig sind. Im Grunde genommen ist es völlig ausreichend, wenn es nur aus einer Datei besteht. Alle anderen Informationen werden vom *default*-Skin übernommen. Legen Sie ein neues Verzeichnis in dieser Form an:

/skin/frontend/default/neues_skin/css

Wenn Sie nun eine neue CSS-Datei gestalten und diese unter dem Namen *styles.css* im gerade erstellten Verzeichnis abspeichern, ist mit dieser einen Datei ein neues Skin entstanden. Weisen Sie dieses neue Skin einer Website oder einem StoreView zu, wird für diesen Geltungsbereich nur die neue Stylesheet-Datei geladen. Alle übrigen Daten, also Bilder und JavaScript, stammen aus dem *default*-Skin – der größeren Matroschka.

Hilfen bei der Theme-Entwicklung

Obwohl die Theme-Entwicklung – wie Sie im bisherigen Kapitel gesehen haben – kein Buch mit sieben Siegeln ist und Ihnen leicht von der Hand gehen wird, wenn Sie ein wenig mit dem System experimentiert haben, kann ein wenig zusätzliche Hilfestellung nicht schaden, nicht wahr? In diesem Abschnitt möchten wir Ihnen noch ein Bordwerkzeug von Magento vorstellen, das Sie bei der Entwicklung von Themes unterstützen wird.

Um diese Werkzeuge zu nutzen, gehen Sie im Adminbereich in die Systemkonfiguration (*System → Konfiguration*), wählen den Geltungsbereich *Main Website* oben links und klicken anschließend auf den Menüpunkt *Entwickleroptionen* in der Gruppe *Erweitert*. Öffnen Sie dort den zweiten Abschnitt mit dem Titel *Debug* und setzen Sie die beiden Dropdown-Menüs bei *Vorlagen Pfadhinweise* und *Blocknamen zu Hinweisen hinzufügen* auf *Ja*. Speichern Sie diese Einstellung über den Button *Konfiguration speichern* und wechseln Sie anschließend in das Frontend des Webkochshops. Wenn Sie nun den Browser aktualisieren, sehen Sie, dass Magento eine Reihe von roten Kästen und Pfadangaben in die Seite schreibt (Abbildung 10-15).

Abbildung 10-15: Bessere Orientierung mithilfe von Pfadangaben

Schauen wir uns das anhand der Breadcrumbs bzw. Brotkrumen einmal genauer an. In einem roten Kasten steht in Höhe dieser Navigation der Eintrag *frontend/base/default/ template/page/html/breadcrumbs.phtml*. Wenn Sie die vorangegangenen Abschnitte gelesen haben, dürfte es Ihnen nicht schwerfallen, zu sagen, worum es sich bei diesem Pfad handelt. Richtig, hier wird auf die Template-Datei *breadcrumbs.phtml* im *Default*-Theme verwiesen, die für die Formatierung der Breadcrumbs verantwortlich ist.

Im selben Kasten sehen Sie ebenfalls den Eintrag *Mage_Page_Block_Html_Breadcrumbs*. Das sieht ein wenig kniffliger aus, ist aber auch schnell erklärt. Hier wird Ihnen angezeigt, welche Block-Klasse den Breadcrumbs zugrunde liegt; in der Layoutdatei *page.xml* finden Sie unter anderem diesen Eintrag:

```
<block type="page/html_breadcrumbs" name="breadcrumbs" as="breadcrumbs"/>
```

Mit anderen Worten, der durch Unterstriche unterteilte Ausdruck *Mage_Page_Block_ Html_Breadcrumbs* führt Sie zunächst in die richtige XML-Datei (*Page*) und verweist dann auf den korrekten Eintrag. Wenn Sie dieses großartige Hilfsmittel nutzen, sind Sie in der Lage, effizient mit und an einem Theme zu arbeiten, weil Sie jederzeit sehen, an welchen Schrauben Sie drehen müssen, um die gewünschten Änderungen zu erhalten.

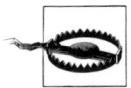 Vergessen Sie nicht, nach getaner Arbeit die Pfadhinweise wieder zu deaktivieren. Was für Sie in der Entwicklungsphase eine sinnvolle Hilfestellung war, wird für Ihre Besucher im besten Fall befremdlich wirken.

In diesem Kapitel haben wir Ihnen die grundlegenden Begrifflichkeiten der Designstruktur von Magento erläutert. Dabei haben wir zuerst die wichtigsten Begriffe in diesem Zusammenhang erklärt, bevor wir dann genauer auf Magentos Blockstruktur eingegangen sind. Nachdem Sie den groben strukturellen Aufbau von Magento kennengelernt haben, wurde Ihnen im Rahmen der Erstellung eines neuen Themes für den Webkochshop dessen Aufbau mithilfe von Templates, Layouts und Skins gezeigt und an einigen einfachen Beispielen dargestellt, wie Sie aktiv den Aufbau und die Anordnung verschiedener Informationen im Shop-Frontend beeinflussen können.

In Tabelle 10-1 haben wir für Sie noch einmal zusammengefasst, an welchen Schräubchen Sie innerhalb der Theme-Struktur drehen müssen, um gewünschte Änderungen durchführen zu können. Hierbei beziehen wir uns der Einfachheit halber auf das *Default*-Theme.

Tabelle 10-1: Magento-Themes: Wo tue ich was?

Was möchten Sie tun?	Von wo kopieren/arbeiten Sie?
Änderungen am Stylesheet vornehmen, beispielsweise andere Farben oder Schriftarten verwenden	*/skin/frontend/default/default/css/styles.css*
Ein neues Logo oder andere Hintergrundgrafiken verwenden	*/skin/frontend/default/default/images/*
Spezielle JavaScript-Dateien hinterlegen	*/skin/frontend/default/default/js/*
Das Layout grundlegend ändern, z. B. von zweispaltig zu dreispaltig wechseln	Auswahl eines neuen Seiten-Templates über den Adminbereich, die Templates liegen in: */app/design/frontend/base/default/template/page/*
Inhaltsblöcke innerhalb der Strukturblöcke verschieben, z. B. die Warenkorb-Box von rechts nach links	Verschieben des Codeschnipsels für den jeweiligen Block in die entsprechende `<reference>` innerhalb der jeweiligen Layoutdatei, z. B in: */app/design/frontend/bas/default/layout/catalog.xml*
Inhaltsblöcke komplett ausblenden	Deaktivieren der jeweiligen Modulausgaben im Adminbereich unter *System → Konfiguration → Erweitert*
Das Aussehen von Inhaltsblöcken verändern, z. B. die Warenkorb-Box	Änderungen in der/den entsprechenden Template-Datei(en), z. B. */app/design/frontend/base/default/template/checkout/cart/sidebar.phtml*
Textbausteine von Inhaltsblöcken übersetzen	Nutzung der Inline-Übersetzung, diese aktivieren Sie im Adminbereich unter *System → Konfiguration → Entwickleroptionen*

Marketing-Tools im Einsatz

»Umsatz, Umsatz, Umsatz!«, so schallt es aus der Geschäftsführung. Zwar werden Kochlöffel und Töpfe in akzeptablen Mengen verkauft, aber mit Magentos Bordmitteln lassen sich noch weitere interessante Verkaufsaktionen realisieren. Sie können beispielsweise über Preisregeln Rabatte realisieren, bestimmte Artikel für einen gewissen Zeitraum in einem anderen Layout präsentieren oder Sonderangebote anlegen. Außerdem können Sie über Up- und Cross-Selling zueinander passende Artikel verknüpfen – es wäre doch praktisch, in unserem Webkochshop die Gabeln zusammen mit den Messern verkaufen zu können, oder?

Rabattaktionen durchführen

Unter den beiden unscheinbar wirkenden Menüpunkten *Katalog Preisregeln* und *Warenkorb Preisregeln* im Menüpunkt *Preisregeln* im Adminbereich sind die Werkzeuge versteckt, mit denen Sie mit nur wenigen Mausklicks die gesamte Preisgestaltung des Webkochshops auf den Kopf stellen können – in hoffentlich sinnvoller Weise! Im Crashkurs in Kapitel 3 haben Sie bereits mit einer Katalog-Preisregel sämtliche Preise im Webkochshop um 20 % reduziert. Sie erinnern sich, diese Art von Preisregel wirkt sich, wie der Name schon andeutet, auf das gesamte Artikelangebot Ihres Shops aus. Hier lassen sich beispielsweise ein Aktionszeitraum sowie eine oder mehrere Bedingungen (»Wenn ein Artikel der Kategorie Kochtöpfe zugeordnet ist, wird er um 20 % reduziert«) festlegen, und im Nu sind diese neuen Preise im Shop aktiv.

Rabattcodes mit Warenkorb-Preisregeln anlegen

Die zweite Gruppe von Preisregeln wirkt sich nur auf Artikel aus, die der Kunde in den Warenkorb legt. Möchten Sie beispielsweise eine Verkaufsaktion durchführen, die lauten könnte: »Die ersten 5 Kunden, die Waren im Wert von über 50,00 _ einkaufen, erhalten ihre Bestellung versandkostenfrei!«, kommt hier eine warenkorbbasierte Preisregel zum Einsatz. Außerdem lassen sich auch Rabattcodes anlegen, die sich auf den Wert eines Artikels oder des gesamten Warenkorbs auswirken. Und genau solch einen Rabattcode werden wir in diesem Abschnitt anlegen. Trägt der Kunde den jeweiligen Code im Warenkorb des Webkochshops ein, werden alle Artikel um 10 % reduziert. Um Sie auch gleichzeitig mit den erweiterten Bedingungen einer Preisregel vertraut zu machen, werden Sie den Rabatt so gestalten, dass die ersten fünf Kunden Artikel nur ab einem Mindestbestellwert von € 50,00 reduziert erhalten.

Springen Sie dazu im Adminbereich zu *Preisregeln* → *Warenkorb Preisregeln*. Nach kurzer Zeit werden Sie zu einer Liste weitergeleitet, die alle diesbezüglichen gespeicherten Regeln wiedergibt. Klicken Sie auf die Schaltfläche *Neue Regel anlegen* oben rechts. In der Eingabemaske, die nun erscheint, können Sie die Details zu dieser Regel anlegen. Dies sind unter anderem:

Regelname
Tragen Sie hier einen Namen ein, anhand dessen Sie die Regel in der Übersichtsliste schnell wiederfinden können.

Beschreibung
Hier ist Platz für eine Beschreibung der zu erstellenden Preisregel. Nutzen Sie sie, um bei vielen Preisregeln den Überblick zu behalten.

Status
Um die Regel nutzen zu können, wählen Sie *Aktiv*.

Websites
Markieren Sie hier die Websites, für die die Regel gelten soll; da zurzeit nur eine Website in Ihrer Magento-Installation vorhanden ist, klicken Sie auf *Main Website*.

Kundengruppen
Wählen Sie in diesem Mehrfachauswahlfeld die Kundengruppe *Allgemein* aus. Damit kann der Rabatt nur von Kunden genutzt werden, die dieser Kundengruppe zugewiesen sind.

 Bestellt ein Kunde als Gast in Ihrem Shop, wird er den Rabattcode nicht einlösen können, da er dann unter der virtuellen Kundengruppe *NOT LOGGED IN* geführt wird. Ein Rabattcode für alle Kunden muss auch allen Kundengruppen inklusive der Kundengruppe *NOT LOGGED IN* zugewiesen sein.

Rabatt
Legen Sie mit diesem Schalter fest, dass Sie einen Rabattcode verwenden möchten, und stellen Sie das Drop-down-Menü auf Nur mit angegebenem Rabattcode.

Rabattcode
Jetzt wird es langsam spannend, denn ab hier nehmen Sie wichtige Einstellungen für den Rabatt vor. In diesem Eingabefeld ist Platz für einen beliebigen Rabattcode, den Kunden eingeben müssen, um in den Genuss der Preisreduktionen zu kommen. Nehmen Sie hier beispielsweise *AKTION-WKS-1*.

In Magento haben Sie auch die Möglichkeit, einen Assistenten zur Erstellung vieler Hundert oder gar Tausend Rabattcodes zu bemühen. Aktivieren Sie dazu das Kontrollkästchen *Assistent zur Erstellung nutzen*. Der Assistent wird nach dem ersten Speichern der Preisregel in der linken Seitenspalte freigeschaltet.

Verwendungen pro Rabattcode

Sie haben richtig geraten, hier tragen Sie eine ganze Zahl ein, die die maximale Anzahl der Verwendungen des Rabattcodes im Shop festlegt. Geben Sie hier den Wert *5* ein, denn Sie sind zwar ein wohlmeinender Shopbetreiber, jedoch kein wohltätiger Verein.

Verwendungen pro Kunde

Eine weitere Einschränkung, die leicht zu erraten ist. Unser Rabattcode darf nur einmal pro Kunde verwendet werden, also tragen Sie hier die magische *1* ein.

vom

Mithilfe der Kalenderfunktion, die Ihnen im Laufe dieses Buchs bereits öfter über den Weg gelaufen ist, legen Sie ein Datum fest, ab dem der Gutschein gültig sein soll. Um den Gutschein auch gleich testen zu können, tragen Sie hier das heutige Datum ein.

 Wenn Sie das Datumsfeld frei lassen, wird automatisch das aktuelle Datum eingetragen.

bis zum

Analog zum Startdatum lässt sich hier ein Enddatum hinterlegen. Wählen Sie für unser Beispiel das Datum von morgen aus.

Priorität

Sollte es bei mehreren Preisregeln zu Überschneidungen kommen, lässt sich anhand der Priorität die Reihenfolge festlegen, in der die Regeln vom System bearbeitet werden. Für unser Beispiel spielt diese Einstellung jedoch keine Rolle, sodass Sie sie leer lassen können.

Öffentlich im RSS-Feed

Magento stellt verschiedene RSS-Feeds zur Verfügung, die Kunden abonnieren können und in denen beispielsweise neue Produkte oder auch neue besondere Rabattaktionen veröffentlicht werden. Falls Sie nicht möchten, dass die gerade erstellte Preisregel in diesem RSS-Feed erscheint, setzen Sie das Drop-down-Menü hier auf Nein, andernfalls belassen Sie es einfach bei Ja.

Nachdem Sie so die wichtigsten Einstellungen vorgenommen haben, wechseln Sie anschließend zur Gruppe *Bedingungen* über das gleichnamige Register ganz links. Klicken Sie dann im Inhaltsbereich auf das kleine Plussymbol, um Bedingungen festlegen zu können (Abbildung 11-1).

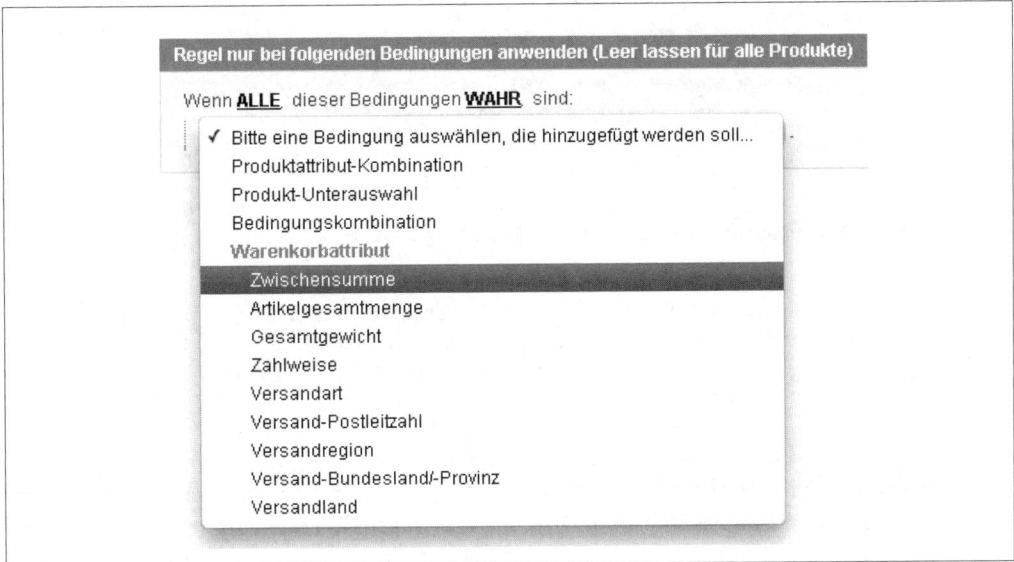

Abbildung 11-1: Hier legen Sie eine Bedingung für die aktuelle Preisregel fest

Im darauf erscheinenden Drop-down-Menü wählen Sie den Eintrag *Zwischensumme* aus, woraufhin weitere Eingabemöglichkeiten geladen werden. Klicken Sie auf *ist*, um einen Vergleichsparameter aus dem neuen Drop-down-Menü auszuwählen (Abbildung 11-2).

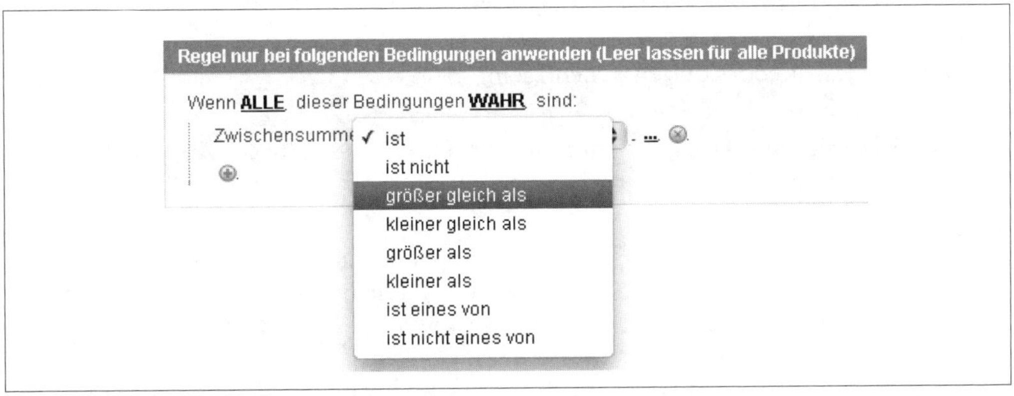

Abbildung 11-2: Verschiedene Auswahlparameter

Sie möchten die Bedingung nun so gestalten, dass der Rabatt ab einem Mindestbestellwert von 50 € gültig wird. Wählen Sie also aus dem Drop-down-Menü den Eintrag *größer gleich als* aus. Zum Schluss müssen Sie in der Bedingung nur noch den Wert *50* unterbringen. Klicken Sie dazu auf die kleinen Pünktchen, die ebenfalls dort angezeigt werden, und es erscheint ein neues Eingabefeld, in das Sie die *50* eintragen können (Abbildung 11-3).

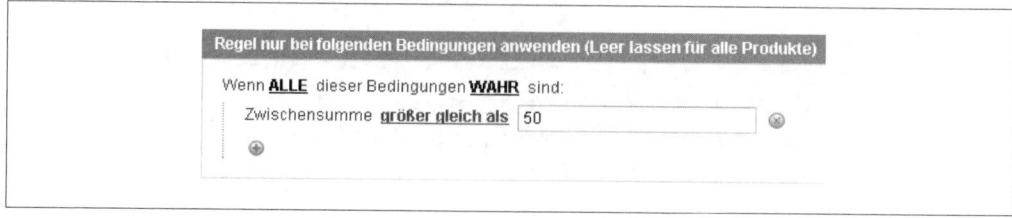

Abbildung 11-3: Tragen Sie den Wert ein, den die Bedingung erfüllen muss.

 Es lassen sich auch mehrere Bedingungen hintereinander anlegen bzw. verschachteln. Nutzen Sie dazu einfach das jeweilige Plussymbol. Löschen lässt sich eine Bedingung über das Minussymbol, das rechts von der Bedingung erscheint.

Nachdem Sie so den Rabatt und die Bedingung spezifiziert haben, wird im letzten Schritt die Preisreduktion hinterlegt. Klicken Sie dazu ganz links auf den Menüeintrag *Aktionen*. In der neu geladenen Eingabemaske im Inhaltsbereich müssen Sie lediglich einen Wert in das Eingabefeld *Rabattbetrag* eintragen. Da alle Artikel um 10 % reduziert werden sollen, geben Sie hier entsprechend den Wert *10* ein und speichern die gesamte Preisregel über die Schaltfläche *speichern und weiter bearbeiten* oben rechts.

Über den links erscheinenden Menüpunkt *Rabattcodes verwalten* können Sie einige Werte für die automatisch erzeugten Rabattcodes festlegen, bevor Sie mit einem Klick auf *Erstellen* die einzelnen Rabattcodes von Magento erzeugen lassen.

Anzahl

Wie viele Rabattcodes dürfen es denn sein?

Codelänge

Wie viele Zeichen soll Magento automatisch erzeugen – Suffix, Präfix und Trennzeichen nicht mitgezählt?

Codeformat

Magento kann Codes mit verschiedenen Zeichenarten erstellen. Alphanumerische Codes bestehen aus Buchstaben und Ziffern, alphabetische Codes ausschließlich aus Buchstaben und numerische – nun, Sie wissen es schon – nur aus Ziffern.

Code-Präfix

Diese Zeichenfolge wird dem automatischen Code vorangestellt. *SUMMER-* wäre ein tolles Präfix für eine Sommerverkaufsaktion.

Code-Suffix

Diese Zeichenfolge wird im Gegensatz zum Suffix hinten an den Code angehängt.

Bindestrich nach jedem x-ten Zeichen

Damit längere Codes leichter les- und abschreibbar werden, können Sie die Codes in kleine Häppchen von jeweils drei oder vier Zeichen aufteilen. Zwischen den Teilen setzt Magento Bindestriche ein.

Die so erzeugte Liste (Abbildung 11-4) können Sie exportieren und für eine Mailingaktion oder Ihr externes Kundenverwaltungssystem nutzen.

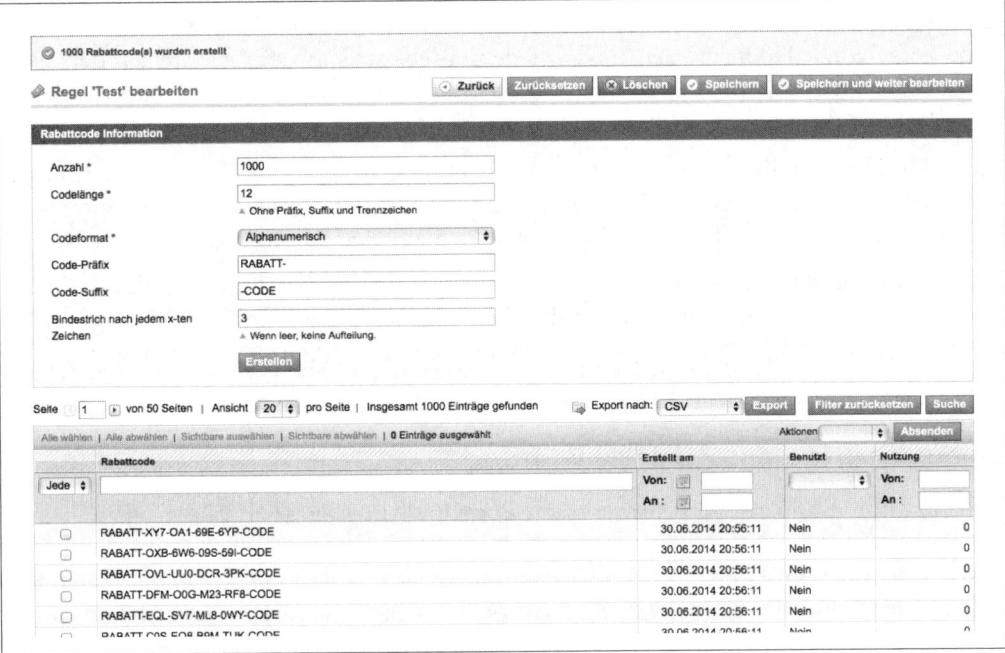

Abbildung 11-4: Der Assistent unterstützt Sie bei der automatischen Erstellung von Rabattcode-Listen

Wechseln Sie nun zum Frontend des Webkochshops und legen Sie den *Edelstahlkochtopf Hubertus* in den Warenkorb. Auf der Warenkorbseite tragen Sie anschließend den Rabattcode *AKTION-WKS-1* ein, und der Wert Ihrer Artikel wird um 10 % reduziert – sofern Sie sich beeilt haben und einer der ersten fünf Kunden waren (Abbildung 11-5).

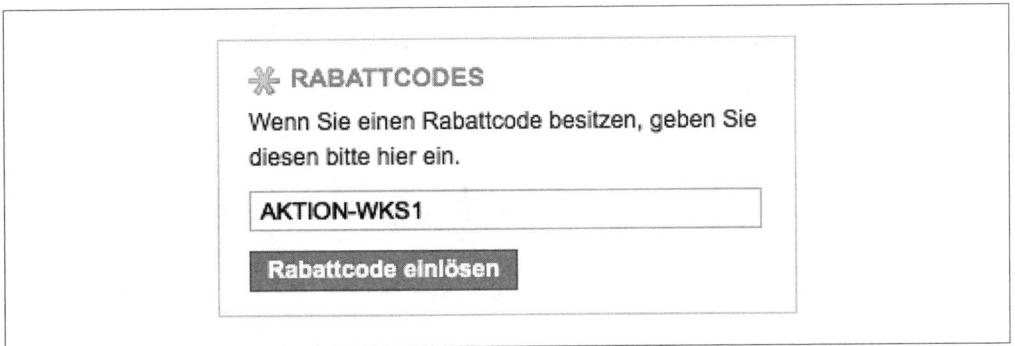

Abbildung 11-5: Die Preise im Warenkorb werden nach der Rabattcodeeingabe reduziert

Löschen Sie diesen Artikel und legen Sie stattdessen einen Artikel in den Warenkorb, der nicht den Wert von 50 € erreicht, kommt es wie geplant nicht zu einer Preisreduktion.

Saisonale Template-Änderungen konfigurieren

Weihnachten steht vor der Tür: Ab September gibt es in allen Supermärkten Weihnachtsmänner, und in der Innenstadt wird an jedem verfügbaren Haken eine Tannengirlande aufgehängt. Höchste Zeit, dass wir dem Webkochshop ein feierliches, dem Fest angemessenes Layout spendieren, damit der *Edelstahlkochtopf Hubertus* unter möglichst vielen Weihnachtsbäumen der Republik steht.

Diese Art von Gestaltungsänderung ist ein wichtiges Mittel, um Ihren Kunden etwas Neues präsentieren zu können. Ein Online-Shop, der sich jahrelang nicht im Geringsten ändert, ist besonders für die Stammkundschaft schlichtweg langweilig.

Eine Gestaltungsänderung lässt sich in Magento auf verschiedenen Ebenen durchführen, beispielsweise auf Kategorie- und Artikelebene. Beginnen wir mit der Änderung des StoreView-Layouts und arbeiten wir uns dann vor zur Bearbeitung der Kategorien und Artikel.

Weihnachten im deutschen Webkochshop

Eine Gestaltungsänderung beginnt mit der Erstellung eines eigenen Themes bzw. Skins. In Kapitel 10 haben Sie gesehen, wie man das *Default*-Theme anpasst, indem man beispielsweise die Template-Dateien oder das Stylesheet im */skin*-Ordner ändert. Erstellen Sie auf der Ordnerebene des *Default*-Themes ein neues Theme mit dem Namen *weihnachten*. Lassen Sie Ihrer Fantasie freien Lauf, fügen Sie ein paar weihnachtliche Hintergrundbilder hinzu und tauchen Sie Ihre Texte via Stylesheet in ein Rot-Grün. (Mit ein paar JavaScript-Kenntnissen können Sie es sogar im Webkochshop schneien lassen, im Internet gibt es haufenweise Tutorials zu diesem ~~beliebten~~ Effekt.)

Nach diesen vorbereitenden Maßnahmen rufen Sie im Adminbereich das Menü *System → Gestaltung* auf. In der Liste, die sich jetzt öffnet, sind alle Gestaltungsänderungen gespeichert, die es im Webkochshop gibt. Um schnell etwas gegen die momentan herrschende gähnende Leere dieser Liste zu tun, klicken Sie auf *Gestaltungsänderung hinzufügen*, worauf sich die folgende Eingabemaske zeigt (Abbildung 11-6).

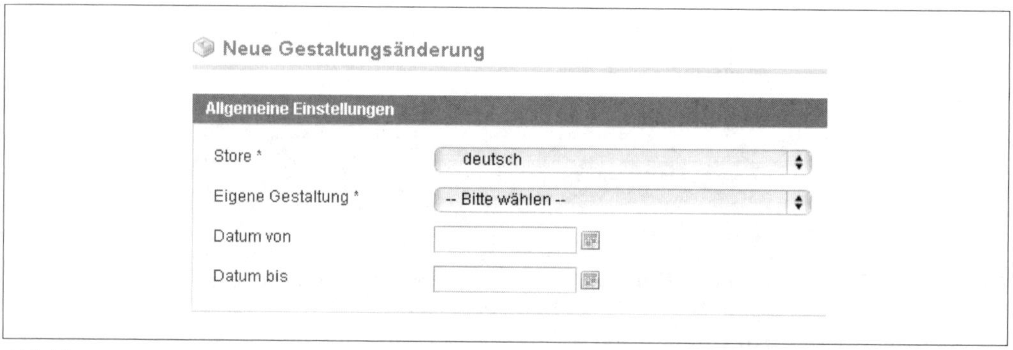

Abbildung 11-6: Tragen Sie hier eine Gestaltungsänderung für einen StoreView ein

Die vier Einstellungen, die Sie jetzt vornehmen müssen, erklären sich eigentlich von selbst. Bei *Store* wählen Sie den StoreView aus, für den Sie die Änderung durchführen möchten. Das Menü *Eigene Gestaltung* enthält alle Pakete bzw. Themes, die auf Ihrem Server liegen; aktivieren Sie hier das eben von Ihnen erstellte Theme *weihnachten*. Last, but not least tragen Sie das Anfangs- und Enddatum in die letzten beiden Felder dieses Formular ein; dies können Sie entweder direkt im Format *tt.mm.jj* tun oder über die Kalenderfunktion erledigen, die sich nach einem Klick auf das Kalendersymbol öffnet. Da Sie den Webkochshop nicht im Hochsommer weihnachtlich präsentieren möchten, stellen Sie das Theme für den Dezember ein. Um das Theme jedoch testen zu können, aktivieren Sie einen Zeitraum, in den auch das heutige Datum fällt, und klicken oben rechts auf *Speichern*. Die Gestaltungsänderung wird mit dem Hinweis *Gestaltungsänderung gespeichert* in der Datenbank hinterlegt, und wenn Sie das Frontend des Webkochshops im Browser aufrufen bzw. aktualisieren, werden sich darin hoffentlich Rentiere, Tannen & Co. tummeln.

Abgesehen von einer zeitweisen Änderung des kompletten StoreView-Designs lässt sich auch nur eine bestimmte Kategorie ändern. Alles Weitere dazu erfahren Sie im folgenden Abschnitt.

Die Gestaltung einer Kategorie vorübergehend ändern

So ähnlich wie eine saisonale Änderung des gesamten Designs eines StoreView lässt sich auch eine Kategorie vorübergehend in einem anderen Look präsentieren. Dies ist dann beispielsweise sinnvoll, wenn Sie eine Kategorie besonders hervorheben möchten, weil sich in ihr eine Reihe von Sonderangeboten befindet. In unserem Beispiel möchten wir die Kategorie *Kochzubehör* zeitweise ändern.

Erstellen Sie wiederum ein neues Theme auf Basis des *Default*-Themes (siehe Kapitel 10), weisen Sie diesem per Stylesheet einen grasgrünen Hintergrund zu und speichern Sie es unter dem Namen *gruen* ab. Rufen Sie anschließend die Kategorieverwaltung (*Katalog* → *Kategorien verwalten*) auf und aktivieren Sie links im Kategoriebaum die Kategorie *Kochzubehör*. Wenn Sie nun im mittleren Inhaltsbereich auf das dritte Register *Eigene Gestaltung* klicken (Abbildung 11-7), erscheinen die folgenden Eingabefelder, über die Sie jeder Kategorie ein eigenes Design zuweisen können.

Use Parent Category Settings
> Hiermit bestimmen Sie, ob die Gestaltungsänderungen von der übergeordneten Kategorie geerbt werden sollen. Belassen Sie das Drop-down-Menü auf Nein.

Apply to Products
> Dieser Schalter hat Einfluss darauf, ob die Gestaltungsänderungen nur die aktuelle Kategorie oder auch die dieser Kategorie zugeordneten Artikel betreffen sollen. In unserem Beispiel möchten Sie nur das Aussehen der Kategorieansicht für *Kochzubehör* verändern, belassen Sie also die Einstellung auf Nein.

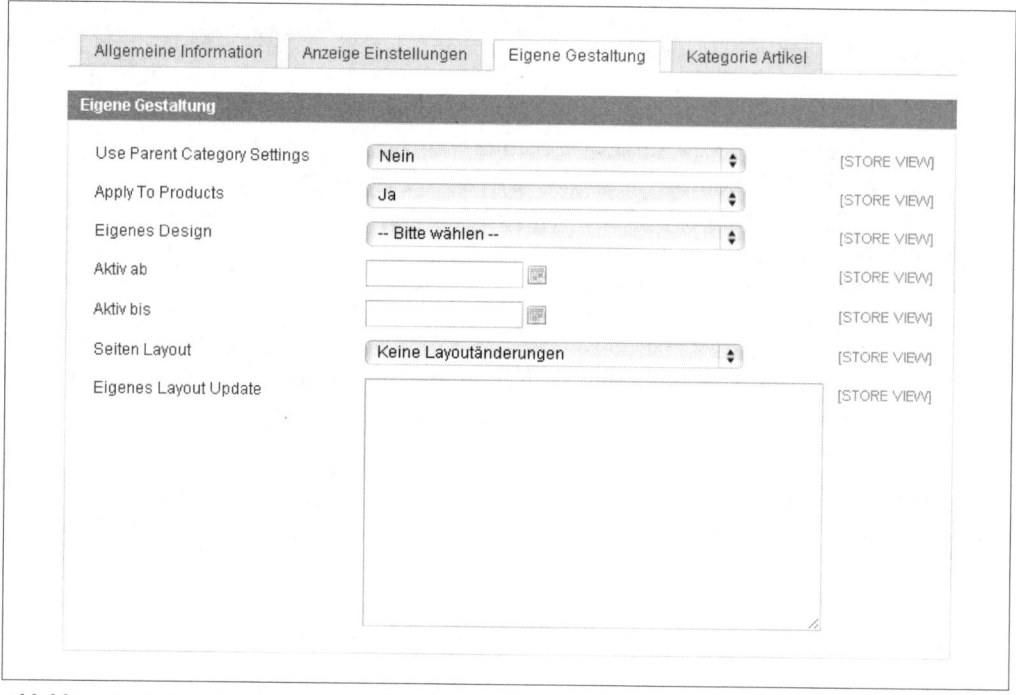

Abbildung 11-7: Die eigene Gestaltung für die aktuelle Kategorie

Eigenes Design

An dieser Stelle können Sie der aktuellen Kategorie ein eigenes Theme zuweisen. Im Drop-down-Menü erscheinen alle Themes, die auf Ihrem Server gespeichert sind. Aktivieren Sie hier das soeben erstellte Theme *gruen*.

Aktiv ab

Hier haben Sie die Möglichkeit, entweder mit der direkten Eingabe des Datums in der Form *tt.mm.jj* oder über die Kalenderfunktion, die Sie über das kleine Kalendersymbol erreichen, den Beginn der Gestaltungsänderung zu markieren. Stellen Sie der Einfachheit halber das heutige Datum ein.

Aktiv bis

So, wie der Beginn einer Gestaltungsänderung festgelegt werden kann, SO können Sie auch ein Enddatum bestimmen. Dieses geben Sie analog zum Startdatum entweder direkt oder über den Kalender ein. Wählen Sie hier das Datum von morgen.

Seiten-Layout

In diesem Drop-down-Menü lassen sich folgende Designänderungen einstellen, die die Anordnung der übrigen Shopinformationen festlegen:

- *Keine Layoutänderungen*
- *Leer*
- *1-spaltig*

- *2 Spalten mit linker Spalte*
- *2 Spalten mit rechter Spalte*
- *3-spaltig*

Für unser Beispiel belassen Sie das Menü auf *Keine Layoutänderungen.*

Eigenes Layout-Update

In Form einer eigenen XML-Definition haben Sie hier die Möglichkeit, ein eigenes Layout für die aktuelle Kategorie festzulegen. In unserem Beispiel können Sie dieses Feld jedoch leer lassen.

Alle Einstellungen werden über *Kategorie speichern* oben rechts abgespeichert. Surfen Sie nun im Webkochshop auf die Kategorie *Kochzubehör* und kneifen Sie ein wenig die Augen zusammen: Diese Kategorie wird mit grasgrünem Hintergrund angezeigt – wir übernehmen keine Haftung für eventuelle Sehschäden.

Nach der Designänderung auf StoreView- und Katalogebene folgt nun logischerweise noch eine Änderung auf Artikelebene.

Gestaltungsänderungen auf Artikelebene

Um das grasgrüne Superdesign nur einem Artikel zuzuweisen, wählen Sie in der Artikelverwaltung (*Katalog → Artikel verwalten*) den *Edelstahlkochtopf Hubertus* – das arme Opfer – aus und schauen sich per Mausklick in die Liste dessen Details an. Klicken Sie daraufhin im linken Bereich auf *Gestaltung*, und eine neue Sammlung von Texteingabefeldern erscheint (Abbildung 11-8). Mithilfe der nun folgenden Optionen können Sie für den Webkochshop Designänderungen einstellen, die nur für diesen Artikel und nur für den eingetragenen Zeitraum gelten.

Eigenes Design

In diesem Drop-down-Menü erscheinen wiederum alle Pakete und Themes, die im Dateisystem auf Ihrem Magento-Server hinterlegt sind. Aktivieren Sie hier das Theme *gruen.*

Aktiv ab

Geben Sie ein Startdatum für die Gestaltungsänderung an, indem Sie entweder das Datum manuell in der Form *tt.mm.jj* eingeben oder das kleine Kalendersymbol verwenden. Tragen Sie so das heutige Datum ein.

Aktiv bis

Irgendwann muss das schönste Design auch mal ein Ende haben. Aus diesem Grund können Sie hier ein Enddatum für die Designänderung angeben; entscheiden Sie sich für das Datum von morgen.

Eigenes Layout-Update

Wer gedacht hat, dass sich mit der Auswahl eines neuen, vorher festgelegten Themes die Flexibilität von Magento erschöpft, kennt die Entwickler von Magento schlecht. In diesem Eingabefeld haben Sie die Möglichkeit, eine XML-Struktur zu hinterlegen, die auf der Artikeldetailseite ausgeführt wird (siehe Kapitel 10).

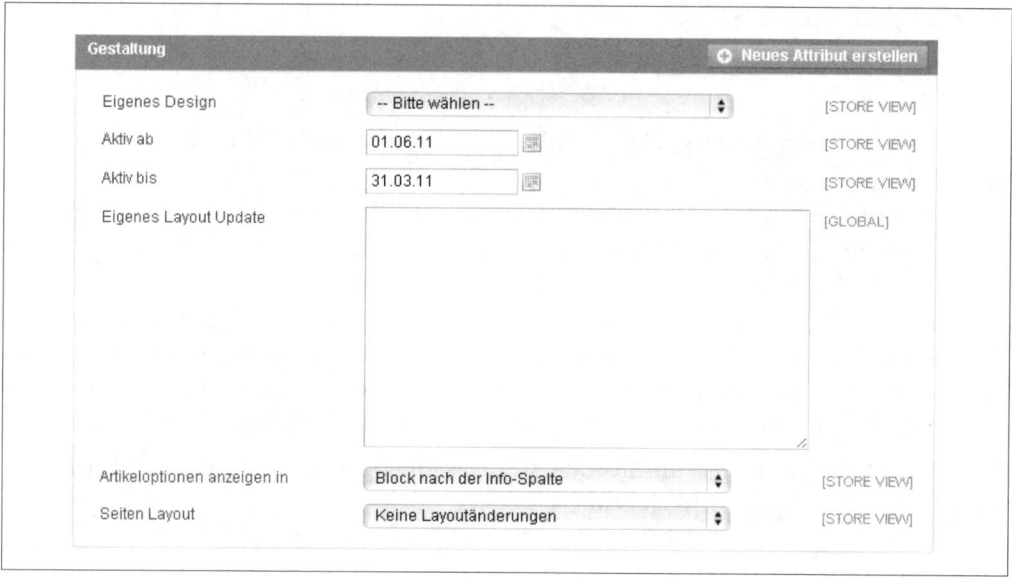

Abbildung 11-8: Eine besondere Gestaltung für einen Artikel festlegen

Artikeloptionen anzeigen in

In diesem Bereich gibt es zwei verschiedene Möglichkeiten, wie Artikeloptionen angezeigt werden können. Entscheiden Sie sich dafür, die Drop-down-Menüs der Artikeloptionen in der Infospalte des Artikels selbst (*Artikelinformationsspalte*) oder darunter (*Block nach der Info-Spalte*) anzeigen zu lassen.

Seiten-Layout

Analog zu den Gestaltungsänderungen bei den Kategorien können Sie hier ebenfalls ein Skelett-Template aussuchen, um die angezeigte Artikelansicht zu strukturieren. Belassen Sie das Drop-down-Menü jedoch hier auf Keine Layoutänderungen.

Wenn Sie dieses Formular ausgefüllt haben, trennt Sie nur noch ein Klick auf *Speichern* und ein Aktualisieren des Frontends in Ihrem Browser von der einmaligen Ansicht, den *Edelstahlkochtopf Hubertus* vor einem komplett grünen Hintergrund zu sehen.

Sonderangebote einstellen

Mithilfe eines Artikelberichts (siehe Seite 326) haben Sie festgestellt, dass der *Pappteller Gustav* zwar oft angesehen, jedoch sehr selten in den Warenkorb gelegt wird. In derlei Fällen ist es oftmals einen Versuch wert, einen Artikel zu einem Sonderpreis anzubieten, um die Kauflust der Kunden ein wenig zu stimulieren.

Um die erwähnten Teller zu einem Sonderpreis anbieten zu können, rufen Sie diese auf, indem Sie in die Artikelliste (*Katalog → Artikel verwalten*) klicken. Wechseln Sie in der Detailansicht in das Register *Preise* auf der linken Seite, wodurch die Eingabemaske für die Preisverwaltung angezeigt wird (Abbildung 11-9).

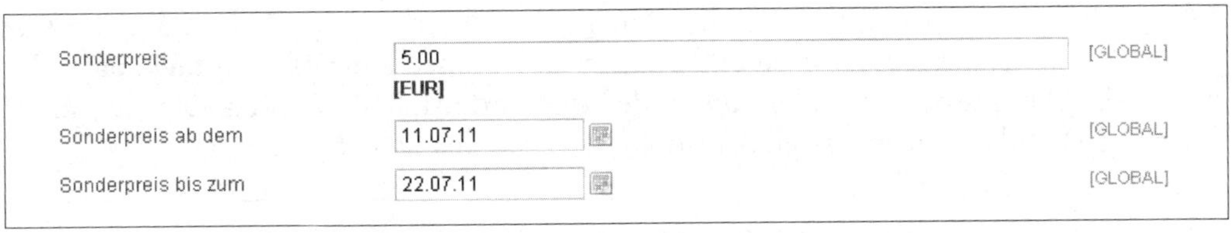

Sonderpreis	5.00		[GLOBAL]
	[EUR]		
Sonderpreis ab dem	11.07.11		[GLOBAL]
Sonderpreis bis zum	22.07.11		[GLOBAL]

Abbildung 11-9: Sonderpreise in der Preisverwaltung anlegen

In das Feld Sonderpreis tragen Sie nun den knallharten Angebotspreis als Dezimalzahl ein. Zusätzlich dazu haben Sie die Möglichkeit, analog zu den Designänderungen auch die Sonderpreise nur für einen bestimmten Zeitraum anzeigen zu lassen. Tragen Sie also jeweils Start- und Enddatum in die dafür vorgesehenen Eingabefelder ein. Verwenden Sie entweder die Schreibweise *tt.mm.jj* oder nutzen Sie die eingebaute Kalenderfunktion, die nach einem Klick auf das Kalendersymbol eingeblendet wird. Damit Sie sehen können, wie die Preise im Frontend angezeigt werden, wählen Sie das heutige Datum als Start- und das morgige als Enddatum aus und speichern den Artikel über die Schaltfläche *Speichern* in der oberen Leiste. Wenn Sie sich nun den *Pappteller Gustav* im Frontend anzeigen lassen, sehen Sie, dass dieser mit einem durchgestrichenen alten und einem roten neuen Sonderpreis dargestellt wird (Abbildung 11-10).

Abbildung 11-10: Der neue Sonderpreis wird beim Artikel angezeigt

Umfragen durchführen

Von Zeit zu Zeit möchten Sie als Shopbetreiber bestimmt wissen, wie Ihr Kunden Ihr Angebot und Ihren Shop einschätzen. Sicherlich, das lässt sich zum einen an den Bestellungen bzw. Retouren ablesen: Kunden, die viel bei Ihnen einkaufen und wenig zurückschicken, werden Sie wohl nicht gerade für einen chaotischen virtuellen Ramschladen halten. Aber wer sagt Ihnen, dass es nicht doch noch ein wenig besser ginge? In diesem Abschnitt zeigen wir Ihnen, wie Sie die Kunden des Webkochshops dazu befragen, ob sie mit dem Produktangebot zufrieden sind.

Zur Erstellung einer neuen Umfrage bemühen Sie zunächst den Bereich *CMS* → *Umfragen* im Adminbereich. Dort ist bereits die über alle Maßen sinnvolle Umfrage nach der eigenen Lieblingsfarbe vorhanden, die in der Standardinstallation vorhanden ist (Abbildung 11-11) und die Sie im ersten Schritt aus der Datenbank löschen.

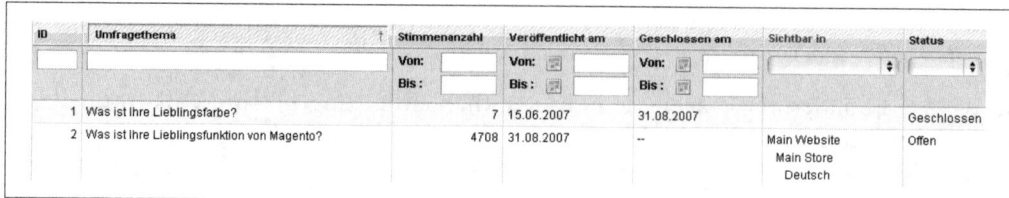

ID	Umfragethema	Stimmenanzahl	Veröffentlicht am	Geschlossen am	Sichtbar in	Status
		Von:	Von:	Von:		
		Bis:	Bis:	Bis:		
1	Was ist Ihre Lieblingsfarbe?	7	15.06.2007	31.08.2007		Geschlossen
2	Was ist Ihre Lieblingsfunktion von Magento?	4708	31.08.2007	--	Main Website Main Store Deutsch	Offen

Abbildung 11-11: Standardmäßig vorhandene Umfrage

Klicken Sie irgendwo in die Zeile und rufen Sie so die Details der Umfrage auf. Klicken Sie auf *Umfrage löschen* oben rechts, und diese ziemlich alberne Umfrage verschwindet auf Nimmerwiedersehen. Anschließend legen Sie über die Schaltfläche *Neue Umfrage hinzufügen* eine neue Umfrage an (Abbildung 11-12).

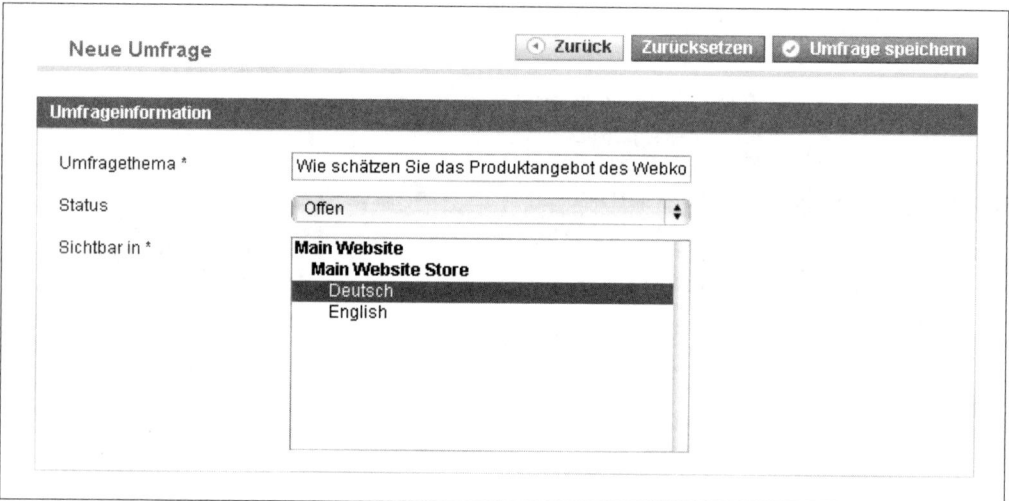

Abbildung 11-12: Anlegen einer neuen Umfrage

In das Eingabefeld *Umfragethema* schreiben Sie als Erstes die Frage, die Ihnen schon lange unter den Nägeln brennt: »Wie schätzen Sie das Produktangebot des Webkochshops ein?« Das Drop-down-Menü *Status* setzen Sie auf *Offen* und wählen im Feld *Sichtbar in* den StoreView *Deutsch* aus. (Die Einschränkung auf einen bestimmen StoreView ist sinnvoll, da es wohl wenig Aussicht auf Erfolg hätte, der englischen Kundschaft eine Frage auf Deutsch zu stellen, nicht wahr? Möchten Sie Ihren Besuchern aus Großbritannien ebenfalls mit einer Umfrage auf den kaufmännischen Zahn fühlen, legen Sie einfach eine zweite Umfrage auf Englisch an und beschränken diese auf den StoreView *English*.)

Die Frage ist damit gestellt, es fehlen nur noch die Antworten. Klicken Sie auf das Register *Umfrageantworten* ganz links und erstellen Sie über den Button *Neue Antwort hinzufügen* eine neue Antwort (Abbildung 11-13).

Abbildung 11-13: Der Umfrage verschiedene Antworten zuweisen

Geben Sie im Feld *Antworttitel* Folgendes ein: »Ich bin dem Kochen verfallen, Ihr Shop ist mein Tempel.« Bei *Stimmenanzahl* erscheint standardmäßig eine 0, das sollten Sie auch so lassen (es sein denn, Sie wollen ein wenig schummeln und einer Antwort einen gewissen Vorsprung geben). Weitere Antworten legen Sie über den Button *Neue Antwort hinzufügen* an (seien Sie ruhig mal ein wenig kreativ), anschließend speichern Sie alles über *Umfrage speichern*. Die neue Umfrage erscheint sofort in der deutschen Version des Webkochshops (Abbildung 11-14) und erwartet genauso gespannt wie Sie die Klicks der Shopbesucher.

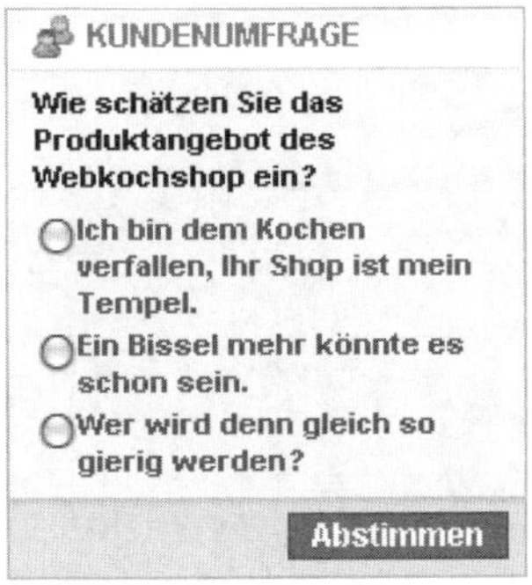

Abbildung 11-14: Die Umfrage wird im Shop angezeigt

Newsletter versenden

Im Magento-Adminbereich verbirgt sich unter diesem Menüpunkt eine E-Mail-Marketing-Zentrale, mit deren Hilfe Sie interessierten Abonnenten Ihre Rundschreiben senden können. Kunden können Ihre Rundschreiben abonnieren, indem sie die entsprechende Funktion im Frontend nutzen. (Wie Sie die Box zum Abonnieren des Newsletters mittels Inline-Übersetzung so verändern, dass sie auch den hiesigen Datenschutzbestimmungen entspricht, haben Sie bereits in Kapitel 5 erfahren.)

In den folgenden Abschnitten werden Sie einen Newsletter erstellen und verschicken, in dem Sie die besonderen Vorteile des *Edelstahlkochtopfs Hubertus* anpreisen und gleichzeitig ein Rezept für eine leckere Erbsensuppe beilegen.

Eine Newsletter-Vorlage vorbereiten

Sämtliche Funktionen zum Thema Newsletter finden Sie im Hauptmenü *Newsletter* Ihres Adminbereichs. Im Untermenü *Newsletter Vorlagen* verwalten Sie die Vorlagen zum Versand Ihrer Rundschreiben. Wenn Sie sich vorstellen, dass ein Newsletter im Grunde nichts anderes ist als eine E-Mail, die Sie an eine große Menge von Empfängern schicken, ist dies sozusagen das E-Mail-Programm, mit und in dem Sie eine E-Mail erstellen. Bei der Standardinstallation von Magento ist die Übersicht, die Sie als Erstes sehen, noch ganz leer. Wie bei allen anderen vergleichbaren Listen des Adminbereichs haben Sie auch hier verschiedene Filter- und Sortiermöglichkeiten, um auch dann den Überblick nicht zu verlieren, wenn sich die Newsletter in allen Ecken Ihrer Datenbank stapeln.

Um nun eine neue Vorlage zu erstellen, klicken Sie zunächst auf den Button *Neue Vorlage*. Mit der darauf erscheinenden Eingabemaske können Sie Ihren Newsletter in spe mit Werten füttern (Abbildung 11-15).

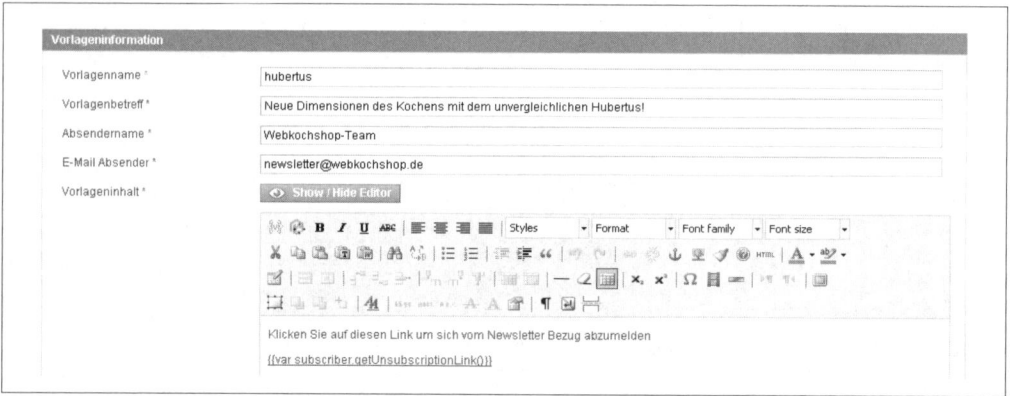

Abbildung 11-15: In diese Eingabemaske tragen Sie alle Werte für Ihre Newsletter-Vorlage ein

Geben Sie einen Namen für die Vorlage in das erste Eingabefeld ein, in unserem Fall *hubertus*. Anhand dieses Namens können Sie sie jederzeit wiedererkennen, wenn immer mehr Vorlagen in Ihrer Datenbank gespeichert sind. In das zweite Eingabefeld *Vorlagen-betreff* kommt der Inhalt hinein, der auch den Betreff Ihrer Massen-E-Mail schmücken soll. Unser Vorschlag hier: *Neue Dimensionen des Kochens mit dem unvergleichlichen Hubertus!*

Das nächste Textfeld *Absendername* verlangt – wie Sie schon vermutet haben – nach dem Namen, der im Absender des Newsletters auftauchen soll. Hier halten wir *Webkochshop-Team* für eine passende Eingabe. Analog dazu geben Sie auch die E-Mail-Adresse *newsletter@webkochshop.de* in das Feld *E-Mail-Absender* ein; öffnet ein Abonnent den gerade erhaltenen Newsletter in seinem E-Mail-Programm, wird diese Absenderadresse zusammen mit den Absendernamen angezeigt. Je klarer Sie hier sagen, wer Sie sind bzw. woher der Newsletter stammt, desto geringer ist die Wahrscheinlichkeit, dass Ihr liebevoll gestalteter Newsletter sofort im digitalen Papierkorb des Empfängers landet.

Das letzte Eingabefeld in dieser Eingabemaske trägt den schlichten Titel *Vorlageninhalt*. Auch bei diesem haben Sie die Möglichkeit, mittels *Show/Hide Editor* den WYSIWYG-Editor ein- oder auszuschalten. Wenn Sie ihn ausschalten, werden Sie bereits etwas Text sehen:

```
<p>Klicken Sie auf diesen Link um sich vom Newsletter Bezug abzumelden</p>
<!-- Dieses Tag ist f&uuml;r den Abmelde-Link -->
<p><a href="{{var subscriber.getUnsubscriptionLink()}}">
{{var subscriber.getUnsubscriptionLink()}}</a></p>
```

Mit diesem Stückchen Code wird automatisch ein Link in die Newsletter-E-Mail geschrieben, über den dieser abbestellt werden kann; dies ist ein unverzichtbarer Inhalt und sollte in keinem Newsletter fehlen!

Den eigentlichen HTML-Code des Newsletters, den Sie vorher via WYSIWYG-Editor oder in einem externen Editor erstellt haben (falls nicht, wäre jetzt der ideale Zeitpunkt dafür gekommen), fügen Sie als Nächstes per Copy-and-paste über dem oben gezeigten Abbestellungslink ein. Um sich anzuschauen, wie die gerade erstellte Newsletter-Vorlage aussehen wird, lässt sich über den Button *Vorlagenvorschau* eine Vorschau in einem neuen Browserfenster öffnen.

Es besteht ebenfalls die Möglichkeit, einen Newsletter nicht im HTML-Format, sondern als reine Text-E-Mail zu versenden. Die hat den Vorteil, dass auch diejenigen Empfänger Ihren Newsletter lesen können, deren E-Mail-Programm kein HTML darstellen kann bzw. bei denen diese Darstellung aus Sicherheitsgründen abgestellt ist. Der Nachteil ist, dass Sie keine Links, Bilder oder sonstige Formatierungen einsetzen können. Über den Button *In reinen Text umwandeln* werden alle HTML-Elemente entfernt, sodass nur noch der reine Text übrig bleibt und in dieser Form als Text-E-Mail verschickt werden kann. Wir empfehlen Ihnen jedoch den Versand der Newsletter im HTML-Format, da die überwiegende Anzahl der Abonnenten heutzutage die technischen Möglichkeiten hat, diesen auch korrekt anzeigen zu lassen.

Haben Sie sämtliche Daten eingetragen und sind auch mit der Vorschau zufrieden, können Sie die Vorlage über *Vorlage speichern* in Richtung Datenbank schicken. Nach einem kurzen Augenblick werden Sie anschließend wieder zur Vorlagenübersicht weitergeleitet, in der nun auch die Vorlage *hubertus* eingetragen ist.

 Ihnen kommt diese Art der Bearbeitung von Inhalten bekannt vor? Richtig! Das Anlegen einer Newsletter-Vorlage ist in puncto Inhaltspflege haargenau so aufgebaut wie das Anlegen von CMS-Seiten oder statischen Blocks. Und das bedeutet unter anderem: Sie können auch die in Kapitel 7 besprochenen Widget einsetzen, um dynamisch Inhalte in Ihren Newsletter zu integrieren und beispielsweise Links zu Artikeln oder Kategorien einzubauen.

Die Newsletter-Vorlage in die Warteschlange legen

Der nächste Schritt beim Newsletter-Versand in Magento besteht darin, die gerade erstellte Vorlage in eine Warteschlange zu legen, d. h. unter anderem festzulegen, zu welchem Zeitpunkt und an wen genau der Newsletter verschickt werden soll. Der Vorteil: Sie können den Versand eines Newsletters schon im Voraus planen, und das System versendet die entsprechenden E-Mails genau zum angegebenen Zeitpunkt.

In der Übersicht der Newsletter-Vorlagen (*Newsletter → Newsletter Vorlagen*) erkennen Sie beim Eintrag *hubertus* ganz rechts ein Aktionsmenü, über das Sie eine Vorlage entweder in einer Vorschau betrachten oder in eine Warteschleife (Queue) legen können (Abbildung 11-16).

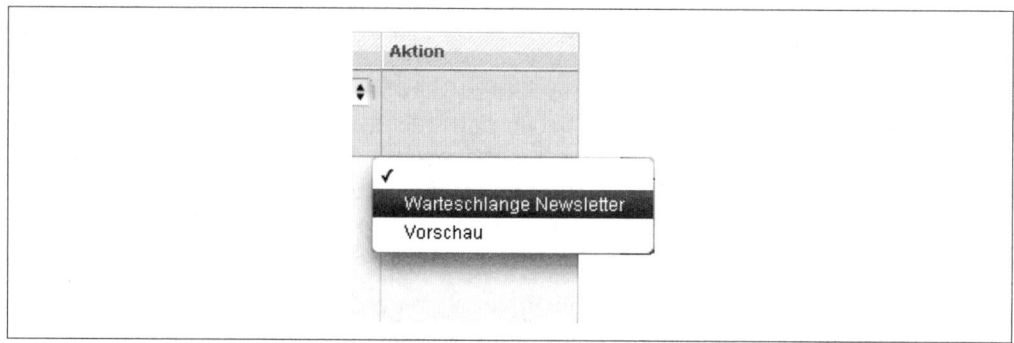

Abbildung 11-16: Mithilfe des Aktionsmenüs legen Sie die Newsletter-Vorlage in die Warteschlange

Wählen Sie aus dem Menü nun den Eintrag *Warteschlange Newsletter*, werden Sie sofort zu einer Eingabemaske weitergeleitet, über die Sie den eigentlichen Versand des Newsletters steuern können (Abbildung 11-17).

Im ersten Eingabefeld *Warteschlange starten am* lässt sich ein Datum mitsamt einer genauen Uhrzeit einstellen, in der der Versand beginnen soll. Nutzen Sie dazu am besten die Kalenderfunktion, die Sie über das kleine Kalendersymbol aufrufen (Abbildung 11-18).

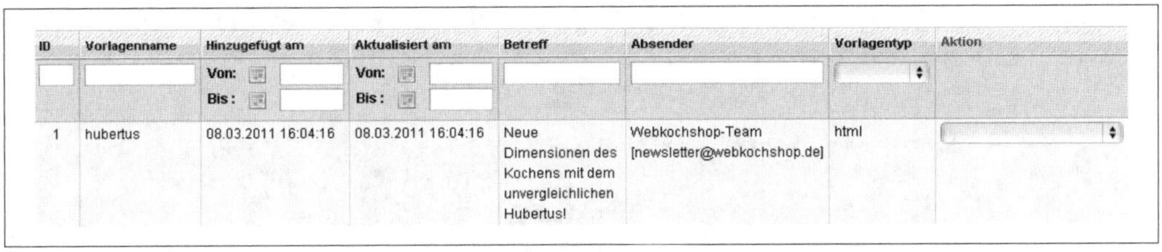

ID	Vorlagenname	Hinzugefügt am	Aktualisiert am	Betreff	Absender	Vorlagentyp	Aktion
		Von:	**Von:**				
		Bis:	**Bis:**				
1	hubertus	08.03.2011 16:04:16	08.03.2011 16:04:16	Neue Dimensionen des Kochens mit dem unvergleichlichen Hubertus!	Webkochshop-Team [newsletter@webkochshop.de]	html	

Abbildung 11-17: Steuerungsmöglichkeiten für die Newsletter-Warteschlange

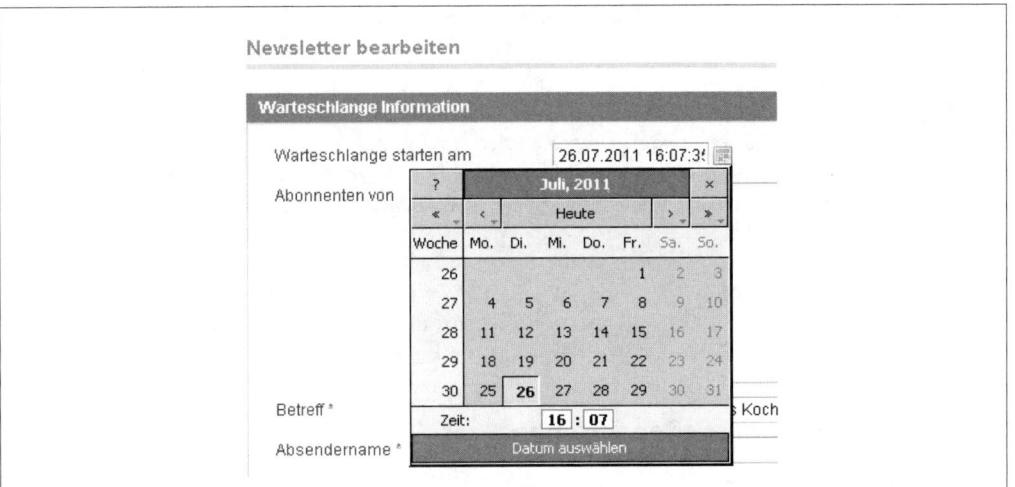

Abbildung 11-18: Über die Kalenderfunktion lassen sich ein Datum und eine genaue Uhrzeit einstellen

Tragen Sie hier im Live-Betrieb eine Uhrzeit ein, die in den frühen Morgenstunden liegt. Normalerweise hat Ihr Shop dann die niedrigsten Zugriffszahlen, sodass der Newsletter-Versand – besonders wenn er an viele Abonnenten geht – nicht die Geschwindigkeit des gesamten Webkochshops beeinflusst. Darunter wird die Website-Store-StoreView-Struktur Ihrer gesamten Magento-Installation im Mehrfachauswahlfeld *Abonnenten von* dargestellt; auswählbar sind jedoch nur die jeweiligen StoreViews. Wählen Sie hier den StoreView *Deutsch* aus. Sie erinnern sich: Der Magento-Shop merkt sich, aus welchem StoreView heraus ein Kunde sich registriert hat, sodass mit dem Auswählen eines Store-View bereits eine gewisse Kundengruppe definiert ist. Aber Vorsicht: Dies ist unabhängig von den Kundengruppen, die sich in Magento zusätzlich und separat anlegen lassen!

Theoretisch ließen sich auch mehrere StoreViews auf einmal auswählen, indem Sie im Eingabefeld bei gedrückter Umschalt- bzw. Cmd-Taste die gewünschten Einträge nacheinander anklicken. Da aber üblicherweise jeder StoreView eine andere Sprache darstellt und ein Newsletter in der Regel in nur einer Sprache geschrieben und verschickt wird, machen Sie von dieser Möglichkeit hier keinen Gebrauch.

Alle anderen Angaben in dieser Eingabemaske werden praktischerweise aus der Newsletter-Vorlage übernommen, beispielsweise der Betreff und die Nachricht, können aber hier noch bearbeitet werden. Haben Sie alle Daten eingetragen, schicken Sie die Newsletter-Vorlage über *Newsletter speichern* in die Warteschlange (Abbildung 11-19).

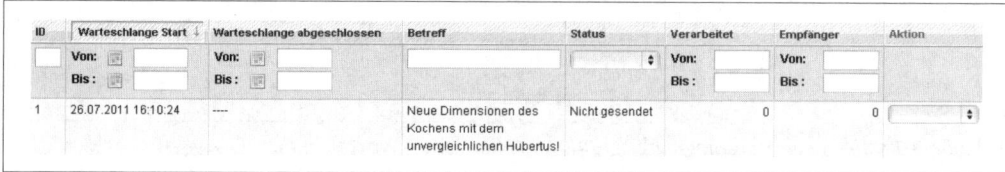

Abbildung 11-19: Ein Newsletter in der Warteschlange, bereit für die große weite Welt

 Haben Sie einmal einen Newsletter in die Warteschlange gelegt, kann das nicht mehr rückgängig gemacht werden. Die einzige Möglichkeit, einen fälschlicherweise angelegten Newsletter nicht zu versenden, ist, das Sende-datum in die Vergangenheit zu legen. Klicken Sie dazu auf den jeweiligen Eintrag in der Warteschlangenliste und ändern Sie das Datum im ersten Eingabefeld.

Magento sorgt nun selbst dafür, dass der Newsletter zum angegebenen Zeitpunkt automatisch verschickt wird. Dabei werden alle Abonnenten berücksichtigt, die sich in dem gewählten StoreView zum Newsletter angemeldet haben.

Ihre Newsletter-Abonnenten ansehen

Kunden, die sich für Ihren Newsletter angemeldet haben und nun sehnsüchtig darauf warten, die erste Ausgabe Ihres Rundschreibens zu erhalten, werden unter dem Menü-punkt *Newsletter → Newsletter Abonnenten* aufgelistet. Die Einträge lassen sich nach Website, Store und StoreView filtern oder gezielt nach Namen oder E-Mail-Adressen durchsuchen. Es ist außerdem möglich, diese Liste entweder im CSV- oder im XML-Format zu exportieren. Wählen Sie dazu in der oberen Leiste das gewünschte Format im Drop-down-Menü *Export als* aus und klicken Sie auf *Exportieren*. So können diese exportierten Daten auch wieder in ein externes Programm importiert und dort weiterver-wendet werden.

Newsletter-Problemberichte

Sollte es beim Versand der Newsletter zu Problemen kommen, kann dies mithilfe der Liste *Newsletter → Newsletter Problemberichte* überprüft werden.

 Wenn Sie Ihre Newsletter mit Magento verschicken, wird Ihr Webserver über einen längeren Zeitraum damit beschäftigt sein, Mails zu senden. Das zieht zwei Probleme nach sich: Erstens sollte Ihr Server eigentlich Ihre Shop-Website ausliefern, nicht jedoch Hunderte von E-Mails. Und zwei-tens besteht die große Gefahr, dass Ihr Server durch Beschwerden von Empfängern auf sogenannten Blacklists landet. Diese schwarzen Listen sind ein Verzeichnis all der Server, deren E-Mails man lieber nicht mehr

entgegennehmen sollte. Alle großen E-Mail-Anbieter setzen auf diese schwarzen Liste, sodass fortan keine E-Mails mehr, also auch keine Bestellbestätigungen und Rechnungen, Ihre Kunden erreichen. Um von einer solchen schwarzen Liste gestrichen zu werden, sind häufig viele Arbeitsschritte und Onlineformulare nötig. Wie schnell das geht und ob Ihr Server überhaupt von einer dieser Liste wieder gestrichen wird, ist im Vorfeld nicht abzuschätzen. Zwischen 12 Stunden und 3 Monaten ist hier alles möglich.

Anstatt Ihre Newsletter also mit Magento zu verschicken, sollten Sie lieber auf professionalisierte Dienstleister wie die deutsche Firma CleverReach oder das amerikanische Unternehmen MailChimp setzen. Beide Firmen bieten Magento-Integrationen und einen Funktionsumfang weit über den Möglichkeiten von Magento.

Mehrwert durch Cross-/Up-Selling und Zubehör

Es soll ja Kunden geben, die vor dem Besuch eines Online-Shops einen Artikel brauchen, ohne dass sie vorher etwas davon wissen (vergleichbar mit einem Besuch bei einem bekannten schwedischen Möbelhaus, bei dem man eigentlich eine Knoblauchpresse kaufen wollte, stattdessen aber mit einer Gugelhupf-Form das Geschäft verlässt.) In einem Online-Shop bedeutet dies, dass bestimmte Artikel so sinnvoll miteinander verknüpft werden, dass dadurch für die Kunden wirklicher Mehrwert entsteht. Jemand, der einen Kochtopf kaufen möchte, wird möglicherweise an einem passenden Deckel interessiert sein; ein anderer Kunde, der mit dem Gedanken spielt, ein sehr preiswertes Besteckset zu erstehen, interessiert sich wahrscheinlich dafür, dass ein ungleich höherwertiges Besteck für ein paar Euro mehr im Shop ebenfalls erhältlich ist.

Sie sind bestimmt nicht überrascht zu lesen, dass Magento in diesem Zusammenhang einige Funktionen auf Lager hat, mit deren Hilfe Sie derlei Artikelverknüpfungen in der Datenbank hinterlegen können. Und weil es so schön ist, gibt es hier sogar drei Varianten, zwischen denen Sie wählen können und die im Folgenden im Detail beschrieben werden sollen.

Cross-Selling-Artikel einstellen

Wir beginnen mit der Variante Cross-Selling. Im folgenden Abschnitt werden Sie dem *Plastikmesser Leon* die *Plastikgabel Milva* und den *Plastiklöffel Jimmy* zuweisen. (Diese Artikel haben Sie bereits in Kapitel 6 als *Einfache Artikel* angelegt.) Gehen Sie dazu in die Artikelverwaltung des Adminbereichs (*Katalog → Artikel verwalten*) und wählen Sie per Mausklick das Plastikmesser in der Detailansicht aus. In der linken Menüleiste der kurz danach erscheinenden Eingabemaske wählen Sie den Eintrag *Cross-Selling*. Im Inhaltsbereich rechts erscheint eine Liste aller Artikel, die bisher über Cross-Selling miteinander verknüpft wurden. Da Sie sich gerade erst am Anfang Ihrer Webkochshop-Karriere befinden, ist diese Liste noch leer.

Der nächste Schritt besteht nun darin, zwei Artikel mit dem *Plastikmesser Leon* zu verknüpfen. Wählen Sie dazu im Drop-down-Menü ganz oben in der ersten Spalte von links den Eintrag *Alle* aus und klicken Sie oben rechts in der Button-Leiste auf *Suchen*. Einen Augenblick später erscheint eine Liste aller Artikel Ihrer Datenbank, die Sie theoretisch mit dem aktuellen Artikel verbinden könnten (Abbildung 11-20).

Produktinformationen		Seite 1 von 1 Seiten	Zeige 20 pro Seite	Insgesamt 10 Einträge gefunden					
Allgemein		ID ↓	Name	Typ	Attributsetname	Status	Sichtbarkeit	Artikelnummer
Prices		Alle						
Meta Information								
Images		14	Besteckset Monaco neu	Bundle Product	Default	Aktiviert	Katalog, Suche	all
Gestaltung								
Lagerverwaltung		11	Besteckset Monaco	Bundle Product	Default	Aktiviert	Katalog, Suche	monaco
Websites								
Kategorien		10	Partygeschirr Hollywood	Grouped Product	Default	Aktiviert	Katalog, Suche	hollywood
Zubehör								
Up-Selling		9	Plastiklöffel Jimmy, Packung 50 Stück	Simple Product	Default	Aktiviert	Katalog, Suche	jimmy
Cross-Selling								
Kundenmeinungen		7	Plastikmesser Leon, Packung 50 Stück	Simple Product	Default	Aktiviert	Katalog, Suche	leon
Produktschlagworte								
Schlagworte von Kunden		5	Pappteller Gustav, Packung 100 Stück	Simple Product	Default	Aktiviert	Nirgendwo	gustav
Individuelle Optionen								

Abbildung 11-20: Liste der möglichen Cross-Selling-Artikel

Diese Liste ist wie alle derartigen Listen in Magento vollständig filter- und sortierbar, sodass es Ihnen keine großen Probleme bereiten wird, die beiden Artikel *Plastikgabel Milva* und *Plastiklöffel Jimmy* ausfindig zu machen. Markieren Sie beide Artikel, indem Sie jeweils ein Häkchen in das Kontrollkästchen ganz links setzen.

 Ganz rechts in der Tabelle befindet sich für jeden Artikel ein Eingabefeld, über das Sie einen Sortierparameter als ganze Zahl eintragen können. Insbesondere dann, wenn Sie mehrere Cross-Selling-Artikel anlegen und ihre Reihenfolge im Frontend beeinflussen wollen, möchten wir Ihnen diese Funktionalität ans Herz legen.

Mit einem gezielten Klick auf *Speichern* werden die neuen Cross-Selling-Beziehungen in der Datenbank gespeichert und können ab sofort im Warenkorb des Webkochshops unter der Überschrift *Ausgehend von Ihrer Auswahl könnten Sie auch an den folgenden Produkten interessiert sein* bewundert werden (Abbildung 11-21).

Mit ein paar einfachen Klicks kommt zusammen, was zusammengehört: Löffel und Gabeln werden zusammen im Warenkorb dargestellt.

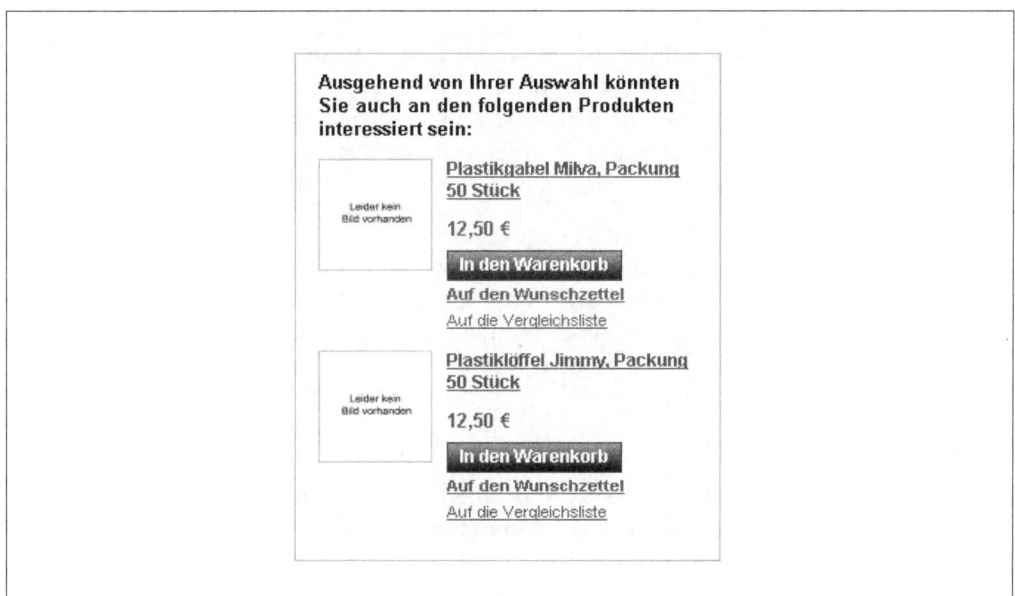

Abbildung 11-21: Cross-Selling für das Plastikmesser Leon

Zubehör festlegen

Zubehörartikel unterscheiden sich von den Cross-Selling-Produkten nur durch die Darstellung im Frontend; die Einstellungen im Adminbereich funktionieren analog dazu.

In diesem Beispiel werden Sie dem *Pappteller Gustav* das *Partygeschirr Hollywood* zuweisen. Machen Sie sich also wiederum auf den Weg in die Artikelverwaltung (*Katalog* → *Artikel verwalten*) und öffnen Sie den Teller in der Detailansicht. Wählen Sie nun im Menü ganz links den Eintrag *Zubehör* aus, identifizieren Sie in der Liste rechts das Partygeschirr, aktivieren Sie es mit einem Häkchen und speichern Sie das Ganze über die Schaltfläche *Speichern*. Wenn Sie sich nun den *Pappteller Gustav* in seiner ganzen Pracht im Webkochshop ansehen, wird Ihnen sicherlich die kleine Box rechts oben auffallen (Abbildung 11-22).

Abbildung 11-22: Die Box Zubehör zeigt das Partygeschirr Hollywood

Hier taucht das *Partygeschirr Hollywood* zusammen mit einem kleinen Bild, dem Preis und einem Kontrollkästchen auf. Ihre Kunden müssen, bevor sie den *Pappteller Gustav* – den sie sich gerade ansehen – in den Warenkorb legen, lediglich ein Häkchen in das Kontrollkästchen setzen; dieser Artikel wird dann ebenfalls sofort in den Warenkorb gelegt. Der Vorteil liegt auf der Hand: Kunden müssen nicht mehr zur Detailansicht der Teller wechseln, sondern es bedarf lediglich eines Klicks, um den Artikel ebenfalls in den Warenkorb zu legen.

Es ist aber auch Vorsicht angebracht, denn wenn Sie es mit den Zubehörartikeln übertreiben und es in der Seitenleiste von Artikeln nur so wimmelt, verliert Ihr Kunde leicht die Übersicht, und Sie erreichen genau das Gegenteil von dem, was Sie ursprünglich geplant hatten: mehr Umsatz mit Zubehör zu generieren.

Up-Selling einrichten

Im Gegensatz zu Cross-Selling-Artikeln und Zubehör setzen Sie Up-Selling ein, um Kunden zum Kauf eines Artikels anstelle eines anderen zu bewegen. Mit dieser Art der Artikelverknüpfung machen Sie Ihre Kunden darauf aufmerksam, dass es zu einem Artikel, das gerade angezeigt wird, einen anderen gibt, der ein wenig mehr kostet, jedoch auch einige nicht von der Hand zu weisende Vorteile bietet. Wenn Sie einen oder mehrere Artikel derart verknüpfen, werden diese auf der Artikeldetailseite gemeinsam angezeigt.

Im Webkochshop werden Sie Ihren Kunden, die ein *Partygeschirr Hollywood* bestellen wollen, anbieten, stattdessen die *Porzellanteller Cannes* zu kaufen. Und so funktioniert es: Rufen Sie wiederum die Artikelverwaltung über *Katalog* → *Artikel verwalten* auf und öffnen Sie den Artikel *Partygeschirr Hollywood*. In der Menüleiste links klicken Sie auf *Up-Selling* und aktivieren die *Porzellanteller Cannes* in genau der gleichen Weise, wie Sie es vorhin bei Cross-Selling und Zubehör getan haben. Wenn Sie die beiden Artikel so verknüpft haben, speichern Sie die Änderung über die Schaltfläche *Speichern* oben rechts.

Um das Up-Selling in Aktion zu sehen, wechseln Sie zunächst zum Frontend des Webkochshops und aktualisieren den Browser. Öffnen Sie dann das *Partygeschirr Hollywood* in der Detailansicht, und Sie sehen einen neuen Bereich unter der Artikelbeschreibung, der die Überschrift *Sie könnten auch an folgenden Produkten interessiert sein* trägt. (Abbildung 11-23).

Mit dieser Maßnahme haben Sie dem Kunden mitgeteilt, dass er für einen geringen Aufpreis – den natürlich Sie vorher bestimmen – einen ungleich besseren Artikel erwerben kann. Der Kunde hat dann die Möglichkeit, anstelle seiner ursprünglichen Auswahl Ihren Vorschlag in den Warenkorb zu übernehmen.

In den vorangegangenen Abschnitten haben Sie gesehen, wie Sie mit ein paar einfachen Mausklicks in der Artikelverwaltung Beziehungen zwischen einzelnen Artikeln herstellen können. Strukturell unterscheiden sich Up-Selling, Cross-Selling und Zubehör nicht, lediglich die Anzeige der verknüpften Artikel variiert. Wählen Sie die Variante, die Ihrer

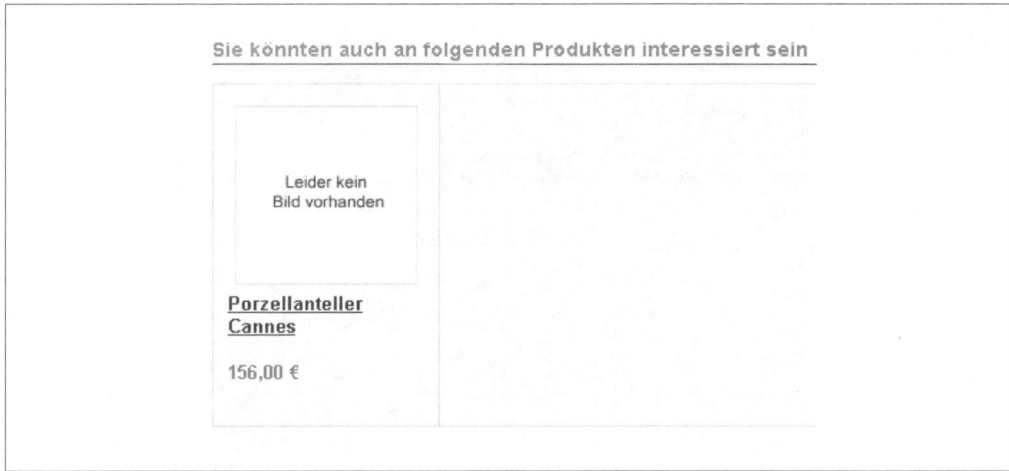

Abbildung 11-23: Der Up-Selling-Artikel wird angezeigt

Verkaufsphilosophie und dem Design Ihres Shops am ehesten entspricht. Außerdem sollten Artikel nur in Maßen miteinander verknüpft werden, um den Kunden durch zahllose Zusatzangebote nicht unnötig zu verwirren bzw. ganz vom Kauf abzuhalten.

Wunschzettel und Vergleichslisten bereitstellen

Während das Anlegen von Artikelverknüpfungen (siehe Seite 307) eine aktive Maßnahme von Ihnen als Shopbetreiber ist, stellen Sie mithilfe der Wunschzettel und Vergleichslisten lediglich Möglichkeiten zur Verfügung, den Webkochshop besser zu nutzen. Über das einfache Legen in den Warenkorb hinaus haben Ihre Kunden in Magento die Möglichkeit, die gewünschten Artikel mithilfe zweier Listen genauer unter die Lupe zu nehmen bzw. Dritte zum Kauf dieser Artikel zu animieren.

Wunschzettel in Magento

Sie kennen das doch sicher: Weihnachten steht vor der Tür, und wenn Ihre Freunde und Bekannten schon so kreativ sind, Ihnen nicht wieder eine Krawatte oder ein paar Socken schenken zu wollen, sondern Sie stattdessen fragen, was Sie sich denn wünschen, fällt Ihnen oft nicht gleich das Richtige ein. In Magento haben Sie und Ihre Kunden die Möglichkeit, Artikel, anstatt sie in den Warenkorb zu legen, auf einen Wunschzettel zu schreiben. Dies ist quasi eine Art Zwischenspeicher für Artikel, der so lange nicht geleert wird, bis Sie diese Artikel auch tatsächlich kaufen. Der Wunschzettel lässt sich dann an Verwandte und Bekannte schicken.

Probieren Sie nun die Wunschzettelfunktion aus, indem Sie sich erst einmal, falls noch nicht geschehen, im Webkochshop anmelden. Surfen Sie dann durch das Produktangebot und klicken Sie bei einem Artikel auf den unterstrichenen Link *Auf den Wunschzettel*. Sie werden sofort zum Wunschzettel in Ihrem Kundenbereich weitergeleitet (Abbildung 11-24).

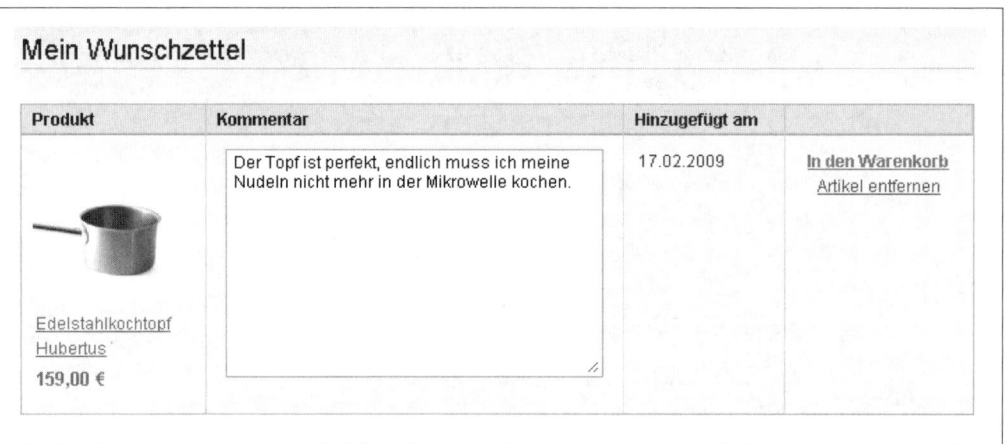

Abbildung 11-24: Sie haben einen Artikel erfolgreich auf den Wunschzettel geschrieben

Auf dem Wunschzettel sehen Sie neben dem Namen, dem Bild und dem Artikelpreis auch ein größeres Eingabefeld, in das Sie einen Kommentar zum gerade hinzugefügten Artikel eintragen können. Haben Sie beispielsweise gerade den *Edelstahlkochtopf Hubertus* in diese Liste geschrieben, könnte der Eintrag lauten: »Der Topf ist perfekt, endlich muss ich meine Nudeln nicht mehr in der Mikrowelle kochen.« In der Tabelle sehen Sie weiterhin das Datum, an dem Sie den Artikel hinzugefügt haben, sowie zwei Links, mit denen Sie den jeweiligen Artikel sofort in den Warenkorb legen oder aber aus der Wunschliste spurlos entfernen können. Mit dieser Funktionalität können Sie also Artikel in eine Art Zwischenspeicher legen.

Eine Wunschliste wäre aber nur halb so hilfreich, wenn das schon alles wäre, schließlich möchten Sie ja allen Schenkwilligen mitteilen, was sie Ihnen im Webkochshop kaufen sollen. Das erreichen Sie aber sehr einfach über die Schaltfläche *Wunschliste verteilen* unter der Artikeltabelle. Klicken Sie darauf, werden Sie zu einer Eingabemaske weitergeleitet, in der Sie kommasepariert die E-Mail-Adressen der Wunschlistenempfänger sowie eine kurze persönliche Nachricht an die Adressaten hinterlassen können (Abbildung 11-25).

Tragen Sie nun zu Testzwecken eine oder mehrere E-Mail-Adressen ein, auf die Sie Zugriff haben, und trennen Sie diese durch Kommata. Anschließend schreiben Sie noch eine kurze Nachricht wie beispielsweise »Hallo zusammen, dies sind meine Weihnachtswünsche!« in das Textfeld und schicken diese Nachricht über die Schaltfläche *Wunschliste verteilen*. Kurz darauf erhalten die Adressaten eine E-Mail, in der unter anderem eine Auflistung aller gewünschten Artikel und der von Ihnen eingegebene kurze persönliche Text enthalten sind (Abbildung 11-26).

Ihre Bekannten und Verwandten müssen nur noch auf die entsprechenden Links klicken; sie werden dann sofort zum Webkochshop weitergeleitet, und der Artikel befindet sich dort bereits im Warenkorb. Einfacher kann (sinnvolles) Schenken nun wirklich nicht sein, oder?

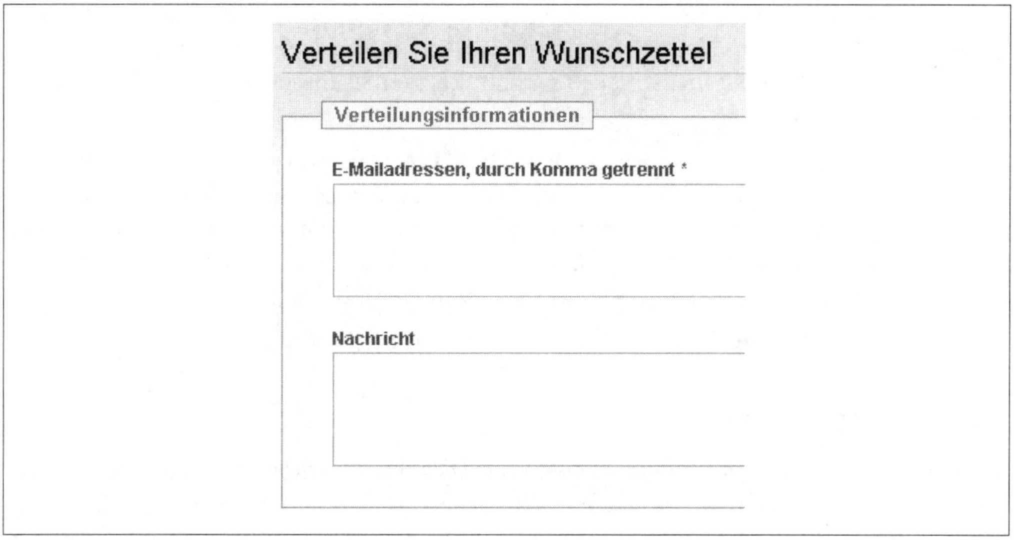

Verteilen Sie Ihren Wunschzettel

Verteilungsinformationen

E-Mailadressen, durch Komma getrennt *

Nachricht

Abbildung 11-25: Über diese Eingabemaske versenden Sie die Wunschliste

Abbildung 11-26: Diese E-Mail erhalten alle vermeintlich Schenkwilligen

Die E-Mail, die bei der Verteilung der Wunschliste verschickt wird, lässt sich ebenfalls auf Ihre individuellen Wünsche anpassen. Unter *System → Transaktionsemails* können Sie für jede Magento-Mail eine eigene Version hinterlegen. Die hier verfügbare Liste kann abhängig von Ihrer Installation bereits etliche Einträge enthalten oder gänzlich leer sein.

Ist sie leer, klicken Sie rechts oben auf *Neue Vorlage,* wählen anschließend die Vorlage *Wunschzettel verteilen* und laden sie mit einem Klick auf *Vorlage laden.* Wenn sie bereits einen Eintrag für *Wunschzettel verteilen* enthält, klicken Sie diesen an, er öffnet sich dann in der Bearbeitungsansicht.

Sie sehen im Eingabefeld *Vorlageninhalt* eine HTML-Struktur, in der eine Reihe von Magento-Variablen in doppelten geschweiften Klammern enthalten sind. Während Sie sich beim Aufbau des HTML-Codes richtig austoben und die jeweiligen Informationen nach Ihren Vorstellungen platzieren können, sollten Sie die Variablen unverändert lassen und nur ihre Position innerhalb der HTML-Struktur verändern.

Ihre Arbeit schließen Sie ab, indem Sie auf *Vorlage speichern* klicken.

Vergleichslisten ansehen

In Kapitel 6 beim Anlegen der Kategorien und Artikel haben Sie auch verschiedene Artikelattribute kennengelernt. Mit dem Attribut *groesse* haben Sie beispielsweise die Größe des *Edelstahlkochtopfs Hubertus* beschrieben. Die Attribute werden einerseits im Webkochshop auf der Artikeldetailseite in einer Tabelle unterhalb der Artikelbeschreibung angezeigt, und andererseits dienen sie als Informationsgrundlage für Magentos Vergleichslisten.

Im *Default*-Theme erscheint die Box *Artikel vergleichen* in der rechten Seitenleiste; anfangs ist sie noch leer. Um sie zu füllen, rufen Sie nacheinander den *Edelstahlkochtopf Hubertus* in allen seinen Größen auf und merken sie über den Link *Auf die Vergleichsliste* für den Produktvergleich vor, sodass sie in der Box *Artikel vergleichen* aufgelistet werden (Abbildung 11-27).

Abbildung 11-27: Diese Artikel sind für den Artikelvergleich vorbereitet

Haben Sie alle Größenvarianten dort eingestellt, rufen Sie den Artikelvergleich über die Schaltfläche *Artikel vergleichen* auf. In einem Pop-up-Fenster werden sofort danach alle drei Artikel nebeneinander in einer Tabelle dargestellt (Abbildung 11-28):

Neben dem Bild und dem Preis sehen Ihre Kunden hier auch alle anderen Attribute, denen Sie in der Attributverwaltung (siehe Kapitel 6) die Eigenschaft *Vergleichbar im Shop* zugewiesen haben.

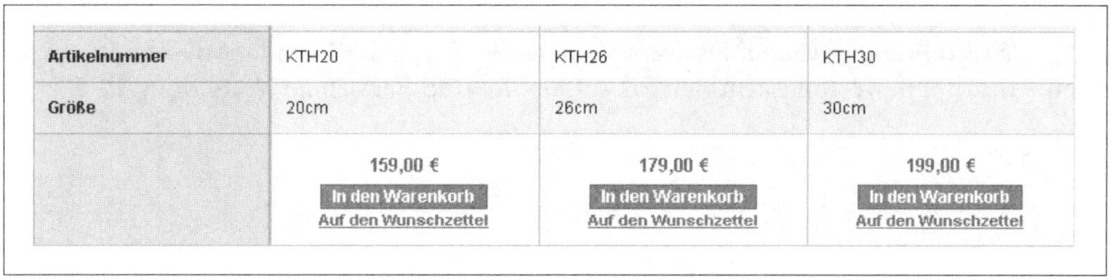

Artikelnummer	KTH20	KTH26	KTH30
Größe	20cm	26cm	30cm
	159,00 € In den Warenkorb Auf den Wunschzettel	179,00 € In den Warenkorb Auf den Wunschzettel	199,00 € In den Warenkorb Auf den Wunschzettel

Abbildung 11-28: Tabelle für den Artikelvergleich

Das ist in unserem Beispiel das Attribut *groesse*, das in der Tabelle ganz links dargestellt wird. Die entsprechenden Werte *20cm*, *26cm* und *30cm* sehen Sie in der Spalte unter dem jeweiligen Artikel.

Gerade bei komplexeren Artikeln mit vielen Attributen stellt diese Art des Vergleichs einen echten Mehrwert für Ihre Kunden dar. Ohne sich durch die Detailseiten arbeiten und dabei die Attributwerte notieren zu müssen, können sie mit ein paar einfachen Mausklicks eine Übersichtsseite generieren, die alle nötigen Informationen enthält und eine sinnvolle Basis für eine Kaufentscheidung ist.

Jetzt sprechen Ihre Kunden: Meinungen & Co.

Im Webkochshop haben Ihre Kunden ein Mitspracherecht: Sie können sich in aller Ausführlichkeit zu Ihren Artikeln auslassen und sie dazu auch noch verschlagworten. Mit diesen Funktionen ist Magento also in Web 2.0 – dem Mitmach-Internet – angekommen. Für Sie als Shopbetreiber sind Käufer, die sich in der Weise engagieren, wie ein Sechser im Lotto. Nicht nur produzieren sie mit ihren Kommentaren kostenlose, suchmaschinenrelevante Inhalte für den Webkochshop, sondern sie sorgen auch für wichtige Kaufanreize bei den übrigen Kunden. Wenn sich 45 Menschen positiv über den *Edelstahlkochtopf Hubertus* äußern, wird sich der 46. nicht lange zum Kauf überreden lassen müssen.

Kundenmeinungen und Bewertungen

Die ersten Schritte, um Kunden eine Bewertungsmöglichkeit im Webkochshop anbieten zu können, gehen Sie im Adminbereich. Sie werden den Shop so einstellen, dass Kunden den Preis, die Qualität und das Preis-Leistungs-Verhältnis des *Edelstahlkochtopfs Hubertus* bewerten und dazu einen Kommentar schreiben können. Die Bewertungen werden im Frontend in Form gelber Sterne angezeigt, die Kundenmeinungen erscheinen im Volltext. (Dies ist von Magento so vorgegeben, eventuelle Variationen dazu müssen in den jeweiligen Template-Dateien vorgenommen werden.) Sie kennen doch sicherlich das Bewertungssystem von Amazon? Dort gibt es anders als in Magento nur ein Bewertungskriterium, d. h. eine von Ihnen vergebene Menge von Sternen. In Magento lassen sich jedoch beliebig viele Kriterien anlegen, die auch individuell benannt werden können.

Klicken Sie zunächst im Adminbereich auf *Katalog → Kundenmeinungen und Bewertungen → Bewertungen verwalten*. Dort erscheinen – auch bei der Installation ohne Beispieldaten – die drei Bewertungskriterien *Preis*, *Qualität* und *Bewertung* (Abbildung 11-29).

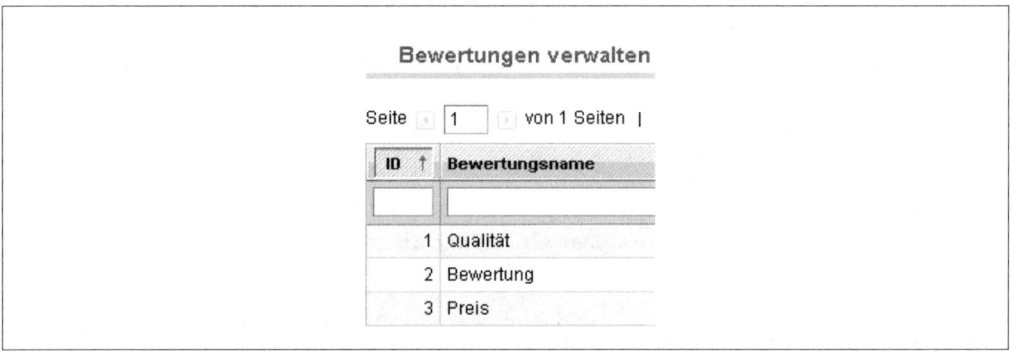

Abbildung 11-29: Übersicht aller vorhandenen Bewertungskriterien

Wählen Sie den ersten Eintrag Preis aus, indem Sie an einer beliebigen Stelle die entsprechende Tabellenzeile anklicken. Es folgt eine Eingabemaske, in der weitere Details zu diesem Kriterium bearbeitet werden können (Abbildung 11-30).

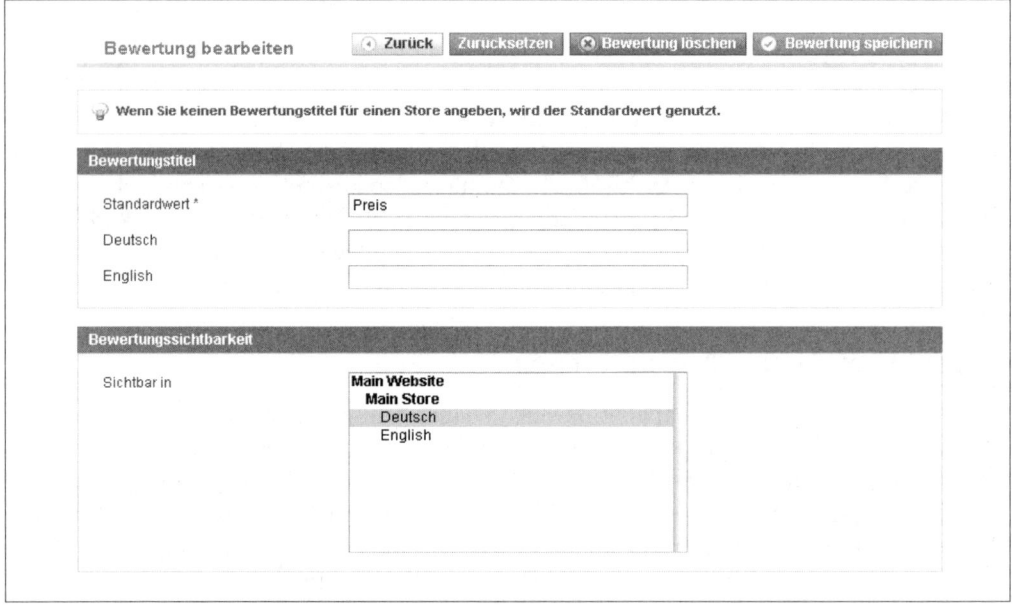

Abbildung 11-30: Das Bewertungskriterium Preis im Detail

Die Eingabemaske ist in zwei Bereiche unterteilt, nämlich *Bewertungstitel* oben und *Bewertungssichtbarkeit* unten. Der Bewertungstitel ist der Begriff, der im Frontend neben der Sternchenbewertung erscheint. Gemäß den StoreViews, die Sie im Webkochshop angelegt haben, erscheint hier auch für jeden StoreView ein Eingabefeld. Der Begriff, den Sie beispielsweise bei *Deutsch* eintragen, wird in der deutschen Version des Webkochshops angezeigt. Ist kein sprachspezifischer Begriff eingetragen, übernimmt Magento den Standardwert *Preis*. Jetzt werden Sie aktiv: Tragen Sie bei *Standardwert* den Begriff *Preis* und beim StoreView *English* das Wort *Price* ein. Somit wird der deutsche Ausdruck in allen StoreViews zugrunde gelegt, der englische StoreView erhält seine eigene Übersetzung.

Im zweiten Bereich *Bewertungssichtbarkeit* werden alle Geltungsbereiche Ihrer Magento-Installation hierarchisch aufgelistet. Per Mausklick können Sie nun diejenigen Store-Views auswählen, in denen das aktuelle Bewertungskriterium angezeigt werden soll. Markieren Sie mit gedrückter Umschalt-Taste die beiden StoreViews *Deutsch* und *English* und speichern Sie die Änderungen für dieses Bewertungskriterium über die Schaltfläche *Bewertung speichern* oben rechts. Verfahren Sie in gleicher Weise mit den anderen beiden Bewertungskriterien und machen Sie aus *Qualität* den Eintrag *Quality* bzw. aus *Bewertung* den Eintrag *Value*.

Wenn Sie nun im Frontend die Detailansicht des *Edelstahlkochtopfs Hubertus* aufrufen, erscheint dort jedoch noch nichts, weil bisher noch keine Bewertung abgegeben wurde (Abbildung 11-31).

Edelstahlkochtopf Hubertus

E-Mail an einen Freund
Schreiben Sie die erste Kundenmeinung

Abbildung 11-31: Noch sind keine Bewertungen vorhanden

Dies sollten Sie ändern, um die gelben Bewertungssterne in voller Pracht zu sehen! Klicken Sie auf den Link *Bewertung hinzufügen* bzw. *Schreiben Sie die erste Kundenmeinung*, und Sie werden auf die Bewertungsseite des aktuellen Artikels weitergeleitet (Abbildung 11-32).

In dem Formular können Sie zunächst den Bewertungskriterien, die Sie vorhin bearbeitet haben, einen Wert zwischen *1* und *5* zuweisen, wobei hier nicht das Schulnotensystem gilt, sondern fünf Sterne das Maximum ist, das Sie vergeben können.

Nach dieser Bewertung hinterlassen Sie nun Ihre eigene Meinung. Denken Sie sich dazu zuerst einen interessant-mysteriös-vielsagenden Spitznamen (*Nickname*) aus, den Sie in das erste Feld eintragen. Anschließend fassen Sie Ihre Kundenmeinung kurz zusammen und tragen sie komplett in das Feld *Kundenmeinung* ein. Sind Sie mit Ihrem persönlichen Beitrag zur Webkochshop-Demokratie zufrieden, schicken Sie ihn über *Kundenmeinung abschicken* ab. Damit könnte Ihr Beitrag eigentlich im Frontend erscheinen. Es gibt allerdings noch einen Sicherheitsmechanismus: Der Betreiber des Shops muss eine Bewertung bzw. eine Kundenmeinung erst noch freischalten, bevor sie von allen Besuchern gesehen werden kann; jede neue Bewertung erhält automatisch den Status *ausstehend (pending)*.

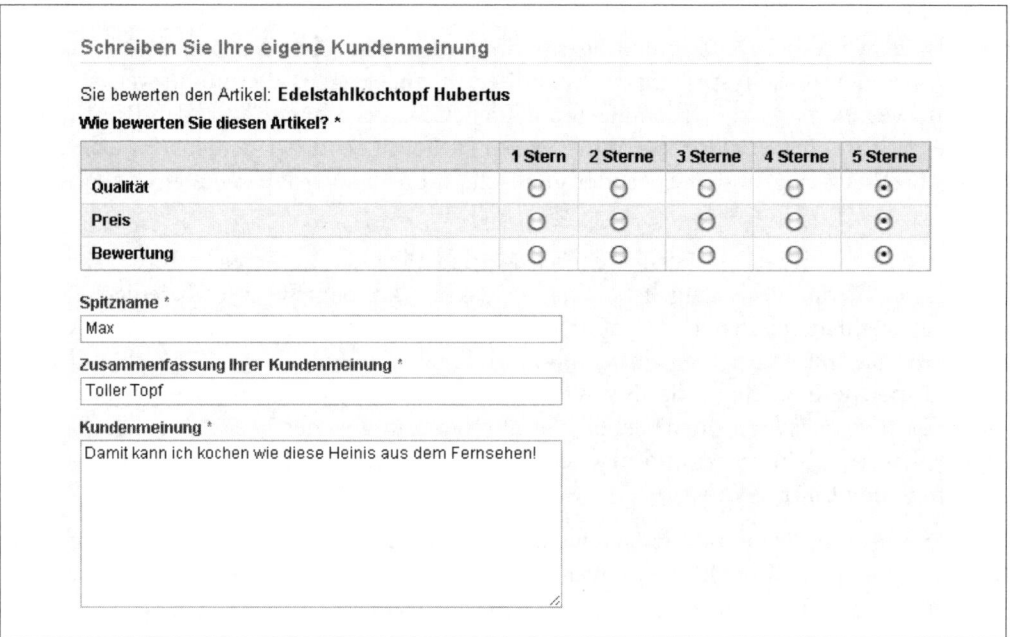

Abbildung 11-32: Hier können Ihre Kunden ihre Bewertung zum aktuellen Artikel hinterlassen

Schauen Sie sich im Adminbereich den Menüpunkt *Katalog → Kundenmeinungen und Bewertungen → Kundenmeinungen → Ausstehende Kundenmeinungen* an. In dieser Liste erscheinen alle Kundenmeinungen, die noch freigeschaltet werden müssen. Wichtige Informationen zu den Bewertungen sind in den jeweiligen Spalten untergebracht, z. B. wann und von wem genau die Bewertung abgegeben und welcher Artikel bewertet wurde (Abbildung 11-33).

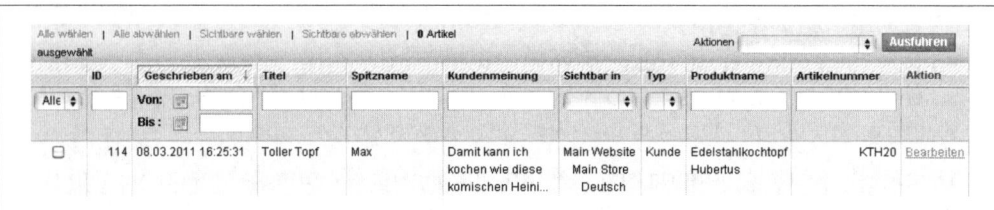

Abbildung 11-33: Auflistung der ausstehenden Kundenmeinungen

Über ausstehende Kundenmeinungen können Sie sich auch per RSS informieren lassen. Nutzen Sie dazu den orangefarbenen Link *Ausstehende Kundenmeinungen RSS* über der Liste der Kundenmeinungen.

Unter anderem sehen Sie hier auch Ihren Beitrag zum *Edelstahlkochtopf Hubertus*. Klicken Sie in die entsprechende Zeile, um dessen Detailansicht aufzurufen (Abbildung 11-34).

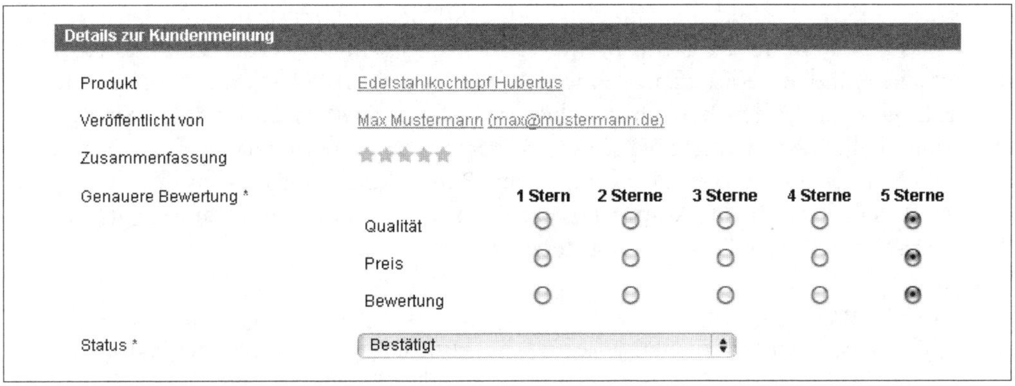

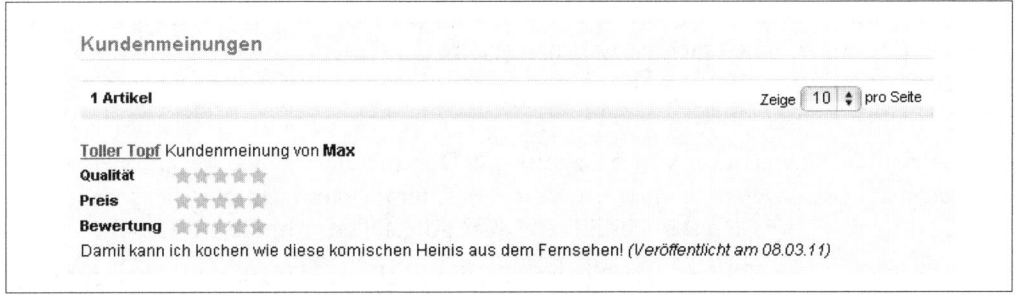

Abbildung 11-34: *Ihre gerade abgegebene Kundenmeinung*

In dieser Eingabemaske erkennen Sie alle Informationen, die auch im Frontend abgefragt wurden bzw. die Sie dort eingetragen haben, also beispielsweise die Bewertung mithilfe der Sterne und Ihren Kommentar. Um Ihre Kundenmeinung jetzt freizuschalten, setzen Sie einfach das Drop-down-Menü *Status* auf *Bestätigt*. Andernfalls entscheiden Sie sich für *Not Approved*, um einen möglicherweise unpassenden Beitrag nicht zu veröffentlichen. Haben Sie alle gewünschten Änderungen durchgeführt, klicken Sie oben rechts auf *Kundenmeinung speichern*, um Ihren Beitrag zu veröffentlichen.

Mit einem behänden Wechsel des Browserfensters gehen Sie wieder zum Frontend des Webkochshops und schauen sich die Artikelseite des *Edelstahlkochtopfs Hubertus* an. Dort sehen Sie mehrere Dinge: Zum einen werden dort fünf gelbe Sterne angezeigt. Die Anzahl der Sterne ist eine Zusammenfassung aller Bewertungskriterien, es wird also der Durchschnitt angezeigt; da Sie sowohl den Preis als auch die Qualität und die Bewertung mit fünf Sternen bewertet haben, lautet die Gesamtbewertung logischerweise: 5 Sterne. Außerdem verrät Ihnen der Link *1 Kundenmeinung(en)*, dass eine neue Bewertung vorliegt. Wenn Sie nun darauf klicken, wird Ihre neue Bewertung angezeigt (Abbildung 11-35) – auf dass sie weiteren Kunden eine Entscheidungshilfe sein möge.

Abbildung 11-35: *Ihre gerade abgegebene Kundenmeinung wird angezeigt*

Die aktiven Kundenmeinungen lassen sich an mehreren Stellen im Adminbereich betrachten. Zum einen werden sie fein säuberlich unter *Katalog* → *Kundenmeinungen* und *Bewertungen* → *Kundenmeinungen* → *Alle Kundenmeinungen* in einer Liste zusammengefasst, die in bester Magento-Manier sortiert und gefiltert werden kann. Ebenso lassen sich alle Kundenmeinungen zu einem Artikel in der Artikelverwaltung präsentieren. Springen Sie dazu in den Bereich *Katalog* → *Artikel verwalten* und wählen Sie aus der Liste einen beliebigen Artikel aus, dessen Bewertungen Sie einsehen möchten. Anschließend klicken Sie in der Menüleiste links den Punkt *Kundenmeinungen* an, und schon wird im Inhaltsbereich das komplette Feedback zu diesem Artikel angezeigt, das im Webkochshop von Ihren Kunden abgegeben wurde.

 Wenn Sie wissen möchten, wie viele Kundenmeinungen in einem bestimmten Zeitraum abgegeben wurden, nutzen Sie doch einfach den entsprechenden Bericht unter *Berichte* → *Bewertungen* → *Kundenmeinungen*.

In diesem Abschnitt haben Sie gesehen, wie man Bewertungskriterien erstellt, eine Bewertung im Frontend abgibt und diese Bewertung – wiederum im Adminbereich – so bearbeitet, dass sie auch im Webkochshop angezeigt werden kann. Als Nächstes erläutern wir, was es mit den Schlagwörtern in Magento auf sich hat.

Artikelschlagworte

Ebenfalls mit der Entwicklung des Web 2.0 ging das Phänomen einher, jede Art von Daten zu verschlagworten. Dies findet man beispielsweise bei der Online-Bilddatenbank *flickr*, bei der man die hochgeladenen Bilder mit entsprechenden Schlagwörtern so versieht, dass jemand, der nach diesen Begriffen sucht, auch die entsprechenden Bilder finden kann. Aber auch Bookmarks, Blogbeiträge und selbst Twitter-Nachrichten lassen sich auf diese Weise durch Suchbegriffe erweitern. In Magento haben Sie die Möglichkeit, es Kunden zu überlassen, Ihre Artikel zu verschlagworten. Sie können sich vorstellen, dass es gerade bei einem großen Produktangebot eine enorm aufwendige Arbeit wäre, das selbst zu tun. Sind aber Kunden von Ihrem Angebot überzeugt und möchten nachfolgenden Kundengenerationen des Webkochshops dabei helfen, etwas Bestimmtes zu finden, sind sie auch bereit, ein Artikel mit den passenden Schlagwörtern zu versehen – vor allem wenn es so einfach ist wie in Magento. In diesem Abschnitt werden Sie die Schlagwörter im Adminbereich konfigurieren und damit beginnen, Ihre eigenen Artikel entsprechend auszuzeichnen.

In einer Standardinstallation von Magento mit Dummy-Daten, wie beispielsweise auf *http://demo.magentocommerce.com*, ist Ihnen bestimmt schon einmal die sogenannte Schlagwortwolke (*Tag Cloud*) in der linken Leiste aufgefallen (Abbildung 11-36).

In dieser Wolke sind all diejenigen Schlagwörter aufgelistet, die zu Artikeln abgegeben wurden. Je öfter dabei ein bestimmtes Wort auftaucht, desto größer und fetter wird es innerhalb der Schlagwortwolke dargestellt. Klicken Sie hier beispielsweise auf das Wort *sexy*, das mit am größten dargestellt wird, werden alle Artikel aufgelistet, die von Kunden mit dem Wort *sexy* verschlagwortet wurden; dies sind neben einem T-Shirt auch Artikel

Abbildung 11-36: Die Tag Cloud

wie ein Stuhl und ein Computer – Sie hätten wahrscheinlich nicht gedacht, dass man einen Rechner sexy nennen könnte. Das ist aber genau der Clou: Mithilfe dieser Schlagwörter, an die Sie vorher gar nicht gedacht hätten, können Kunden Artikel finden und diese dann auch bei Ihnen kaufen. Schlagwörter funktionieren dabei im Prinzip wie die Kundenmeinungen, die Sie vorher auf Seite 315 kennengelernt haben; man erspart sich lediglich das Anlegen von Bewertungskriterien.

Springen Sie nun zum Frontend des Webkochshops und in die Detailansicht des *Edelstahlkochtopfs Hubertus*. Scrollen Sie ein wenig nach unten, sehen Sie den Abschnitt *Artikelschlagworte* (Abbildung 11-37).

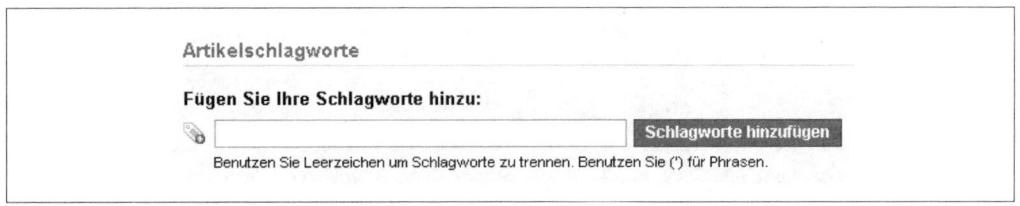

Abbildung 11-37: An dieser Stelle lässt sich ein Artikel verschlagworten

Dort erscheinen alle Schlagwörter, die bisher für diesen Artikel vergeben wurden; im Moment herrscht dort noch gähnende Leere. Außerdem sehen Sie ein Eingabefeld, in das Sie – kommasepariert – die gewünschten Schlagwörter eintragen können. Möchten Sie mehrere Wörter zu einem Schlagwort zusammenfassen, umklammern Sie diese mit Hochkommata. Für unser aktuelles Beispiel geben Sie die Wörter *Edelstahl, kochen, topf, 'kochtopf stahl'* ein und klicken anschließend auf *Schlagworte hinzufügen*. Wie bei den Kundenbewertungen werden die Schlagwörter nicht direkt veröffentlicht – Schimpfwörter sind noch schneller getippt als unflätige Kundenmeinungen –, sondern erhalten zuerst den Status *ausstehend*.

Auf sämtliche ausstehenden Begriffe haben Sie wiederum im Adminbereich Zugriff. Unter *Katalog* → *Schlagworte* → *Ausstehende Schlagworte* finden Sie eine Liste aller zuletzt eingegangenen Schlagwörter, inklusive Ihres eigenen. Gleiche Schlagwörter werden zusammengefasst. Mit einem Klick auf die entsprechende Zeile öffnen Sie nun das Schlagwort *Edelstahl* in der Detailansicht (Abbildung 11-38).

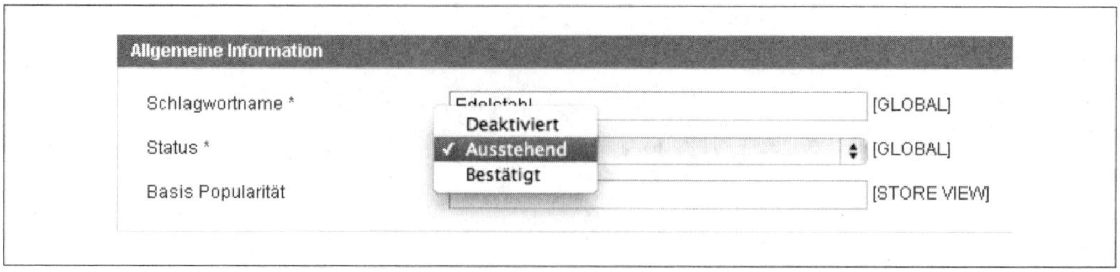

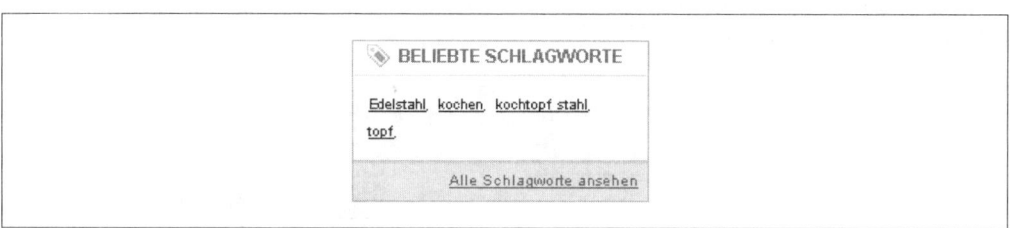

Abbildung 11-38: Bearbeiten eines Schlagworts

Diese Eingabemaske besteht nur aus drei Eingabefeldern und ist daher einfach erklärt. Im ersten Feld erscheint das Schlagwort, das Sie hier noch verändern können. Darunter haben Sie die Möglichkeit, den Status des aktuellen Schlagworts auf *Bestätigt* zu setzen, um es im Shop zu aktivieren. Außerdem lässt sich unter Basis-Popularität noch eine Ganzzahl eintragen, mit der Sie diesem Schlagwort ein höheres Gewicht zuweisen können. Tun Sie dies nun für *Edelstahl* und speichern Sie Ihre Änderungen über den Button *Schlagwort speichern*. Ab sofort ist der Begriff im Webkochshop aktiv, wird beim *Edelstahlkochtopf Hubertus* angezeigt und bildet auch die Grundlage für unsere neue, kleine, aber feine Schlagwortwolke (Abbildung 11-39).

BELIEBTE SCHLAGWORTE

Edelstahl, kochen, kochtopf stahl, topf.

Alle Schlagworte ansehen

Abbildung 11-39: Die neue Schlagwortwolke des Webkochshops ist geboren

Auf die aktiven Schlagwörter können Sie an verschiedenen Stellen im Adminbereich zugreifen. Zum einen werden in der Liste *Katalog → Schlagworte → Alle Schlagworte*, wie es der Name schon sagt, alle Schlagwörter angezeigt. Analog zu den Kundenmeinungen erhalten Sie auch über die Artikelverwaltung Zugriff auf die Schlagwörter des Webkochshops. Gehen Sie einfach zu *Katalog → Artikel verwalten* und klicken Sie auf einen beliebigen Artikel. In der Detailansicht erscheint in der linken Menüleiste der Eintrag *Artikelschlagworte*. Im Inhaltsbereich werden dann alle Schlagwörter ausgegeben, die für diesen Artikel angelegt wurden. Ebenso wie bei den Kundenmeinungen lassen sich auch über *Berichte → Schlagworte → Artikel* bzw. *Berichte → Schlagworte → Kunden* nähere Informationen darüber gewinnen, welche Artikel in einem bestimmten Zeitraum verschlagwortet wurden bzw. welche Kunden dies vorgenommen haben.

Nachdem Sie in diesem Abschnitt gelernt haben, wie man Artikel verschlagwortet, sie auf diese Weise thematisch miteinander verknüpft und so besser auffindbar macht, gehen wir im nächsten Abschnitt noch kurz auf die persönliche Empfehlung via E-Mail ein.

E-Mail an einen Freund

Die beste Werbung sind bekanntlich Empfehlungen von Freunden: Lassen Sie Ihre Kunden für sich Werbung machen! Nachdem Sie diese Funktion aktiviert haben, können Ihre Kunden die URL eines Artikels per Mausklick an eine beliebige E-Mail-Adresse verschicken. In diesem Abschnitt erläutern wir Ihnen, wie man diese Funktion im Adminbereich aktiviert, stellen Ihnen den Ablauf einer solchen Empfehlung im Frontend vor und zeigen Ihnen, wo und wie Sie das zugehörige E-Mail-Template an Ihre eigenen Bedürfnisse anpassen.

Um die Weiterempfehlung zu aktivieren, gehen Sie in die Konfiguration (*System → Konfiguration*) und aktivieren das Menü *E-Mail an einen Freund* in der Gruppe *Katalog*. Im Inhaltsbereich öffnet sich daraufhin eine Eingabemaske, in der Sie verschiedene Einstellungen zur Empfehlungsfunktion vornehmen können. Hier ist zunächst wichtig, dass Sie das erste Drop-down-Menü *Aktiviert* auf *Ja* stellen, um die Funktion im Frontend anbieten zu können. Außerdem empfehlen wir Ihnen, das Menü *Für Gäste möglich* auf *Nein* zu belassen; somit können nur im Webkochshop registrierte Kunden Empfehlungen verschicken, was eventuellem Missbrauch beispielsweise durch Spamming zuvorkommt.

Nachdem Sie die Empfehlungsfunktion aktiviert haben, sehen Sie sich nun einmal eine beliebige Artikeldetailseite im Webkochshop an. Unter dem Artikelnamen finden Sie den Link *E-Mail an einen Freund*. Klicken Sie darauf, werden Sie in eine Eingabemaske weitergeleitet, die einem Online-E-Mail-Programm nicht unähnlich ist (Abbildung 11-40).

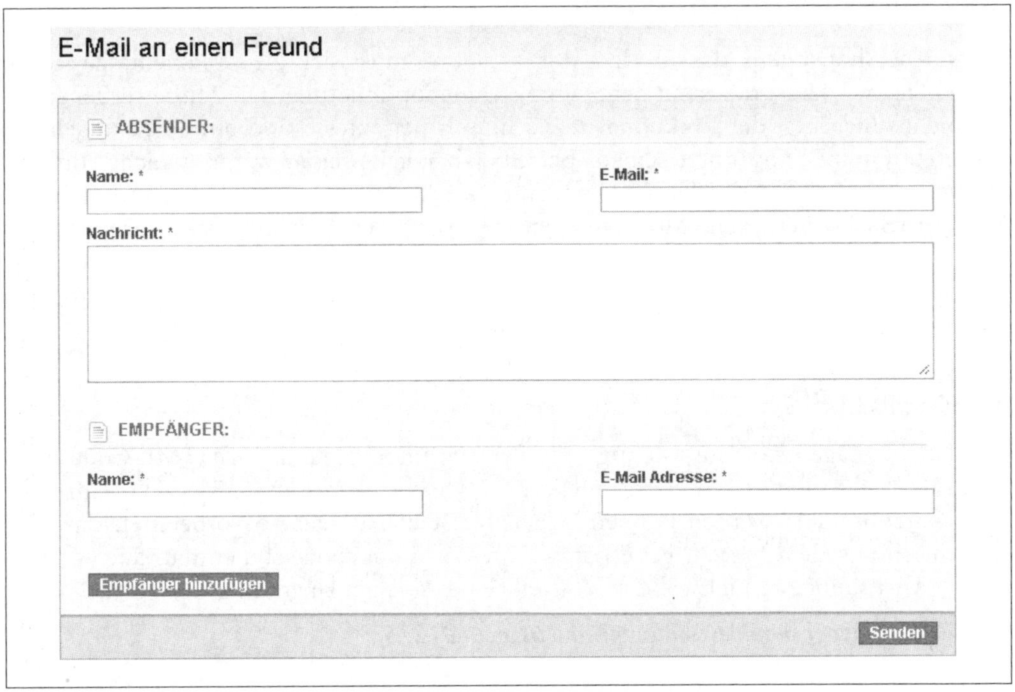

Abbildung 11-40: Verschicken Sie eine Artikelempfehlung via E-Mail

Im oberen Abschnitt des Eingabeformulars tragen Sie den Namen des Absenders und dessen E-Mail-Adresse ein – das sind in diesem Beispiel Ihre Daten. Darunter ist in einem großen Textfeld Platz für einen persönlichen Text, der zusammen mit der URL des aktuellen Artikels in die E-Mail geschrieben wird.

Weiter unten werden der Name und die E-Mail-Adresse des Adressaten in die entsprechenden Felder eingetragen. Möchten Sie die Empfehlung an mehr als eine Person schicken, können Sie mithilfe der Schaltfläche *Empfänger hinzufügen* neue Empfängerinformationen bestehend aus Name und E-Mail-Adresse eintragen. Haben Sie versehentlich eine Zeile zu viel hinzugefügt, lässt sich diese über das kleine Kreuzsymbol wieder entfernen. Nachdem Sie alle Informationen eingetragen haben, verschicken Sie die Artikelempfehlung über die Schaltfläche *Senden* unten rechts. Die E-Mail bzw. E-Mails werden dann sofort verschickt.

Bleibt nur noch die Frage, wie Sie das Template bearbeiten, mit dem die Empfehlungs-E-Mail generiert wird. Nutzen Sie dazu das Wissen, das Sie sich bereits im Abschnitt »Wunschzettel und Vergleichslisten bereitstellen« weiter oben in diesem Kapitel angeeignet haben. Der Name des E-Mail-Templates lautet hier *Artikel einem Freund senden*.

Ab jetzt können Ihre Kunden die frohe Botschaft selbst verkünden: Kaufen Sie im Webkochshop, nirgendwo finden Sie so tolle Artikel in einer derartigen Auswahl zu diesen unglaublichen Preisen!

Suchmaschinenoptimierung mit Magento

Jedes neue Shopsystem, das auf den Markt kommt, muss sich die Gretchenfrage stellen lassen: Sag, wie hältst du es mit der Suchmaschinenoptimierung? Die Mitbewerber schlafen nicht, und auch der funktionalste, technisch perfekteste und am ausgeklügeltsten gestaltete Online-Shop nützt seinem Betreiber herzlich wenig, wenn er nicht von und durch Google & Co. gefunden werden kann. Glücklicherweise bietet Magento Ihnen als Shopbetreiber verschiedene Möglichkeiten, den Webkochshop so zu strukturieren, dass sämtliche Unterseiten optimal von den Suchmaschinen indiziert werden können. Diese Punkte haben wir teilweise schon in den vorangegangenen Kapiteln angesprochen, möchten sie aber an dieser Stelle für Sie noch einmal zusammenfassen.

Sprechende URLs

Es ist heutzutage nicht nur wichtig, wie der zugrunde liegende (X)HTML-Code einer Website strukturiert ist, sondern auch, über welche Adressen (URLs) die einzelnen Unterseiten erreicht werden können. Magento ist hier bereits so vorbereitet, dass alle dynamisch aus dem System generierten Adressen in suchmaschinenfreundliche, sprechende URLs umgewandelt werden. Anstelle eines solchen Ungetüms

www.webkochshop.de/catalog/product/view/id/12763

erstellt Magento eine URL, die einerseits besser von Suchmaschinen indiziert und anderseits leichter von Ihren Kunden nachvollzogen werden kann:

www.webkochshop.de/kochzubehoer/edelstahlkochtopf-hubertus.html

Es ist anhand dieser Struktur sofort klar, dass der gerade aufgerufene Artikel der Kategorie *Kochzubehör* zugeordnet ist. Außerdem wird schon allein aus der URL deutlich, um welche Artikel es sich tatsächlich handelt. In beiden Fällen ist es ein nicht von der Hand zu weisender Vorteil, wenn wichtige Suchbegriffe wie *edelstahlkochtopf* und *kochzubehoer* in der URL erscheinen.

Sollten Ihnen die URLs, die von Magento automatisch erzeugt werden, nicht hundertprozentig zusagen, haben Sie die Möglichkeit, sie selbst einzustellen. Rufen Sie dazu im Adminbereich unter *Katalog → URL-Rewrite Verwaltung* eine Liste auf, in der alle zurzeit umschriebenen URLs enthalten sind (Abbildung 11-41).

31	Main Website Main Website Store English	System	product/10	besteckset-monaco.html	catalog/product/view/id/10	Bearbeiten
30	Main Website Main Website Store English	System	product/9	plastikloffel-jimmy-50-stuck.html	catalog/product/view/id/9	Bearbeiten
29	Main Website Main Website Store English	System	product/8	plastikgabel-milva-50-stuck.html	catalog/product/view/id/8	Bearbeiten

Abbildung 11-41: Die URL-Rewrite-Verwaltung

Klicken Sie nun auf eine beliebige Zeile, um einen Eintrag zu öffnen. Dort lässt sich im Feld *Anfragepfad* ein beliebiger Pfad, genauer gesagt, der Name einer beliebigen HTML-Datei, hinterlegen, der anstelle der dynamischen Adresse verwendet wird.

Metaangaben

Mit Metaangaben wie der Meta-Description und den Meta-Keywords lässt sich ein (X)HTML-Dokument zusätzlich und für den Betrachter unsichtbar beschreiben. Diese Angaben waren vor einigen Jahren noch maßgeblich für das Ranking einer Website verantwortlich, haben aber ihre Bedeutung diesbezüglich fast gänzlich verloren. Lediglich die Meta-Description wird teilweise noch dazu genutzt, das sogenannte *Snippet*, d. h. den Informationsschnipsel in den Suchergebnissen, zu bilden. Der Text einer Meta-Description sollte nicht länger sein als 160 Zeichen, als Meta-Keywords sollten zwischen vier und sieben Begriffe ausreichen.

Metaangaben können in Magento für die verschiedenen Bereiche eingestellt werden: Dies gilt für die Artikel (*Katalog → Artikel verwalten*), die Kategorien (*Katalog → Kategorien verwalten*) und die Inhaltsseiten (*CMS → Seiten verwalten*). Außerdem lassen sich in der Systemkonfiguration (*System → Konfiguration*) Standardwerte für den Fall einstellen, dass keine speziellen Metaangaben vorhanden sind.

Seitentitel

Ein weiterer wichtiger Ranking-Faktor, der von Magento gleichsam *out of the box* mitgeliefert wird, ist der Seitentitel der jeweiligen (X)HTML-Seite. Auch hier können Sie für Artikel, Kategorien und Inhaltsseiten individuelle Titel vergeben. Beim Anlegen der Artikel und Kategorien müssen Sie diesen noch nicht einmal selbst eingeben; der Titel einer Artikeldetailseite wird beispielsweise aus dem Artikelnamen gebildet.

In den vorangegangenen Abschnitten haben Sie gesehen, wie man auf einfache Weise Marketingaktionen in Magento durchführen kann. Der Rest des Kapitels ist dem Controlling gewidmet: Hier lernen Sie die umfangreichen Berichtsfunktionen kennen, die Magento für Sie bereithält.

Berichte verwenden

Ein neuer Tag bricht an, die Kaffeemaschine läuft, Sie fahren Ihren Rechner hoch und sind ganz gespannt, wie sich Ihr virtuelles Geschäft am gestrigen Tag und am frühen Morgen (unter Ihren Kunden sind sicherlich auch Frühaufsteher) geschlagen hat. Und tatsächlich: Ein gewisser Max Mustermann hat für viele Tausend Euro Kochtöpfe und Besteck bei Ihnen bestellt. Der nächste Skiurlaub ist damit schon gesichert.

So flexibel sich Magento bei der Einrichtung und Anpassung zeigt, so analytisch geht das System auch mit seinen gesammelten Daten um. Unter dem Menüpunkt *Berichte* im Adminbereich haben Sie Zugriff auf eine ganze Reihe von nützlich aufbereiteten Informationen zu Kunden, Bestellungen und Artikeln.

Das Dashboard: Statistiken auf einen Blick

Nach der Anmeldung im Adminbereich sehen Sie auf der Startseite eine Reihe verschiedener statistischer Auswertungen der vergangenen Verkaufsaktivitäten. (Diese erscheinen auch nach einem Klick auf *Übersicht* ganz links im Navigationsmenü.) In dieser Auflistung sind Angaben vorhanden wie der gesamte bisherige Umsatz, der durchschnittliche Bestellwert pro Bestellung sowie die letzten fünf Bestellungen und Suchbegriffe. In einem Diagramm auf der rechten Seite wird die Leistung des Shops darüber hinaus noch einmal grafisch veranschaulicht. Darunter erhalten Sie weitere Informationen zu den am meisten verkauften und den am häufigsten angesehenen Artikeln sowie Ihren fleißigsten Kunden.

Mit einem Blick können Sie sich also über die Leistung Ihres Shops informieren, ohne an verschiedenen Stellen nachsehen zu müssen (Abbildung 11-42). Selbst bei komplexen Multishop-Projekten haben Sie so immer den Überblick über jedes einzelne Segment: Mithilfe des Drop-down-Menüs oben links lassen sich sämtliche Ergebnisse nach dem gewünschten Store bzw. StoreView filtern. (Mehr zu den Multishop-Funktionalitäten finden Sie in Kapitel 9).

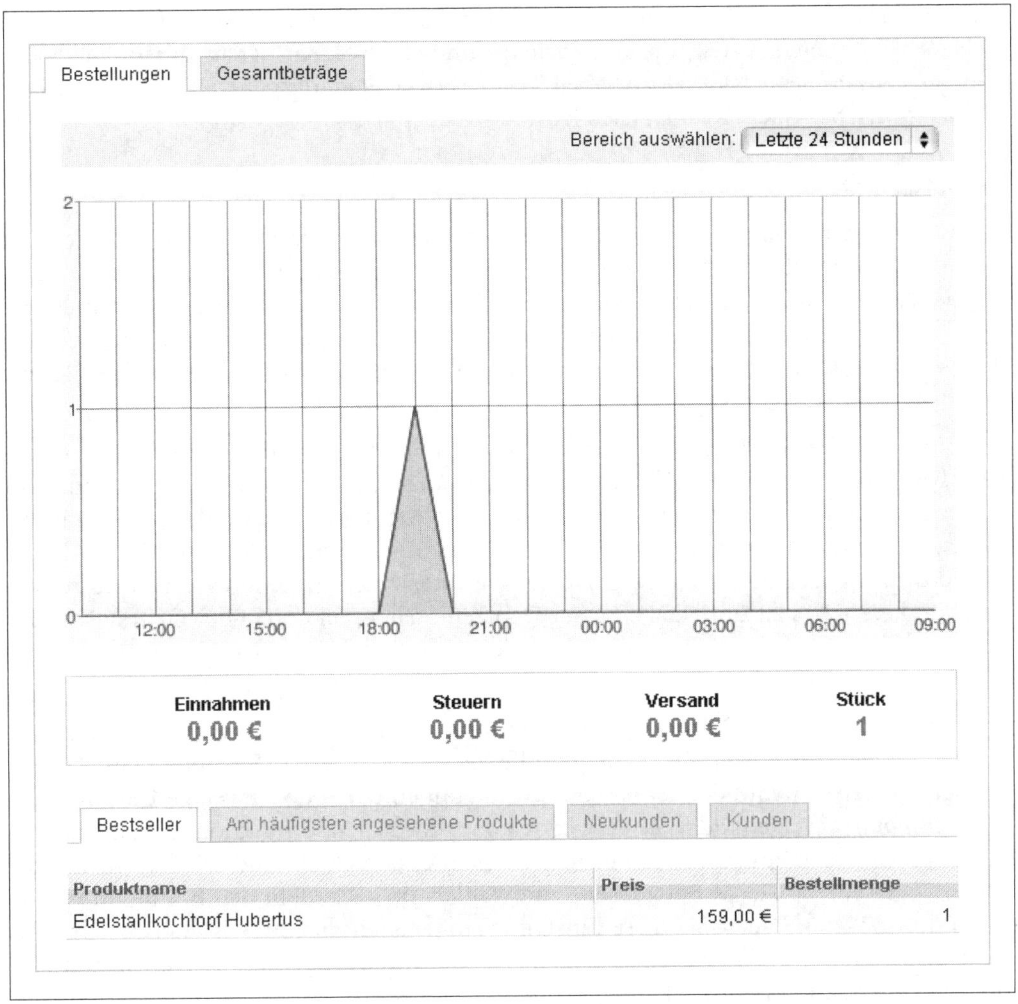

Bestellungen	Gesamtbeträge		

Bereich auswählen: **Letzte 24 Stunden** ⬍

Einnahmen	Steuern	Versand	Stück
0,00 €	**0,00 €**	**0,00 €**	**1**

Bestseller	Am häufigsten angesehene Produkte	Neukunden	Kunden

Produktname	Preis	Bestellmenge
Edelstahlkochtopf Hubertus	159,00 €	1

Abbildung 11-42: Die Verkaufsstatistik: alle relevanten Daten auf einen Blick

Vergessen Sie nicht, dass die Diagrammdaten über einen Google-Dienst erzeugt werden, der zu diesem Zweck mit Zahlenmaterial aus Ihrem Shop versorgt wird. Gemeinsam mit der Adresse Ihres Shops könnte Google – theoretisch – interessante Überlegungen anstellen. Sie können dieses Diagramm im Backend deaktivieren. Gehen Sie dazu im Bereich *System → Konfiguration* links auf *Admin*. Sie finden dort unter *Übersicht* die Möglichkeit, die grafische Auswertung abzuschalten.

Detaillierte Berichte ansehen

Das war für den Anfang ganz interessant, Sie würden jedoch gern noch genauere Informationen zu Ihren Verkäufen erhalten? Dann ist der Menüpunkt *Berichte → Verkäufe* die

Adresse, hinter der sich eine wahre Statistik-Goldgrube verbirgt. Alle kaufmännisch und technisch relevanten Daten, die das System sammelt, werden hier in unterschiedlichen Berichten zusammengefasst. Dazu haben Sie die Möglichkeit, die generierten Berichte auch in Form von CSV- oder Excel-Dateien herunterzuladen.

Verkaufsbericht

Stellvertretend für alle Berichte, auf die Sie in Magento zugreifen können, stellen wir Ihnen an dieser Stelle den Verkaufsbericht vor. In diesem Bericht werden für einen beliebigen Zeitraum alle Verkaufsaktivitäten zusammengefasst und ausgegeben. Lassen Sie sich so beispielsweise am Ende eines Jahres anzeigen, wie das Weihnachtsgeschäft für den Webkochshop gelaufen ist oder ob der Osterhase beim Verschenken von Kochlöffeln und Bestecken fleißiger war.

Um sich den Verkaufsbericht anzusehen, klicken Sie auf *Berichte → Verkäufe → Verkaufsberichte*. Dort wird zunächst eine leere Seite angezeigt. Im oberen Bereich finden Sie – wie so oft im Adminbereich – das Drop-down-Menü zur Auswahl des Geltungsbereichs. Je nachdem, welcher Teil Ihres Shopimperiums Sie besonders interessiert, lassen sich die hier angezeigten Werte auf eine Website, einen Store oder einen StoreView beschränken. (Dies ist übrigens eine der wenigen Stellen, an denen der Geltungsbereich Store eine Aufgabe übernimmt, die über die Darstellung einer Root-Kategorie hinausgeht.)

Aktivieren Sie nun den Eintrag *Alle Websites*, um sich die Gesamtverkäufe anzeigen lassen zu können. Außerdem tragen Sie mithilfe der Felder *Von* und *Bis* einen Zeitraum ein, für den Sie den Bericht generieren wollen. Sie können dabei das jeweilige Datum in der Form *tt.mm.jj* eintragen, oder Sie verwenden dazu die Kalenderfunktion, die Sie über das kleine Kalendersymbol aufrufen. Bestimmen Sie hier den ersten und den letzten Tag des Monats, in dem Sie dieses Buch lesen, und wählen Sie außerdem den Eintrag *Monat* im Drop-down-Menü. Wenn Sie diese Einstellungen gemacht haben, wird der Bericht über die Schaltfläche *Aktualisieren* erstellt, und Ihre Testbestellungen im Webkochshop werden angezeigt (Abbildung 11-43).

Je nachdem, welchen Zeitraum und welche Zusammenfassungsart (Tag, Monat, Jahr) Sie gewählt haben, werden die aufbereiteten Informationen im Inhaltsbereich dargestellt; in unserem Beispiel sind das beispielsweise die Anzahl der Bestellungen, die bestellten Artikel, die Versandkosten sowie die Steuern.

Erkunden Sie nun das Menü *Bericht* auf eigene Faust. Sie werden eine Reihe von Berichten finden, die Ihnen das Leben als Shopbetreiber einfacher machen und Sie bei Ihren kaufmännischen Entscheidungen unterstützen. Sie interessiert beispielsweise, welche Ihrer Artikel am meisten angesehen wurden, sodass Sie für diese eine Rabattaktion durchführen könnten? Im Bericht *Berichte → Artikel → Am meisten angesehen* werden diese Artikel angezeigt. Der Zugriff auf diesen Bericht funktioniert genau so wie im Beispiel des Verkaufsberichts: Wählen Sie einen Geltungsbereich, einen Zeitraum und eine Zusammenfassungsart (täglich, monatlich, jährlich) und klicken Sie auf *Aktualisieren*.

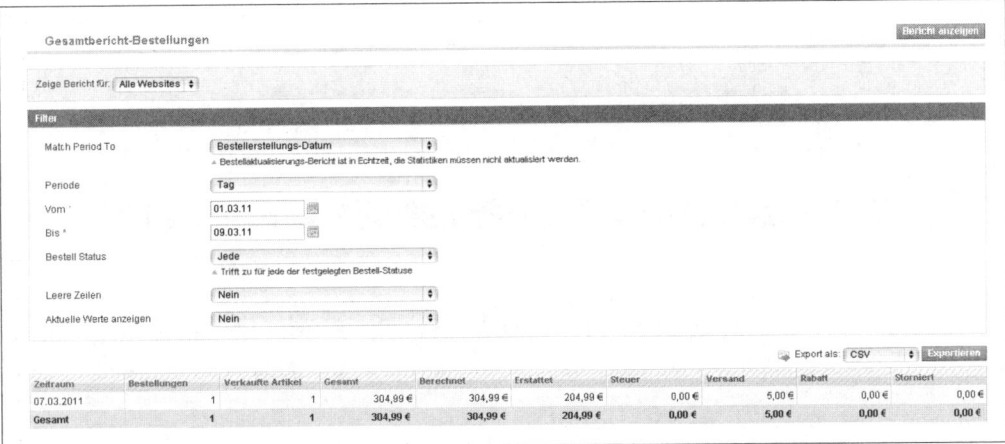

Abbildung 11-43: Anzeige der Gesamtverkäufe nach Festlegung des Geltungsbereichs und des Anzeigezeitraums

Möchten Sie die Daten ausdrucken oder in anderen Softwareanwendungen nutzen, können Sie sie ins CSV- oder Excel-Format exportieren. Wählen Sie im Drop-down-Menü *Export als* das gewünschte Format aus und klicken Sie auf *Exportieren*.

Sie sehen also, wie Sie Ihren Bestellungen genau auf den Zahn fühlen können. Es bedarf nur einiger Mausklicks, um sich über die aktuelle Verfassung des Webkochshops ein genaues Bild zu machen

Mit RSS-Feeds auf dem neusten Stand

RSS-Feeds gehören zum modernen Internet wie der Käse zur Pizza. Es handelt sich dabei vereinfacht gesagt um eine bestimmte Form von XML-Dateien, die automatisch generiert und von sogenannten Feed-Readern ausgelesen werden. So können Sie beispielsweise für eine Reihe von Websites feststellen, wo es gerade etwas Neues gibt, anstatt die einzelnen Websites einzeln durchzuklicken. Auch Magento macht sich diese Technologie zunutze: Zum einen können Sie Kunden erlauben, mittels RSS-Feeds bestimmte Kategorien zu »überwachen«, zum anderen können Sie sich als Shopbetreiber so auch über neue Bestellungen und Lagerbestände informieren lassen. Auf diese Funktion möchten wir in diesem Abschnitt im Detail eingehen.

Wie so oft möchten wir Sie bitten, sich per *System → Konfiguration* in die Systemkonfiguration zu bewegen und auf das Menü *RSS-Feeds* in der Gruppe *Katalog* zu klicken. Vergewissern Sie sich ebenfalls, dass das Drop-down-Menü zur Auswahl des Geltungsbereichs auf *Standardkonfiguration* eingestellt ist.

Im Inhaltsbereich sehen Sie nun die Abschnitte *RSS Konfiguration*, *Wunschzettel*, *Katalog* und *Bestellung*. Diese enthalten jeweils einen oder mehrere Schalter in Form von Drop-down-Menüs, mit denen Sie die RSS-Funktionalität aktivieren oder deaktivieren können (Abbildung 11-44).

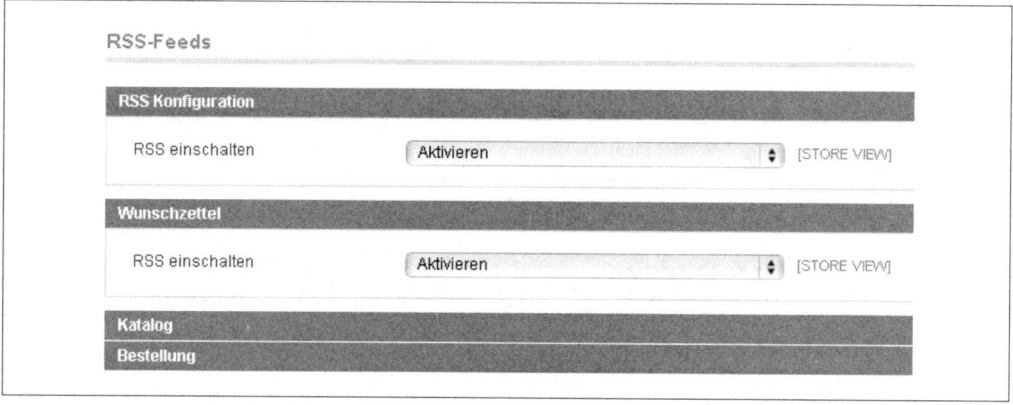

Abbildung 11-44: RSS-Feeds an- oder ausschalten

Setzen Sie als Erstes bei der *RSS Konfiguration* das Menü auf *Aktivieren*, um die RSS-Feeds generell anzuschalten. Anschließend aktivieren Sie auch die übrigen RSS-Funktionen: Über den *Wunschzettel*-Feed kann ein Kunde, der sich zu Weihnachten nichts sehnlicher wünscht als den Edelstahlkochtopf Hubertus, diesen Wunsch seinen Verwandten und Bekannten via XML kundtun; Kunden, die darauf warten, dass Sie einen bestimmten Artikel in Ihren Warenkorb aufnehmen, freuen sich über den RSS-Feed Neue Artikel im Abschnitt *Katalog*.

Für Sie als Shopbetreiber besonders interessant ist natürlich der letzte Abschnitt: Bestellung. Aktivieren Sie diesen Feed, um sich – nur für Sie sichtbar! – über neue Bestellungen via RSS informieren zu lassen. Gehen Sie anschließend über *Verkäufe* → *Bestellungen* in die Bestellverwaltung, sehen Sie oberhalb der Liste der Bestellungen den orangefarbenen Link *RSS für neue Bestellungen*. Wenn Sie darauf klicken und im Anschluss die Benutzerdaten (Benutzername und Passwort) eingeben, mit denen Sie sich auch im Adminbereich angemeldet haben, greifen Sie auf diesen RSS-Feed direkt zu. Moderne Browser wie der Firefox 3 oder der Internet Explorer 7 haben bereits eine integrierte RSS-Funktionalität, über die Sie den Bestellungen-Feed abonnieren können. Andere Software und Dienste wie Google Reader oder Bloglines sind natürlich ebenfalls in der Lage, diese RSS-Feeds darzustellen.

In diesem Kapitel haben Sie gesehen, wie Sie mit Magentos Bordmitteln verschiedene Marketingaktionen durchführen und dadurch letztlich Ihre Umsätze steigen können. Mit Rabattaktionen lassen sich beispielsweise zeitlich begrenzte Preisreduktionen einstellen, wobei Sie dies nicht mühsam für jeden Artikel einzeln einstellen müssen (obwohl das im Fall der Sonderangebote natürlich auch funktioniert), sondern Sie können mithilfe von Bedingungen genau die von der Aktion betroffenen Artikel definieren. Sie haben ebenfalls gesehen, wie Sie Magentos eingebaute Newsletter-Funktionalität nutzen und Artikel auf verschiedene Weise miteinander verknüpfen. Mit den Berichten und RSS-Feeds können Sie die Entwicklungen im Webkochshop genauestens verfolgen und so den Erfolg Ihre Marketingmaßnahmen überprüfen. Sie wissen ja, Vertrauen ist gut, Kontrolle ist besser.

Nachfolgend gehen wir auf die Schnittstellen von Magento genauer ein.

Schnittstellen nutzen

Wie Sie bisher gesehen haben, kann Magento eine ganze Menge, aber nicht alles. Umso wichtiger ist die Frage, welche Schnittstellen vorhanden sind, um unseren Online-Shop mit anderen Softwareprodukten zu verknüpfen bzw. Daten auszutauschen. Standardmäßig ist in Magento eine Verbindung zu den zwei wichtigen Google-Diensten Google Sitemap und Google Analytics integriert. Diese Dienste, die Google kostenlos anbietet, stellen Website-Betreibern unter anderem wichtige Informationen zur Verfügung. So erhalten beispielsweise Webmaster mit Google Analytics umfangreiche Informationen über die Nutzer und die Nutzung ihrer Seiten, die mit Google Sitemap beim Suchmaschinenriesen zur Durchsuchung angemeldet werden können.

Mithilfe der Import- und Exportprofile des neuen Importmoduls, das mit Magento 1.5 eingeführt wurde und das alte Magento-DataFlow-Modul ersetzt, lassen sich Artikel und Kunden in den gewünschten Formaten austauschen. Last, but not least verfügt Magento auch über eine API, die mittels SOAP, REST oder XML RPC genutzt werden kann.

Das Google-Duo: Sitemap und Analytics

Neben einer populären Suchmaschine betreibt Google eine Reihe von größtenteils kostenlosen Dienstleistungen, mit deren Hilfe Betreiber von Websites verschiedene Aspekte ihres Onlineangebots verbessern können.

Google Sitemap

Bei Google Sitemap handelt es sich um einen kostenlosen Dienst von Google, mit dessen Hilfe Shopbetreiber die Suchmaschine dabei unterstützen können, wirklich alle Seiten des Shops in seinen Index aufzunehmen. Normalerweise arbeiten sich die automatisierten Crawler vollautomatisch durch sämtliche Ecken des Internets und indexieren alles, was ihnen vor die Datenflinte kommt. Es gibt jedoch Fälle, in denen auch die schlauesten Suchroboter nicht mehr weiterkommen, etwa dann, wenn Sie Ihre Inhalte über viele Hierarchiestufen hinab verschachtelt haben oder sehr viel JavaScript einsetzen, um Besucher zu Ihren Inhalten zu führen.

Um Google auch diejenigen Seiten mitzuteilen, die diese Suchmaschine unter Umständen selbst nicht gefunden hätte, ist in Magento eine entsprechende Schnittstelle integriert. Per Knopfdruck stellt Magento URLs aller Seiten des Shops – Artikel, Kategorien, Inhaltsseiten – zusammen und schickt diese zu Google. Sie haben dann als Inhaber eines Google-Kontos die Möglichkeit, in den sogenannten *Google Webmaster Tools* festzustellen, welche Fortschritte der Google-Crawler bei der Indizierung Ihrer Seite macht bzw. gemacht hat, und werden über möglicherweise auftretende Fehler informiert.

Gemeinsam werden wir zunächst Google Sitemap so konfigurieren, dass in regelmäßigen Abständen Sitemaps in Form von XML-Dateien automatisch generiert werden. In einem zweiten Schritt legen wir dann fest, wo genau auf unserem Server die Sitemaps für die deutsche und die englische Version des Webkochshops liegen. Beginnen Sie wieder bei der Systemkonfiguration unter *System → Konfiguration* und klicken Sie links auf den Menüpunkt *Google Sitemap* in der Gruppe *Katalog*. Im Inhaltsbereich tauchen vier Abschnitte auf, von denen die ersten drei einen Seitentyp – Kategorien, Artikel oder CMS-Seiten – betreffen. Diese Seitentypen erscheinen als URLs in der XML-Sitemap und können an dieser Stelle konfiguriert werden. Schauen Sie sich stellvertretend den ersten Abschnitt *Kategorieoptionen* an (Abbildung 12-1).

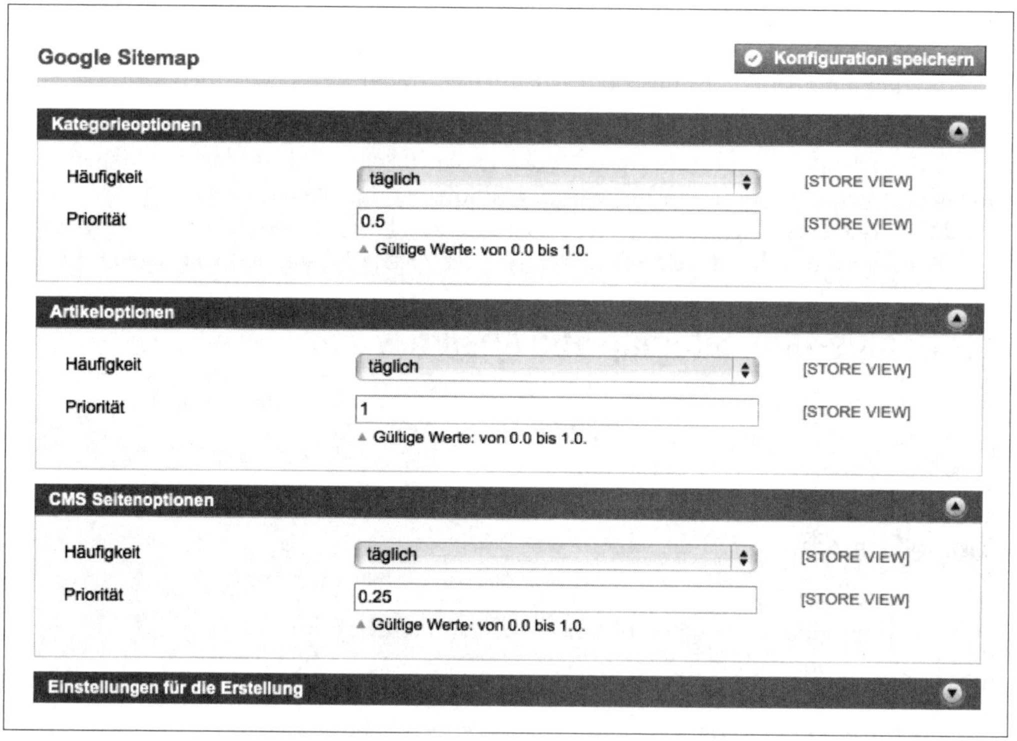

Abbildung 12-1: Sitemap-Einstellungen für Kategorieseiten

Mithilfe des ersten Drop-down-Menüs *Häufigkeit* teilen Sie Google mit, wie oft Sie Kategorieseiten ändern, wobei Sie unter anderem die Wahl zwischen Werten wie *Stündlich*, *Täglich*, *Wöchentlich* und *Monatlich* haben. Der Standardwert ist hier *Täglich*, und diesen sollten Sie auch beibehalten, da es gerade in der Startphase eines Online-Shops öfter zu Änderungen der Kategoriestruktur kommt und Google davon auch in Kenntnis gesetzt werden sollte. Über das zweite Eingabefeld *Priorität* können Sie die einzelnen Bestandteile Ihrer Sitemap gewichten. Sie können hier einen Dezimalwert zwischen *0.0* und *1.0* eintragen, wobei 0 die niedrigste und 1 die höchste Priorität darstellt. Zu Beginn ist ein mittlerer Wert von *0.5* eingestellt, den Sie auch übernehmen sollten. Im Vergleich dazu liegt im Abschnitt *Artikeloptionen* dieser Wert bei *1.0*, weil insbesondere umfangreiche Artikelinformationen entscheidend für Ihr Google-Ranking sind.

Im letzten Abschnitt *Einstellungen für die Erstellung* legen Sie allgemeine Details für Google Sitemap fest (Abbildung 12-2).

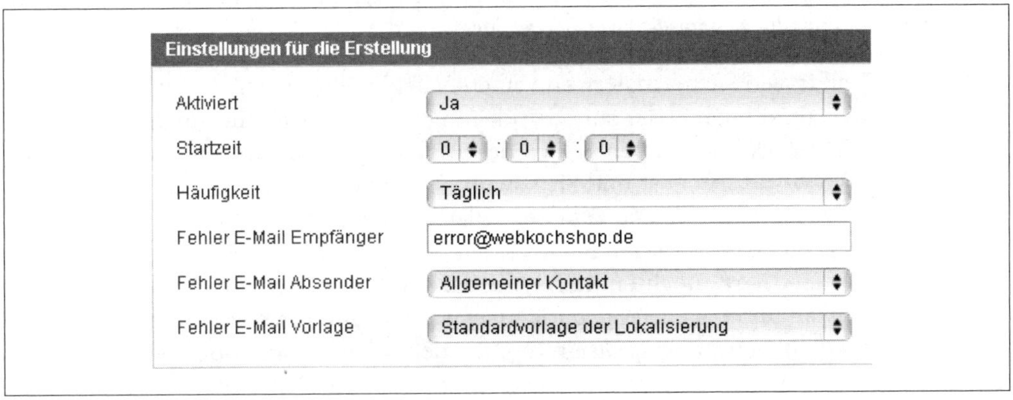

Abbildung 12-2: Allgemeine Einstellungen für die Sitemaps

Setzen Sie zuerst das Drop-down-Menü *Aktiviert* auf *Ja*, um die automatische Erstellung der Google Sitemap zu aktivieren. Darunter haben Sie die Möglichkeit, mittels dreier Drop-down-Menüs für Stunden, Minuten und Sekunden den genauen Startzeitpunkt für die Erstellung der Google Sitemap zu bestimmen. Wählen Sie hier den Zeitpunkt *00:00:00* (Mitternacht) aus. Parallel zu den Sitemap-Optionen weiter oben können Sie auch hier eine *Häufigkeit* festlegen; entscheiden Sie sich ebenfalls für die Variante *Täglich*, um jeden Morgen eine frische Sitemap auf dem Server zu haben. In das Feld *Fehler E-Mail Empfänger* gehört eine E-Mail-Adresse, auf die Sie Zugriff haben und an die eine warnende E-Mail geschickt wird, wenn etwas mit der Erstellung der Google Sitemap nicht ganz so geklappt hat wie geplant. Wenn Sie diese Einstellungen vorgenommen haben, sichern Sie sie über *Konfiguration speichern* und wechseln anschließend zu *Katalog → Google Sitemap*.

Dort wird eine Liste aller Sitemaps angezeigt, die bereits angelegt sind bzw. die regelmäßig aktualisiert werden. Ganz zu Beginn herrscht hier zunächst wieder einmal gähnende Datenleere, was Sie aber schnell ändern können, indem Sie den Button *Sitemap hinzufü-*

gen anklicken. Sie werden zu einer Eingabemaske weitergeleitet, in der einige wenige Informationen zu Ihrer neuen Sitemap abgefragt werden (Abbildung 12-3).

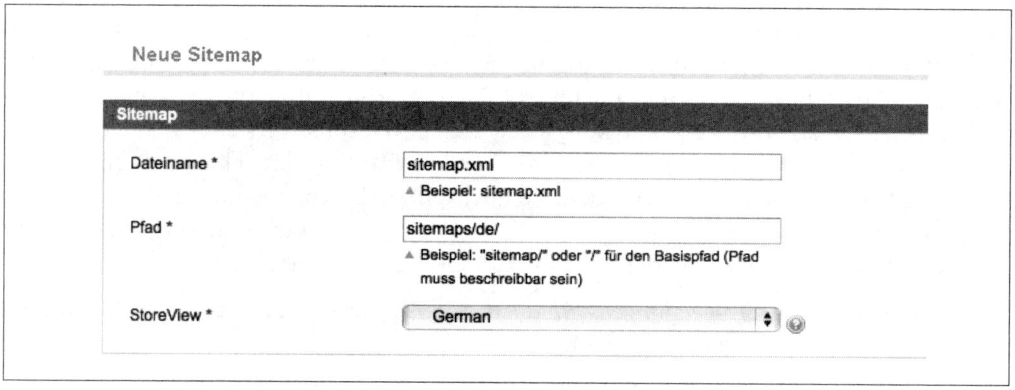

Abbildung 12-3: Einstellungen für die neue Google Sitemap

In das erste Feld tragen Sie normalerweise einen beliebigen Dateinamen für die neue Sitemap ein. Leider steckt auch in der zur Drucklegung aktuellen Fassung von Magento (Version 1.8) ein Fehler fest, der ausschließlich den Dateinamen *sitemap.xml* zulässt. Da eine Sitemap StoreView-spezifisch ist und Sie sowohl für den deutschen als auch für den englischen Webkochshop eine eigene Datei erstellen möchten, tragen Sie hier zwar jeweils *sitemap.xml* ein, als Nächstes legen Sie aber den Speicherort bzw. den Pfad fest, an dem Sie die Sitemap speichern möchten. Legen Sie dazu in Ihrem Magento-Verzeichnis einen Ordner *sitemap/* an und erstellen Sie darin zwei weitere Unterordner *de/* und *en/*. Tragen Sie anschließend einfach */sitemap/de* ein, um die deutsche Sitemap dort abzulegen. Last, but not least wählen Sie aus dem letzten Drop-down-Menü den StoreView *Deutsch* aus und klicken anschließend auf *Speichern & Erstellen*. Wie es der Name schon vermuten lässt, werden die Parameter für die neue Sitemap gespeichert, und die Sitemap wird generiert. Auf der Übersichtsseite, zu der Sie anschließend zurückgeleitet werden, findet sich nun ein neuer Eintrag mit einem Link auf die frisch erstellte Sitemap: *http://www.web-kochshop.de/sitemap/de/sitemap.xml*.

Rufen Sie diese in Ihrem Browser auf, erscheint eine XML-Baumstruktur, die unter anderem die URLs sämtlicher Unterseiten, das jeweilige Änderungsdatum sowie die Häufigkeit (*changefreq*) und die Priorität (*priority*) dieser Seiten enthält, die Sie weiter oben in der Systemkonfiguration festgelegt haben (Abbildung 12-4).

Eine Sitemap allein ist jedoch weder abend- noch suchmaschinenfüllend. Um eine Google Sitemap richtig nutzen zu können, müssen Sie der Suchmaschine genau mitteilen, wo sie nach einer solchen suchen soll.

Der ideale Ort, Google diese Information mitzuteilen, sind wie bereits erwähnt die Google Webmaster Tools (GWT), die Sie unter der Adresse *https://www.google.com/webmasters/* finden. Wir gehen davon aus, dass Sie bereits über einen GWT-Account ver-

```
– <urlset>
  – <url>
      <loc>http://127.0.0.1/wks1/index.php/kochzubehor.html</loc>
      <lastmod>2009-02-18</lastmod>
      <changefreq>daily</changefreq>
      <priority>0.5</priority>
  </url>
  – <url>
    – <loc>
        http://127.0.0.1/wks1/index.php/kochzubehor/topfe-1.html
      </loc>
      <lastmod>2009-02-18</lastmod>
      <changefreq>daily</changefreq>
      <priority>0.5</priority>
  </url>
  – <url>
    – <loc>
        http://127.0.0.1/wks1/index.php/edelstahlkochtopf-hubertus.html
      </loc>
      <lastmod>2009-02-18</lastmod>
      <changefreq>daily</changefreq>
      <priority>1.0</priority>
  </url>
```

Abbildung 12-4: Die Baumstruktur der Sitemap für den deutschen Webkochshop

fügen und sich mit dessen Bedienung und Funktionalität auskennen. Die Bedienung der GWT ist sehr einfach, und so sollte es Ihnen im Vorfeld ein Leichtes gewesen sein, den Webkochshop damit zu verknüpfen.

Um nun der deutschen Version des Webkochshops eine Sitemap zuzuweisen, klicken Sie in der blauen Menüleiste links auf *XML-Sitemaps* (Abbildung 12-5).

Oben im Inhaltsbereich können Sie die URL der Sitemap eintragen – in unserem Fall lautet sie *http://www.webkochshop.de/sitemap/de/sitemap.xml*. Klicken Sie auf *Submit*, um die Sitemap zu verknüpfen. Wenn diese Datei richtig auf dem Server gespeichert ist und Google sie als Sitemap erkennt, erhalten Sie die Meldung: *You have added http://www.web-kochshop.de/sitemap/de/sitemap.xml. Reports may take several hours to update. Thank you for your patience!* Einige Zeit später haben Sie nun die Möglichkeit, sich die Statistiken der Google-Indizierung für den Webkochshop in den GWT anzusehen. Da die Sitemaps, wenn der Magento-Cronjob korrekt eingerichtet ist, jeden Morgen automatisch generiert werden, müssen Sie nicht mehr manuell eingreifen und können Magento und die Google Sitemap die Arbeit für Sie machen lassen.

Als zweites Google-Produkt, das eine eigene Schnittstelle in Magento bekommen hat, möchten wir nun im nächsten Abschnitt einen kurzen Blick auf Google Analytics werfen.

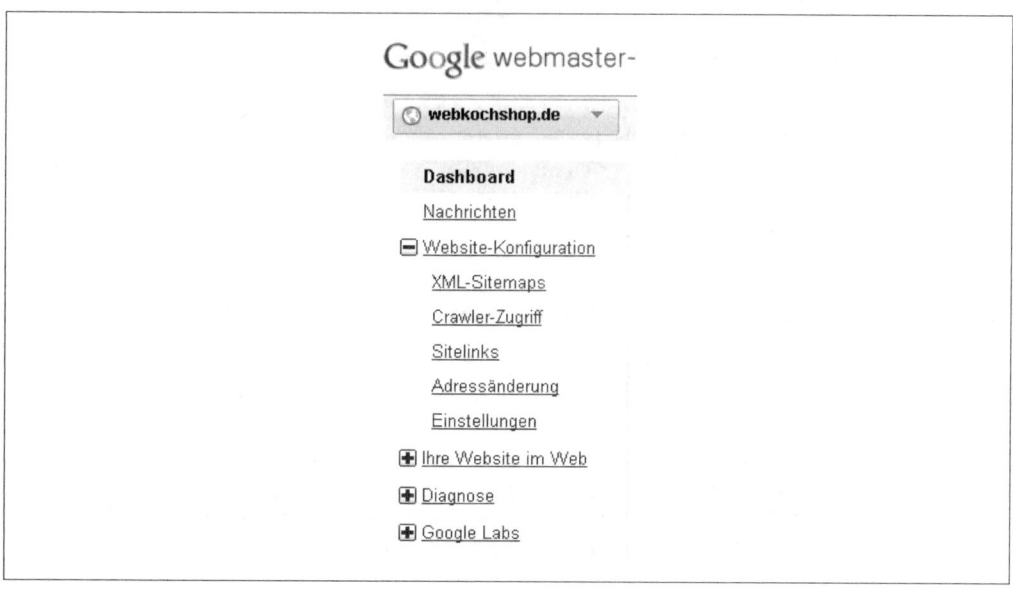

Abbildung 12-5: Verknüpfen einer neuen Sitemap in den Google Webmaster Tools

Google Analytics

Ein wichtiges Hilfsmittel bei der Fehlersuche und Besucheranalyse ist Google Analytics. Dabei handelt es sich um eine ebenfalls kostenfreie Webanalysesoftware, mit der Sie als Shopbetreiber umfangreiche Statistiken zu Ihren Besuchern anfertigen können. Um den Benutzern des Webkochshops genauer auf die Finger zu schauen und beispielsweise überprüfen zu können, wie diese Ihren Shop gefunden haben, müssen Sie nur eine kleine Einstellung im Adminbereich vornehmen. (Und, das versteht sich ja fast von selbst, Sie sollten natürlich über ein Google-Analytics-Konto verfügen.) Ist Magento mit Google Analytics verknüpft, werden wichtige Daten zu Ihren Besuchern und deren Klickverhalten sowie Warenkorbinformationen aufgezeichnet und zu aussagekräftigen Statistiken zusammengefasst.

Wenn Sie Google Analytics im Webkochshop aktivieren möchten, gehen Sie über *System → Konfiguration* in die Systemkonfiguration und wählen – wie auch schon bei den anderen Google-Produkten, die Sie in den vorangegangenen Abschnitten kennengelernt haben – den Menüpunkt *Google API* aus der Gruppe *Verkäufe*. Klappen Sie anschließend die Eingabemaske unter der Überschrift *Google Analytics* auf (Abbildung 12-6).

Setzen Sie das obere Drop-down-Menü auf *Ja*, um den Service zu aktivieren, und tragen Sie darunter die UA-Nummer Ihres Google-Analytics-Profils für den Webshop ein – fertig! Nun müssen Sie die Konfiguration nur noch abspeichern, und schon werden alle Benutzeraktivitäten und Warenkörbe im Webkochshop von Google registriert und ausgewertet.

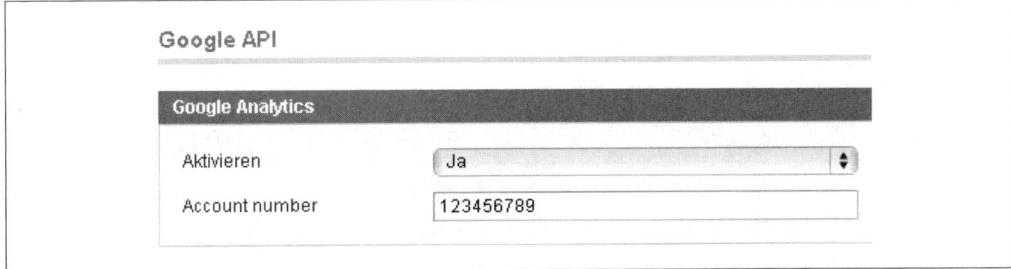

Abbildung 12-6: Konfiguration für Google Analytics

 Mit dem Datenschutz ist es so eine Sache: Die Verwendung der IP-Adresse des Besuchers wirft immer wieder Probleme auf. Mit MageSetup, das wir bereits in Kapitel 5 besprochen haben, wird eine Anonymisierungsfunktion nachgerüstet. Diese Funktion erfüllt sowohl die Datenschutzansprüche Deutschlands als auch Googles. Nach Aktivierung dieser Funktion im Menü *System → Konfiguration* unter *Google API* werden IP-Adressen nicht mehr rückverfolgbar hinterlegt. Dennoch sind Sie dazu verpflichtet, Ihre Kunden in den Datenschutzbestimmungen auf die Verwendung von Google Analytics hinzuweisen. Einen Mustertext dazu bietet Google in den Nutzungsbedingungen zu Google Analytics an.

In den vergangenen Abschnitten haben Sie gesehen, welche Möglichkeiten es gibt, die verschiedenen Google-Produkte zusammen mit Magento zu nutzen. Wir setzen die Besprechung der Schnittstellen fort, indem wir die zentrale Import-/Exportfunktionalität im Detail erläutern.

Importe und Exporte

So aufgeräumt und gut bedienbar die Artikelverwaltung von Magento auch ist: Wenn Tausende von Artikeln verkauft werden sollen, deren Daten in strukturierter Form vorliegen, wäre es ein immenser und darüber hinaus reichlich sinnloser Arbeitsaufwand, dies manuell zu erledigen. Glücklicherweise hat Magento ab der Version 1.5 ein neues Importmodul, das wir im Folgenden vorstellen möchten. Dieses Modul löst das alte DataFlow-Modul ab, das zwar seine Arbeit ebenfalls gut verrichtet hat, aber zu langsam und zu unflexibel ist. Möchten Sie dennoch das DataFlow-Modul verwenden, haben wir im Anhang des Buches eine detaillierte Beschreibung zu seiner Funktionalität hinterlegt.

Werfen wir nun gemeinsam einen Blick auf das Import-/Exportmodul und springen wir als Erstes in den Bereich *System → Import/Export → Import*. In einer recht einfach gehaltenen Konfiguration können Sie hier bestimmen, ob Artikel- (*Products*) oder Kundendaten (*Customers*) importiert werden sollen, ob Sie die jeweiligen Daten aktualisieren (*Append Complex Data*), ersetzen (*Replace Existing Complex Data*) oder löschen möchten (*Delete Entities*) und mit welcher Datei das geschehen soll (Abbildung 12-7).

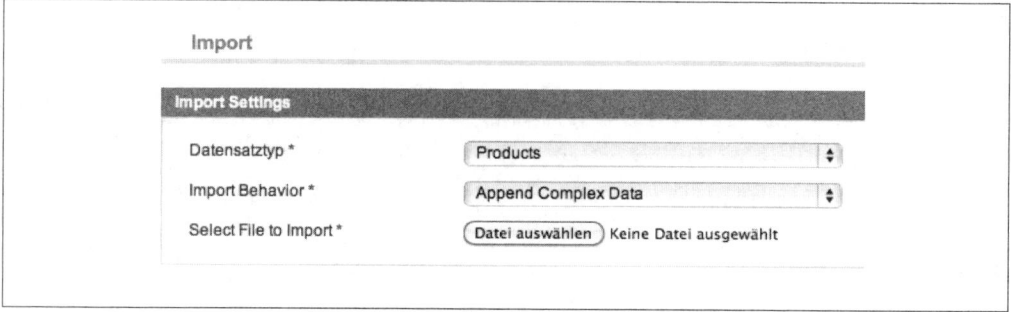

Abbildung 12-7: Verschiedene Importeinstellungen

Um sofort in die Arbeit mit dem Importmodul einzusteigen und gemeinsam eine Datei zu erstellen, die Sie mithilfe der oben gezeigten Eingabemaske importieren können, werden wir in den folgenden Abschnitten beschreiben, wie sich Artikeldaten in Tabellenform vorbereiten und anschließend in Magento importieren lassen.

Datenimport vorbereiten

Um es gleich vorwegzunehmen: Es gibt leider keine vollständige oder gar vollautomatische Strategie, Artikeldaten aus bestehenden Shopsystemen komplett in Magento abzubilden; dafür sind die Systeme einfach zu verschieden. Das fängt schon beim zugrunde liegenden Datenmodell an. Während in den meisten Systemen die Informationen größtenteils in »flachen« Tabellen hinterlegt sind, folgt die Datenbank von Magento dem EAV-Modell (*entity-attribute-value*); damit ist ein direkter Datenaustausch über SQL-Dateien praktisch ausgeschlossen. Eine Möglichkeit, den Austausch trotzdem zu realisieren, ist, mithilfe von Importprofilen beispielsweise Artikel aus dem alten Shopsystem zu exportieren und in Magento zu importieren. Das funktioniert jedoch nur bis zu einem gewissen Grad: Es können lediglich einfache Artikel ohne Optionen auf diese Weise importiert werden, außerdem gehen nach dem Import Informationen beispielsweise über Kategoriezugehörigkeiten oder Staffelpreise verloren.

Wir konzentrieren uns daher im folgenden Abschnitt zunächst auf den Austausch der Artikeldaten.

Export einer Artikeldatei aus Magento

Der erste Schritt für den Datenaustausch besteht darin, eine Artikeldatei aus Magento zu exportieren, die wir anschließend als Vorlage für unseren Artikelimport nutzen können. Öffnen Sie dazu wie vorhin gesehen die Konfiguration des Importmoduls unter *System* → *Import/Export* → *Exportieren*. Wählen Sie anschließend in den Export-Settings im Menü *Datensatztyp* den Eintrag *Products* aus, sodass im unteren Bereich eine neue Tabelle namens *Datensatzattribute* eingeblendet wird (Abbildung 12-8).

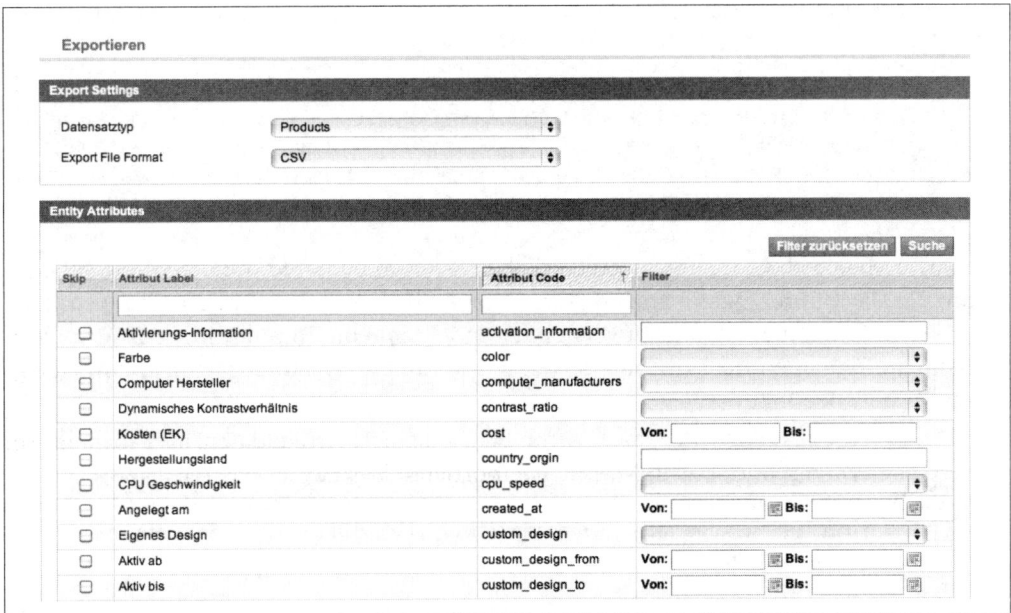

Abbildung 12-8: Attributauswahl für den Export

In dieser Tabelle befinden sich alle Attribute, die in Ihrer Datenbank gespeichert sind. An dieser Stelle können Sie auf zwei Arten den Export in eine CSV-Artikeldatei nach Ihren Wünschen beeinflussen. Als Erstes besteht die Möglichkeit, bestimmte Attribute gar nicht zu exportieren: Setzen Sie dazu einfach ein Häkchen in das Kontrollkästchen in der ersten Spalte Skip, und das zugehörige Attribut wird übersprungen. Außerdem lassen sich die Artikel selbst filtern. Scrollen Sie beispielsweise hinunter zum Attribut *Preis* und tragen in der rechten Spalte mithilfe der *Von-Bis*-Eingabefelder einen Preisbereich ein, werden nur die Artikel exportiert, die dem entsprechen. Genau so können Sie definieren, welche Artikel exportiert werden sollen, und müssen nicht immer den kompletten Artikelstamm in eine CSV-Datei schreiben lassen. Gerade bei umfangreichen Katalogen mit Zehntausenden von Artikeln werden Sie für diese Filtermöglichkeit dankbar sein, denn ein Import kann auch mit dem neuen Import-/Exportmodul von Magento abhängig von der Artikelanzahl sehr lange dauern und somit einen Skriptabbruch aufgrund zu langer Skriptlaufzeit heraufbeschwören.

Da wir in unserem Fall jedoch nur eine Handvoll von Artikeln in der Datenbank führen und lediglich eine Vorlage für den Import benötigen, brauchen Sie an dieser Tabelle gar nichts zu verändern, sondern klicken einfach auf *Weiter* unten rechts. Kurz darauf lädt Ihr Browser eine CSV-Datei herunter, deren erste Zeile ungefähr so aussieht:

```
sku,_store,_attribute_set,_type,_category,_product_websites,activation_information,color,
computer_manufacturers,contrast_ratio,cost,country_orgin,cpu_speed,created_at,custom_desi
gn,custom_design_from,custom_design_to,custom_layout_update,description,dimension,enable_
googlecheckout,finish,gallery,gender,gift_message_available,groesse,harddrive_speed,hardr
ive,has_options,image,image_label,in_depth,is_imported,lieferzeit,manufacturer,max_resolu
```

```
tion,media_gallery,megapixels,memory,meta_description,meta_keyword,meta_title,minimal_pri
ce,model,name,news_from_date,news_to_date,options_container,page_layout,price,processor,r
am_size,required_options,response_time,room,screensize,shape,shirt_size,shoe_size,shoe_ty
pe,short_description,small_image,small_image_label,special_from_date,special_price,specia
l_to_date,status,tax_class_id,thumbnail,thumbnail_label,tralala,updated_at,url_key,url_pa
th,visibility,weight,_links_related_sku,_links_related_position,_links_crosssell_sku,_lin
ks_crosssell_position,_links_upsell_sku,_links_upsell_position,_associated_sku,_associate
d_default_qty,_associated_position,_tier_price_website,_tier_price_customer_group,_tier_p
rice_qty,_tier_price_price
```

Eine ganze Menge Holz, nicht wahr? Hier haben Sie es mit einer kommaseparierten Datei zu tun, die alle in Ihrer Datenbank gespeicherten Artikel und sämtliche Attribute enthält. In der ersten Zeile, die wir ja dazu verwenden möchten, eine Importvorlage zu erstellen, erscheinen die Namen der Attribute sowie einige andere Systemangaben, die Magento für den Import benötigt.

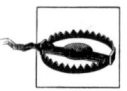 Die CSV-Dateien des neuen Importmoduls und des älteren DataFlow-Moduls sind nicht kompatibel, falls Sie also einen Systemwechsel anstreben, müssen Sie auch dementsprechend die Struktur der CSV-Dateien überarbeiten.

Springen Sie nun zu Ihrer Shopsoftware, in der die Artikeldaten bisher gespeichert sind, und erzeugen Sie dort ebenfalls eine Artikeldatei im CSV-Format Da sich dieser Vorgang von Shopsystem zu Shopsystem unterscheidet und es sehr viele unterschiedliche Shopsysteme gibt, sind Sie für diesen Schritt auf sich selbst gestellt. In den meisten Shops ist ein solcher Export als CSV-Datei aber problemlos möglich.

Die Importdatei vorbereiten

Sie verfügen nun über zwei Artikeldateien im CSV-Format: Das ist zum einen die Datei, die Sie aus Magento exportiert haben und die als Vorlage dienen soll, und zum zweiten die exportierte Produktdatei. Getreu dem Motto »aus zwei mach eins« werden Sie nun diese beiden Dateien zusammenfassen, indem Sie die jeweiligen Spalten aus der Ursprungsdatei in die Magento-Datei kopieren. Achten Sie unbedingt darauf, dass die erste Zeile der Magento-Datei dabei erhalten bleibt, sprich, dass die Original-Magento-Spaltenbezeichnungen erhalten bleiben. Die ersten Spalte *sku* bezeichnet die Artikelnummer, die nachfolgenden Spalten müssen wie folgt ausgefüllt werden:

_store
> Dies ist der StoreView, dem die importierten Artikel zugewiesen werden. Lassen Sie diesen Wert leer, um die Attributwerte im globalen Geltungsbereich zu importieren. Möchten Sie einen StoreView-spezifischen Import durchführen, schreiben Sie den Code des jeweiligen StoreView in jede Artikelzeile.

_attribute_set
> Für die Attributsets gibt es in vielen anderen Systemen keine Entsprechung, schreiben Sie daher in jede Zeile den Wert *Default*.

_type

In der Importdatei müssen Sie noch hinterlegen, um welchen Artikeltyp es sich jeweils handelt. Tragen Sie in unserem Beispiel den Wert *simple* in jede Zeile der Importdatei ein.

_product_websites

Analog zum Store können die Artikel beim Import auch einer Website zugewiesen werden. Schreiben Sie in jede Zeile den Wert *base*, um die Produkte global zu importieren.

Um Ihnen die Zuordnung der übrigen Felder zu erleichtern, können Sie in Tabelle 12-1 nachlesen, welche Felder sich auf diese Weise kopieren lassen.

Tabelle 12-1: Bedeutung der Magento-Feldbezeichnungen

Magento	Bedeutung
sku	Artikelnummer
name	Artikelbezeichnung
description	lange Artikelbeschreibung
short_description	kurze Artikelbeschreibung
weight	Gewicht in Kilogramm
price	Artikelpreis
image	Artikel-Hauptabbildung
manufacturer	Herstellerbezeichnung
meta_title	Metatitel
meta_description	Metabeschreibung
meta_keyword	Meta-Key
status	Artikelzustand aktiv/inaktiv
qty	Lagerbestand

Sie sehen, dass sich die meisten Attribute gut miteinander verknüpfen lassen. Da unterschiedliche Systeme meist eine andere Logik zur Steuerberechnung verwenden, kann der Steuersatz nicht so ohne Weiteres mit übernommen werden.

Ebenfalls problematisch ist die Übernahme der Kategorien, da Magento beim Import einen Pfad wie *Kochzubehör/Kochtöpfe* erwartet. Dies bedeutet, dass Sie nach dem Import die importierten Artikel manuell den jeweiligen Magento-Kategorien zuweisen müssen oder die Datei mithilfe von OpenOffice so bearbeiten, dass aus den einzelnen Kategorien ein einziger, durch Schrägstriche getrennter Pfad entsteht.

Für alle anderen Felder gilt der Grundsatz: Wenn Sie nicht wissen, wofür Magento das Feld verwendet, übernehmen Sie den Wert, den Magento bei Ihren bestehenden Artikeln exportiert hat.

Excel ist in Europa aufgrund der Lokalisierungseinstellungen nicht in der Lage, CSV-Dateien zu schreiben, die Magento wieder einlesen kann. Ebenso kann Excel keine mehrzeiligen Datensätze verarbeiten. Wir empfehlen Ihnen an dieser Stelle OpenOffice ab Version 3.x, das Ihre CSV-Dateien nicht nur liebevoll, sondern auch vollständig richtig behandelt.

Artikeldaten reimportieren

Wenn Sie die Artikeldaten sorgfältig ins Magento-Format übertragen haben, fehlt nur noch der letzte Schritt: der Import. Um diesen anzustoßen, springen Sie zu *System* → *Import/Export* → *Import*, wie wir es gemeinsam weiter oben bereits gemacht haben. Sie erinnern sich? Zum Importglück fehlte uns noch die Importdatei, über die wir jetzt nach schweißtreibendem Copy-and-paste verfügen.

Wählen Sie also bei *Select File to Import* die bearbeitete CSV-Artikeldatei und klicken Sie auf *Check Data*. Magento überprüft die Datei im Hintergrund und meldet kurze Zeit später das Resultat zurück (Abbildung 12-9).

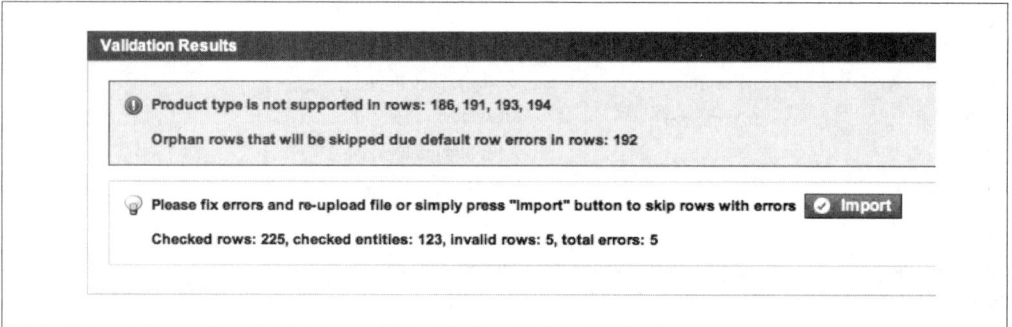

Abbildung 12-9: Die Importdatei ist fehlerhaft

In diesem Beispiel haben wir bei einigen Artikeln vergessen, die Spalte bei *Artikeltyp* zu füllen, sodass der Import nicht korrekt durchgeführt werden kann. Jetzt haben Sie die Möglichkeit, diese Fehler zu ignorieren und die Datei trotzdem zu importieren (was nicht sehr empfehlenswert ist), oder Sie korrigieren die bemängelten Zeilen. Sobald dies geschehen ist, werden die Artikel anstandslos in Magento importiert (Abbildung 12-10).

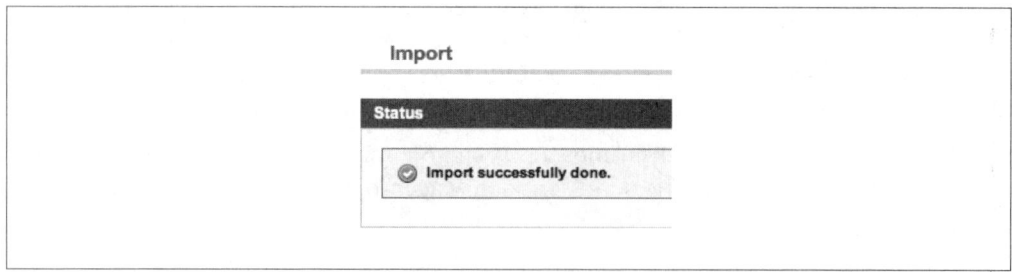

Abbildung 12-10: Ihre Artikel wurden erfolgreich importiert

Wenn Sie sich jetzt Ihre Artikelverwaltung unter *Katalog* → *Artikel verwalten* ansehen, werden Sie feststellen, dass die importierten Artikel nun ebenfalls dort zu finden sind.

Nach dem Import: Was bleibt noch zu tun?

Sie haben gesehen, wie man über ein Magento-Importprofil Artikeldaten importieren kann. Über solch einen Import ließen sich in ähnlicher Weise auch die Kundendaten austauschen. Hier tauchen allerdings schon die nächsten Schwierigkeiten auf: Passwörter lassen sich nicht übernehmen, da sie nicht im Klartext, sondern als Schlüsselwert gespeichert werden. Dieser müsste jedoch so erzeugt werden, dass Magento ihn versteht. Genau das ist beim Import nicht möglich. Mit anderen Worten, die Kunden müssen sich im neuen Magento-Shop ein neues Passwort aussuchen.

Weitere wichtige Informationen, die üblicherweise in ein neues System übertragen werden, sind die Bestellungen. Dafür gibt es jedoch in Magento keine Importmöglichkeit, und es müsste eine neue Erweiterung programmiert werden, um alte Bestellungen aus einem bestehenden Shop in Magento zu überführen.

Abgesehen von der Übernahme der Daten gibt es eine weitere Herausforderung bei der Migration zu Magento: das Theme bzw. Template. Das Theme, die eigentliche Gestaltung des Shops, muss in Magento komplett neu aufgebaut werden. Möglicherweise lassen sich einige CSS-Deklarationen und Grafiken wie Schaltflächen oder Hintergründe weiterverwenden, diese müssen jedoch Magentos Theme-Logik entsprechend eingebunden werden (siehe Kapitel 10).

Wer gehofft hat, die Daten seines alten Shops mit ein paar einfachen Handgriffen problemlos nach Magento übertragen zu können, den müssen wir leider enttäuschen; da solche Systeme meist völlig unterschiedlich konzipiert und programmiert sind, ist ein einfacher Austausch nicht möglich. Zwar lassen sich wie oben beschrieben Teile der Artikeldaten übernehmen, und auch die teilweise Übernahme der Kundendaten kann realisiert werden, es bedarf aber einer gründlichen Planung und eines im Umfang nicht zu unterschätzenden manuellen Nacharbeitens, um ein derartiges Vorhaben sinnvoll zu Ende zu bringen.

Nachdem Sie sich auf den vorangegangenen Seiten mit Magentos Import-/Exportmodul auseinandergesetzt haben, möchten wir Ihnen im letzten Abschnitt dieses Kapitels die Magento-API vorstellen.

Die Magento Core API verwenden

Neben den fest eingebauten Schnittstellen bietet Magento Ihnen die Möglichkeit, weitere Anbindungen selbst zu programmieren. Zu diesem Zweck ist eine API (*Application Programming Interface*) integriert, mit deren Hilfe sich die verschiedensten Bereiche der Software auslesen oder aktualisieren lassen. Dazu stellt Magento eine SOAP-, eine XML-RPC- und eine REST-Schnittstelle zur Verfügung, die auch auf der Magento-Website im Bereich *Resources* → *Magento Core API* dokumentiert sind (Abbildung 12-11).

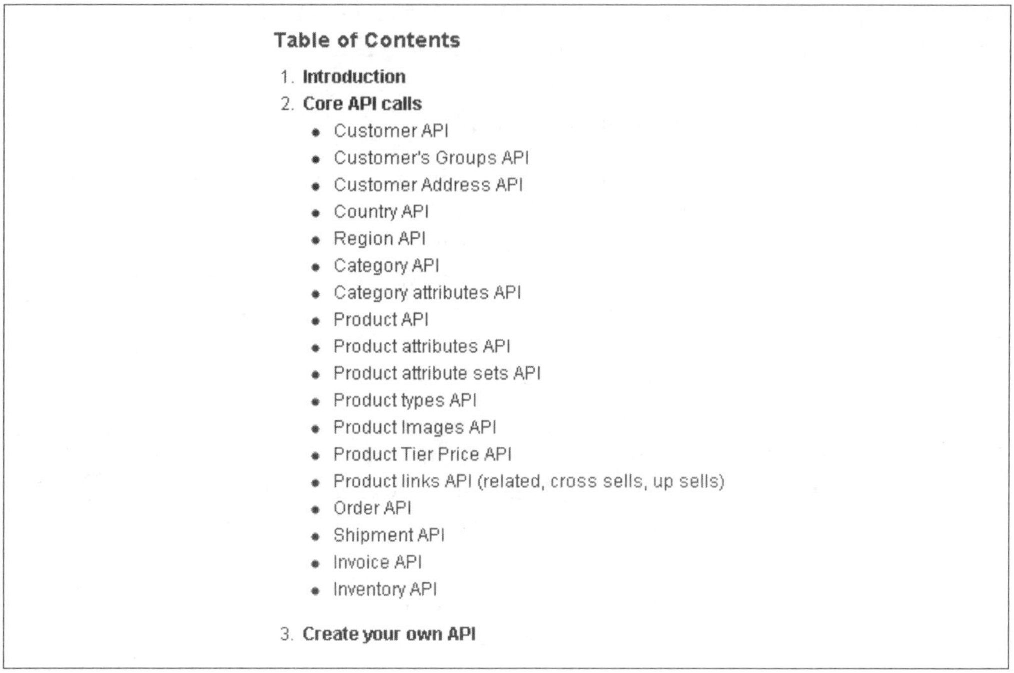

Table of Contents

1. **Introduction**
2. **Core API calls**
   - Customer API
   - Customer's Groups API
   - Customer Address API
   - Country API
   - Region API
   - Category API
   - Category attributes API
   - Product API
   - Product attributes API
   - Product attribute sets API
   - Product types API
   - Product Images API
   - Product Tier Price API
   - Product links API (related, cross sells, up sells)
   - Order API
   - Shipment API
   - Invoice API
   - Inventory API
3. **Create your own API**

Abbildung 12-11: Die Dokumentation der API auf der Magento-Website

Die SOAP-Schnittstelle

Die SOAP-Schnittstelle hat leider einen Schönheitsfehler: Sie ist nicht sonderlich performant und daher für den produktiven Einsatz nur bedingt zu empfehlen. Wir halten es dennoch für sinnvoll, die API und deren Verwendung unter Zuhilfenahme eines Anwendungsbeispiels für den Webkochshop kurz zu beleuchten, werden im Anschluss daran aber auch auf die deutlich schnellere, wenn auch nicht ganz so umfangreiche REST-API zu sprechen kommen.

Rolle und Benutzer für den API-Zugriff anlegen

Damit nicht jedermann die Bestelldaten und alles Weitere aus dem Webkochshop auslesen kann, ist der Zugriff auf die API durch eine Benutzeranmeldung geschützt. Um einen neuen Zugang zu erstellen, müssen im Adminbereich zwei Dinge erledigt werden. Zunächst müssen Sie eine neue Rolle anlegen und dieser den Zugriff auf gewisse Bereiche der API gewähren; anschließend wird ein neuer Benutzer angelegt und mit dieser Rolle verknüpft. Als Endergebnis hat dann der neu angelegte Benutzer Zugriff auf die in der Rolle bestimmten Bereiche der API.

Legen Sie zuerst eine neue Rolle an, indem Sie in den Bereich *System* → *Web Dienste* → *Gruppenberechtigungen* springen. Klicken Sie oben links auf die Schaltfläche *Neue Rolle*, und Sie werden zur entsprechenden Eingabemaske weitergeleitet (Abbildung 12-12).

Abbildung 12-12: Anlegen einer Rolle in Magento

Tragen Sie in das Eingabefeld *Gruppenberechtigung Name* einen Namen für die neue Rolle ein. Da wir in diesem Beispiel nur einen Zugang für alle Daten des Webkochshops erstellen möchten, nennen Sie diese Rolle *gesamt* und klicken in der linken Menüleiste auf den zweiten Eintrag *Gruppenberechtigung Quellen*. Setzen Sie das Drop-down-Menü unter *Quellenzugriff* auf *Eigene*, und es erscheint eine Hierarchie aller einzelnen Bestandteile des Systems, die über die API angesprochen werden können (Abbildung 12-13).

Je nachdem, in welche Kontrollkästchen Sie hier ein Häkchen setzen, hat die aktuelle Rolle Zugriff auf den entsprechenden Bereich bzw. die entsprechenden Bereiche. Da wir aber im folgenden Beispiel den Zugriff auf alle Bestandteile der API gewähren möchten, setzen Sie den Wert im Drop-down-Menü *Quellenzugriff* auf *Alle* und sichern die neue Rolle über *Gruppenberechtigung speichern* oben rechts. Es wird die Meldung *Gruppenberechtigung erfolgreich gespeichert* ausgegeben, und Sie können nun zum nächsten Schritt, dem Anlegen eines Benutzers, übergehen.

Dazu springen Sie in den Bereich *System → Web Dienste → Benutzer* und klicken oben rechts auf den Button *Neuer Benutzer*. Es öffnet sich eine neue Seite, deren Felder auf Ihre Eingaben warten.

Tragen Sie bei *Benutzername* den Wert *wks1* ein (dies ist ein fiktiver Wert und soll für *Webkochshop 1* stehen, Sie können natürlich jeden beliebigen anderen Benutzernamen verwenden) und füllen Sie nacheinander die Eingabefelder *Vorname*, *Nachname* und *E-Mail* mit Ihren jeweiligen Daten – Sie können hier natürlich auch eine Person einfach erfinden. Anschließend denken Sie sich einen API-Schlüssel aus, der aus einer längeren Zeichenfolge bestehen sollte, und bestätigen diesen noch einmal mit der exakt gleichen Eingabe bei *API Schlüssel Bestätigung*; nehmen Sie für unser Beispiel den einfachen Schlüssel *kochen123*.

Sorgen Sie zum Schluss dafür, dass das Drop-down-Menü bei *Dieses Benutzerkonto ist* auf *Aktiv* steht, und rufen Sie mittels des Registers ganz links den Menüpunkt *Benutzer Gruppenberechtigung* auf. Dort werden alle Rollen aufgelistet, die in Ihrer Magento-Installation bereits existieren (Abbildung 12-14).

Aktivieren Sie die Rolle *gesamt*, die Sie im vorherigen Abschnitt kreiert haben, indem Sie das Optionsfeld ganz links in der Tabelle aktivieren. Anschließend sichern Sie den neuen Benutzer mithilfe der Schaltfläche *Benutzer speichern* oben rechts. Erhalten Sie die Meldung *Benutzer wurde erfolgreich gespeichert*, sind Sie nur noch einen Schritt von der Nutzung der API entfernt.

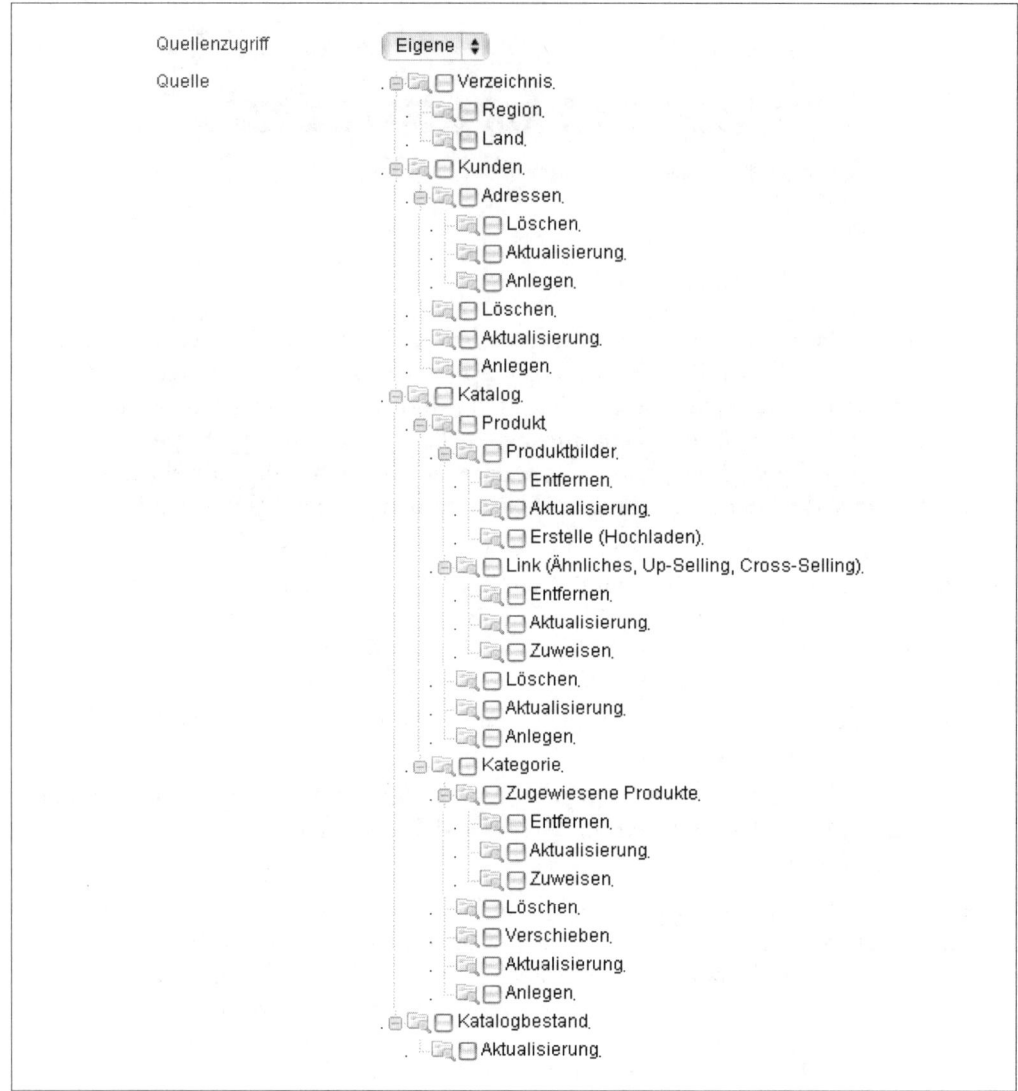

Abbildung 12-13: Auf diese Bereiche kann die neu angelegte Rolle zugreifen

Daten einer Bestellung auslesen

Die Verwendung der API lässt sich am einfachsten anhand eines konkreten Beispiels demonstrieren. Im Folgenden zeigen wir Ihnen an einem einfachen PHP-Skript mithilfe des SOAP-Protokolls, wie Sie die Daten einer bestimmten Bestellung auslesen können. Damit lassen sich beispielsweise Datenübertragungen in Drittprogramme realisieren.

Erstellen Sie eine PHP-Datei namens *bestellungen.php* im Root-Verzeichnis Ihrer Magento-Installation und füllen Sie sie mit diesen Zeilen:

Abbildung 12-14: Eine Rolle wird zugewiesen

```php
<?php

$order_id = 100000001;

$client = new SoapClient('http://www.webkochshop.de/index.php/api/?wsdl');

$session = $client->login('wks1', 'kochen123');
$result = $client->call($session, 'sales_order.info', $order_id);

print_r($result);

?>
```

Die Bestelldaten der Bestellung mit der Nummer 100000001 werden nun in das Array $result geschrieben. Um die Ausgabe zu sehen, rufen Sie einfach diese Datei in Ihrem Browser auf:

http://www.webkochshop.de/bestellungen.php

Was Sie dort sehen, erscheint erst einmal wie ein Zeichenwirrwarr, der Programmierer in Ihnen wird aber erkennen: Es werden alle Bestandteile der SOAP-Abfrage ausgegeben, die Kommunikation mit der API funktioniert also tadellos! Anstatt das Array auszugeben, lässt es sich in Ihrem PHP-Skript natürlich auch weiterverarbeiten, und somit können die Bestelldaten in unterschiedlichen Kontexten genutzt werden.

In ähnlicher Weise können Sie auch verschiedenste andere Informationen aus dem Webkochshop gewinnen. Auf der Magento-Website finden Sie unter der Adresse *http://www. magentocommerce.com/support/magento_core_api* eine ganze Reihe von API-Aufrufen, mit denen Sie auf vielfältige Art und Weise Daten aus Ihrem System ziehen und sie in anderen Anwendungen nutzen können. Damit ist die API das wichtigste Bindeglied zwischen Magento und Applikationen von Drittanwendern, da im Gegensatz zu den Importen und Exporten, die wir auf Seite 337 angesprochen haben, Daten in Echtzeit zur Verfügung stehen und nicht über entsprechende Routinen und Profile ausgetauscht werden müssen.

Die REST-API

Etwas flotter geht die externe Kommunikation mit der REST-API, deren Grundlage das etablierte HTTP-Protokoll ist. REST bietet dabei einige grundlegende Funktionen, um Kunden, Adressen, Artikel, Bestellungen und Lagerbestände zu verwalten. Alle Anfragen an Magento werden zu diesem Zweck an die Adresse *https://webkochshop.de/api/rest/* gesendet. Zu jeder Anfrage sendet Ihnen Magento anschließend eine Antwort.

Um sich an der REST-Schnittstelle anmelden zu können, bietet Magento die standardisierte OAuth-Authentizierung an.

Benutzer mit Vollzugriff einrichten

Um einen Benutzer mit Vollzugriff einzurichten, öffnen Sie zuerst die Benutzergruppenverwaltung unter *System → Web Services → REST – Roles*. Klicken Sie dann oben rechts auf den Button *Add Admin Role*. Als Name für diese Gruppe verwenden Sie natürlich *Admin* und klicken anschließend links auf *Role API Resources*, um die Zugriffsrechte für diese Benutzergruppe einzurichten. Weil es sich hierbei um eine Admin-Gruppe handelt, wählen Sie im Drop-down-Menü *Zugriffsrechte* kurzerhand *Alle* aus und klicken anschließend auf *Gruppenberechtigung speichern*.

Magento verbleibt nach dem Speichern auf dieser Seite. Das ist für uns auch ganz zweckdienlich, möchten wir doch dieser Gruppe auch noch unseren Benutzer zuweisen. Am linken Rand ist Ihnen vielleicht aufgefallen, dass nun ein dritter Punkt angezeigt wird – *Zugewiesene Benutzer*. Standardmäßig ist hier bereits ein Filter für die Benutzertabelle gesetzt, der nur Benutzer anzeigt, die der Gruppe schon zugeordnet sind. Da dies eine neue Gruppe ist, bleibt unsere Tabelle so lange leer, bis wir auf *Filter zurücksetzen* klicken. Anschließend versehen Sie Ihren Benutzer mit einem Häkchen und speichern die Gruppenberechtigung erneut.

OAuth-Anwendung einrichten

Damit Ihr Programm die API auch verwenden kann, muss es am Türsteher Magento vorbeikommen. Dazu tragen Sie unter *System → Web Services → REST – OAuth Consumers* einige Werte ein, mit denen sich Ihr Programm später bei Magento zu erkennen gibt.

Name

Mit diesem Namen finden Sie den Eintrag im Adminbereich von Magento schneller. Eine Funktion für das Log-in selbst hat der Name nicht. Nennen wir unsere Anwendung *API-Programm*.

Schlüssel

Magento gibt Ihnen hier bereits einen Schlüsselwert vor, den Sie sich für Ihre Anwendung notieren oder kopieren müssen.

Secret

Wie auch beim Schlüssel ist das Geheimwort von Magento vorbestimmt und muss so von Ihnen verwendet werden.

Callback URL

Nach der erfolgreichen Authentifizierung kann Magento Ihr Programm automatisch zu dieser von Ihnen festzulegenden Adresse umleiten. Lassen Sie dieses Feld in unserem Beispiel leer.

Rejected Callback URL

Bei einer fehlgeschlagenen Authentifizierung kann Magento Ihr Programm oder Skript automatisch an diese Adresse zurückleiten. Auch dieses Feld bleibt in unserem Beispiel leer.

Sind all diese Vorarbeiten gewissenhaft erledigt worden, können Sie direkt an die einzelnen sogenannten Ressourcen der API Anfragen schicken

API-Ressourcen

Für die verschiedenen Bereiche Magentos gibt es unterschiedliche Ansprechpunkte der API, die *Ressourcen* genannt werden. Jede Ressource stellt dabei einen eigenen Teil der API dar, der mit unterschiedlichen Funktionen jeweils unterschiedliche Objekte in Magento auslesen, bearbeiten oder löschen kann.

Artikel

Hier können Sie eine Liste der Artikel abfragen, Artikel erstellen, bearbeiten und löschen.

Ressourcenpfad: *http://webkochshop.de/api/rest/products*

Kategorien

Fragen Sie zu einem bestimmten Artikel die zugeordneten Kategorien ab; erstellen, ändern oder löschen Sie Kategoriezuordnungen zu diesem Artikel.

Ressourcenpfad: *http://webkochshop.de/api/rest/products/:productId/categories*

Artikelbilder

Artikelbilder zu einem bestimmten Artikel können nicht nur abgefragt, sondern auch hinzugefügt und gelöscht werden.

Ressourcenpfad: *http://webkochshop.de/api/rest/products/:productId/images*

Artikelwebsites

Die Websites, auf denen ein Artikel erscheint, können hiermit abgefragt werden. Außerdem können Sie einen Artikel mit anderen Websites verknüpfen oder diese Verknüpfung aufheben.

Ressourcenpfad: *http://webkochshop.de/api/rest/products/:productId/websites*

Kunden

Hier können Sie eine Kundenliste abfragen, Kunden anlegen, löschen oder deren Daten aktualisieren.

Ressourcenpfad: *http://webkochshop.de/api/rest/customers*

Kundenadressen

Rufen Sie alle einem Kunden zugeordneten Adressen ab, erstellen Sie neue, ändern oder löschen Sie bestehende.

Ressourcenpfad: *http://webkochshop.de/api/rest/customers/:customerId/addresses*

Lagerbestand

Fragen Sie den Lagerbestand ab und ändern Sie ihn hier.

Ressourcenpfad: *http://webkochshop.de/api/rest/stockitems*

Bestellungen

Eine Liste aller Bestellungen können Sie hier abfragen.

Ressourcenpfad: *http://webkochshop.de/api/rest/orders*

Bestellpositionen

Die Artikel einer Bestellung fragen Sie mit dieser Ressource ab.

Ressourcenpfad: *http://webkochshop.de/api/rest/orders/:orderId/items*

Rechnungs- und Lieferadressen

Die Adressdaten einer Bestellung können mit dieser Ressource geladen werden.

Ressourcenpfad: *http://webkochshop.de/api/rest/orders/:orderId/addresses*

Bestellkommentare

Und zu guter Letzt erhalten Sie über diese Ressource die zu einer Bestellung hinterlegten Kommentare.

Ressourcenpfad: *http://webkochshop.de/api/rest/orders/:orderId/comments*

Möchten Sie noch mehr über die REST-API erfahren, legen wir Ihnen eine – für Magento-Verhältnisse ungewohnt – umfangreiche Beschreibung mit praktischen PHP-Codebeispielen ans Herz: *http://www.magentocommerce.com/api/rest/introduction.html*.

Hier sehen Sie nicht nur, mit welchen Codezeilen Sie Magento über die REST-API Daten entlocken können. Ihnen wird auf vielen Unterseiten anschaulich gezeigt, wozu die API imstande ist und wie Sie diese Möglichkeiten für sich nutzen können.

Lassen Sie uns dieses Kapitel noch einmal kurz zusammenfassen. Wir haben Ihnen zunächst die verschiedenen Google-Services vorgestellt, die *out of the box* in Magento eingebunden sind. Danach haben wir Ihnen die Import-/Exportschnittstelle vorgestellt und Ihnen anhand des Beispiels erläutert, wie sich Artikel- und Kundendaten jeweils importieren und exportieren lassen. Zum Schluss sind wir auf die Magento Core API eingegangen und haben Ihnen anhand eines einfachen SOAP-Aufrufs gezeigt, wie Sie die Daten einer bestimmten Bestellung aus dem System auslesen können. Außerdem haben Sie die Fähigkeiten der performanten REST-API kennengelernt.

Versand- und Zahlarten nutzen

Hat der Kunde den Webkochshop gefunden und seinen Warenkorb mit Kochtöpfen und Kuchengabeln gefüllt, wird er im nächsten Schritt die gewünschten Artikel durch den Bestellprozess bringen wollen. Eine sinnvolle Konfiguration von Versand- und Zahlarten ist dabei das Geheimnis guter, verkaufsstarker Online-Shops und daher auch die Messlatte für unseren Webkochshop. Findet der Kunde hier nicht das Gewünschte, kommt es möglicherweise zu einem Kaufabbruch. Selbst wenn Sie es geschafft haben, dem Kunden durch einen gut gestalteten und sinnvoll strukturierten Shop einen Kauf schmackhaft zu machen und er sich genüsslich durch Ihr Angebot klickt, können Sie mit nicht transparenten oder schlichtweg zu hohen Versandkosten mit einem Schlag alles zunichtemachen.

Glücklicherweise haben die Macher von Magento hier vorgesorgt und ihre Software in dieser Hinsicht sehr flexibel ausgestattet. Zum einen steht Ihnen als Shopbetreiber nach der Installation eine Reihe von Versand- und Zahlarten zur Verfügung, die sich einfach konfigurieren und damit schnell nutzen lassen, zum anderen gibt es mittlerweile ein breites Angebot an Zusatzmodulen von Drittanbietern, mit denen Sie eventuell fehlende Funktionalitäten nachrüsten können. Deshalb erfahren Sie in diesem Kapitel, wie Sie standardmäßige Module nutzen und wie Sie neue hinzufügen können.

Vorinstallierte Versandarten nutzen

Schauen wir uns gemeinsam die bereits vorhandenen Versandmethoden an, die Magento standardmäßig anbietet. Wechseln Sie dazu in den Konfigurationsbereich unter *System → Konfiguration → Versandarten*. Im Hauptbereich sehen Sie die Versandarten, die Sie nach ein paar einfachen Konfigurationsschritten sofort in Betrieb nehmen können. Die angezeigten Methoden lauten *Versandkostenpauschale, Tabellenbasierte Versandkosten, Versandkostenfrei, UPS, USPS, FedEx DHL (veraltet) und DHL*.

Eins sei hier schon vorweggeschickt: Bezogen auf den deutschsprachigen Raum lassen sich nur die ersten drei aufgelisteten Varianten wirklich nutzen. Alle anderen sind entweder vorwiegend für Magentos amerikanische Heimat programmiert worden oder – im Fall des alten DHL-Moduls – verursachen mehr Probleme, als sie nützen. Die zum

Betrieb dieses Standardmoduls nötige Kommunikation mit dem Versanddienstleister kann sich erfahrungsgemäß sehr lang hinziehen. Beleuchten wir daher die Methoden *Versandkostenpauschale*, *Festkosten* und die *Tabellenbasierte Versandkosten* der Reihe nach; Sie werden sehen, dass diese schon die allermeisten Versandszenarien abdecken und Sie sich wahrscheinlich nicht um zusätzliche Module werden kümmern müssen.

Versandkostenfrei

Wollen Sie Ihren Kunden eine Freude machen und passt es zu Ihrem Geschäftsmodell, ist dies die Methode der Wahl. In Ihrem Online-Shop fallen einfach keinerlei Versandkosten an, egal wie hoch der Gesamtwert des Warenkorbs oder das Gewicht der bestellten Artikel ist.

Versandkostenpauschale

Eine sehr einfache Methode der Versandkostenberechnung besteht darin, für die Bestellung einen Pauschalpreis einzustellen. Dem Kunden wird also eine einmalige Versandgebühr in Rechnung gestellt, die konstant bleibt, egal wie hoch der Warenkorbwert bzw. das Gewicht der bestellten Artikel ist.

Tabellenbasierte Versandkosten

Diese Methode ist von allen drei genannten die flexibelste, weil sie Ihnen erlaubt, eine länderspezifische Versandkostenmatrix zu hinterlegen. Somit lässt sich in Abhängigkeit von Bestellwert, Gewicht oder Artikelanzahl pro Land festlegen, welche Versandkosten anfallen.

Versand- und Zahlarten im Multishop

Beim Durcharbeiten der vorhergehenden Kapitel haben Sie höchstwahrscheinlich ein Gefühl dafür bekommen, wie wichtig bei Magento die Antwort auf die Frage ist, für welchen Geltungsbereich ein Konfigurationswert gelten soll. So wie Sie bei Artikeln festlegen, dass die englische Artikelbeschreibung auch nur im englischen Webkochshop erscheinen soll (siehe Seite 243), so entscheiden Sie auch bei den Versand- und Bezahlmethoden, welcher Geltungsbereich entsprechend abgedeckt werden soll. Hier ist aber Vorsicht geboten, denn nicht jeder Anwendungsfall wird von Magento unterstützt. Beispielsweise ist die Entscheidung, welche Versand- und Bezahlmethoden für welches Land angezeigt werden, abhängig von der Rechnungs- bzw. Versandadresse, die für die jeweilige Bestellung relevant ist. Legen Sie also fest, dass die Versandmethode Versandkostenfrei nur für die Kunden gilt, die eine Versandadresse innerhalb eines definierten Landes angeben, wird keinem anderen Kunden diese Versandart angeboten. Analog dazu hängt die Auswahl der Bezahlmethode an der Rechnungsadresse, die der Kunde angibt. Wie Sie in diesem Kapitel sehen werden, können die dafür gültigen Länder bei den Versand- und Bezahlarten direkt konfiguriert werden.

Im folgenden Abschnitt erläutern wir die Konfiguration dieser drei genannten Versandarten. Dazu beschäftigen wir uns zuerst kurz mit den einfachen Modulen *Versandkostenfrei* und *Versandkostenpauschale* und gehen danach im Detail auf die *tabellenbasierten*

Versandkosten ein. Bei Letzterer handelt es sich wie erwähnt um die flexibelste und konfigurationsintensivste Variante, die eine breite Palette von Anwendungsfällen abdecken kann.

Versandkostenpauschale und Versandkostenfrei

Im Crashkurs in Kapitel 3 haben Sie bereits einen Überblick darüber erhalten, wie Sie eine Versandart verändern bzw. aktivieren und deaktivieren können. Im Folgenden gehen wir auf diesen wichtigen Punkt noch genauer ein. Aus diesem Grund demonstrieren wir jetzt am Beispiel von *Versandkostenpauschale* und *Versandkostenfrei*, wie man eine Versandart für den Webkochshop sinnvoll einstellt.

Wechseln Sie dazu über das Menü *System* → *Konfiguration* zur Gruppe *Verkäufe* und dort in den Abschnitt *Versandkostenpauschale*, um die Einstellungen für diese Versandart vornehmen zu können (Abbildung 13-1).

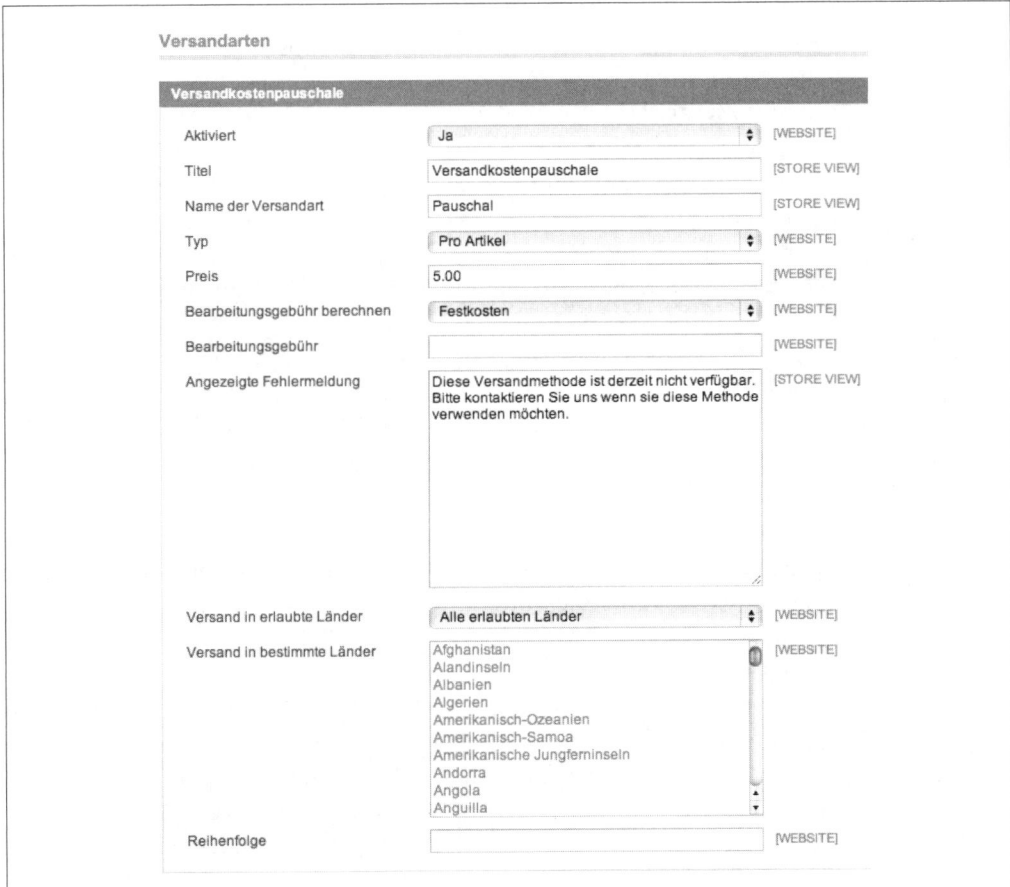

Abbildung 13-1: Die Versandkostenpauschale wird konfiguriert

Aktiviert

Dies ist einer der Magento-Schalter, die Ihnen bei der Lektüre dieses Buchs sicher häufiger begegnen. Wählen Sie mithilfe des Drop-down-Menüs *Ja* aus, um diese Versandart im Webkochshop zu aktivieren.

Titel

Hier legen Sie den Titel fest, der im Bestellprozess des Shops für diese Versandart dargestellt wird. Tragen Sie das Wort *Versandkosten* ein.

Name der Versandart

Dieser wird gemeinsam mit dem Titel im Bestellprozess angezeigt. Geben Sie das Wort *Pauschal* in dieses Eingabefeld ein.

Typ

Soll die Versandkostenpauschale pro Artikel oder pro Bestellung gelten? Da Sie nicht für jeden einzelnen Kochlöffel Versandkosten erheben möchten, entscheiden Sie sich lieber für die Einstellung *Pro Bestellung*.

Preis

Dies ist das Feld für den eigentlichen Wert der Versandkostenpauschale. Abhängig von der Konfiguration unter *Verkäufe → Steuer*, ist der Wert hier inklusive bzw. zuzüglich Steuern zu hinterlegen.

Bearbeitungsgebühr berechnen

Hier legen Sie fest, ob zu den eigentlichen Versandkosten noch eine zusätzliche Bearbeitungsgebühr erhoben werden soll. Das kann entweder ein absoluter Wert sein – in diesem Fall entscheiden Sie sich für die Einstellung *Festkosten* – oder auch ein Prozentsatz der Versandkosten, dann müssen Sie das Drop-down-Menü auf *Prozent* einstellen.

Bearbeitungsgebühr

Tragen Sie hier die Bearbeitungsgebühr als Währungsbetrag (ohne Währungszeichen) oder als Prozentbetrag (ohne Prozentzeichen) ein, je nachdem, für welche Berechnungsmethode Sie sich im vorherigen Punkt entschieden haben. Möchten Sie keine Bearbeitungsgebühr erheben, lassen Sie dieses Feld einfach leer.

Angezeigte Fehlermeldung

Wenn aus irgendeinem Grund eine Versandart nicht verfügbar sein sollte, wird im Shop eine entsprechende Fehlermeldung angezeigt, deren Text Sie hier eintragen können.

Versand in erlaubte Länder

Im Abschnitt »Allgemeine Einstellungen« auf Seite 75 haben Sie bereits eine Liste von Ländern angelegt, die in Ihrem Shop als *gültige Länder* angesehen werden. An dieser Stelle können Sie nun einrichten, in welchen Ländern die pauschalen Versandkosten gelten sollen. Gibt es gegenüber der Konfiguration der *gültigen Länder* keine Änderung, stellen Sie das Menü hier auf *Alle erlaubten Länder* ein.

Versand in bestimmte Länder

Dieses Mehrfachauswahlfeld ist nur dann von Bedeutung, wenn Sie ein oder mehrere Länder vom Versand mit dieser Methode ausschließen möchten. Um das zu tun, wählen Sie im vorher beschriebenen Schritt die Option *Bestimmte Länder* aus und markieren anschließend im Mehrfachauswahlfeld per Mausklick und mit gedrückter Umschalt-Taste die Länder, in die der Versand per Pauschalkosten erlaubt ist.

Reihenfolge

Wenn mehrere Versandarten im Shop vorhanden sind, bestimmen Sie mit diesem Sortierparameter, in welcher Reihenfolge sie dargestellt werden sollen. Die *Versandkostenpauschale* soll ganz oben erscheinen, vergeben Sie daher hier die Ziffer *0*.

Nach diesen Einstellungen ist die *Versandkostenpauschale* direkt im Webkochshop aktiv – das war doch wirklich nicht kompliziert, oder? Noch einfacher wird's im Fall *Versandkostenfrei*: Die Eingaben gleichen denen der *Versandkostenpauschale* bis auf die Punkte, die etwas mit Preisen und Kosten zu tun haben (Abbildung 13-2). Das ist ja auch logisch: Eine *Versandkostenfrei*-Option, die etwas auf sich hält, sollte ja ohne weitere Kosten auskommen, oder?

Abbildung 13-2: Einstellen der Versandkostenfrei-Option

Die einzige Besonderheit in diesem Fall ist die Eingabemöglichkeit für die *Mindestsumme*: Fügen Sie hier den Warenkorbwert ein, der mindestens erreicht werden muss, bevor der Versand kostenfrei erfolgt. So nett wir vom Webkochshop-Team auch zu unseren Kunden sein möchten – für nur ein paar Plastikgabeln übernehmen wir nicht die Versandkosten.

Wenden wir uns nun den tabellenbasierten Versandkosten zu. Deren Konfiguration entspricht weitestgehend der, die Sie bereits kennengelernt haben, lediglich die sogenannte Versandkostenmatrix bedarf einiger erklärender Worte.

Tabellenbasierte Versandkosten konfigurieren

Eine Besonderheit bei dieser Versandart ist, dass Sie eine Versandkostenmatrix erstellen, die mithilfe einer CSV-Datei eingepflegt wird, wie Sie in Kürze sehen werden. In dieser Matrix sind sämtliche Versandkostenregeln hinterlegt, die sowohl die jeweiligen Zielländer berücksichtigen, sich darüber hinaus jedoch auch an bestimmte Eigenschaften des Warenkorbs knüpfen lassen. Widmen Sie sich jedoch zunächst den folgenden Einstellungsmöglichkeiten dieser Versandmethode, wie sie auch in Abbildung 13-3 dargestellt sind:

Berechnungsgrundlage
> Bei dieser Konfiguration lässt sich einstellen, auf welcher Basis die Versandkostenmatrix die Berechnungen durchführen soll. Entscheiden Sie sich für *Gewicht gg. Ziel*, wird die Berechnung der Versandkosten auf Basis des Gewichts der Artikel im Warenkorb durchgeführt. Dies ist vor allem dann sinnvoll, wenn Sie diese Information bei den Artikeln eingepflegt haben und es bei Ihrem Logistikdienstleister gewichtsabhängige Gebühren gibt. Ist in Ihrem Fall der Gesamtpreis des Warenkorbs von größerer Bedeutung, entscheiden Sie sich für die Variante *Preis gg. Ziel*. Mit der dritten Wahlmöglichkeit der Anzahl der *Artikel gg. Ziel* veranlassen Sie das Versandmodul, die Versandkosten auf Basis der Artikelgesamtmenge zu berechnen.

Virtuelle Artikel in Preisberechnung mit einbeziehen
> Per Definition handelt es sich bei virtuellen Artikeln um Artikel, die sich nicht einfach in einen Versandkarton legen und zum Kunden schicken lassen, wie beispielsweise ein Abonnement. Aus diesem Grund bietet Ihnen Magento hier die Möglichkeit, selbst zu entscheiden, ob die virtuellen Artikel in der Versandkostenberechnung dennoch eine Rolle spielen sollen, wie das zum Beispiel in der Einstellung *Preis gg. Ziel* (s. o.) der Fall wäre.

So weit, so gut. Falls Sie jetzt aber das Gefühl haben, etwas Entscheidendes noch nicht getan zu haben, liegen Sie damit goldrichtig: Zwar haben Sie die wesentlichen Einstellungen korrekt getroffen, was jedoch noch fehlt, ist die Versandkostenmatrix, die Ihrem Magento-Shop erst ermöglicht, die Versandkosten pro Land zu berechnen. Diese Matrix bearbeiten Sie im folgenden Abschnitt.

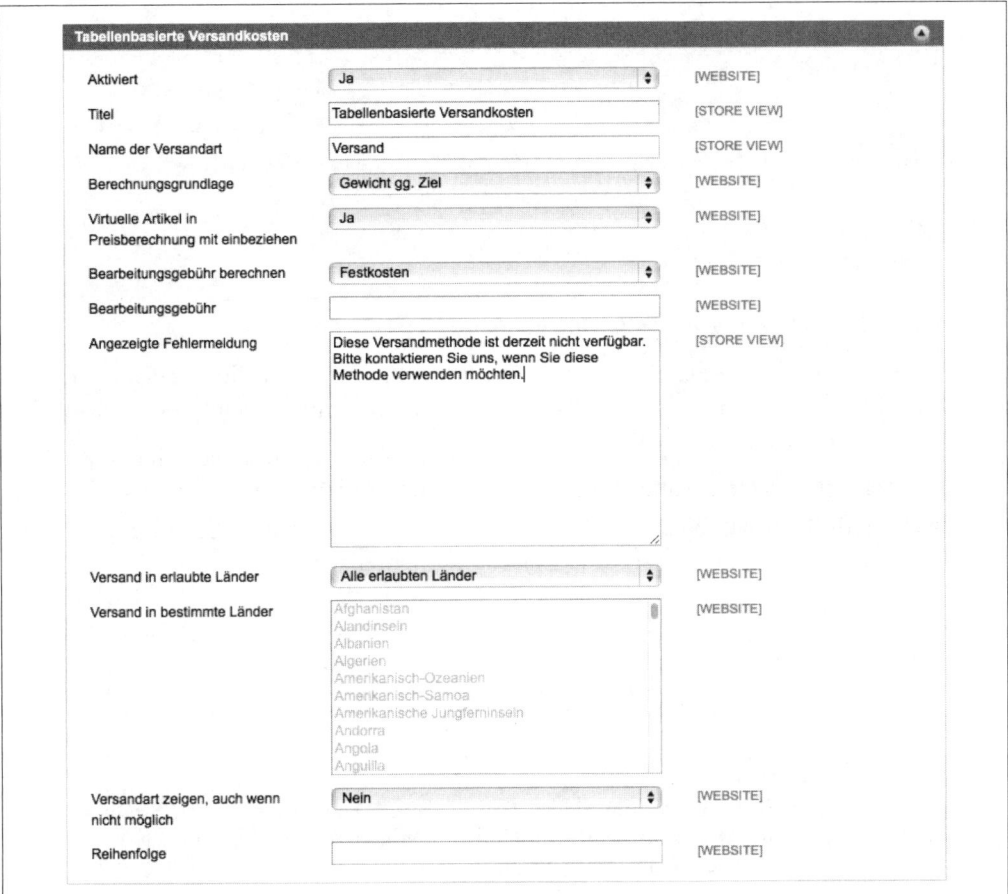

Abbildung 13-3: Die tabellarischen Versandkosten

Versandkostenmatrix erstellen und einpflegen

Obwohl Magento im Backend inzwischen über eine Benutzeroberfläche verfügt, über die Sie alle nötigen Konfigurationen einfach vornehmen können, wurde im Fall der Versandkostenmatrix aus unerfindlichen Gründen darauf verzichtet. Dies hat zur Folge, dass Sie die Versandkosten pro Land nicht in ein chic gestaltetes Formular eintragen können, sondern einen Umweg über eine CSV-Datei nehmen müssen.

Als Erstes sollten Sie sich eine Vorlage für die Versandkostenmatrix herunterladen. Dazu wechseln Sie mithilfe des Drop-down-Menüs für den Geltungsbereich auf die Website, für die Sie die Versandart konfigurieren (standardmäßig ist das *Main Website),* und gehen dann in die Konfigurationsmaske der tabellarischen Versandkosten, falls diese nicht aus dem vorherigen Abschnitt noch geöffnet ist. Wie in Abbildung 13-4 dargestellt, finden Sie nun einen neuen Button, über den Sie die benötigte CSV-Datei zunächst exportieren, um sie später wieder importieren zu können.

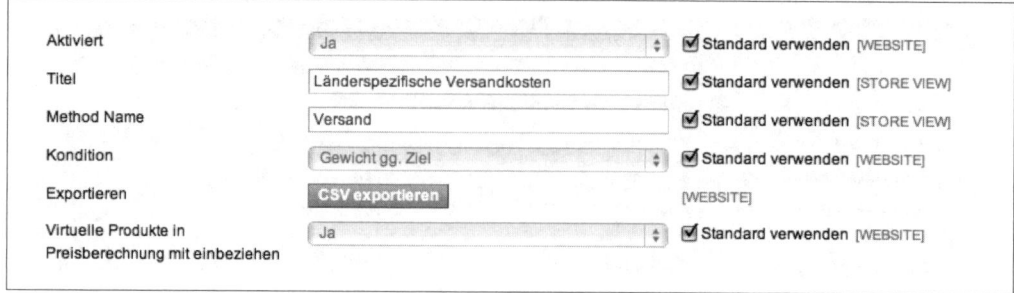

Abbildung 13-4: Herunterladen der Versandkostenmatrix im CSV-Format

Nach dem Klick wird eine Datei namens *tablerates.csv* auf Ihren Rechner geladen, die Sie mit einem UTF-8-fähigen Texteditor Ihrer Wahl öffnen können. Hat alles funktioniert, sehen Sie diesen lyrisch spektakulären Einzeiler vor sich:

```
Land,Region,Postleitzahl,"Gewicht (und darüber)",Versandpreis
```

Da es sich hier um eine CSV-Datei handelt, also um eine Textdatei mit kommasepariertem Werten, entspricht jeder dieser Ausdrücke einer Datenspalte.

Gerade wenn Sie viele verschiedene Regeln pflegen möchten, ist es mitunter übersichtlicher, die CSV-Datei in eine Tabellenkalkulation wie Excel zu importieren, sie dort in der Rasteransicht zu bearbeiten und zum Schluss wieder im CSV-Format zu speichern.

Bitte beachten Sie jedoch, dass Excel in Deutschland – Microsoft sei Dank – CSV-Dateien weder korrekt öffnet noch speichert und das somit beim Import in Magento zu Fehlern führen kann. Daher ist es, wenn Sie in Excel eine CSV-Datei bearbeitet haben, unerlässlich, diese in einem Texteditor zu öffnen und an das Format

```
Land,Region,Postleitzahl,"Gewicht (und darüber)",Versandpreis
"DEU","*","*","0","0"
"DEU","*","*","2","1.90"
```

anzupassen. Achten Sie nach der Bearbeitung mit Excel bitte besonders auf korrekte Umlaute sowie die Verwendung des Kommas statt des Semikolons als Trennzeichen! Besser geht es mit OpenOffice ab Version 3.x oder aber mit einem einfachen UTF-8-fähigen Texteditor,

Mithilfe dieser einfachen Logik lassen sich bis hinunter zur Postleitzahlenebene Versandkosten eintragen (hier sehen Sie einmal mehr, dass Magento seinen Ursprung in den USA hat, wo es für Shopbetreiber durchaus sinnvoll sein kann, für bestimmte Postleitzahlen oder -bereiche unterschiedliche Versandkosten zu konfigurieren). Je nachdem, welche Versandadresse der Kunde im Verkaufsprozess einträgt, wird die entsprechende Regel verwendet. Jede neue Zeile in dieser Datei entspricht dabei einer neuen Kombination aus Land, Region, Postleitzahl, Versandkondition und Versandpreis. Schauen wir uns zum besseren Verständnis die Datenspalten einmal genauer an. In Abbildung 13-5 haben wir diese bereits in Excel geöffnet.

◇	A	B	C	D	E
1	Land	Region	Postleitzahl	Gewicht (und darüber)	Versandpreis
2	DEU	*	*	0	0
3	DEU	*	*	2	1.90
4	DEU	*	*	3.50	2.90
5	DEU	*	*	22.50	5.90
6	*	*	*	0	15.90
7					

Abbildung 13-5: Datenspalten der tabellarischen Versandkosten in Excel

Land

Tragen Sie hier das Länderkürzel für das gewünschte Land ein. Dieses entspricht dem dreistelligen ISO-3166-1-alpha-3-Code[1] und lautet beispielsweise für Deutschland *DEU*, für Österreich *AUT* und für die Schweiz *CHE*. Sollen die Einstellungen für jedes Land gelten, fügen Sie dort einfach ein * ein – das steht für »alle möglichen Einträge«.

Region

Dies ist das Bundesland (bzw. Provinz oder Bundesstaat), für das die Versandkosten gelten sollen. Sollen alle Bundesländer auf diese Weise konfiguriert werden, tragen Sie dort ebenfalls ein * ein.

Die möglichen Kürzel für die einzelnen Bundesländer bzw. Bundesstaaten sind in Magento in der Datenbanktabelle *directory_country_region* abgelegt. Sollten Sie wirklich einmal in die – exotische – Situation kommen, Versandkosten speziell für einzelne Bundesländer erheben zu müssen, verwenden Sie am besten ein Datenbank-Verwaltungstool wie phpMyAdmin, um die richtigen Werte zu finden bzw. auch neue hinzuzufügen.

Postleitzahl

Tragen Sie hier die Postleitzahl ein, für die die Versandkosten gelten sollen. Auch hier sagt ein *, dass diese Zeile für alle möglichen Postleitzahlen gelten soll.

Gewicht (und darüber)

Lassen Sie sich hierbei nicht von der Überschrift verwirren: In diese Spalte tragen Sie die Werte entsprechend der Option *Kondition* ein, die Sie weiter oben konfiguriert haben, d. h. entweder das Gewicht in Kilogramm, den Warenkorbwert in der Standardwährung oder die Anzahl der bestellten Artikel. Achten Sie hierbei darauf, den Punkt (.) als Dezimaltrennzeichen zu verwenden.

Magento erwartet auch heute noch dank eines bestehenden Bugs den Warenkorbwert bei der Berechnungsmethode *Preis gg. Ziel* ohne Steuer. Bedenken Sie dies also, wenn ein Warenkorbwert ab 100 Euro versandkostenfrei sein soll. Der korrekte Wert lautet dann 84.0336 – korrekt: mit vier Nachkommastellen und einem Punkt als Dezimaltrennzeichen!

---

1 *http://de.wikipedia.org/wiki/ISO_3166-1_alpha-2*

Versandpreis

In diese Spalte tragen Sie den Versandpreis in der Standardwährung ein, der genau für diese Zeile zutrifft. Auch hier muss der Punkt (.) als Dezimaltrennzeichen verwendet werden.

Schauen wir uns nach diesem etwas theoretischen Diskurs einige Beispiele an, die die Funktion dieser Versandkostenmatrix verdeutlichen. Dabei gehen wir davon aus, dass Sie vorher die Versandkondition *Gewicht gg. Preis* ausgewählt haben.

```
Land,Region,Postleitzahl,"Gewicht (und darüber)",Versandpreis
"DEU","*","*","0","0"
"DEU","*","*","2","1.90"
"DEU","*","*","3.5","2.90"
"DEU","*","*","22.5","5.90"
"*","*","*","0","15.90"
```

Laut dieser Matrix sind Lieferungen, die nach Deutschland verschickt werden, bis zu einem Gesamtgewicht von 2 Kilogramm versandkostenfrei. Ist die Lieferung schwerer als 2, aber leichter als 3,5 Kilogramm, fallen 1,90 Euro Versandkosten an. Liegt das Gewicht zwischen 3,5 und 22,5 Kilogramm, kostet der Versand 2,90 Euro, alles darüber schlägt mit 5,90 Euro zu Buche. Für den Rest der Welt gelten Versandkosten von 15,90 Euro ab einem Gewicht von 0 Kilogramm, wie wir es in der letzten Zeile der Versandkostenmatrix hinterlegt haben.

Haben Sie die Versandkosten nach Ihren Wünschen konfiguriert, ist es an der Zeit, die Versandkostenmatrix wieder an den Webkochshop zu schicken. Verwenden Sie zum Import Ihrer bearbeiteten Matrix den entsprechenden Import-Button (Abbildung 13-6).

Abbildung 13-6: Versandkostenmatrix importieren

Klicken Sie auf *Datei auswählen* und laden Sie die überarbeitete Versandmatrix in den Shop. Verneigt sich Magento ehrfurchtsvoll mit einer grünen Leiste und ausschließlich mit dem Satz *Die Konfiguration wurde gespeichert,* hat alles hervorragend funktioniert. Schon versteht der Webkochshop auch die kniffligsten Versandregeln, und Sie können dem System getrost die ganze Rechenarbeit überlassen.

Sie haben gesehen, wie Sie mithilfe der tabellenbasierten Versandkosten auf ein sehr flexibles Berechnungssystem zugreifen können.

Nachdem wir es bisher mit Versandmethoden zu tun hatten, nehmen wir uns im Rest dieses Kapitels Magentos verschiedene Zahlarten vor.

Verschiedene Zahlarten nutzen

Wie Sie gesehen haben, ist eine sinnvolle Konfiguration der Versandarten ein entscheidender Faktor für Ihren Verkaufserfolg. Möchte Oma Zimmermann ihre neue Küchenausstattung im Webkochshop kaufen, findet aber die Zahlart Nachnahme nicht und kann daher die Lieferung nicht bei Postbote Wichura bezahlen, wird sie sich woanders umsehen. Wichtig ist also auch die Auswahl der Zahlarten: Je mehr verschiedene Möglichkeiten Sie in Ihrem Online-Shop anbieten und je transparenter Sie darstellen, wie genau die Bezahlung der bestellten Artikel abläuft, desto erfolgversprechender.

Analog zu den Versandarten gibt es auch eine ganze Reihe von Zahlarten, die bei Magento standardmäßig mit an Bord sind. Um sich diese anzusehen, wechseln Sie im Adminbereich zu *System → Konfiguration → Zahlarten*. Folgende Möglichkeiten werden Ihnen angeboten: *PayPal, Kreditkarten Zahlung (Datenspeicherung), Null-Zwischensumme Bezahlvorgang, Scheck/Zahlungsanweisung, Abruf aus Auftrag*.

Wie schon bei den Versandarten sind auch die Zahlarten hauptsächlich auf den US-amerikanischen Markt ausgerichtet, sodass sich nur ein kleiner Teil sinnvoll nutzen lässt. Dies ist vor allem die Option *PayPal* sowie die Variante *Scheck/Zahlungsanweisung*, die sich so konfigurieren und benennen lässt, dass Sie damit die Zahlweise *Vorkasse* anbieten können. Glücklicherweise bieten sogenannte Payment Service Provider wie Payone, SaferPay usw. Services an, die alle anderen geläufigen Zahlarten abwickeln können. Sie haben Magento-Erweiterungen für ihre Dienste entwickelt, die Ihnen zum kostenlosen Download auf Magento Connect zur Verfügung stehen. Auch für andere Zahlarten wie *Nachnahme*, das besonders in Deutschland als sichere Zahlweise gilt – man bezahlt erst beim Postboten und kann damit sicher sein, die bestellte Ware tatsächlich erhalten zu haben –, finden sich auf Magentos Extension-Marktplatz kostenlose Erweiterungen. Im Folgenden werden Sie die Zahlart *Vorkasse* konfigurieren, anschließend installieren Sie als neue Zahlart die *Nachnahme*. Außerdem gehen wir genauer auf die verschiedenen Möglichkeiten ein, PayPal einzusetzen.

Die Zahlart Vorkasse konfigurieren

Da Sie im Crashkurs in Kapitel 3 schon ein wenig in die Bearbeitung einer Zahlart hineingeschnuppert haben, dürfte der folgende Abschnitt für Sie ein Kinderspiel sein. Alles, was mit der Konfiguration von Zahlarten zusammenhängt, erreichen Sie unter *System → Konfiguration → Zahlarten* in der Gruppe *Verkäufe*. Wir sehen uns im Folgenden gemeinsam das Modul *Scheck/Zahlungsanweisung* an, um eine Zahlung per Vorkasse einzurichten (Abbildung 13-7). Bei dieser Zahlart verändert sich der Bestellprozess nicht wesentlich, da Sie dem Kunden im Bestellprozess lediglich Ihre Bankdaten zur Verfügung stellen und Ihre Artikel erst dann versenden, wenn die Zahlung des Kunden bei Ihnen eingegangen ist.

Es gibt ein spezielles Vorkasse-Modul kostenfrei auf Magento Connect, das die Einrichtung ein bisschen übersichtlicher gestaltet. Letztendlich ist jedoch der Effekt für Sie und Ihre Kunden der gleiche:

http://www.magentocommerce.com/magento-connect/bankpayment.html

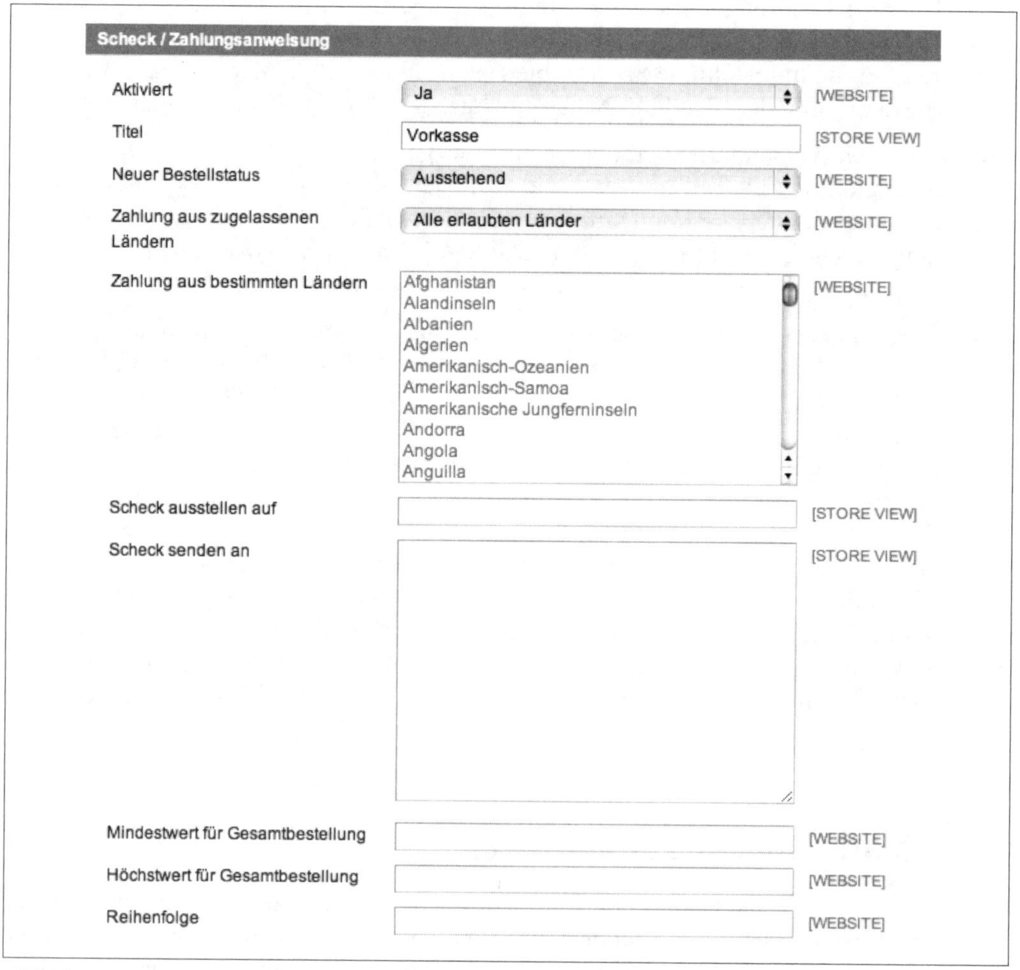

Scheck / Zahlungsanweisung		
Aktiviert	Ja	[WEBSITE]
Titel	Vorkasse	[STORE VIEW]
Neuer Bestellstatus	Ausstehend	[WEBSITE]
Zahlung aus zugelassenen Ländern	Alle erlaubten Länder	[WEBSITE]
Zahlung aus bestimmten Ländern	Afghanistan Alandinseln Albanien Algerien Amerikanisch-Ozeanien Amerikanisch-Samoa Amerikanische Jungferninseln Andorra Angola Anguilla	[WEBSITE]
Scheck ausstellen auf		[STORE VIEW]
Scheck senden an		[STORE VIEW]
Mindestwert für Gesamtbestellung		[WEBSITE]
Höchstwert für Gesamtbestellung		[WEBSITE]
Reihenfolge		[WEBSITE]

Abbildung 13-7: Konfiguration der Vorkasse

Aktiviert

Aktivieren Sie diese Zahlungsmöglichkeit mit der Auswahl *Ja*.

Titel

Dieser Titel wird im Bestellprozess angezeigt. Verwenden Sie für unser Beispiel *Vorkasse*.

Neuer Bestellstatus

Ist eine Bestellung mit dieser Zahlungsmöglichkeit erfolgreich durchgeführt worden, wird die Bestellung mit einem bestimmten Status versehen. Übernehmen Sie hier die Einstellung *Ausstehend*.

Zahlung aus zugelassenen Ländern

Analog zur Konfiguration der Versandkosten (siehe Seite 351) lassen sich an dieser Stelle die *zugelassenen Länder* für diese Zahlungsmöglichkeit konfigurieren. Von der Möglichkeit möchten wir im Webkochshop jedoch keinen Gebrauch machen, deshalb stellen Sie hier ebenfalls *Alle erlaubten Länder* ein.

Zahlung aus bestimmten Ländern

Möchten Sie die Zahlart nur für bestimmte Länder zulassen, können Sie diese hier auswählen. Die Auswahl im vorherigen Punkt sorgt aber dafür, dass alle Länder ausgegraut sind und daher keine ausgewählt werden können.

Zahlbar an

Dieses Feld ist vorgesehen für weitere Informationen zur aktuellen Zahlungsmöglichkeit. Tragen Sie hier eine beliebige Bankverbindung bestehend aus Kontoinhaber, Name der Bank, Kontonummer und Bankleitzahl ein.

Scheck senden an

Lassen Sie das Eingabefeld leer, da wir vom Versand von Schecks keinen Gebrauch machen wollen.

Mindestbestellwert für Gesamtbestellung

Eine Besonderheit hält Magento hier noch für Sie bereit: Bei vielen Versandmodulen können Sie hinterlegen, wie hoch der Warenkorbwert mindestens sein soll, damit die Zahlart verfügbar wird. Im Webkochshop wollen wir die Vorkasse in jedem Fall anbieten, lassen Sie dieses Feld also leer.

Höchstwert für Gesamtbestellung

Analog zum Mindestbestellwert lässt sich hier ein Maximalbestellwert eintragen. Diese Funktion wird jedoch nicht benötigt, tragen Sie also nichts in dieses Eingabefeld ein.

Reihenfolge

Last, but not least legen Sie hier fest, wie die Zahlungsmöglichkeiten sortiert werden sollen. Mit dem Sortierparameter *0* legen Sie fest, dass die Vorkasse als Erstes angezeigt wird.

Analog zu den Versandarten werden auch die Zahlarten auf Website-Ebene dargestellt. Auf StoreView-Ebene lassen sich nur Titel und Beschreibung der jeweiligen Zahlarten anpassen, sodass in jeder Sprache die richtige Übersetzung angezeigt wird.

Nachdem Sie eine vorhandene Zahlart so modifiziert haben, dass Sie damit in Ihrem Shop Vorkasse anbieten zu können, gehen wir im folgenden Abschnitt an die Aufgabe, eine völlig neue Zahlungsmethode zu installieren.

Die Zahlart Nachnahme hinzufügen

In diesem Abschnitt zeigen wir Ihnen, wie Sie die gerade in Deutschland sehr beliebte Zahlart Nachnahme installieren können (und damit die oben vorgestellte Oma Zimmermann zu ihrem größten Fan machen). Hierzu nutzen Sie ein kostenlos verfügbares Modul namens *CashOnDelivery* (*http://www.magentocommerce.com/magento-connect/ cashondelivery.html*). Der zugehörige Extension-Key lautet:

```
http://connect20.magentocommerce.com/community/CashOnDelivery
```

Wenn Sie diesen Code im Magento Connect-Paketmanager eintragen, können Sie das Modul installieren (Abbildung 13-8). Die Funktion des Paketmanagers, mit dem sich sowohl externe Module installieren als auch Updates der Magento-Software einzuspielen lassen, werden wir genauer in Kapitel 17 besprechen.

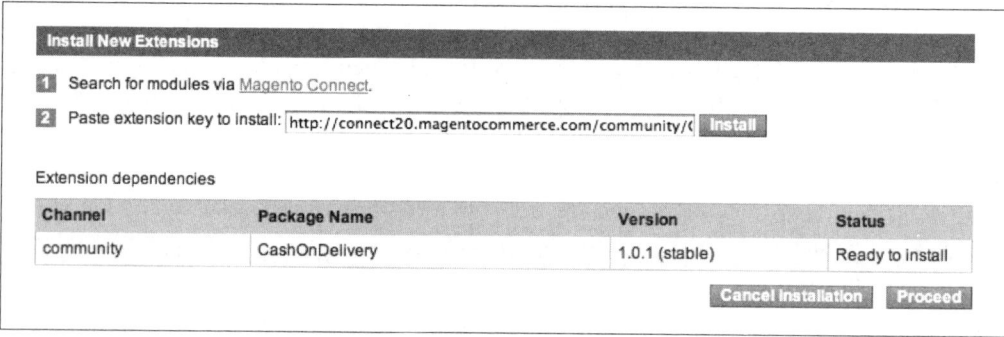

Abbildung 13-8: Installation des CashOnDelivery-Moduls

Nach erfolgreicher Installation finden Sie *CashOnDelivery* bei den übrigen Zahlarten unter *System → Konfiguration → Zahlarten*. Seine Konfiguration ist der des weiter oben beschriebenen Scheck/Zahlungsanweisung-Moduls sehr ähnlich (Abbildung 13-9), daher soll hier nur auf die wesentlichen Unterschiede eingegangen werden.

Kosten für Inlandsversand

Das Modul bietet an dieser Stelle die Möglichkeit, einen Aufschlag für die Nutzung der Nachnahme im Inland einzutragen. Wenn Sie einen entsprechenden Aufschlag als Euro-Betrag hineinschreiben, wird dieser dem Kunden zusätzlich in Rechnung gestellt. Sie sollten sich dazu ebenfalls die neu hinzugekommenen Konfigurationsmöglichkeiten im links befindlichen Register *Steuer* ansehen. Denn auch hier gibt es wieder, wie bereits erwähnt, die Möglichkeit, den Betrag brutto oder netto zu erfassen.

Kosten für Auslandsversand

Analog zum vorherigen Punkt konfigurieren Sie hier den Aufpreis, der für eine Nachnahmelieferung ins Ausland anfällt.

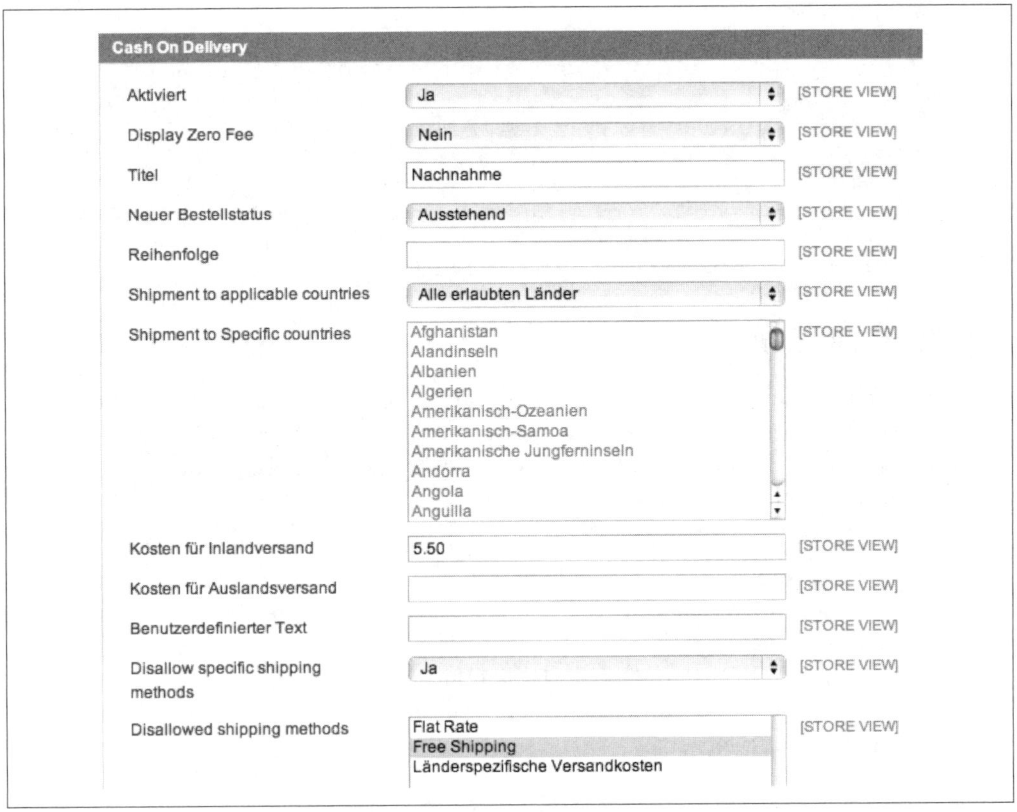

Abbildung 13-9: Konfiguration des CashOnDelivery-Moduls

Disallow specific shipping methods

Entscheidet sich der Nutzer für die Zahlart *Nachnahme*, ist damit in der Regel auch die Versandart vorgegeben. Genau genommen ist Nachnahme ja nicht allein eine Zahlart, sondern fällt mit dem Versand zusammen, ist sozusagen ein Prozess. Setzen Sie hier den Schalter auf *Ja*, können Sie im Anschluss definieren, welche der aktivierten Versandarten nicht angezeigt werden sollen, wenn sich der Kunde für die Nachnahme entscheidet.

Disallowed shipping methods

Mithilfe dieses Mehrfachauswahlfelds können Sie eine oder mehrere Versandarten im Zusammenhang mit der Nachnahme deaktivieren.

Haben Sie diese Einstellungen wie in Abbildung 13-9 vorgenommen, ist die Nachnahme in Ihrem Shop sofort einsatzbereit. Wenn Sie Ihren Shop im Browser neu laden und eine Bestellung durchführen, wird die Nachnahme als Zahlart angeboten und in der Bestellzusammenfassung korrekt ausgewiesen, wie Sie in Abbildung 13-10 sehen können.

Produktname	Preis	Menge	Pos. Zwischensumme
Test	20,00 €	3	60,00 €
Zwischensumme			50,42 €
Versand & Bearbeitung (Flat Rate - Fixed)			15,00 €
Nachnahme Gebühr			5,50 €
⊞ Steuer			9,58 €
Gesamtsumme			**80,50 €**

Abbildung 13-10: Die Nachnahmegebühr wird korrekt berechnet

PayPal einsetzen

Das, was sich in der Magento-Community schon seit geraumer Zeit hartnäckig als Gerücht gehalten hatte, wurde zur Gewissheit: eBay kaufte Magento Inc. So ist es nicht verwunderlich, dass PayPal, seit 2002 Tochtergesellschaft von eBay, eine umfangreiche und fast nahtlose Integration in Magento erfährt.

In Register *System → Konfiguration → Zahlarten* erreichen Sie sämtliche Konfigurationsmöglichkeiten für PayPal (Abbildung 13-11). Bei der Vielzahl der verschiedenen Dienste und Varianten ist es nicht leicht, den Überblick zu behalten und sich für die sinnvollen Optionen zu entscheiden. In diesem Abschnitt erfahren Sie daher, was sich die PayPal-Macher alles Schönes für Sie ausgedacht haben und wie Sie PayPal in Ihrem Shop einsetzen können. Außerdem lernen Sie Schritt für Schritt, wie Sie die PayPal-Standardmethode im Webkochshop einsetzen.

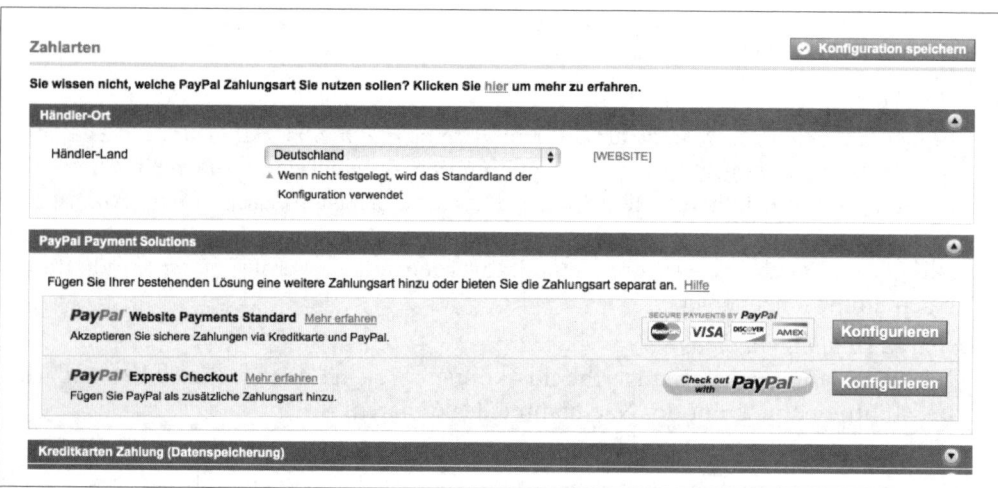

Abbildung 13-11: PayPals unterschiedliche Konfigurationsmöglichkeiten

Die Standardmethode

Die am häufigsten genutzte Art, PayPal im eigenen Webshop einzusetzen, ist, diese Methode als ganz normale Zahlart neben anderen – wie beispielsweise Vorkasse oder Nachnahme – zu konfigurieren und im Shop entsprechend anzuzeigen (Abbildung 13-12). Entscheidet sich der Kunde für eine PayPal-Zahlung, wird er nach erfolgter Bestellung zur PayPal-Seite weitergeleitet, auf der er seine Bezahlung durchführen kann. Ist das geschehen, wird er zum Shop weitergeleitet, die Bestellung wird als bezahlt markiert, und die entsprechenden Artikel können sich auf den Weg zum Käufer machen – so einfach kann E-Commerce manchmal sein.

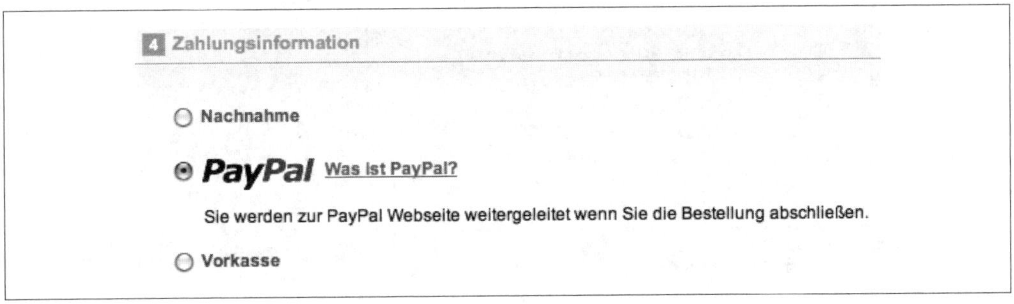

Abbildung 13-12: Die Standard-PayPal-Methode

Um diese Zahlart anzubieten, müssen Sie im Abschnitt *PayPal Website Payments Standard* lediglich die E-Mail-Adresse Ihres – na ja – PayPal-Händlerkontos eintragen und im Drop-down-Menü *Diese Lösung aktivieren* auf *Ja* stellen, nachdem Sie in diesem Abschnitt den *Konfigurieren*-Button betätigt haben. Ist noch kein PayPal-Händlerkonto angelegt, finden Sie an der gleichen Stelle einen Link auf die (leider englische Variante der) entsprechenden PayPal-Seite. Im weiteren Verlauf findet sich noch ein Formular (Abbildung 13-13), in dem Sie jedoch nur den Namen der Zahlart ändern müssen. Jetzt noch die Konfiguration speichern – fertig!

Die Express-Variante

Alternativ haben Sie die Möglichkeit, sozusagen den ganzen Gang durch die Kasse zu PayPal auszulagern. Der Kunde durchläuft also nicht den Magento-Prozess, sondern klickt auf den alternativen PayPal-Express-Button (Abbildung 13-14) und nutzt seine bei PayPal hinterlegten Adress- und Zahlungsdaten sofort auf der PayPal-Seite.

Um diese Variante anzubieten, klicken Sie auf den *Konfigurieren*-Button in der Zeile für *PayPal Express Checkout*. Wie von Geisterhand erscheint nun ein etwas umfangreicheres Konfigurationsformular mit vielen neuen Einstellungsmöglichkeiten (Abbildung 13-15). Nachdem Sie Ihre PayPal-Händlerkontoadresse eingetragen haben, müssten Sie nun händisch die API-Daten eintragen. Zum Glück macht sich hier die enge Bande zwischen Magento und PayPal bezahlt. Klicken Sie auf den Button *Zugangsdaten von PayPal erhalten,* und Sie erhalten in einem weiteren Fenster die Werte kopiergerecht präsentiert.

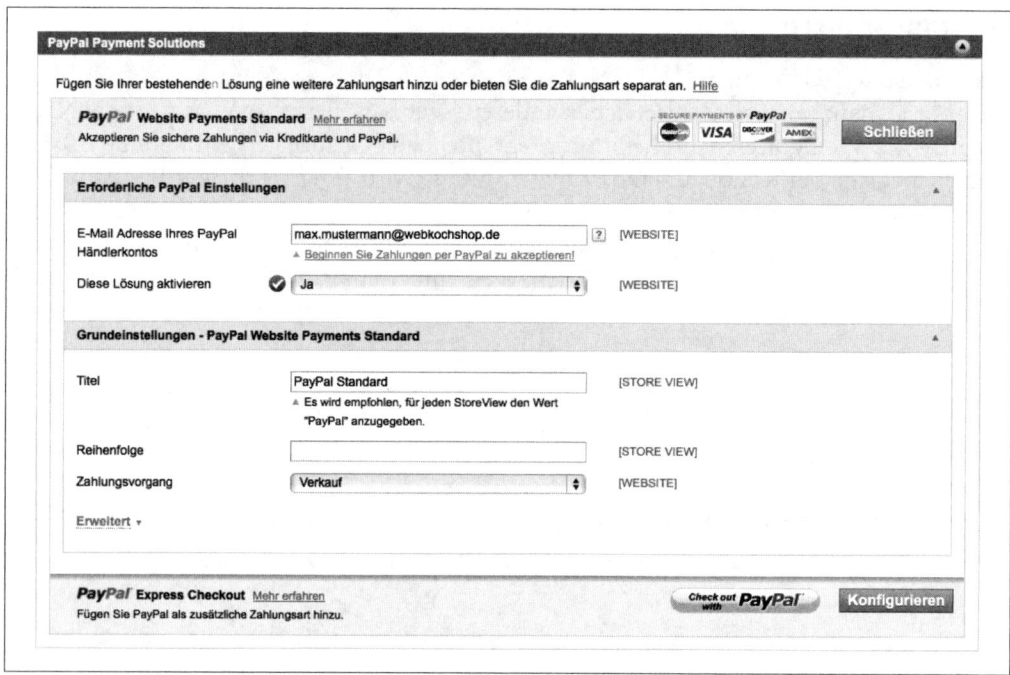

Abbildung 13-13: Weitere Konfigurationsmöglichkeiten für die PayPal-Standardmethode

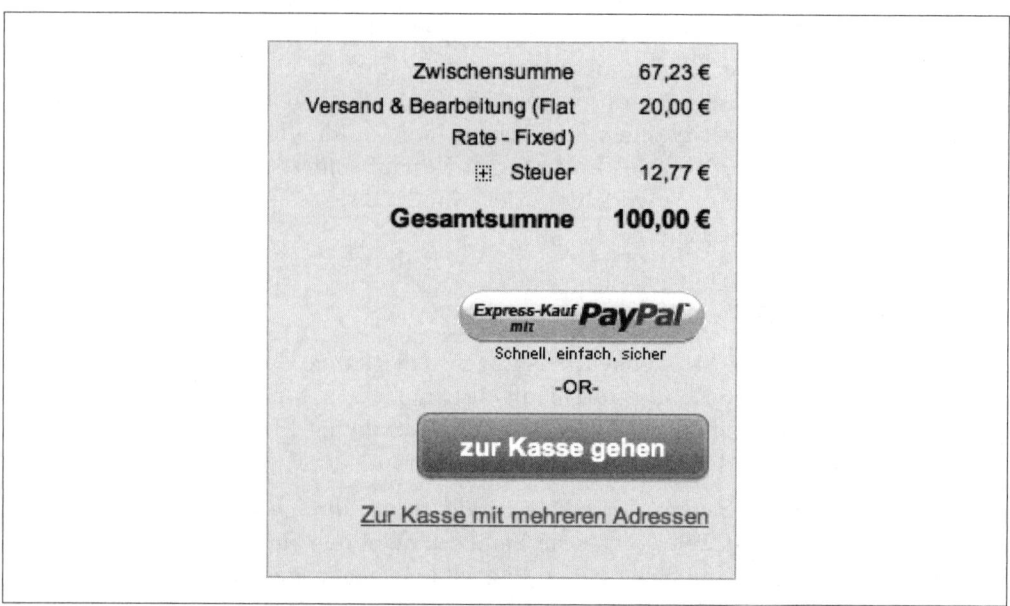

Abbildung 13-14: Ein Warenkorb mit PayPal-Express-Anbindung

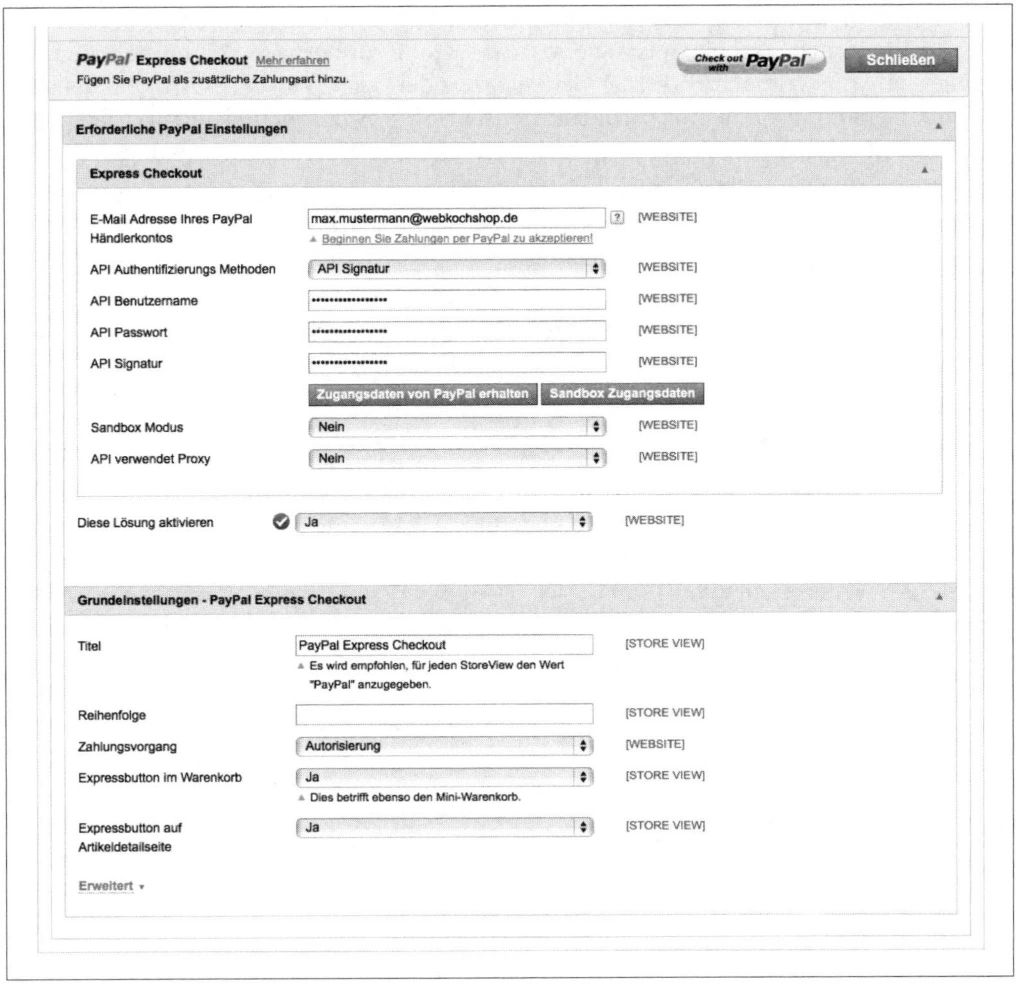

Abbildung 13-15: Konfiguration der PayPal-Express-Anbindung

Per Konfiguration von *Artikel des Warenkorbs übertragen* können Sie festlegen, ob bei PayPal alle im Warenkorb befindlichen Produkte noch einmal aufgelistet werden sollen. Stellen Sie hier *Nein* ein, wird bei PayPal lediglich ein gemeinsamer Posten stellvertretend für alle Warenkorb-Artikel angezeigt.

Mit PayPal gibt es seit Anbeginn der Zeiten Probleme bei der Zahlungsabwicklung. Diese Probleme sind in Rundungsfehlern begründet, die bei Versandkosten und Artikelsteuerberechnungen auftreten. Um diese Fehlerquellen so weit wie möglich auszumerzen, sollten Sie die Option zur Übertragung der Einzelartikel ausschalten. PayPal erhält dann nur einen Warenkorb-Gesamtbetrag und nicht die Einzelliste der zu kaufenden Artikel.

Den nützlichen PayPal-Express-Button können Sie über die Konfigurationsoberfläche auf diversen Shopseiten erscheinen lassen. So ist zusätzlich zum großen Warenkorb auch die Anzeige im Mini-Warenkorb in der Seitenleiste oder sogar auf jeder Artikeldetailseite möglich. Gerade für Shops mit Artikeln, die sehr oft nur einzeln gekauft werden, kann diese Bezahlfunktion den Absatz signifikant steigern – bietet sie Ihren Kunden ja eine doch erhebliche Zeitersparnis beim Bezahlvorgang.

Letztlich ist es eine Geschmacksfrage, inwieweit Sie Kundendaten bzw. den Bestellprozess auf diese Weise an PayPal auslagern möchten. Für Kunden liegt der Vorteil auf der Hand: In allen Online-Shops, in denen PayPal Express zum Einsatz kommt, muss er nicht jedes Mal erneut seine Adressdaten eintragen. Diese werden zentral bei PayPal gespeichert und können von den jeweiligen Shops abgefragt und genutzt werden.

PayPal-Seite anpassen

Wie schon angesprochen, ist die Standard-PayPal-Zahlung so in den Bestellprozess eingebunden, dass der Kunde zunächst alle für den Versand erforderlichen Daten im Magento-Shop einträgt und anschließend nach dem Abschicken der Bestellung an die PayPal-Seite weitergeleitet wird. Auf dieser Seite gibt er dann seine Zahlungsdaten an und wird dann wieder in Ihren Shop zurückgebracht. Um Ihrem Kunden das Gefühl zu geben, dass er trotz des kurzen Abstechers auf die Seite des Zahlungsdienstleisters weiterhin in Ihrem Shop einkauft, gibt es in Magento die Möglichkeit, die PayPal-Zahlungsseite im Design anzupassen. Ihre Einflussmöglichkeiten beschränken sich dabei zwar nur auf Farben und die Einbindung des Webkochshop-Logos, aber das ist allemal besser, als PayPal grafisch komplett das Feld zu überlassen, oder?

Die Einstellungen für die Gestaltung der PayPal-Zahlungsseite finden Sie im Abschnitt *Individuelle Gestaltung – PayPal Webseite* im Menüpunkt *PayPal* (Abbildung 13-16).

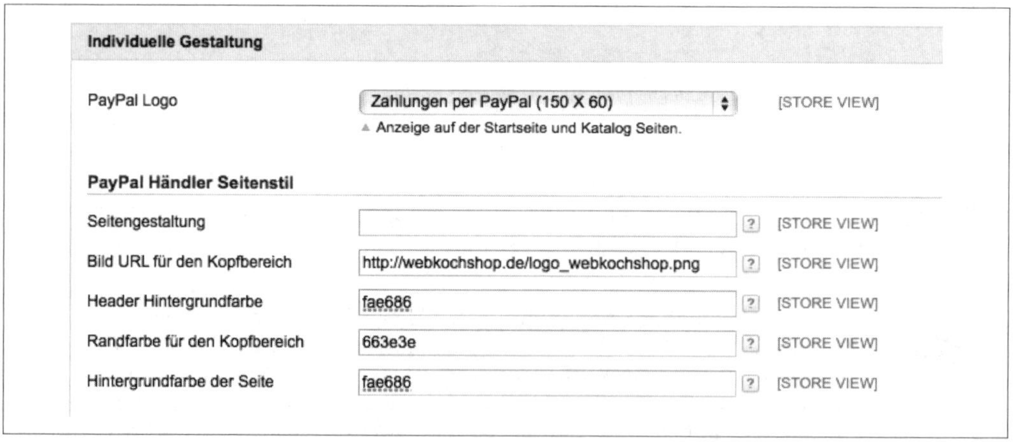

Abbildung 13-16: Konfiguration der PayPal-Zahlungsseite

Schauen wir uns die einzelnen Konfigurationsschritte einmal gemeinsam an.

Paypal Produkt Logo

Wie es der Name schon vermuten lässt, haben Sie hier die Wahl zwischen verschiedenen mitgelieferten PayPal-Logos, die auf der Startseite sowie im Artikelkatalog angezeigt werden.

Seiten Gestaltung

Hier können Sie einen Profilnamen hinterlegen, den Sie in Ihrem Händlerkonto anlegen und der den groben Aufbau der PayPal-Seite beeinflusst. Der Einfachheit halber lassen Sie dieses Feld leer, sodass der Standardwert übernommen wird und Sie keine weiteren Einstellungen mehr auf PayPal-Seite durchführen müssen.

Bild URL für den Kopfbereich

Möchten Sie Ihr Logo im Kopfbereich der PayPal-Seite anzeigen lassen, tragen Sie hier den vollständigen Pfad zu diesem Bild ein, z. B. *http://webkochshop.de/logo_ webkochshop.png*. Haben Sie gerade kein Logo zur Hand, wird stattdessen die E-Mail-Adresse Ihres PayPal-Händlerkontos angezeigt.

Hintergrundfarbe für den Kopfbereich

An dieser Stelle nehmen Sie Einfluss auf die Gestaltung des Kopfbereichs. Den Farbwert tragen Sie, wie Sie es aus der HTML-Welt kennen, als Hexadezimalzahl ein – *000000* steht beispielsweise für Schwarz, *FFFFFF* für Weiß. Verzichten Sie auf die Verwendung der vorangestellten #, diese Transferleistung erbringt Magento für Sie.

Randfarbe für den Kopfbereich

Soll der Kopfbereich noch von einem modernen 2-Pixel-starken Rahmen umgeben werden, hinterlegen Sie hier den Farbwert dieses Rahmens.

Hintergrundfarbe der Seite

Den Farbwert, für den Sie sich hier entscheiden, taucht als Hintergrundfarbe auf der PayPal-Seite auf.

Speichern Sie nun die Konfiguration ab und führen Sie im Frontend des Webkochshops eine Bestellung durch, bei der Sie die Standard-PayPal-Zahlungsweise auswählen. Nachdem Sie die Bestellung abgeschickt haben, werden Sie auf die PayPal-Seite geleitet, die – oh Freude – jetzt ein klein wenig mehr nach Webkochshop aussieht (Abbildung 13-17).

Payment Service Provider integrieren

Die Erfahrung hat gezeigt, dass bei der Frage, welche Zahlarten im Shop angeboten und abgewickelt werden sollen, die Dienste eines sogenannten *Payment Service Providers* das Shopbetreiber-Leben um einiges erleichtern können. In diesem Abschnitt lernen Sie, worauf es bei der Auswahl zu achten gilt und wie Sie diese Anbieter technisch in Ihren Shop integrieren können.

Ein Payment Service Provider (PSP) ermöglicht Shopbetreibern, eine Vielzahl von Zahlarten anzubieten, ohne sich um jede einzelne Variante technisch und organisatorisch kümmern zu müssen. Dies gilt vor allem bei der Zahlung via Kreditkarte: Um Kreditkartendaten über-

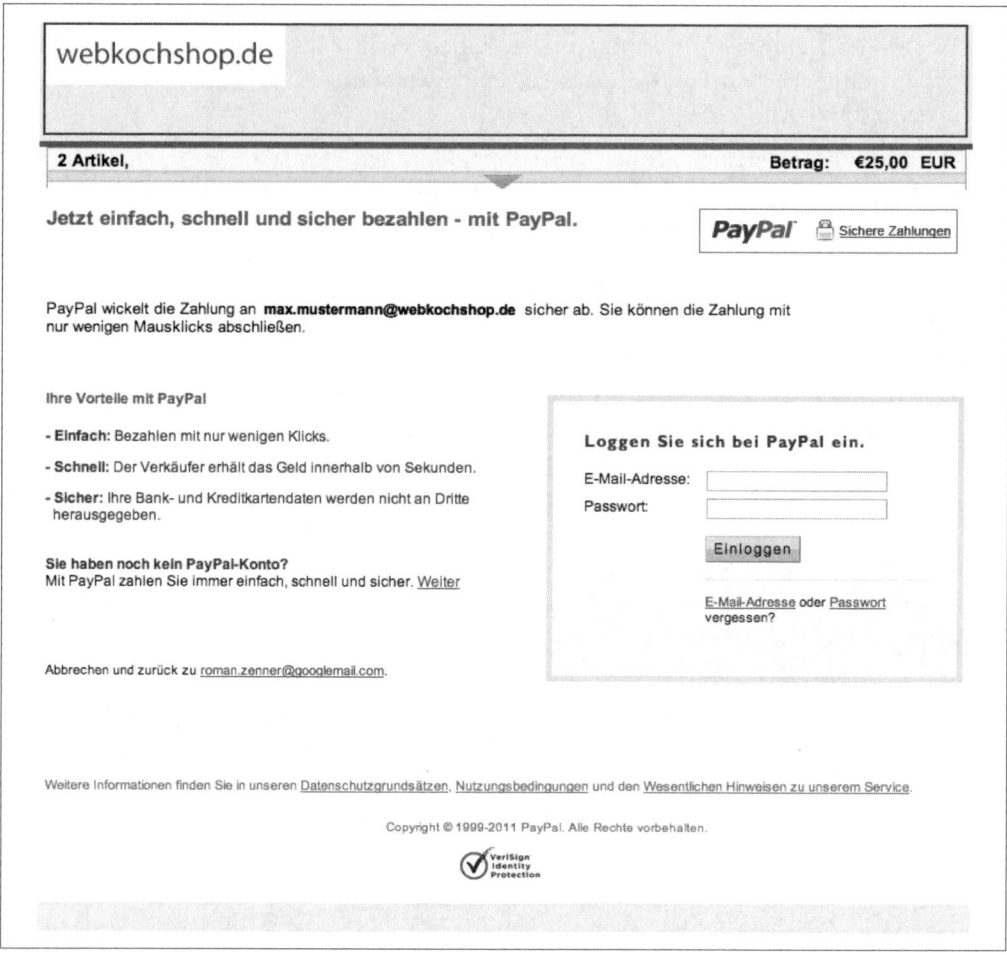

Abbildung 13-17: Die angepasste PayPal-Zahlungsseite

haupt entgegennehmen und speichern zu dürfen, müssen sich Shopbetreiber einer sehr kosten- und zeitaufwendigen Zertifizierung nach PCI-DSS[2] unterziehen. Hierbei handelt es sich um ein komplexes Regelwerk, dem Shopbetreiber entsprechen müssen, wenn sie selbst Kreditkarten akzeptieren wollen, was beispielsweise hohe Anforderungen an die Serversicherheit und Infrastruktur stellt.

Zahlarten gibt es wie den sprichwörtlichen Sand am Meer. Im deutschsprachigen Raum haben sich mittlerweile vor allem die folgenden etabliert: *giropay, Vorkasse, Nachnahme, Lastschrift, Sofortüberweisung, Kreditkarte* und *Rechnungskauf.*

---

2 *https://www.pcisecuritystandards.org/security_standards/*

Hat man einen entsprechenden Vertrag mit einem Payment Service Provider abgeschlossen, muss nur dessen Modul in Magento integriert werden, und schon haben Kunden Zugriff auf sämtliche Zahlarten. Diese Anbieter haben die verschiedensten Zahlarten in ihrem Portfolio und bieten darüber hinaus noch spezielle Sicherheitsverfahren, Bonitätsprüfungen usw. Ein PSP fungiert damit letztlich als Schirm, unter dem sich alle gewünschten Zahlarten versammeln. Die bekanntesten Payment Service Provider sind:

- PayPal (*www.paypal.de*)
- Moneybookers/Skrill (*www.moneybookers.com/app/?l=DE*)
- PAYONE (*www.payone.de*)
- ClickandBuy (*www.clickandbuy.com/DE_de*)
- ogone (*www.ogone.de*)
- Heidelpay (*www.heidelpay.de*)
- iPayment (*www.ipayment.de*)

Für die in der Liste genannten PSP finden Sie die entsprechenden kostenlosen Erweiterungen auf Magento Connect. Die Installation funktioniert genau so, wie Sie es bei der Konfiguration der Zahlart Nachnahme gesehen haben: Wenn Sie die gewünschte Erweiterung gefunden haben, kopieren Sie einfach den sogenannten Extension-Key und fügen diesen in den Magento Connect-Paketmanager ein (siehe dazu auch den Abschnitt »Erweiterungen via Magento Connect Manager installieren« auf Seite 461). Einen Augenblick später ist die Extension in Ihrem Shop installiert. Jetzt brauchen Sie nur noch die Zugangsdaten, die Sie nach Vertragsabschluss mit dem PSP Ihrer Wahl erhalten haben, und schon können Sie Ihren Kunden eine Vielzahl von verschiedenen Zahlarten anbieten.

In diesem Kapitel haben Sie gesehen, dass Magento in puncto Versand- und Zahlarten bereits ab Werk eine ganze Reihe von Möglichkeiten bietet. Zwar sind viele der mitgelieferten Varianten vornehmlich für den amerikanischen Raum konzipiert, jedoch finden sich reichlich Zusatzmodule, mit denen Sie Versand- und Bezahlarten einfach nachrüsten können. Dies erfordert glücklicherweise keine Programmierkenntnisse, sondern lässt sich elegant über den Magento Connect-Paketmanager erledigen, den Sie in Kapitel 18 en détail kennenlernen werden.

Das nächste Kapitel hat aber erst mal viel mit Freunden und freundlich gesinnten Verfolgern zu tun: Machen Sie den Webkochshop fit für Facebook & Co. Und integrieren Sie die neuen sozialen Netzwerke in Ihren Online-Shop.

Die Qual der Wahl

Startet man in die Welt des E-Commerce, kann einem die Suche nach einem passenden PSP aufgrund der vielen Entscheidungsfaktoren schon die Laune verderben. Dabei ist es genau genommen ein gewisser Luxus, wenn Sie sich ganz frisch mit der Materie auseinandersetzen. Oftmals gibt es zu einem Dienstleister für seine Zahlarten schon bestehende Strukturen, wie beispielsweise die eigene Hausbank. Hier ist vorab zu klären, ob diese bereits Erfahrungen mit der Integration ihrer Dienstleistungen in Magento haben. Erfahrungsgemäß ist es ein zeit- und damit kostenintensives Unterfangen, einen Dienstleister mit Magento zu »überraschen« und zu hoffen, dass er ein Modul zur Verfügung stellen kann. In den meisten Fällen ist ein Wechsel zu den etablierten und »Magento-erprobten« Dienstleistern die bessere Wahl.

Was sind nun die wichtigsten Kriterien bei der Auswahl eines PSP? Zunächst einmal sollten Sie sich nach den Gebühren erkundigen: Wie gestalten sich die laufenden Kosten? Welche transaktionsabhängigen Gebühren kommen noch dazu, wenn Kunden bestimmte Zahlarten nutzen? Außerdem ist es wichtig, sich anzusehen, wie die Integration des PSP in den Bestellvorgang aussieht. Hier gibt es die Möglichkeit, nach abgeschlossener Bestellung an einen Dienstleister weitergeleitet zu werden – wie das beispielsweise bei PayPal der Fall ist – oder sich mittels eines iFrames geschickt und für den Kunden nicht ersichtlich direkt in den Bestellprozess einzuklinken. Selten, aber am besten integriert zeigen sich Extensions, die für den Kunden unsichtbar Daten an den Zahlungsserver schicken und direkt die Antwortinformation in Magento zur Verfügung stellen. Oft unterschätzt wird auch die Pflegbarkeit des neuen Diensts im Backend: Shopbetreiber sollten einfachen Zugriff auf die Zahlungsdaten aus ihrem Shop haben, im Idealfall sind die Prozesse hier automatisiert, sodass beispielsweise eine eingegangene Zahlung per Vorkasse automatisch dazu führt, dass die zugehörige Bestellung als bezahlt markiert und zum Versand freigegeben wird.

Soziale Netzwerke

Es ist nicht von der Hand zu weisen. Was von vielen am Anfang als Spielerei von Geeks und gelangweilten Studenten angesehen wurde, hat sich inzwischen als Schwergewicht im Marketing etabliert: Die Rede ist von den sogenannten sozialen Netzwerken wie Facebook, Twitter & Co. Weltweit vernetzen sich hier Menschen, informieren sich und andere über das aktuelle Zeitgeschehen und teilen alles, was sich eben online teilen lässt. Für die Betreiber von Online-Shops ist dies vor allem deshalb interessant, weil potenzielle Kunden in diesen Netzwerken ein Gesicht bekommen und sich sehr viel direkter ansprechen und befragen lassen, als dies über klassische Kanäle wie Fernseh- und Printwerbung jemals möglich war. Immer mehr Unternehmen gehen daher beispielsweise dazu über, sich eine eigene Fanpage auf Facebook einzurichten, um so spannende Angebote und Ereignisse zu bewerben und damit potenziellen Kunden echten Mehrwert bieten zu können. Auf mehr und mehr Websites findet man außerdem den Facebook-Like-Button, über den Interessierte mit einem Mausklick die zugehörige Website in ihrer sogenannte Timeline veröffentlichen und damit dieses Fundstück direkt mit seinen Freunden teilen können – bemerkenswerte virale Effekte sind oftmals die Folge.

Auch der Microblogging-Dienst Twitter, über den Menschen allerlei Sinniges und Unsinniges in 140 Zeichen teilen können, steht schon lange im Zentrum moderner Marketingkampagnen. Unternehmen pflegen einen oder mehrere Twitter-Accounts, um spannende Angebote zu veröffentlichen oder auch mal schlichtend einzugreifen, wenn Kunden mit den Produkten und Dienstleistungen nicht so zufrieden sind. Last, but not least gibt es eine ganze Reihe sogenannter Social Bookmark-Seiten wie Digg, Reddit oder Del.icio.us, auf denen Nutzer interessante Links veröffentlichen können.

In diesem Kapitel beschreiben wir, wie Sie mit Zusatzmodulen den Webkochshop fit für die sozialen Netzwerke machen – damit der Edelstahlkochtopf Hubertus endlich die Fans bekommt, die er schon so lange verdient!

Social Bookmarks

Das Anlegen von Lesezeichen oder Favoriten, wie es im Internet Explorer heißt, ist wohl eine der ältesten Funktionen, die die Schöpfer von Internetbrowsern ihren Programmen mit auf den Weg gegeben haben. Findet man bei seinen Streifzügen durch das Internet eine interessante Seite, wird diese mit einem einfachen Mausklick abgespeichert. Möchte man später darauf zugreifen, reicht ein zweiter Mausklick. Das ist zugegebenermaßen eine sinnvolle Funktion, aber mittlerweile nicht mehr spektakulär.

Interessant werden Lesezeichen vor allem dann, wenn man sie nicht nur für sich behält, sondern mit anderen teilt. Dies geschieht heutzutage auf verschiedenste Art und Weise, und es tummelt sich eine ganze Reihe Dienstleister in diesem Bereich. Eines ist allen gemeinsam: Weltweit sammeln Internetnutzer interessante Lesezeichen und legen diese online an zentraler Stelle ab. Der Clou: Die Beteiligten schaffen damit ein dynamisches Web-Inhaltsverzeichnis, das im Gegensatz zu Google von Menschen aus Fleisch und Blut erstellt wird. Teilen viele Menschen immer den gleichen Link, bedeutet dies, dass es sich um eine besonders spannende, aktuelle oder anderweitig lesenswerte Website handelt.

Eine der ersten Dienstleister dieser Art war das amerikanische Portal Digg, das für viele den Beginn des täglichen Webspaziergangs markiert. Erscheint eine Website auf der Digg-Startseite (siehe Abbildung 14-1), weil viele Besucher ihre Stimme für den jeweiligen Link abgeben (sie diggen den Link), ist dies so etwas wie der Ritterschlag der aufmerksam suchenden Internetcommunity, und Sie können sicher sein, eine Menge Traffic zu erhalten.

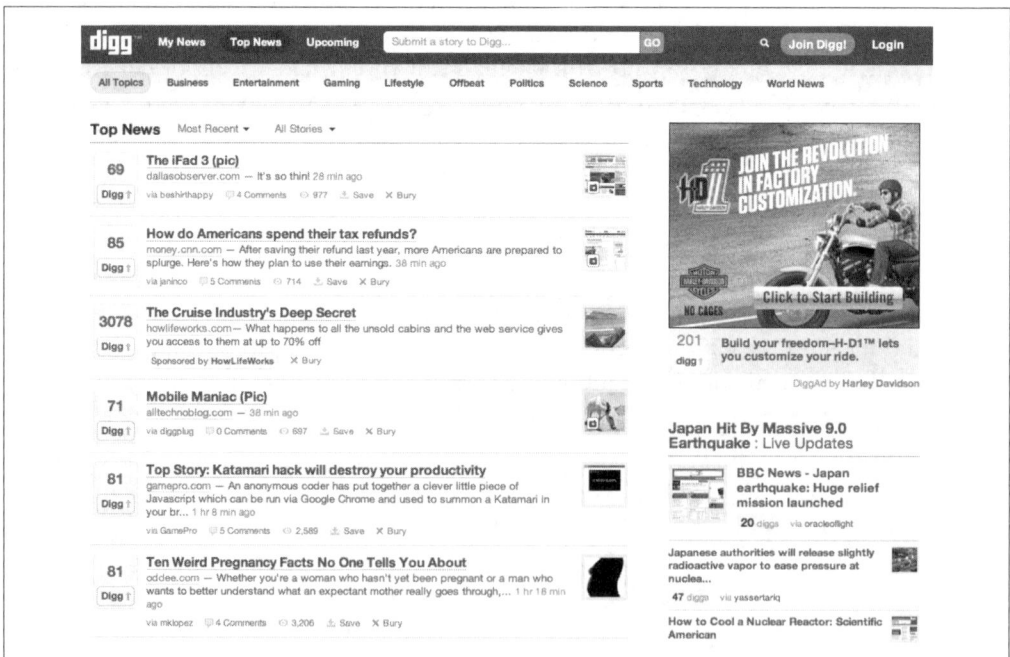

Abbildung 14-1: Die Digg-Startseite

Wie, werden Sie jetzt vielleicht ungeduldig fragen, kann ich denn meinen eigenen Online-Shop so fit machen, dass meine Besucher auf einfache Weise die Artikel- und Inhaltsseiten auf diese Weise in die Welt tragen? Nichts leichter als das! Glücklicherweise gibt es ein kostenlos erhältliches Magento-Modul namens *Magento Social Bookmarking Services*, das genau diese Aufgabe übernimmt, und in den nächsten Abschnitten erklären wir Ihnen Schritt für Schritt, wie Sie es in Magento einbauen können.

Installation des Moduls

Der erste Schritt besteht darin, ein passendes Modul über Magento Connect ausfindig zu machen und es im Webkochshop zu installieren. Besuchen Sie also zunächst die folgende URL, unter der Sie Beschreibungen zu einem guten Modul und auch dessen Extension-Key finden (siehe Abbildung 14-2):

http://www.magentocommerce.com/magento-connect/addthis.html

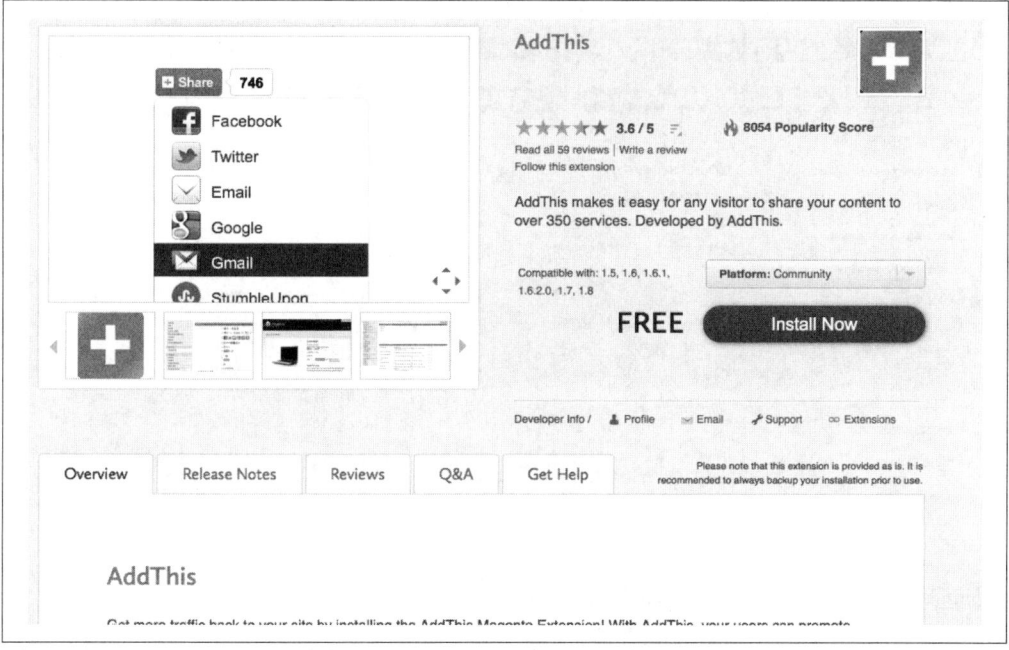

Abbildung 14-2: AddThis auf Magento Connect

Bei der Installation der deutschen Lokalisierung in Kapitel 2 haben Sie bereits gelernt, wie man sich auf der Magento-Seite anmeldet und an den sogenannten Extension-Key gelangt. Achten Sie hier auch darauf, dass Sie die Magento Connect-Verson 2.0 auswählen, sodass folgender Key angezeigt wird: *http://connect20.magentocommerce.com/community/addthis_sharingtool*.

Diesen fügen Sie im Paketmanager über *System → Magento Connect → Magento Connect Manager* ein und installieren das Social Bookmarks-Modul, was nur einige Sekunden dauert. Springen Sie dann wieder zurück in den Adminbereich, melden Sie sich über *Abmelden* oben rechts ab und dann wieder an; dieser Zwischenschritt ist nötig, damit die neuen Eingabemasken, die wir nun besprechen, auch wirklich geladen werden.

Konfiguration

Wenn Sie nun im Bereich *System → Konfiguration* in die linke Spalte schauen, werden Sie feststellen, dass ein weiterer Bereich namens AddThis hinzugekommen ist. Klicken Sie hier auf den Eintrag *Smart Layers*, und Sie erhalten im Abschnitt Follow eine Liste aller Dienste, für die Sie Ihre Profiladressen hinterlegen können (siehe Abbildung 14-3). Diese Verlinkungen werden in einem kleinen Seitenelement auf Ihrer Seite eingebunden. Ihre Besucher können hiermit die gerade angezeigte Seite direkt auf den *Social Media-Portalen* veröffentlichen (siehe Abbildung 14-4).

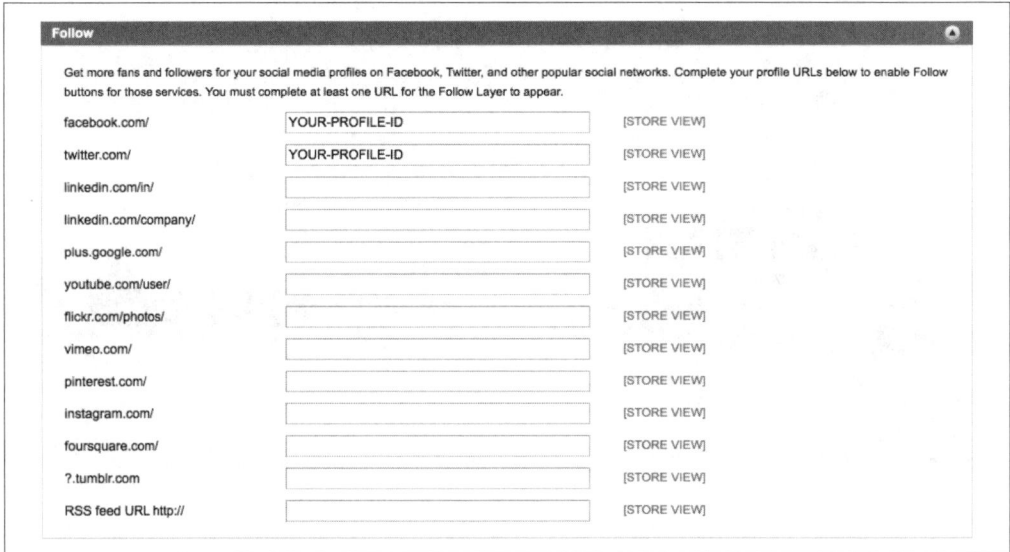

Abbildung 14-3: Eine Liste aller Social Media-Portale

Lassen Sie uns einen genaueren Blick auf die verschiedenen Konfigurationsmöglichkeiten werfen:

Allgemein
> Aktivieren oder deaktivieren Sie hier das Seitenelement, *Smart Layers* genannt, mit dem Drop-down-Menü *Status*. Die Darstellung kontrollieren Sie mit dem Auswahl-feld *Theme*.

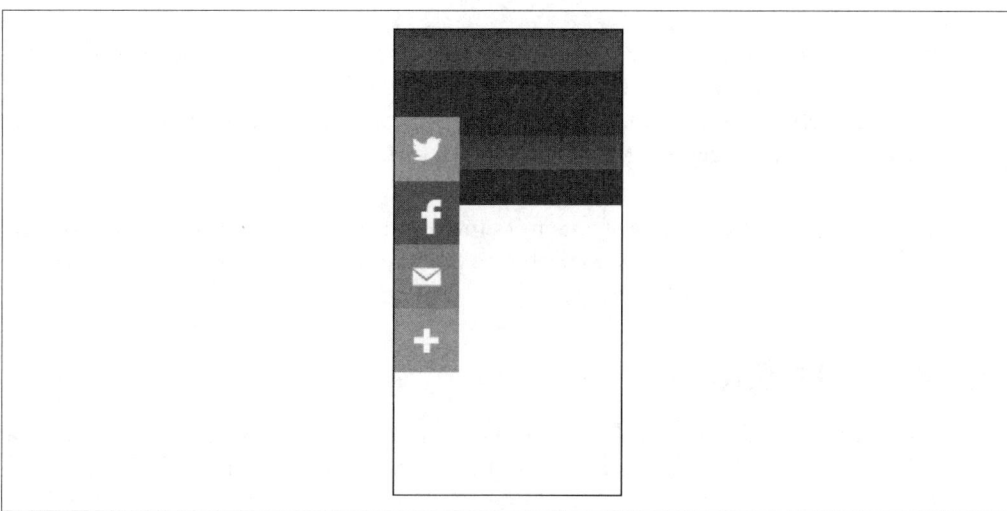

Abbildung 14-4: Seitenelement im Shop (Smart Layers)

Follow

Diesen Abschnitt haben wir zu Beginn bereits beschrieben: Tragen Sie hier die Profilnamen der einzelnen Social Media-Portale ein.

Veröffentlichen

Die Konfiguration dieses Abschnitts steuert das Aussehen des Smart Layer. Der Status ist eine Kopie des unter *Allgemein* vorhandenen Status und muss ebenso auf *Aktiviert* stehen, damit die Erweiterung ihren Dienst verrichtet. Die Position des Smart Layer kann links oder rechts im Shop eingestellt werden. Die Anzahl der Buttons steuern Sie mit der Konfiguration *Button Count*.

Custom Code

Über diese Einstellung haben Sie zwar die volle Kontrolle über alle Fähigkeiten des Smart Layer (sehen Sie sich dazu die *API* an, die unterhalb des Eingabefelds verlinkt ist), Sie können somit aber auch für den kompletten Ausfall des Smart Layer sorgen. Verwenden Sie diese Funktion also mit Bedacht. Damit der Smart Layer die Einstellungen des *Custom Code* nutzt, aktivieren Sie das *Status*-Drop-down-Menü.

Sobald Sie die Änderungen vorgenommen haben, speichern Sie sie über den Button *Konfiguration speichern* oben rechts in der Datenbank.

Nachdem Sie nun wissen, wie man den Smart Layer verwaltet, folgt der zweite Schritt: die Konfiguration des Sharing-Tools, das die Links auf der Artikeldetailseite des Webkochshops steuert.

Allgemein

Sie möchten sicherlich die Buttons zum Teilen Ihrer Artikel direkt auf der Artikeldetailseite nutzen, aktivieren Sie also die Funktion hier.

Button Style
> Für die, zugegebenermaßen eingeschränkte, Individualität können Sie zwischen verschiedenen Gestaltungsarten wählen. Für die beiden letzten Optionen *Custom Button* und *Custom Code* können Sie selbst kreativ werden und entsprechende Grafiken sowie den dazugehörigen HTML-Code hinterlegen.

Custom URL and Title (optional)
> Möchten Sie, dass die Share-Buttons nur eine bestimmte URL mit den Social Media-Portalen teilen, tragen Sie diese hier ebenso ein wie die Beschreibung und den Titel, der übermittelt werden soll.

Facebook-Like-Button

Facebook verbreitet sich so rasend schnell, dass immer weniger Menschen, die sich im Internet bewegen und die aus diesem Grund auch potenzielle Kunden des Webkochshops sind, von sich behaupten können, keinen Facebook-Account zu besitzen. Die Verbreitung von Facebook ist dabei vor allem der Tatsache zu verdanken, dass Facebook schon zu einem frühen Zeitpunkt eine eigene API entwickelt und beworben hat, mit deren Hilfe externe Programme auf die bei Facebook gespeicherten Daten zugreifen können; Facebook lässt sich diesbezüglich also fernsteuern.

Zwei-Stufen-Lösung für mehr Datenschutz

Bei aller Begeisterung über das einfache Teilen von Shopinhalten über die sozialen Netzwerke: Es lohnt sich, einmal hinter die Kulissen zu schauen und sich zu vergegenwärtigen, welche Daten eigentlich bei einer einfachen Facebook-Einbindung übertragen werden. Tatsächlich bedeutet allein die Einbindung des Like-Buttons, dass Facebook ein detailliertes Suchprofil seiner User anlegen kann, wenn diese eingeloggt sind. Das bedeutet, dass jeder Besucher einer Website, die den Button eingebunden hat, eine Spur hinterlässt, ohne aktiv geworden zu sein.

Aus diesem Grund hat die Computerzeitschrift c't eine Lösung[1] veröffentlicht, die dieses Problem behebt und besser mit den hiesigen Datenschutzbestimmungen vereinbar ist. Das 2-Stufen-Modell sieht vor, dass die Buttons zum Teilen via Facebook & Co. standardmäßig deaktiviert sind; der Besuch einer Website allein schickt also noch keine Daten in Richtung Silicon Valley. Erst wenn der Besucher die Schaltflächen per Klick aktiviert, kann er diese im zweiten Schritt wie gewohnt bedienen und die Nachricht von gigantisch tollen Online-Shops mit der Welt teilen.

Bis zum heutigen Zeitpunkt gibt es noch keine Extension auf Magento Connect, die diese 2-Klick-Lösung zur Verfügung stellt. Jedoch haben wir mit dem Büro 71a eine

---

3 *http://www.heise.de/ct/artikel/2-Klicks-fuer-mehr-Datenschutz-1333879.html*

solche Lösung für Sie konstruiert, die wir Ihnen unter *http://webkochshop.de/ extensions/buro71a_facebook.tgz* zur Verfügung stellen.

Nach der Installation über den Magento Connect Manager, den Sie in Kapitel 2 bereits einzusetzen gelernt haben, melden Sie sich vom Adminbereich ab und wieder an, damit Sie auf die neuen Einstellungen zugreifen können.

Im Menü *System* → *Konfiguration* finden Sie nun im linken Seitenmenü unter der Rubrik *Katalog* einen neuen Eintrag *SocialSharePrivacy/Facebook* (siehe Abbildung 14-5). Die Einrichtung der Extension gliedert sich in drei Abschnitte. Dabei müssen Sie sich um den ersten Abschnitt *Open Graph Konfiguration* nur dann kümmern, wenn Sie bei Facebook eine eigene App eingerichtet haben. Die dort hinterlegte *App ID* fügen Sie im ersten Eingabefeld ein. Ob die Facebook-Integration den Account-Zustand Ihres Besuchers bei Facebook selbst überprüfen soll, können Sie mit dem Drop-down-Menü *Status Check* einstellen. Facebook nutzt zur Integration seiner Funktionen in Ihrem Shop *XFMBL*, eine eigene Gestaltungssprache. Aktivieren Sie deren Verwendung mit dem dazugehörigen Drop-down-Menü.

Abbildung 14-5: Konfigurationsbereich der Social-Sharing-Extension

Widmen wir uns nun erst mal der Optik. Stellen Sie im Abschnitt *Konfiguration für 2-Klick-SocialSharePrivacy* ein, ob die statischen Grafiken zur Aktivierung der Like-, Tweet- und PlusEins-Funktionen dunkel oder hell sein sollen. Ebenso können Sie die Buttons nebeneinander in einer Leiste oder übereinander in einer Spalte anzeigen lassen.

Wählen Sie nun im Drop-down-Menü *Seite für Datenschutzbestimmungen* aus Ihren CMS-Seiten die richtige aus.

Aktivieren Sie schlussendlich im letzten Abschnitt *2-Klick-SocialSharing* die einzelnen Plattformen, für die Sie einen Button im Shop anzeigen möchten. Wenn Sie den Status einer der drei Plattformen auf *aktivieren* setzen, erscheinen weitere Konfigurationsmöglichkeiten.

Eine individuelle Grafik für den statischen Button, die Sie bereits in Ihr */skin*-Verzeichnis geladen haben (siehe Kapitel 10), können Sie hier vorgeben. Tragen Sie dazu den relativen Pfad zur Datei ein, zum Beispiel *images/pfad-zur/datei.png*. Magento versucht dann, basierend auf dem Fallback-System, diese Datei in den verschiedenen Themes zu finden. Für den Fall, dass Ihnen das Fallback-System nicht mehr ganz präsent ist, schauen Sie kurz in Kapitel 10 hinein und fahren dann hier fort.

Die *Perma*-Option ermöglicht Ihrem Besucher, die Einstellung zu Facebook, Twitter und GooglePlus dauerhaft in einem Cookie zu speichern. Damit sind die Buttons bei einem erneuten Besuch, wenn gewünscht, sofort aktiv und müssen nicht erst durch einen Klick aktiviert werden.

Haben Sie alle Einstellungen vorgenommen, speichern Sie die Konfiguration mit einem Klick auf das rechts oben befindliche *Konfiguration speichern* natürlich ab.

Im Frontend sehen Sie dann an drei Stellen die *SocialSharePrivacy*-Leiste. Stets präsent im Kopfbereich der Seite (siehe Abbildung 14-6), überträgt diese Leiste immer die Startseiten-URL Ihres Shops. Diese Leiste ist auf jeder Seite im Shop sichtbar. In den Kategorieansichten finden Sie über der Kategorie im Inhaltsbereich eine zweite Leiste, die ausschließlich diese Kategorieseite überträgt. Kommen Sie schließlich auf der Artikeldetailseite an, gibt es auch dort eine – dritte – Leiste, die nun die URL zum Artikel überträgt. Besonders ist hierbei: Haben Sie Ihren Artikel in mehreren Kategorien angelegt, zeigt der Zähler der verschiedenen Buttons immer dieselbe Zahl, denn die Erweiterung überträgt die Adresse zum Artikel ohne die Angabe der Kategorie. Somit sammeln sich die Likes, Tweets und PlusEinsen des Artikels der unterschiedlichen Kategorien auf einem Zähler – ganz praktisch, um die Zähler schneller steigen zu lassen.

Abbildung 14-6: Leiste im Kopfbereich

Facebook-Log-in

Eine der am häufigsten genutzten Funktionen der Facebook-API ist die Möglichkeit, sich mit dem eigenen Facebook-Log-in bei Drittseiten anmelden zu können. Sicherlich haben Sie dies auch schon einmal bei Ihren Streifzügen im Netz bemerkt: Immer mehr Internet-

Abbildung 14-7: Leiste in der Kategorieseite

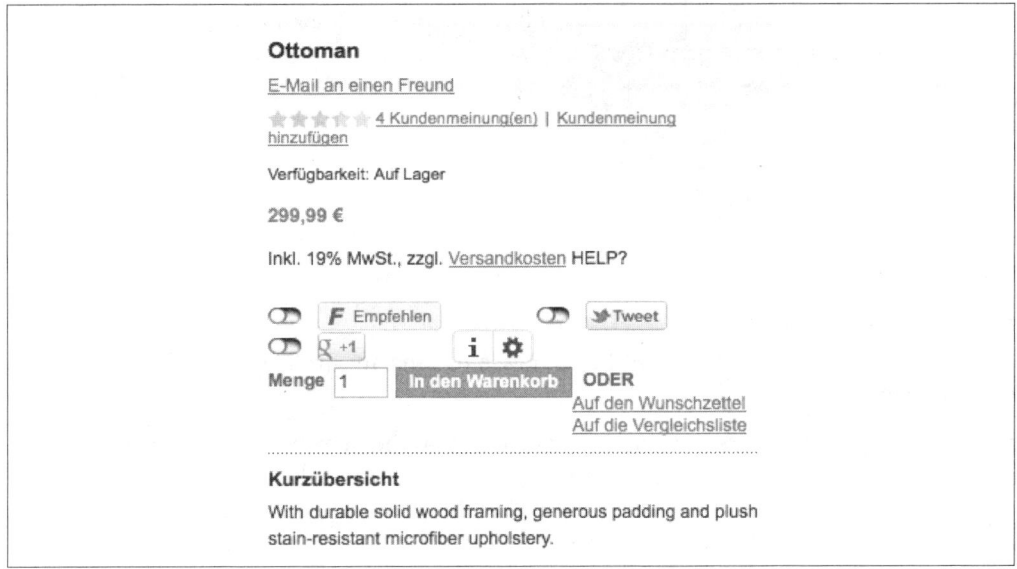

Abbildung 14-8: Leiste auf der Artikeldetailseite

seiten, die ein Log-in verlangen, bieten alternativ auch ein Facebook-Log-in an. Sie können sich also authentifizieren, ohne dass Sie sich Dutzende neue Log-ins merken müssen. Keine Angst: Diese Log-in-Daten werden nicht von den Drittanbietern gespeichert, sondern verbleiben einzig und allein bei Facebook.

An dieser Stelle können Sie wahrscheinlich schon erahnen, was das mit unserem Webkochshop zu tun hat: Wäre es nicht toll für Ihre Kunden, wenn sie sich im Online-Shop anmelden könnten, ohne extra ein neues Kundenkonto einrichten zu müssen? Wir denken schon, und aus diesem Grund möchten wir Ihnen die Extension *Facebook Login for Magento* (*http://www.magentocommerce.com/magento-connect/facebook-login-facebook-integration.html*) empfehlen. Beachten Sie aber, dass es sich hierbei um eine kostenpflichtige Extension handelt.

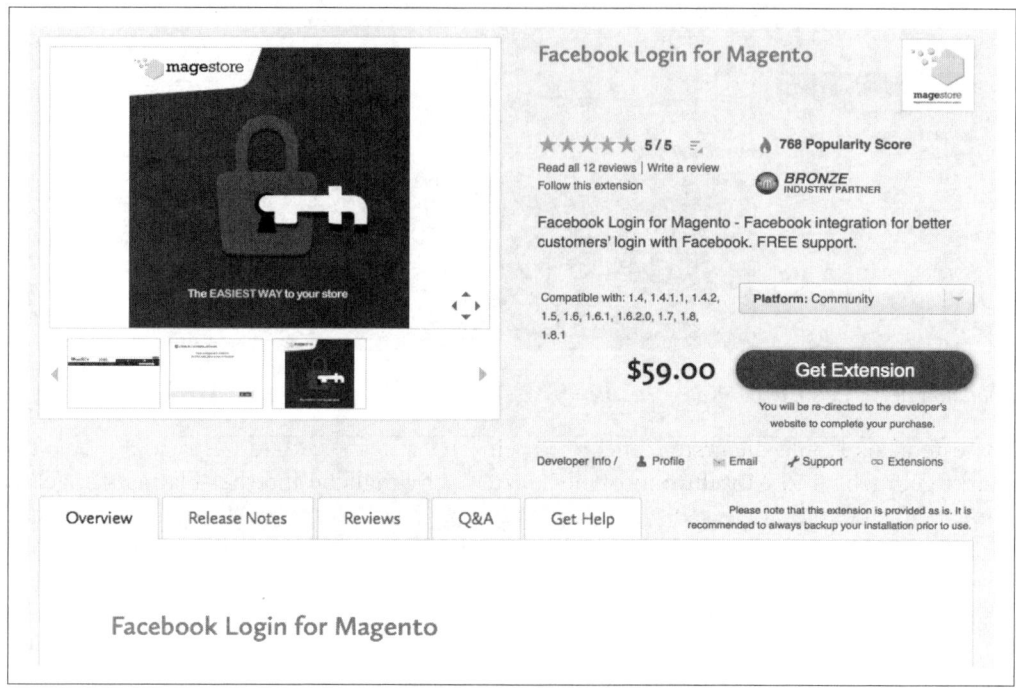

Abbildung 14-9: Die Detailseite der Extension bei Magento Connect

Um sich einen Überblick über die Fähigkeiten der Extension zu verschaffen, finden Sie neben den Screenshots auf der Beschreibungsseite ganz am Ende auch Links zu Demoinstallationen des Herstellers.

In diesem Kapitel haben Sie erfahren, wie leicht man die verschiedenen sozialen Medien mit Ihrem Shop verbinden kann und so für mehr Aufmerksamkeit und Reichweite sorgt. Neben dem klassischen (Ver-)Teilen und Liken kann man soziale Netzwerke aber auch für ganz nützliche Funktionen wie das Log-in für Ihren Shop verwenden.

Magento unterwegs: Mobile Commerce

Spätestens als Apple die erste Generation seines iPhones vor knapp vier Jahren auf den Markt gebracht und Mobilfunkprovider dazu erschwingliche Internet-Flatrates angeboten haben, ist eine stetig wachsende Zahl an Internetnutzern auch unterwegs online – das Internet wird gewissermaßen hosentaschenfähig. Ob surfen über den mobilen Browser, e-mailen, die verschiedensten sozialen Netzwerke wie Facebook, Twitter & Co. per App nutzen (siehe auch Kapitel 14) und natürlich jegliche Art von Spielen – das eigene Smartphone ersetzt mehr und mehr den heimischen PC. So ist es nicht verwunderlich, dass immer mehr Nutzer mit ihrem Handy auf virtuelle Shoppingtour gehen oder auch nur Preise vergleichen. Online-Shops wie der Webkochshop lassen sich zwar mit modernen mobilen Browsern verwenden, jedoch sind die Bedienelemente oftmals viel zu klein, als dass man sie bequem mit Daumen und Zeigefinger bedienen könnte.

Glücklicherweise sind Sie als Magento-Nutzer bestens auf die mobile Kundschaft vorbereitet. Das System hält zwei Möglichkeiten bereit, wie Sie Ihren Online-Shop mit wenigen Mausklicks auf die Mobiltelefone dieser Welt bringen können. Stellen Sie sich all diese glücklichen Mütter vor, deren Schwiegersöhne immer mit dem passenden Muttertagsgeschenk erscheinen, weil sie während der morgendlichen U-Bahn-Fahrt zur Arbeit via Handy im Webkochshop gravierte Kochlöffel und Topflappen in der Wunschfarbe bestellen können!

An dieser Stelle eine kleine Entschuldigung an alle diejenigen, die kein Produkt aus dem Hause Apple verwenden: Die folgenden Beispiele und Benennungen beziehen sich alle auf Smartphones des Herstellers mit Obstlogo. Dies bedeutet natürlich nicht, dass Sie andere mobile Betriebssysteme wie Android, WebOS, Symbian oder Windows 7 nicht grundsätzlich auch nutzen können. Leider können wir aus Platzgründen nicht auf jede einzelne Konstellation eingehen und werden uns daher an dem orientieren, was Magento hinsichtlich seiner mobilen Funktionen bereithält – und dies ist wie erwähnt nun einmal sehr Apple-lastig.

Mehrere Wege zum mobilen Shop

In Zeiten, in denen die mobile Nutzung von Online-Shops via Smartphones und Tablets exponentiell steigt, machen sich viele Shopbetreiber zu Recht Gedanken über eine für diese Geräte optimierte Verkaufsplattform. Wie es im E-Commerce oft der Fall ist, gibt es dabei mehrere Wege nach Rom.

Ein Buzz-Word, das seit Kurzem die Runde in der Tech- und Design-Community macht, ist das sogenannte *Responsive Webdesign*. Bei diesem Konzept, dessen Anwendung sich nicht nur auf Online-Shops beschränkt, sondern auch in anderen Arten von Websites zum Einsatz kommt, geht es im Kern darum, eine Programmierung zu erstellen, die für viele unterschiedliche Endgeräte und Bildschirmauflösungen jeweils ein nutzbares und im besten Fall ansehnliches Frontend produziert. Die ganzen Inhalts- und Strukturelemente einer Website sind mittels HTML und CSS dynamisch ausgerichtet, sodass sie sich je nach Anwendungsfall passend präsentieren. Betrachtet man eine so programmierte Website mit einem Desktop-PC und einem Breitbildmonitor, werden viele Elemente dargestellt, die Bildschirmbreite wird also ausgenutzt. Außerdem sind die Interaktionselemente wie Links und Schaltflächen so gestaltet, dass sie einfach via Maus bedient werden können. Erreicht man dieselbe Seite mit einem Smartphone oder schiebt das Browserfenster ganz schmal zusammen, richten sich die Inhalte anders aus, und die Schaltflächen verändern sich so, dass sie einer Bedienung mit Daumen und Fingern entgegenkommen.

Ein weiterer Ansatz besteht darin, ein eigenes Theme für den mobilen Einsatz bereitzuhalten. Der Online-Shop ist in diesem Fall so programmiert, dass er das aufrufende Gerät erkennt und das für den aktuellen Kontext optimierte Theme ausliefert. Diese Weiche ist standardmäßig in Magento integriert, und, wie Sie im Abschnitt »Das Magento Mobile-Theme« sehen werden, auch ein mobiles Theme steht auf Magento Connect bereits zur Verfügung.

Mit den sogenannten HTML5/Web-Apps steht ein weiterer Weg zur Optimierung für den mobilen Kontext zur Verfügung. Bei diesen Apps handelt es sich im Grunde um speziell formatierte Websites, die mithilfe von HTML5 und einem JavaScript-Framework wie *Sencha Touch*[4] oder Googles *Angular.js*[5] realisiert werden. Diese Apps haben oft das Look-and-feel vom nativen Apps, werden jedoch ausschließlich über den Browser geladen und erfordern keine Installation über einen App Store.

Apropos App Store: Die vierte Möglichkeit, seinen eigenen Online-Shop fit für den Einsatz auf dem Smartphone zu machen, ist die Erstellung einer eigenen nativen App. Diese wird – im Fall von Apple – in Objective-C programmiert und kann von den Kunden auf das Smartphone heruntergeladen und installiert werden. Wenn Sie sich für diese Strategie entscheiden, empfehlen wir die Lektüre des Abschnitts »Native Apps mit Magento Mobile erstellen« auf Seite 391. Auch hier hat Magento bereits etwas für Sie vorbereitet.

---

4 *http://www.sencha.com/products/touch*

5 *http://angularjs.org/*

Zwei der oben gezeigten Möglichkeiten möchten wir Ihnen im Folgenden etwas genauer vorstellen.

Das Magento Mobile-Theme

Schon zu einem frühen Zeitpunkt des immer noch sehr jungen Magento-Lebens wurde ein Feature vorgestellt, das sich *mCommerce*[6] nannte. Es handelte sich dabei um ein neues Magento-Theme, das die Browserausgaben für das iPhone optimierte. (Mehr zum Thema Themes & Templates und wie sich das Aussehen von Magento anpassen lässt, finden Sie in Kapitel 10.) Mittlerweile ist mCommerce ein fester Bestandteil der aktuellen Version von Magento und kann problemlos mit dem Extension-Key *http://connect20.magentocommerce.com/community/Magento_CE_Mobile_Theme* auf Ihrer Festplatte Platz nehmen (siehe Abbildung 15-1).

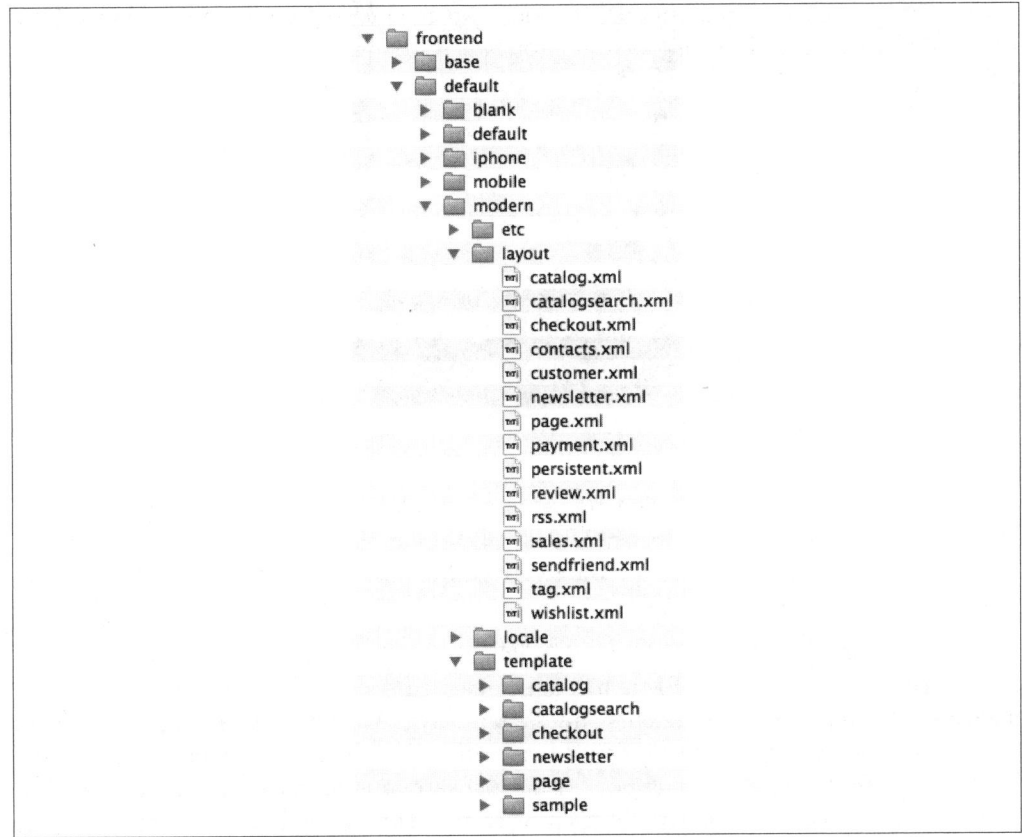

Abbildung 15-1: Die Bestandteile des Mobile-Themes

---

6   *http://www.magentocommerce.com/blog/comments/mcommerce-magento-iphone-optimized-theme-available-via-magento-connect/*

Alles, was Sie nun noch tun müssen, ist, es einzuschalten – manchmal kann es so einfach sein.

Wenn Sie ganz normal Ihren Online-Shop mit dem mobilen Safari-Browser Ihres iPhones aufrufen, wird standardmäßig das *default*-Theme verwendet, sodass der Shop so angezeigt wird, wie in Abbildung 15-2 dargestellt.

Abbildung 15-2: Das *default*-Theme wird über den iPhone-Browser aufgerufen.

Sie sehen, dass sich der Shop bedienen lässt, als würden Sie ihn in einem ausgewachsenen Browser auf Ihrem Heim-PC aufrufen. Die Elemente sind natürlich wesentlich kleiner, und es bedarf einiges an Zoomarbeit, um die richtigen Menüpunkte und Schaltflächen zu treffen oder Ihre Daten einzutragen.

Hier kommt nun das Mobile-Theme ins Spiel: Wenn Sie dieses für Ihren Shop konfigurieren, werden die wichtigen Elemente umformatiert, sodass Ihre potenziellen Kunden ihn wesentlich einfacher bedienen können. Aber halt: Wie entscheidet sich eigentlich, welches Theme verwendet wird? Die Optimierungen möchten Sie schließlich nur mobilen Nutzern anbieten; Nutzer, die den Webkochshop aus dem heimischen Arbeitszimmer heraus durchstöbern, sollen natürlich weiterhin eine Shopoberfläche sehen, die auf einem großen Monitor schick aussieht.

Glücklicherweise haben die Magento-Programmierer diesen Fall vorgesehen und eine Browserweiche eingebaut. Das bedeutet, dass je nachdem, welcher Browser am Webkochshop anklopft, ein entsprechendes Theme geladen werden kann. Funktionieren kann das deshalb, weil jeder Browser eine eigene Kennung, den sogenannten User-Agent, mitschickt und die Software die jeweiligen Fallunterscheidungen treffen kann.

Um das Mobile-Theme also nur für Android- und iPhone-Zugriffe einzuschalten, öffnen Sie zunächst die Systemkonfiguration unter *System → Konfiguration* und wechseln dort in den Menüpunkt *Gestaltung*. Öffnen Sie dann im Inhaltsbereich den Abschnitt *Gestaltung*, klicken Sie anschließend bei *Standard* auf die Schaltfläche *Ausnahme hinzufügen* und tragen Sie dort die Konfigurationswerte so ein, wie in Abbildung 15-3 dargestellt. Sie verwenden dabei den Geltungsbereich *Standardkonfiguration*, um die Browserweiche auch für jeden StoreView einsetzen zu können.

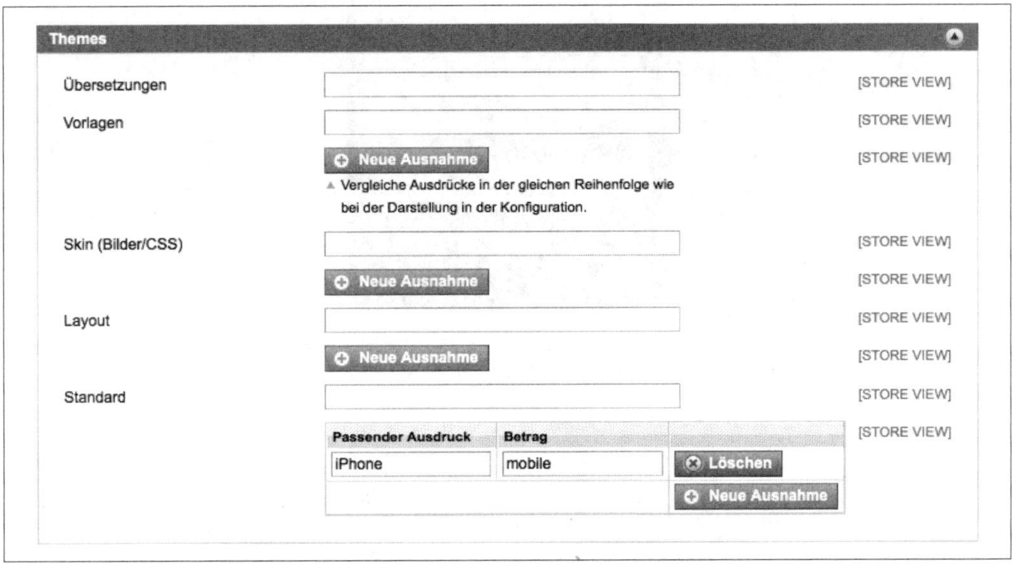

Abbildung 15-3: Konfiguration der Browserweiche für das Mobile-Theme

Sie werden es vielleicht nicht glauben – aber nach dem Speichern der Konfiguration ist das Mobile-Theme bereits aktiv. Rufen Sie Ihren Shop nun erneut mit Ihrem iPhone auf, ergibt sich ein ganz anderes Bild (siehe Abbildung 15-4).

Spielend leicht können Sie Ihren Shop nun auf dem iPhone bedienen, ohne einzelne Elemente umständlich vergrößern zu müssen. Die Kategorieansicht ist beispielsweise als Liste formatiert, die die ganze Breite des iPhone-Screens ausnutzt und damit das Auswählen der gewünschten Kategorie zum Kinderspiel macht. Ähnlich verhält es sich mit der Produktdetailseite, dem Warenkorb und dem gesamten restlichen Bestellprozess, die alle für mehr oder wenige dicke Finger und eben nicht für einen Mauszeiger angezeigt werden. Verantwortlich für diese Funktionalität sind spezielle Layout-, Template- und CSS-Dateien, mit deren Hilfe sich Ihr Shop auf mobilen Geräten zu Hause fühlt. Wie Sie im folgenden Quelltextschnipsel sehen, sorgt das Theme beispielsweise mit der Viewport-Anweisung dafür, dass die Breite des iPhone-Screens (hier 320 Pixel) entsprechend berücksichtigt wird.

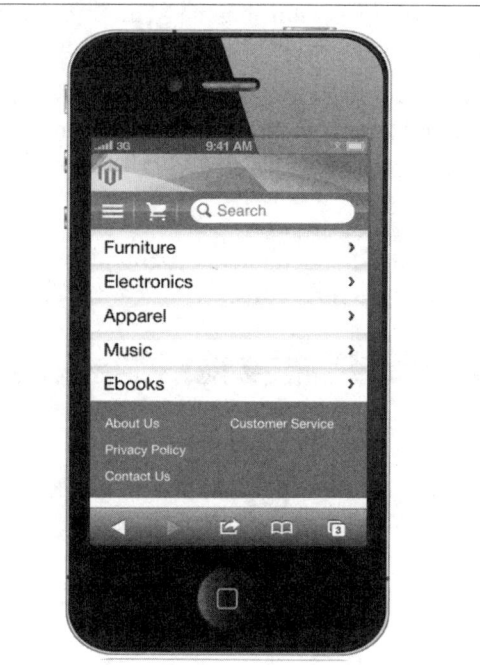

Abbildung 15-4: Die Kategorieauswahl ist für das iPhone optimiert.

```
<head>
    <title>Home page</title>
<meta id="viewport" name="viewport" content="width=320; initial-scale=1.0; maximum-
scale=1.0; user-scalable=0;" />
< … >
</head>
<body home="index.php" class="mage-iphone" onload="setTimeout(scrollTo, 0, 0, 1)">
< … >
```

Sie sehen also, wie leicht es ist, ein Theme zu verwenden, das für das iPhone optimiert ist. Das Mobile-Theme stellt dabei einen idealen Ausgangspunkt dar, um Ihre eigenen Ideen in puncto Mobile Commerce zu verwirklichen. Und das Beste: Diese Strategie funktioniert auch mit anderen Smartphones. Alles, was Sie tun müssen, ist, in der oben gezeigten Browserweiche den User-Agent des gewünschten Android- oder WebOS-Browsers einzutragen und damit auf ein eigenes Theme zu verweisen, das strukturell ähnlich aufgebaut ist wie das Mobile-Theme. So stellen Sie Ihren Shop auf einfache Art und Weise den unterschiedlichsten Smartphone-Typen zur Verfügung und beschränken Ihre mobile Käuferschaft nicht auf Apple-Jünger.

Die soeben gezeigte Variante ermöglicht es also, mittels HTML, CSS und JavaScript eine plattformunabhängige mobile Version – eine sogenannte Web-App – zu erstellen. Der zweite Variante, die wir Ihnen hier kurz vorstellen möchten, beschreitet demgegenüber einen anderen Weg: Hier nutzen Sie das Magento-Backend in Zusammenhang mit einer kostenpflichtigen Dienstleistung der Firma Magento Inc., um eine native iPhone- bzw. iPad-App zu erstellen, die über Apples App Store angeboten werden kann.

Native Apps mit Magento Mobile erstellen

Bei Ihren Streifzügen durch das Magento-Backend ist Ihnen wahrscheinlich schon der Menüpunkt *Mobile* in der horizontalen Navigation aufgefallen. Hierunter finden Sie eine jüngere Entwicklung der Firma Magento, die es Ihnen erlaubt, eine iPhone-, iPad- oder auch eine Android-App zu konfigurieren, die vom Magento-Team programmiert und für Sie in Apples App Store eingestellt wird. Dies bedeutet, dass Sie sich weder um die aufwendige und damit kostenintensive Programmierung einer solchen App kümmern müssen noch um den teilweise langwierigen Registrierungsprozess bei Apple. Jedoch ist diese Dienstleistung von Magento nicht kostenlos zu haben. Für eine derartig erstellte App fällt eine einmalige Gebühr von 799,00 US-Dollar sowie eine Jahresgebühr von 699,00 US-Dollar an. (Weitere Informationen zu dem Produkt und den verschiedenen Möglichkeiten finden Sie unter *http://www.magentocommerce.com/product/mobile.*)

Lassen Sie uns den Prozess der App-Erstellung kurz beleuchten. Zunächst wählen Sie aus, welcher Art Ihre App sein soll, aktuell werden iPhone-, iPad- und auch Android-Apps angeboten. Da der erste Teil dieses Kapitels sich auf das Apfel-Telefon konzentriert hat, werden wir das Prozedere der Fairness halber anhand einer Android-App beleuchten.

Wählen Sie zunächst den Menüpunkt *Mobile → Manage Apps* aus. Dort sehen Sie eine Liste aller App-Projekte, die Sie anlegen und die zu Beginn natürlich noch gähnend leer ist. Um dies zu ändern, nutzen Sie die Schaltfläche *Add App* und entscheiden sich im folgenden Fenster für *Android* als *Device Type*. Klicken Sie auf *Weiter* und tragen Sie in der nun erscheinenden Eingabemaske die Konfigurationswerte so ein, wie wir das in Abbildung 15-5 schon einmal vorbereitet haben.

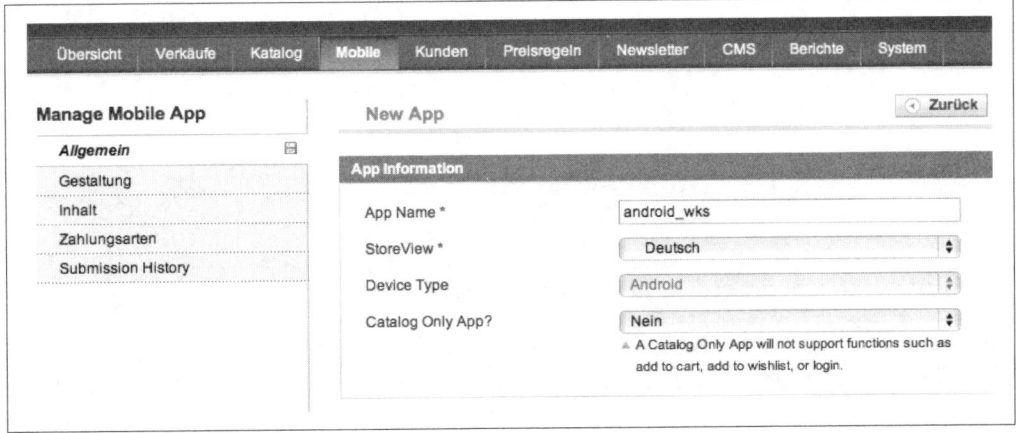

Abbildung 15-5: Die Android-App wird konfiguriert.

Legen Sie hier einen eindeutigen Code für Ihre App fest und entscheiden Sie sich für einen StoreView, der über diese App abgebildet werden soll. (Und weil die Frage Ihnen jetzt schon auf der Zunge liegen wird: Ja, dies bedeutet, dass Sie eine App pro StoreView von Magento kaufen müssen – bei mehreren Sprachen in Ihrem Online-Shop vervielfachen sich also die oben angegebenen Gebühren.) Außerdem können Sie entscheiden, ob Ihre App nur Ihr Produktsortiment darstellen oder ob sie vollständig zum Einkaufen verwendet werden soll.

Im nächsten Schritt lässt sich die App in begrenztem Umfang im Design anpassen. Wie Sie in Abbildung 15-6 erkennen, können Sie Ihre eigenen Logos und Hintergrundgrafiken einbinden bzw. Farben und Schriftarten anpassen. Währenddessen haben Sie die Möglichkeit, eine Vorschau Ihrer Änderungen im rechten Bereich anzeigen zu lassen, um zu prüfen, wie Ihre App auf einem Android-Smartphone aussehen wird.

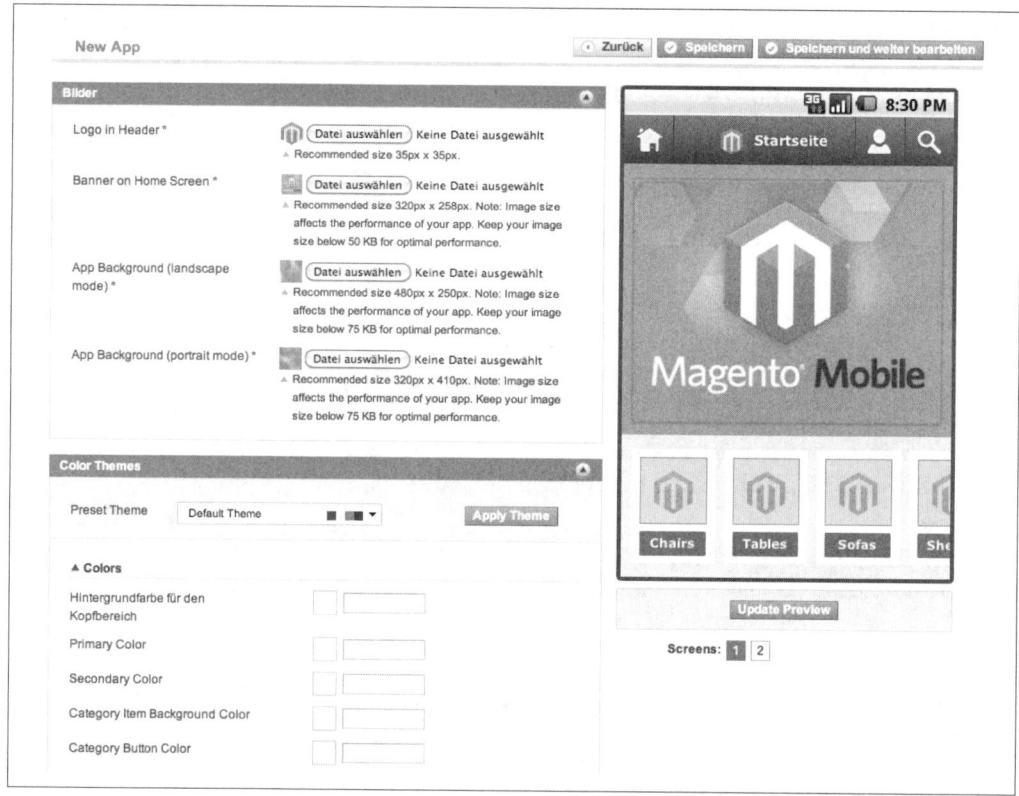

Abbildung 15-6: Das Aussehen der Android-App wird angepasst.

Im Anschluss legen Sie noch die Zahlweisen fest und speichern die so konfigurierte App. Sind Sie mit dem Ergebnis zufrieden und haben einen entsprechenden Vertrag geschlossen, können Sie diese App unter Angabe weiterer Informationen zu Magento weiterleiten, wo dann Ihre richtige App erstellt wird (siehe Abbildung 15-7).

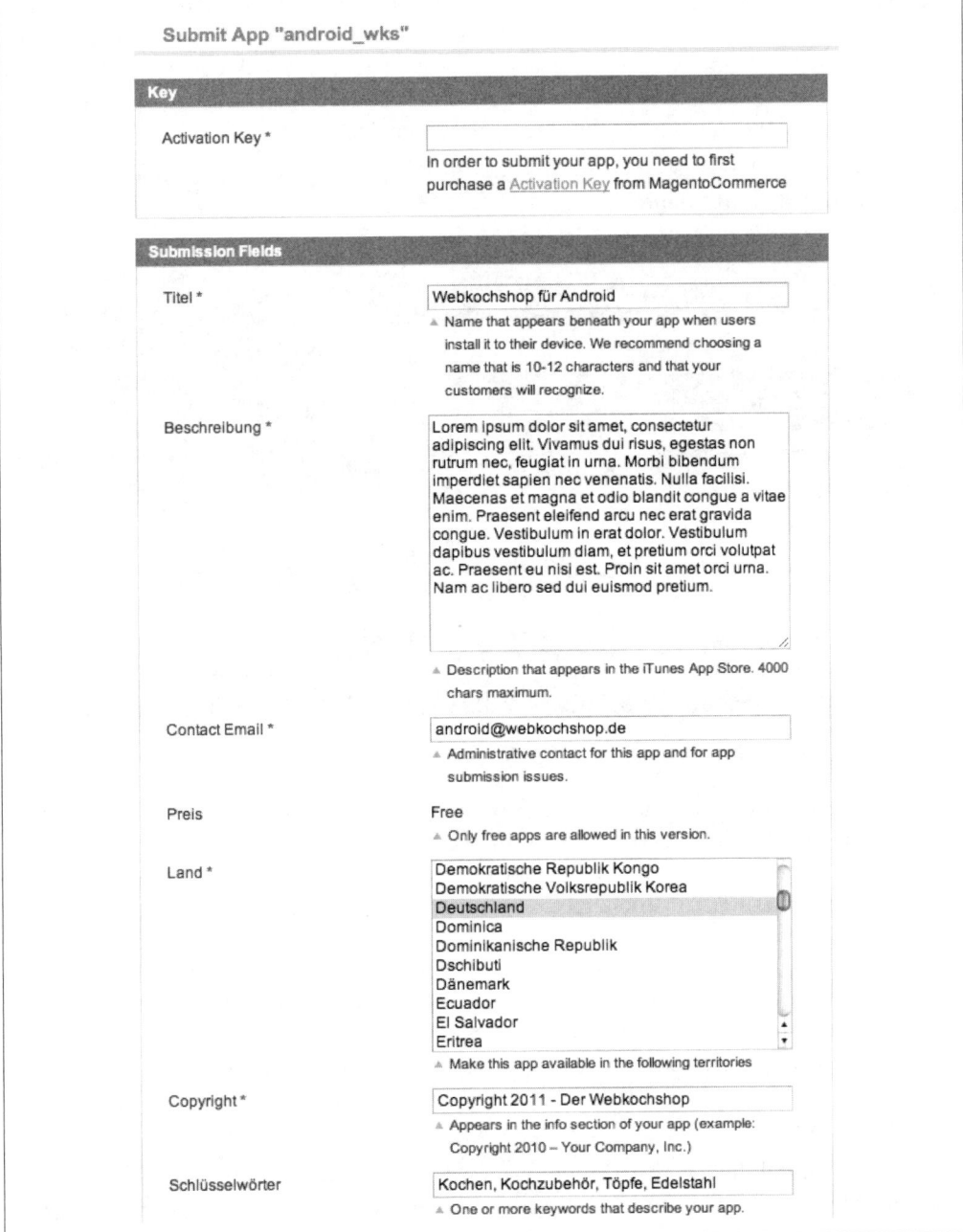

Abbildung 15-7: Ihre App wird an Magento geschickt.

Sie sehen also, wie einfach es ist, auf diese Weise das Magento-Backend zu verwenden, um eine native App – in unserem Beispiel eine Android-App – zu konfigurieren und diese von der Firma Magento erstellen zu lassen. Ist sie fertig und in den entsprechenden App Store eingestellt, kann Sie wie andere Apps auch auf dem jeweiligen Smartphone installiert und verwendet werden. Über diese App können die Anwender auf Ihren Shop zugreifen und darin einkaufen, sie nutzen jedoch im Unterschied zu den oben besprochenen Web-Apps dabei die nativen Funktionen des Smartphones.

Aktuell gibt es noch wenige Firmen, die eine solche Lösung einsetzen, einige davon sind in Abbildung 15-8 dargestellt.

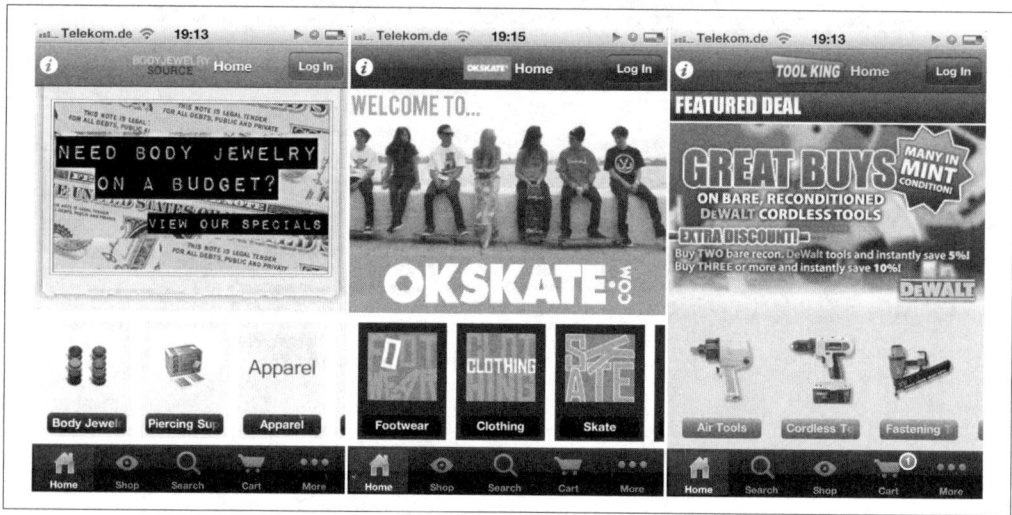

Abbildung 15-8: Einige Beispiele von Magento Mobile

Es bleibt abzuwarten, wie sich die Akzeptanz dieses Features in Zukunft entwickeln wird. Zwar hat das Thema Mobile Commerce zweifellos ein großes Potenzial, bislang können aber alle Funktionen, die man benötigt, um über ein Smartphone in einem Online-Shop einkaufen zu gehen, mit dem weiter oben beschriebenen iPhone-Theme – also letztlich einer Web-App – abgebildet werden. Es ist daher ratsam, sich erst einmal mit dieser Variante zu beschäftigen und damit Erfahrungen im »Unterwegs-Commerce« zu sammeln, bevor man den Schritt zu einer nativen App geht. Zwar erspart man sich damit den eigenen App-Programmierer, muss aber trotzdem für jeden einzelnen Store-View und jedes System eine eigene App von Magento erstellen lassen. Schlussendlich bedeutet dies: Sie müssen schon eine ganze Menge Kochtöpfe verkaufen, ehe sich diese Investition lohnt.

In diesem Kapitel haben wir Ihnen zwei Möglichkeiten aufgezeigt, wie Sie Ihren Magento-Shop fit für den mobilen Handel machen. Der Webkochshop in der eigenen Hosentasche – wer kann das sonst schon von sich behaupten?

Magento-Performance – schneller, höher, weiter

Wie man es dreht und wendet: Ein Online-Shop kann noch so schön sein, aber wenn sich Ihre Kunden nach einem Klick erst mal einen Kaffee kochen können, während die neue Seite geladen wird, bedeutet das für Sie dringenden Handlungsbedarf. Macht man sich nicht früh genug Gedanken beispielsweise um eine optimierte Hosting-Umgebung, kann Ihr neuer Online-Shop einiges an Geschwindigkeit vermissen lassen. Bevor Sie sich aber an Ihren Serverspezialisten wenden, um Magento geschwindigkeitsmäßig auf die Sprünge zu helfen, gibt es eine Reihe von Möglichkeiten, die Sie bei der Konfiguration des Backends und auch bei der Erstellung der Themes nutzen können, um nicht in der Performancefalle zu landen. In diesem Kapitel sehen Sie, an welchen Stellschräubchen Sie drehen müssen, um Ihren Magento-Shop in Einstein'scher Lichtgeschwindigkeit betreiben zu können.

So komplex eine Software auch sein mag – sei es ein CMS, ein Blog oder eben ein Online-Shop –, letztendlich sieht der Nutzer in seinem Browser eine Mischung aus HTML, CSS, gegebenenfalls JavaScript und die eine oder andere Bilddatei. Der erste Optimierungsschritt sollte also darin bestehen, diese Browserausgaben zu untersuchen. Es ergibt wenig Sinn, sich stundenlang mit Serverkonfigurationen zu beschäftigen, wenn man auf der Startseite seines Shops ein 10 MB großes Hintergrundbild laden möchte und sich über eine langsame Antwortzeit des Shops wundert. Je kleiner die Datenmenge ist, die der Browser vom Server laden und so interpretieren muss, dass es der Nutzer verstehen kann, desto besser.

Diese Logik gilt jedoch nicht für die reine Datenmenge, sondern auch für die Anzahl der geladenen Dateien. Wenn Sie sich vorstellen, dass jede einzelne Datei – sei es eine HTML-, CSS- oder Bilddatei – einzeln vom Server geladen werden muss, der Server selbst aber nur eine begrenzte Anzahl von Dateien parallel verschicken kann, können Sie sich vorstellen, dass es auch hier sehr eng werden kann und garantiert Optimierungspotenzial vorhanden ist.

Geschwindigkeit mit Google Chrome messen

Zur Verdeutlichung dessen, was beim Aufruf Ihrer Shopseite geschieht – das gilt übrigens für alle Webseiten, die Sie im Internet aufrufen –, nutzen wir ein Werkzeug, das in Googles Chrome-Browser eingebaut ist (falls Sie diesen Browser noch nicht installiert haben, können Sie ihn unter *http://www.google.com/chrome* herunterladen). Dieses Werkzeug ermöglicht Ihnen, herauszufinden, wie viele Einzeldateien beim Seitenaufruf vom Server abgefragt werden, welche Größe diese haben und ob sie sich gegenseitig blockieren, was zu Geschwindigkeitseinbußen führen würde.

 Auch mit anderen Browsern lässt sich die Geschwindigkeit einer Webseite messen und grafisch darstellen. Für den Firefox gibt es beispielsweise eine Erweiterung namens Firebug, mit der Sie eine ähnliche Analyse vornehmen können wie die hier anhand des Google Chrome-Beispiels vorgestellte.

Öffnen Sie nun mithilfe von Chrome die Startseite des Webkochshops. Klicken Sie irgendwo auf der Seite mit der rechten Maustaste und wählen Sie im Kontextmenü den Menüpunkt *Element überprüfen*. Im unteren Teil des Browserfensters öffnen sich nun die sogenannten Entwicklertools, d. h., Sie sehen ein Analysefenster und eine Reihe von Menüpunkten in einem horizontalen Navigationsmenü. Klicken Sie auf den Eintrag *Network* und laden Sie die Seite neu. Wie in Abbildung 16-1 dargestellt, wird nun analysiert, welche einzelnen Bestandteile der Seite wann geladen werden.

Jede einzelne Zeile dieser Auflistung entspricht einer der Dateien, die im Rahmen des Seitenaufrufs geladen werden. Die einzelnen Tabellenspalten enthalten die folgenden Informationen:

Name

Hier finden Sie den Namen der Datei sowie ganz rechts in dieser Zeile als Diagramm deren Ladezeit. Zur besseren Auffindbarkeit wird außerdem noch der komplette Pfad eingeblendet.

Method

Grundsätzlich gibt es zwei Methoden, wie Ihr Browser mit dem Webserver kommuniziert. Wenn Daten abgerufen werden – so wie in unserem Beispiel –, handelt es sich um einen *GET*-Aufruf. Werden Daten an den Server geschickt, was beispielsweise geschieht, wenn Sie sich auf einer Seite einloggen und dazu im Hintergrund Ihre Anmeldeinformationen zum Webserver geschickt werden, wird dazu die *POST*-Methode verwendet.

Status

Dabei handelt es sich um den Status, genauer gesagt den Statuscode, den der Webserver nach der entsprechenden Anfrage zurücksendet. Wenn dort die Zahl *200* steht, ist alles in Ordnung, denn das bedeutet, dass die angeforderte Datei vorhanden ist und ohne weitere Probleme heruntergeladen werden konnte. Vorsicht ist bei

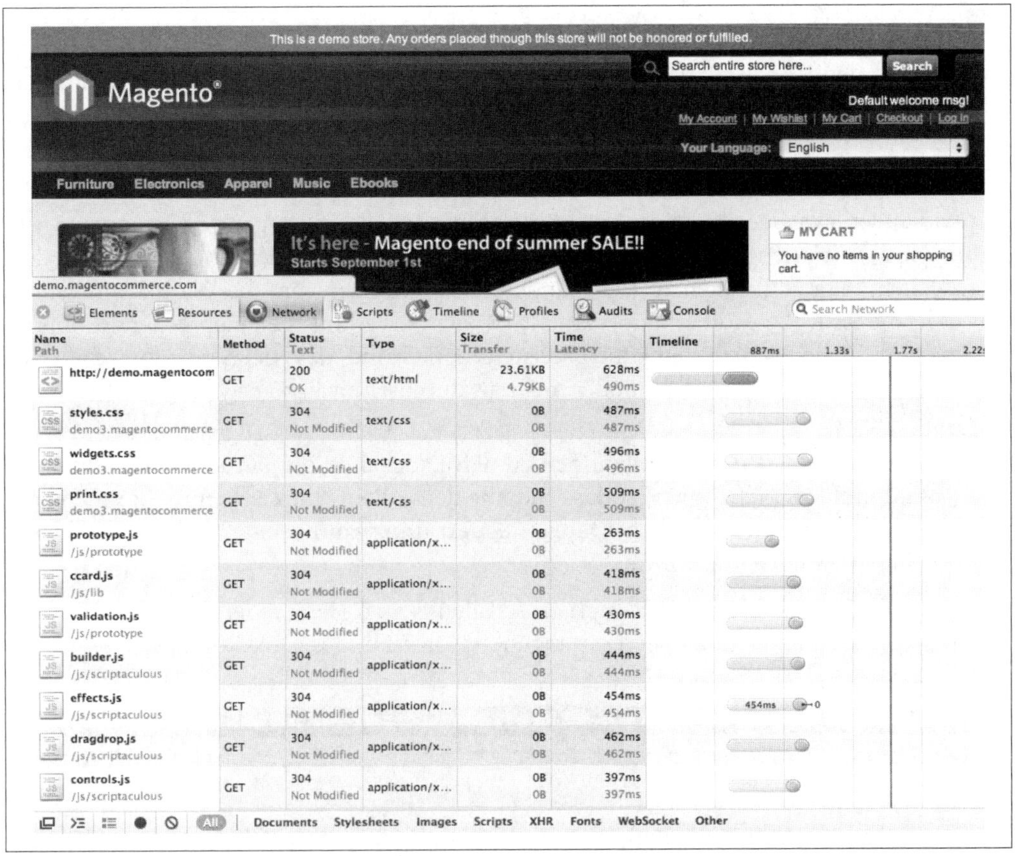

Abbildung 16-1: Überprüfung des Ladens einer Seite mithilfe von Google Chrome

404 geboten, weil Ihnen damit gesagt wird, dass die angeforderte Datei nicht gefunden werden konnte. Wird in dieser Spalte *from cache* angezeigt, wurde die angeforderte Datei nicht vom Webserver geholt, stattdessen konnte eine ausreichend aktuelle Version in Chromes Browsercache auf Ihrem Computer gefunden werden, die zur Anzeige verwendet wird.

Type
Diese Spalte enthält den Typ der jeweiligen Datei, also beispielsweise *text/html* für eine HTML-Datei, *text/css* für eine CSS-Datei oder *image/gif* für eine Bilddatei mit der Dateiendung *.gif*.

Die Ergebnistabelle lässt sich übrigens auch einfach nach Dateitypen filtern, sodass beispielsweise nur Bild- oder Stylesheet-Dateien ausgegeben werden. So können Sie den Seitenaufruf noch gezielter analysieren. Verwenden Sie dazu einfach die Menüleiste ganz am unteren Rand des Browserfensters.

Size

In dieser Tabellenspalte können Sie die Größe der jeweils heruntergeladenen Datei ablesen. Handelt es sich um größere Dateien, verursachen diese häufig langsam ladende Internetseiten.

Time

Sie haben richtig geraten: Der Wert in dieser Spalte repräsentiert die Zeit, die das Laden der jeweiligen Datei in Anspruch nimmt. Da dieser Vorgang üblicherweise sehr schnell vonstattengeht, ist die Zeit hier auch in Millisekunden angegeben. Bei dem zweiten, in grau gehaltenen Wert handelt es sich übrigens um die Wartezeit (*latency*), d. h. die Zeit, die es überhaupt dauert, bis der Server auf die entsprechende Anfrage reagiert. Hohe Latenzzeiten haben meistens den Grund, dass der Server irgendwo weit entfernt auf dem Globus steht oder mehr als durchschnittlich ausgelastet ist.

Timeline

Die Timeline fasst die Informationen zu den Ladezeiten der einzelnen Dateien noch einmal grafisch zusammen, sodass Sie auf den ersten Blick erkennen können, wie lange das Laden der einzelnen Dateien dauert und wann genau der Vorgang jeweils begonnen und beendet wurde.

Wenn Sie die Tabelle bis ganz nach unten scrollen, sehen Sie in einer dunkelgrau hinterlegten Spalte die Summe aller Serveranfragen, wie in Abbildung 16-2 dargestellt.

> **53 requests | 654.71KB transferred | 2.81s (onload: 2.83s, DOMContentLoaded: 2.02s)**

Abbildung 16-2: Die Summe aller Serveranfragen

Es dauert also in diesem Fall knapp drei Sekunden, bis alle Dateien der Startseite geladen sind. Innerhalb dieser Zeit werden genau 53 verschiedene Dateien mit einer Gesamtgröße von insgesamt 650 KB vom Server zum Browser transportiert. Gemessen an der Fülle der Informationen, die auf der Startseite präsentiert werden, und vor allem in Hinblick auf die komplexen JavaScript-Dateien sind dies gute Werte, Sie sollten in Ihrem Projekt jedoch darauf achten, dass die Seitenladezeit nicht wesentlich höher als zwei Sekunden ist, um Ihre Besucher nicht zu frustrieren.

Auch Suchmaschinen wie der Quasimonopolist mit dem bunten Logo beziehen die Geschwindigkeit Ihres Shops in die Ergebniswertung mit ein. Die Google Webmaster Tools (*https://www.google.com/webmasters/tools/*) bieten dazu weitere Werkzeuge und Informationen.

Ihr Theme optimieren

Im Folgenden soll es darum gehen, direkten Einfluss auf die Anzahl und Größe der Bestandteile Ihres Shops zu nehmen und die Ladezeiten zu verbessern, ohne den nächsten Sommerurlaub für einen neuen Server zu opfern. Das bedeutet, wir setzen nun am Theme an, um die Performance der Magento-Installation zu verbessern. Dabei orientieren wir uns an Kapitel 10, in dem beschrieben wurde, wie Sie das Magento-Template-System nutzen können, um Ihre eigene Gestaltung mit Magento zu realisieren. Sinnvollerweise gehen Sie dabei von dem *default*-Theme bzw. -Skin aus und erweitern basierend darauf Ihr eigenes Theme, sodass die Ausgabe Ihren Vorgaben entspricht.

 Eine weitere Möglichkeit zur Performanceoptimierung besteht darin, die Hosting-Lösung, mit der man Magento betreibt, so zu konzipieren und aufzubauen, dass ein performanter Betrieb gewährleistet ist (siehe dazu Kapitel 2).

Bilder optimieren

Wie Sie am Beispiel der Startseite des Webkochshops gesehen haben, werden mit dem Aufruf eine ganze Reihe Bilder geladen. Je kleiner diese Bilder sind, desto besser wird die Ladezeit. Setzen Sie sich hierbei zum Ziel, ein Bild nur in Ausnahmefällen größer als 10 KB werden zu lassen. Diese Aufgabe erfordert zwar etwas Sorgfalt, und manchmal müssen Sie Kompromisse bei der Bildqualität eingehen, der Aufwand lohnt sich jedoch und macht sich sofort bemerkbar.

Sie möchten jetzt vielleicht einwenden, dass es in Zeiten hoch verfügbarer und schneller DSL-Verbindungen ja gar nicht so schlimm sein könne, wenn die Bilder Ihres Online-Shops mal etwas größer sind. Immerhin würden beim Anschauen eines Videos ungleich mehr Daten übertragen, ohne dass dieses ins Stocken gerät. Außerdem seien Internetbenutzer, die noch mit Modem- oder ISDN-Geschwindigkeit unterwegs sind, doch mittlerweile eine kleine Minderheit. Dies ist zweifellos richtig, denken Sie jedoch einen Augenblick lang über die Nutzung von mobilen Datennetzen nach: Wie Sie in Kapitel 15 gesehen haben, wird das Internet zunehmend mithilfe von mobilen Endgeräten genutzt. Und obwohl sich die Übertragungsgeschwindigkeiten in diesem Bereich sukzessive verbessern, merkt man in bestimmten Situationen noch jedes Kilobyte, das zu viel übertragen werden muss.

Glücklicherweise lassen sich die Optimierungsarbeiten bezüglich Ihrer Bilder oftmals auch automatisieren, sodass Sie dies vor keine unlösbare Aufgabe stellt. Die wichtigsten Schritte hierbei sind:

- Hat ein Bild fotografische Elemente, verwenden Sie das JPEG-Format und experimentieren mit der Kompressionsrate, sodass Sie einen guten Mittelweg zwischen Bildqualität und Bildgröße erhalten. Es haben sich Qualitätsstufen von 7 bis 8 beziehungsweise 60 bis 70 Prozent als guter Kompromiss erwiesen.

- Verwenden Sie in allen anderen Fällen PNG-Dateien, diese sind in den meisten Fällen kleiner als GIF-Bilder und werden von allen modernen Browsern problemlos angezeigt.

- Entfernen Sie unnötige Randbereiche der Bilder und skalieren Sie sie auf die Größe, wie sie schlussendlich auch im Browser angezeigt werden.

- Erwägen Sie den Einsatz sogenannter CSS-Sprites: Es handelt sich hierbei um eine Technik, bei der mehrere Einzelbilder zu einem größeren zusammengefügt werden und via CSS nur der jeweils relevante Teil angezeigt wird. Stellen Sie sich beispielsweise vor, Sie haben je ein Bild für den Aktiviert- und den Deaktiviert-Status einer Schaltfläche in einem Menü. Anstelle dieser beiden Bilder, die separat vom Server geladen werden müssen und damit die Ladezeit der Gesamtseite negativ beeinflussen, werden die beiden Button-Zustände in einem Bild abgebildet. Mittels CSS wird dann dessen Position so beeinflusst, dass jeweils nur der entsprechende Ausschnitt angezeigt wird und der gewünschte Effekt eintritt.

Haben Sie Ihren Bildern den nötigen Feinschliff verpasst, besteht Ihre nächste Aufgabe darin, CSS- und JavaScript-Dateien zu komprimieren. Glücklicherweise ist damit weit weniger Handarbeit verbunden, wie Sie im nächsten Abschnitt sehen werden.

CSS- und JavaScript-Dateien zusammenfassen

In Magento gibt es eine nützliche Funktion, die CSS- und JavaScript-Dateien so zusammenfasst, dass die Ladezeit optimiert wird. Gerade bei JavaScript-Dateien ist es sinnvoll, diese zu so wenig Dateien wie möglich zusammenzufassen: Wie bereits erwähnt, kostet jeder einzelne Aufruf an den Server zusätzlich Ladezeit. Außerdem wird in den meisten Browsern die Seite nicht vollständig angezeigt, solange nicht jedes Stück JavaScript geladen ist. Muss der Browser aber erst eine ganze Reihe von JavaScript-Dateien vom Server laden, wird die Seite länger als nötig nicht angezeigt. Um sich dieses Verhalten in freier Wildbahn anzusehen, laden Sie die Startseite des Webkochshops mit dem *Default-Theme* mithilfe der Chrome-Entwicklertools noch einmal und schauen sich die Java-Script-Dateiübertragungen an (Abbildung 16-3).

Name Path	Method	Status Text	Type	Size Transfer	Time Latency
prototype.js /magento15/js/prototype	GET	200 OK	application/x-javascr...	126.91KB 126.91KB	17ms 14ms
ccard.js /magento15/js/lib	GET	200 OK	application/x-javascr...	747B 747B	18ms 18ms
validation.js /magento15/js/prototype	GET	200 OK	application/x-javascr...	36.54KB 36.54KB	46ms 39ms
builder.js /magento15/js/scriptaculous	GET	200 OK	application/x-javascr...	4.63KB 4.63KB	33ms 24ms
effects.js /magento15/js/scriptaculous	GET	200 OK	application/x-javascr...	37.84KB 37.84KB	49ms 47ms
dragdrop.js /magento15/js/scriptaculous	GET	200 OK	application/x-javascr...	30.46KB 30.46KB	36ms 31ms
controls.js /magento15/js/scriptaculous	GET	200 OK	application/x-javascr...	33.98KB 33.98KB	56ms 53ms
slider.js /magento15/js/scriptaculous	GET	200 OK	application/x-javascr...	10.09KB 10.09KB	52ms 50ms
js.js /magento15/js/varien	GET	200 OK	application/x-javascr...	18.30KB 18.30KB	93ms 87ms
form.js /magento15/js/varien	GET	200 OK	application/x-javascr...	11.44KB 11.44KB	84ms 81ms
menu.js /magento15/js/varien	GET	200 OK	application/x-javascr...	4.32KB 4.32KB	82ms 78ms
translate.js /magento15/js/mage	GET	200 OK	application/x-javascr...	1.56KB 1.56KB	59ms 59ms
cookies.js /magento15/js/mage	GET	200 OK	application/x-javascr...	2.55KB 2.55KB	82ms 65ms
detector.js homgcnaoacgigpkkljjjekpignblkeae	GET	Pending	application/x-javascr...	5.84KB 5.84KB	1ms 0

Abbildung 16-3: Insgesamt werden durch das Default-Theme 14 JavaScript-Dateien heruntergeladen

Wie Sie sehen, werden insgesamt 14 verschiedene JavaScript-Dateien vom Server geladen, was die Gesamtladezeit unnötig in die Länge zieht. Optimierung tut also Not. Zum Glück bedeutet das nicht, dass Sie nun beginnen müssen, JavaScript- und CSS-Dateien händisch via Kopieren und Einfügen zusammenzufassen und damit den Grundsatz zu missachten, möglichst modular zu arbeiten. Magento hält für Sie eine Funktion bereit, mit der sich dieses Zusammenfassen automatisieren lässt. Wechseln Sie dazu im Adminbereich zu *System → Konfiguration → Entwickleroptionen* und setzen Sie in den Abschnitten *JavaScript Einstellungen* und *CSS Einstellungen* das Drop-down-Menü bei *JavaScript Dateien verbinden* bzw. *CSS Dateien verbinden* auf *Ja*, wie in Abbildung 16-4 dargestellt.

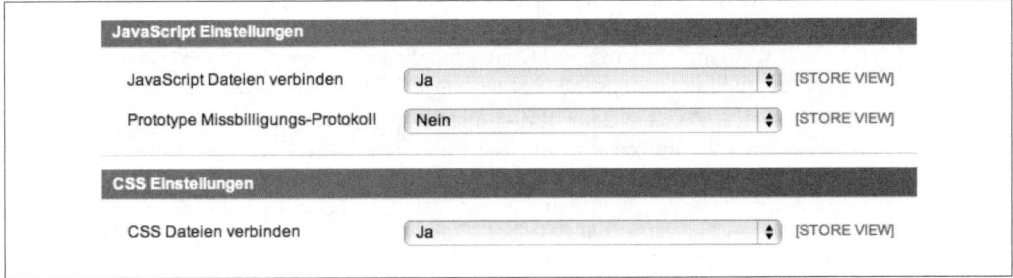

Abbildung 16-4: Mit dieser Einstellung werden JavaScript- und CSS-Dateien verbunden

Wenn Sie diese Konfiguration speichern und die Startseite erneut laden, ergibt sich ein gänzlich anderes Bild (Abbildung 16-5). Schauen Sie sich einmal an, wie viele Dateien jetzt nur noch geladen werden müssen!

096709ab4d0bc342e871529073c2bb3a.	GET	200	application/x-javascr...	319.37KB	18ms
/magento15/media/js		OK		319.37KB	8ms
detector.js	GET	Pending	application/x-javascr...	5.84KB	3ms
homgcnaoacgigpkklijjekpignblkeae				5.84KB	0

Abbildung 16-5: Die Zahl der JavaScript-Dateien und damit die Gesamtladezeit haben sich drastisch verringert

Analog dazu werden Sie auch beim Zusammenfassen der CSS-Dateien feststellen, dass sich die Anzahl der benötigten Dateien durch Verwendung dieser Konfiguration merklich reduziert.

 Sie sehen also, wie Sie mit relativ einfachen Mitteln die Performance Ihres Magento-Themes verbessern können. Eine gute Sammlung weiterer derartiger Performancehinweise, die in gleicher Weise für jede Art von Internetseite gilt, finden Sie – leider nur auf Englisch – bei Google Code (*http://code.google.com/intl/en/speed/page-speed/docs/rtt.html*).

 Sollten Sie ein alter Webdesign-Hase sein, speichern Sie vielleicht Ihre CSS-Dateien in unterschiedlichen Unterordnern. Wenn Sie nun von dort aus auf Ihre Bilder im Verzeichnis *images/* zugreifen möchten, springen Sie in der Ordnerangabe zwei Ebenen nach oben und anschließend wieder eine Ebene nach unten in den Ordner *../../images/*. Schalten Sie jetzt das Zusammenfassen der CSS-Dateien ein, werden alle Dateien zusammen in eine einzige Datei in einem anderen Ordner kopiert. Genau hier liegt das Problem, denn nun springt schlimmstenfalls der Aufruf *../../images/* in das falsche Verzeichnis. Magento ist zwar in der Lage, diese Probleme intelligent zu lösen, doch perfekt ist es nicht. Sollten Sie also beim Zusammenfassen der CSS-Dateien anschließend Probleme im Frontend feststellen, müssen Sie die Struktur Ihrer Dateien und den dazugehörigen CSS-Code so anpassen, dass keine außergewöhnlichen Verzeichnisstrukturen verwendet werden, sondern alle Dateien möglichst in einem Verzeichnis liegen und die Bilder korrekt im Ordner *images/* gespeichert werden.

Ein ähnliches Problem kann Ihnen mit JavaScript-Dateien zum Verhängnis werden. Hier nutzen sowohl jQuery als auch die in Magento verwendeten *prototype.js*-Dateien das Kürzel *$()*. Bei der Verwendung von jQuery und *prototype.js* auf einer Seite kann es somit zu JavaScript-Fehlern kommen. Sorgen Sie dafür, dass Sie bei jQuery auf die Verwendung der *$()*-Abkürzung zugunsten des ausgeschriebenen *jQuery()* verzichten. Stellen Sie ebenfalls sicher, dass Variablen- und Funktionsnamen nur einmalig in Ihren Codedateien vorkommen.

Haben Sie die Möglichkeiten der Template-Optimierung ausgeschöpft, steht als Nächstes die Konfiguration des Magento-Caching-Systems auf Ihrem Programm, das im folgenden Abschnitt erläutert werden soll.

Magento-Caching richtig einsetzen

Magentos eingebauter Cache (Zwischenspeicher) tut nun sein Übriges dazu, die Ladezeiten des Webkochshops zu verringern. Hier werden Daten abgelegt, die oft benötigt werden, dazu aber nicht jedes Mal neu aus der Datenbank generiert werden müssen. Aufgrund von Magentos komplexer Datenbankstruktur sind viele Abfragen sehr rechenintensiv, sodass mit einer entsprechenden Zwischenspeicherung eine Menge an Serverleistung gespart werden kann.

Um sich die Cache-Einstellungen anzusehen und auch anzupassen, machen Sie sich wieder einmal auf den Weg in den Adminbereich und springen dort in das Menü *System* → *Cache-Verwaltung*. Dort finden Sie einige Einstellungsmöglichkeiten, die hier kurz erläutert werden (Abbildung 16-6).

Im Abschnitt *Cache-Verwaltung* haben Sie die Möglichkeit, bestimmte Teile des Caches zu aktivieren oder zu deaktivieren.

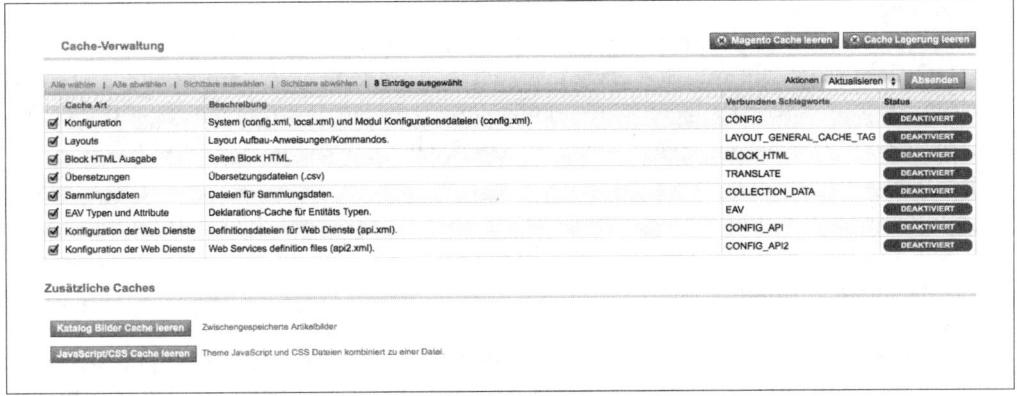

Abbildung 16-6: Die Cache-Verwaltung

Schon so mancher Wutausbruch beim Gestalten des Frontends war dem aktivierten Magento-Cache zu verdanken, weil Änderungen an Template- oder Skin-Dateien nicht mehr angezeigt wurden, auch wenn die entsprechende Seite neu im Browser geladen wurde. Unser Tipp: Schonen Sie Ihre Nerven und deaktivieren Sie sämtliche Caches einfach, wenn Sie an Ihrem Shop arbeiten.

Konfiguration

Dieser Teil des Caches bezieht sich ausschließlich auf allgemeine Grundeinstellungen, die zum einen in der Datenbanktabelle *core_config_data* und zum anderen in folgenden XML-Dateien enthalten sind:

- *app/etc/config.xml*
- *app/etc/local.xml*
- *app/code/<codePool>/<namespace>/<module>/etc/config.xml (Modulkonfiguration)*

Diese Grundeinstellungen beziehen sich beispielsweise auf die jeweils eingestellte Lokalisierung und Basiswährung sowie die URLs der Geltungsbereiche.

Layouts

In Kapitel 10 haben Sie gelernt, wie Inhalte mithilfe verschiedener Arten von Blöcken strukturiert werden. Das geschieht über korrespondierende XML-Dateien, die in diesem Teil des Caches zwischengespeichert werden. Auf dem Server sind sie in folgendem Verzeichnis gespeichert: */app/design/frontend/<paket>/<theme>/layout/*.xml*.

Blocks HTML Ausgabe

Die (X)HTML-Ausgaben, die von den Blöcken über die jeweiligen PHTML-Dateien erzeugt werden, speichert Magento in diesem Teil des Caches. Wie bereits in Kapitel 10 gesehen, finden sich diese Dateien an folgender Stelle: */app/design/frontend/<paket>/<theme>/template/*.phtml*.

Übersetzungen

Wie der Name es schon vermuten lässt, werden in diesem Teil des Caches alle Daten abgelegt, die mit den jeweiligen Übersetzungen in Zusammenhang stehen. Das ist zum einen die Datenbanktabelle *core_translate*, zum anderen sind das alle Dateien im Verzeichnis */app/locale/** sowie die Theme-abhängige *translate.csv*.

Sammlungsdaten

Hinter diesem Punkt verbergen sich verschiedene interne Objektsammlungen, die besonders bei der Entwicklung neuer Erweiterungen relevant sind.

EAV Typen und Attribute

An dieser Stelle werden die Ausgaben des EAV-Datenmodells von Magento zwischengespeichert. Auch dieser Bereich des Caches ist vor allem während der Entwicklung von Erweiterungen und entsprechenden Änderungen an der Datenbank entscheidend.

Konfiguration der Web Dienste

Hier werden Daten zwischengespeichert, die von der Magento Core API erzeugt werden.

Unter der Überschrift *Zusätzliche Caches* finden Sie zwei weitere Schaltflächen:

Katalog Bilder Cache leeren

Artikelbilder werden in Magento automatisch gemäß den Vorgaben in den jeweiligen PHTML-Dateien in der Größe geändert, möglicherweise mit einem Wasserzeichen versehen und im Cache abgelegt. Wenn Sie hier auf *Leeren* klicken, wird dieser Cache geleert, sodass die Bilder beim Aufruf des Frontends komplett neu generiert werden müssen. Diese Maßnahme ist vor allem dann sinnvoll, wenn sich beispielsweise Ihr Wasserzeichen geändert hat und deswegen neue Bilder im Shop angezeigt werden sollen.

JavaScript/CSS Cache leeren

Im Abschnitt »CSS- und JavaScript-Dateien zusammenfassen« auf Seite 400 haben wir beschrieben, wie Sie mehrere JavaScript- und CSS-Dateien zu einigen wenigen zusammenfassen können. Dies funktioniert intern über einen Caching-Mechanismus. Sollten Sie Änderungen an den zusammengefassten Dateien haben, löscht ein Klick auf diesen Button die zusammengefasste Datei, sodass sie wieder neu in den Cache geschrieben wird und Ihre Änderungen damit übernommen sind.

Sollte eine Aktion im Adminbereich es erforderlich machen, dass ein oder mehrere Magento-Caches aktualisiert werden müssen, werden Sie darüber von Magento informiert – Sie müssen also keine Gedanken lesen und gelangen per Mausklick auf den Link sofort in die Cache-Verwaltung (Abbildung 16-7).

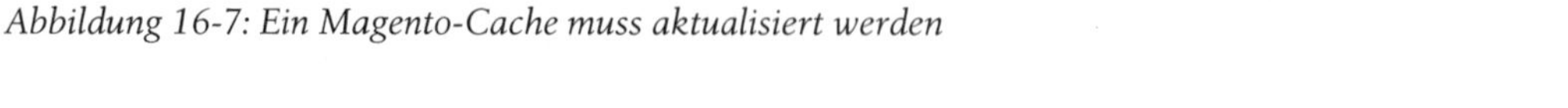

ⓘ **Eine oder mehr Cache-Arten sind außer Kraft:** Block HTML Ausgabe. Click here to go to Cache Management and refresh cache types.

Abbildung 16-7: Ein Magento-Cache muss aktualisiert werden

Ist ein Cache nicht mehr auf dem aktuellen Stand, wird er mit dem Status *AUSSER KRAFT* markiert. Um den jeweiligen Cache zu aktualisieren, setzen Sie ein Häkchen links neben seinen Namen, wählen *Aktualisieren* aus dem Drop-down-Menü und klicken auf *Ausführen* (Abbildung 16-8).

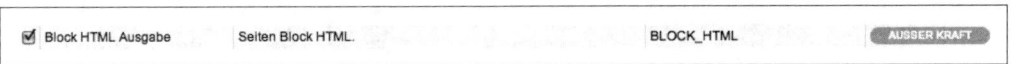

Abbildung 16-8: Der Cache »Block HTML Ausgabe« ist nicht mehr valide und muss aktualisiert werden

Auf die gleiche Art und Weise lassen sich einzelne Caches auch aktivieren und deaktivieren. Markieren Sie jeweils die gewünschten Zeilen und wählen Sie den entsprechenden Eintrag aus dem Auswahlmenü.

 Möchten Sie schnell alle verfügbaren Caches auf den neusten Stand bringen, klicken Sie oben links auf den Filter *Alle wählen* und führen die Funktion *Aktualisieren* für diese Auswahl durch.

Im nächsten Abschnitt geht es um den Bereich der Indizierung, die ebenfalls in Magento integriert wurde, um das System zu beschleunigen.

Indexverwaltung

Eine weitere Art, Daten aus Magento vorzuspeichern und damit das System insgesamt schneller zu machen, ist die sogenannte *Indizierung*. Sie können sich das vorstellen wie das automatische Erstellen eines Inhaltsverzeichnisses in bestimmten Programmbereichen. Ist es erforderlich, eine bestimmte Information aus der Datenbank auszulesen, wird erst im Inhaltsverzeichnis danach geschaut, wo diese Information steht, um sie dann, statt aufwendig danach zu suchen, direkt auszulesen. Dieser Prozess beschleunigt die Datenbankzugriffe ganz erheblich, was besonders bei größeren Online-Shops dazu führt, dass sich die Ladezeiten spürbar verringern.

Um zu Magentos Indexverwaltung zu gelangen, wechseln Sie im Magento-Backend zu *System → Index-Verwaltung*. Dort sehen Sie die verschiedenen Indizes, die es in Magento gibt (Abbildung 16-9).

Lassen Sie uns auf die einzelnen Indizes nacheinander eingehen:

Artikel Attribute
Ein hervorstechendes Merkmal des Magento-Frontends ist die sogenannte *Filternavigation*, die wir Ihnen in Kapitel 3 vorgestellt haben. Hier werden unter anderem Attribute, die dafür vorgesehen sind, zur sinnvollen Unterteilung von Suchergebnissen verwendet. Da diese Funktionalität eine Vielzahl von Datenbankaktivitäten erfordert, werden diese Verknüpfungen im Cache zwischengespeichert.

Abbildung 16-9: Magentos Index-Verwaltung

Artikel Preise

In diesem Index sind die Artikelpreise gespeichert und können somit schneller aufgerufen werden.

Katalog URL Rewrites

Um besonders Suchmaschinen die Erfassung Ihres Shopinhalts zu vereinfachen, schreibt Magento standardmäßig die URLs von Kategorie- und Artikelseiten so um, dass sie keine kryptischen Zeichen und IDs, sondern relevante Keywords enthalten. Damit diese neuen URLs nicht bei jedem entsprechenden Seitenaufruf neu generiert werden müssen, werden sie in diesem Index zwischengespeichert. Mehr zum Thema URL-Rewriting können Sie im Abschnitt »Sprechende URLs« auf Seite 324 nachlesen.

Artikel dieser Kategorie

In diesem Index werden die Artikelkategoriebeziehungen zum schnelleren Auffinden zwischengespeichert.

Artikel Flat Daten

Wie Sie im nächsten Abschnitt noch genauer erfahren werden, besteht die Möglichkeit, die Artikeldaten zusätzlich zur normalen Speicherweise in einer sogenannten flachen Tabelle abzulegen. Aus einer flachen Tabelle können Daten wesentlich schneller ausgelesen werden als aus den komplexen Tabellen, die Magento hauptsächlich verwendet. Das Nutzen dieser Möglichkeit wirkt sich vor allem bei großen Katalogen mit vielen Artikeln aus.

Kategorie Flat Daten

Analog zur flachen Tabelle für die Artikel haben Sie hier die Möglichkeit, den Index für die Kategoriedaten aufzubauen. Auch diese Einstellung ist nur dann sinnvoll, wenn Sie es in Ihrem Shop mit einer komplexen Kategoriestruktur zu tun haben.

Katalog Suchindex

Wie es der Name dieses Index schon andeutet, kommt er der Magento-internen Artikelsuche zugute. Je nachdem, wie Sie Ihre Suche konfiguriert haben, werden hier sämtliche relevanten Schlüsselwörter und die zugehörigen Suchergebnisse zwischengespeichert, sodass sie schneller dargestellt werden.

Lagerbestand

Hier werden Lagerbestände zwischengespeichert.

Schlagwort Gruppierung

Im letzten Index finden sich Informationen zu den Schlagwörtern, die Kunden im Frontend zu einem Artikel anlegen können.

Für alle Indizes gibt es in Magento zwei verschiedene Indexmodi, nämlich *Update beim Speichern* und *Manuelles Update*. In einem kleineren Katalog ist es sinnvoll, beim standardmäßigen Update speichern zu lassen, sodass beispielsweise beim Speichern eines Artikels zugleich die betreffenden Indizes aktualisiert werden. Verkaufen Sie jedoch Zehntausende von Artikeln, möchten Sie sicher nicht, dass bei jeder Änderung eines Artikeldetails alle Artikel neu indiziert werden. Dieser Vorgang kann abhängig von der Menge an Artikeln in Ihrem Shop durchaus sehr lange dauern, deshalb sollten Sie sich hier für das manuelle Update entscheiden. Es besteht die Möglichkeit, via Mausklick auf *Neuaufbau* in der rechten Spalte den jeweiligen Index neu zu erstellen oder beispielsweise durch ein automatisiertes Skript im Hintergrund dieses Update regelmäßig anzustoßen.

Sie sehen also, wie Sie mit ein paar einfachen Mausklicks die verschiedenen Magento-Caches sowie die Indizierung voll im Griff haben und damit langen Ladezeiten ein weiteres Schnippchen schlagen können. Aber auch damit sind Sie lange nicht am Ende der Möglichkeiten, aus Ihrem Magento-Shop einen richtigen Sportwagen zu machen; in den nächsten Abschnitten erfahren Sie noch ein paar Optimierungsschritte mehr.

Weitere nützliche Optimierungen

Teilweise ein wenig versteckt bietet Magento noch weitere Möglichkeiten der Optimierung, die in diesem Abschnitt vorgestellt werden. Dabei geht es zum Beispiel um die Nutzung flacher Tabellen für Artikel und Kategorien und den Magento-Compiler.

Flache Tabellen für Artikel und Kategorien einsetzen

An dieser Stelle wird es kurzzeitig ein wenig theoretisch – aber keine Angst, Sie müssen nicht zum Programmierer werden, um die hier beschriebene Performanceoptimierung mit *Flat Tables* einzusetzen. Wie im Abschnitt »Indexverwaltung« weiter oben bereits angesprochen, ist Magentos Datenbankaufbau sehr komplex. Artikelinformationen beispielsweise sind nicht in einer einzigen Datenbanktabelle gespeichert, sondern verteilen sich über viele einzelne. Vereinfacht gesagt, sind die Preise in einer anderen Tabelle gespeichert als die Artikelbeschreibungen, die wiederum ganz woanders abgelegt sind als die Zuordnung der Artikel zu Kategorien. Dies bedeutet, dass beim Abruf von Artikelinformationen eine ganze Reihe verschiedenster Tabellen abgefragt werden muss, was bei einer großen Datenbank mit vielen Artikeln schon mal eine ganze Weile dauern kann.

Die Lösung: flache Tabellen! Magento sammelt zusätzlich zu diesen verschiedenen verschachtelten Tabellen alle Artikelinformationen in einer einzigen gemeinsamen Tabelle. Soll ein Artikel aufgerufen werden, wird diese flache Tabelle als Datenquelle genutzt und

kann Informationen sehr viel schneller ausliefern. Unter *System → Konfiguration →*
Katalog finden Sie im Abschnitt *Shop* im unteren Bereich die Einträge *Flat Catalog Pro-*
duct verwenden und *Flat Catalog Category verwenden*. Setzen Sie diese beiden Einträge
auf *Ja*, wie in Abbildung 16-10 dargestellt, und speichern Sie diese Konfiguration. Insbesondere Shops mit vielen Artikeln und Kategorien werden durch diesen Kniff schneller.

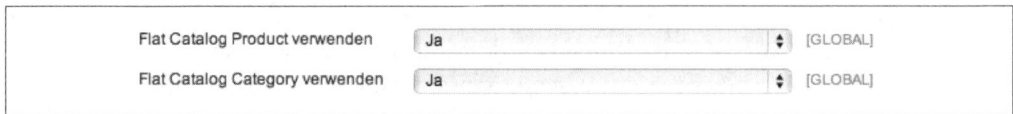

Abbildung 16-10: Ab sofort werden zusätzliche Tabellen für Artikel und Kategorien genutzt

 Da Magento bei den flachen Tabellen für jedes Attribut eine eigene Spalte
erzeugt, kann es vorkommen, dass zu viele Attribute das Erstellen dieser
Tabelle verhindern. Das Problem ist an dieser Stelle MySQL, bei dem eine
Tabelle aus maximal 255 Spalten – respektive 255 verschiedenen Attributen – bestehen darf.

Den Magento-Compiler verwenden

Dürfen wir Ihnen noch eine weitere kleine Optimierungsmöglichkeit vorstellen? Es tut
auch nicht weh, versprochen. Magento setzt sich, wie Sie schon an der Verzeichnisstruktur sehen können, aus wirklich sehr vielen kleineren Einzelteilen zusammen, die in ihrer
Gesamtheit das Shopsystem darstellen. Ähnlich der im vorherigen Abschnitt erwähnten
verteilten Datenspeicherung hat diese Architektur den Vorteil, sehr flexibel zu sein. Entwicklern bietet das viele Möglichkeiten, auf saubere Art und Weise dem Grundsystem
neue Funktionen hinzuzufügen. Der Preis für diese Flexibilität ist leider, wie auch bei der
Datenbank, dass die Performance darunter leidet, weil Magento seine ganzen vielen
Zahnrädchen bei jedem Shopaufruf erst einmal mühsam in Bewegung setzen muss.

Wir präsentieren: den Magento-Compiler. Hierbei handelt es sich um eine Art Cache,
der sozusagen das enthält, was beim Anstoßen des eben erwähnten Räderwerks jedes
Mal neu erzeugt wird. Diese Informationen werden also gewissermaßen in einem Zwischenspeicher abgelegt und dann genutzt, ohne die Zahnrädchen rattern zu lassen – elegant, nicht wahr? Den Magento-Compiler erreichen Sie unter *System → Werkzeuge →*
Compiler. Nach einer frischen Installation ist der Zwischenspeicher noch nicht gefüllt,
was Sie in Abbildung 16-11 erkennen können.

Klicken Sie nun auf den Button *Kompilierungsprozess starten,* um damit den Zwischenspeicher anzulegen. Je nachdem, auf welchem Rechner oder Server Sie Ihr Testsystem
betreiben, kann dieser Prozess etwas länger dauern. Ist die Kompilierung abgeschlossen,
ändert sich die Anzeige so, wie Sie es in Abbildung 16-12 sehen können.

Voilà! Ab sofort wird eine zwischengespeicherte (vorkompilierte) Version von Ihrer
Magento-Installation verwendet, und Sie sind wieder ein Stückchen näher an einem
neuen Magento-Geschwindigkeitsrekord!

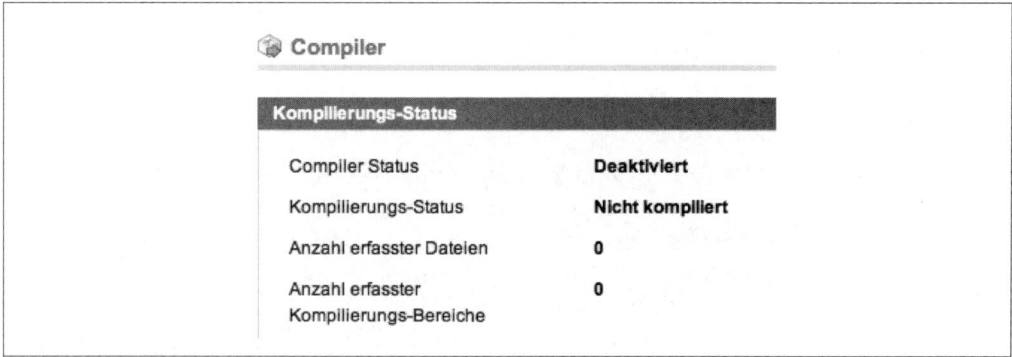

Abbildung 16-11: Nach einer frischen Installation wurde noch nichts vorkompiliert

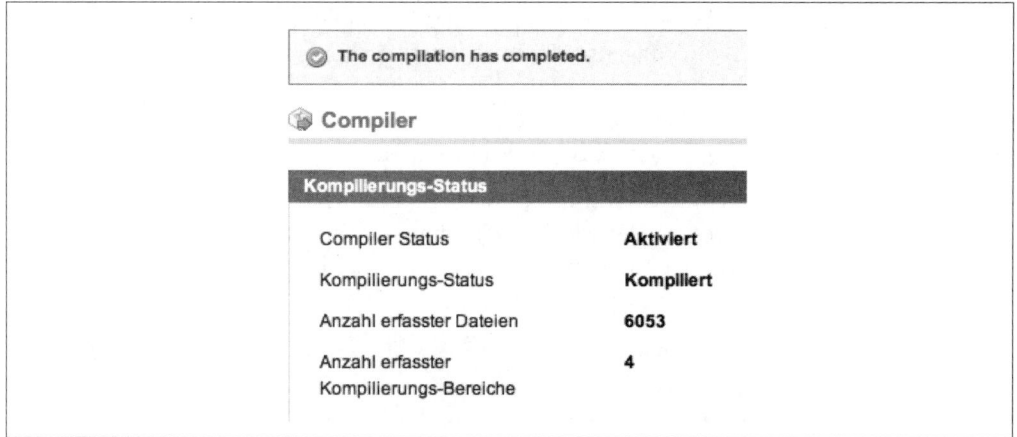

Abbildung 16-12: Der Magento-Compiler hat erfolgreich seine Arbeit verrichtet

 Der Compiler kann mit einem Klick jederzeit wieder deaktiviert bzw. der Kompilierungsprozess kann wieder neu gestartet werden. Dies ist vor allem dann nötig, wenn Sie neue Module installieren!

Im nächsten Abschnitt geht es wirklich ans Eingemachte – wir nutzen zusätzliche Serversoftware, um Magento noch schneller zu machen.

Zusätzliche Serversoftware einsetzen

Einen Server für Magento zu optimieren und dabei an den vielen kleinen Stellschräubchen zu drehen, die Auswirkungen auf die Performance Ihres Shops haben, ist kein einfaches Unterfangen und erfordert in der Regel genauere Kenntnisse des Serverbetriebssystems und der darauf installierten Software. Es würde den Rahmen dieses Anwenderhandbuchs sprengen, im Detail auf PHP- und MySQL-Konfigurationen einzugehen und diese leicht verständlich zu präsentieren. Stattdessen beschränken wir uns darauf, hier kurz zwei

Softwarepakete vorzustellen, die die Performance Ihres Shops noch einmal deutlich steigern können und die von Haus aus von Magento unterstützt werden.

Magento und APC

Bei APC (*Alternative PHP Cache,* zu finden unter *http://pecl.php.net/package/APC*) handelt es sich, wie anglophone Leser sicherlich schon vermuten, um einen Cache-Mechanismus für PHP. Interessant ist dieses freie PHP-Zusatzmodul deswegen, weil Magento in PHP geschrieben wurde. Ähnlich wie bei dem Compiler, den Sie im Abschnitt »Den Magento-Compiler verwenden« auf Seite 408 kennengelernt haben, werden auch bei APC bestimmte Informationen im Hintergrund vorkompiliert, sodass die Ausführung beschleunigt wird. Dies gilt jedoch für die gesamte Sprache PHP, d. h., alles was damit geschrieben wurde – sei es Magento selbst oder auch andere Systeme wie beispielsweise WordPress oder TYPO3 –, wird zwischengespeichert. Wenn Sie eine ungefähre Vorstellung davon haben, wie viele Zahnrädchen innerhalb von Magento ihren Dienst verrichten, können Sie vielleicht abschätzen, wie viele Rädchen es im gesamten PHP-Universum gibt, von dem Magento nur ein Teil ist. Der Einsatz von APC ist daher eine sehr wirkungsvolle Maßnahme und lässt sich in Magento mit nur vier Zeilen XML-Code einstellen.

Öffnen Sie die Datei */app/etc/local.xml* Ihrer Shopinstallation. Dort finden Sie allgemeine Konfigurationsdaten wie beispielsweise die Datenbankverbindung, die Sie während der Magento-Installation eingetragen haben. Geben Sie in dieser Datei die vier Zeilen ein, die im folgenden Codebeispiel fett markiert sind:

```
<config>
    <global>
        <install>
            <date><![CDATA[Mon, 21 Feb 2011 17:16:49 +0000]]></date>
        </install>
        <crypt>
            <key><![CDATA[85ca013b360b84c66356b68260e926db]]></key>
        </crypt>
        <disable_local_modules>false</disable_local_modules>
        <resources>
            <db>
                <table_prefix><![CDATA[]]></table_prefix>
            </db>
            <default_setup>
                <connection>
                    <host><![CDATA[localhost]]></host>
                    <username><![CDATA[root]]></username>
                    <password><![CDATA[root]]></password>
                    <dbname><![CDATA[magento18]]></dbname>
                    <active>1</active>
                </connection>
            </default_setup>
        </resources>
        <session_save><![CDATA[files]]></session_save>
        <cache>
            <backend>apc</backend>
```

```
            <prefix>alphanumeric</prefix>
        </cache>
    </global>
    <admin>
        <routers>
            <adminhtml>
                <args>
                    <frontName><![CDATA[admin]]></frontName>
                </args>
            </adminhtml>
        </routers>
    </admin>
</config>
```

Speichern Sie diese Datei, laden Sie sie auf Ihren Server und aktualisieren Sie den Konfigurationscache. Das war's schon! Ihr Magento-System weiß nun, dass es APC als Cache-Backend verwenden soll, und wird diese neue Möglichkeit, auf temporäre Daten zuzugreifen, mit einer kürzeren Ladezeit belohnen.

Memcached in Magento integrieren

Die zweite Software, die Sie zur Performancesteigerung nutzen können und die *out of the box* von Magento unterstützt wird, heißt *Memcached* (*http://memcached.org/*). Dabei handelt es sich genau genommen um einen Cache-Server, der es ermöglicht, bestimmte Daten im Arbeitsspeicher zu hinterlegen und sie von dort aus wieder auszulesen. Auf diese Weise werden vor allem komplexe Datenabfragen gecacht, die Datenbank wird entlastet, und im Ergebnis werden Informationen schneller an den Browser geliefert – genau das, was Sie für Ihren möglicherweise noch etwas zu langsamen Magento-Shop benötigen.

Öffnen Sie wie im APC-Beispiel die Datei */app/etc/local.xml* und fügen Sie analog dazu den folgenden Code zwischen den <global>-Tags ein:

```
<cache>
    <backend>
        <memcached>
            <compression/>
            <cache_dir/>
            <hashed_directory_level/>
            <hashed_directory_umask/>
            <file_name_prefix/>
            <servers>
                <default>
                    <host>127.0.0.1</host>
                    <port>11211</port>
                    <persistent>1</persistent>
                </default>
            </servers>
        </memcached>
    </backend>
</cache>
```

In diesem Beispiel gehen wir davon aus, dass Sie Memcached lokal (127.0.0.1) installiert haben und dass der Memcached-Server über den Standardport 11211 erreichbar ist. Ist das nicht der Fall, müssen Sie die Konfigurationswerte entsprechend anpassen. Haben Sie anschließend wie üblich die Magento-Caches aktualisiert, nutzt Magento ab sofort das Memcached-System.

Dieses Kapitel hatte vor allem eins zum Ziel: Ihnen zu zeigen, wie Sie auch mit einfachen Mitteln die Performance Ihres Online-Shops merklich verbessern können. In vielen Fällen kommen Sie mit einfachen Änderungen an den Template-Dateien schon sehr weit – und können so ganz nebenbei die so gewonnene Erfahrung auch für andere Webprojekte nutzen. Haben Sie das Optimierungspotenzial im Frontend ausgeschöpft, bietet Ihnen das Magento-Caching-System weitere Möglichkeiten. Und falls nötig, verwenden Sie einfach die Cache-Systeme, die *out of the box* unterstützt werden.

Weil das Thema Performance besonders bei umsatzstarken Online-Shops so wichtig ist, sind mittlerweile viele diesbezügliche Informationen im Netz verfügbar. Dabei handelt es sich zum einen um Optimierungsanleitungen und zum anderen um (kostenpflichtige) Zusatzmodule, die einen Blick wert sind und beispielsweise sogenanntes Full Page Caching zur Verfügung stellen, womit alle Shopseiten, die keine dynamischen Inhalte anzeigen, als fertige HTML-Dateien gespeichert und somit ohne Aufruf von PHP oder SQL sofort ausgeliefert werden können. Stellvertretend sollen zum Abschluss dieses Kapitels einige genannt werden:

- Offizielles Magento-Performance-Whitepaper: *http://info.magento.com/rs/*
- *magentocommerce/images/Magento_PerformanceWhitepaper-EEv1-9.1.pdf*
- Englischsprachige Sammlung von Optimierungstricks: *http://www.gxjansen.com/101-ways-to-speed-up-your-magento-e-commerce-website/*
- Präsentation zur Hochverfügbarkeit eines Magento-Shops: *http://www.slideshare.net/SysEleven/high-performance-e-commerce*

Im nächsten Kapitel stellen wir die erforderlichen Schritte vor, um den Webkochshop endlich dem ungeduldig wartenden Onlinepublikum vorzustellen. Außerdem gehen wir auf das Thema Funktionserweiterungen durch neue Module ein.

KAPITEL 17

Magento mit eigenen Extensions erweitern

Die bei Entwicklern wohl beliebteste Stärke von Magento ist der streng modulare Aufbau des Systems, denn er ermöglicht die Entwicklung und Integration eigener Erweiterungen, ohne dass dabei auch nur ein Core-File verändert werden muss. Neben der dadurch gewährleisteten Update-Fähigkeit eines laufenden Systems wird so auch eine hohe Wiederverwertbarkeit einmal geschriebenen Codes garantiert. Haben Sie beispielsweise für einen Shop eine Extension entwickelt, die Suchergebnisse nach Kategorien gruppiert anzeigt, können Sie diese problemlos in anderen Shops wiederverwenden. So können Sie im Laufe der Zeit einen umfangreichen Pool fertiger Erweiterungen sammeln, der Ihnen für spätere Projekte viel Arbeit sparen kann.

Dies ist ein großer Vorteil gegenüber anderen gängigen E-Commerce-Systemen, stößt man dort doch häufig auf das Problem, dass die Update-Fähigkeit des Systems durch eigene Änderungen beeinträchtigt wird. Der Zeit- und Kostenaufwand beim Wechsel auf ein neues Release steigt so nahezu exponentiell mit dem Umfang der eigenen Erweiterungen und Modifikationen.

Natürlich befreit Sie das Modulsystem nicht von gewissenhaft durchgeführten Tests Ihrer Extensions gegen neue Releases, denn je nach Art der Erweiterung müssen auch hier Anpassungen vorgenommen werden.

Dieses Kapitel zeigt Ihnen, wie Sie eigene Extensions für Magento entwickeln. Sie erfahren, welche Konventionen Sie bei der Verzeichnisstruktur beachten müssen und wo Sie Ihre Erweiterung innerhalb von Magento aktivieren. Anschließend sehen Sie, wie die modulspezifische Konfigurationsdatei *config.xml* aufgebaut wird und welche Möglichkeiten sie bietet. Nach einem praktischen Beispiel, das Ihnen die Erstellung Ihrer ersten eigenen *Hello World*-Extension zeigt, erfahren Sie, wie Sie bestehende Funktionen am besten erweitern und verändern.

Wie Sie bereits in Kapitel 1 erfahren haben, sind nahezu alle Bestandteile von Magento in Modulen organisiert (abgesehen von einigen Kernfunktionen, die z. B. das Modulsystem selbst bereitstellen). Diese Module befinden sich im Verzeichnis */app/code/core/* und sollten nicht verändert werden, da sie bei einem Update überschrieben werden können und

Ihre Anpassungen dann verloren gehen. Das ist aber auch gar nicht nötig, denn genau dafür gibt es Extensions. Sie erweitern Magento um neue Features oder verändern Core-Funktionen.

Auch wenn Sie die Module von Magento nicht verändern, kann Ihnen dieses Kapitel dabei helfen, den Aufbau und die Funktionsweise von Modulen besser zu verstehen. Extensions sind funktional gesehen nichts anderes als Module, sie folgen denselben Konventionen. Alles, was Sie in den kommenden Abschnitten über Extensions lernen, können Sie nutzen, um die Kernmodule Magentos genauer zu analysieren.

Die Verzeichnisstruktur von Magento

Frisch nach der Installation werden Sie eine Verzeichnisstruktur auf Ihrem System sehen, in der es insgesamt 12 Verzeichnisse und 15 Dateien auf der Root-Ebene gibt. Was auf den ersten Blick wie eine überschaubare – ja fast bescheidene – Sammlung von Programmdateien aussieht, entpuppt sich nach wenigen Klicks als sehr komplexes Gebilde, das jedoch einem strengen und gut nachvollziehbaren Ordnungsprinzip folgt. Hier hat jede Klasse und jede Konfigurationsdatei ihren fest vorgegebenen Speicherort, um das Arbeiten und das spätere Auffinden zu erleichtern (siehe Abbildung 17-1).

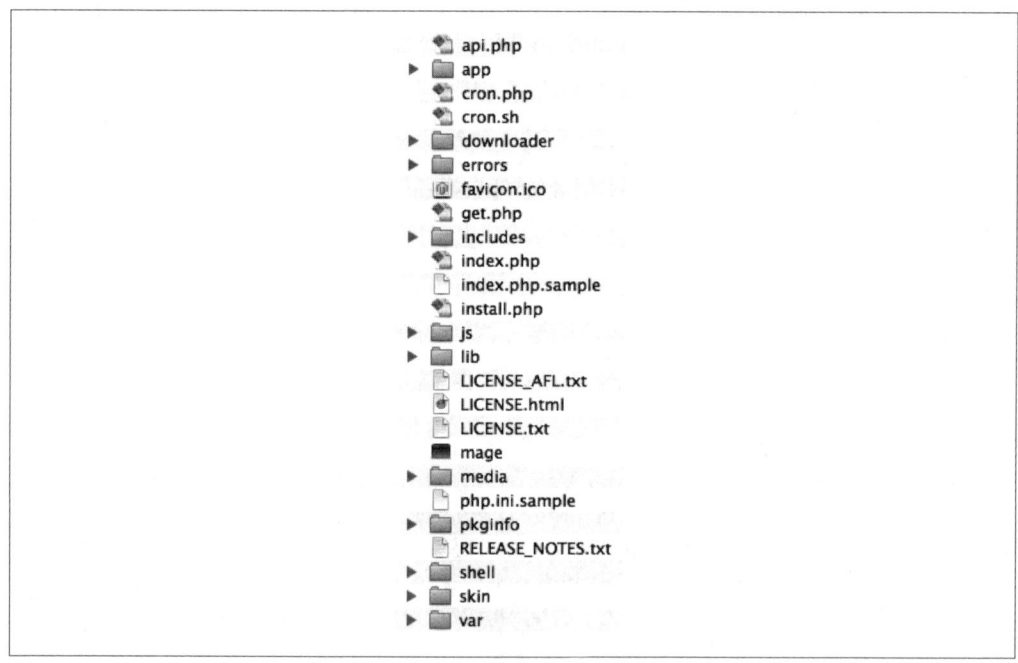

Abbildung 17-1: Verzeichnisstruktur einer neuen Magento-Installation

Insbesondere der */app*-Ordner hat es in sich: Hier sind die Module von Magento untergebracht, die in ihrer Gesamtheit die Funktionalität der E-Commerce-Software ausmachen.

Unter einem Modul versteht man im Magento-Kontext eine funktionale Einheit, die unter dem entsprechenden Namen und innerhalb eines bestimmten Namespace gespeichert ist und Aufgaben wie die Kundenverwaltung und den Bestellprozess übernimmt. Wichtige Module heißen beispielsweise *Catalog*, *Checkout*, *Sales* oder *Customer*.

Für jedes Modul gelten die gleichen Ordnungsprinzipien hinsichtlich seiner hierarchischen Struktur. Verzeichnisse und die darin enthaltenen Dateien müssen in einer bestimmten Weise benannt und angeordnet sein, um die jeweiligen Funktionalitäten für die Magento-Applikation bereitzustellen. Hierbei gibt es Bestandteile, die obligatorisch sind – ein Modul muss beispielsweise immer eine Konfigurationsdatei *config.xml* enthalten – und andere, die je nach Zweck des Moduls zum Einsatz kommen oder auch nicht.

Man könnte nun erwarten, dass jedes Modul so gekapselt ist, dass in einem dedizierten Modulverzeichnis alle zugehörigen Programmbestandteile abgelegt sind. Dies ist jedoch nicht der Fall, denn jedes Modul besteht aus einem funktionalen und einem gestalterischen Teil. Ersteren finden Sie in der gesamten Magento-Verzeichnisstrukur in */app/code* und Letzteren in */app/design* wieder. Der Grund hierfür liegt in der Trennung zwischen Programmlogik und dem Teil, der für die Ausgabe und Formatierung (der sogenannte *View*) zuständig ist.

Diese Verzeichnisse werden wir uns jetzt genauer anzusehen, da Sie sich während der Magento-Entwicklung hauptsächlich mit den darin gespeicherten Elementen beschäftigen werden.

/app/code/

In diesem Verzeichnis finden Sie sozusagen den Motor, der die Modul-Maschinerie antreibt. Ein großer Teil der Funktionalität, die in ihrer Gesamtheit letztlich den Online-Shop generiert, ist in diesem Verzeichnis gespeichert.

Code-Pools und Namespaces

Unter einem *Code-Pool* versteht man im Magento-Universum vereinfacht gesagt ein Verzeichnis, in dem Programmteile gespeichert werden. Bildlich gesprochen, handelt es sich dabei um drei verschiedene Behälter namens *community*, *core* und *local*, die Namespaces enthalten, die wiederum mit Modulen gefüllt sind. Während der Ausführung arbeitet Magento nacheinander jeden der drei Behälter ab, um ein Modul zu laden und es in seinen Programmablauf zu integrieren. Wie Sie im weiteren Verlauf noch sehen werden, hat es theoretisch keine Bewandtnis, in welchem Pool Sie Ihre neuen Programmierungen anlegen, praktisch jedoch hat es für die Stabilität und Update-Fähigkeit sehr wohl eine wichtige Bedeutung.

Die gezeigten Codebehälter unterscheiden sich also strukturell und inhaltlich nicht voneinander. Allerdings ist die Reihenfolge wichtig, in der die Behälter abgearbeitet werden.

Im Zusammenhang mit den Code-Pools sei ein weiteres Ordnungskriterium genannt, das der sogenannten *Namespaces*. Magento ist so aufgebaut, dass Sie individuelle programmierte Extensions in einem Verzeichnis unterbringen können, das einen beliebigen Namen trägt. Das bietet Ihnen die Möglichkeit, zu einem Projekt gehörende Extensions zu kapseln und sie leichter auffindbar zu machen. Wenn Sie Extensions via Magento Connect herunterladen, werden Sie feststellen, dass viele Extension-Anbieter ebenfalls von dieser sinnvollen Möglichkeit Gebrauch machen und ihre Extension in ein Verzeichnis, das den Firmennamen trägt, ablegen. Core-Module erkennen Sie in diesem Zusammenhang daran, dass sie im *Mage*-Namespace abgelegt sind

Andere Namespaces sind Ihnen bei Ihrer bisherigen Arbeit wahrscheinlich begegnet, als Sie eine neue Extension über Magento Connect installiert haben. Dabei handelt es sich um die einfache Möglichkeit, Ihrer eigenen Shopinstallation über Magentos hauseigenen Extension-Marktplatz per Mausklick neue Funktionalitäten zu kredenzen. Alles was Sie in dem Zusammenhang tun müssen, ist, über den Magento Connect Manager in Ihrer Systemkonfiguration den entsprechenden Extension-Code einzutragen und den Installationsprozess zu starten. Nach dieser Installation werden die hinzugekommenen Extensions in den entsprechenden Code-Pools und den jeweiligen Namespaces angezeigt.

Spätestens jetzt werden Sie erkannt haben, dass hier auch die programmlogischen Bestandteile der einzelnen Module abgelegt sind. Jedes Modul – genauer gesagt der Teil, der für dessen Funktionalität verantwortlich ist – wird also unter seinem eigenen Namen im vorher festgelegten Namespace und Code-Pool gespeichert.

Wie schon erwähnt, werden in Magento die Bestandteile eines Moduls, die die Funktionalität bereitstellen, von denen getrennt, die für die Präsentation zuständig sind. Im nächsten Abschnitt erfahren Sie, an welcher Stelle der zweite, gestalterische Teil eines Moduls innerhalb der gesamten Verzeichnisstruktur abgelegt wird.

/app/design/

Analog zum */app/code/*-Verzeichnis werden Ihnen im */app/design/*-Verzeichnis die Teile der Module begegnen, die verantwortlich sind für Browserausgaben – was nutzt die schönste interne Datenstruktur, wenn sie nicht für den Besucher attraktiv und übersichtlich aufbereitet wird. Mit dem Öffnen von */app/design/* befinden Sie sich damit gleichzeitig mitten in Magentos Theme- und Template-System (siehe Abbildung 17-2).

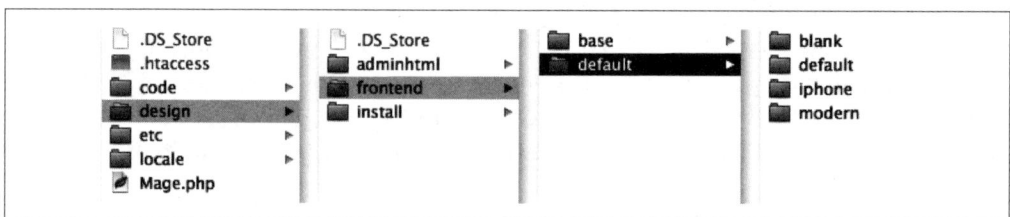

Abbildung 17-2: Der Aufbau von /app/design/

Packages (Interfaces) und Themes

Analog zu den Code-Pools und Namespaces des */app/code*-Verzeichnisses finden sich auch in */app/design* weitere Hierarchieebenen. So unterscheidet Magento zunächst, für welchen Ausgabebereich die Gestaltungsdateien gelten sollen. Es gibt drei Möglichkeiten:

adminhtml

In diesem Teil des Designverzeichnisses werden Gestaltungsänderungen gespeichert, die das Admin-Panel betreffen. Möchten Sie beispielsweise den Aufbau der verschiedenen Eingabemöglichkeiten in der Shopverwaltung optisch anpassen, ist dieses Verzeichnis für Sie interessant.

frontend

Hier finden Sie sämtliche Gestaltungsdateien, die zusammen genommen das komplette Design Ihres Online-Shops steuern. Im Folgenden werden wir uns hauptsächlich auf dieses Verzeichnis konzentrieren, wenn es um die Anpassung des Shopdesigns geht.

install

Wie der Name schon vermuten lässt, ist dieser Bereich dazu gedacht, etwaige Gestaltungsänderungen des Installationsprozesses abzubilden.

Innerhalb des */frontend*-Verzeichnisses befindet sich nach der Installation ein Unterordner namens */default*. In der Magento-Terminologie handelt es sich dabei um ein *Package (oder auch Interface)*, das mehrere *Themes* in sich vereint. Es ist also eine übergeordnete Struktur, die – ähnlich den Code-Pools – dazu genutzt werden kann, mehrere kleinere Einheiten zusammenzufassen. Erfahrungsgemäß werden jedoch auch bei größeren E-Commerce-Projekten selten Situationen auftreten, in denen das Anlegen eines neuen Interface nötig ist. In den meisten Fällen ist es vollkommen ausreichend, mehrere verschiedene Themes zu erstellen, von denen es in einer Standardinstallation ebenfalls eins gibt. Sie ahnen es bereits, es heißt natürlich auch *default*.

Für die weiteren Betrachtungen ist also das Verzeichnis */app/design/frontend/base/default/* interessant. Im nächsten Abschnitt lernen Sie den Inhalt dieses Theme-Verzeichnisses genauer kennen.

Layouts und Templates

Wie so oft, wenn es in Magento um Konfigurationen geht, kommt XML zum Einsatz. So verwundert es auch nicht, dass der grobe Aufbau des späteren Magento-Shops mittels XML-Dateien gesteuert wird. Jedes Modul hat seine eigene Layoutdatei, die dessen Namen trägt und unter */app/design/frontend/base/default/layout/catalog.xml* abgelegt ist. In diesem Fall wird das Modul Catalog hinsichtlich seiner Browserausgaben vorstrukturiert. Die Grundlage für die Gestaltung der Module sind die sogenannten *Blöcke*, von denen es in Magento vor allem zwei Arten gibt: Strukturblöcke und Inhaltsblöcke. Unter einem Strukturblock versteht man einen festen Bereich der Seitengestaltung wie beispielsweise den Kopf- oder Fußbereich oder die rechte bzw. linke Seitenleiste. Innerhalb dieser Struktur werden die Ausgaben der Module als Inhaltsblöcke angeordnet. So wird beispielsweise im Checkout-Modul ein Inhaltsblock erzeugt, der eine verkleinerte Warenkorbvorschau darstellt. Diese Vorschau wird anschließend beispielsweise dem Strukturblock *Seitenleiste links* zugeordnet.

Diese Zuordnung wird über Layoutdateien im XML-Format gesteuert. Sie definieren darüber hinaus, mit welchen Template-Dateien die Ausgabe der Inhaltsblöcke formatiert wird. Für jedes Modul findet man daher auch ein nach dem Modul benanntes Template-Verzeichnis, in dem die Template-Dateien abgelegt sind; das Catalog-Modul unter */app/code/core/Catalog/* findet demnach seine Entsprechung im Template-Verzeichnis */app/design/frontend/base/default/template/catalog/*.

Terminologie in Magento

Der Begriff *Template* wird im Magento-Kontext etwas anders verwendet als bei anderen Systemen. Oftmals bezeichnet man mit einem Template die Gesamtheit aller für die Seitenformatierung zuständigen Dateien; in Magento ist ein Template jedoch eine Datei mit der Endung *.phtml*, die aus PHP- und HTML-Elementen besteht und dazu verwendet wird, den Seitenaufbau feinzujustieren. Jeder der oben angesprochenen Inhaltsblöcke wird durch eine zugehörige Template-Datei gestaltet. Die Produktdetailseite beispielsweise, die durch das Core-Modul *Catalog* bereitgestellt wird, wird unter anderem von der Datei */app/design/frontend/base/default/template/catalog/product/view.phtml* formatiert.

Eine Extension konfigurieren

Jede Extension benötigt eine Konfigurationsdatei im XML-Format, in der ihre Eigenschaften definiert werden. Die Datei *config.xml* im Verzeichnis */etc/* ist demnach das zentrale Element einer Extension. Sie verweist auf Verzeichnisse und darin enthaltene Dateien mit Klassen und bestimmt, wie diese Klassen geladen werden. Wollen Sie beispielsweise die Fähigkeiten und Eigenschaften der *Produkte* aus dem Magento-Core mit eigenen Funktionen erweitern, definieren Sie dies zunächst in der Konfigurationsdatei. Auch zusätzliche, zu Ihren Extensions gehörende Layoutdateien können auf diesem Weg eingebunden werden.

Die Konfigurationsdatei einer Extension kann durch diese vielfältigen Möglichkeiten sehr umfangreich werden. Einen ersten Überblick gibt Ihnen das folgende Listing aus einer Beispieldatei, die alle wichtigen Hauptelemente enthält. Anschließend erfahren Sie mehr über die Funktion der einzelnen Abschnitte.

```xml
<?xml version="1.0"?>
<config>
    <modules>
        <!-- enthält den Modulnamen und Versionsinformationen -->
    </modules>
```

```
    <global>
        <blocks>
            <!-- Definition neuer Blöcke oder Block-Rewrites -->
        </blocks>
        <models>
            <!-- Definition neuer Models oder Model-Rewrites -->
        </models>
        <resources>
            <!-- Definition von Install-Skripten und Datenbankzugängen -->
        </resources>
    </global>
    <frontend>
        <!-- Frontend-spezifische Konfiguration -->
    </frontend>
    <default>
        <!-- Standard-Konfigurationseinstellungen für das Modul -->
    </default>
    <admin>
        <!-- Standard-Admin-Einstellungen -->
    </admin>
    <adminhtml>
        <!-- Backend-spezifische Konfiguration -->
    </adminhtml>
</config>
```

Jede Konfigurationsdatei wird vom <modules>-Knoten eingeleitet, der den Namen des Moduls und die aktuelle Versionsnummer enthält. Diese Angaben sind absolut essenziell für die korrekte Funktion Ihrer Extension.

Im folgenden Listing sehen Sie den <modules>-Teil unserer Beispiel-Extension. Diese ist im *Webkochshop*-Namespace angelegt, wurde *HelloWorld* genannt und hat die Versionsnummer 0.1.0. Letztere ist vor allem deshalb von Bedeutung, weil darauf die im Abschnitt »Installations- und Update-Skripte« (Seite 439) erwähnten Installations- und Update-Skripte basieren.

```
<modules>
    <Webkochshop_HelloWorld>
        <version>0.1.0</version>
    </Webkochshop_HelloWorld>
</modules>
```

Globale Konfiguration

Der Abschnitt <global> enthält alle diejenigen wichtigen Konfigurationen, die sich nicht explizit auf das Frontend oder den Adminbereich auswirken. Stattdessen können Sie hier allgemein Blöcke, Models und Ressourcen Ihrer Extension definieren und bestehende Core-Klassen mit Ihren eigenen erweitern.

Blöcke

In diesem Knoten definieren Sie den ersten Teil der Klassennamen Ihrer Blöcke, also z. B. *Webkochshop_HelloWorld_Block*. Diese Angabe nutzt Magento beim Laden eines Blocks zur Vervollständigung des Klassennamens. Wird also z. B. der Block *helloworld/product* geladen, wird *helloworld* zu *Webkochshop_HelloWorld_Block*, sodass sich der Klassenname *Webkochshop_HelloWorld_Block_Product* ergibt. Zusätzlich können Sie hier Rewrites für Core-Blöcke definieren. Dieser Funktionalität zugrunde liegt die sogenannte Autoloader-Methode, mit deren Hilfe jede Klasse gleichzeitig ihren eigenen Speicherort kennt und damit problemlos geladen und instantiiert werden kann.

Models

Bei Models handelt es sich um die Objekte innerhalb der Magento-Applikation, in denen die Programmdaten abgelegt sind bzw. in die diese geschrieben werden. An dieser Stelle legen Sie den Basisnamen der Models Ihrer Extension fest – das funktioniert ganz genauso wie bei den Blöcken. Auch die Rewrites können hier auf die gleiche Art definiert werden. Zusätzlich können Sie jedem Model ein Resource-Model zuweisen (s. u.).

Resource-Models

Hier werden Resource-Models mit ihrer jeweiligen Datenbankanbindung definiert und bestimmt damit, wie der Datenaustausch mit der Datenbank vonstatten geht.

Frontend-bezogene Konfiguration

Der <frontend>-Knoten ist der richtige Ort, um alle diejenigen Definitionen einzutragen, die das Frontend des Shops betreffen, wie z. B. Router, Event-Observer, Layoutdateien und Übersetzungen. Machen Sie sich keine Sorgen, wenn Ihnen zu diesem Zeitpunkt der Ausdruck *Event-Observer* noch unbekannt ist – in den nächsten Abschnitten lüften wir dieses Geheimnis gern.

Layout

Hier definieren Sie Layout-XML-Dateien, die mit Ihrer Extension geladen werden sollen. Somit müssen Sie für Layoutanpassungen, die mit Ihrer Extension zusammenhängen, keine Standard-Layoutdateien verändern. Neben der besseren Übersichtlichkeit gewinnen Sie dadurch weitere Vorteile: Wenn Sie Ihre Extension beispielsweise deaktivieren, werden auch die Layoutanpassungen nicht mehr mitgeladen.

```
<frontend>
    <!--...-->
    <!-- die Layoutdatei einbinden: -->
    <!-- /app/design/frontend/interface/theme/layout/helloworld.xml laden -->
    <layout>
        <updates>
            <helloworld>
```

```
                <file>helloworld.xml</file>
            </helloworld>
        </updates>
    </layout>
    <!--...-->
</frontend>
```

Events

Viele Vorgänge in Magento lösen Events aus, die Sie mit einem Event-Observer abfangen
können, um eigenen Code ausführen zu lassen. Observer, die auf Frontend-basierte
Events reagieren sollen, werden hier definiert. Für Events, die im Admin-Panel ausgelöst
werden, gibt es einen eigenen Abschnitt im <adminhtml>-Knoten.

```
<!-- beim Log-in eines Kunden die Methode onLogin() in -->
<!-- Webkochshop/HelloWorld/Model/Customer/Login.php ausführen -->
<events>
    <customer_login>
        <observers>
            <helloworld>
                <type>model</type>
                <class>helloworld/customer_login</class>
                <method>customerLogin</method>
            </helloworld>
        </observers>
    </customer_login>
</events>
```

Router

Router leiten Aufrufe definierter Shop-URLs an Controller weiter. Neben neuen Controllern können darüber auch bestehende URLs umgeleitet werden. Im folgenden Listing
sehen Sie, wie Sie einen neuen Controller in Ihrer Extension hinzufügen:

```
<!-- beim Aufruf der Store-URL '/helloworld' auf den -->
<!-- IndexController des Moduls routen -->
<frontend>
    <!--...-->
    <routers>
        <mymodule>
            <use>standard</use>
            <args>
                <module>Webkochshop_Helloworld</module>
                <frontName>helloworld</frontName>
            </args>
        </mymodule>
    </routers>
    <!--...-->
</frontend>
```

Translation

Hier definieren Sie eine CSV-Datei, in der die Übersetzungen für Ihre Extension enthalten sind. Diese Datei wird zusammen mit den anderen Übersetzungen im Verzeichnis */app/locale/* unter der jeweiligen Sprache abgelegt. Die Datei besteht aus zwei Spalten: In der ersten Spalte findet sich der zu übersetzende Schlüssel bzw. Ausdruck, der so auch im Code des Frontends erscheint, in der zweiten ist die jeweilige Übersetzung gespeichert.

Abhängig von der gewählten Sprache des Shops, wird die Datei aus dem passenden Unterverzeichnis geladen. Ist sie dort nicht vorhanden, wird versucht, die Datei im Verzeichnis */app/locale/en_US/* zu laden.

Im folgenden Listing sehen Sie, wie Sie eine Übersetzungsdatei für Ihre Extension definieren:

```
<!-- CSV mit Übersetzungen definieren -->
<frontend>
    <!--...-->
    <translate>
        <modules>
            <Webkochshop_HelloWorld>
                <files>
                    <default>Webkochshop_HelloWorld.csv</default>
                </files>
            </Webkochshop_HelloWorld>
        </modules>
    </translate>
    <!--...-->
</frontend>
```

---

translate.csv

Zusätzlich zur Möglichkeit, eine separate Übersetzungsdatei für die eigene Extension zu erstellen und diese wie oben gezeigt in der Konfigurationsdatei zu verlinken, hält Magento die Datei *translate.csv* für Sie bereit. Diese ist identisch aufgebaut, wird jedoch im Gegensatz zur moduleigenen Übersetzungsdatei innerhalb Ihres Themes gespeichert, also beispielsweise an der folgenden Stelle:

/app/design/frontend/default/ihrshop/locale/de_DE/translate.csv

Mithilfe dieser Datei lassen sich für das verwendete Theme eigene Übersetzungen einfügen, die sowohl die Standardübersetzungen als auch die Übersetzungen individuell erstellter Extensions überschreiben.

Admin-Panel

Im Abschnitt `<adminhtml>` werden Einstellungen vorgenommen, die mit dem Admin-Panel zusammenhängen. Hier gibt es einige Überschneidungen mit dem `<frontend>`-Abschnitt, den Sie bereits kennengelernt haben. So können auch hier Layoutupdates,

---

Event-Observer und Router definiert werden. Zusätzlich können Sie Menüeinträge und die sogenannten *Access Control Lists (ACL)* festlegen, die seit Magento 1.4 aber besser in die Datei *etc/adminhtml.xml* verlagert werden. Bei Letzteren handelt es um die Steuerungen von Berechtigungen, um genau festlegen zu können, welche Benutzer welche Funktionen, Dienste und Dateien verwenden dürfen.

 Das <admin>-Modul ist ein Relikt aus Magentos erstem Admin-Interface, das nie veröffentlicht wurde. Es wird nur noch zur Session- und Rechte-Verwaltung benutzt. Das Admin-Panel, so wie es aktuell existiert, ist das <adminhtml>-Modul. In der Konfiguration liegen in <admin> viele Mapping-Tabellen und Router-Einträge, unter <adminhtml> werden Events, Translate- und Layoutupdate-Einträge (und bis Magento 1.3 auch die Menü- und ACL-Erweiterungen) eingetragen.

Konfigurationsvariablen

Hier können Konfigurationsvariablen für die Extension festgelegt werden. Alle vom Standard abweichenden Werte werden dann in der Datenbank gespeichert.

```
<default>
    <mymodule>
        <configgroup1>
            <myvar1>10</myvar1>
        </configgroup1>
        <configgroup2>
            <myvar2>aValue</myvar2>
        </configgroup2>
    </mymodule>
</default>
```

Damit eine Extension überhaupt von Magento geladen und die Konfigurationsdatei verarbeitet wird, muss sie zunächst aktiviert werden. Wie das funktioniert, erfahren Sie im folgenden Abschnitt.

Eine Extension in Magento aktivieren

Damit eine Extension geladen und aktiviert wird, muss eine XML-Datei im Verzeichnis */app/etc/modules/* angelegt werden, die auf das Extension-Verzeichnis verweist. Während des Ladevorgangs parst Magento automatisch alle XML-Dateien in diesem Verzeichnis.

Das folgende Listing zeigt den Aufbau der Aktivierung unseres Beispielmoduls Webkochshop_*HelloWorld* im Verzeichnis */app/etc/modules/*:

```
<?xml version="1.0"?>
<config>
    <modules>
        <!-- Modul app/code/local/Webkochshop/HelloWorld aktivieren -->
        <Webkochshop_HelloWorld>
            <active>true</active>
            <codePool>local</codePool>
```

```
        <depends>
            <Mage_Core />
        </depends>
    </Webkochshop_HelloWorld>
    </modules>
</config>
```

Beachten Sie das Tag `<Webkochshop_HelloWorld>`. Es wird beim Parsen der Datei in den Speicherort der Extension umgesetzt. Der Teil vor dem Unterstrich entspricht dem Verzeichnis, in dem sich das eigentliche Extension-Verzeichnis befindet. Wie bereits erwähnt, ist es üblich, eigene Extensions in einem gemeinsamen Verzeichnis zu sammeln, das den eigenen Namen oder den Namen der Firma enthält. Sie verbessern damit die Übersichtlichkeit und verhindern darüber hinaus Namenskonflikte mit anderen Extensions, da der Verzeichnisname auch in den Klassennamen Ihrer Extension vorkommt und Sie so ausschließen können, dass eine andere Extension eine Klasse mit dem gleichen Namen enthält.

Innerhalb des `<Webkochshop_HelloWorld>`-Tags werden zusätzliche Optionen gesetzt: Der unter `<codePool>` angegebene Wert bestimmt, in welchem Verzeichnis unter */app/code/* sich die Extension befindet. Da Sie eigene Extensions am besten im Verzeichnis */app/code/local/* anlegen, verwenden Sie hier den Wert *local*.

Über das `<active>`-Tag kann die Extension gezielt deaktiviert werden, wenn Sie den Wert auf `false` setzen. Der Wert `true` aktiviert sie entsprechend. Das kann bei der Problemsuche hilfreich sein, da Sie so eine komplette Extension abschalten können, um zu sehen, ob ein bestimmter Fehler von ihr hervorgerufen wird. Beachten Sie, dass Sie den Magento-Cache erneuern müssen, damit eine Änderung in den XML-Dateien wirksam wird.

Innerhalb der optionalen `<depends>`-Tags können Sie Modulnamen einfügen, die für die korrekte Funktion benötigt werden. Diese Module werden dann vor der Aktivierung geladen. Dies ist besonders wichtig für aufeinander aufbauende Module, da es bei der falschen Aktivierungreihenfolge zu Fehlern kommen kann. In Abbildung 17-3 wird deutlich, wie die Informationen in der Datei zum Laden der Extension verwendet werden.

Anstelle einer separaten Datei für jede Extension können Sie auch eine einzelne Datei erstellen, in der mehrere Modulverweise enthalten sind. Im Folgenden sehen Sie den Aufbau einer solchen Datei im Verzeichnis */app/etc/modules/*:

```
<?xml version="1.0"?>
<config>
    <modules>
        <!-- Modul app/code/local/Webkochshop/HelloWorld aktivieren -->
        <Webkochshop_HelloWorld>
            <active>true</active>
            <codePool>local</codePool>
        </Webkochshop_HelloWorld>
        <!-- Modul app/code/local/Webkochshop/Lieferant aktivieren -->
        <Webkochshop_Lieferant>
            <active>true</active>
```

```
        <codePool>local</codePool>
    </Webkochshop_Lieferant>
<!-- Modul app/code/local/JohnDoe/MyFirstModule ist deaktiviert -->
<JohnDoe_MyFirstModule>
    <active>false</active>
    <codePool>local</codePool>
</JohnDoe_MyFirstModule>
    </modules>
</config>
```

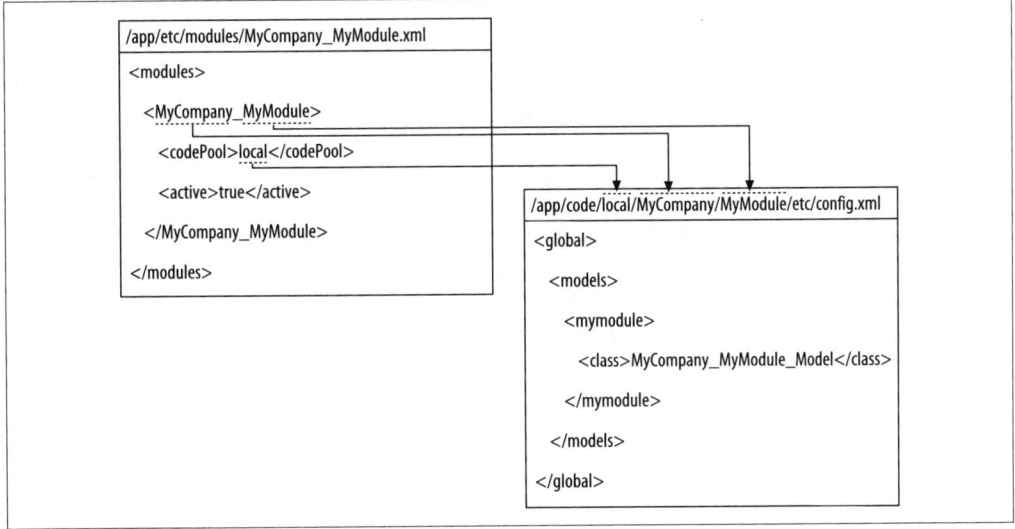

Abbildung 17-3: Laden einer Extension

Bei Verwendung einer einzigen Deklarationsdatei sind die einzelnen Module aber natürlich nicht mehr sauber gekapselt, deswegen empfiehlt sich diese Vorgehensweise nur in Ausnahmefällen, wenn bestimmte Module immer zusammen verwendet werden. Nach dem Parsen der XML-Dateien im Verzeichnis */app/etc/modules/* werden die Konfigurationsdateien der Core-Module und Extensions gelesen.

Bevor Sie nun Ihre erste eigene Extension schreiben, sollten Sie noch verinnerlichen, wie die Verzeichnisstruktur einer Extension aufgebaut sein muss. Mehr darüber erfahren Sie im folgenden Abschnitt.

Die Verzeichnisstruktur einer Extension

Zwei Verzeichnisse stehen für die Ablage von eigenen Extensions zur Verfügung: */app/code/local/* und */app/code/community/*. Für die Funktion der Extension spielt es keine Rolle, in welchem der beiden sie abgelegt wird. Unter */community/* werden alle Extensions aus Magento Connect installiert, */local/* ist für eigene Erweiterungen vorgesehen. Das Verzeichnis */app/code/core/* enthält die Core-Module von Magento und ist daher – wie bereits erwähnt – für eigenen Code tabu.

Wie bereits im Abschnitt »Eine Extension konfigurieren« auf Seite 418 erwähnt, besteht eine Extension immer mindestens aus der Konfigurationsdatei *config.xml* im Verzeichnis */etc/*. Sie bestimmt größtenteils die Klassennamen und wie diese Klassen geladen werden. Anhand der Konfiguration werden die entsprechenden Dateien der Extension zur Laufzeit geladen. Dabei greift Magento auf die Methode *loadClass()* des Zend Framework zurück. Abbildung 17-4 zeigt den typischen Verzeichnisaufbau einer Extension.

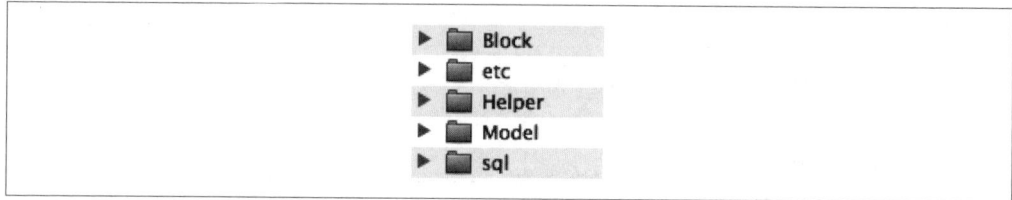

Abbildung 17-4: Verzeichnisaufbau einer Extension

Nachdem Sie nun erfahren haben, wie eine Extension samt Konfiguration angelegt wird, ist es an der Zeit, Ihr neu gewonnenes Wissen in die Praxis umzusetzen. Dafür eignet sich natürlich nichts besser als eine HelloWorld-Extension. Im folgenden Beispiel schreiben Sie Ihre erste eigene Extension und erfahren weitere Details zu Aufbau und Konfiguration.

Praxisbeispiel 1: HelloWorld

Im folgenden Beispiel wird mithilfe einer Extension eine Seite mit dem Text *Hello World* und der aktuellen Uhrzeit ausgegeben, wenn man im Shop die URL */helloworld aufruft.* Abbildung 17-5 zeigt das gewünschte Ergebnis.

Abbildung 17-5: Die neue Extension HelloWorld in Aktion

Die Lösung in diesem Beispiel ist in mehrere Bereiche aufgeteilt. Dieses Muster werden Sie auch in den anderen Beispielen innerhalb dieses Kapitels wiederfinden. Zunächst erfahren Sie, welcher Lösungsansatz gewählt wurde, anschließend wird die Erstellung und Konfiguration der Extension erläutert, bevor es dann an die eigentliche Logik in Form von Controllern, Blöcken, Helpern oder Models geht. Abschließend wird die Anpassung des Shoplayouts und die Aktivierung der Extension behandelt.

Eine Extension anlegen und konfigurieren

Dieses Beispiel ist vergleichsweise simpel: Der Lösungsansatz besteht darin, einen neuen Controller zu erstellen, der beim Aufruf der URL geladen wird und die aktuelle Uhrzeit an ein Template übergibt. Für das Template wird außerdem eine Layoutdatei benötigt. Diese Funktionalität kapseln wir anschließend in einer eigenen Extension.

Die Beispiel-Extension wird im Verzeichnis */app/code/local/Webkochshop/HelloWorld* abgelegt. Erstellen Sie die Konfigurationsdatei *config.xml* im Verzeichnis */etc/* der Extension und definieren Sie mit ihr die benötigten Funktionen. Hier sehen Sie den Aufbau der Datei:

```xml
<?xml version="1.0"?>
<config>
    <modules>
        <Webkochshop_HelloWorld>
            <version>0.1.0</version>
        </Webkochshop_HelloWorld>
    </modules>
    <frontend>
        <routers>
            <helloworld>
                <use>standard</use>
                <args>
                    <module>Webkochshop_HelloWorld</module>
                    <frontName>helloworld</frontName>
                </args>
            </helloworld>
        </routers>
        <layout>
            <updates>
                <ProductWidget>
                    <file>helloworld.xml</file>
                </ProductWidget>
            </updates>
        </layout>
    </frontend>
</config>
```

Einen neuen Controller definieren

Erstellen Sie die Datei *IndexController.php* im Verzeichnis */controllers/* Ihrer Extension. Sie enthält die Controller-Klasse mit der Methode *IndexAction()*, die ausgeführt wird, wenn Sie im Browser die in der Konfiguration angegebene URL öffnen. Dabei wird die aktuelle Zeit über die PHP-Funktion *date()* abgefragt und über die Methode *assign()* dem Layoutblock übergeben. Um Letzteren auch eindeutig referenzieren zu können, wird er *helloworld* genannt.

```php
<?php
/*
 *  neuen Controller vom Standard-Frontend-Controller ableiten:
 */
class Webkochshop_HelloWorld_IndexController
```

```
                extends Mage_Core_Controller_Front_Action
    {
        function indexAction()
        {
            $currentTime = date("H:i", time());

            /*
             * Laden des Layout-XML
             */
            $this->loadLayout();

            /*
             * Layoutblock des Layouts laden und Variable $currentTime übergeben:
             */
            $this->getLayout()
                ->getBlock('helloworld')
                ->assign('currentTime', $currentTime);

            $this->renderLayout();
        }
    }
```

Wie Sie in der vorletzten Zeile der Funktion *indexAction()* sehen können, ist es in Magento üblich, in der gezeigte Weise Methoden zu schachteln; dies wird Ihnen auch noch an vielen anderen Stellen der Applikation begegnen.

Layout

Damit beim Aufruf der URL überhaupt etwas angezeigt wird, erstellen Sie als Nächstes die Layoutdatei *helloworld.xml* im Verzeichnis */app/design/frontend/base/default/layout/*:

```
<?xml version="1.0"?>
<layout version="0.1.0">
    <helloworld_index_index>
        <reference name="content">
            <block type="core/template" name="helloworld"
                   template="webkochshop/helloworld/index.phtml" />
        </reference>
    </helloworld_index_index>
</layout>
```

Wichtig zu verstehen an dieser Stelle ist, wie hier dem Strukturblock *content* – immerhin möchten wir die Ausgabe der Beispiel-Extension gern im Hauptinhaltsbereich unseres Shops sehen – der Inhaltsblock *helloworld* zugeordnet und Letzterer mithilfe des Templates *index.phtml* formatiert wird. Dieses erstellen Sie im nächsten Schritt.

Template

Legen Sie die Template-Datei *index.phtml* im Verzeichnis */app/design/frontend/base/default/template/webkochshop/helloworld/* an und schreiben Sie folgende Zeile hinein.

```
<h2>Hello World, it's <?php echo $currentTime ?>!</h2>
```

Einfacher könnte es doch fast gar nicht sein, oder? Mithilfe dieses kleinen, aber feinen Einzeilers geben Sie die Uhrzeit aus, die vorher im Controller abgefragt und als Variable $currentTime bereitgestellt wurde. Anhand dieses einfachen Beispiels erkennen Sie auch, wie eine *.phtml*-Datei aus einer Mischung aus HTML- und PHP-Elementen besteht, wobei die PHP-Ausgabe möglichst keine HTML-Formatierungen enthalten sollte.

Im letzten Schritt müssen Sie Ihre Extension nur noch aktivieren. Damit das geschieht, legen Sie eine passende Konfigurationsdatei unter */app/etc/modules* an, wie im Abschnitt »Eine Extension konfigurieren« auf Seite 418 beschrieben.

Die Ausgabe des Moduls wird angezeigt, wenn Sie die URL */helloworld* in Ihrer Magento-Testumgebung aufrufen. Denken Sie daran, den Cache zu löschen, damit die Änderungen in den Konfigurationsdateien wirksam werden.

Herzlichen Glückwunsch! Sie haben soeben Ihre erste Magento-Extension erfolgreich geschrieben und aktiviert – wenn das kein Grund zu einem kleinen Freudentänzchen ist! Und wenn dieser abgeschlossen ist, haben Sie sicherlich genügend Motivation gesammelt, um im nächsten Abschnitt in Erfahrung zu bringen, welche verschiedenen Möglichkeiten es gibt, Magento zu erweitern.

Magento richtig erweitern

Bei der Erweiterung von Magento sollten Sie auf die Wahl der richtigen Mittel achten, um die Update-Fähigkeit nicht zu beeinträchtigen. Durch die große Flexibilität des Modulsystems gibt es häufig mehr als einen Weg zum Ziel, daher ist es umso wichtiger, die verschiedenen Vor- und Nachteile der unterschiedlichen Herangehensweisen zu kennen. Im folgenden Abschnitt erfahren Sie, was Rewrites und Event-Observer sind und in welchen Fällen Sie sie am besten einsetzen. Der im Anschluss vorgestellte dritte Ansatz, bei dem Core-Dateien komplett ersetzt werden, ist zwar nicht zu empfehlen, kommt aber aufgrund der vergleichsweise simplen Umsetzung leider häufig zum Einsatz.

Rewrites

Alle in Magento vorhandenen Blöcke, Helper und Models können in eigenen Extensions überschrieben werden, um sie um zusätzliche Funktionen zu erweitern oder auch um bestehende Funktionen zu verändern. Diese Art der Erweiterung ist sehr mächtig, mit ihr können Sie nahezu jede erdenkliche Aufgabe umsetzen. Ein Nachteil dieser Methode ist eine mögliche Einschränkung der Kompatibilität zu anderen Extensions, da dieselbe Klasse nicht mehrmals überschrieben werden kann. Das wird z. B. dann zu einem Problem, wenn Sie in Ihrem Shop zwei Extensions haben, die beide das Product-Model überschreiben.

Bei der Verwendung vieler Extensions kann es somit zu Problemen kommen. In Projekten mit zahlreichen umfangreichen Anpassungen hat es sich daher bewährt, eine große Extension zu entwickeln, in der alle projektspezifischen Entwicklungen zusammengefasst werden. Dies vereinfacht auch spätere Erweiterungen.

Die Definition der Rewrites wird in den `<global>`-Abschnitt der Extension-Konfiguration eingefügt. Das folgende Listing zeigt das am Beispiel des Models *Catalog_Product* und des Blocks *Catalog_Product*:

```
<global>
    <models>
        <!-- Ein Model im Core-Modul Catalog soll überschrieben werden. -->
        <catalog>
            <rewrite>
                <!-- Das Model Catalog_Product wird mit einer -->
                <!-- eigenen Klasse überschrieben. -->
                <product>Webkochshop_Helloworld_Model_Catalog_Product</product>
            </rewrite>
        </catalog>
    </models>
    <blocks>
        <catalog>
            <rewrite>
                <!-- Der Block Catalog_Product wird mit einer -->
                <!-- eigenen Klasse überschrieben. -->
                <product>Webkochshop_Helloworld_Block_Catalog_Product</product>
            </rewrite>
        </catalog>
    </blocks>
</global>
```

Die neue Klasse sollten Sie immer von der Core-Klasse, die sie überschreibt, ableiten. Dadurch stehen alle Core-Funktionen zur Verfügung; es müssen nur die veränderten bzw. neuen Methoden in die Klasse aufgenommen werden. Beispiel: Im Product-Model soll die neue Methode getUppercaseName() eingefügt werden, die den Namen des Produkts in Versalien zurückgibt. Im folgenden Listing sehen Sie, wie die Model-Datei der Extension dazu aussieht:

```
<?php

/*
 *  Die neue Klasse wird vom Core-Model abgeleitet.
 */
class Webkochshop_HelloWorld_Model_Catalog_Product extends Mage_Catalog_Model_Product
{
    public function getUppercaseName()
    {
        /*
         * Dank der Vererbung steht die Methode getName() des Core-Models
         * zur Verfügung.
         */
        $name = $this->getName();
        return strtoupper($name);
    }
}
```

Das Überschreiben von Blöcken funktioniert nach demselben Prinzip:

```php
<?php

/*
 * Die neue Klasse wird vom Core-Block abgeleitet.
 */
class Webkochshop_HelloWorld_Block_Catalog_Product
    extends Mage_Catalog_Block_Product
{
    /*
     * Die Core-Methode getPrice() wird überschrieben.
     */
    public function getPrice()
    {
        /*
         * Anstelle des tatsächlichen Preises wird 3 zurückgegeben.
         */
        return 3;
    }
}
```

Vor Magento 1.3 mussten Controller umständlich mithilfe eines regulären Ausdrucks umgeschrieben werden. Die Core-Entwickler haben jedoch auf vielfachen Wunsch das Umschreiben von Routern stark verbessert. Jetzt funktioniert es mit einem kleinen Config-Eintrag:

```xml
<frontend>
    <routers>
        <checkout>
            <args>
                <modules>
                    <helloworld before="Mage_Checkout">Webkochshop_HelloWorld_
                        Checkout</helloworld>
                </modules>
            </args>
        </checkout>
    </routers>
</frontend>
```

Durch diesen Eintrag sucht Magento bei einem Aufruf einer Route aus dem Checkout-Modul zuerst in unserem Modul nach einem passenden Controller. Wenn wir eine Klasse *CartController.php* im Verzeichnis */controllers/Checkout/* anlegen, wird diese statt der Core-Datei geladen.

Die dazugehörige Controller-Klasse *CartController.php* im Verzeichnis */controllers/Checkout* sehen Sie hier:

```php
<?php

/*
 * Da der Autoloader den Klassennamen nicht auf den Dateinamen mappen kann, muss
 * die Core-Klasse manuell eingebunden werden:
```

```
    */
require_once 'Mage/Checkout/controllers/CartController.php';

class Webkochshop_HelloWorld_Checkout_CartController
    extends Mage_Checkout_CartController
{
    public function indexAction()
    {
        parent::indexAction();
    }
}
```

Zusammenfassend lässt sich also sagen, dass das Überschreiben von Blöcken, Models, Controllern und Helpern eine sehr mächtige Methode ist, Modifikationen innerhalb eigener Extensions vorzunehmen. Da Sie von den Core-Klassen ableiten, stehen Ihnen alle Methoden der Elternklasse(n) zur Verfügung, und Sie müssen nur diejenige überschreiben, die für Ihre Zwecke nötig ist. Diese Herangehensweise stellt zudem sicher, dass keine Core-Dateien geändert werden und die Update-Fähigkeit des Systems sichergestellt ist.

Zu Problemen kommt es mit diesem Verfahren aber leider dann, wenn mehrere Extensions versuchen, die gleiche Klasse zu überschreiben: Das funktioniert nicht und kann daher zu Kompatibilitätsproblemen zwischen einzelnen Extensions führen. Diese Probleme vermeiden Sie, wenn in Magento ein passendes Event vorhanden ist, an dem Sie sich mit Ihrer Extension gleichsam in den Magento-Programmablauf einschalten können. Wir präsentieren: die Event-Observer-Methode.

Das fertige Modul *Webkochshop_HelloWorld-0.1.0.zip* finden Sie im Download-Code zum Buch unter *http://examples.oreilly.de/german_examples/onlineshops3ger*.

Event-Observer

Viele Aktionen in Magento lösen Events aus, die von eigenen Extensions mit einem Event-Observer abgefangen werden können. Der Vorteil dieser Observer liegt darin, dass keine Core-Klassen überschrieben werden müssen, sodass Update-Fähigkeit und Kompatibilität zu anderen Extensions nicht beeinträchtigt werden. Allerdings eignen sich Event-Observer nicht zur Veränderung des Cores, sondern vielmehr für die Implementierung neuer Funktionen. Abbildung 17-6 zeigt, wie ein Event-Observer in den Ablauf eingreift.

Event-Observer werden in der *config.xml* einer Extension im Abschnitt <events> definiert:

```
<events>
    <magento_event_name>
        <observers>
            <mycompany_mymodule_observer_name>
                <type>singleton</type>
                <class>mymodule/my_observer</class>
                <method>observerMethod</method>
```

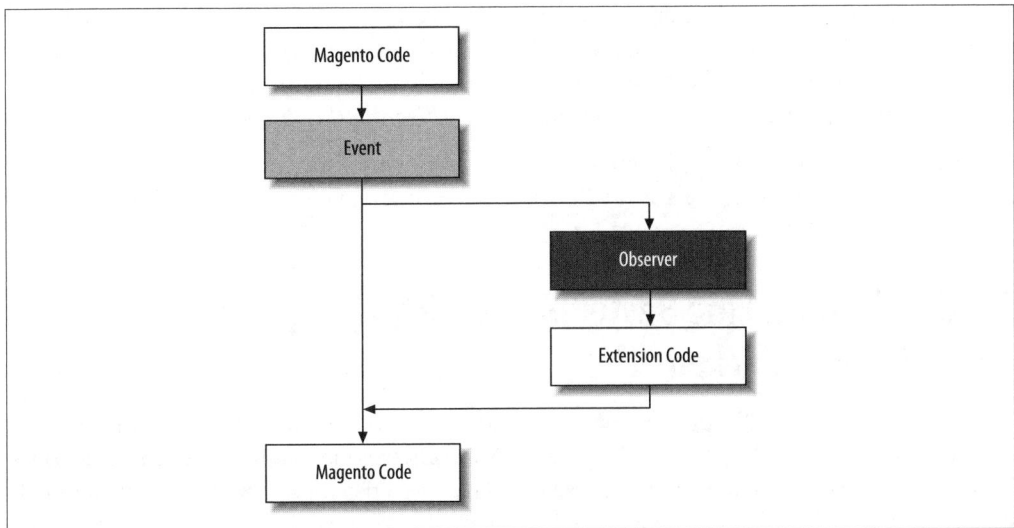

Abbildung 17-6: Programmablauf mit Event-Observer

```
            </mycompany_mymodule_observer_name>
        </observers>
      </magento_event_name>
    </events>
```

Event-Observer sind im Prinzip nichts anderes als Models, daher bezieht sich der unter `<class>` angegebene Name auf das Model-Verzeichnis der Extension. So wird aus *mymodule/my_observer* der Pfad *MyModule/Model/My/Observer.php*.

Externe Dokumentationen sind nicht immer aktuell, da mit neuen Magento-Releases auch häufig neue Events hinzugefügt werden. Eine aktuelle Liste von Events können Sie relativ leicht selbst erstellen, unter Linux genügt hier die Eingabe von *grep -r -i Mage::dispatchEvent . > magentoEvents.txt* im Magento-Verzeichnis unter */app/code/core/Mage*. Die dabei erzeugte Textdatei lässt sich z. B. leicht in OpenOffice.org als Tabelle aufbereiten.

 Leider funktioniert diese Herangehensweise nicht bei allen Dateien, da oftmals der Event-Code in einer anderen Zeile steht und somit vom grep-Befehl nicht ausgegeben wird.

Replacements

Der Vollständigkeit halber sei hier eine dritte Methode erwähnt, die jedoch nicht empfehlenswert ist, sondern Ihnen vielmehr zeigen soll, dass die große Flexibilität Magentos auch Möglichkeiten bietet, die bei genauerer Betrachtung mehr Nach- als Vorteile für Ihr Projekt bringen. Core-Dateien können als Kopie in dem Pfad *app/code/local/* unter Beibehaltung der originären Verzeichnisstruktur abgelegt werden; es wird also lediglich der Code-Pool geändert. Diese Dateien werden dann anstelle der Core-Files geladen. Dieses

Vorgehen beeinträchtigt jedoch die Update-Fähigkeit deutlich. Der Pfad eines Core-Models wäre beispielsweise */app/code/core/Mage/Catalog/Model/Abstract.php*. Diese abstrakte Klasse könnte mit diesem einfachen, aber nicht empfohlenen Trick mit der folgenden überlagert werden: */app/code/local/Mage/Catalog/Model/Abstract.php*.

Um die hier vorgestellten Möglichkeiten, Magento zu erweitern, zu verdeutlichen, folgen zum Abschluss dieses Kapitels zwei Beispiele, die Ihnen typische Anwendungsfälle für Event-Observer und Rewrites zeigen.

Praxisbeispiel 2: Eine Bestellbenachrichtigung per E-Mail verschicken

Dem folgenden Beispiel liegt die Aufgabe zugrunde, bei einer Bestellung im Shop automatisch eine Benachrichtigungs-E-Mail an einen vorgegebenen Empfänger zu versenden. Da es ein Event gibt, das nach dem erfolgreichen Abschluss des Checkout-Prozesses ausgelöst wird, ist die Event-Observer-Methode für die Lösung dieser Aufgabe am besten geeignet. Somit benötigen wir nur einen Observer, der auf das passende Event reagiert und die E-Mail versendet.

Die Extension konfigurieren

Zunächst wird die Konfigurationsdatei der Extension angelegt, in der ein Observer für das Event *sales_order_place_after* definiert wird. Das folgende Listing zeigt den Inhalt der Datei *config.xml*:

```xml
<?xml version="1.0"?>
<config>
    <modules>
        <Webkochshop_OrderAlert>
            <version>0.1.0</version>
        </Webkochshop_OrderAlert>
    </modules>
    <global>
        <models>
            <orderalert>
                <class>Webkochshop_OrderAlert_Model</class>
            </orderalert>
        </models>
    </global>
    <frontend>
        <events>
            <sales_order_place_after>
                <observers>
                    <orderalert>
                        <type>singleton</type>
                        <class>orderalert/observer</class>
                        <method>salesOrderPlaceAfter</method>
                    </orderalert>
```

```
            </observers>
          </sales_order_place_after>
        </events>
      </frontend>
    </config>
```

Tritt also das Event *sales_order_place_after* nach der Beendigung des Bestellprozesses ein, wird die Methode *salesOrderPlaceAfter()* des Observers *Observer.php* (s. u.) aufgerufen. Im Folgenden werden Sie sehen, dass diese Methode den angestrebten E-Mail-Versand auslöst.

Den Observer anlegen

Anschließend wird der Observer, der die eigentliche Logik enthält, mit dem Dateinamen *Observer.php* im Verzeichnis */Model/* angelegt. Der Funktion *salesOrderPlaceAfter()* wird zunächst ein Objekt übergeben, in dem die für das Event relevanten Daten enthalten sind. In unserem Beispiel befinden sich in diesem Objekt auch sämtliche Daten der Bestellung, auf die wir so zugreifen und für unsere E-Mail weiterverarbeiten können.

```php
<?php

class Webkochshop_OrderAlert_Model_Observer
{
    /**
     * @param Varien_Event_Observer $observer
     */
    public function salesOrderPlaceAfter($observer)
    {
        /*
         * Das Event sales_order_place_after übergibt alle nötigen Daten,
         * darunter auch das Order-Objekt.
         */
        $order = $observer->getEvent()->getOrder();

        $emailAddress = Mage::getStoreConfig(
            'trans_email/ident_general/email',
            $order->getStoreId()
        );

        $mail = Mage::getModel('core/email')
            ->setSubject('Neue Bestellung')
            ->setFromEmail($emailAddress)
            ->setToEmail($emailAddress)
            ->setBody('Neue Bestellung ' . $order->getRealOrderId())
            ->send();
    }
}
```

Event-Observer werden in der Regel nicht von anderen Klassen abgeleitet, da sie beim Aufruf ein Objekt mit allen relevanten Daten als Parameter – in diesem Fall den Order-Datensatz $observer->getEvent()->getOrder() – übergeben bekommen.

Wie Sie sehen, ist die Nutzung eines Event-Observers mit wenigen Zeilen Code machbar. Die vorliegende Lösung reagiert allerdings nur auf Frontend-Events, sodass Bestellungen, die über das Admin-Panel angelegt werden, hier nicht berücksichtigt werden – was natürlich durchaus erwünscht sein kann. Um das zu ändern, könnten Sie einfach einen zweiten Observer im <adminhtml>-Bereich der Extension-Konfiguration definieren.

Eigene Backend-Konfigurationsoptionen

Stellen Sie sich vor, Sie möchten eine Extension entwickeln, für die bestimmte Konfigurationswerte gespeichert und über das Backend verwaltet werden sollen. Möglicherweise muss auf diese Weise die URL eines bestimmten Webservice eingetragen werden, die nicht hartcodiert in Ihrer Extension stehen soll – dies lässt sich sehr einfach über eine zusätzliche Konfigurationsdatei erreichen.

Neben der bereits bekannten Datei *config.xml* kann es im */etc/*-Verzeichnis einer Extension auch eine weitere XML-Datei namens *system.xml* geben, die es erlaubt, Konfigurationsvariablen einer Extension im Admin-Panel konfigurierbar zu machen. Hier erfahren Sie, wie die Datei aufgebaut ist und wie Sie sie für Ihre eigenen Extensions sinnvoll nutzen.

Zunächst sehen Sie exemplarisch den Aufbau der *system.xml*, anschließend erfahren Sie, wofür die einzelnen Zeilen stehen und welche Werte gesetzt werden können:

```xml
<?xml version="1.0"?>
<config>
    <sections>
        <helloworld translate="label" module="helloworld">
            <label>Hello World</label>
            <tab>general</tab>
            <sort_order>90</sort_order>
            <show_in_default>1</show_in_default>
            <show_in_website>1</show_in_website>
            <show_in_store>1</show_in_store>
            <groups>
                <general translate="label">
                    <label>General</label>
                    <sort_order>1</sort_order>
                    <show_in_default>1</show_in_default>
                    <show_in_website>1</show_in_website>
                    <show_in_store>1</show_in_store>
                    <fields>
                        <config_var1 translate="label">
                            <label>Config Var 1</label>
                            <frontend_type>text</frontend_type>
                            <sort_order>10</sort_order>
                            <show_in_default>1</show_in_default>
                            <show_in_website>1</show_in_website>
                            <show_in_store>1</show_in_store>
                        </config_var1>
                        <config_var2 translate="label">
                            <label>Config Var 2</label>
```

```xml
                <frontend_type>text</frontend_type>
                <sort_order>20</sort_order>
                <show_in_default>1</show_in_default>
                <show_in_website>1</show_in_website>
                <show_in_store>1</show_in_store>
            </config_var2>
            <config_var3 translate="label">
                <label>Config Var 3</label>
                <frontend_type>text</frontend_type>
                <sort_order>30</sort_order>
                <show_in_default>1</show_in_default>
                <show_in_website>1</show_in_website>
                <show_in_store>1</show_in_store>
            </config_var3>
          </fields>
        </general>
      </groups>
    </helloworld>
  </sections>
</config>
```

Das vorliegende Beispiel fügt im Tab *Allgemein (General)* des Konfigurationsmenüs den Punkt *Hello World* ein. Wird dieser Punkt ausgewählt, stehen drei Konfigurationsvariablen in der Gruppe Allgemein (General) zur Verfügung. Andere mögliche Werte für den `<tab>`-Knoten sind *catalog*, *customers*, *sales*, *services* und *advanced*.

Dabei spielt es funktional keine Rolle, in welchem Tab Sie Ihren Menüpunkt platzieren, die Unterteilung dient lediglich der besseren Übersicht. Abbildung 17-7 zeigt das Ergebnis der Einträge in der *system.xml*.

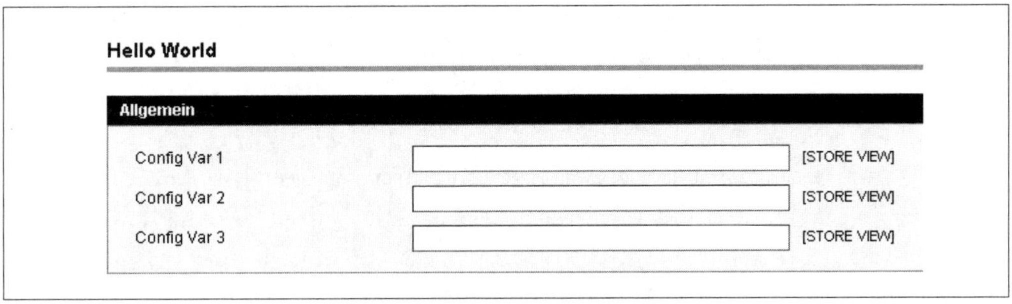

Abbildung 17-7: Neue Konfigurationsmöglichkeiten im Admin-Bereich

Damit Sie im Backend Zugriff auf Ihren neuen Menüpunkt haben, muss in einer Datei namens *adminhtml.xml* der Extension ein ACL-(Access Control List-)Eintrag hinzugefügt werden. Ansonsten kann Magento beim Aufruf der Seite nicht feststellen, ob der eingeloggte Benutzer die entsprechenden Zugriffsrechte besitzt. Dies gilt auch für Benutzer, die volle Administratorrechte im Backend besitzen. Fehlt der ACL-Eintrag, erhält man beim Aufruf des Menüpunkts nur eine *Access Denied*-Fehlermeldung. Hier sehen Sie, wie die *adminhtml.xml* für das obige Beispiel aussehen muss:

```xml
<?xml version="1.0" ?>
<config>
    <acl>
        <resources>
            <admin>
                <children>
                    <system>
                        <children>
                            <config>
                                <children>
                                    <helloworld translate="title" module="helloworld">
                                        <title>Hello World</title>
                                    </helloworld>
                                </children>
                            </config>
                        </children>
                    </system>
                </children>
            </admin>
        </resources>
    </acl>
</config>
```

Die einzelnen Knoten repräsentieren dabei die Menüstruktur im Admin-Panel. Der letzte <children>-Knoten <helloworld> muss dabei dem Knoten entsprechen, der in der *system.xml* für den Menüpunkt festgelegt wurde. Ein kleiner Stolperstein ist die Tatsache, dass die Extension zwingend den Helper Webkochshop_HelloWorld_Helper_Data haben muss. Dabei genügt es, den eigenen Helper von der Klasse Mage_Core_Helper_Data abzuleiten, da diese bereits alle nötigen Funktionen mitbringt. Hier sehen Sie die Datei */Helper/Data.php*:

```php
<?php

class Webkochshop_HelloWorld_Helper_Data extends Mage_Core_Helper_Abstract
{
    /*
     * Da alle benötigten Methoden von Mage_Core_Helper_Data geerbt werden,
     * kann diese Klasse leer bleiben.
     */
}
```

Damit Magento auch unseren Helper finden kann, muss ein entsprechender Abschnitt in die *config.xml* eingefügt werden, und zwar in der Form, wie wir es auch schon bei <models> und <blocks> gemacht haben.

```xml
<!--...-->
<helpers>
    <helloworld>
        <class>Webkochshop_HelloWorld_Helper</class>
    </helloworld>
</helpers>
```

Nachdem Sie nun auch wissen, wie Sie eigene Einträge in die Magento-Konfiguration im Backend einfügen, haben Sie bereits fast alle Aspekte der Extension-Entwicklung kennengelernt. Bevor sich dieses Kapitel dem Ende zuneigt, gibt es noch eine nicht unwichtige Funktion, die Sie kennen sollten. Dabei handelt es sich um die Installations- und Update-Skripte, mit denen Sie zum Beispiel bestehende Datenbanktabellen um neue Felder erweitern oder komplett neue eigene Tabellen erstellen können. Wie das genau funktioniert, erfahren Sie im nächsten – und letzten – Teil dieses Kapitels.

Installations- und Update-Skripte

Für einige Erweiterungen ist es nötig, zusätzliche Daten in der Datenbank zu speichern, wie z. B. eine Liste der Mitarbeiter, die der Besucher Ihres Shops kontaktieren kann. Für diesen Zweck bietet das Modulsystem von Magento Installationsskripte, in denen abhängig von der Versionsnummer der Extension neue Tabellen, Tabellenspalten oder Attribute angelegt werden können. Diese Skripte liegen im Verzeichnis */sql/<modulname>/setup/* im Hauptpfad Ihrer Extension.

Für die erste Installation ist die Datei *mysql4-install-x.x.x.php* vorgesehen, wobei x.x.x der Versionsnummer in der *config.xml* der Extension entspricht, die in der `<modules>`-Sektion im `<version>`-Element eingetragen wird. Müssen in späteren Versionen weitere Änderungen an der Datenbank vorgenommen werden, können Update-Skripte nach dem Muster *mysql4-upgrade-x.x.x-y.y.y.php* angelegt werden; bei einem Update von Version 0.1.0 auf Version 0.1.1 lautet der Dateiname also *mysql4-upgrade-0.1.0-0.1.1.php*. Bei einer Neuinstallation einer Extension wird immer erst das Installationsskript ausgeführt, anschließend werden alle Update-Skripte bis zur aktuellen Versionsnummer abgearbeitet.

Lassen Sie sich nicht von dem Bestandteil *mysql4* in den Dateinamen der Setup-Skripte irritieren – die Installationsroutinen gelten natürlich auch für MySQL 5-Datenbanken. Der Name hat historische Gründe (genau wie der Verzeichnisname *sql*). Ursprünglich waren die Magento-Install- und Upgrade-Skripte reines SQL. Später wurden daraus PHP-Skripte. Die Namenskonventionen sind erhalten geblieben.

Nach erfolgter Installation wird für jedes Core-Modul und jede Extension ein Eintrag in der Datenbanktabelle *core_resources* gespeichert, der den Namen der Modul-Setup-Resource, der in der jeweiligen *config.xml* festgelegt wurde, sowie die derzeitig installierte Versionsnummer enthält. Wird dieser Eintrag für ein Modul entfernt, führt Magento die Installation beim nächsten Aufruf einer beliebigen Seite im Front- oder Backend erneut aus.

Zusammenfassung

In diesem Kapitel haben wir Ihnen die Grundlagen der Extension-Entwicklung nähergebracht. Sie haben gesehen, aus welchen Komponenten eine Extension besteht und wie die interne Hierarchie einer Extension aufgebaut sein kann. Extensions zeichnen sich durch die gleiche Struktur wie Core-Module aus, sind aber meistens weit weniger komplex. Neben dem internen Aufbau einer Extension haben Sie gelernt, wie Extensions so konfigurierbar gestaltet werden können, dass sie generell zum Einsatz kommen und dabei auch alle erforderlichen Models, Blöcke, Controller usw. sinnvoll definiert werden.

Anschließend haben wir Ihnen mit der Rewrite- und der Event-Observer-Methode zwei Varianten gezeigt, mit denen Sie elegant in den Funktionsablauf Magentos eingreifen können, ohne dabei Core-Dateien modifizieren müssen – wenn es ein Tabu bei der Magento-Programmierung gibt, dies ist eins!

Zum Schluss haben wir erläutert, auf welche Weise Sie mit Installations- und Update-Skripten die für Ihre Extension nötigen Modifikationen vornehmen können und wie Sie Ihre Extension über die *system.xml*-Konfigurationsdatei des Backends administrierbar machen.

KAPITEL 18

Deployment, Betrieb & Troubleshooting

Wenn Sie dieses Buch bis hierhin durchgearbeitet haben, kennen Sie Magento wirklich wie Ihre Westentasche. Sie wissen nun, an welchen Schrauben Sie drehen müssen, um das System genau das machen zu lassen, was Sie für Ihr digitales Geschäft geplant haben. Das Einpflegen verschiedenster Artikel dürfte Ihnen nun genauso leicht fallen wie das Durchführen von Rabattaktionen und das Bearbeiten von Kundendaten und Bestellungen.

Dies alles haben Sie im sicheren Schutz Ihres Demoshops geübt. Aber es kommt einmal der Punkt im Leben eines Shopbetreibers, an dem es ernst wird: Nach allen Vorbereitungen und Tests geben Sie Ihren Shop für das Live-Publikum frei und freuen sich auf die ersten Bestellungen. In diesem Kapitel helfen wir Ihnen dabei, diesen Schritt zu gehen und auch im laufenden Betrieb die richtigen Maßnahmen für das Wohl Ihres Shops durchzuführen. Wie geht man von der Test- in die Produktionsphase über? Wie fügt man neue Funktionalitäten hinzu, wenn diese erforderlich werden? Wie aktualisiert man das System, wenn beispielsweise Sicherheitsupdates von Magento veröffentlicht werden? Wie reagieren Sie, wenn Ihr Shop plötzlich komische und ungeplante Dinge tut oder einfach gar nicht mehr funktioniert? Dies sind einige der Fragen, denen wir in diesem Kapitel auf den Grund gehen möchten.

Beginnen möchten wir mit einem Punkt, der gar nicht stark genug betont werden kann: Backup, Backup, Backup!

Datenbanksicherungen erstellen

Man mag es sich gar nicht ausmalen: Ihr Online-Shop ist ein voller Erfolg, die Leute pilgern in Strömen zu Ihnen und reißen Ihnen die Artikel auf elektronischem Weg buchstäblich aus den Händen. Und dann spinnt die Festplatte Ihres Servers, sämtliche Datenbanken werden in Mitleidenschaft gezogen, und Ihre Artikel-, Kunden- und Bestelldaten sind unwiederbringlich verloren. Damit es erst gar nicht so weit kommt, sollten Sie sich angewöhnen, regelmäßig Datenbanksicherungen Ihres Magento-Systems durchzuführen.

Sie können Ihr System in unterschiedlichem Umfang sichern. Neben der reinen Datenbanksicherung können Sie zusätzlich auch den Medienordner (*media/*) sichern, der unter anderem die hochgeladenen Artikel- und Kategoriebilder enthält, oder Sie sichern gleich Ihre komplette Magento-Installation inklusive der Datenbank. Jede dieser Stufen ist umfangreicher und benötigt demnach mehr Zeit.

Die Verwaltung der Sicherungen finden Sie unter *System → Werkzeuge → Sicherungen*. Klicken Sie dort oben rechts auf den entsprechenden Button. Abhängig davon, wie groß Ihre Datenbank und Ihr Magento-Verzeichnis sind, erscheint nach einiger Zeit die Meldung *Sicherung wurde erfolgreich erstellt*, und in der Sicherungsliste wird ein neuer Eintrag angezeigt (Abbildung 18-1).

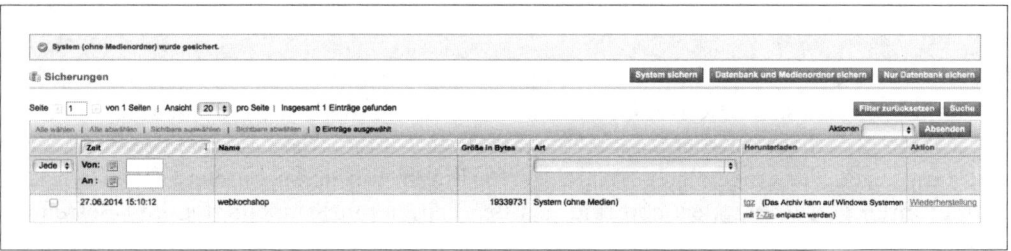

Abbildung 18-1: Eine neue Sicherung wurde erfolgreich erstellt und kann heruntergeladen werden

In der Tabelle sehen Sie alle Daten der Sicherung auf einen Blick, wie beispielsweise das Datum und die Uhrzeit der Sicherung sowie die Sicherungsart und deren Größe. Über den Link *.gz* in der Spalte *Herunterladen* können Sie die gezippte Datei herunterladen. Wird es nötig, eine Sicherung auf den Server zurückzuspielen, können Sie auf den Link *Wiederherstellen* klicken. Über den Link *Löschen* ganz rechts entfernen Sie die Sicherung spurlos vom Server. Wie alle Tabellen lässt sich auch diese auf verschiedene Weise filtern und sortieren, sodass Sie bei Bedarf genau die gewünschte Sicherung heraussuchen können.

> Wenn man sich überlegt, wie viel Ärger ein nicht aktuelles Datenbank-Backup verursacht, ist ein gelegentlicher Mausklick doch halb so schlimm, oder? Bitte bedenken Sie aber, dass die Dateien, die Sie hier so einfach per Mausklick anlegen, immer noch auf demselben Server liegen. Sicher wird das Backup erst, wenn Sie die Dateien herunterladen oder zu einem anderen Server übertragen!

Versionierung und Deployment

Mindestens genauso wichtig wie regelmäßige Backups Ihrer Datenbank ist, alle Magento-Dateien – im Gesamtsystem sind das ungefähr 15.000! – sinnvoll zu verwalten. Erfahrungsgemäß gibt es im Laufe eines Shoplebens die verschiedensten Änderungen am Dateisystem, denken Sie nur einmal an Software-Updates, neue Erweiterungen, neue Themes usw. Hier den Überblick zu verlieren, kann eine Menge Ärger verursachen. Welche Version Ihres Shops liegt gerade auf dem Server? Ist es die mit dem neuen Newsletter-Modul oder die, die Sie mit neuen Themes bereits auf Ostern, die Grillsaison und Weihnachten vorbereitet haben? Und was geschieht mit dieser Version, wenn Sie Magento auf den letzten Stand updaten? Sie sehen schon: Eine sinnvolle Verwaltung der Zustände Ihres Shops – oder auch Versionierung, wie man als Programmierer dazu sagt – ist sicher keine schlechte Idee.

Damit Sie Ihre Energie da einsetzen, wo sie am effektivsten ist – nämlich bei der Weiterentwicklung Ihres Shops und dem Feilen an neuen Verkaufsstrategien und nicht beim Haareraufen –, möchten wir Ihnen in diesem Abschnitt einige Strategien vorstellen, mit denen Sie Ordnung in die Dateiverwaltung bringen.

Drei Shops braucht der Mensch

Sie haben richtig gelesen: Wenn Sie es richtig ernst meinen mit dem Onlinegeschäft und böse Überraschungen von vornherein ausschließen möchten, empfehlen wir Ihnen, nicht nur einen oder zwei, sondern gleich drei parallele Versionen desselben Shops zu pflegen. Das mag auf den ersten Blick übertrieben wirken, wir sind aber davon überzeugt, dass Sie nach der Lektüre dieses Abschnitts erkennen, warum diese Lösung für Sie und Ihre Nerven die sinnvollste ist.

Das Development-System

Im Laufe der letzten Kapitel haben wir gemeinsam den Webkochshop weiterentwickelt, der auf Ihrem lokalen System läuft. Ohne eine Verbindung zum Internet bzw. eine externe Hosting-Lösung zu benötigen, konnten wir in aller Ruhe die verschiedenen Funktionen ausprobieren sowie Änderungen am Theme und am Skin vornehmen, ohne uns allzu sehr über eventuell auftretende Fehler Sorgen machen zu müssen. Erinnern Sie sich noch an den grasgrünen Hintergrund aus Kapitel 11? Diese grafische Extravaganz kann ganz unter uns bleiben, keiner Ihrer Kunden braucht jemals davon etwas zu erfahren.

Dieses lokale System ist der erste Baustein Ihrer Shop-Trilogie, betrachten wir es als Ihr Entwicklungs- oder auch Development-System: Hier feilen Sie an neuen Themes und haben alle Zeit der Welt, neue Module und Funktionalitäten zu testen, ohne dass sich gleich Kunden über merkwürdige Anzeigen im Shop bei Ihnen beschweren.

Haben Sie dann einen Stand erreicht, mit dem Sie zufrieden sind, ist es wichtig, diesen Zustand sozusagen einzufrieren, sodass Sie bei Bedarf darauf zurückgreifen können. Am einfachsten ist es, nach einem Datenbank-Backup (das Sie mit der im vorherigen Abschnitt beschriebenen Methode erstellt haben) ein ZIP-Archiv Ihres gesamten Magento-Ordners anzulegen, dieses aussagekräftig zu benennen und an einer sicheren Stelle aufzubewahren. Ein Dateiname könnte beispielsweise *webkochshop_1.1_fruehjahr-11.zip* sein. Wenn Sie sich dazu noch in einer Excel-Tabelle ein paar Notizen zu dieser Version machen, stellen Sie sicher, dass Sie immer einen Überblick darüber behalten, was in der jeweiligen Version gerade enthalten ist. Somit verfügen Sie über ein Backup Ihres kompletten Shops, mit dessen Hilfe Sie jederzeit bei Bedarf auf den ursprünglichen Zustand zurückspringen können.

 Achten Sie darauf, dass Sie die zeitlichen Abstände zwischen den einzelnen Versionen nicht zu groß werden lassen. Besonders wenn Sie den Shop intensiv weiterentwickeln, kann es mitunter sinnvoll sein, ein wöchentliches oder sogar ein tägliches Backup durchzuführen. Haben Sie sich an einem Tag beim Aufbau eines neuen Themes komplett verfahren, können Sie dann auf den Stand des Vortags zurückgreifen.

Haben Sie eine Version entwickelt, die Sie Ihren Kunden nicht länger vorenthalten möchten, ist es an der Zeit, Ihren Shop online verfügbar zu machen. Hier kommt der zweite Teil des Magento-Trios zum Einsatz.

 Möglicherweise werden Sie jetzt denken, dass das Pflegen einzelner Versionen des Webkochshops mithilfe von Archiven und in Excel gepflegten Notizen sich doch irgendwie einfacher machen lassen muss. Sie haben völlig recht! Im Kasten »Versionsverwaltungen nutzen« auf Seite 449 gehen wir kurz auf Software zur Versionsverwaltung ein, die Ihnen viel von der oben beschriebenen Arbeit abnimmt.

Das Staging-System

Hierbei handelt es sich um eine zweite, eigenständige Magento-Installation mit eigener Datenbank, die idealerweise auf demselben Server liegt, auf dem Ihr Live-System läuft. In dieses Staging-System laden Sie die Version, die Sie auf Ihrem Development-System ausgiebig getestet haben. Für das Hochladen der Dateien gibt es zwei Möglichkeiten:

FTP bzw. SFTP

Das ist die einfachste, aber auch die zeitaufwendigste Variante. Alle Shopdateien werden mit einem FTP-Programm wie *FileZilla*, *WS_FTP* oder *Cyberduck* auf Ihren Onlineserver geladen, wo sie anschließend zur Verfügung stehen. Das kann entweder über das einfache FTP- oder auch über das sicherere SFTP-Protokoll geschehen, dies hängt im Wesentlichen von der Konfiguration Ihres Servers ab. Aufgrund der Unmenge an Dateien ist dieser Vorgang allerdings mit dem exzessiven Konsum einiger Gläser italienischer Heißgetränke mit Milchschaum verbunden.

Hochladen eines Archivs und Entpacken auf dem Server

Diese zweite Variante setzt voraus, dass Sie mit einer Konsole über SSH auf Ihren Server zugreifen können und sich ein wenig mit Linux-Befehlen auskennen. Laden Sie eine Archivdatei, beispielsweise im ZIP-Format, auf den Server und entpacken Sie dort das Archiv. Das geht ungleich schneller als die erste Variante, da über FTP nur eine einzige gepackte Datei anstelle vieler kleiner Shopdateien übertragen werden müssen, setzt aber gewisse Fertigkeiten auf der Kommandozeile voraus. Wenn Sie sich hier unsicher sind, setzen Sie lieber auf die oben beschriebene Variante.

 Je nachdem, welche Konfigurationssoftware für Ihr Webpaket oder Ihren Server zur Verfügung steht, sind dort gegebenenfalls Werkzeuge vorhanden, mit denen Sie auch ohne SSH-Zugang Archive direkt auf dem Server entpacken können. Hier hilft meist ein freundlicher Anruf bei Ihrem Hosting-Partner.

Nach diesem Schritt, in Entwicklerkreisen auch gern *Deployment* genannt, verfügen Sie jetzt über ein Staging-System, das Ihrem Development-System gleichen sollte wie ein Ei dem anderen. Das Wort *sollte* betonen wir aus zwei Gründen:

Serverkonfiguration

Der wichtigste Grund dafür, zwischen dem Development- und dem Live-System noch ein Staging-System sozusagen als Sicherheitsmechanismus zu schalten ist, dass die Live-Umgebung nur in den seltensten Fällen mit Ihrer lokalen Umgebung übereinstimmt. Das fängt beim verwendeten Betriebssystem an, geht weiter mit den genutzten Versionen von Apache, MySQL und PHP und endet noch lange nicht bei den unterschiedlichsten klitzekleinen Schräubchen, mit denen man diese Software auf dem Webserver konfiguriert. Mit anderen Worten: Mit an Sicherheit grenzender Wahrscheinlichkeit herrschen online andere Zustände als offline. Und dies bedeutet, dass das, was auf Ihrem lokalen System gerade noch so perfekt funktioniert hat, aus diesen Gründen auf dem Staging-System nur für Ärger sorgt. Hätten Sie Ihre Version ins Live-System übertragen, würden die Fehler auch gleich Ihren Kunden auffallen und im Umkehrschluss für heiß laufende Telefonleitungen und einen überquellenden Posteingang in Ihrem E-Mail-Programm sorgen. Gut, dass Sie auf uns gehört haben und ein Sicherheitsnetz verwenden!

Unterschiedlicher Stand der Datenbank

Im Rahmen des Deployment haben wir bisher nur über die Änderungen an den Shopdateien gesprochen – was geschieht jedoch mit Änderungen an der Datenbank? Eine Preisregel, die Sie in Ihrem Development-System angelegt haben, wird schließlich in dessen lokaler Datenbank gespeichert und nicht in das Staging-System übertragen. Auch Einstellungen in der Systemkonfiguration und das Anlegen neuer Websites, Stores und StoreViews geschieht nur in der Datenbank und sorgt dafür, dass sich nach dem Übertragen der Shopdateien Staging- und Development-System noch unterscheiden können.

Hier haben wir leider eine schlechte Nachricht für Sie: Es gibt eigentlich keine einfache Möglichkeit, einzelne Stände der Datenbank problemlos zwischen Servern hin- und herzuschieben. Auch phpMyAdmin ist hier keine große Hilfe. Die einzig sichere Möglichkeit besteht darin, MySQL auf der Kommandozeile auszuführen, die SQL-Daten als sogenannte Dumps aus dem Development-System zu exportieren und sie in das Staging-System zu importieren. Wenn Sie dieses Prozedere interessiert, empfehlen wir Ihnen die folgende Anleitung von MySQL: *http://dev.mysql.com/doc/refman/5.1/de/mysqldump.html*.

Eine weitere Möglichkeit möchten wir Ihnen aber nicht vorenthalten: Magento bietet als zusätzlichen Download das sogenannte Database Repair Tool an. Dieses Werkzeug kann zwei unterschiedliche Magento-Datenbanken miteinander vergleichen und Unterschiede nicht nur feststellen, sondern auch korrigieren. Der Wermutstropfen ist jedoch, dass dieses Werkzeug ausschließlich die Struktur der Datenbank prüft und anpasst, nicht jedoch die Inhalte. Mehr englischsprachige Informationen dazu erhalten Sie im Wiki unter *http://www.magentocommerce.com/wiki/1_-_installation_and_configuration/db-repair-tool*.

Möchten Sie erst einmal Magento- und später vielleicht erst Datenbankexperte werden, empfehlen wir Ihnen, die Konfigurationen manuell vom Development- zum Staging-System zu übertragen. Üblicherweise sind dies im laufenden Betrieb so wenige, dass das binnen weniger Minuten geschehen sein sollte.

Die neue Version liegt auf dem Staging-System, jetzt heißt es: testen! Dies ist Ihre letzte Chance, Fehler aufzuspüren, bevor das Ihre Kunden tun. Wie man beim Testen vorgehen sollte, haben wir im Kasten »Testen, Testen, Testen« zusammengestellt. Sind alle Tests abgeschlossen, kommt der große Moment: Ihre neue Version geht endlich live!

Testen, Testen, Testen

In diesem Kapitel taucht häufiger der Begriff und auch die Aufforderung zum Testen auf. Sicher, werden Sie sagen, man ruft ein paar Seiten des Shops auf und schaut, was funktioniert oder ob etwas nicht funktioniert. Mit dieser Verfahrensweise erwischen Sie möglicherweise den einen oder anderen Fehler, aber sind Sie sich wirklich sicher, sich alles genau angesehen zu haben? Unser Tipp: Die Zeit, die es benötigt, Shopfunktionen zu testen, ist allemal besser investiert, als hektisch und auf Druck der Kunden kurzfristige Änderungen durchzuführen, wenn Ihnen Fehler sozusagen durchgerutscht sind.

In größeren Webprojekten gibt es Personen, die nichts anderes tun, als die Qualität der Software sicherzustellen und diese zu diesem Zweck professionell zu testen. Quality Assurance, wie man neudeutsch auch dazu sagt, ist also eine eigene Wissenschaft mit eigenen Methoden und Werkzeugen. Keine Angst, wir werden Sie nicht dazu auffordern, dies in aller Tiefe auch für Ihren Shop einzusetzen, aber einige grundlegende Dinge sollten Sie schon berücksichtigen.

1. Erstellen Sie Testszenarien: Notieren Sie sich, welche Funktionalitäten nacheinander getestet werden sollen. Das könnte der Aufruf der Startseite, der Aufruf einer Kategorie, der Aufruf einer Artikeldetailseite oder das Durchführen einer Suche mit bestimmten Begriffen sein. Ebenfalls sollte unbedingt getestet werden, ob sich Artikel in den Warenkorb legen lassen und eine Bestellung ohne Probleme durchgeführt werden kann. Insbesondere der letzte Punkt ist extrem wichtig: Werden Kunden durch einen noch so kleinen Fehler an der Bestellung gehindert, führt das sofort zu Umsatzeinbußen und ist damit kein kleines, verzeihliches Kavaliersdelikt.

2. Versetzen Sie sich in die Situation eines Ihrer Kunden: Sicher, Sie kennen Ihren Shop wie Ihre eigene Westentasche und wissen genau, wo sich was anklicken lässt. Für einen Besucher, der sich zum ersten Mal in Ihrem digitalen Geschäft umschaut, ist das aber ganz anders. Behalten Sie dies bei dem, was Sie testen, immer im Hinterkopf.

$\rightarrow$

---

1. Oftmals werden Shopdaten im Browsercache gespeichert, und Sie sehen den Shop etwas anders, als es die oben angesprochenen Erstbesucher tun. Leeren Sie daher vor jedem Testgang den Browsercache. Und da wir gerade beim Thema Browser sind: Verwenden Sie zum Testen die Browser, die auch Ihre Besucher am meisten verwenden – Aufschluss darüber geben die Server-Logs Ihres Webservers, aber auch Google Analytics, wenn Sie es, wie in beschrieben, für Ihren Shop konfiguriert haben.

2. Es gibt zahlreiche Softwarepakete, die Sie beim Testen des eigenen Shops unterstützen. Eine oft verwendete Software ist das kostenlos verfügbare Firefox-Plug-in *Selenium* (*http://seleniumhq.org/projects/ide/*): Mithilfe dieses Plug-ins können Sie einzelne Klickpfade und Browsereingaben aufzeichnen und beliebig oft wieder abspielen. Das bedeutet, dass alle Aktionen, die zur Bestellung eines Artikels nötig sind – Suchen des Artikels, Hinzufügen zum Warenkorb, Eingabe der Adressdaten, Auswahl der Zahlungs- und Versandart – aufgezeichnet werden und bei Bedarf genau so wieder und wieder abgespielt werden können. Lassen Sie also falls möglich Ihren Browser die ganze Klickarbeit machen!

Sie sehen also, hinter dem kleinen Wörtchen Testen verbergen sich eine ganze Menge an Feinheiten, die über den Erfolg oder Misserfolg von Tests entscheiden. Tun Sie sich und Ihren Kunden den Gefallen und investieren einen Teil Ihrer Zeit dem Qualitätsmanagement.

Das Live-System

Hier geht's um die Wurst. Alles, was Sie in Teil 3 des Magento-Triumvirats hineinladen, ist für den Kunden sichtbar. Wenn Sie bestimmte Bereiche nicht richtig getestet haben, werden Ihre Kunden im besten Fall komische Darstellungen sehen und im schlimmsten Fall den Shop gar nicht mehr aufrufen können. Sollte das trotz sorgfältiger Tests trotzdem einmal geschehen, erklären wir Ihnen im Abschnitt »Troubleshooting« weiter unten in diesem Kapitel, wie Sie diese Probleme lösen können; wir drücken Ihnen jedoch die Daumen, dass Ihnen das nicht passieren wird.

Der Schritt vom Staging- zum Live-System funktioniert ganz genau so wie der vom Development- zum Staging-System. Da aber Staging- und Live-System auf demselben Server liegen, wird Ihnen das Problem der unterschiedlichen Serverkonfiguration nicht mehr im Wege stehen. Die gewünschten Dateien werden also wie bereits gesehen via FTP in das Live-System geschoben, und etwaige Änderungen an der Konfiguration der Datenbank werden manuell eingepflegt. Und von dem Moment an, an dem die neuen Dateien und die neue Konfiguration im Live-System Fuß fassen, sind sie für jedermann sichtbar – und sorgen im besten Fall allerorts für Begeisterung.

Um Steve Jobs zu zitieren: *There's one more thing.* Beim Deployment Ihrer Shopversion vom Staging- auf den Live-Server können Sie sich noch eines eleganten Tricks bedienen, der sich mit den meisten Serververwaltungsprogrammen wie Confixx oder Plesk durchführen lässt. Mithilfe dieser Systeme bestimmen Sie für jede Domain auf Ihrem Server, welches Root-Verzeichnis pro Domain verwendet wird. Mit anderen Worten: welches Verzeichnis wird geladen, wenn die Domain *www.webkochshop.de* aufgerufen wird?

Legen Sie einfach innerhalb Ihres Hauptverzeichnisses, das Sie über FTP erreichen können, je ein Verzeichnis pro Version an:

- */Root-Verzeichnis/*
- */webkochshop_1.1_fruehjahr-11/*
- */webkochshop_1.0_fruehjahr-11/*
- */webkochshop_0.9_fruehjahr-11/*

Nehmen wir an, Sie stehen kurz vor einem Versionssprung von Version 1.0 auf Version 1.1, wobei damit Ihre interne Versionierung und nicht die Magento-eigene gemeint ist. Dazu haben Sie Ihr Live-System so konfiguriert, dass das Verzeichnis */webkochshop_1.0_fruehjahr-11/* aufgerufen wird, wenn ein Browser die Domain *www.webkochshop.de* aufruft. (Wie Sie das intern in Magento konfigurieren, haben Sie bereits in Kapitel 4 gesehen.) Laden Sie nun die Version */webkochshop_1.1_fruehjahr-11/* auf den Live-Server und setzen Sie das aktive Verzeichnis für den Webkochshop genau darauf, wie in Abbildung 18-2 gezeigt wird.

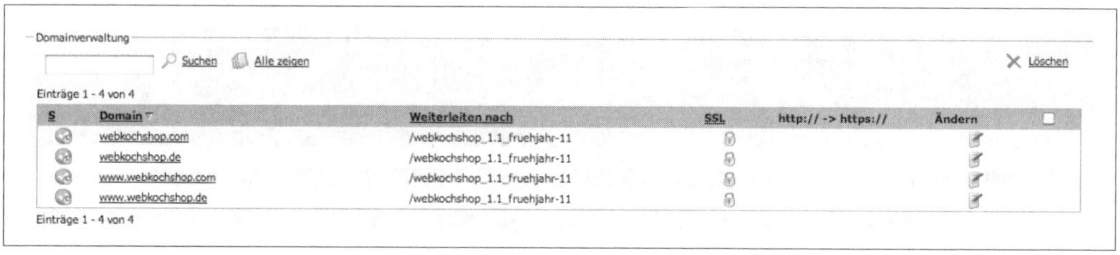

Abbildung 18-2: Der Domain wurde ein neues Root-Verzeichnis zugewiesen

Sobald Ihr Server diese Aktualisierungen umgesetzt hat – je nach Konfiguration kann das einige Minuten dauern –, werden die aktuellen Dateien der neuen Version verwendet. Falls damit alles in Ordnung ist, können Sie sich beruhigt zurücklehnen und schon an Ideen für die nächste Version feilen. Hat sich jedoch, was wir nicht hoffen, trotz Testens ein Fehler eingeschlichen, müssen Sie nichts weiter tun, als den Server so zu konfigurieren, dass wieder die Vorgängerversion verwendet wird, die ja sozusagen als Backup immer noch unberührt auf dem Server liegt. Wenn das keine elegante Möglichkeit ist!

Auf die gleiche Weise lässt sich im Übrigen auch Ihr Staging-System verwenden. Fügen Sie weitere Verzeichnisse hinzu, die Sie mit dem Präfix *staging_* markieren, sodass Sie auf einen Blick sehen, welche verschiedenen Versionen gerade auf Ihrem Onlineserver liegen und welche Verzeichnisse davon gerade aktiv sind.

Versionsverwaltungen nutzen

Wie weiter oben angedeutet, lässt sich das Verwalten verschiedener Versionen einer Software auch automatisieren. Sie erinnern sich: Um die Entwicklung Ihres Shops von Zeit zu Zeit einzufrieren und unter einer Versionsnummer zu sichern, haben Sie entsprechend benannte ZIP-Archive abgespeichert. Diese Vorgehensweise ist für die meisten Projekte völlig ausreichend, kommt aber spätestens dann an seine Grenzen, wenn nicht nur Sie, sondern auch andere Menschen beispielsweise an Themes und möglicherweise sogar parallel an denselben Dateien arbeiten. Wer um alles in der Welt, so werden Sie sich fragen, soll dann noch einen Überblick behalten!

Glücklicherweise gibt es seit einiger Zeit eine Vielzahl digitaler Helferlein, die genau diese Aufgabe übernehmen. Die bekanntesten sind:

- CVS: *http://www.cvshome.org/*
- Mercurial: *http://mercurial.selenic.com/*
- Subversion: *http://subversion.apache.org/*
- Git: *http://git-scm.com/*

Allen diesen Systemen gemeinsam ist die Tatsache, dass es einen zentralen Code-Pool – das sogenannte Repository – gibt, in dem sämtliche Versionen sämtlicher Dateien eines bestimmten Projekts gespeichert sind. Jede noch so kleine Änderung in einer noch so kleinen Datei wird vom System akribisch gespeichert und kann bei Bedarf rückgängig gemacht werden. Entwickler, die mit diesem System arbeiten, rufen bei der täglichen Arbeit die aktuellste Version der gewünschten Datei aus dem Repository ab, fügen ihre Änderungen ein und senden (committen) diese Datei nach getaner Arbeit zusammen mit einem Kommentar wieder zurück ins Repository. Diese Versionsverwaltungen erlauben es darüber hinaus, bestimmte Status unter einer bestimmten Versionsnummer abzuspeichern – also genau das, was Sie sonst händisch über das Erstellen von ZIP-Archiven gemacht hätten.

Wenn Ihr Shop nun wächst und gedeiht und Sie anfangen, mit der Verwaltung der einzelnen Versionen ein wenig ins Schleudern zu geraten, raten wir Ihnen, sich einmal intensiver mit einer Versionsverwaltung auseinanderzusetzen. Unser klarer Favorit ist dabei das letztgenannte Git, das zum einen sehr schnell arbeitet und zum anderen neben dem zentralen Repository noch lokale Repositories anbietet, damit der Entwickler seine Arbeit auch dann committen kann, sollte er einmal nicht online sein.

Troubleshooting

Trotz aller Vorsicht und allen Testens ist es passiert: Ihr Online-Shop funktioniert nicht. Nicht nur ein bisschen nicht, sondern schlicht und ergreifend gar nicht. Besucher, die *www.webkochshop.de* aufrufen, sehen außer einer kryptischen Fehlermeldung gar nichts

– und das gerade jetzt, da Sie dieses teure Mailing zu Beginn der Grillsaison herausgeschickt haben und die Kaufwilligen in Scharen bei Ihnen vorbeischauen.

Ob Sie es glauben oder nicht, dieser Fall tritt im Online-Deutschland fast täglich auf. Online-Shops versagen oft wegen einer Kleinigkeit ihren Dienst und sorgen für wahre Adrenalinschübe beim Shopbetreiber. Dies gilt für Mittelständler genauso wie für große, weltweit operierende Unternehmen, denn eins haben allen gemeinsam: Trotz aller Computerisierung arbeiten letztlich Menschen aus Fleisch und Blut an diesen Systemen, und da schleicht sich gern mal ein Fehler ein. In diesem Abschnitt möchten wir einige Vorgehensweisen vorstellen, die Sie einsetzen können, wenn's bei Ihnen einmal knallt – in der Gewissheit, dass es auch bei Ihnen bald wieder verkaufstechnisch vorangeht.

Ruhe bewahren!

Zugegeben, das klingt leichter als getan, ist aber der wichtigste erste Schritt. Aus Erfahrung wissen wir, dass in solchen Situationen oft enorme Hektik bei allen Beteiligen ausbricht und teilweise blinder Aktionismus dazu führt, dass das Problem noch schlimmer gemacht wird, als es ursprünglich war.

StoreViews prüfen

Manchmal liegt der Fehler näher, als man denkt: Prüfen Sie als Erstes, ob die falschen Informationen, das fehlende Bild oder die Layoutänderung vielleicht von einer Änderung in einem StoreView herrühren.

Caches und Indizes aktualisieren

Erfahrungsgemäß beruhen viele Magento-Probleme darauf, dass ein nicht aktualisierter Cache oder ein unvollständiger Index Ihren Shop vom ordnungsgemäßen Betrieb abhält. Aktualisieren Sie zur Sicherheit diese beiden Datenbestände, wie wir es in Kapitel 13 beschrieben haben. Falls dies nicht automatisiert geschieht, empfiehlt es sich, den Inhalt von */var/cache/* zu leeren, um wirklich sicherzugehen, dass nicht irgendeine zwischengespeicherte Datei einen Fehler vorgaukelt, der gar nicht existiert.

 Verwenden Sie die eingangs erwähnten Servercaches APC oder memcached, ist es sinnvoll, diese durch einen Neustart des Servers zurückzusetzen.

Roll-back zur letzten Version

Im vorherigen Abschnitt haben wir besprochen, wie Sie auf Ihrem Server eine Verzeichnisstruktur erstellen, in der mehrere Versionen enthalten sind, die Sie serverseitig entsprechend aktivieren oder deaktivieren können. Ist der letzte Versionssprung noch nicht allzu lange her, verlieren Sie zwar übergangsweise einige Features, dafür läuft der Shop aber überhaupt erst einmal wieder.

Sollte es überdies nötig werden, auch die Datenbank durch ein Roll-back wieder gangbar zu machen, bedenken Sie, dass zwischenzeitlich gemachte Änderungen an Datenbeständen, Artikeldaten, Kundenkonten sowie Bestellungen verloren gehen werden!

Einschalten einer neuen Indexseite

Liegt das Problem tiefer, weil beispielsweise die Datenbank angegriffen wurde, wird auch ein kurzfristiger Roll-back keine Erleichterung bringen. In diesem Fall erstellen Sie eine einfache HTML-Datei, nennen sie *index.html* und schieben sie in das gerade aktive Verzeichnis Ihres Live-Shops. In diese Datei schreiben Sie ein oder zwei Sätze wie *Wegen Wartungsarbeiten ist unser Online-Shop leider nicht verfügbar, bitte versuchen Sie es zu einem späteren Zeitpunkt noch einmal.* Fügen Sie noch eine E-Mail-Adresse und eventuell eine Telefonnummer hinzu, unter der Kunden Sie für Rückfragen erreichen können, und freuen Sie sich, dass Sie jetzt etwas Zeit haben, dem Problem auf den Grund zu gehen.

 Bereiten Sie eine solche Datei vor – das spart im Ernstfall Arbeit, und eine vorbereitete Wartungsseite kann auch sehr viel eleganter aussehen als zwei in Eile geschriebene schwarze Zeilen Text auf weißem Grund.

Fehlereingrenzung

Nun geht es ans Eingemachte: die Fehlersuche. Gab es jüngst eine Änderung, die diesen Fehler ausgelöst haben könnte? Hat beispielsweise Ihr Hosting-Provider eine Konfigurationsänderung auf Ihrem Server durchgeführt, von der Sie nichts wussten? Möglicherweise ist mit Ihrem Magento-System alles in Ordnung, und es bedarf nur eines Anrufs bei Ihrem Provider, um das Problem kurzfristig zu lösen.

Falls nicht, schauen Sie sich als Nächstes Ihr Staging-System an. Tritt der Fehler hier auch auf? Falls nicht, ist etwas auf dem Weg vom Staging- zum Live-System schiefgelaufen. Haben Sie die korrekte Version und sämtliche zugehörigen Dateien übertragen? Falls der Fehler auch im Staging-System auftritt, sollten Sie sich Ihr Development-System genauer ansehen. Wenn der Fehler dort ebenfalls erscheint, hat es irgendeine ungetestete Funktion aus der Entwicklung über das Staging- ins Live-System geschafft, wenn nicht, liegt der Fehler sehr wahrscheinlich in der Übertragung zwischen Development- und Staging-System. Sie sehen, wie mit ein wenig detektivischem Geschick der Ursprung des Fehlers innerhalb Ihres Testsystems gefunden werden kann.

Auswertung der Fehler-Logs

Sobald Magento an einer Stelle nur die kleinsten Anzeichen von Bauchschmerzen verspürt, kann es nicht anders, als diese in einem Fehler-Log zu dokumentieren. Dabei handelt es sich um mehrere Textdateien, in die fortlaufend Statusmeldungen des Systems geschrieben werden. Diese Dateien, die Sie unter */var/log/* auf Ihrem System finden, erlauben genaue Rückschlüsse auf den Ursprung des Fehlers. Möglicherweise arbeitet ein neues Modul nicht richtig, und Magento informiert Sie darüber in der Datei /var/log/*exception.log*. Ein weiterer Ort für Fehlermeldungen ist das Verzeichnis */var/report/*: Hier wird in speziellen Fällen eine Textdatei erstellt, die eine Zufallszahl als Dateinamen hat. Haben Sie beispielsweise in einer Layout-XML-Datei sträflicherweise ein Zeichen vergessen, wird bei Magentos beherztem Aufschlag auf dem Codeboden dafür beispielsweise ein neuer Report erstellt.

 Sortieren Sie im FTP Programm den Inhalt des *report*-Ordners nach Datum, finden Sie die aktuellste Reportdatei schneller.

Fehlerbehebung

Ausgerüstet mit der Fehlerbeschreibung aus einer der Logdateien, können Sie nun damit beginnen, den Fehler zu beheben. Wenn es sich bei der Fehlerquelle um das Theme bzw. das Layout oder das jeweilige Template handelt – das Problem also unter */app/design* oder */skin/* auftritt –, besteht der Fehler meistens in einer vergessenen Klammer oder etwas Ähnlichem und kann von Ihnen leicht behoben werden. Liegt das Problem tiefer, sorgt häufig schon eine einfache Google-Recherche dafür, dass Sie Hilfe zu Ihrem Problem in Form eines Foren- oder Blogbeitrags finden. Wenn Sie den Fehler in einem Fremdmodul vermuten, wenden Sie sich mit der genauen Fehlermeldung am besten an den Hersteller, möglicherweise tritt das Problem bei vielen seiner Kunden auf, und es gibt schon eine fertige Lösung.

Erneutes Deployment

Haben Sie den Fehler behoben, durchlaufen Sie erneut den zuvor beschriebenen Weg über das Staging- zum Live-System und legen außerdem einen weiteren Testzyklus ein. Tritt der Fehler nicht mehr auf, kann die neue Version den Live-Betrieb wieder aufnehmen, und Sie können jetzt beruhigt schlafen.

Im nächsten Abschnitt werden Sie nun Aktualisierungen und neue Erweiterungen mittels Magento Connect installieren.

Magento Connect: Updates und neue Erweiterungen

Ein guter Online-Shop will auch nach der ersten Installation und Einrichtung gepflegt und gewartet werden. Da Magento Inc. in den letzten Wochen und Monaten in schöner Regelmäßigkeit immer mal wieder neue Magento-Versionen veröffentlicht – entweder um ein paar Fehler zu beheben oder um neue Funktionen einzuführen –, ist es Ihre Aufgabe als verantwortungsvoller Shopbetreiber, Ihren Shop auch auf dem neusten Stand zu halten.

Hinweise über neue Versionen

Wie erfahren Sie nun, ob eine aktuelle Version vorliegt? Sagen wir mal so: Übersehen werden Sie das garantiert nicht. Wenn Sie sich in den Adminbereich einloggen, nachdem eine neue stabile Version zum Download bereitliegt, erscheint in der Mitte Ihres Browsers ein Fenster, das Sie über eine neue Version informiert (Abbildung 18-3).

Schließen Sie dieses kleine Fenster über den Link *schließen* oben rechts und springen Sie zu Magentos interner Nachrichtenzentrale (*System → Hinweise*). Hier sehen Sie eine Liste der letzten Updates, die es für Magento gegeben hat (Abbildung 18-4).

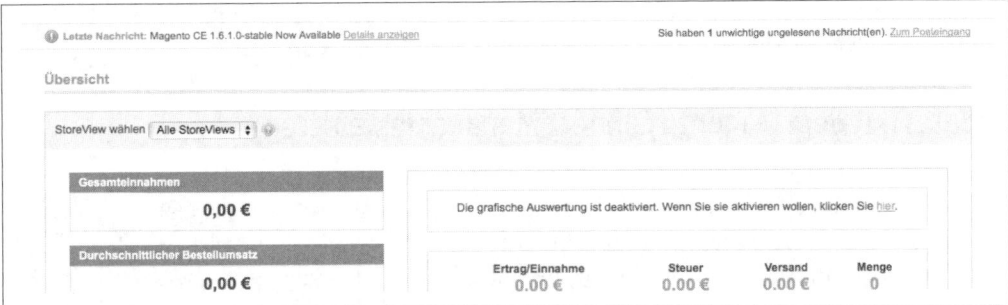

Abbildung 18-3: Eine neue Magento-Version liegt für Sie bereit

Abbildung 18-4: Diese Updates hat es für Magento in der letzten Zeit gegeben

In der Spalte *Wichtigkeit* ganz links wird mittels eines farbigen Stickers angezeigt, um welche Art es sich bei den Updates jeweils handelt: *Bugfix*, *Versionssprung* oder gar *Kritisches Update*. Im letzten Fall ist besondere Eile beim Updaten geboten, da beispielsweise kritische Sicherheitslücken schnell geschlossen werden müssen. Von links nach rechts wird der genaue Zeitpunkt des Updates sowie ein kurzer Hinweis angezeigt, der erläutert, worum es sich bei der neuen Version handelt. Über den Link *Details anzeigen* werden Sie auf die Magento-Website geleitet und können dort unter anderem eine detaillierte Auflistung aller Änderungen bzw. gefixten Bugs einsehen. Mit dem Link *Entfernen* schicken Sie den Update-Hinweis ins digitale Nirwana, über *Als 'gelesen' markieren* machen Sie dem penetranten Hinweisfenster beim Anmelden den Garaus.

 Wenn Sie eine aktuelle Magento-Version installiert haben, kann es mühsam sein, sämtliche Update-Hinweise manuell zu löschen oder als gelesen zu markieren. Nutzen Sie daher den Link *Alle wählen* oben links, wählen Sie im Drop-down-Menü links die Option *Als 'gelesen' markieren* und klicken Sie auf *Absenden*. Sämtliche Nachrichten werden jetzt als gelesen angezeigt.

Sie wissen nun, dass es für Magento eine neue Version gibt, und im nächsten Abschnitt erfahren Sie, wie Sie diese ganz einfach herunterladen und einspielen können.

Updates mit dem Magento Connect Manager installieren

Bei vielen Softwareprodukten aus dem Open Source-Bereich bedeutete ein Update immer das mehr oder weniger gleiche Prozedere: Die entsprechenden Dateien mussten vom Server heruntergeladen und via FTP auf den eigenen Server geladen werden, wobei man oftmals darauf achten musste, keine wichtigen Änderungen zu überschreiben. Sie werden erleichtert sein, zu hören, dass dies bei Magento nicht mehr nötig ist. Nahezu alle Updates lassen sich über den Magento Connect Manager bequem mit ein paar Mausklicks erledigen. Beachten Sie bitte immer die zum Update zugehörigen Hinweise – *Release Notes* genannt. Das Update Magento 1.8.1 konnte als erstes Update nicht direkt über den Magento Connect Manager installiert werden. Folgen Sie in einem solchen Fall bitte den Hinweisen in den Release Notes.

Ist ein Update jedoch problemlos über den Magento Connect Manager möglich, öffnen Sie ihn im Adminbereich über *System* → *Magento Connect* → *Magento Connect Manager*. Weil es sich hier um einen sehr wichtigen und kritischen Bereich handelt, in dem sich mit ein paar unbedachten Mausklicks die ganze Installation aufs Wunderbarste zerschießen lässt, ist der Magento Connect Manager mit einem eigenen Log-in-Fenster abgesichert (Abbildung 18-5).

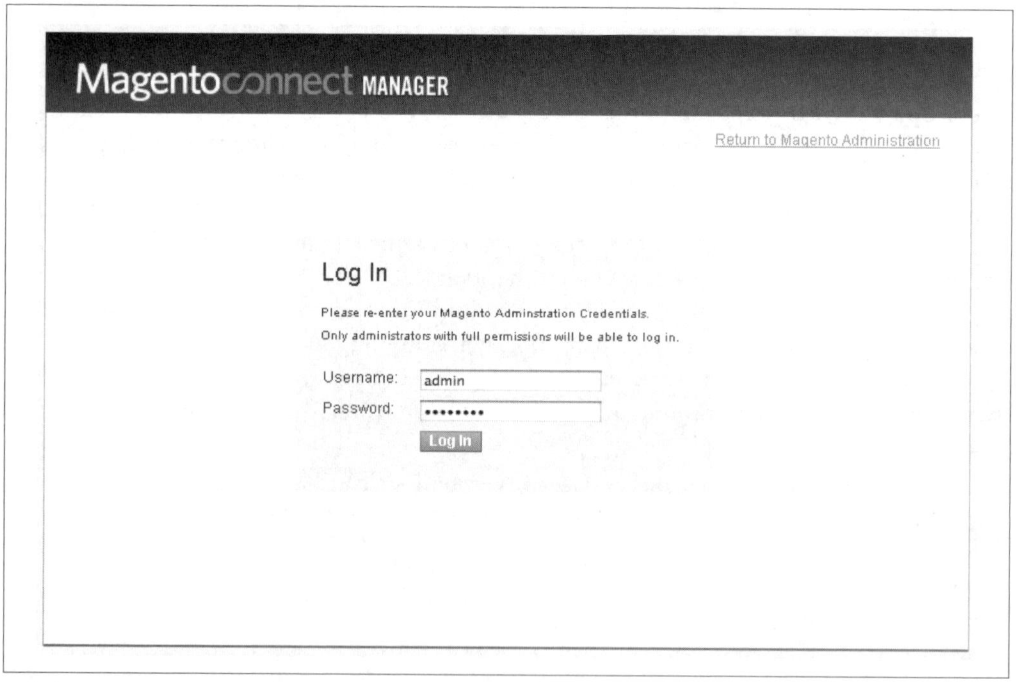

Abbildung 18-5: Log-in-Fenster für Magento Connect

Mit den Daten, mit denen Sie sich auch im Adminbereich angemeldet haben, überwinden Sie jedoch diese Hürde schnell und sehen den Hauptbereich in seiner ganzen Pracht (Abbildung 18-6).

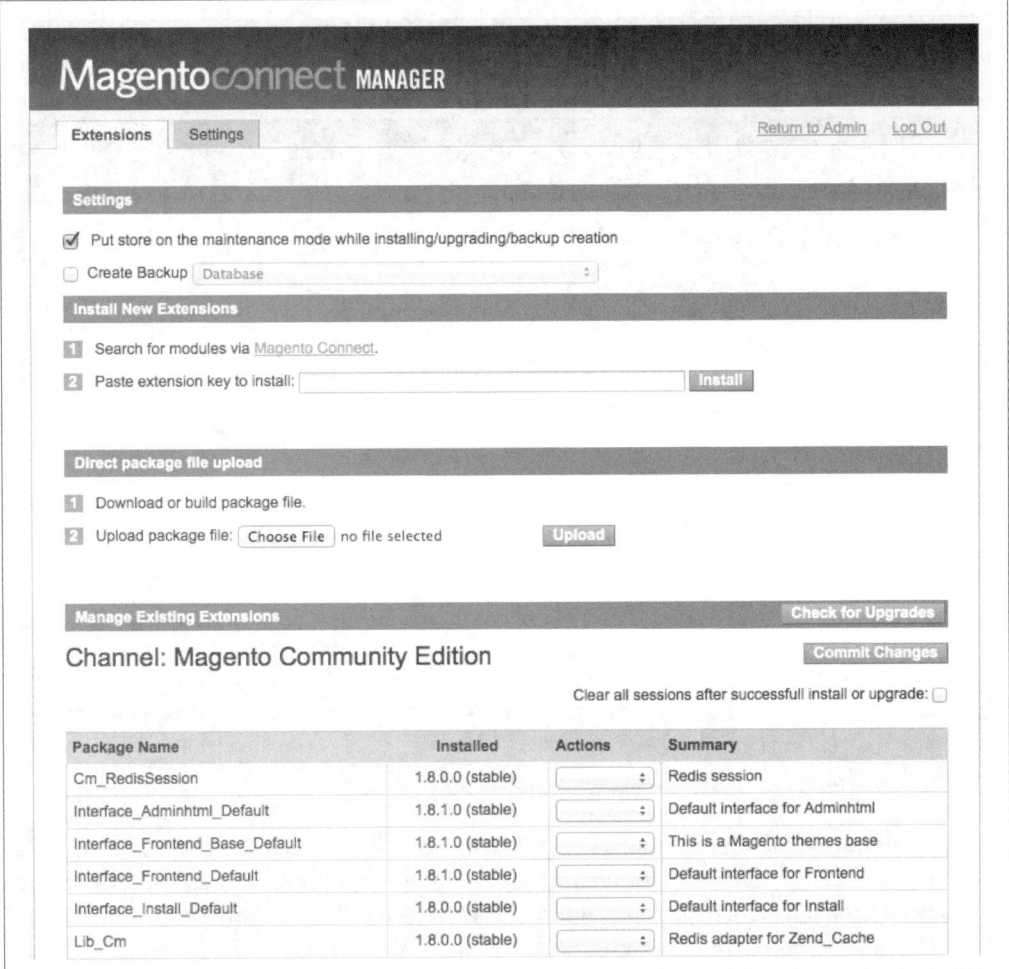

Abbildung 18-6: Die Startseite des Magento Connect Managers

Das Fenster ist auf den ersten Blick erst mal in mehrere Teile unterteilt: Oben finden Sie ein Navigationsmenü mit den beiden Menüpunkten *Extensions* und *Settings*. Im bereits aktiven Menüpunkt *Extensions* stehen Ihnen vier Bereiche zur Verfügung: ein Abschnitt mit dem Namen *Settings*, anschließend der Bereich *Install New Extensions* gefolgt von einem Abschnitt mit dem Namen *Direct Package File Upload,* wiederum darunter der Bereich *Manage Existing Extensions*. Wir konzentrieren uns für das Thema Updates zunächst auf den ersten und letzten Bereich, gehen jedoch später auch auf die anderen beiden Teile ein.

Bei jedem Installationsvorgang über den Connect Manager können Sie Ihren Shop in einen Wartungsmodus versetzen. Wenn ein Besuch bei aktiviertem Wartungsmodus, hier *maintenance mode* genannt, versucht, eine Seite aufzurufen, wird der eigentliche Shop gar nicht erst gestartet, sondern direkt eine Seite mit einer Hinweisnachricht angezeigt (siehe Abbildung 18-7). Damit wird sichergestellt, dass nicht genau während der Installation die Besucher den Shop kaputt machen können.

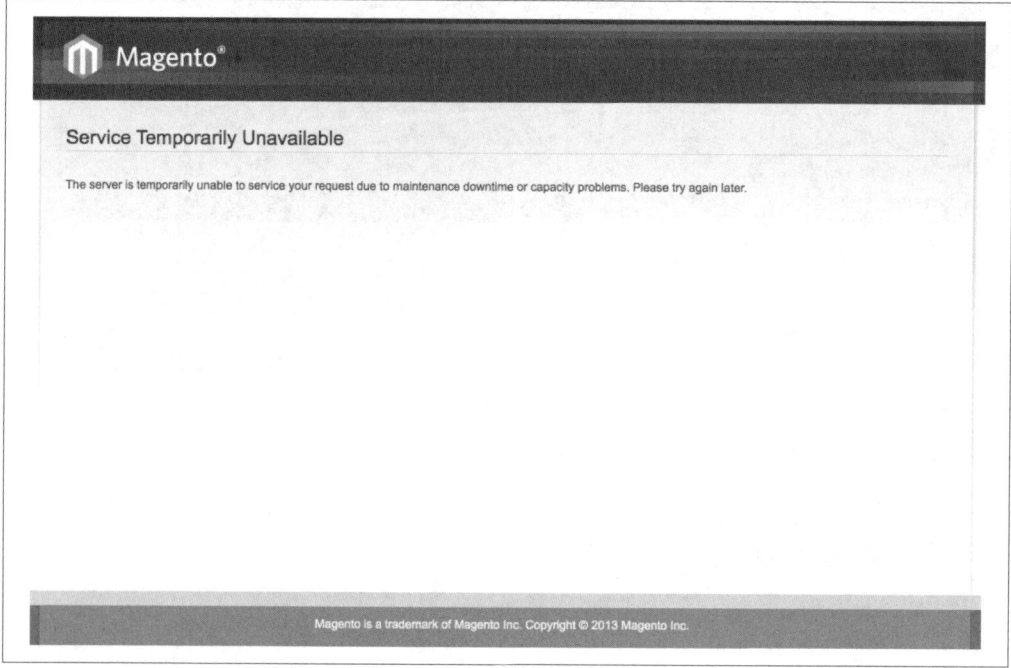

Abbildung 18-7: Ihr Shop bei aktiviertem Wartungsmodus

Außerdem können Sie hier mit dem Drop-down-Menü *Create Backup* festlegen, dass vor jedem Update und jeder Installation eine Sicherung durchgeführt werden soll. Mehr über die Sicherungsarten haben Sie zu Beginn dieses Kapitels bereits im Abschnitt »Datenbanksicherungen erstellen« erfahren.

In der Tabelle im Abschnitt *Manage Existing Extensions* sind alle installierten Erweiterungen aufgelistet. In der Spalte ganz links wird der Name der Erweiterung angezeigt, daneben deren aktuell installierte Versionsnummer, dann ein Drop-down-Menü, über das diese Erweiterung erneut installiert oder gelöscht werden kann, sowie ganz rechts eine kurze Funktionsbeschreibung.

Die Erweiterungen, die bisher in Ihrem Shop installiert sind, stammen grundsätzlich aus zwei Quellen. Dies sind zum einen die Core-Module, die ausschließlich von Magento Inc. herausgegeben werden und in Kombination das Magento-Grundsystem darstellen. Alle diese Kernmodule, abgelegt auf dem Server im Verzeichnis */app/code/core*, sind gemeinsam mit einer ungleich größeren Menge von Community-Erweiterungen unter der

Überschrift *Magento Community Edition* aufgelistet. Diese Erweiterungen können teils kostenlos, teils kostenpflichtig über Magento Connect heruntergeladen werden und werden auf dem Server im Verzeichnis */app/code/community* abgelegt.

Man kann es gar nicht oft genug sagen: Vor dem Updaten von so wichtigen Programmbestandteilen sollten Sie Ihr bestehendes System sichern. Und noch einmal. Und noch einmal, um wirklich auf Nummer sicher zu gehen. Dies gilt für sämtliche Dateien Ihrer Magento-Installation sowie für die gesamte Magento-Datenbank. Außerdem empfiehlt es sich sehr, ein Update nicht für einen Shop im Live-Betrieb durchzuführen, sondern lieber erst ein System auf einem Entwicklungsserver upzudaten, dort alle Funktionalitäten genau zu überprüfen und dann erst den »heißen« Shop der Magento-Frischzellenkur zu unterziehen.

In der Vergangenheit hat sich immer wieder herausgestellt: Gibst du einem Menschen eine Keule, wird er irgendwann damit einen anderen erschlagen wollen. Die Evolution macht zwar große Fortschritte, aber der Mensch bleibt ein Mensch. Und so tauchen immer wieder Erweiterungen für Magento auf, die bei sehr genauem Hinsehen Dinge tun, die man lieber nicht im eigenen Shop sehen möchte. Versuchen Sie also, sich vorher gründlich über Extensions zu informieren, bevor Sie diese in Ihrem System einsetzen. Immerhin verwalten Sie mit den Adressdaten Ihrer Kunden sehr sensible Daten!

Um nun den Update-Prozess zu starten, klicken Sie auf den Button *Check for Upgrades* rechts oben. Im Hintergrund wird daraufhin eine Verbindung zum Magento-Server aufgebaut und überprüft, welche Updates es zu den von Ihnen installierten Erweiterungen gibt. (Die Tatsache, dass es neue Core-Module-Updates gibt, hat Magento Inc. Ihnen ja bereits weiter oben mithilfe der eingebauten Nachrichtenzentrale mitgeteilt.)

Über den Menüpunkt *Settings* können Sie festlegen, ob Sie bei Updates und neuen Erweiterungen *Alpha-*, *Beta-* oder *Stable-*Versionen berücksichtigen möchten.

Nach einer Weile ist der Abgleich beendet, und Sie sehen, dass einige – wenn nicht sogar alle – Zeilen der Tabellen gelb hinterlegt sind. Außerdem ist die neue Spalte *Available* hinzugekommen, und die Inhalte der Drop-down-Menüs in der Spalte *Actions* haben sich geändert (Abbildung 18-8).

Ist eine Zeile so eingefärbt, ist das ein untrügliches Zeichen dafür, dass für das jeweilige Modul eine neue Version vorliegt. Die Versionsnummer der aktuellsten Version wird in der neuen Spalte *Available* angezeigt, und nun ist es an Ihnen, das Modul entsprechend zu aktualisieren. Stellvertretend für alle installierten Module erläutern wir die notwendigen Schritte anhand des Moduls *Mage_Core_Modules*, das die Kerndateien des Magento-Systems beinhaltet. Sie sollten und können diese Schritte jedoch sinnvollerweise auch für alle anderen Module gleichzeitig durchführen, um Ihr System an allen Ecken und Enden aktuell zu halten und Inkompatibilitäten zwischen einzelnen Modulen zu vermeiden.

Channel: Magento Community Edition

`Commit Changes`

Clear all sessions after successfull install or upgrade: ☐

Package Name	Installed	Available	Actions	Summary
Cm_RedisSession	1.8.0.0 (stable)		[⇕]	Redis session
Interface_Adminhtml_Default	1.8.1.0 (stable)	1.9.0.0 (1.8.1.0)	✓ Upgrade to 1.9.0.0 (stable) Uninstall	Default interface for Adminhtml
Interface_Frontend_Base_Default	1.8.1.0 (stable)	1.9.0.0 (1.8.1.0)		This is a Magento themes base
Interface_Frontend_Default	1.8.1.0 (stable)	1.9.0.0 (1.8.1.0)	[⇕]	Default interface for Frontend
Interface_Install_Default	1.8.0.0 (stable)	1.9.0.0 (1.8.0.0)	[⇕]	Default interface for Install
Lib_Cm	1.8.0.0 (stable)		[⇕]	Redis adapter for Zend_Cache
Lib_Credis	1.8.0.0		[⇕]	Credis Library

Abbildung 18-8: Die neuen Erweiterungsversionen werden gelb hinterlegt angezeigt

Klicken Sie nun in das Drop-down-Menü in der Spalte *Actions*. Je nachdem, welche Sprünge es zwischen Ihrer installierten und der aktuellsten Version gegeben hat, werden diese auch im Drop-down-Menü angezeigt, z. B. *Upgrade to 1.9.0.1 (stable)*. Das bedeutet mit anderen Worten, dass Sie auf jede Version aktualisieren können, die aktueller ist als die Ihre; Sie müssen nicht zwangsläufig immer auf die aktuellste Version updaten, sondern können das schrittweise tun.

In diesem Drop-down-Menü erscheint auch der Eintrag *Uninstall*. Seien Sie also entsprechend vorsichtig, da Sie mit einem Klick die Kerndateien des Systems vom Server löschen können!

Vermeiden Sie es bitte, in guter alter Lemming-Tradition dem Update-Wahn direkt in den Abgrund hinterherzuspringen. Nachdem ein großes Upgrade veröffentlicht wurde, empfiehlt es sich – sofern es kein kritisches Update zum Schließen einer Sicherheitslücke ist –, abzuwarten, bis die ersten Early Adopter die Schwachstellen und Fehler des neuen Upgrades aufgedeckt haben und diese in einer höheren Versionsnummer ausgebessert sind. Sie sparen sich dadurch vielleicht sehr viel Ärger.

Wählen Sie im Drop-down-Menü die aktuellste Magento-Version aus und aktivieren Sie oben das Häkchen bei *Clear all sessions after successfull install or upgrade*. Anschließend klicken Sie auf *Commit Changes*. Daraufhin wird ein schwarzes Fenster angezeigt, in dem Sie in Echtzeit mitverfolgen können, wie Ihr Server eine Verbindung zum Magento-Server aufbaut, das entsprechende Modul herunterlädt und es gleich installiert.

Wenn der Update-Vorgang abgeschlossen ist, klicken Sie unten links auf die Schaltfläche *Refresh*. Die Seite wird dann neu geladen, und Sie können sehen, dass das Modul *Mage_Core_Modules* nun in der aktuellen Version installiert ist. Und das war's auch schon: Die Zeiten des manuellen Down- und Uploads bei Programm-Updates gehören mit Magento wirklich der Vergangenheit an.

 Sollte Ihnen der Installationsprozess während seiner Arbeit einfach einmal wegsterben, wird Ihr Shop vielleicht nicht mehr erreichbar sein, wenn Sie den Wartungsmodus aktiviert haben. Nutzen Sie dann ein FTP-Programm Ihrer Wahl, suchen Sie im Magento-Verzeichnis auf Ihrem Server die Datei *maintenance.flag* und löschen Sie sie einfach. Anschließend sollte Ihr Shop wieder erreichbar sein.

Nachdem Sie gesehen haben, wie man bereits installierte Module auf dem neusten Stand hält, werden Sie im nächsten Abschnitt erfahren, wie man neue Erweiterungen findet und diese über Magento Connect installiert.

Neue Erweiterungen in Magento Connect finden

Einer der Bereiche, der sich im Magento-Universum am schnellsten entwickelt, ist das Angebot an Erweiterungen in Magento Connect. Täglich steuern freie Entwickler und Webagenturen neue Erweiterungen bei, die sich Interessenten entweder kostenlos oder gegen eine Gebühr via Magento Connect Manager installieren können. Dabei überschreiben diese Erweiterungen (im Idealfall) keine Core-Funktionalitäten und beeinträchtigen somit nicht die Update-Fähigkeit des Grundsystems. Um Sie mit der Installation einer neuen Erweiterung in Ihre Magento-Installation vertraut zu machen, zeigen wir Ihnen die dazu notwendigen Schritte in diesem Abschnitt.

Für die Nutzung benötigen Sie einen Magento-Account. Loggen Sie sich mit dem Menüpunkt *My Account* oben rechts auf der Seite ein. Steuern Sie zunächst den Bereich *Magento Connect* auf der Magento-Website an, der im Fußbereich der Seite verlinkt ist (Abbildung 18-9).

Hier wird grundsätzlich zwischen *Core-*, *Community-* und *Commercial*-Erweiterungen unterschieden, von denen Sie die ersten beiden bereits auf Seite 456 kennengelernt haben. Die kommerziellen Erweiterungen werden im Magento Connect Manager genau so angezeigt wie die Core- und Community-Erweiterungen, unterscheiden sich aber dadurch, dass diese Erweiterungen bezahlt werden müssen und deren Weitergabe an Dritte möglicherweise durch andere Lizenzbestimmungen untersagt ist.

Es gibt nun mehrere Möglichkeiten, nach einer geeigneten Erweiterung zu suchen. Zum einen können Sie im mittleren Bereich auf eine der speziell beworbenen Extensions klicken. Eine andere Möglichkeit besteht darin, das Hauptmenü im Kopfbereich der Seite zu nutzen: Hier werden die verfügbaren Erweiterungen in Gruppen zusammengefasst, wie beispielsweise *Site Management* für Erweiterungen, die den Adminbereich um neue Funktionen erweitern, oder *Integrations* für solche, die Sie beispielsweise neue Zahlungs-

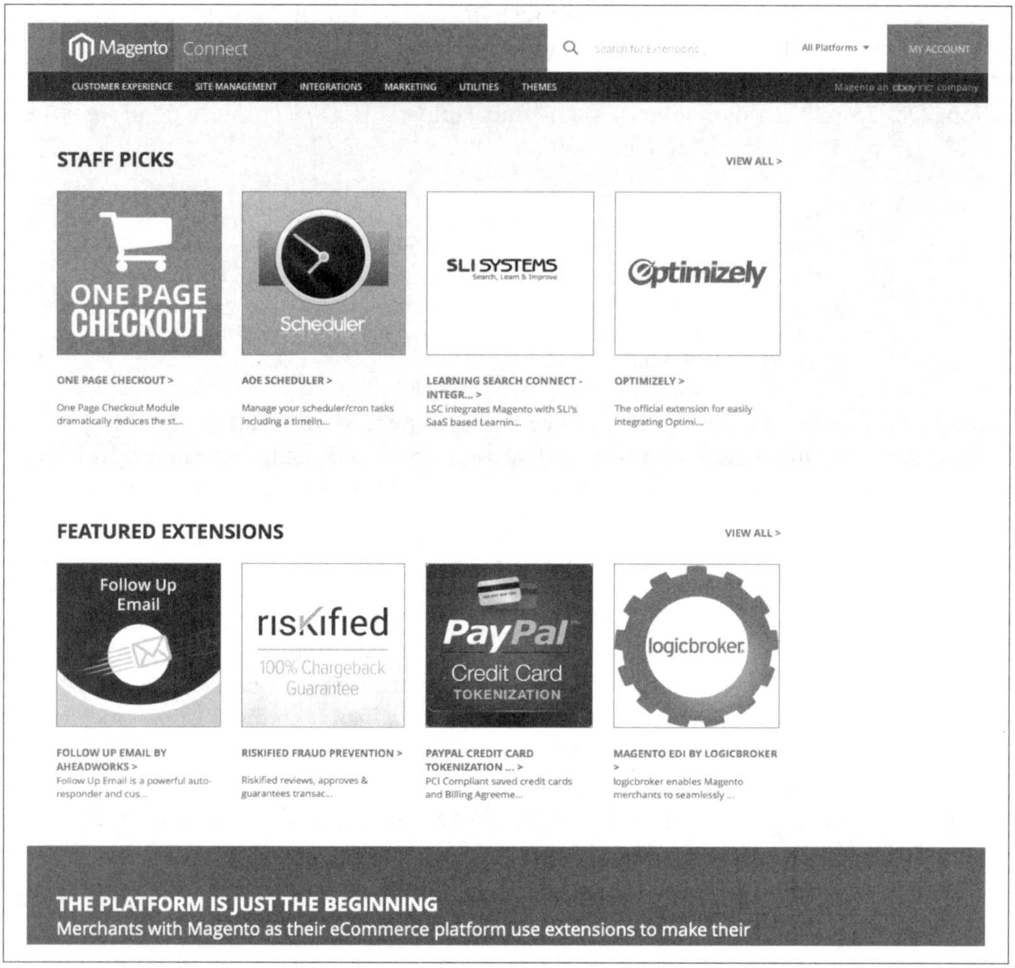

Abbildung 18-9: Magento Connect auf der Magento-Website

möglichkeiten in Ihrem Shop nutzen lassen. Schlussendlich lässt sich auch noch die Suchfunktion oben rechts dazu nutzen, eine passende Erweiterung zu finden.

Über neue Erweiterungen können Sie sich auch via RSS informieren lassen. Wenn Ihr Browser RSS-Feeds unterstützt, sehen Sie das RSS-Symbol in der Adresszeile und müssen es nur noch anklicken.

Sie können sich auch mit einer speziellen Google-Suchphrase behelfen. Suchen Sie beispielsweise nach *magento connect delete order*, werden alle Erweiterungen gefunden, die die Suchbegriffe *delete* und *order* enthalten.

Erweiterungen via Magento Connect Manager installieren

Wir möchten Ihnen nun einige Erweiterungen vorstellen, mit denen Sie die Funktionalität Ihres Shops sinnvoll ergänzen können. (Da wie erwähnt eine komfortable, detaillierte Suche nicht existiert, geben wir auch jeweils die direkte URL zur Erweiterung an.) Dabei erläutern wir Ihnen am ersten Beispiel die einzelnen Schritte der Erweiterungsinstallation im Detail und stellen Ihnen anschließend noch weitere sinnvolle Erweiterungen für Ihren Shop vor.

Kategorien und Artikel per Kundengruppe

Die erste Erweiterung, die wir Ihnen vorstellen möchten, ermöglicht es Ihnen, festzulegen, welche Artikel bzw. Kategorien für welche Kundengruppe sichtbar ist. Eine solche Funktion ist vor allem dann sinnvoll, wenn Sie beispielsweise gewerbliche Kunden und Privatkunden in einem gemeinsamen Shop ansprechen, den beiden Gruppen jedoch ein jeweils anderes Artikelportfolio anbieten möchten und Ihnen die Konfiguration mit zwei Websites zu komplex erscheint.

Um diese Erweiterung über den Magento Connect Manager zu installieren, benötigen Sie nur eine Information: den *Extension Key*. Und so kommen Sie dran: Rufen Sie zunächst die folgende URL zur Detailseite der aktuellen Erweiterung auf:

http://www.magentocommerce.com/magento-connect/customer-groups-catalog2.html

Hier finden Sie alle Informationen über diese Erweiterung übersichtlich zusammengefasst (Abbildung 18-10). Sie könnten beispielsweise eine Vorschau der Erweiterung in Aktion aufrufen, sehen den Autor der Erweiterung, deren Versionsnummer, Bewertungen von Benutzern sowie die Lizenz, unter der die Erweiterung veröffentlicht wird. Ebenso haben Sie über diese Seite Gelegenheit, Supportanfragen an den Autor der Erweiterung zu stellen und sie im Forum zu diskutieren.

Klicken Sie anschließend auf den nahezu unübersehbaren Button *Install Now*. Es wird eine neue Box geladen, in der Sie sich per Mausklick in das entsprechende Kontrollkästchen mit den hinterlegten Lizenzvereinbarungen einverstanden zeigen.

Klicken Sie erneut auf die Schaltfläche *Get Extension Key*, sodass dieser geladen wird (Abbildung 18-11).

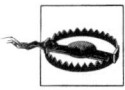 Mit Veröffentlichung der 1.5er-Version von Magento wurde auch eine neue Magento Connect-Schnittstelle vorgestellt. Wenn Sie also mit einer solch neuen Version arbeiten, müssen Sie hier 2.0 auswählen, für ältere Magento-Versionen ist noch Magento Connect 1.0 erforderlich.

Mithilfe dieses Schlüssels können Sie nun diese Erweiterung über den Magento Connect Manager des Adminbereichs installieren. Wählen Sie den Schlüssel über die Schaltfläche *Select* aus und legen Sie ihn via Strg-C in den Zwischenspeicher. Wechseln Sie anschließend zum Magento Connect Manager (*System → Magento Connect → Magento Connect*

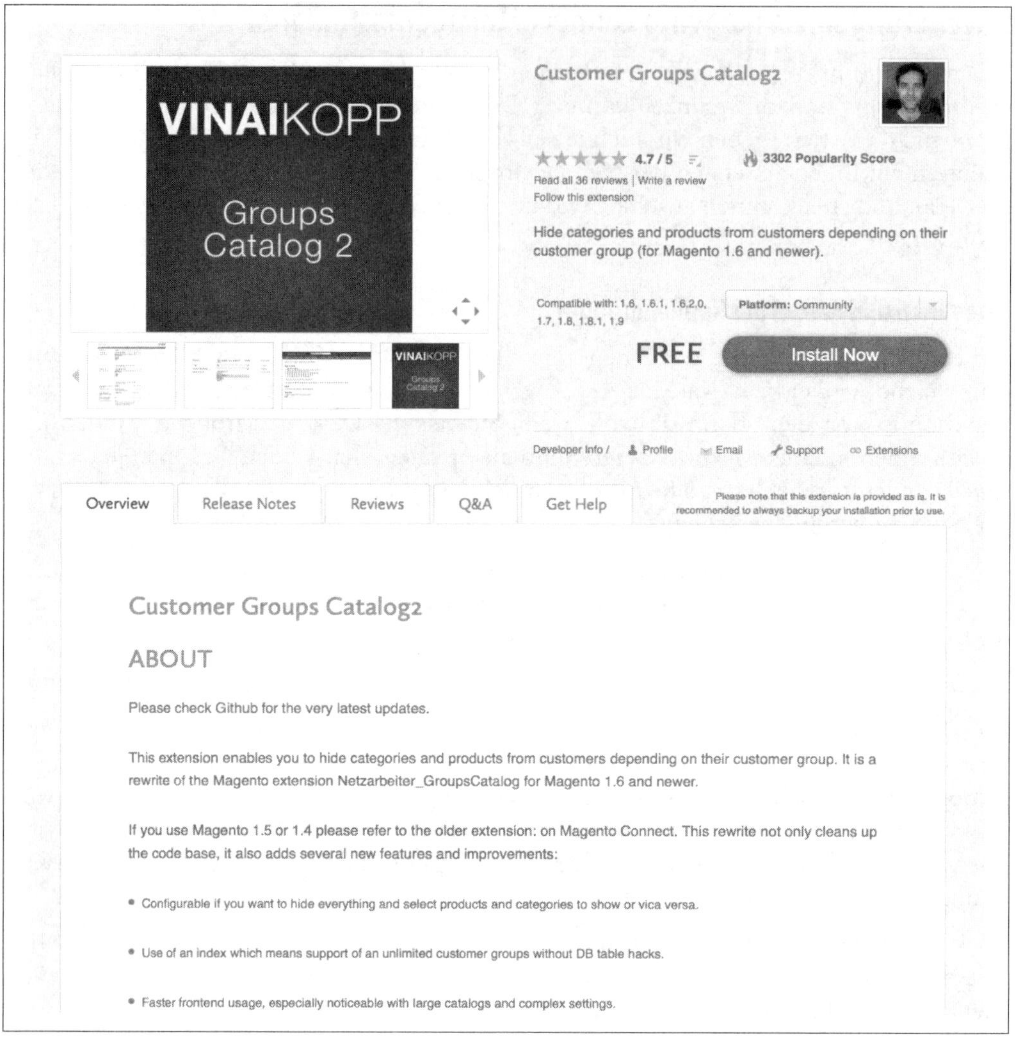

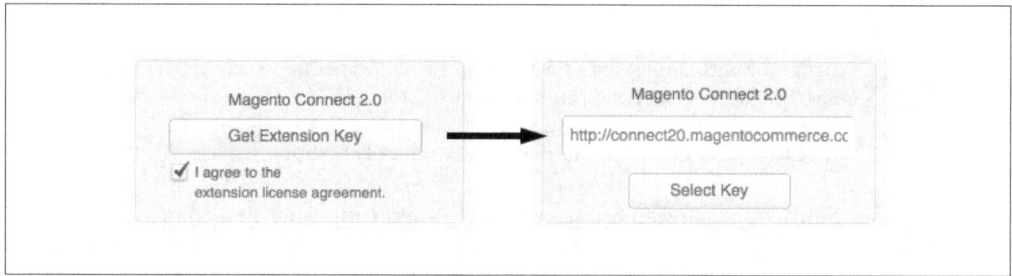

Abbildung 18-10: Detailseite einer Magento Connect-Erweiterung

Abbildung 18-11: Der Extension-Key wird angezeigt

Manager). Loggen Sie sich in den Manager ein und schauen Sie sich den oberen Bereich einmal genauer an (Abbildung 18-12).

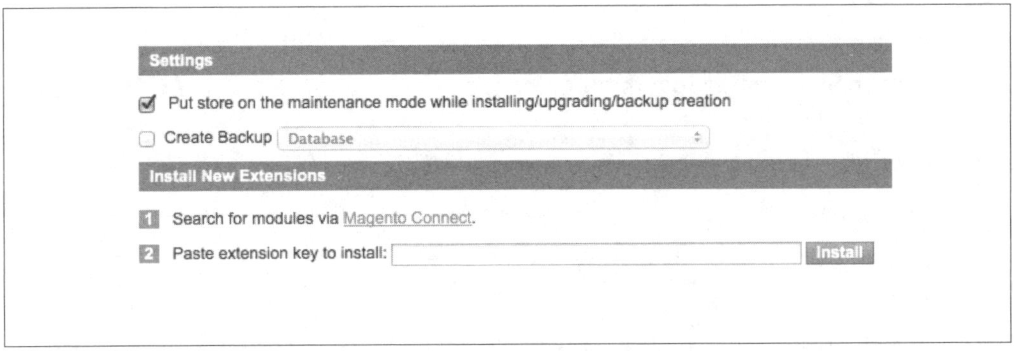

Abbildung 18-12: In dieses Eingabefeld kopieren Sie den Extension-Key

Sie sehen dort unter anderem das Eingabefeld *Paste extension key to install*, in das Sie nun den zwischengespeicherten Extension-Key über Strg-V hineinkopieren können. Starten Sie anschließend den Installationsprozess über den Button *Install*. Magento zeigt Ihnen bei einer Magento Connect 2.0-Extension die notwendigen Abhängigkeiten zu anderen Extensions an. Klicken Sie dann auf *Proceed* und scrollen Sie ein wenig herunter, um sich den Fortschritt der Installation anzusehen (Abbildung 18-13).

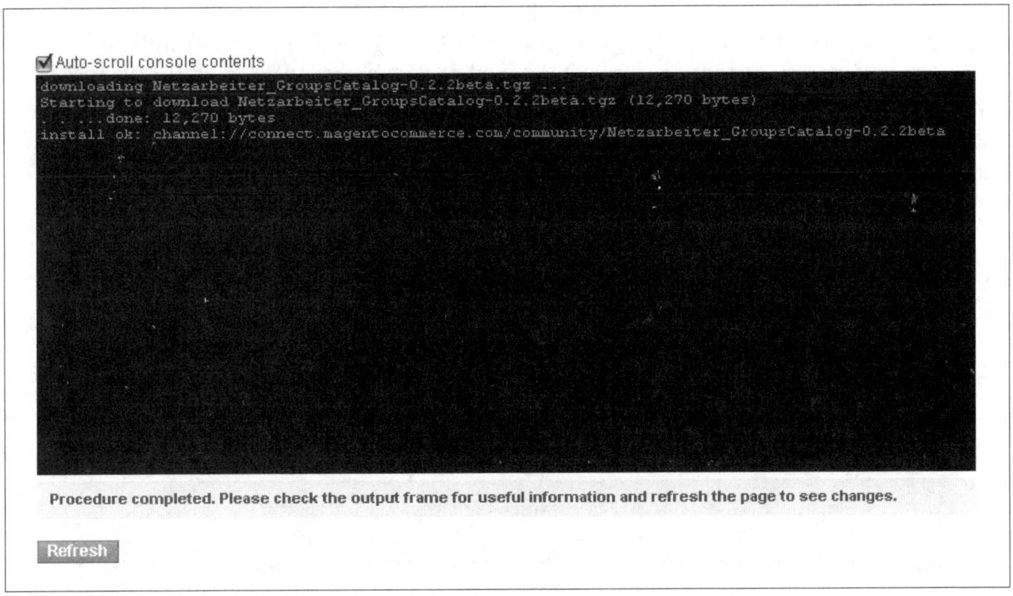

Abbildung 18-13: Der Fortschritt der Installation wird an dieser Stelle angezeigt

Erscheint im Fenster *install ok*, klicken Sie auf den Button *Refresh* am Seitenende. Die Erweiterung wird nun – genau wie das deutsche Sprachpaket – in der Tabelle angezeigt (Abbildung 18-14).

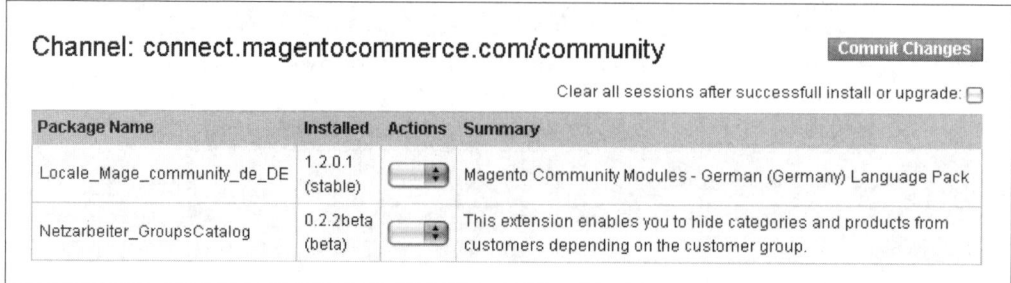

Abbildung 18-14: Die neue Erweiterung ist jetzt einsatzbereit

 Neben der Installation eines Moduls über die Eingabe des Extension-Key besteht ebenfalls die Möglichkeit, ein lokales Modulpaket zu installieren. Wählen Sie die lokale Datei dazu im Abschnitt Direct package file upload aus und führen Sie die Installation nach einem Klick auf Upload aus. Diese Funktion ist nützlich, wenn Sie eine kostenpflichtige Extension erwerben, für die es keinen Extension-Key gibt.

Die neue Erweiterung wurde nun ordnungsgemäß installiert und kann sofort verwendet werden. Rufen Sie die Artikelverwaltung (*Katalog → Artikel verwalten*) auf und öffnen Sie einen beliebigen Artikel in der Detailansicht. Wenn Sie auf der ersten Seite (unter *Allgemein*) ganz an das Seitenende scrollen, sehen Sie, dass ein Mehrfachauswahlfeld (Abbildung 18-15) hinzugekommen ist, das sämtliche in Ihrem System vorhandenen Kundengruppen auflistet (Kunden und Kundengruppen wurden im Detail in Kapitel 8 besprochen).

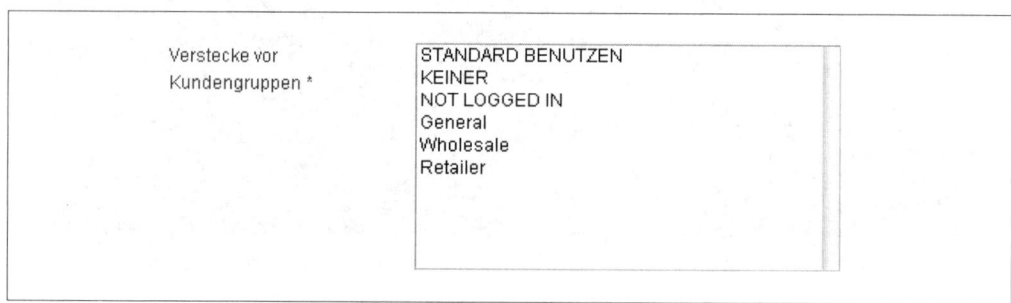

Abbildung 18-15: Der gewählte Artikel lässt sich vor bestimmten Kundengruppen verstecken

Wählen Sie nun diejenige Gruppe bzw. die Gruppen aus, vor denen Sie den aktuellen Artikel verstecken möchten, und speichern Sie diese Änderung über den Button *Speichern* oben rechts. Analog lassen sich auch in der Kategorieverwaltung (*Katalog → Kate-*

gorien verwalten) einzelne Kategorien vor bestimmten Kundengruppen verstecken. In der Systemkonfiguration (*System → Konfiguration*) können unter dem Menüpunkt *Katalog* in der Gruppe *Katalog* die Standardeinstellungen für die Erweiterung *Customer Groups Catalog* vorgenommen werden.

Grundpreise eintragen

Auf Seite 116 haben wir angesprochen, dass laut Preisangabenverordnung bei Lebensmitteln, die in bestimmten Gebindegrößen verkauft werden, auf der Artikeldetailseite auch der Grundpreis mit angegeben werden muss. Sie sehen gleich am Beispiel eines 100-Gramm-Pakets Kuvertüre, dass in diesem Fall im Webkochshop auch der entsprechende Kilopreis angezeigt wird. Dieses Funktionalität wird durch eine Erweiterung realisiert, die Sie unter der nachfolgenden Adresse finden und analog zu den beiden oben gezeigten installieren:

http://www.magentocommerce.com/extension/954/grundpreismodul-pangv

Ist die Erweiterung installiert, gehen Sie zunächst in die Systemkonfiguration, in der Sie unter dem Menüpunkt *Katalog* im Inhaltsbereich einen neuen Abschnitt sehen (Abbildung 18-16).

Dort lässt sich unter anderem einstellen, welche Packungseinheit und welche Referenzeinheit standardmäßig verwendet werden sollen. Für unser Beispiel wählen Sie aus den jeweiligen Drop-down-Menüs *Kilogramm* bzw. *Gramm* aus und speichern die Konfiguration. Wechseln Sie anschließend in die Artikelverwaltung, in der Sie mit dem Attributset *default* und dem Artikeltyp *Einfacher Artikel* (*Simple Product*) den Artikel Kuvertüre 100 Gramm zu einem (Netto-)Preis von Euro 1,60 anlegen. Wenn Sie hier in das Register *Preise* wechseln, erscheinen ganz unten in der Eingabemaske vier neue Felder, mit deren Hilfe die Anzeige des Grundpreises gesteuert wird (Abbildung 18-17).

In das erste Feld *Produktmenge* tragen Sie den Wert *100* ein und wählen im nächsten Drop-down-Menü *Produkteinheit* den Eintrag *Gramm (g)* aus. Damit haben Sie definiert, dass der aktuelle Artikel in einem 100-Gramm-Paket verkauft wird. Mithilfe der letzten beiden Felder legen Sie fest, wie der Grundpreis berechnet werden soll. Geben Sie *1* in das Feld *Referenzmenge* ein und aktivieren Sie *Kilogramm (kg)* bei *Referenzeinheit*. Speichern Sie den Artikel ab – und tatsächlich: Neben dem eigentlichen Preis für die Packung Kuvertüre erscheint der richtige Kilopreis (Abbildung 18-18).

Checkliste vor dem Online-Gang

Ist ein Flugzeug ein komplizierteres Wesen als ein auf Magento basierender Online-Shop? Darüber kann man lange streiten, sicher ist jedenfalls, dass das, was ein Pilot vor dem Abheben seiner Maschine tut, für einen Shopbetreiber auch keine schlechte Idee ist: Durchlaufen Sie systematisch die folgende Checkliste, um Ihrem Shop einen möglichst glatten Start zu verpassen.

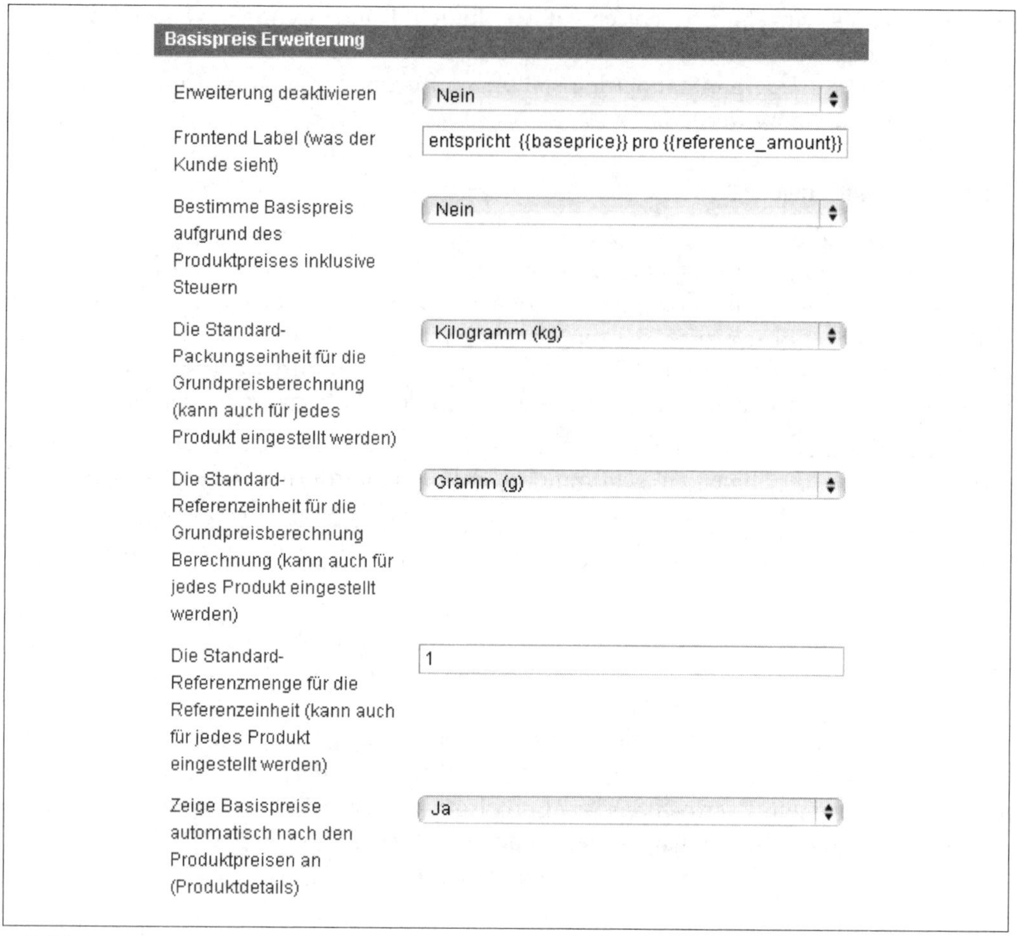

Basispreis Erweiterung

Erweiterung deaktivieren	Nein ◆
Frontend Label (was der Kunde sieht)	entspricht {{baseprice}} pro {{reference_amount}}
Bestimme Basispreis aufgrund des Produktpreises inklusive Steuern	Nein ◆
Die Standard-Packungseinheit für die Grundpreisberechnung (kann auch für jedes Produkt eingestellt werden)	Kilogramm (kg) ◆
Die Standard-Referenzeinheit für die Grundpreisberechnung Berechnung (kann auch für jedes Produkt eingestellt werden)	Gramm (g) ◆
Die Standard-Referenzmenge für die Referenzeinheit (kann auch für jedes Produkt eingestellt werden)	1
Zeige Basispreise automatisch nach den Produktpreisen an (Produktdetails)	Ja ◆

Abbildung 18-16: An dieser Stelle legen Sie die Standardeinheiten für die Basispreisberechnung fest

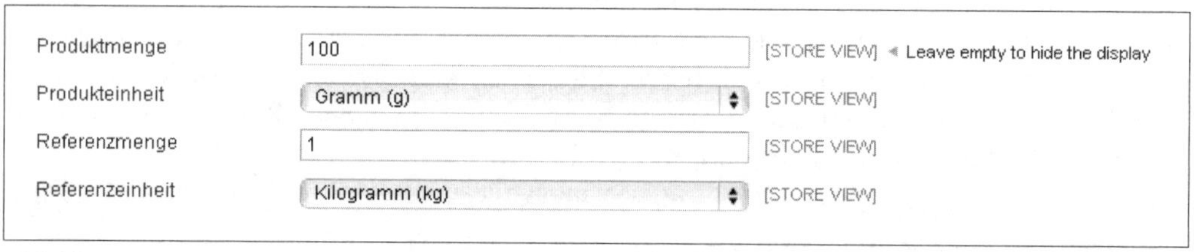

Produktmenge	100	[STORE VIEW] ◄ Leave empty to hide the display
Produkteinheit	Gramm (g) ◆	[STORE VIEW]
Referenzmenge	1	[STORE VIEW]
Referenzeinheit	Kilogramm (kg) ◆	[STORE VIEW]

Abbildung 18-17: Angaben für den Grundpreis

Kuvertüre 100-Gramm

Email to a Friend
Schreiben Sie die erste Kundenmeinung

Availability: In stock.

Lieferzeit: 3-5 Arbeitstage

1,90 €

entspricht 19,00 € pro 1 Kilogramm (kg)

Abbildung 18-18: Der Grundpreis wird beim Artikel angezeigt

1. *Wochentag:* Vermeiden Sie es grundsätzlich, an einem Freitag oder gar am Wochenende live zu gehen! Die Hilfe von Dienstleistern – falls sie denn benötigt wird – ist dann nur sehr schwer zu bekommen. Ein guter Starttermin ist erfahrungsgemäß Montag: Ihre potenziellen Kunden kommen gerade aus dem Wochenende und sind noch nicht so energiegeladen, Ihnen gleich die virtuellen Türen einzurennen. Ihnen bleibt also bis Dienstag Zeit, eventuelle Minifehlerchen noch auszumerzen.

2. *Dreiteiliges Versionierungssystem ist aktiv:* Wie weiter oben beschrieben, sollten Sie vor dem Live-Gang über ein funktionierendes Testszenario bestehend aus Development-, Staging- und Live-System verfügen.

3. *Gründliche Tests:* Möglichst automatisiert haben Sie sich von der Funktionsfähigkeit der wesentlichen Shopkomponenten auf dem Staging-System überzeugt.

4. *Konfigurationen:* Die wichtigsten Einstellungen wie Steuern, Lokalisierung, Kundenkontoinformationen sowie Zahlungs- und Versandarten sind vorgenommen worden.

5. *Übersetzungen:* Alle wesentlichen Bestandteile sind in Ihrem Sinne übersetzt. Oft vernachlässigt werden erfahrungsgemäß die verschiedenen Transaktions-E-Mails. Lassen Sie hier besondere Sorgfalt walten, E-Mail ist schließlich Ihr direkter Kanal zum Kunden!

6. *Rechtssicherheit:* Hierzulande können Shopbetreiber auch wegen scheinbarer Kleinigkeiten abgemahnt werden, was schnell zu einem kostspieligen Vergnügen werden kann. Lassen Sie besser Ihren Shop von einem Fachanwalt prüfen oder denken Sie über eine Zertifizierung nach, wie Sie beispielsweise von Trusted Shops angeboten wird.

7. *Logging:* Sie haben das Logging aktiviert, um im Fall eventuell auftretender Fehler diese einfacher nachvollziehen zu können.

8. *Caching und Indizierung sind eingerichtet:* Durch diverse Zwischenspeicher stellen Sie sicher, dass der Shop auch bei hohen Besucherzahlen noch performant arbeitet.

9. *Sekt:* Stellen Sie den Sekt kalt – nach einem erfolgreichen Launch wollen Sie ja schließlich die Korken knallen lassen, oder?

In diesem Kapitel haben wir Ihnen vorgestellt, mit welchem Verfahren man sicherstellt, dass man immer den Entwicklungsstand des eigenen Online-Shops im Blick hat. Anschließend haben Sie Magento Connect kennengelernt, über das Sie Ihre Magento-Installation stets auf dem aktuellen Stand halten und neue Erweiterungen installieren können. Danach haben wir Ihnen – stellvertretend für die vielen, die man über Magento Connect mittlerweile beziehen kann – zwei Erweiterungen vorgestellt, mit deren Hilfe Sie Magento um wichtige Funktionen, wie beispielsweise die Darstellung der Grundpreise, erweitern können. Last, but not least haben wir noch eine Checkliste zusammengestellt, die sicherstellen soll, dass beim geplanten Live-Gang auch alles wie gewünscht verläuft.

FAQ – Frequently Asked Questions

Wenn man sich häufiger mal in den Foren tummelt, stellt man schnell fest, dass immer wieder die gleichen Fragen auftauchen. Hier sind die beliebtesten mitsamt einer knackig kurzen Antwort aufgeführt. In den Fällen, in denen keine einfache Antwort gegeben werden kann, wird auf das jeweilige Kapitel in diesem Buch verwiesen.

Was ist eine SKU?

SKU steht für *Stock Keeping Unit*, bedeutet etwa so viel wie *Lagerhaltungseinheit* und ist in Magento eine eindeutige Artikelnummer.

Wie lassen sich Bestellungen aus dem Dashboard komplett löschen?

Dies ist von Haus aus in Magento so nicht vorgesehen und hat vor allem buchhalterische Gründe (erklären Sie mal dem Finanzamt, wo die letzten 20 Bestellungen mit dem Millionenumsatz geblieben sind). Sie haben aus dem Adminbereich heraus nur die Möglichkeit, Bestellungen zu stornieren. Gehen Sie dazu in die Detailansicht der Bestellung und klicken Sie auf *Stornieren*.

Wie lassen sich Artikel auf der Startseite eines Shops darstellen?

Um das zu erreichen, müssen Sie zunächst einmal die Produkte markieren, die auf der Startseite erscheinen sollen. Legen Sie dazu ein Attribut an (z. B. *homepage*), weisen Sie ihm entweder den Wert *Ja* oder *Nein* zu und markieren Sie anschließend in der Produktverwaltung die Produkte für die Startseite. Ein zweiter Schritt ist dann das Einbinden eines neuen Blocks in das CMS.

Wie lassen sich in Magento Grundpreise anlegen?

Eine explizite Möglichkeit wurde nicht in Magento integriert, da die PAngV (Preisangabenverordnung) in dieser Form nur für den deutschen Markt existiert. Bisher lässt sich dies also lediglich mit einem Extra-Attribut lösen, das man im Template so positioniert, dass es unter dem Produktpreis angezeigt wird. Alternativ könnte man den Grundpreis noch in die Artikelbeschreibung integrieren. Der Nachteil ist in beiden Fällen, dass der Preis nicht automatisch berechnet wird, sondern in jedem einzelnen Fall extra eingegeben werden muss. Mittlerweile gibt es für diese Funktionalität auch eine Erweiterung, die wir auf Seite 465 genauer beschrieben haben.

Wie sorgt man für eine korrekte Anzeige der AGB und der Widerrufsbelehrung?

Dieses wird über den Menüpunkt *Verkäufe → Bestellbedingungen* erreicht, wie auf Seite 112 erläutert wird.

Besteht die Möglichkeit, Angaben wie »inkl. MwSt.« oder »exkl. Versandkosten« direkt neben den Preisen anzuzeigen?

Diese Änderungen können nur direkt im Template vorgenommen werden. Ab Seite 90 beschäftigen wir uns eingehender mit der Steuerkonfiguration für den deutschen Markt; dort wird auch diese Problematik angesprochen und ein möglicher Lösungsweg aufgezeigt. Die Erweiterung MageSetup (*http://www.magentocommerce.com/magento-connect/firegento-magesetup.html*) kann diese und weitere Aufgabenstellungen des deutschen Gesetzesapparats für Sie erledigen.

Wie wird man die Tag Cloud oder den Newsletter komplett los?

Unter *System → Konfiguration → Erweitert* lassen sich die gewünschten Modulausgaben im Abschnitt *Modulausgaben deaktivieren* komplett ausschalten. In diesem Fall erscheinen zwar die jeweiligen Felder noch im Adminbereich, jedoch nicht mehr im Frontend.

Lässt sich im Nachhinein das Attributset oder der Produkttyp eines Produkts ändern?

Nein, aufgrund der Datenbankstruktur, die beim Anlegen eines neuen Produkts aufgebaut wird, ist eine nachträgliche Änderung nicht mehr möglich.

Kann man bestimmte Artikel auch versandkostenfrei anbieten?

Für diese Aufgabenstellung gibt es zwei Ansätze. Einmal wäre es vorstellbar, einen virtuellen Artikel anzulegen, der ja per definitionem keine Versandkosten tragen kann. Eine andere Möglichkeit ist die Verwendung von Warenkorbpreisregeln. Prüfen Sie in dieser Regel, ob der entsprechende Artikel vorhanden ist, und wählen Sie als Aktion aus, dass die Lieferung versandkostenfrei erfolgen soll.

Wie stellt man die Bildkomprimierung in Magento ein?

Dies kann in der aktuellen Version von Magento lediglich im Programmcode an dieser Stelle geändert werden: */app/code/core/Mage/Media/Model/File/Image.php*. Vermeiden Sie jedoch das direkte Bearbeiten von Core-Dateien, da die Änderungen bei einem Update verloren gehen werden.

Darf man die Copyright-Information aus dem Frontend löschen?

Ja, das ist ohne Probleme möglich. Fairerweise sollten Sie sich aber überlegen, einen Link auf Magento im Fuß zu lassen, um so zur Verbreitung des Systems beizutragen. Die Einstellung dazu finden Sie unter *System → Konfiguration* links im Menüpunkt *Design* und dort in der Gruppe *Fußzeile*.

Kann der Lagerbestand auf Store-/StoreView-Ebene angegeben werden?

Nein, das ist in der aktuellen Version nicht möglich.

Wenn man ein Multishop-System mit verschiedenen Untershops erstellt, können auch im Adminbereich die Rollen so verteilt werden, dass ein Admin nur »seinen« Shop sehen kann?

Nein, das wird in der aktuellen Version nicht unterstützt. Es lassen sich zwar unterschiedliche Benutzerrechte anlegen und vergeben, diese gelten jedoch global und sind nicht Website-/Store-/StoreView-spezifisch.

Trotz des deutschen Lokalisierungspakets werden einige Buttons noch immer in Englisch angezeigt.

Es gibt einige Stellen, an denen die Buttons im *Default*-Theme über Grafiken realisiert werden, die entsprechend ausgetauscht werden müssen. Diese liegen in folgendem Verzeichnis auf dem Server:

/skin/frontend/default/default/images/

Die Dateien selbst lauten:

- *btn_mini_search.gif* – (*Suchen*-Button auf der Startseite)
- *head_my_account.gif* – (*Mein Konto*-Button)
- *btn_proceed_to_checkout_dis.gif* – (*Zur Kasse/Proceed to Checkout:* inaktiv)
- *btn_proceed_to_checkout.gif* – (*Zur Kasse/Proceed to Checkout*: aktiv)
- *btn_place_order.gif* – (*Bestellung aufgeben/Place Order*)

Beim Aufruf des Shops wird Folgendes angezeigt: »There was no Home CMS page configured or found.«

Dies deutet darauf hin, dass im CMS (siehe Kapitel 7) für den jeweiligen Geltungsbereich keine Startseite erstellt bzw. diese nicht richtig verknüpft wurde oder die Seite im Bereich *CMS → Seiten* dem Geltungsbereich nicht zugewiesen wurde.

Das DataFlow-Modul verwenden

Ein modernes Shopsystem benötigt eine flexible und performante Import- und Exportschnittstelle, um alle möglichen Bewegungsdaten, beispielsweise Kunden- und Artikeldaten, mit Drittsystemen austauschen zu können. Insbesondere in größeren Shops, die Zehntausende oder sogar Hunderttausende verschiedener Artikel verkaufen, ist es schlichtweg undenkbar, diese Informationen händisch einzutragen.

Aus diesem Grund hat Magento das Modul DataFlow entwickelt, das diese Art von Importen und Exporten übernimmt. Zwar funktioniert es reibungslos und hat schon vielen Jahrgängen von Studenten Semesterferien-Tipparbeit bei größeren Versendern erspart, doch ist es weder besonders performant noch besonders flexibel. Artikeldaten können beispielsweise nur in rudimentärer Form ausgetauscht werden, die anderen in Kapitel 6 ausführlich beschriebenen Artikeltypen werden nicht unterstützt. Außerdem dauern in einer Standardumgebung umfangreiche Datenbewegungen sehr lange: Teilweise liegen die Bearbeitungszeiten bei über zwei Sekunden pro Artikel, was in der Praxis nicht tragbar ist.

Ab Version 1.5 besitzt Magento ein neues, wesentlich performanteres Import/Export-Modul, das ausführlich in Kapitel 12 beschrieben wird. Möchten oder müssen Sie das DataFlow-Modul noch benutzen, finden Sie in den folgenden Abschnitten eine genaue Beschreibung von Artikel- sowie Kundenim- und -exporten.

Importe und Exporte mit Magento DataFlow

Dreh- und Angelpunkt von DataFlow sind die sogenannten *Profile*. Diese gibt es in den Geschmacksrichtungen *normal* und *erweitert* und enthalten vereinfacht gesagt Anweisungen dazu, wie mit den zu importierenden oder exportierenden Daten zu verfahren ist. Wenn Sie in den Bereich *System → Import/Export → Profile* springen, erscheint eine Liste aller Profile, die in Magento bisher gespeichert sind (Abbildung A-1).

ID	Profil Name	Profil Richtung	Datensatztyp	Store	Erstellt am	Aktualisiert am	Aktion
6	Import Customers	Import	Customers	Alle StoreViews	16.02.2009 10:35:39	16.02.2009 10:35:39	Bearbeiten
5	Export Customers	Export	Customers	Alle StoreViews	16.02.2009 10:35:39	16.02.2009 10:35:39	Bearbeiten
4	Import Product Stocks	Import	Products	Alle StoreViews	16.02.2009 10:35:39	16.02.2009 10:35:39	Bearbeiten
3	Import All Products	Import	Products	Alle StoreViews	16.02.2009 10:35:39	16.02.2009 10:35:39	Bearbeiten
2	Export Product Stocks	Export	Products	Alle StoreViews	16.02.2009 10:35:39	16.02.2009 10:35:39	Bearbeiten
1	Export All Products	Export	Products	Alle StoreViews	16.02.2009 10:35:39	16.02.2009 10:35:39	Bearbeiten

Abbildung A-1: Liste aller in Magento gespeicherten Profile

Hier sehen Sie unter anderem, ob es sich bei dem angelegten Profil um einen Import oder einen Export handelt, ob Artikel oder Kunden importiert oder exportiert werden und für welchen Geltungsbereich der Datenaustausch angewandt werden soll. Wenn Sie auf ein solches Profil klicken, wird dieses in der Detailansicht geöffnet, und es lassen sich verschiedene Parameter ändern.

Als Importdatei sind viele Quellen denkbar. Entscheidend ist nur, dass sie in einem strukturierten Format – beispielsweise CSV – vorliegen und Sie bei den Feldzuordnungen und sonstigen Einstellungen für das Importprofil die auf Ihre Datei zutreffenden Einstellungen vornehmen.

Eine Artikeldatei aus Magento exportieren

Der erste Schritt für einen Datenaustausch besteht darin, eine Artikeldatei aus Magento zu exportieren, sodass Sie eine saubere Vorlage für den späteren Import anderer Artikeldaten haben. Öffnen Sie dazu die Verwaltung der Import- und Exportprofile im Adminbereich unter *System → Import/Export → Profile*. Zur Veranschaulichung der Exportfunktionalität klicken Sie nun auf das Profil *Export All Products*, das in Magento standardmäßig bereits vorhanden ist. In der Seitenleiste ganz links klicken Sie auf den Menüeintrag *Starte Profil*. Daraufhin wird im Inhaltsbereich eine orangefarbene Schaltfläche *Starte Profil in Popup* geladen, über die Sie den Artikelexport starten. Nach einem kurzen Augenblick ist der Export beendet, und Sie können die Produktdatei via FTP zur weiteren Bearbeitung auf Ihren Rechner laden. Sie finden sie unter der folgenden Adresse auf dem Server: */var/export/export_all_products.csv*.

Wenn Sie diese Datei in einem Tabellenkalkulationsprogramm wie OpenOffice Calc oder Microsoft Excel öffnen, erscheinen nun alle Artikel des Webkochshops im Tabellenformat. Diese Datei könnten Sie jetzt in Drittprogrammen weiterverwenden und damit beispielsweise einen Serienbrief versenden.

Die Importdatei vorbereiten

In einer Importdatei sind alle Attribute enthalten, die in Magento gefüllt werden sollen, wobei jeder Spalte der Importdatei einem Attribut entspricht. Achten Sie unbedingt darauf, dass die erste Zeile erhalten bleibt, sprich, dass die Original-Magento-Spaltenbezeichnungen erhalten bleiben. Die ersten vier Spalten müssen wie folgt ausgefüllt werden:

store

Dies ist der Store, dem die importierten Artikel zugewiesen werden. Tragen Sie hier den Wert *admin* in jede Artikelzeile ein.

websites

Analog zum Store können die Artikel beim Import auch einer Website zugewiesen werden. Schreiben Sie in jede Zeile den Wert *base*, um die Artikel global zu importieren.

attribute_set

Für Magentos Attributsets gibt es in anderen Shopsystemen meist keine Entsprechung, schreiben Sie daher in jede Zeile den Wert *Default*.

type

Last, but not least müssen Sie in der Importdatei noch hinterlegen, um welchen Artikeltyp es sich jeweils handelt. Tragen Sie den Wert *simple* in jede Zeile der Importdatei ein.

Ein neues Importprofil anlegen

Im nächsten Schritt können Sie in Magento ein Profil erstellen, das die Importdaten aufnimmt und in die Magento-Datenbankstruktur übernimmt. Springen Sie dazu wieder zur Verwaltung der Import-/Export-Profile in Magento und klicken Sie auf den Button *Neues Profil* oben rechts. Daraufhin erscheint eine Eingabemaske, in der die Parameter für das Profil untergebracht werden (Abbildung A-2).

Füllen Sie nun die Eingabefelder im Abschnitt *Profil Information* wie folgt aus:

Name

Tragen Sie hier einen beliebigen Namen ein, anhand dessen Sie das Profil nachher in der Übersicht schnell wiederfinden können.

Datensatztyp

Wählen Sie aus diesem Drop-down-Menü den Eintrag *Artikel* aus, da Sie ja die Artikeldaten übernehmen möchten.

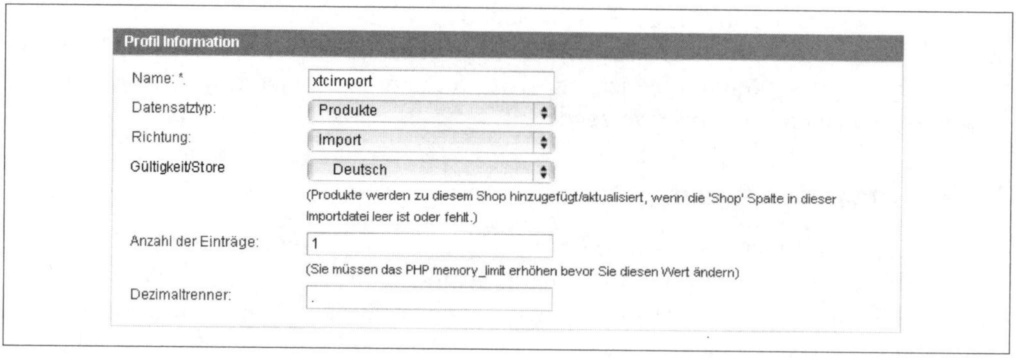

Abbildung A-2: Sie erstellen ein neues Importprofil

Richtung

In welche Richtung sollen Ihre Daten wandern? Natürlich von der CSV-Datei in die Magento-Datenbank. Die Auswahl *Import* ist also demnach die richtige.

Gültigkeit/Store

Hier geben Sie an, für welchen Geltungsbereich der Import stattfinden soll. Da wir in der Feldzuordnung weiter unten die deutschsprachigen Werte der Importdatei nutzen werden, aktivieren Sie hier den StoreView *Deutsch*.

Anzahl der Einträge

Mit diesem Wert legen Sie fest, wie viele Einträge, d. h. Zeilen, von Magento gleichzeitig importiert werden. Je höher dieser Wert ist, desto schneller wird die gesamte Datei importiert. Dies kann allerdings zur Folge haben, dass es bei nicht ausreichendem Speicher auf dem Server zu Problemen kommt. Belassen Sie diesen Eintrag deshalb sicherheitshalber auf der Standardeinstellung *1*.

Dezimaltrenner

Belassen Sie diese Einstellung beim Standard ().

Als Nächstes legen Sie im Abschnitt *Dateiinformation* fest, dass die Datenübertragung interaktiv geschehen soll. Dies bedeutet, dass Sie beim Import über eine *Durchsuchen*-Funktion die zu importierende Datei auf Ihrem Rechner lokalisieren und dann auf den Magento-Server laden. Eine andere Alternative wäre in diesem Zusammenhang der Import via FTP, der von Magento DataFlow ebenfalls unterstützt wird.

Anschließend legen Sie im Abschnitt *Datenformat* das Format der zu importierenden Datei fest.

Art

Da wir es im aktuellen Fall mit einer CSV-Datei zu tun haben, aktivieren Sie hier den Eintrag *CSV/Tab getrennt*.

Werttrenner

Geben Sie hier an, durch welches Trennzeichen die einzelnen Datenfelder voneinander getrennt werden sollen. Tragen Sie das Semikolon (;) ein.

Umschließe Wert in

Auch diese Angabe haben Sie bereits vor dem Export angelegt; übernehmen Sie hier den Standardwert Hochkomma (").

Original Magento Attributnamen in erster Zeile

Setzen Sie das Drop-down-Menü hier auf *Ja*, da in Ihrer Importdatei die Spaltenbezeichnungen von Magento erhalten geblieben sind und Sie sich daher eine manuelle Feldzuordnung sparen können.

Danach speichern Sie das Profil über die Schaltfläche *Speichern und weiter bearbeiten*. Ihre Änderungen werden gesichert, zur Bestätigung wird die Meldung *Profil wurde erfolgreich gespeichert* ausgegeben. Außerdem erscheinen nun ganz links einige neue Menüpunkte, über die Sie das Profil sofort verwenden können (Abbildung A-3).

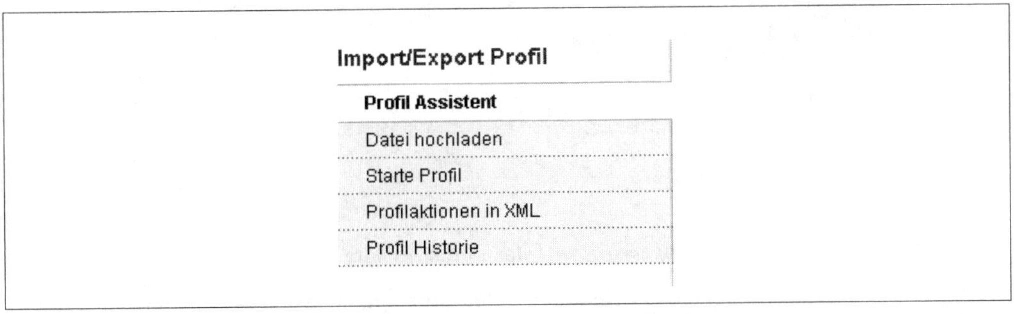

Import/Export Profil

Profil Assistent

Datei hochladen

Starte Profil

Profilaktionen in XML

Profil Historie

Abbildung A-3: Über dieses Menü können Sie gleich mit dem Profil arbeiten

Klicken Sie nun auf *Datei hochladen* in dem gerade erschienenen Menü, sodass im Inhaltsbereich eine Eingabemöglichkeit zum Hochladen von insgesamt drei Dateien erscheint (Abbildung A-4).

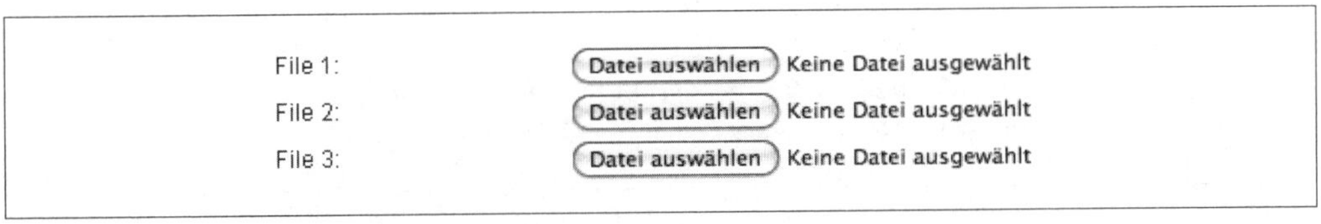

File 1: (Datei auswählen) Keine Datei ausgewählt

File 2: (Datei auswählen) Keine Datei ausgewählt

File 3: (Datei auswählen) Keine Datei ausgewählt

Abbildung A-4: Laden Sie hier die Importdatei auf Ihren Server

Lokalisieren Sie mit dem Button *Durchsuchen* neben *File 1* die Importdatei *export.csv* auf Ihrem Rechner und laden Sie diese über den Button *Speichern und weiter bearbeiten* auf den Server. Springen Sie im Anschluss zum nächsten Menü *Starte Profil*.

Feldzuordnungen

In unserem Beispiel haben Sie zu Demonstrationszwecken die Originalfeldnamen von Magento für den Artikelimport verwendet, sodass Sie diese nicht mehr manuell eintragen mussten. Möchten Sie jedoch ein Importprofil erstellen, in dem Sie Fremdbezeichnungen verwenden, können Sie diese Bezeichnungen den Magento-Feldnamen zuordnen.

Wenn Sie sich in der Bearbeitungsmaske eines Importprofils befinden und im Drop-down-Menü *Original Magento Attributnamen in erster Zeile* den Wert *Nein* auswählen, erscheint im darunterliegenden Abschnitt *Feldzuordnung* ein neuer Button. Klicken Sie auf *neue Feldzuordnung*, und es erscheint eine Zeile mit einem Drop-down-Menü links und einem Eingabefeld rechts. Im linken Menü sind alle Attribute Ihrer Magento-Installation enthalten, rechts können Sie den korrespondierenden Feldnamen aus der CSV-Artikeldatei eintragen ( ).

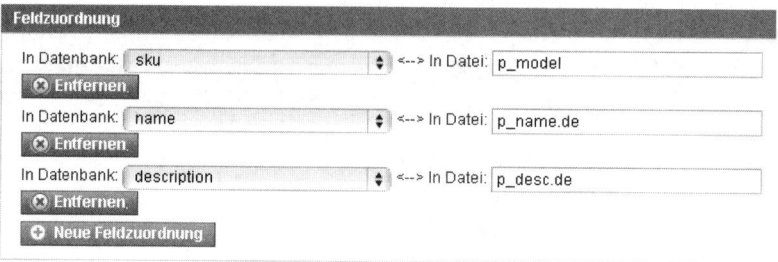

Abbildung A-5: Legen Sie beliebig viele neue Feldzuordnungen an

Durch die Möglichkeit, Feldzuordnungen selbst anzulegen und damit unterschiedlich strukturierte CSV- oder Excel-Dateien importieren zu können, ist DataFlow ein sehr flexibles Werkzeug. Da diese Art der Profilerstellung jedoch recht fehleranfällig ist, empfehlen wir Ihnen – wenn möglich –, auf die Standardvorlage von Magento bzw. die Standardfeldbezeichnungen zurückzugreifen.

 Einen englischsprachigen Screencast zum Thema Importe und Exporte finden Sie unter:

http://www.magentocommerce.com/media/screencasts/ data-exporting/view

Im Drop-down-Menü erscheinen alle Dateien, die Sie bereits für den Import auf Ihren Server geladen haben. Dem Dateinamen wird beim Import ein Zeitstempel vorangestellt, nach einem Unterstrich folgt dann der ursprüngliche Dateiname, anhand dessen Sie Ihre soeben hochgeladene Datei identifizieren können. Wählen Sie nun Ihre Importdatei aus dem Drop-down-Menü aus und starten Sie den Import über die Schaltfläche *Starte Profil in Popup* (Abbildung A-6).

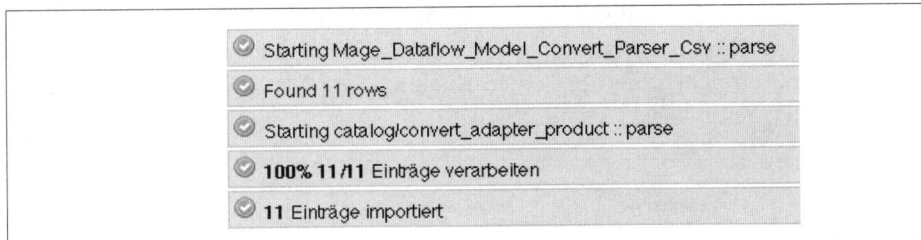

Abbildung A-6: Der Import wird gestartet

Daraufhin öffnet sich ein Pop-up-Fenster, in dem der Import ausgeführt wird. Eine Reihe von Statusmeldungen erscheint, die Sie über eventuell auftretende Fehler und die Anzahl der erfolgreich importierten Artikel informiert. Haben Sie alle Schritte wie oben beschrieben ausgeführt, sollten nun alle Ihre Artikel aus Ihrer Importdatei importiert worden sein. (Dies können Sie direkt überprüfen, indem Sie in die Artikelverwaltung unter *Katalog → Artikel verwalten* springen.) Fertig! Ihre Artikel wurden nun in Magento importiert, und Sie können sie so ansehen und bearbeiten, wie Sie es von *Hubertus*, *Leon* und Konsorten bereits kennen.

Der Vollständigkeit halber möchten wir Ihnen die letzten beiden Register der Profilbearbeitung auch noch kurz vorstellen. Unter dem Menüpunkt *Profilaktionen in XML* rufen Sie eine Eingabemaske auf, in der das gerade erstellte Profil noch einmal in seiner »rohen« XML-Form zu sehen ist (Abbildung A-7).

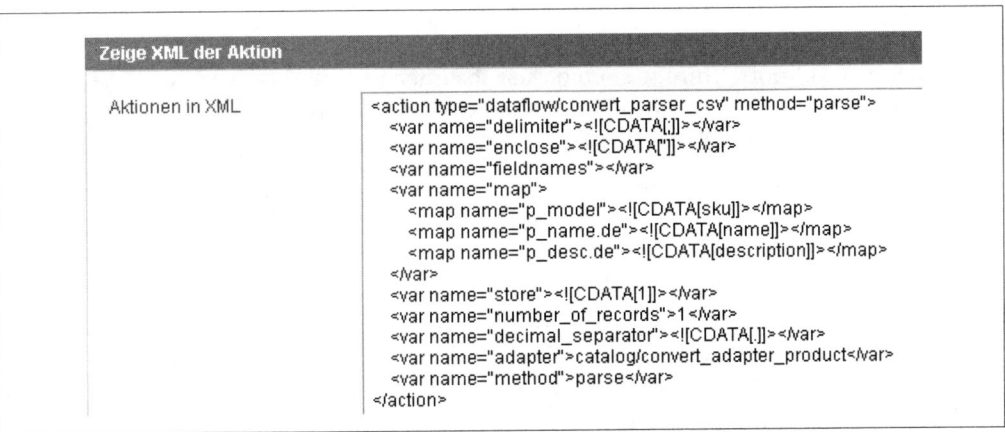

Abbildung A-7: Das XML Ihres Profils

 Sie können den Profilassistenten auch umgehen und Ihr Profil von vornherein nur in XML erstellen. Gehen Sie dazu in den Bereich *System → Import/Export → Erweiterte Profile* und legen Sie dort analog zu den einfachen Profilen ein neues Import- oder Exportprofil an.

Last, but least wurde in die Profilverwaltung noch eine Historie eingefügt, mit deren Hilfe Sie nachvollziehen können, wann und von wem Profile erstellt und ausgeführt wurden. Dieses Protokoll erreichen Sie über einen Klick auf den Menüpunkt *Profil Historie* ebenfalls in der linken Seitenleiste (Abbildung A-8).

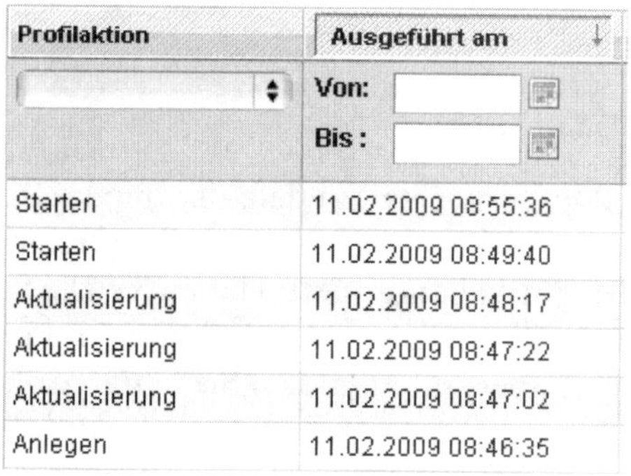

Abbildung A-8: Alle Verwendungen des Profils werden von Magento sorgfältig protokolliert

Sie haben nun gesehen, wie man die wichtigsten Artikeldaten zu Magento überträgt.

Kundendaten exportieren

Der Vollständigkeit halber möchten wir an dieser Stelle kurz darauf zu sprechen kommen, wie sich über diese Schnittstelle auch Exporte realisieren lassen. Um es gleich vorwegzunehmen: Exporte funktionieren fast haargenau wie Importe, auf viel Neues müssen Sie sich also nicht einstellen. Sehen Sie im Folgenden, wie sich auf einfache Weise Kundendaten exportieren lassen.

Öffnen Sie noch einmal die Verwaltung der Import- und Exportprofile unter *System → Import/Export → Profile*. Zur Veranschaulichung der Exportfunktionalität klicken Sie nun auf das Profil *Export Customers*, das in Magento standardmäßig bereits vorhanden ist. Die Detailansicht unterscheidet sich von der unseres Importprofils zum einen dadurch, dass das Register *Datei hochladen* links nicht mehr vorhanden ist (bei einem Export ist diese Angabe auch wirklich entbehrlich), und zum anderen, dass der neue Abschnitt *Filter exportieren* hinzugekommen ist (Abbildung A-9).

Stellen Sie sich vor, der Webkochshop läuft nun schon erfolgreich einige Jahre, und Sie möchten Kundendaten exportieren; es wäre dann doch schön, diese Daten nach gewissen Kriterien zu filtern, nicht wahr? Magento bietet Ihnen verschiedene Möglichkeiten, Herr über diese Daten zu werden und beispielsweise nur Kunden einer bestimmten Kundengruppe (Drop-down-Menü *Gruppe*), aus einem bestimmten Land (Drop-down-Menü *Land*) oder aus einem bestimmten Anmeldungszeitraum (*Kunde seit*) zu exportieren. Für unser Beispiel belassen Sie aber alle Einstellungen auf den Standardwerten, klicken links auf den Menüpunkt *Starte Profil* und dann im Inhaltsbereich auf *Starte Profil in Popup*. Ihre Kundendatei wird nun an die folgende Stelle geschrieben:

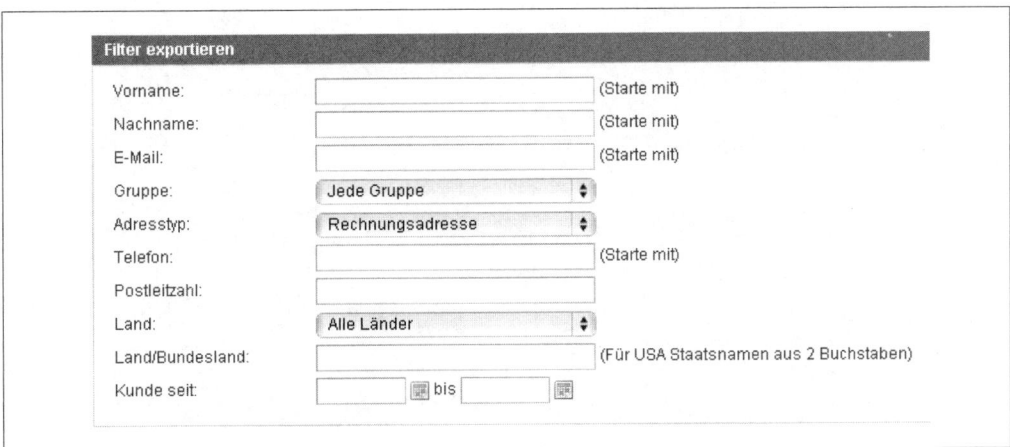

Abbildung A-9: Mit diesen Angaben lässt sich der Kundenexport filtern

> */var/export/export_customers.csv*

So haben Sie mit ein paar wenigen Klicks Ihre gesamte Kundendatenbank exportiert und können diese in einem anderen Programm nutzen, um beispielsweise Serienbriefe zu verschicken.

Index

Über die Autoren

Rico Neitzel ist seit 1997 als Mediendesigner aktiv im Netz unterwegs und berät seit vielen Jahren Einzelkämpfer und kleine bis mittelständische Unternehmen in allen Belangen des On- und Offline-Marketings. Als Magento Evangelist und Community Manager Germany betreut er seit der ersten Beta-Version von Magento (2007) die deutsche Community und hat sich als Berater für eCommerce-getriebene Unternehmen insbesondere auf Magento spezialisiert. Außerdem entwickelt er seit 2010 im neu formierten *Büro 71a*, das er gemeinsam mit seinem Geschäftspartner Tobias Klose betreibt, Schulungskonzepte und Schulungen für Magento.

Dr. Roman Zenner arbeitet seit 2002 als Autor, Berater und Dozent im Bereich E-Commerce und Online-Marketing. Er veröffentlicht regelmäßig in Fachmagazinen und hat mehrere Bücher zu Online-Shop-Systemen geschrieben. Unter anderem im *wasmitweb*-Blog (*wasmitweb.de/blog*) schreibt er über aktuelle Themen des Online-Handels, außerdem nimmt er auf *ecomPunk.com* innovative Geschäftsmodelle und Strategien unter die Lupe. Als Berater und Interims-Manager unterstützt er mittlere und große Unternehmen bei der Konzeption und der Umsetzung ihrer E-Commerce-Projekte.

Kolophon

Das Tier auf dem Cover von *Online-Shops mit Magento, 3. Auflage* ist eine Raubseeschwalbe (*Sterna caspia*). Diese größte Vertreterin der Familie der Seeschwalbenartigen kann eine Größe von über 50 Zentimetern und eine Flügelspannweite von bis zu 145 Zentimetern erreichen. Damit ähnelt sie, auch was das Flugbild anbelangt, einer Möwe. Doch wenn es um die Nahrungsaufnahme geht, zeigt sie das typische Verhalten aller Seeschwalben: Aus großer Höhe sucht sie im Rüttelflug flache Meeresküsten nach Fischen ab und stößt blitzschnell in die Tiefe.

Die Raubseeschwalbe ist am Körper weiß und auf den Flügeldecken grau gefärbt. Der Oberkopf zeigt im Brutkleid eine schwarze Kappe, die im Ruhekleid durch weiße Federn streifenförmig aufgehellt ist. Die Handschwingen wirken von unten betrachtet im Flug recht dunkel. Die Beine sind schwarz. Auffallend ist der große, kräftige, leuchtend rote Schnabel mit schwarzer Spitze, mit dem sie bis zu 20 Zentimeter große Fische erbeuten kann.

Ihre Brutkolonien liegen häufig auf Sandinseln in Lagunen oder Binnenseen oder an Sand- und Geröllstränden von Flachwasserküsten. In kleinen Mulden werden die zwei bis drei Eier von beiden Partnern bebrütet. Als Bodenbrüter sind die Eier und Jungvögel vielen Gefahren durch Nesträuber – wie Marder und Nerze – oder durch unvorsichtige Strandspaziergänger ausgesetzt. Bei der kleinsten Unruhe fliegen die Altvögel von ihrem Nest auf, sodass die Eier schutzlos daliegen.

Obwohl Raubseeschwalben weltweit vorkommen, sind sie doch überall stark in ihrem Bestand gefährdet. In Europa finden sich einige wenige Brutkolonien im östlichen Ostseeraum (Schweden, Estland, Finnland) und am Schwarzen Meer. Im Herbst ziehen die Vögel Richtung Mittelmeer und Westafrika und sind dann als Durchzugsgäste auch in Mitteleuropa zu sehen.

Der Umschlagsentwurf dieses Buchs basiert auf dem Reihenlayout von Edie Freedman und stammt von Michael Oreal, der hierfür einen Stich aus dem *Dover Pictorial Archive* aus dem 19. Jahrhundert verwendet hat. Als Textschrift verwenden wir die Linotype Birka, die Überschriftenschrift ist die Adobe Myriad Condensed und die Nichtproportionalschrift für Codes ist LucasFont's TheSans Mono Condensed. Die in diesem Buch enthaltenen Abbildungen stammen von Michael Oreal. Geesche Kieckbusch hat das Kolophon geschrieben.